大学赤本シリーズ

89

名古屋大学

文系

文・教育・法・経済・情報〈人間・社会情報〉学部

教学社

は し が き

おかげさまで，大学入試の「赤本」は，今年で創刊70周年を迎えました。

これまで，入試問題や資料をご提供いただいた大学関係者各位，掲載許可をいただいた著作権者の皆様，各科目の解答や対策の執筆にあたられた先生方，そして，赤本を使用してくださったすべての読者の皆様に，厚く御礼を申し上げます。

以下に，創刊初期の「赤本」のはしがきを引用します。これからも引き続き，受験生の目標の達成や，夢の実現を応援してまいります。

本書を活用して，入試本番では持てる力を存分に発揮されることを心より願っています。

編者しるす

＊　＊　＊

学問の塔にあこがれのまなざしをもって，それぞれの志望する大学の門をたたかんとしている受験生諸君！　人間として生まれてきた私たちは，自己の欲するままに，美しく，強く，そして何よりも人間らしく生きることをねがっている。しかし，一朝一夕にして，この純粋なのぞみが達せられることはない。私たちの行く手には，絶えずさまざまな試練がまちかまえている。この試練を克服していくところに，私たちのねがう真に人間的な世界がはじめて開かれてくるのである。

人生最初の最大の試練として，諸君の眼前に大学入試がある。この大学入試は，精神的にも身体的にも，大きな苦痛を感ぜしめるであろう。あるスポーツに熟達するには，たゆみなき，はげしい練習を積み重ねることが必要であるように，私たちは，計画的・持続的な努力を払うことによって，この試練を克服し，次の一歩を踏みだすことができる。厳しい試練を経たのちに，はじめて満足すべき成果を獲得できるのである。

本書は最近の入学試験の問題に，それぞれ解答を付し，さらに問題をふかく分析することによって，その大学独特の傾向や対策をさぐろうとした。本書を一般の参考書とあわせて使用し，まとはずれのない，効果的な受験勉強をされるよう期待したい。

（昭和35年版「赤本」はしがきより）

挑む人の、いちばんの味方

赤本創刊70周年

1954年に大学入試の過去問題集を刊行してから70年。赤本は大学に入りたいと思う受験生を応援しつづけてきました。これからも，苦しいとき落ち込むときにそばで支える存在でいたいと思います。

そして，勉強をすること，自分で道を決めること，努力が実ること，これらの喜びを読者の皆さんが感じることができるよう，伴走をつづけます。

そもそも赤本とは…

受験生のための大学入試の過去問題集！

70年の歴史を誇る赤本は，500点を超える刊行点数で全都道府県の370大学以上を網羅しており，過去問の代名詞として受験生の必須アイテムとなっています。

なぜ受験に過去問が必要なのか？

大学入試は大学によって問題形式や頻出分野が大きく異なるからです。

赤本の掲載内容

傾向と対策

これまでの出題内容から，問題の「**傾向**」を分析し，来年度の入試に向けて具体的な「**対策**」の方法を紹介しています。

問題編・解答編

- 年度ごとに問題とその解答を掲載しています。
- 「**問題編**」ではその年度の試験概要を確認したうえで，実際に出題された過去問に取り組むことができます。
- 「**解答編**」には高校・予備校の先生方による解答が載っています。

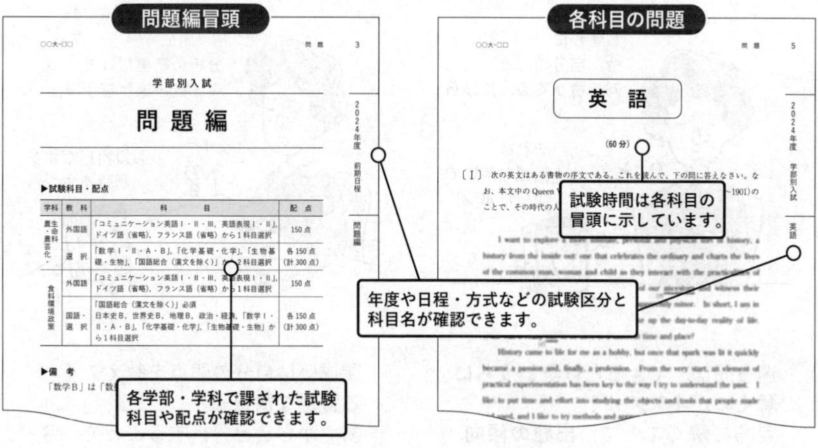

他にも，大学の基本情報や，先輩受験生の合格体験記，在学生からのメッセージなどが載っていることがあります。

2024年度から見やすいデザインに！

掲載内容について

著作権上の理由やその他編集上の都合により問題や解答の一部を割愛している場合があります。なお，指定校推薦入試，社会人入試，編入学試験，帰国生入試などの特別入試，英語以外の外国語科目，商業・工業科目は，原則として掲載しておりません。また試験科目は変更される場合がありますので，あらかじめご了承ください。

受験勉強は

過去問に始まり，

STEP 1 なにはともあれ

まずは解いてみる

しずかに…
今，自分の心と
向き合ってるんだから
ムーン
それは
問題を解いて
からだホン!

過去問は，**できるだけ早いうちに解く**のがオススメ！
実際に解くことで，**出題の傾向，問題のレベル，今の自分の実力**がつかめます。

STEP 2 じっくり具体的に

弱点を分析する

分析の結果だけど
英・数・国が苦手みたい
スリー
必須科目だホン
頑張るホン

間違いは自分の弱点を教えてくれる**貴重な情報源**。
弱点から自己分析することで，**今の自分に足りない力や苦手な分野**が見えてくるはず！

合格者があかす赤本の使い方

傾向と対策を熟読
（Fさん／国立大合格）

大学の出題傾向を調べるために，赤本に載っている「傾向と対策」を熟読しました。

繰り返し解く
（Tさん／国立大合格）

１周目は問題のレベル確認，２周目は苦手や頻出分野の確認に，３周目は合格点を目指して，と過去問は繰り返し解くことが大切です。

過去問に終わる。

STEP 3

志望校にあわせて

苦手分野の重点対策

明日からはみんなで頑張るよ！
参考書も！ 問題集も！
よろしくね！
呼んだ？
なにを!?
どこから!?
グッ
グッ

参考書や問題集を活用して，苦手分野の**重点対策**をしていきます。**過去問を指針**に，合格へ向けた具体的な学習計画を立てましょう！

STEP 1▶2▶3

サイクルが大事!

実践を繰り返す

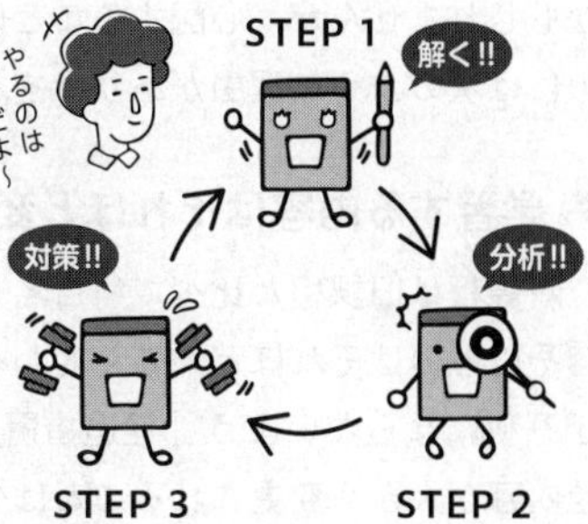
やるのはボクだよ～
STEP 1
解く!!
分析!!
対策!!
STEP 3
STEP 2

STEP 1～3を繰り返し，実力アップにつなげましょう！
出題形式に慣れることや，**時間配分を考えること**も大切です。

目標点を決める

（Yさん／私立大合格）

赤本によっては合格者最低点が載っているので，それを見て目標点を決めるのもよいです。

時間配分を確認

（Kさん／私立大学合格）

赤本は時間配分や解く順番を決めるために使いました。

添削してもらう

（Sさん／私立大学合格）

記述式の問題は先生に添削してもらうことで自分の弱点に気づけると思います。

新課程入試Q&A

2022年度から新しい学習指導要領（新課程）での授業が始まり，2025年度の入試は，新課程に基づいて行われる最初の入試となります。ここでは，赤本での新課程入試の対策について，よくある疑問にお答えします。

Q1. 赤本は新課程入試の対策に使えますか？

A. もちろん使えます！

旧課程入試の過去問が新課程入試の対策に役に立つのか疑問に思う人もいるかもしれませんが，心配することはありません。旧課程入試の過去問が役立つのには次のような理由があります。

● 学習する内容はそれほど変わらない

新課程は旧課程と比べて科目名を中心とした変更はありますが，学習する内容そのものはそれほど大きく変わっていません。また，多くの大学で，既卒生が不利にならないよう「経過措置」がとられます（Q３参照）。したがって，出題内容が大きく変更されることは少ないとみられます。

● 大学ごとに出題の特徴がある

これまでに課程が変わったときも，各大学の出題の特徴は大きく変わらないことがほとんどでした。入試問題は各大学のアドミッション・ポリシーに沿って出題されており，過去問にはその特徴がよく表れています。過去問を研究してその大学に特有の傾向をつかめば，最適な対策をとることができます。

出題の特徴の例	・英作文問題の出題の有無 ・論述問題の出題（字数制限の有無や長さ） ・計算過程の記述の有無

新課程入試の対策も，赤本で過去問に取り組むところから始めましょう。

Q2. 赤本を使う上での注意点はありますか？

A. 志望大学の入試科目を確認しましょう。

過去問を解く前に，過去の出題科目（問題編冒頭の表）と 2025 年度の募集要項とを比べて，課される内容に変更がないかを確認しましょう。ポイントは以下のとおりです。科目名が変わっていても，実際は旧課程の内容とほとんど同様のものもあります。

英語・国語	科目名は変更されているが，実質的には変更なし。 ▶▶ **ただし，リスニングや古文・漢文の有無は要確認。**
地歴	科目名が変更され，「歴史総合」「地理総合」が新設。 ▶▶ **新設科目の有無に注意。ただし，「経過措置」（Q３参照）により内容は大きく変わらないことも多い。**
公民	「現代社会」が廃止され，「公共」が新設。 ▶▶ **「公共」は実質的には「現代社会」と大きく変わらない。**
数学	科目が再編され，「数学 C」が新設。 ▶▶ **「数学」全体としての内容は大きく変わらないが，出題科目と単元の変更に注意。**
理科	科目名も学習内容も大きな変更なし。

数学については，科目名だけでなく，どの単元が含まれているかも確認が必要です。例えば，出題科目が次のように変わったとします。

旧課程	「数学Ⅰ・数学Ⅱ・数学 A・数学 B（数列・ベクトル）」
新課程	「数学Ⅰ・数学Ⅱ・数学 A・**数学 B（数列）**・**数学 C（ベクトル）**」

この場合，新課程では「数学C」が増えていますが，単元は「ベクトル」のみのため，実質的には旧課程とほぼ同じであり，過去問をそのまま役立てることができます。

Q3. 「経過措置」とは何ですか？

A. 既卒の旧課程履修者への対応です。

多くの大学では，既卒の旧課程履修者が不利にならないように，出題において「経過措置」が実施されます。措置の有無や内容は大学によって異なるので，募集要項や大学のウェブサイトなどで確認しておきましょう。

○旧課程履修者への経過措置の例

- 旧課程履修者にも配慮した出題を行う。
- 新・旧課程の共通の範囲から出題する。
- 新課程と旧課程の共通の内容を出題し，共通範囲のみでの出題が困難な場合は，旧課程の範囲からの問題を用意し，選択解答とする。

例えば，地歴の出題科目が次のように変わったとします。

旧課程	「日本史 B」「世界史 B」から１科目選択
新課程	「**歴史総合**，日本史探究」「**歴史総合**，世界史探究」から１科目選択※ ※旧課程履修者に不利益が生じることのないように配慮する。

「歴史総合」は新課程で新設された科目で，旧課程履修者には見慣れないものですが，上記のような経過措置がとられた場合，新課程入試でも旧課程と同様の学習内容で受験することができます。

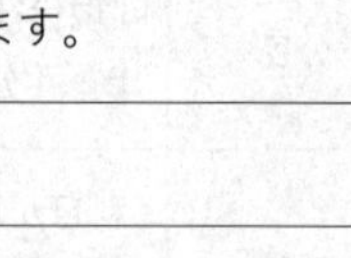

要チェックだホン

新課程の情報は WEB もチェック！
より詳しい解説が赤本ウェブサイトで見られます。
https://akahon.net/shinkatei/

科目名が変更される教科・科目

	旧課程	新課程
国語	国語総合 国語表現 現代文A 現代文B 古典A 古典B	現代の国語 言語文化 論理国語 文学国語 国語表現 古典探究
地歴	日本史A 日本史B 世界史A 世界史B 地理A 地理B	歴史総合 日本史探究 世界史探究 地理総合 地理探究
公民	現代社会 倫理 政治・経済	公共 倫理 政治・経済
数学	数学Ⅰ 数学Ⅱ 数学Ⅲ 数学A 数学B 数学活用	数学Ⅰ 数学Ⅱ 数学Ⅲ 数学A 数学B 数学C
外国語	コミュニケーション英語基礎 コミュニケーション英語Ⅰ コミュニケーション英語Ⅱ コミュニケーション英語Ⅲ 英語表現Ⅰ 英語表現Ⅱ 英語会話	英語コミュニケーションⅠ 英語コミュニケーションⅡ 英語コミュニケーションⅢ 論理・表現Ⅰ 論理・表現Ⅱ 論理・表現Ⅲ
情報	社会と情報 情報の科学	情報Ⅰ 情報Ⅱ

目　次

2022 年度

2021 年度

2020 年度

解答用紙は，赤本オンラインに掲載しています。

https://akahon.net/kkm/ngy/index.html

※掲載内容は，予告なしに変更･中止する場合があります。

掲載内容についてのお断り

- 学校推薦型選抜は掲載していません。
- 著作権の都合上，下記の内容を省略しています。

  2024 年度「日本史」Ⅳ　問 6 の映画のセリフ

  2020 年度「日本史」Ⅳの史料（一部）

UNIVERSITY GUIDE

大学情報

基本情報

沿革

1939（昭和 14）	名古屋帝国大学創設。医学部と理工学部の 2 学部でスタート
1942（昭和 17）	理工学部を理学部と工学部に分離
1947（昭和 22）	名古屋大学（旧制）と改称
1948（昭和 23）	文学部・法経学部を設置
1949（昭和 24）	名古屋大学（旧制），名古屋大学附属医学専門部，第八高等学校，名古屋経済専門学校，岡崎高等師範学校を包括し，新制名古屋大学として発足（文学部・教育学部・法経学部・理学部・医学部・工学部を設置）
1950（昭和 25）	法経学部を法学部と経済学部に分離
1951（昭和 26）	農学部設置
1993（平成 5）	情報文化学部設置
2004（平成 16）	国立大学法人名古屋大学となる
2017（平成 29）	情報文化学部を情報学部に改組

2001（平成 13）年，野依良治特別教授がノーベル化学賞を受賞

- 2008（平成 20）年，卒業生の益川敏英博士と小林誠博士がノーベル物理学賞を，元助教授の下村脩博士がノーベル化学賞を受賞
- 2014（平成 26）年，赤﨑勇特別教授および天野浩工学研究科教授がノーベル物理学賞を受賞

名大マーク

図案化された Nagoya University の「NU」に，篆書体の「名大」を合わせた，名大マークは，名大の象徴たる学章として，学生バッジや学旗，印刷物，名大グッズなどに広く用いられています。

名古屋大学
NAGOYA UNIVERSITY

学部・学科の構成

大学

●文学部　東山キャンパス

人文学科（言語文化学繫〈言語学，日本語学〉，英語文化学繫〈英語学，英米文学〉，文献思想学繫〈ドイツ語ドイツ文学，ドイツ語圏文化学，フランス語フランス文学，日本文学，中国語中国文学，哲学，西洋古典学，中国哲学，インド哲学〉，歴史文化学繫〈日本史学，東洋史学，西洋史学，美学美術史学，考古学，文化人類学〉，環境行動学繫〈社会学，心理学，地理学〉）

●教育学部　東山キャンパス

人間発達科学科（生涯教育開発コース，学校教育情報コース，国際社会文化コース，心理社会行動コース，発達教育臨床コース）

●法学部　東山キャンパス

法律・政治学科

●経済学部　東山キャンパス

経済学科

経営学科

●情報学部　東山キャンパス

自然情報学科

人間・社会情報学科

コンピュータ科学科

●理学部　東山キャンパス

数理学科

物理学科

化学科

生命理学科

地球惑星科学科

●医学部 医学科：鶴舞キャンパス（全学教育科目は東山キャンパス）
保健学科：大幸キャンパス（全学教育科目は東山キャンパス）

医学科

保健学科（看護学専攻，放射線技術科学専攻，検査技術科学専攻，理学療法学専攻，作業療法学専攻）

●工学部 東山キャンパス

化学生命工学科

物理工学科

マテリアル工学科

電気電子情報工学科

機械・航空宇宙工学科

エネルギー理工学科

環境土木・建築学科

●農学部 東山キャンパス

生物環境科学科

資源生物科学科

応用生命科学科

（備考）学科・コース・専攻等に分属する年次はそれぞれで異なる。

大学院

人文学研究科／教育発達科学研究科／法学研究科／経済学研究科／情報学研究科／理学研究科／医学系研究科／工学研究科／生命農学研究科／国際開発研究科／多元数理科学研究科／環境学研究科／創薬科学研究科

大学所在地

東山キャンパス

鶴舞キャンパス

大幸キャンパス

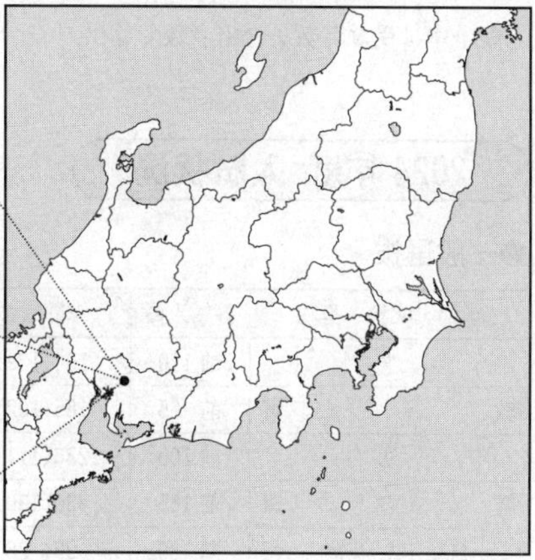

東山キャンパス　〒464-8601　名古屋市千種区不老町
鶴舞キャンパス　〒466-8550　名古屋市昭和区鶴舞町 65
大幸キャンパス　〒461-8673　名古屋市東区大幸南 1 丁目 1 番 20 号

入試データ

入試状況（志願者数・競争率など）

◯競争率は受験者数÷合格者数で算出。

2024 年度 入試状況

●一般選抜

（ ）内は女子内数

学部・学科・専攻	募集人員	志願者数	受験者数	合格者数	競争率
文	前 110	194(129)	189(125)	111(69)	1.7
教育	前 55	165(102)	155(94)	58(35)	2.7
法	前 105	236(111)	199(95)	108(46)	1.8
経済	前 165	430(136)	400(116)	171(47)	2.3
情報 自然情報	前 30	99(28)	88(23)	32(9)	2.8
情報 人間・社会情報	前 30	112(51)	104(46)	33(16)	3.2
情報 コンピュータ科	前 53	130(15)	118(12)	56(2)	2.1
理	前 220	534(115)	492(98)	222(25)	2.2
医 医	前 90	268(73)	241(63)	95(25)	2.5
医 医	後 5	90(25)	14(3)	5(1)	2.8
医 保健 看護学	前 45	120(110)	94(85)	49(44)	1.9
医 保健 放射線技術科学	前 30	92(50)	79(40)	30(14)	2.6
医 保健 検査技術科学	前 25	79(64)	63(50)	27(21)	2.3
医 保健 理学療法学	前 13	35(18)	26(14)	13(7)	2.0
医 保健 作業療法学	前 13	31(23)	26(19)	21(12)	1.2
工 化学生命工	前 90	196(54)	187(49)	87(15)	2.1
工 物理工	前 75	165(9)	161(7)	78(2)	2.1
工 マテリアル工	前 99	208(20)	196(13)	101(8)	1.9
工 電気電子情報工	前 106	361(27)	349(25)	104(4)	3.4
工 機械・航空宇宙工	前 135	355(30)	338(28)	133(8)	2.5
工 エネルギー理工	前 34	60(10)	52(6)	36(2)	1.4
工 環境土木・建築	前 72	186(41)	177(36)	73(16)	2.4

（表つづく）

学部・学科・専攻		募集人員	志願者数	受験者数	合格者数	競争率
農	生物環境科	前 27	40(13)	31(11)	27(10)	1.1
	資源生物科	前 43	96(43)	83(37)	45(22)	1.8
	応用生命科	前 66	167(110)	153(100)	67(37)	2.3
合計		1,736	4,449 (1,407)	4,015 (1,195)	1,782 (497)	—

（備考）

- 医学部医学科の前期日程は「地域枠」を含む（人数は以下)。
  志願者数：14(4)名，受験者数：14(4)名，合格者数：5(2)名。
- 医学部医学科でのみ後期日程を実施。
- 追加合格者は出していない。

2023 年度　入試状況

●一般選抜

（　）内は女子内数

学部・学科・専攻			募集人員	志願者数	受験者数	合格者数	競争率
文			前 110	218(135)	217(135)	110(63)	2.0
教育			前 55	171(99)	158(90)	58(32)	2.7
法			前 105	269(118)	224(96)	106(37)	2.1
経済			前 165	361(116)	331(101)	171(55)	1.9
情報	自然情報		前 30	69(15)	63(13)	32(8)	2.0
情報	人間・社会情報		前 30	111(42)	101(39)	38(15)	2.7
情報	コンピュータ科		前 53	154(19)	144(19)	55(3)	2.6
理			前 220	543(112)	497(95)	223(31)	2.2
医	医		前 90	250(77)	224(65)	94(23)	2.4
医	医		後 5	76(26)	18(8)	5(1)	3.6
医	保健	看護学	前 45	91(86)	62(58)	47(45)	1.3
医	保健	放射線技術科学	前 30	87(46)	73(35)	33(16)	2.2
医	保健	検査技術科学	前 25	77(68)	62(54)	26(20)	2.4
医	保健	理学療法学	前 13	36(18)	28(11)	11(3)	2.5
医	保健	作業療法学	前 13	36(21)	31(16)	18(10)	1.7
工	化学生命工		前 90	155(44)	149(39)	90(19)	1.7
工	物理工		前 75	131(6)	125(6)	75(6)	1.7
工	マテリアル工		前 99	232(26)	224(25)	99(14)	2.3
工	電気電子情報工		前 106	291(19)	279(15)	106(4)	2.6
工	機械・航空宇宙工		前 135	366(30)	351(28)	135(10)	2.6
工	エネルギー理工		前 34	76(10)	72(9)	34(2)	2.1
工	環境土木・建築		前 72	176(38)	168(37)	73(18)	2.3
農	生物環境科		前 27	60(20)	54(16)	28(9)	1.9
農	資源生物科		前 43	136(64)	124(58)	45(27)	2.8
農	応用生命科		前 66	162(91)	142(80)	67(39)	2.1
合計			1,736	4,334 (1,346)	3,921 (1,148)	1,779 (510)	—

（備考）

- 医学部医学科の前期日程は「地域枠」を含む（人数は以下）。
  志願者数：23(14)名，受験者数：20(12)名，合格者数：5(2)名。
- 医学部医学科でのみ後期日程を実施。
- 追加合格者（外数）：工学部機械・航空宇宙工学科 2 名。

2022 年度 入試状況

●一般選抜

（ ）内は女子内数

学部・学科・専攻			募集人員	志願者数	受験者数	合格者数	競争率
文			前110	236(127)	234(126)	111(59)	2.1
教育			前55	184(109)	174(103)	59(38)	2.9
法			前105	274(114)	231(97)	106(42)	2.2
経済			前165	479(137)	438(118)	173(46)	2.5
情報	自然情報		前30	67(14)	57(11)	29(6)	2.0
	人間・社会情報		前30	90(32)	81(29)	32(10)	2.5
	コンピュータ科		前53	108(8)	103(8)	58(2)	1.8
理			前220	576(120)	524(105)	229(37)	2.3
医	医		前90	150(34)	130(28)	95(18)	1.4
			後5	38(8)	8(4)	5(3)	1.6
	保健	看護学	前45	119(112)	92(85)	46(40)	2.0
		放射線技術科学	前30	75(42)	67(37)	31(13)	2.2
		検査技術科学	前25	71(59)	63(52)	26(23)	2.4
		理学療法学	前13	34(12)	25(7)	13(4)	1.9
		作業療法学	前13	32(25)	25(19)	19(13)	1.3
工	化学生命工		前90	190(60)	181(56)	92(33)	2.0
	物理工		前75	185(10)	180(10)	77(3)	2.3
	マテリアル工		前99	177(20)	168(18)	104(12)	1.6
	電気電子情報工		前107	362(20)	351(19)	108(5)	3.3
	機械・航空宇宙工		前135	374(34)	351(31)	138(8)	2.5
	エネルギー理工		前36	53(3)	49(1)	39(1)	1.3
	環境土木・建築		前72	165(36)	160(34)	76(16)	2.1
農	生物環境科		前27	54(18)	44(13)	27(10)	1.6
	資源生物科		前43	89(47)	78(40)	45(25)	1.7
	応用生命科		前66	195(110)	178(97)	68(39)	2.6
合計			1,739	4,377 (1,311)	3,992 (1,148)	1,806 (506)	—

（備考）

- 医学部医学科でのみ後期日程を実施。
- 追加合格者は出していない。

2021 年度　入試状況

●一般選抜

（　）内は女子内数

学部・学科・専攻			募集人員	志願者数	受験者数	合格者数	競争率
文			前 110	247(143)	243(142)	110(69)	2.2
教育			前 55	147(93)	136(88)	63(41)	2.2
法			前 105	246(91)	208(73)	109(39)	1.9
経済			前 165	420(117)	384(102)	173(51)	2.2
情報	自然情報		前 30	120(16)	112(13)	33(5)	3.4
情報	人間・社会情報		前 30	138(51)	131(49)	33(11)	4.0
情報	コンピュータ科		前 53	123(19)	116(17)	57(9)	2.0
理			前 220	526(113)	486(97)	228(33)	2.1
医	医		前 90	345(101)	316(93)	95(28)	3.3
医	医		後 5	54(13)	25(5)	5(1)	5.0
医	保健	看護学	前 45	114(108)	86(81)	47(46)	1.8
医	保健	放射線技術科学	前 30	111(66)	96(60)	30(15)	3.2
医	保健	検査技術科学	前 25	61(51)	50(42)	25(22)	2.0
医	保健	理学療法学	前 13	38(14)	29(10)	13(5)	2.2
医	保健	作業療法学	前 13	38(25)	34(21)	19(11)	1.8
工	化学生命工		前 90	212(52)	202(47)	92(21)	2.2
工	物理工		前 75	161(9)	153(9)	77(4)	2.0
工	マテリアル工		前 99	207(17)	196(16)	103(3)	1.9
工	電気電子情報工		前 107	311(12)	302(12)	112(3)	2.7
工	機械・航空宇宙工		前 135	423(30)	405(25)	139(3)	2.9
工	エネルギー理工		前 36	101(13)	96(11)	38(1)	2.5
工	環境土木・建築		前 72	209(49)	203(47)	77(11)	2.6
農	生物環境科		前 27	48(17)	40(11)	27(7)	1.5
農	資源生物科		前 43	79(32)	68(29)	44(22)	1.5
農	応用生命科		前 66	156(93)	138(82)	69(44)	2.0
合計			1,739	4,635 (1,345)	4,255 (1,182)	1,818 (505)	—

（備考）

- 医学部医学科でのみ後期日程を実施。
- 追加合格者は出していない。

2020 年度 入試状況

●一般入試

（　）内は女子内数

学部・学科・専攻			募集人員	志願者数	受験者数	合格者数	競争率
文			前 110	229(120)	228(119)	110(68)	2.1
教育			前 55	160(97)	150(88)	59(39)	2.5
法			前 105	222(84)	184(66)	107(36)	1.7
経済			前 165	421(114)	387(102)	172(45)	2.3
情報	自然情報		前 30	81(15)	70(9)	32(3)	2.2
	人間・社会情報		前 30	105(35)	97(32)	33(7)	2.9
	コンピュータ科		前 53	142(9)	136(8)	55(4)	2.5
理			前 220	534(121)	489(105)	228(34)	2.1
医	医		前 90	295(94)	271(84)	94(22)	2.9
			後 5	55(15)	17(5)	5(2)	3.4
	保健	看護学	前 45	107(94)	77(67)	49(42)	1.6
		放射線技術科学	前 30	107(62)	94(51)	30(15)	3.1
		検査技術科学	前 25	95(65)	82(53)	26(19)	3.2
		理学療法学	前 13	35(11)	29(9)	13(4)	2.2
		作業療法学	前 13	42(27)	38(24)	20(7)	1.9
工	化学生命工		前 90	185(51)	176(45)	92(23)	1.9
	物理工		前 75	135(7)	130(6)	80(3)	1.6
	マテリアル工		前 99	196(18)	191(17)	103(11)	1.9
	電気電子情報工		前 107	342(20)	332(15)	108(4)	3.1
	機械・航空宇宙工		前 135	414(29)	401(28)	137(6)	2.9
	エネルギー理工		前 36	75(5)	67(4)	38(5)	1.8
	環境土木・建築		前 72	186(44)	176(41)	75(19)	2.3
農	生物環境科		前 27	52(10)	43(8)	27(5)	1.6
	資源生物科		前 43	106(50)	96(44)	45(17)	2.1
	応用生命科		前 66	156(81)	139(70)	68(33)	2.0
合計			1,739	4,477 (1,278)	4,100 (1,100)	1,806 (473)	—

（備考）

- 医学部医学科でのみ後期日程を実施。
- 追加合格者は出していない。

合格最低点（一般選抜）

学部・学科・専攻			満点	合格最低点				
				2024 年度	2023 年度	2022 年度	2021 年度	2020 年度
前期日程								
文			2,100	1,399	1,387	1,347	1,422	1,384
教育			2,700	1,812	1,768	1,663	1,757	1,664
法			1,500	1,044	1,023	968	1,014	985
経済			2,400	1,606	1,561	1,555	1,576	1,469
情報	自然情報		2,000	1,339	1,267	1,225	1,365	1,260
情報	人間・社会情報		2,000	1,399	1,367	1,273	1,476	1,425
情報	コンピュータ科		2,200	1,504	1,486	1,387	1,468	1,436
理			2,350	1,443	1,445	1,423	1,491	1,432
医	医		2,550	1,836	1,881	1,807	1,935	1,822
医	保健	看護学	2021～2024 年度 2,550 2020 年度 2,400	1,278	1,312	1,292	1,372	1,253
医	保健	放射線技術科学		1,441	1,351	1,317	1,450	1,369
医	保健	検査技術科学		1,385	1,408	1,300	1,480	1,389
医	保健	理学療法学		1,343	1,491	1,431	1,478	1,393
医	保健	作業療法学		1,251	1,308	1,237	1,286	1,241
工	化学生命工		1,900	1,186	1,123	1,101	1,132	1,069
工	物理工		1,900	1,203	1,160	1,125	1,134	1,090
工	マテリアル工		1,900	1,192	1,154	1,076	1,136	1,084
工	電気電子情報工		1,900	1,259	1,188	1,170	1,186	1,146
工	機械・航空宇宙工		1,900	1,249	1,201	1,172	1,234	1,168
工	エネルギー理工		1,900	1,200	1,171	1,078	1,153	1,091
工	環境土木・建築		1,900	1,219	1,164	1,107	1,145	1,075
農	生物環境科		2022～2024 年度 2,450 2020・2021 年度 2,300	1,437	1,470	1,418	1,365	1,417
農	資源生物科			1,491	1,503	1,424	1,382	1,432
農	応用生命科			1,500	1,511	1,460	1,440	1,451
後期日程								
医	医		（非開示）					

（備考）

- 工学部及び農学部の合格最低点は，高得点者選抜を除く合格者の最低点である。
- 医学部医学科の後期日程は試験成績を開示していない。

募集要項（出願書類）の入手方法

名古屋大学では，インターネット出願が導入されています。学生募集要項は大学ホームページから閲覧またはダウンロードしてください。

問い合わせ先

名古屋大学　教育推進部入試課
〒464-8601　名古屋市千種区不老町Ｄ 4-4（100）
TEL　(052)789-5765（直）
ホームページ　https://www.nagoya-u.ac.jp/

気になること、聞いてみました！

在学生メッセージ

大学ってどんなところ？　大学生活ってどんな感じ？
ちょっと気になることを，在学生に聞いてみました。

以下の内容は 2020〜2023 年度入学生のアンケート回答に基づくものです。ここで触れられている内容は今後変更となる場合もありますのでご注意ください。

メッセージを書いてくれた先輩　［教育学部］M.M. さん　［法学部］H.K. さん
［経済学部］S.H. さん　［情報学部］T.S. さん
［医学部］M.M. さん　R.K. さん　［農学部］S.H. さん

大学生になったと実感！

取りたい授業を自分で選んで，学びたいことを学べること。特に，一般教養を学ぶ１年生の期間は，文系のなかでも法学や文学，心理学，政治学など多様な学問に触れることができるので，自分の新たな興味を発見することができます！（M.M. さん／教育）

親元から離れて一人暮らしをするようになり，お金の管理や家事など，今まで全部親に任せていたことを自分でやらざるを得ない状況になったことです。また，高校はクラスみんなが同じ授業を同じ先生から受けていたのが，大学では人それぞれ取っている授業が違えば同じ科目でも担当教員が違うのが，一番の変化だと感じました。（T.S. さん／情報）

高校まではノートと鉛筆を使って勉強することがあたりまえでしたが，大学生になると Excel を使ってグラフの作成や表計算を行ったり，Word

を使ってレポートの作成を行うなど，パソコンを使って勉強することが多くなりました。（S.H. さん／農）

大学生活に必要なもの

自己管理です。大学生になると授業や生活様式（一人暮らし，実家暮らし，下宿など）が人によって違うので，高校生の頃と比べて自分自身で管理しなければいけない場面が増えてきます。予定やするべきことをすぐに確認するために，大学生になってからスケジュールアプリを入れました。スケジュール帳に比べてスマートフォンは常に持ち歩いているので，すぐに確認できる点がよいです。（M.M. さん／医）

iPad や Apple Pencil があると便利です。紙の教科書を用いて授業を行う先生もいらっしゃいますが，授業によってはスライドのみで行われるものもあります。毎回，配布されるスライドの枚数が多く，また画像付きであるものも多いことから，プリントアウトすると手間がかかったり見にくかったりしますが，iPad を持っているとメモを書き込んだりすることもできて簡単にノート作りができます。僕は先輩から教えてもらった GoodNotes というアプリを利用しています。（R.K. さん／医）

この授業がおもしろい！

配られるソフトウェアを使用して，快適な室内環境について検討する授業です。ソフトウェアは，風量や気温などの基本的なものだけでなく，着衣量などの細かな設定ができ，シミュレーションをしてくれます。最終的に自分でテーマを考えて検討したものを発表するのですが，他の学部生の発表も興味深いものばかりでした。また，教授がそれぞれの最終発表を深堀りして，どういう仕組みでこの環境状態になっているのかを軽く解説してくださいました。（M.M. さん／医）

基礎セミナーです。名古屋大学は研究に力を入れており，１年生から研究者としての姿勢や考え方を培う授業があります。基礎セミナーは，６名の先生がそれぞれ担当する授業から，自分の興味のある授業を選択するようになっています。僕はコオロギとマウスの胎児を解剖する授業を受けています。将来，医師になったときに患者さんの治療に常に正解があるとはかぎりません。未知の状態に対してのアプローチを，馴染みのないコオロギの解剖から学習します。事前に内部器官，解剖方法を調べ尽くしてから実習に臨み，その結果について考察を繰り返します。（R.K. さん／医）

大学の学びで困ったこと＆対処法

授業についていけなかったことです。私は共通テストのみで学力を測る学校推薦型選抜で入学し数学Ⅲの内容を完全に忘れていたため，数学Ⅲの内容を取り扱った授業にまったくついていくことができませんでした。ただ，周りの友人を頼ることでなんとか授業内容の理解を深めることができ，単位を取得できました。（M.M. さん／医）

キャンパス内が広くて，講義の場所がわからなくなってしまうことです。そうならないように，事前に講義の場所を確認することを忘れないようにしています。同じ授業を受講している友達がいないと，課題でわからないところが聞けないことも困りました。（S.H. さん／経済）

部活・サークル活動

バレーボールサークルに入っています。週２，３回の練習と試合があり，年に何度か大会にも参加しています。複数の大学の学生が集まるサークルなので他大学の友達ができるし，同じ大学でも違う学部の友達もできるので，交友関係が広がります。また，趣味が同じ仲間と集まることはとても楽しいので，何か１つは入ることをおすすめします！（M.M. さん／教育）

部活とサークルの両方に入っています。活動頻度は，部活はマネージャーで週２ぐらい，サークルは週１ぐらいです。夏休みはどちらの合宿にも参加して，楽しい思い出を作ることができました！（H.K. さん／法）

交友関係は？

私は運動が好きなので，バレーボールサークルや，体育で同じになるメンバーと仲良くなりました。授業が同じでも，学生同士が話す機会がなかったり，自由席でもともとの知り合いと座ってしまうので，新たな交友関係が築きにくく，講義以外の場で出会った人のほうが友達になりやすいと思います。大学のような自分の興味がある程度はっきりしてきたなかで意気投合した友達は，その後も長く交友関係が続く場合が多いので，いろんな人と交友するといいと思います！（M.M. さん／教育）

いま「これ」を頑張っています

心理学の勉強です。私は大学に入ってから自分が心理学に興味をもっていることに気づき，進路を変更しました。心理学のコースに進むには高いGPA（大学の通知表のようなもの）が必要なので，勉強を頑張っています。心理学は人間をより科学的に研究する学問で，自分事に置き換えやすく，とてもおもしろいです。（M.M. さん／教育）

旅行に熱中しています。高校生まで旅行は親とするものでしたが，大学生になってから友人とするものに変わりました。友人との旅行は，修学旅行のようなワクワク感を味わえて楽しいです！ また，自分たちで計画を練るので，やりたいことをたくさんできます。（M.M. さん／医）

僕は農学部ですが，高校では生物を履修していなかったので，生物学の勉強を頑張っています。今まであまり勉強してこなかった分野を勉強することはとても新鮮で，新しい発見や他の分野につながることが多いので，楽しんで勉強しています。（S.H. さん／農）

普段の生活で気をつけていることや心掛けていること

スケジュール管理を怠らないように気をつけています。部活・サークル・バイトで予定を埋めすぎて，課題をする時間がないということにならないように計画的に生活しています。(H.K. さん／法)

3食取らなかったり，夜遅くに寝る生活が続いたせいもあって，体調不良が続いた時期があったので，必ず3食取るようにして，寝る時間も固定するようにし，不摂生を避けています。(T.S. さん／情報)

おススメ・お気に入りスポット

ハロキというハンバーグ屋さんがおすすめです！ 安くて量も十分なので，学生に嬉しいメニューになっています！ 味の種類もたくさんあるので何回行っても飽きないし，店員さんが海外の人でユーモアたっぷりに接客してくれるのも楽しくて，嬉しさを倍増させるポイントだと思います！ 大学のすぐ近くにあるのでぜひ行ってみてください！ (M.M. さん／教育)

中華料理の定食屋さんです。学生定食が安いのに大盛りで美味しいので，一人暮らしで金欠な学生にとっては救世主のような存在です。部活の帰りによく先輩に連れて行ってもらいます。こういった交流の場に使われるほど，学生にとって親しみのあるお店です。(M.M. さん／医)

豊田講堂の前の芝生は広々としていてゴロゴロするのにもってこいです。サークルの活動をしたり，オンライン授業を受けたり，自由に使える場所です。また，全学教育棟の中にあるカフェはパフェが安くて美味しいのでおすすめです。図書館も大きくて，勉強したり，オンライン授業を受けたり，本を借りたり，いろいろな用途で使うことができるので気に入っています。(S.H. さん／経済)

入学してよかった！

自分も頑張ろうと前向きになれることです。私の友人は優秀なだけではなく，将来の目標をもった人ばかりです。目標をただ掲げるだけでなく，入学したばかりの頃からすでに活動をしている人もいます。そのような友人に囲まれていると自然と私も追いつけるように頑張ろうという気持ちになります。（M.M. さん／医）

新聞で記事になっていたことを研究している教授や，有名な賞を受賞された教授がたくさんいることです。教養科目では，総合大学ならではの非常に幅広い内容を学べることも名古屋大学に入ってよかったと思うことです。学食や学内カフェもたくさんあるので，お昼ごはんを食べるのも楽しみのひとつです。（S.H. さん／経済）

高校生のときに「これ」をやっておけばよかった

タイピングにもう少し慣れておけばよかったなあと思います。大学生になって，文字を書くことはほとんどなく，パソコンを使うことが多いので，タイピングが速いだけでかなり時間を節約できます。（H.K. さん／法）

スライドの作り方です。授業中の発表，実習後の報告会などでスライドを作って発表する機会が多くあります。作成するのに時間がかかったり，非常に簡素なスライドになってしまうことが多々あります。周りにはよくまとめられた見やすいスライドを作る人が多くいるので，彼らのように効果的なスライドを作れるように勉強しています。大学入学後に苦労しないためにも，高校生のうちから見やすい，わかりやすいスライドの作り方をもっと学んでおけばよかったと思います。（R.K. さん／医）

合格体験記

みごと合格を手にした先輩に，入試突破のためのカギを伺いました。
入試までの限られた時間を有効に活用するために，ぜひ役立ててください。

（注）ここでの内容は，先輩方が受験された当時のものです。2025 年度入試では当てはまらないこともありますのでご注意ください。

・アドバイスをお寄せいただいた先輩・

Message

Y.M. さん　経済学部
前期日程 2024 年度合格，愛知県出身

コツコツと積み重ねです！「努力は力なり」本当にその通りです！ 学力は前日まで伸び続ける!! やったもん勝ち!! 自分を信じて!!

その他の合格大学　南山大（経済，経営）

Message

H.K. さん　法学部
前期日程 2022 年度合格，愛知県出身

合格の最大のポイントは自信です。難しい問題や新しい傾向の問題が本番で現れたときに，「自分が難しいと思うことは，ライバルにとっても難しいから大丈夫」と思って，冷静でいられるかが合否を左右します。その自信を持つためには，模試で結果を出すことと，これ以上ないくらいやったと思えるくらい勉強することのどちらかが少なくとも必要だと思います。

その他の合格大学　南山大（法〈共通テスト利用〉）

Message

M.Y. さん　法学部
前期日程 2022 年度合格，愛知県出身

最後まであきらめないことです。私は進路を最終的に決めたのが高 3 の冬休み前で，受験勉強に本気で取り組むようになったのもその頃からでした。あまりにも遅すぎたスタートを後悔し，何度も心が折れそうになりましたが，周囲からの励ましを支えに，最後まで走りぬくことができました。たとえ現状がどんなに辛いものだとしても，あきらめなければ合格する可能性は必ずある，ということを忘れないでほしいです。

その他の合格大学　中央大（法），立命館大（法），南山大（法）

Z.I. さん　法学部
前期日程 2022 年度合格，愛知県出身

合格のポイントは，常日頃から規則正しい生活を送り本番を意識した勉強をしたことに加えて，大学の過去問をやり尽くし過去問研究に努めたことです。

その他の合格大学　上智大（文・外国語〈共通テスト利用〉），明治大（法・商〈共通テスト利用〉），中央大（法〈共通テスト利用〉），南山大（外国語〈共通テスト利用〉）

A.S. さん　経済学部
前期日程 2021 年度合格，愛知県出身

模試で判定が下がったときや点数が伸びなくなったときに，あきらめずに勉強し続けることが 1 番大切だと思いました。

その他の合格大学　明治大（商）

S.H. さん　経済学部
前期日程 2021 年度合格，愛知県出身

いつまでに何をやるか合格への道筋を明確に設定しましょう。がむしゃらに勉強しても結果はうまくついてこないので，的確な合格への道筋を調べたり自分で考えることが大切だと思います！

その他の合格大学　南山大（経済）

入試なんでもQ&A

受験生のみなさんからよく寄せられる，
入試に関する疑問・質問に答えていただきました。

Q 「赤本」の効果的な使い方を教えてください。

A 採点した後が大事!! 自分がどうして間違えたのか，どうしたらそこが解けたのか，それを考えて次につなげるのが大切。10 年分の解いただけの過去問より，しっかりと考えながらやった 3 年分が勝ります。私は，過去問を解くときはノートに書いて，問題のどこで間違えたのかを書くようにしました。定期的にノートを眺めて同じミスをしないように気をつけていたし，試験本番にも持って行きました。ノートを作ることで，自分はこんなにやったから大丈夫!! と自信になり，また同じミスを防げるようになると思います。 （Y.M. さん／経済）

A 入試問題の傾向を知るために活用しました。問題の傾向が突然大きく変わることはあまりないので，志望先が決まってすぐにお試し感覚で一度解くと，効率的に勉強の方針を考えることができます。また，どのような問題がどの順番に出てくるかを知り，出題内容に慣れておくだけでも，本番の際の心のゆとりにつながります。加えて，解くときには時間を正確に計って取り組むようにしてほしいです。私は普段数分くらい誤魔化しながら過去問を解いていたのですが，本番で時間が足りなくなり，非常に焦った思い出があります。 （M.Y. さん／法）

Q 共通テストと個別試験（二次試験）とでは，それぞれの対策の仕方や勉強の時間配分をどのようにしましたか？

A 共通テスト対策は 11 月ぐらいから始めました。12 月までは共通テスト：二次試験の比が 3：7 くらいでやりました。12 月に入ってからはどんどん共通テストの割合を増やし，12 月後半は 6：4 で 1 月は 7：3 くらいでした。直前は 10：0 です。共通テストは主に予想問題集や模試形式の予想問題をやりました。特に数学は時間配分に気をつけて解いていました。二次試験対策は，赤本や記述用の問題集を使っていました。赤本はできなかったところを 2 回解きました。　（A.S. さん／経済）

Q 1 年間の学習スケジュールはどのようなものでしたか？

A 部活が終わってからは平日 4 〜 5 時間，休日 9 〜10 時間勉強していました。夏休みまでに基礎を固めました。英単語は『英単語ターゲット 1900』（旺文社），英文法・語法は『Next Stage 英文法・語法問題』（桐原書店）を使いました。夏休みからセンターや共通テストの国数英の過去問を 5 年分やりました。また，苦手教科を重点的にやりました。9 月からは共通テストや二次試験を意識しながら勉強を進めていき，11 月までに二次試験の対策を半分以上完成させて，それからは共通テストの勉強に専念しました。　（H.K. さん／法）

A 高校 3 年生の夏までは英単語や英文法，古文単語や古文文法，漢文法などの基礎をとにかく徹底して勉強しました。夏休みは，苦手科目の数学のワークをたくさん解きました。また，毎日英語の長文を読み，リスニングとシャドーイングを行いました。10 月までは二次対策をし，11 月からは共通テスト対策も少しずつ始めました。12 月は赤本を解き，やるべきことを確認し，苦手を潰していきました。12〜 1 月前半は共通テスト対策を主にして，共通テストが終わってからは過去問を中心に学習しました。　（A.S. さん／経済）

Q 名古屋大学を攻略する上で，特に重要な科目は何ですか？また，どのように勉強をしましたか？

A 数学です。名古屋大の数学はむちゃくちゃ難しいです！ 文系で数学は一番差がつくので，他の受験生が正解する問題では確実に得点することが重要です。それ以外の問題はすべてを解こうとするのではなく，解けそうな問題を見繕って時間をかけて解答を作成することが重要です。緩急をつけて問題を解いていかないといけないところが難しいポイントだと思います。また，英語のグラフをもとにした自由英作文は，グラフを表す上でよく使われる表現を暗記するとだいぶ書きやすくなるので，勉強した人としていない人で差がつくのではないかと思います。

(S.H. さん／経済)

Q 苦手な科目はどのように克服しましたか？

A 私は数学がずっと苦手科目でした。問題を見た際に，解法が思い浮かばないことが多くあったので，まずは解法集などを利用して，ある程度の問題は解き方を暗記するようにしました。数学は暗記教科ではありませんが，数学に苦手意識がある人にはおすすめの勉強法だと思います。特に「なぜこの解法を使うのか」ということを常に意識して覚えると，その問題から派生した問題にも太刀打ちできるようになります。

(M.Y. さん／法)

Q 時間をうまく使うために，どのような工夫をしていましたか？

A 活用したのは，電車の時間，朝の時間，昼の時間の 3 つです。朝は 1 日の中でも一番頭が冴えている時間であり，私は朝と昼は学校の図書室で勉強していました。1 時間とか 30 分くらいしかできず，まとまった時間は取れませんが，積み重ねが大切だと思い，頑張りました。朝早く学校に行くことで生活リズムを整えることもできると思います。また，私は学校に行くのに1時間くらいはかかっていたので，チャンスだと思い，通学時間に古文単語を詰め込みました。時間を決めてやるのはよいことだし，やったぞっていう達成感も得られます。おすすめです。

(Y.M. さん／経済)

A 受験生になって最初の1カ月くらいは夜型の勉強スタイルをしていましたが，7時間睡眠をとっているはずなのに眠すぎて，朝型の勉強スタイルに変えました。朝5時に起きて1時間30分布団の中で英単語を見たり英文法のテキストを読んだりしていました。朝早く起きる分，夜は10時には寝るようにして，しっかり睡眠もとっていました。現役生は特に時間がないと思いますが，自分にあった勉強スタイルを見つけることが大切だと思います。

(S.H. さん／経済)

Q 併願をする大学を決める上で重視したことは何ですか？また，注意すべき点があれば教えてください。

A あくまで名古屋大学の勉強をおろそかにしなくても合格できそうなところを選びました。とにかく時間との勝負です!! 個人的には受かっても行きたくない大学は受ける必要はないと思います。その大学の勉強にちょっとでも時間がとられるくらいなら，名大対策をしたほうがよっぽど効果的です!! 私はそう考えて私立大は共通テスト利用でも出願しました。

(Y.M. さん／経済)

A 地元を離れる選択肢がなかったので，必然的に併願校は南山大学に決定しました。中京大学も練習になるので，1日受験しました。国公立志望の人にとっては，私大入試は正直負担になると思います。絶対に国公立がいいと思う人は，私大入試は2日くらいに抑えて，あとは共通テスト利用にするといいと思います。私は国公立の試験で英数国を受験したので，私大入試でも同じ科目で受けられるところを選びました。

(S.H. さん／経済)

Q 模試の上手な活用法を教えてください。

A 模試はひとつも無駄にしてはいけません。必ず対策してから挑みましょう。判定は気にするなという声もありますが，いい判定は皆が焦る受験直前で自信をもたらし，精神安定材料にもなるので，いい判定は取っておくべきだと思います。共通テスト模試もオープン模試も本番の直前に絶対解き直してください。私は本番前日にやったオープン模試の小論文の内容が，本番の問題で類似する部分があり，とても救われました。これのおかげで受かったといっても過言ではありません。

（H.K. さん／法）

A 河合塾や駿台の大学別模試に加え全統記述などを受けました。模試は自分の立ち位置を把握することができますし，入試において模試の問題と似たような問題が出ることも多々あるので，受験生の方々は積極的に受けることをお勧めします。模試に関して注意すべきことは，判定に一喜一憂するのではなく，間違えたところを受験後，答案返却後，本番の受験前と幾度にもわたって確認し，また間違えた問題の類題を参考書で解いて苦手分野の穴をその都度つぶしていくことだと思います。特に名古屋大学は二次試験の数学が 3 題しかなく，問題の相性や計算ミスの有無によって模試の判定が大きく変わりがちだと思うので，判定が良かった人も最後まで気を抜かずに真摯に勉学に取り組むべきです。　（Z.I. さん／法）

Q 試験当日の試験場の雰囲気はどのようなものでしたか？
注意点等があれば教えてください。

A 受験生に加えて各予備校関係者，高校関係者，テレビ関係者，保護者などで非常に混み合っていました。名古屋大学の東山キャンパスは地下鉄駅すぐですし，駅構内も在校生の先輩方が案内してくださっているので，迷うことなく会場には到着できるかと思います。当日は入り口のところで大学の受験票に加えて共通テスト受験票の提示も求められるので，2 つの受験票を同じクリアファイルに入れておくとすぐ出せてスムー

ズに入場できると思います。 (Z.I. さん／法)

Q 受験生のときの失敗談や後悔していることを教えてください。

A 私は高 3 から文転し，加えて志望校を最終的に決めたのも冬休み前でした。これほどまでに進路について迷走してしまったのは，私が自分の将来について深く考えず，決定を先延ばしにしてきたのが原因でした。もし早め早めに大学について調べ，将来進みたい方面につながる進路を考えられていたら，選択肢がもっと広がっただろうし，受験勉強もゆとりをもって取り組めただろうと思います。 3 年間はあっという間です。これから受験生となる皆さんには，時間を大切にして進路決定をしてほしいです。 (M.Y. さん／法)

Q 食べるものや睡眠のとり方など，普段の生活の中で気をつけていたことを教えてください。

A スマホを制限しすぎるのはよくないです。息抜きも大事です。ちゃんと切り替えができるように，受験直前ではなく，日頃からスマホとの付き合い方を考えて過ごすべきでしょう。 (H.K. さん／法)

A 早寝早起きを意識していました。10 時半に寝て 5 時に起きていました。起きてからランニングをして体の調子を整えていました。試験直前期に学校へ行かなくなってからも生活習慣を崩さないように気をつけました。勉強しているとおなかが空くので，塾には必ずチョコレートを持っていきました。食べすぎないように小袋のものを持っていっていました。また，昼食で炭水化物を食べると食後に眠くなってしまうので，昼は白米やパンを避け，野菜や鶏肉などを食べていました。

(A.S. さん／経済)

Q 受験生へアドバイスをお願いします。

A 受験前は本当に緊張します。私も１週間くらい前からとても緊張してあまり寝られず食べられずで，ストレスも焦りも相当なものでした。でも，いくら焦っていても勉強したくても，学校に行くなどの普段の生活リズムを崩さないことがおすすめです!! 私は学校に行って友達に思いっきり不安とかを全部話してだいぶ楽になりました。緊張がやばいと思ったら誰かに話したり，それが難しいなら紙に書き出すとかもよいと思います。

（Y.M. さん／経済）

A 受験においては安定した精神と最後まであきらめない心と謙虚さが肝だと思います。自分を含め多くの方は試験本番に緊張すると思いますし，試験本番時に解答をど忘れしたり計算が合わなかったりした場合はパニックへと陥り，さらに悪循環へとつながりがちだと思います。そういった時は一度落ち着いて問題を最初から解き直したり，過去の努力してきた自分を回想したり，休み時間に外に出て深呼吸したりして，冷静さを取り戻すことや吹っ切れたりすることで逆に緊張が抜けて多少は立て直せるかもしれません。受験はやはり問題による運の要素も絡みますし，吉と出るか凶と出るかなんて最後の最後までだれにもわからないので，どんな成績であろうと後悔しないよう最後までベストを尽くしてください！

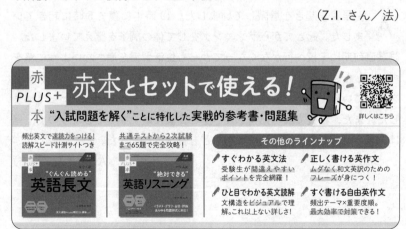

（Z.I. さん／法）

科目別攻略アドバイス

みごと入試を突破された先輩に，独自の攻略法や
おすすめの参考書・問題集を，科目ごとに紹介していただきました。

英　語

攻略ポイントは英作文です。意外と配点が高いので，合否の分かれ目でもあります。苦手だったので，広島大などの傾向が似ている大学の過去問も含めて，ほとんど毎日解いて，先生に添削してもらっていました。しかし，2024 年度のように急に傾向が変わる可能性もあり，傾向が似ていない大学の過去問も多少やっておけばよかったと思いました。

(Y.M. さん／経済)

おすすめ参考書 『関正生の英語長文ポラリス［3 発展レベル]』
(KADOKAWA)

大問ごとの時間配分を自分の中で決めておくことです。難しい問題に時間をとられすぎると，本来解ける問題も焦って解けなくなるかもしれないので，時間配分はとても大切だと思います。(S.H. さん／経済)

おすすめ参考書 『速読英単語 上級編』（Z会）

数　学

攻略ポイントは確率です。本当に毎年よく出題されています！ 確率は問題の傾向がある程度決まっているため，問題慣れが必要です。

(Y.M. さん／経済)

おすすめ参考書 『合格る確率＋場合の数』（文英堂）

みんなが取れるような問題を落とさないことが大切です。各大問の冒頭

の問題は，比較的標準レベルの難易度であることが多いので，落ち着いて考えてください。最後の問題も，直前の問題を利用し，問題文をよく読んで，完答できずとも部分点はねらうくらいの気持ちで取り組めれば，十分合格に近づくと思います。 (M.Y. さん／法)

おすすめ参考書 『Focus Gold 4th Edition 数学』シリーズ（啓林館）

志望大学の過去問をやり込むのに加えて，似たような出題傾向の大学の過去問もやり込むことです。 (Z.I. さん／法)

おすすめ参考書 『阪大の文系数学 20 カ年』（教学社）
『神戸大の数学 15 カ年』（教学社）

国　語

攻略ポイントは古典です。現代文と漢文はある程度取れれば，あまり差がつきません。古典はとても難しく，みんながあまり点が取れない分，得意であれば点差を広げられます。和歌解釈は特に重要です。

(Y.M. さん／経済)

おすすめ参考書 『名古屋大学（大学入試シリーズ）』（教学社）

漢文は句形，古文は単語をおろそかにしないこと。基礎基本が一番大切です。 (S.H. さん／経済)

小論文

小論文は普段からある程度の量の文を書いて慣れておくと，確実に力がつきます。加えて，設問の趣旨からずれないなど，気をつけるべき点はあるので，ぶっつけ本番で臨むのはやめた方がいいです。早い段階から，長文の要約をしたり，過去問を解いたりして，先生に添削してもらうのをおすすめします。 (M.Y. さん／法)

TREND & STEPS

傾向と対策

科目ごとに問題の「傾向」を分析し，具体的にどのような「対策」をすればよいか紹介しています。まずは出題内容をまとめた分析表を見て，試験の概要を把握しましょう。

注意

「傾向と対策」で示している，出題科目・出題範囲・試験時間等については，2024 年度までに実施された入試の内容に基づいています。2025 年度入試の選抜方法については，各大学が発表する学生募集要項を必ずご確認ください。

英 語

年度	番号	項 目	内 容
2024	〔1〕	読 解	空所補充，内容説明（35字），英文和訳
	〔2〕	読 解	内容説明（35字2問），空所補充，英文和訳
	〔3〕	会 話 文	同意表現，内容説明，内容真偽，空所補充，意見論述（30語）
	〔4〕	英 作 文	図の読み取りに基づくテーマ英作文（50語2問）
2023	〔1〕	読 解	語句整序，英文和訳，内容説明（25字），和文英訳，空所補充
	〔2〕	読 解	内容説明（30字2問），空所補充，英文和訳
	〔3〕	会 話 文	同意表現，内容説明，内容真偽，空所補充，意見論述（35語）
	〔4〕	英 作 文	図表の読み取りに基づくテーマ英作文（50語2問）
2022	〔1〕	読 解	英文和訳，内容説明（30・35字），和文英訳，空所補充
	〔2〕	読 解	英文和訳，語句整序，内容説明（40字），文整序，空所補充，内容真偽
	〔3〕	会 話 文	和文英訳，同意表現，意見論述（20語），内容説明，内容真偽
	〔4〕	英 作 文	図表の読み取りに基づくテーマ英作文（50語）
2021	〔1〕	読 解	空所補充，内容説明（60・70字他），英文和訳
	〔2〕	読 解	空所補充，内容説明（7語他），英文和訳
	〔3〕	会 話 文	空所補充，内容真偽，意見論述（40語）
	〔4〕	英 作 文	図表の読み取りに基づくテーマ英作文（100語）
2020	〔1〕	読 解	空所補充，内容説明（40字），英文和訳，意見論述（40語）
	〔2〕	読 解	空所補充，内容説明（40字他），英文和訳，本文の後に続くトピック，内容真偽
	〔3〕	会 話 文	内容説明，同意表現，内容真偽，空所補充，意見論述（40語）
	〔4〕	英 作 文	図表の読み取りに基づく意見論述（100語）

読解英文の主題

年度	番号	主　題	語　数
2024	〔1〕	自然と文化が融合する聖地，ロナール	約 660 語
	〔2〕	研究が明らかにする親切な行為の効果	約 690 語
2023	〔1〕	水泳とその歴史	約 620 語
	〔2〕	イルカの鳴音の研究	約 790 語
2022	〔1〕	加重毛布はより良い睡眠に役立つか	約 760 語
	〔2〕	アクティブ・ラーニングの有用性	約 630 語
2021	〔1〕	科学技術の発展がもたらした問題	約 740 語
	〔2〕	スキューバダイビングが退役軍人にもたらす治療的効果	約 660 語
2020	〔1〕	インターネットが人々の関係に及ぼす影響	約 870 語
	〔2〕	人口動態の変化と世界の歴史	約 610 語

傾向　読解力・表現力のバランスのとれた英語力を

01　出題形式は？

〈問題構成〉　大問数は 4 題で，総合読解問題 2 題，会話文問題 1 題，英作文問題 1 題が続いている。試験時間は 105 分である。

〈解答形式〉　英文和訳，内容説明，内容真偽，空所補充，語句整序，和文英訳，テーマ英作文，意見論述など形式はさまざまだが，記述式が中心。内容説明は字数制限つきとなることが多い。

〈解答用紙〉　Ｂ４判大の冊子になっており，設問ごとに解答欄が設けられている。

02　出題内容はどうか？

①　総合読解問題・会話文問題

論説文中心で，テーマは文化・社会・教育・科学など多岐にわたる。前年発行の雑誌を出典とするなど，最新の話題を取り上げる傾向がみられる。〔1〕〔2〕の総語数は約 1400～1500 語。年度により増減があるが，〔3〕の会話文を含めると少ない語数ではない。あくまでも精読力が中心ながら，平易な箇所は速読力も求められる。

内容説明，英文和訳，空所補充など定番の出題形式以外に，文整序による段落完成，トピックセンテンスを選ぶ問題など，年度によりさまざまな出題形式がみられる。最近は，文脈を追って読む力を試す問題が増えており，2021～2024 年度にはトピックセンテンスを選ぶ問題，2024 年度には文章全体の趣旨を説明する文を完成させる問題が出題された。英文和訳は，文構造の難解な文の和訳ではなく，難しい語句などの意味を推測させたり，代名詞などの内容を明らかにして訳させたりすることにより，文脈や論理展開の理解を試すような問題が特徴的である。会話文では，英語による意見論述が出題されているのが特徴である。2020 年度には読解問題〔1〕でも 40 語の意見論述が出題されるなど，英作文のウエートがさらに大きい年度もある。〔3〕〔4〕は例年，設問文がすべて英文となっている。

②　英作文問題

〔4〕では，図表の読み取りに基づくテーマ英作文・意見論述の形式が続いている。2023 年度以前はグラフや表の読み取りの形式であったが，2024 年度は錯視に関する図とそこからわかることを説明する形式であった。また，〔3〕の会話文問題中の意見論述も継続している。その他では，2020 年度には読解問題〔1〕で意見論述が 1 問，2022 年度には読解問題〔1〕と会話文問題に和文英訳が各 1 問，2023 年度にも読解問題〔1〕に和文英訳が 1 問出題されている。近年は基本的なレベルの英作文の出題もあるが，その出来・不出来が明暗を分けることにもなりかねないので十分な対策をしておきたい。図表の読み取りに基づくテーマ英作文・意見論述は広島大学でも例年出題されているので参考になるだろう。

03　難易度は？

内容説明や英文和訳，英作文など，解答に時間がかかる設問が多く，なかには多少難度の高い問題，解答作成が困難な問題も散見されるが，総じて読解力と表現力をバランスよく評価する問題である。時間配分としては，試験時間 105 分で 4 題なので 1 題 25 分程度で解くことになるが，学校の授業を通じて地道に学習をしてきた受験生にとっては取り組みやすいだろう。

対策

01 語彙力の養成

難解な語には日本語や英語の注が付されることもあるが，求められる単語のレベルは全体的に高い。非常に難度の高い語は，それを知らなくとも文脈・前後関係よりだいたいの意味が推測できるようになっているが，そのようなことが多ければ読むスピードは遅くなる。また，場合によっては和訳を求められている箇所にわからない単語があるということもある。逆に，語彙力があれば，使用されている単語から文章の内容をある程度推測することができる。語彙力の増強には，単語集を用いた学習と，実際に英文を読む中でそれを定着させていく学習を並行して行うことが有効である。英作文問題の比率が比較的高いので，単語の意味を覚えるだけでなく，その使い方も例文とともに学習することが望ましい。

02 論理展開の把握を意識した読解問題演習

内容説明問題が大きなウエートを占めている。設問箇所などポイントとなる文に関しては，文構造，特に主部・述部をきちんと確認し，指示語や代名詞，関係詞や分詞などの修飾関係を確実に把握しながら読む精読的な読み方を心がけたい。ただし，内容説明や和訳を求められている英文をみると，必ずしも構文や文法が難解であるわけではなく，むしろ，前後の文脈や論理展開の理解を試すような出題が多いことに気づく。文構造を把握し正確に理解すると同時に，各段落の要点や文章全体の論理展開も意識し，その文が全体の論理の流れの中で何を言っているのかを考えながら文章を読み進めるパラグラフリーディング的な姿勢を忘れてはならない。未知語があっても最初から辞書を使うのではなく，まずは文脈，前後関係より意味を推測する習慣をつけよう。また，英文は長文であるため，直読直解の速読的な読み方ができなければ，肝心な箇所を精読する時間がなくなるおそれがある。文構造や論理展開についての解説が詳しい『大学入試 ぐんぐん読める英語長文』（教学社）や，記述式の対策に特化した『大学入試

英語長文プラス 記述式トレーニング問題集』（旺文社）など，入試レベルの問題集を1冊選び，徹底的に取り組むのが効果的である。

03 英作文問題への対応

和文英訳：オーソドックスな和文英訳の形式である。この形式の問題においては，実際に英訳が求められている箇所だけでなく，文脈を参考にして，こなれた日本語を「和文和訳」してから英訳することが求められる。しかしこのようなポイントさえ押さえれば，基本的な英文のパターンが頭に入っていて，日頃から自分で英語を書く練習をしている受験生にとっては，全体的には標準的なレベルの問題であることが多い。

テーマ英作文・意見論述：これまでの和文英訳に代わり，必ず出題される定番となっている。和文英訳と異なるのは，指定された語数で何をどのような構成で書くかを考えなければならないという点である。これを限られた時間で行うためには慣れが必要である。日頃の練習なしには，50語や100語などの指定語数がどのくらいの内容を書ける分量であるかということすらわからない。自分が実際に使える構文や表現（特に最近出題されている図表の読み取りに基づく英作文では，比較や数値の増減に関わるもの）を増やしておかなければならない。もちろん典型的なパラグラフ構成にも習熟しておく必要がある。ただし，適切な語彙・表現・文法を使い正しい英文を書くことが求められる点は和文英訳と同じである。書く内容を日本語でまとめてそれを英語にするという段階を踏むことも多く，そのような場合には思いついた日本語を逐語的に英語に置き換えるのではなく，英訳しやすい日本語に「和文和訳」してから英訳するなど，まさに和文英訳と同じ力が必要となる。

このように考えると，基本的な和文英訳の学習とテーマ英作文や意見論述の練習を並行してバランスよく行っていくという姿勢が望ましい。その際に大切なのは，必ず実際に自分で解答を書いてみることである。それを模範解答と比べ，「こう書けばよいのか」「このようにも書けるのか」という経験を積み重ねることで，日本語に引きずられずに自然な英文が書けるようになる。また，語彙・文法・読解の学習の中で英作文に必要な力も自然と身につくように，英作文の練習は少しでも早い時期から始めておくとよい。『大学入試 すぐ書ける自由英作文』（教学社）なども参考になる。

04 文法・熟語・会話表現

読解力や英作文力の基礎となるのが文法力と熟語・語彙力であり，そのためには英文法の参考書はできるだけ早い時期に 1 冊仕上げておくことが望ましい。文法力も語彙力同様，文法の参考書を用いた学習と，実際に英文を読む中でそれを定着させていく学習を並行して行うのがよい。総合読解問題の中で出題されている空所補充や語句整序にも，文法力や熟語・語彙力があれば，すぐに正解できるものがある。また，会話文は近年は読解問題に近い形で出されることが多いが，標準レベルの口語表現には習熟しておく必要がある。語彙・熟語・文法とともに会話表現を網羅した問題集を 1 冊仕上げておくことを勧める。

05 既出問題の研究

和文英訳や内容説明，英文和訳，テーマ英作文，意見論述など，解答に比較的時間のかかる問題に余裕をもって対処するためには，実際に時間を計って過去問を解いてみることで，時間配分の感覚を身につけておくことが必要である。また，出題形式に毎年やや変化があるとはいえ，そのほとんどは過去において出題された形式である。『名古屋大の英語 15 カ年』（教学社）はさまざまな形式に対応する上で貴重な資料となる。

名古屋大「英語」におすすめの参考書

Check!

- ✓『大学入試 ぐんぐん読める英語長文』（教学社）
- ✓『大学入試 英語長文プラス 記述式トレーニング問題集』（旺文社）
- ✓『大学入試 すぐ書ける自由英作文』（教学社）
- ✓『名古屋大の英語 15 カ年』（教学社）

日本史

年度	番号	内容	形式
2024	〔1〕	古代～中世の軍事 ✓**史料**	論述・記述
	〔2〕	中世の貿易や経済・文化 ✓**史料・視覚資料**	論述・記述
	〔3〕	江戸時代の西尾藩 ✓**年表・視覚資料**	論述・記述
	〔4〕	「学制」ほか―近現代の教育 ✓**史料・視覚資料**	論述
2023	〔1〕	古代における稲の収取 ✓**史料・視覚資料・統計表**	論述・記述
	〔2〕	中世～近世初期の法や制度 ✓**史料**	選択・論述・記述
	〔3〕	近世後期の近隣外交	記述・論述
	〔4〕	日本の対外膨張と戦後の経済大国化 ✓**史料・視覚資料・統計表**	記述・論述
2022	〔1〕	原始～中世の「辺境」 ✓**視覚資料・史料**	論述
	〔2〕	中世の武家政治 ✓**史料・視覚資料**	記述・論述
	〔3〕	近世の高札場と交通 ✓**視覚資料・史料**	記述・論述
	〔4〕	「箝口令批判」「米価問題」―近現代の社会運動と社会問題 ✓**史料・グラフ**	記述・論述
2021	〔1〕	原始～古代の建造物 ✓**視覚資料・史料**	論述・記述
	〔2〕	中世～近世の農業と農村絵図 ✓**史料・視覚資料**	論述・記述
	〔3〕	藩財政と百姓一揆 ✓**史料**	記述・論述・計算
	〔4〕	近現代の生活・文化 ✓**史料・視覚資料**	論述・記述
2020	〔1〕	古代～中世の墓制と信仰 ✓**史料**	論述
	〔2〕	服飾文化と中世の政治・外交 ✓**視覚資料・史料**	論述
	〔3〕	中世～近世の琉球	論述・記述
	〔4〕	近現代の政治・経済・外交 ✓**史料**	論述

傾向 高校の学習内容を踏まえた出題 史料や視覚資料を読み解く力が必要

01 出題形式は？

〈問題構成〉 大問は例年 4 題となっている。試験時間は 90 分。

〈解答形式〉 大問はそれぞれ 5，6 問程度の小問に分かれているが，大半が論述法で占められている。論述に字数制限はなく，指定された解答欄の行数によって判断しなければならない。1 行当たりの字数はおおよそ 30 字程度で，例年の総論述字数は 1000～1250 字程度である。

〈解答用紙〉 設問ごとに罫線または枠が与えられている。

なお，2025 年度は出題科目が「歴史総合，日本史探究」となる予定である（本書編集時点）。

02 出題内容はどうか？

① 時代別では

全時代にわたるバランスのよい出題といえる。2020 年度の日本列島改造論，戦後の新制大学，2021 年度の中曽根康弘内閣，2022 年度の安保闘争，沖縄返還，2023 年度のバブル景気，2024 年度の大学紛争のように，現代からも出題されている。

② 分野別では

2020 年度は政治史・外交史，2021 年度は文化史・社会経済史，2022・2023 年度は社会経済史・外交史が中心であったが，2024 年度は分野的なバランスがとれていた。類似したテーマが数年おきに扱われる傾向がみられる。

③ 論述内容

事項・特徴・過程を説明するものを中心に，背景・原因や影響・結果について論述するもの，2020 年度〔4〕問 3 の井上財政と高橋財政，2021 年度〔2〕の中世と近世の農村絵図，2022 年度〔1〕の古代と中世の「辺境」，〔3〕の陸上交通と水上交通，2023 年度〔4〕の日露戦争後の日米関係・日露関係それぞれの変化，2024 年度〔4〕の学制以前と以後のように比較して説明するもの，2020 年度〔2〕の身分を示す服飾の役割，2021 年度〔1〕の大極殿の使われ方，2022 年度〔1〕の十三湊の役割，2024 年度〔3〕の参勤交代のように意義や役割を論じるものなどもよく出題されている。また，使用語句が指定されたものや，史料の下線部分に関して論述するものもある。事項暗記にとどまらず，歴史認識に基づいて体系的に理解しようという学習姿勢が不可欠である。

④　史料問題

史料や文献を扱った問題は必出である。2020 年度〔2〕の服飾に関する 4 つの史料（現代語訳），2021 年度〔4〕の文明開化をめぐる 3 つの史料，2022 年度〔1〕の辺境政策をめぐる 3 つの史料，〔2〕の「御家人」および「守護不入」をめぐる史料，〔4〕の米騒動をめぐる史料，2023 年度〔1〕の公出挙の返済免除記録，〔4〕の溥儀の書簡，2024 年度〔4〕の明治 6 年の福島県教育史史料のように，受験生には初見と思われる史料が出題され，その読解や要約などが求められることもある。史料の文意を正しく読み取り，そこから歴史的に何がいえるかを判断する読解力や考察力が要求されている。

史料・文献のほかにも 2020 年度〔2〕の『一遍上人絵伝』から武士主従を描いた絵図，2021 年度〔2〕の中世と近世の農村絵図，2022 年度〔1〕の螺鈿紫檀五絃琵琶，〔2〕の『倭寇図巻』，〔3〕の『東海道五十三次』の「日本橋」，〔4〕の労働争議数グラフ，2023 年度〔1〕の租の年平均蓄積量表，〔4〕の戦後のアジア諸国に対する資金の供与・援助額表，2024 年度〔3〕西尾藩藩主名と石高の比較表のように，視覚資料やグラフ・統計表を用いた問題も頻出だが，出題の意図は史料の場合と同じである。

03　難易度は？

90 分で 20 問前後の記述・論述問題に当たるわけだから，時間に追われながらの解答にならざるをえないであろう。また，内容的にも，2020 年度〔3〕問 2（琉球使節が異国風の装いであったことの意味），2021 年度〔3〕問 2（石高をベースに計算する科料の額），2022 年度〔3〕問 3（高札場の設置者なら，イ・ロのどちらの制札を選ぶか），2023 年度〔2〕

問3（広く交付された形跡のない豊臣秀吉の命令がなぜ出されたのか），〔4〕問4（太平洋戦争中に出版された雑誌記事の「さながら」につづく空欄にどのような一文を入れるか），2024年度〔3〕問1（石高が藩と幕府，藩と村々において異なる機能をもっていたという点に注目したときに，どのような変化があったといえるのか）のように，応用力が必要とされる出題も多い。試験時間に対する論述量の多さ，史実の本質的理解の必要性，読解力の必要な史料問題という点から考えて，難度は高いといえる。試験時間を意識しつつ，問題の難易度を見極めて，解答しやすいものから仕上げていくことも必要である。論述解答を作成する際，まずは解答要素を書き出して下書きをつくった上で，解答を練り上げるようにしたい。

対策

01 教科書中心の学習を

例年の出題は難解な，あるいは詳細な個別知識を問うものではない。あくまで高校の学習内容を前提に，受験生の歴史的理解力や考察力を問うものになっている。したがって，学習の際には教科書の記述を熟読しながら，歴史の因果関係に留意して体系的に理解していくことを心がけよう。

また，過去にはいくつかの重複したテーマが扱われている。過去問をよく研究し，特色ある問題については教科書よりも一歩踏み込んだ学習を心がけておくと安心である。

02 史料・視覚資料読解力の養成を

これまでの傾向から考えて，史料問題対策は不可欠である。とはいえ，入試頻出史料についての個別知識を問う問題ではない。初めてみる史料であっても文意を正しくつかめるよう，日頃から史料集に目を通すことを心がけたい。その際には，その史料からどのような史実が読み取れるかに十分留意するとともに，時代固有の用字や用語に慣れておくようにしよう。また，史料中のキーワードを探しながら，史料を要約する練習も積んでおいたほうがよい。

地図やグラフ，絵図・絵画・写真など視覚資料を用いた出題も同様である。名古屋大学の日本史問題は出題のアクセント程度に史料や視覚資料が用いられているのではなく，必要な情報を読み取って考察・解答させようという出題の意図が強く見受けられる。教科書に載っている史料や視覚資料には丁寧に目を通し，史料集や資料集を活用するよう心がけたい。

03 論述対策

論述問題では，実際の試験会場で時間内に解答を作成するには，日頃の反復練習が欠かせない。時代の転換期などの主題を設定し，因果関係を押さえながら 60 字程度にまとめる練習を行っておこう。また，本書を利用し，実際の試験時間 90 分を計りながら論述解答を作成し，時間配分の感覚をつかむ練習も怠らないようにしたい。テーマの内容に比べて解答欄の行数が少ない場合もあるので，解答上の指示を遵守して簡潔に論述する能力を身につけておきたい。参考となる本として，論述問題で問われやすい 60 のトピックを集め解説した『日本史の論点』（駿台文庫）や『体系日本史』（教学社）があるので論述問題対策として取り組んでみてはどうだろうか。

世界史

年度	番号	内容	形式
2024	〔1〕	契丹・セルジューク朝と 10～17 世紀のインド（50 字 2 問, 100 字他）	記述・論述・選択
	〔2〕	16～17 世紀におけるハプスブルク家の歴史	記述・論述・選択
	〔3〕	史料が語るアメリカ合衆国の歴史 ⊘史料	選択・配列・記述・論述
	〔4〕	前近代の中国における文化人と官僚（使用語句指定：450 字）	論述
2023	〔1〕	華夷の別 ⊘史料	記述・論述
	〔2〕	ヨーロッパ・アフリカ近現代史 ⊘史料	選択・配列・論述・記述
	〔3〕	第二次世界大戦後の中国・台湾史 ⊘史料	記述・論述
	〔4〕	第一次世界大戦後の国際秩序（使用語句指定：450 字）	論述
2022	〔1〕	中国史における反乱	記述・論述・選択
	〔2〕	15～20 世紀の経済統合の歴史	記述・選択・論述
	〔3〕	19 世紀のヨーロッパ史 ⊘史料	選択・配列・記述・論述
	〔4〕	紀元前後～5 世紀ごろの東南アジア地域（参考語句指定：350 字）	論述
2021	〔1〕	シバの女王関連史	記述・論述・選択
	〔2〕	梁啓超の歴史観（使用語句指定） ⊘史料	記述・論述
	〔3〕	16～18 世紀のヨーロッパ史 ⊘史料	選択・配列・記述・論述
	〔4〕	社会主義諸国における国家体制の変化（使用語句指定：350 字）	論述
2020	〔1〕	先史時代～中世のイベリア半島の歴史	記述・論述
	〔2〕	騎馬遊牧民の歴史 ⊘地図・史料	記述・論述
	〔3〕	教皇権の衰退とルターの宗教改革	記述・論述
	〔4〕	アカプルコ貿易（350 字） ⊘史料	論述

傾向 語句記述は確実に解答し得点源に 論述は知識＋理解＋訓練（演習）が大切

01 出題形式は？

〈問題構成〉 例年，大問４題で，試験時間は90分。

〈解答形式〉 記述法と論述法を柱とし，年度によっては一部に選択法や配列法を含む場合がある。論述法は１～５行程度（2024年度は７問中３問に50～100字の字数指定あり）の短文論述と350字（2023・2024年度は450字）の長文論述を基本とする。短文論述の比重がかなり大きいので，十分な対策が必要となる。

歴史学の論文や概説書，地図，史料などが利用されるため，難度が高い印象を受ける。長文論述では視覚資料や史料などが利用される場合もある。また，2021～2024年度のように使用語句（ないし参考語句）が示されることもある。ただし，2022年度は提示された語句を「すべて使う必要はない」とされた。

〈解答用紙〉 罫線や枠のほか，マス目が与えられている。

なお，2025年度は出題科目が「歴史総合，世界史探究」となる予定である（本書編集時点）。

02 出題内容はどうか？

① 地域別では

欧米地域２題・アジア地域２題が基本であるが，年度によって比率は異なり，東西交流史の大問も出題されている。欧米地域では西ヨーロッパからの出題が多いが，近代以降ではアジア・アフリカ・ラテンアメリカとの関係で出題されることも多い。また，北アメリカからの出題もみられ，2024年度はアメリカ合衆国史が大問で出題された。アジア地域では中国史１題，もう１題は中国以外の地域という形式が基本となっているが，2020年度は中国史の大問は出題されず，2023年度は２題とも中国史からの出題であった。現行の「世界史」が諸地域間の接触・交流を重視するため，2020年度〔２〕「騎馬遊牧民の歴史」，2020年度〔４〕・2024年度

〔2〕問3「アカプルコ貿易」，2022年度〔4〕「紀元前後～5世紀ごろの東南アジア地域」のような，東西交流史の視点に立った問題も出題されている。

② 時代別では

例年，古代から現代まで出題されているが，2020年度は古代～近世，2023年度は現代が多く出題された。こうした時代的な偏りに対応するためにも，幅広い時代にわたって満遍なく学習を行いたい。

③ 分野別では

政治・制度史が中心であるが，経済・文化・宗教・社会に関係する問いも多い。特に中国の政治体制については，論述問題として問われることが多いため要注意である。長文論述では政策史（統治策，外交策，経済政策，社会政策など）や関係史（地域交流史，国際政治史，移動史など）が頻出である。なお，史料の出典は，古典文献からの引用，大統領の演説・教書からの引用など多岐にわたっている。

03 難易度は？

⑴ 語句記述

大半は基本事項で，教科書レベルの知識で十分対応できる。もちろん，一部に難度の高い用語も問われるが，用語集などの丁寧な学習により得点できる範囲となっている。

⑵ 短文論述

問題による難易度の差が大きい。歴史用語の説明や推移を扱う問題は教科書レベルの知識でも十分対応できるが，影響や比較を扱う問題，理由や意義を扱う問題，概念を説明する問題などは教科書では直接言及されていない場合が多いため，自分で考えて文章を構成していかなければならず，その点で難度が高くなりやすい。一部の教科書にしか記載がない歴史用語についても出題されているため，用語集の説明文レベルにまで踏み込んだ学習が望まれる。

⑶ 長文論述

名古屋大学の長文論述には，①一定時期に区切られた「経緯」を述べる問題（2021・2023年度），②「経緯」をベースに「特徴」（2024年度），

「影響」(2020・2022 年度) を述べる問題という 2 つの異なるアプローチがみられる。①は教科書の記述をイメージしながら文章を構成していけるが，②は歴史的推移をつかんだ上で思考力や構成力を駆使しなければならないため，難度が高くなる。

時間配分としては，1 題 20 分程度で解答することになる。記述問題などを手早く解き，論述問題にできるだけ時間をかけたい。

対策

01 歴史用語の完全な理解

知識的には教科書中心の学習で十分であり，教科書・用語集を超えた詳細な事項・人名などはほとんど問われない。しかし，論述問題が多く，特に短文論述では〈傾向〉でも指摘したように，事項の説明や理由・意義などを求められる場合，比較する場合，さらには歴史的推移を踏まえて継承面を述べる場合など多様なパターンがあるため，歴史用語だけでなく，内容まで完全に理解していないと対応できない。

たとえば,「〜戦争 (事件)」と問われたら，いかなる勢力間の戦争 (事件) で，原因はどこにあり，いかなる経緯でどのような結末に至ったのかを明確につかんでおかなければならない。また,「秦で改革が実施された」「明で一条鞭法が導入された」というような国家・王朝の制度・政策・改革を問われたら，それはどのような内容で，どのような背景・経緯で実施 (導入) されたのか，それは当事国や後代にどのような影響を与えたのかを理解していないと，長文論述攻略の糸口もみえてこない。

そこで対策の第 1 段階として，まず教科書を注意深く読もう。その際には重要用語 (太字部分) と前後の関係に注意しよう。第 2 段階として『世界史用語集』(山川出版社) などを使って，内容や経緯の理解があやふやな歴史用語はないか，徹底的にチェックするのがよいだろう。

02 論述対策

論述問題のうち，1～5行の短文論述は，01の歴史用語理解を徹底することが最大の対策となる。

一方，例年〔4〕で出題される長文論述には，それに加えてある程度の訓練が必要で，論の進め方（たとえば，比較のポイントや後代との関連を提示した上で特徴・意義を示す文章構成など）や字数配分にもかなりの慣れが必要と思われる。基本的には市販の問題集や，同形式の問題を出題している他大学（一橋大学・東京大学・京都大学・大阪大学など）の過去問から選んで論述してみるのが最善の方法であるが，その際には次の3点に注意してほしい。

① 出題者の意図，つまり題意をしっかり認識すること。
② 解答を書く前に，指定語句や参考語句がある場合にはその語句の使用方法やその語句から推測される事態を，グラフ・統計や史料などがある場合にはそこから読み取れることをメモして，使う順序を決めること。なお，指定語句（ないし参考語句）やグラフ・統計・史料は論述の内容・方向を規定するために提示されている場合も多いので，ここで今一度①の確認作業を行うことが大切となる。
③ 書き上げた文章はできるだけ，先生に添削してもらうこと。

試験時間が90分で，ほかに短文論述も多いことを考慮すれば，書き直しはほとんど不可能である。適当に書き出して途中で詰まってもやり直しはきかないため，①の段階で，何を，どの方向から，どのように述べていくか，最初にしっかりと構想を練っておく必要がある。

②の段階では，記すべき歴史事項・論述ポイントを明確化し，その順序を決めておき，字数配分を考える必要がある。なお，演習の際，何を述べればよいのか想起できない場合は，教科書などで歴史事項を調べ，そのあとに教科書を伏せてこの作業を行うこと。

③の段階では，他の人の意見を聞き，設問に沿っているか，ミスや足りない箇所はないかをチェックしよう。そしてもし不都合な点があれば，教科書の該当箇所などをみて修正し，再び問題に当たって文章を再構成してみよう。この繰り返しが論述力を育成する。

03 過去問研究

過去問の研究は，出題形式やその傾向を把握するために不可欠である。名古屋大学では，過去に出題されたものに類似する出題が繰り返される場合がある。本書を利用して過去問をしっかりと研究しておこう。

地 理

年度	番号	内 容	形 式
2024	〔1〕	自然環境 ✓**地形図・統計表**	論述・選択・描図・記述
	〔2〕	都市・村落と人口（300字） ✓**図・統計表**	選択・論述
	〔3〕	人口・経済・環境 ✓**グラフ・統計地図**	選択・論述・記述
2023	〔1〕	河川や自然環境 ✓**図・地形図**	選択・論述・記述・描図
	〔2〕	漁業および海運（使用語句指定） ✓**統計表・グラフ・地図**	選択・論述・描図
	〔3〕	日本の輸入相手国の産業（使用語句指定） ✓**統計表・グラフ**	記述・論述
2022	〔1〕	シベリアの自然環境（使用語句指定） ✓**グラフ**	選択・記述・論述
	〔2〕	人口と都市（使用語句指定） ✓**統計表・グラフ・視覚資料・統計地図**	選択・論述・記述
	〔3〕	東南アジアの地誌（使用語句指定） ✓**統計表・グラフ**	選択・論述・記述
2021	〔1〕	地図と地理情報	記述・論述・描図
	〔2〕	世界各国の農業・食文化・自然環境（使用語句指定） ✓**統計表・グラフ・視覚資料・地図**	選択・記述・描図・論述
	〔3〕	オーストラリアの地誌 ✓**地図・グラフ・統計表**	選択・論述・記述
2020	〔1〕	世界の大河川の三角州 ✓**統計表・視覚資料**	記述・論述
	〔2〕	資源と産業（使用語句指定） ✓**グラフ・地図**	選択・記述・論述
	〔3〕	国家群 ✓**統計表**	記述・論述・選択
	〔4〕	世界の4つの島の地誌	記述・論述

傾向　論述問題中心 地形図読図に注意

01 出題形式は？

〈問題構成〉　2020 年度までは大問 4 題の構成が続いていたが，2021 年度以降 3 題となっている。試験時間は 90 分。

〈解答形式〉　論述法を中心に，選択法・記述法・計算法・描図法などがみられる。計算法は土地の勾配や時差，緯線の長さ，人口などについての問題となっている。また，論述法は解答欄の枠内に記述する形式がほとんどで，指定語句が与えられることがある。2024 年度は，指定語句はなかったがここ数年出題されなかった字数制限のある論述問題が出題された。

〈解答用紙〉　解答欄は設問ごとに枠が示されている。

なお，2025 年度は出題科目が「地理総合，地理探究」となる予定である（本書編集時点）。

02 出題内容はどうか？

①　全体的には

大問レベルでは，地形図読図も出題されるほか，自然環境，産業，都市，人口，地誌からの出題が中心で，中でも自然環境と産業分野は頻出している。また，2020 年度〔3〕の国家群など，現代世界の結びつきを意識させる出題内容も特徴的である。地誌は，2023・2024 年度は出題されなかったが，発展途上地域も含めて世界の各地域から満遍なく出題されている。地域調査や，地名・用語，経度・緯度についても問われることが珍しくなく，地理の全範囲から網羅的に出題されている。

②　地理的思考力・資料分析力が重視される

さまざまな地理的事象を説明したり，統計表やグラフ，統計地図，視覚資料などの資料から読み取った内容について，その地理的特色や地理的要因を説明したりする問題が中心である。地形図の読図がしばしば出題されており，読図の基本事項を前提として，自然環境と人間生活との関係性や，地形の形成要因などに関する深い理解を問うものが多く出されている。

③　地理的技能が試される

出題の大きな特色に，年度によって描図問題が出題されることが挙げられる。2023 年度〔1〕では地形断面図，2024 年度〔1〕ではハイサーグラフを描かせる問題が出された。また，世界地図に地理事象を記入させる問題も出題され，2021 年度に大圏航路，2023 年度には横浜港からロッテルダム港への航路，パナマ運河の位置が問われた。過去には統計表からグラフを作成する問題も出題されている。

03　難易度は？

全体的にやや難のレベルで，なかには教科書に記述してあるような内容をストレートに問う易しい設問もある。しかし，教科書の範囲内の事項を素材としながらも，地理事象の比較や地理的要因の説明など，思考力・文章表現力を必要とするような問題や，やや詳細な知識を問う問題もある。2021 年度以降は大問 3 題なので，1 題 30 分程度で答えることになるが，全体的な問題量の多さを考えても試験時間に余裕はないであろう。

対策

01　基本事項の徹底学習

論述問題が多く難しい印象を受けるが，出題されている内容の大半は教科書の学習範囲レベルのものである。したがって，教科書をよく読んで，基本的な地理事項をしっかり理解しておくことが大切である。重要な用語や地名の整理には『地理用語集』（山川出版社）などが役立つだろう。また重要事項は，その定義や背景を短文で説明できるようにトレーニングしておこう。

02　統計データに強くなる

学習の際にはこまめに統計集で具体的データを確認し，統計をみることに慣れておきたい。統計数値や統計順位の丸暗記は必要ないが，「なぜこれらの国が上位になるのか」というように，統計の背後にある地理事象を考える習慣を身につけるようにしたい。『データブック オブ・ザ・ワールド』（二宮書店）は統計だけでなく各国要覧もついていて地誌の学習にも役立つ。また，『日本国勢図会』『世界国勢図会』（いずれも矢野恒太記念会）は，出題の出典になることが多いので，余裕があれば目を通しておきたい。

03 地図に慣れ親しむ

学習の際に出てきた地名や地理事象は，必ず地図帳でその位置・分布を確認する習慣を身につけておこう。フリーハンドで略図を描き，河川や山脈などの地名や都市名などを記入していく学習法も有効である。大陸の形状などが正確にイメージできるように，普段から緯度・経度に注意しながら世界や日本各地の地図をみること。また一般図だけではなく，主題図，なかでも統計地図をよくみておこう。

04 地形図の読図を演習しよう

地形図を利用した描図問題が出題されることもあるので，地形図の読図については十分に慣れておく必要がある。読図作業の基本事項（等高線の読み方・地図記号の識別）を習得しておくほか，各種地形（扇状地・三角州・氾濫原・河岸段丘・洪積台地など）の成因を説明したり，地形と人間の生活との関係（土地利用・集落立地・集落起源など）を論理的に説明できるようなトレーニングを積んでおこう。また，旧式の地形図もしばしば用いられるので，現在では使われていない地図記号についても知識として身につけておきたい。

05 地誌学習の充実を

系統地理的な学習に加え，各地域ごと，またアメリカなど大国については国ごとに，その特色や課題をまとめて理解しておきたい。内容的には，自然環境，産業，人口，都市，文化，地域的統合を中心に，その地域の歴史的背景を踏まえて学習してほしい。

06　十分な問題演習を

論述問題に対処するため，過去問などを参考に，書く訓練をしておきたい。頭の中で論述すべき内容がわかっていても，それを試験時間内にコンパクトにまとめることは案外難しい。実際に文章を書く練習を積み重ねておくことが大切であり，自分の論述を担当の先生に添削してもらうなどの指導を受けておきたい。また，本シリーズを活用して，出題傾向が似ている京都大学（文系）の過去問演習に取り組むことも有効である。

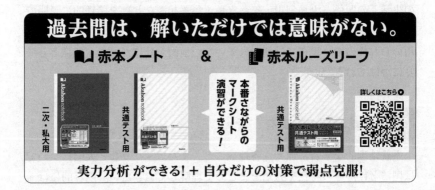

数　学

年度	番号	項　目	内　容
2024	〔1〕	高次方程式	因数定理，対称式，連立方程式
	〔2〕	2 次 関 数	2次関数のグラフと直線，2次不等式
	〔3〕	確　　率	反復試行，n 回の独立試行の確率
2023	〔1〕	微 分 法	関数のグラフと共有点，極大値　✓図示
	〔2〕	図形の性質，式と証明	空間図形，面積と体積，相加平均・相乗平均の関係
	〔3〕	確　　率	確率，場合分け，場合の数，考える順序
2022	〔1〕	式と証明，微・積分法	整式の割り算，3次方程式の実数解の個数
	〔2〕	確　　率，整数の性質	サイコロの確率，整数の不等式，互いに素
	〔3〕	微・積分法	2つの放物線で囲まれる図形の面積，不等式と最大値
2021	〔1〕	微・積分法	2つの放物線の共通接線，面積
	〔2〕	対数関数，高次方程式	対数関数の性質，3次方程式の解と係数の関係，3次関数のグラフ　✓証明
	〔3〕	確　　率	確率の基本性質
2020	〔1〕	2次関数，微・積分法	2次方程式の解法，不等式，定積分の計算，最小値
	〔2〕	ベクトル	平面ベクトル・空間ベクトルと図形，三角形の外心・重心　✓証明
	〔3〕	場合の数，数　　列	場合の数，組合せ，数列の和，素因数分解

出題範囲の変更

2025 年度入試より，数学は新教育課程での実施となります。詳細については，大学から発表される募集要項等で必ずご確認ください（以下は本書編集時点の情報）。

2024 年度（旧教育課程）	2025 年度（新教育課程）
数学Ⅰ・Ⅱ・A・B（数列，ベクトル）	数学Ⅰ・Ⅱ・A・B（数列）・C（ベクトル）

旧教育課程履修者への経過措置

新教育課程による出題科目とこれに対する旧課程の科目との共通内容を出題する等の配慮を行うが，特別な経過措置は取らない。

傾向　広範囲からの理系レベルの出題 文字式を含む計算力の養成を

01　出題形式は？

〈問題構成〉　90 分の試験時間に対し大問３題であり，じっくり取り組むような出題である。

〈解答形式〉　全問記述式である。

〈解答用紙〉　問題用紙とは別に，解答用紙は大問１題につきＢ４判大の用紙１枚があり，解答スペースは十分ある。問題用紙の余白は草稿用に使用してよい。

〈特記事項〉　例年，文系・理系共通の数学公式集が配付され，答案作成にあたって利用してよいと指示されている。

02　出題内容はどうか？

出題範囲は「数学Ⅰ・Ⅱ・Ａ・Ｂ（数列，ベクトル）」である。

〈頻出項目〉

- 確率，微・積分法，数列などからの出題が多い。
- 確率は他の分野との融合問題として出題されることもある。2022 年度〔２〕に整数の性質との融合問題が出題されている。2020 年度は確率は出題されず，それに代えて〔３〕に場合の数と数列の融合問題が出題されている。2021 年度〔３〕，2023 年度〔３〕，2024 年度〔３〕に読解力を要する確率の出題がある。

〈問題の内容〉

- 文系の受験生にとっては扱いにくい問題が多い。１問１問クリアしなければならないハードルがあり，2023 年度〔３〕，2024 年度〔３〕など，相当な難問も出題されている。　☞対策 02
- 文系学部にしてはかなりの計算力が要求される問題が出題されている。また，全体的にも文字式を用いた計算量が多い。　☞対策 03
- 2020 年度〔２〕，2021 年度〔２〕で証明問題が出題されており，十分な対策を講じておく必要がある。また，2023 年度〔１〕では図示問題も

みられた。 ☞対策 04

- 融合問題が多く，ほとんどすべての項目からバランスよく出題されている。1題当たり30分で時間的に余裕があるからこそ，1題のミスの影響が大きい。不得意項目をつくらないこと。 ☞対策 01・05

03 難易度は？

〈全体的な難易度〉 2020年度までは文系にしては難しい問題も出題されており，文字計算が多く，計算量も多い。証明問題もしばしば出されており，レベル以上に難しく感じられる。2021・2022年度は手のつけやすい標準レベルの出題となっていた。2023年度は，2020年度までの傾向が復活し，文系としてはかなり難しい問題であったが，2024年度は再び少し易化した。

〈過去の難問題〉 2020年度〔2〕〔3〕，2023年度〔3〕，2024年度〔3〕のように，文系の受験生にとっては扱いにくいものが例年含まれている。また，年度によってはかなりの計算力が要求される問題もある。

対策

01 基本事項の徹底学習

基礎学力の充実がなければ解けない，よく練られた良問ばかりである。入試でよく用いられる定理や公式は，いつでも自由に使える必要がある。単に解法パターンを身につけるだけでは対応できない。参考書の頻出例題などを繰り返し学習した上で，演習などを通じて，問題に対する読解力，構想力，思考力，計算力をつけていかなければならない。

02 柔軟な思考力の養成

文系の受験生にとってはハードルの高い問題も出題されている。それを越えるためには，少しレベルの高い入試問題にじっくり腰をすえて取り組んで思考を深め，解法の糸口をみつけて解答を出すまで粘り強く学習することが大切である。時には，いろいろな角度からの解法を試みて，１題に数時間をかけてみるのも決して無駄ではない。その過程で多くを学ぶこともあり，柔軟な思考力も身につくものである。

03 計算力の養成

かなりの計算力が要求される問題が出題されている。また，文字式を扱う問題が多く，抽象的な式を正しく計算できる力が要求されている。日頃から，答えが出るまで粘り強く計算する習慣をつけておきたい。参考書の模範解答などをみて，計算の簡略化を図る方法も身につけておきたい。

04 答案作成の練習

場合分けや論証などの論理的思考を要求する問題が毎年のように出題されていること，大問１題につきＢ４判大の解答用紙が与えられていることなどからも，論理のしっかりした答案を書かせようとする姿勢がうかがえる。これは一朝一夕に身につくものではないので，日頃から練習を積んでおく必要がある。特に，証明問題における答案の書き方は独りよがりなものになりがちであるため，添削指導を受けるのが効果的である。また，図示問題も出題されている。答案作成にあたり，効率よく正確な図を描いて解答を導き出せるような練習もしておきたい。

05 不得意項目の征服

時間的に余裕があるので，標準的な問題は確実に解けなければ合格は難しい。まったく手のつけられない（部分点も得られない）項目があると非常に不利である。融合問題が多いことからも，全項目の標準的な問題を満遍なく学習し，不得意項目をつくらないことが大切である。この点からも 01 の学習が不可欠である。

国　語

年度	番号	種　類	類別	内　容	出　典
	〔1〕	現代文	評論	書き取り，読み，内容説明（40・50・90・120字），内容真偽	「増えるものたちの進化生物学」　市橋伯一
2024	〔2〕	古　文	紀行	口語訳，和歌解釈，文学史	「信生法師日記」塩谷朝業
	〔3〕	漢　文	随筆	読み，内容説明（150字他），口語訳，書き下し文	「蟹志」　陸亀蒙
	〔1〕	現代文	評論	読み，書き取り，内容説明（50字，100字2問，130字），内容真偽	「1人称単数の哲学」八木雄二
2023	〔2〕	古　文	物語	文法，内容説明，口語訳，和歌解釈	「怪世談」荒木田麗女
	〔3〕	漢　文	随筆	読み，口語訳，内容説明（150字他），書き下し文	「夢渓筆談」沈括
	〔1〕	現代文	評論	書き取り，読み，空所補充，内容説明（50字2問，100字2問他），箇所指摘	「交わらないリズム」村上靖彦
2022	〔2〕	古　文	歌論	内容説明，和歌解釈，口語訳	「俊頼髄脳」源俊頼
	〔3〕	漢　文	文章	読み，口語訳，内容説明（150字他），書き下し文	「古瓦譜引」佐藤一斎
	〔1〕	現代文	評論	読み，書き取り，内容説明（45・80字，110字2問），空所補充	「ウェルビーイングの見取り図」安藤英由樹，渡邊淳司
2021	〔2〕	古　文	日記	口語訳，内容説明，和歌解釈	「蜻蛉日記」藤原道綱母
	〔3〕	漢　文	論説	読み，書き下し文，口語訳，内容説明（150字）	「荀子集解序」王先謙
	〔1〕	現代文	評論	書き取り，読み，箇所指摘，内容説明（60字2問，70・120字他）	「歴史にこだわる社会学」犬飼裕一
2020	〔2〕	古　文	日記	文法，口語訳，内容説明，和歌解釈	「和泉式部日記」
	〔3〕	漢　文	文章	読み，口語訳，内容説明，書き下し文，要約・内容説明（150字）	「斉東野語」周密

傾向　読解力・要約力・表現力の鍛錬を幅広い国語の知識が必要

01　出題形式は？

〈問題構成〉　現代文・古文・漢文の大問が各１題，計３題の構成である。試験時間は105分。

〈解答形式〉　〔１〕の現代文に選択式が１問含まれているが，そのほかは記述式である。記述式問題には漢字の読み・書き取りや箇所指摘もあるが，内容要約的な説明問題がほとんどである。字数制限のついたものが多く，記述量は多い。

〈解答用紙〉　大問１題につきＢ４判大の用紙が１枚で，適切な枠やマス目が与えられている。

02　出題内容はどうか？

〈現代文〉

本文：例年，評論が出題されている。過去１～２年内に出版・発表された文章からの出題が多く，ジャンルは社会論・文化論などで，現代の問題に関わるものが多い。抽象的語句の多い難解な評論が主流だが，随想的な文章が出題されることもある。

設問：段落ないし全体の内容理解を問う説明問題が中心である。漢字の読み・書き取りも毎年出題され，そのほかに空所補充や箇所指摘，選択問題などが加わる。2023・2024 年度は選択式の内容真偽が出題された。全体に目を配り，かつ，何をどう答えたらよいかを押さえた上で，詳細に読み込まないと答えられない内容要約的な説明問題が主流であり，典型的な国公立大学二次試験型の問題といえる。

〈古　文〉

本文：出典は，時代・ジャンルとも幅広く出題されているが，和歌を含む文章が多く出題されている。

　人物関係の複雑な文章も多い。多くの語注がついた文章が出題されることもある。文章の背景など，文学史や古典常識も含めた古文の総合的実力が求められている。

設問：内容説明，口語訳と和歌の解釈が多く出題されている。説明問題は，指示内容，人物の言動・心情，理由など部分読解に関わる設問のほか，全体の内容が把握できているかを問う設問もよく出題されている。口語訳や和歌解釈は，単に直訳するだけではなく，十分に言葉を補い，わかりやすく説明を加えたものが求められている。記述量がきわめて多い。

〈漢　文〉

本文：著名な作品もあるが，日本漢文や宋・明・清の文章も出されている。内容は，史話，思想的内容のものが多いが，いずれも漢文の背景までよく理解していないと，内容が把握しづらい文章が多い。

設問：例年，語句の読み，口語訳，書き下し文，内容説明や主旨（要約）という構成である。口語訳や書き下し文も，句法と字義のみで答えられるというものは少なく，指示内容・主語などの文脈把握を前提としたものが多い。全体の主旨などを 150 字でまとめる問題は例年出題されている。基本的知識に加え，高度な読解力・表現力が要求されている。

03　難易度は？

現代文・古文・漢文とも文章量・解答の記述量が多い。加えて全体の内容理解を前提として解答させる問題や，作品の背景を知らないと読みづらい文章もよくみられ，典型的な国公立大学二次試験型の，難度の高い問題である。

105 分という長い試験時間が用意されているが，現代文にあまり時間をかけすぎると，古文・漢文，特に漢文の 150 字の記述に時間が割けなくなる。時間配分の目安としては，各 35 分で，共通テストと違い，案外古文・漢文に時間がかかるので注意が必要である。

対策

〈現代文〉

01 長めの論理的文章の読解

『現代文と格闘する 三訂版』(河合出版) などの問題集を利用し，言語・哲学・社会など文化全般の評論文の読解に重点をおき，読解力を鍛えておきたい。また，最近話題となった事柄，現代日本論・現代社会論・人間論・文明論に関する新しい著作からの出題も多く，前年または前々年に雑誌や書籍で発表された文章が出題されている。話題になった評論は必ず読むようにするなど日頃から読書に親しみ，問題意識を高めておきたい。

文章を読む際には，100〜300 字程度の要約を心がけたい。各段落の要点をまとめ，段落の関係・展開・構成を確かめ，全体を要約する練習をしてみると効果的である。これは評論文学習の基本的な方法であり，共通テストの現代文はおもにこうした力を問うている。文章全体やまとまった部分の要点の理解を求めることが多い国公立大学二次試験型の問題には特に必要な対策である。また，豊富にある共通テストやセンター試験の過去問を解く際に，選択肢を見る前にまず自分で解答を作ってみるよう心がけるのもよい対策となる。

02 ポイントを外さずに記述する練習

説明問題は，何を説明したらよいのか，出題者の意図を汲み取ってポイントを外さずに答えることが大切である。解答のポイントを決めたら，余分なものは捨て，表現のつながりに気をつけ，ポイントがはっきりする文章を組み立てよう。そのためには，面倒がらずにとにかく時間を十分かけて文章を「書く」練習をする必要がある。

03 知識問題

漢字の読みや書き取りなどは必出である。『新版 完全征服 頻出 入試漢字コア 2800 改訂版』（桐原書店）などの問題集を使って幅広く学習しておきたい。

〈古　文〉

01 全般的な注意

内容的に，複数の登場人物が絡んで一つの事件・話題が展開されていくものや，評論的文章が出題されている。『大学入試 全レベル問題集 古文 4 私大上位・私大最難関・国公立大レベル 改訂版』（旺文社）などを利用して，大意の把握・要約・部分読解など，現代文と同様に鍛えておく必要があるが，前提として，基礎となる重要古語・文法・基本常識，和歌に関する知識は入念に学習しておきたい。

02 語　彙

基本古語は，学んだ文章で用いられている例を通してマスターしておくこと。授業で学習したものや問題集の中に出てきたものをまず完璧に身につけよう。古文単語集なども 1 冊完全にしておきたいが，何よりもこまめに古語辞典を活用し，自分で口語訳をしていく姿勢が大切である。

03 文　法

文法は口語訳とも不可分なので，品詞分解，語の識別，助詞・助動詞，係り結び，副詞の呼応，敬語など，解釈と結びつけての学習が必要である。「文語文法」のテキストを 1 冊あらためてきちんと仕上げておこう。

04 古典知識

特殊な語の読みや，毎年出題される和歌についての知識も十分に蓄えておくこと。古文常識や和歌の基本・応用問題を多く収載している『大学入試 知らなきゃ解けない古文常識・和歌』（教学社）などで問題演習を重ねておくとよい。また，文学史にもかかわるが，教科書レベルの有名作品の内容を知っていることを前提とした設問もみられるので，国語便覧や『完成 日本文学史ノート 三訂増補版』（啓隆社）などで確認しておきたい。

〈漢　文〉

01 基礎力の養成

漢字の用法・句法を覚えることが第一の課題である。頻出漢字・句法などは『風呂で覚える漢文』（教学社）などで徹底的にマスターしよう。

02 文章に習熟

教科書や問題集でひととおり文章を理解したら，そのあとで暗唱できるほど文章を音読し，白文を訓読して口語訳するという練習をしていくと，自然に句法や語の読み・意味も身につき，効果的である。解答作成については『得点奪取 漢文 記述対策 改訂版』（河合出版）などで練習するとよい。

古文同様，文章全体を把握することに習熟する必要がある。例年の問題文の特徴から，300 字以上の長文を読み慣れておきたい。また，思想，歴史上の人物についての知識があれば読解の助けになる。教科書レベルの文章の背景について，それが読解の前提として求められることも多いので，理解を深めるよう心がけよう。

〈文学史・漢字〉

01 文学史

文学史は，思潮・作品・作家などの事項的なものを中心に，時代・ジャンル・相互関係に注意して学習し，問題集にも取り組んでおきたい。文学史の知識は，特に古典読解の際にも大いに助けとなるので，単なる事項の暗記だけに終わらないようにしよう。

02 漢　字

読み，書き取りだけでなく，四字熟語，慣用句・故事成語なども含めた問題集などで練習しておきたい。現代文の範囲だけではなく，古文・漢文の漢字の読み，意味なども，重要なものはチェックしておこう。

〈表現力〉

字数制限つきの説明や要約問題が多いので，設問の条件に合致した適切な表現にまとめ上げる練習を積むこと。名古屋大学のみならず他の国公立大学の問題も教材にして，キーワードのつかみ方，文章の組み立て方，結び方など，実戦的な演習を十分に積み重ねたい。解答のポイントを決定したら，指定された字数に収まるようにまとめ直し，ポイントがはっきりとわかるように推敲を重ねよう。また，誤字・脱字，表現の係り受けなど，文の正確さも必ずチェックしよう。自分ではよいと思っていても，実はきちんと書けていないこともあるので，先生に答案を添削してもらうことも大切である。

名古屋大「国語」におすすめの参考書　Check!

- ✓『現代文と格闘する 三訂版』（河合出版）
- ✓『新版 完全征服 頻出 入試漢字コア 2800 改訂版』（桐原書店）
- ✓『大学入試 全レベル問題集 古文 4 改訂版』（旺文社）
- ✓『大学入試 知らなきゃ解けない古文常識・和歌』（教学社）
- ✓『完成 日本文学史ノート 三訂増補版』（啓隆社）
- ✓『風呂で覚える漢文』（教学社）
- ✓『得点奪取 漢文 記述対策 改訂版』（河合出版）

小論文

▶法　学　部

年度	内　容
2024	**民主主義と裁判員制度の意義** 要約（200 字 2 問），意見論述（600 字）
2023	**ジェンダーの視点からみた民主主義** 内容説明（140・200 字），意見論述（600 字）
2022	**競争のもつ意味と適正さ** 内容説明（240 字），理由説明（300 字），意見論述（600 字）
2021	**政治社会における市民間の平等な関係** 理由説明・内容説明（300 字），意見論述（800 字）
2020	**グローバル化の進展と惑星意識の重要性** 内容説明（300 字），内容説明・意見論述（800 字）

傾向　的確な要約力と緻密な論理力・表現力が求められる

01　出題形式は？

〈問題構成〉　小問 2 問の構成が続いていたが，2022 年度以降は小問 3 問の構成となっている。試験時間は 90 分。

〈解答形式〉　内容説明ないし要約と，意見論述が出題されている。また，意見論述の中で課題文の要点をまとめたり，課題文の主張に沿う具体例を提示するよう求められることもある。総論述量は 940～1140 字。

〈解答用紙〉　横書き指定。なお，問題用紙には下書き用原稿用紙がついている。

02 出題内容はどうか？

人間社会における法と政治の役割を問う，原理的・抽象的な内容の出題が続いている。2024 年度は民主主義政治の主体である「人民」の教育過程としての裁判員制度について出題された。2023 年度も「民主主義」をテーマとしながら平等・公正の実現可能性が問われており，根本の問題関心は共通している。

例年求められているのは，課題文で展開されている筆者の主張を論理的に理解する力と，現代社会での具体例を交えて意見論述する力である。課題文の難度が高く，地歴・公民の知識が要求されるが，法学部志望者の力をはかるには適切な出題といえる。

03 難易度は？

課題文は論点が明瞭なものが選ばれている。しかし 90 分という試験時間で，文意を正確に把握し，内容説明，意見論述をこなすには，かなりの練習を積んでおかないと難しい。日頃から社会に対して深い問題意識をもっておかないと，対応しにくい問題である。

対策

01 課題文を論理的に分析する練習を積もう

まずは課題文が論理的に理解できるようになることが必須である。現代文の授業を大切にし，硬い評論文でも，的確に「根拠と主張」に分節して理解できるような訓練を積もう。的確に読みこなせるようになったら，少しずつ読むスピードを上げるような気持ちで，さまざまな評論文の問題に当たるとよい。

小論文における基本的な思考力や発想力，そして表現力を鍛えるために，『ブレない小論文の書き方 樋口式ワークノート』（教学社）と『新小論文ノート』（代々木ライブラリー）を勧める。小論文には「内容的に絶対に正しい解答」というものは存在しないが，専門領域の基本的な思考様式というものは存在する。まずは，論理的に考えをまとめる練習をしていこう。練習用の問題のいくつかに自力で取り組むことで，どこまでが「読む作業」で，どこまでが「考える作業」で，どこからが「書く作業」なのかが，イメージしやすくなるだろう。書いたものを読み返し，客観的に修正することも重要である。

02　時事的な知識を増やそう

次に，文章を書く際に材料として挙げることができるテーマを増やしていこう。日頃からニュースに触れ，事件・政治上のトピックいずれの場合も，なぜそのような結末になったのか，今何が問題になっているかという問題意識をもちながら，そのいくつかについて，定期的に自分の考えをまとめてみるとよい。その際に，常に反論を予想しながらまとめる習慣を身につけよう。また，新書などを読み，法や政治に関する基本的な考え方を理解しておくこと，それを実際の時事問題と絡めて考えるくせをつけることも重要である。

03　論述のスピード力をつけよう

総字数が 900～1200 字程度という長めの論述が出題されている。90 分の試験時間は短いと思うべきだろう。時間内に合格レベルの答案を書き上げるためには，スピーディーに論述する力が要求される。慣れるまでは，制限時間を設けずに，徹底的に悩みながら書くほうがよいが，ある程度演習を積んだ後は制限時間を設けるようにしよう。ただしあくまでも，課題文の主旨や論理を正確に分析し，理解する力が最重要である。まずは簡単なメモを作り，全体の流れを考えた上で書くようにすると，途中でずれたり迷ったりすることなく，時間内に書き進めることができる。

2024年度

解答編

前期日程

解 答 編

英 語

I **解答** 1 —(C)

2. Ⅰ—(E)　Ⅱ—(F)　Ⅲ—(C)　Ⅳ—(G)

3. (あ)—(C)　(い)—(A)　(う)—(B)　(え)—(E)

4. ①—(H)　②—(F)　③—(G)　④—(A)　⑤—(E)

5. ヴィシュヌ神が暮らしを乱す悪魔を打ち負かした際の大異変の結果，できた。(25 字から 35 字)

6. 全訳下線部⑵参照。

全訳

《自然と文化が融合する聖地，ロナール》

[1] 特異な地形や自然現象が神性と結びつけられ，称えられている場所が世界には数多くある。インドでは，ロナールと呼ばれる世界最大級の地球衝突クレーターが聖地とされ，そこはいくつかの寺院が集まっている。この場所で見られるのは，クレーター形成という自然の歴史と，それを人間がどのように認識してきたかという文化の歴史である。

[2] 地質学的な変化は，数万年，時には数百万年かけて進行することが多い。更新世は約 258 万年前から 1 万 1700 年前まで続いた地質時代で，隕石衝突の衝撃により，ロナールで地表に大きな陥没が生じたのはこの時期である。ロナールには世界でも数少ない保存状態のよい地球衝突クレーターが残っている。この場所が重要な研究対象になっているのは，そのクレーターの特徴が，地形学や水文学的に，火星など他の惑星体のものと似ているからである。

[3] ロナールのクレーターの平均直径は 1.12 マイルで，クレーターの底は

クレーターの縁から約459フィート下のところまで塩水で満たされている。ロナール湖と呼ばれるこの水域は，細く伸びた岸に囲まれている。絶え間なく続く主流が北東の方角からクレーター湖に注ぎ込んでいる。またさらに50メートルほど低いところには，それとは別に湧き続ける泉があり，湖に流れ込んでいる。高い塩分濃度と好塩性古細菌の存在により，ロナール湖には青緑色の藻類やバクテリアなどの微生物が生息している。2020年，ロナール湖はラムサール条約として知られる政府間条約の保護のもと，国際的に重要な場所として認定された。2000年以降，インド政府はロナール湖周辺の森林を，マハラシュトラ州森林局の管轄下にある野生生物保護区に指定している。

4　ロナールでは，物質文化が寺院の形で存在し，それらは10世紀以降に建てられたものと考えられている。湖に注ぐその付近の自然の水源や川は，ヒンドゥー教の実践において特に重要なものである。そのような場所の特徴は，そのすべてに寺院が建てられていることである。これらの寺院は，クレーター付近の3つの主要な場所に集まっている。考古学的な証拠から，ロナールが宗教的な場所として重要性を増したのは10世紀以降のことであるということが推測できる。しかしクレーターはそれ以前からよく知られた場所であり，その縁の部分には小さな集落がすでに存在していた。

5　ロナールの寺院が最も集中しているのはクレーターの縁の周辺であり，寺院に関連するすべての物語においてクレーターは中心的な役割を果たしている。寺院のある場所で最も多くの人が訪れるのはダラティルタであり，それはそこに湧き続けている泉にちなんで名付けられている。水がクレーターに流れ込んでいる谷は，湖に近づくための主なルートのひとつとしても使われている。中心となる寺院に加えて，ヴィシュヌ神などのヒンドゥー教の神々を祀る，異なる時代に建てられた5つの小さな神殿があり，それらは半開放的な空間に囲まれている。塩水湖の周りを歩くと，そこにある建築物を通して，少なくとも400年にわたる歴史の流れを目の当たりにする。それぞれの寺院とクレーターの間には強い立地的な関係がある。歴代，寺院を建ててきた人たちは皆，クレーターの存在に敬意を表するだけでなく，クレーターの周辺や内部のすべての場所をつなぎ，巡礼路に幾重もの意味を持たせてきた。

6　この地形の重要な側面は，クレーターが持つ生態学的，地質学的な重要性にとどまらず，文化的な認識である。湖の形成と季節的な変化を説明する神話体系全体が長い時間をかけて発展してきた。なかでも最も重要な神話が，ヴィシュヌ神がこの地域の暮らしを苦しめる悪魔を打ち負かすという物語である。ロナール湖は，悪魔を倒すために神の力が顕現した大異変の結果として説明されている。

[7]　ロナールの神話的物語には，クレーターに対する人々の認識と理解が凝縮されている。さまざまな意味を持つインドの他の多くの場所と同様に，ロナールにはヒンドゥー教以外にも，さまざまな宗教を信仰する人々が訪れている。

[8]　ロナールのクレーターは，地質学的現象がしばしば神話的意味をも持つようになることを示す好例である。考古学的な証拠は，地形を説明し理解しようとする人間のこうした試みの時系列を私たちが構築することを可能にする。(2)地質学は自然の物質や形態を通して理解され，一方神話学は物語の文学的な解釈に基づいている。考古学的証拠には遺跡で実際に発見された人工遺物が含まれている。ロナールの本質は，これら3つの要素が交わるところ，そしてその創造に与えられた意味にあり，その結果，それが単なる地理的な場所を文化的，宗教的な空間へと大きく変えたのである。

解説

1. site は「場所」なので，空所を含むこの文は「［ a ］がこの場所で見られる」という意味。この文が文章全体の趣旨を説明する文であるということから，第2段以降の大まかな内容を把握できるかが問われている。各段の要約は次のようなものである。

第2段：地球衝突クレーターがもたらしたロナールの地質学的特徴

第3段：クレーター湖の自然・生態学的特徴

第4・5段：寺院の建築とロナールの持つ宗教的な意義

第6・7段：自然の解釈に基づいた神話に見るロナールの文化的意義

最終段：地質学，宗教や神話，考古学の重なりにあるロナールの本質

以上から，本文は，ロナールという特異な場所について，地質学・生態学的な言及に加え，文化的な考察も述べられていることがわかる。また，空所直前の2文（Many places around … of several temples.）の「世界最大級の地球衝突クレーターが聖地とされているインドのロナールは特異な地形や自然現象が神性と結びつけられて神聖視されている場所だ」との

つながりから考えても，(C)「クレーター形成の自然の歴史と，それが人間によってどのように考えられてきたかという文化の歴史（がこの場所で見られる）」が適切。自然と信仰の両方に触れた内容であり，直前の第1段第1・2文（Many places around … several temples.）とのつながりがよい。ちなみに，最終段は文章のまとめとなっていると考えられるが，その第2文（The archaeological evidence …）に this human attempt at explaining and comprehending a landscape「地形を説明し理解しようとする人間のこの試み」という表現があり，それと内容的に重なるのもヒント。

英文(C)の構造は以下の通り。The natural history を of the formation of the crater，そして the cultural history を of how it has been perceived by humans が修飾する。後者は疑問詞 how「どのように」に導かれる名詞節が前置詞 of の目的語になっている構造。formation「形成」 has been perceived は perceive「～と考える」の受動態の現在完了。

(A)「塩分を含みアルカリ性の湖を持つこのユニークなクレーターの地質学上の重要性（がこの場所で見られる）」

geological「地質学の」 with 以下の前置詞句が this unique crater を修飾する。saline「塩分を含んだ」 alkaline「アルカリ（性）の」 文章全体の中で大きな部分を占める宗教など文化に関する内容に触れておらず，「アルカリ性」に関する記述も本文にはない。

(B)「巡礼者も観光客も魅了し続けてきたクレーターの壮大な自然景観（がこの場所で見られる）」

magnificent「壮大な」 scenery「風景」 that has fascinated … tourists は関係代名詞節で先行詞 the crater を修飾する。fascinate「～を魅了する」 pilgrim「巡礼者」 *A* as well as *B*「*A* も *B* も」 宗教など文化に関する内容に触れておらず，文章中には特にクレーターの景観に触れた箇所はない。

(D)「古代の人々のロナールに対する認識と理解が，彼らの寺院建設技術にどのように影響を与えたか（がこの場所で見られる）」

「前置詞＋関係代名詞」in which … temple construction は The ways を修飾する関係代名詞節。ancient「古代の」 perception「知覚，認識」 comprehension「理解」 construction「建築」 寺院に関する内容は第4

・5段にあるが，そこには寺院建設技術に関する内容はない上，本文の話題の全体の要約となっていない。

2. (A)「クレーター周辺の景色に与えられたもう一つの神話的な要素は『ロナール・マハトミャ』として知られる文献に由来する」

この文の主部は Another mythological layer … around the crater で述部が comes from … 以下。mythological「神話的」 layer「層，（思考のさまざまな）部分」 imposed on the landscape around the crater は Another mythological layer を後置修飾する過去分詞。impose *A* on *B*「*A* を *B* に押し付ける」 come from ～「～に由来する」 known as … は the text を後置修飾する過去分詞。text「原典」

(B)「クレーター周辺の考古学発掘プロジェクトは，自然災害の増加により2010年までに中止された」

archeological「考古学（上）の」はアメリカ英語の綴りで，本文中の archaeological はイギリス英語の綴り。excavation「発掘」 due to ～「～が原因で」 an increasing number of ～「ますます多くの～」 natural disaster「自然災害」

(C)「ロナールでは，物質文化は寺院の形で残っているが，それらは10世紀以降に建てられた可能性がある」

material culture「物質文化」 in the form of ～「～の形で」 カンマに続く which 以下は先行詞 temples に補足説明を加える継続用法の関係代名詞節。be dated from ～「（年代）のものと推定される」 onwards「（時を示す語の後で）～以降」

(D)「年に一度のヒンドゥー教の祭典ナバラトリの期間中，女神を祀り怒りを鎮める大規模な縁日がここで開催される」

annual「年に一度の」 fair「聖人祭日などに定期的に開かれる（定期）市，縁日」 be held「行われる」 propitiate「（神など）の怒りを鎮める」

(E)「地質学的なプロセスは，数万年，時には数百万年かけて進行することが多い」

take *A* to *do*「～するのに *A*（時間）がかかる」 tens of thousands と millions の両方を of ～ につなげて読み，それぞれ「数万の～」「数百万の～」となる。unfold「（物語などが）展開する」

(F)「ロナールのクレーターの平均直径は1.12マイルで，クレーターの底はクレーターの縁から約459フィート下のところまで塩水で満たされている」

mean「平均の」 diameter「直径」 floor「(海や谷などの) 底」 be filled with～「～で満たされている」 approximately「(数量などが) およそ」 rim「(丸いものの) 縁」

(G)「ロナールのクレーターは，地質学的現象がしばしば神話的意味も持つようになることを示す好例である」

example of に how「どのように」に導かれる名詞節が続いている。phenomena は phenomenon「現象」の複数形。be overlaid with～は overlay *A* with *B*「(比喩的に) *A* に *B* を付加する」の受け身形。

Ⅰ. 空所に続く第2段第2文（The Pleistocene Epoch was …）は「更新世は約258万年前から1万1700年前まで続いた地質時代で，隕石衝突の衝撃により，ロナールで地表に大きな陥没が生じたのはこの時期であった」という内容。the Pleistocene Epoch「更新世」 the geological age「地質時代」 that lasted from … years ago は先行詞 the geological age を修飾する関係代名詞節。last「続く」 it was in this period that a meteorite collision impact created a large depression in the ground at Lonar は it was～that … の強調構文で，通常の文にすると in this period, a meteorite collision impact created a large depression in the ground at Lonar となる。period「期間，時期」 meteorite「隕石」 collision「衝突」 impact「衝撃」 depression「陥没，くぼみ」 ロナールにクレーターができた時期を述べたこの第2文につながる第1文として適切なのは(E)である。特に Geological processes「地質学的プロセス」という表現がヒントになる。

Ⅱ. 空所に続く第3段第2文（This body of water, …）は「ロナール湖と呼ばれるこの水域は，細く伸びた岸に囲まれている。絶え間なく続く主流は北東の方角からクレーター湖に注ぎ込んでいる」という内容。body of water「水域」 過去分詞の called Lonar Lake「ロナール湖と呼ばれる」が This body of water に挿入句的に説明を加えている。stretch of～「長く伸びた～，一続きの～」 shore「岸」 現在分詞の encircling it（＝this body of water）が a thin stretch of shore を後置修飾する。encircle「～を囲む」 この文に先立つ第1文には This body of water「この水域」

が指す内容があるはずである。それに該当する(F)が正解。

Ⅲ. 空所で始まる第4段には，ヒンドゥー教の寺院についての記述が続いていることから，空所に入る第1文もそれに関連する内容でなければならない。これに該当する選択肢は(C)のみ。第2文の around the site「その場所の付近には」の the site は(C)に述べられているような場所を指す。

Ⅳ. 空所に続く文（The archaeological evidence …）は「地形を説明し理解しようとする人間のこうした試みの時系列を私たちが構築することを，考古学的な証拠が可能にする」という内容。allow *A* to *do*「*A*（人）が〜することを可能にする」 construct「〜を組み立てる〔構成する〕」 timeline「(重要な出来事に関する）歴史年表」 この文の中の this human attempt … a landscape「地形を説明し理解しようとする人間のこの試み」という表現の理解がカギとなる。この具体的な例が第6段最終文（Lonar Lake is explained …）に述べられた「ロナール湖は，悪魔を倒すために神の力が現れるという大異変の結果として説明されている」であり，これが設問1で「文章全体の趣旨を説明する」と記されている空所 [a] を含む第1段最終文の「この場所で見られるのは，クレーター形成という自然の歴史と，それを人間がどのように認識してきたかという文化の歴史である」という内容とつながる。 このように文章全体の主旨をつかめば，geological phenomena「地質学的現象」と mythological meaning「神話的な意味」という表現も手掛かりに(G)を選ぶことができる。

3. 文脈に合う適切な形容詞を選ぶ問題で，選択肢は(A)central「中央にある，主要な」，(B)geographical「地理的な，地理学（上）の」，(C)planetary「惑星の，惑星に関する」，(D)prone「〜になりやすい」，(E)religious「宗教的な」，(F)subsequent「その後の，その後に続く」。

(あ) 空所を含む第2段最終文（The site has been …）の because 以下は「そのクレーターの特徴が，地形学や水文学的に，火星など他の（　あ　）と似ている」という意味。such as Mars「火星など」から判断して planet「惑星」の形容詞形である(C)planetary を選び other planetary bodies「他の惑星」とする。planetary body は「惑星体」という意味。geomorphology「地形学」 hydrology「水文学」 be similar to〜「〜と似ている」 those は the geomorphology and hydrology を指している。geomorphology と hydrology は難度が高い語彙だが，「そのクレーターの特徴が火星など他の惑星と似ている」という大意さえつかめれば正解を導ける。

(い)　空所を含む第5段第1文（The highest concentration…）のカンマより前の部分は「ロナールの寺院が最も集中しているのはクレーターの縁の周辺である」という意味。thus「結果として，だから」に続くカンマ以下は make the crater～「クレーターを～にする」という SVOC の文型が分詞構文になったもの。分詞構文の意味をはっきりさせるために，このように thus が使われることは少なくない。したがってこの部分を直訳すると「結果として，そのことが寺院に関連するすべての物語に，クレーターを（　い　）にしている」となる。この文脈と空所の後の to も手掛かりに(A) central を選び central to～「～の中心となる，～にとって主要な」とする。high concentration「高い集中」 narrative「物語」 associated with～「～と関係がある」は過去分詞で all narratives を後置修飾する。

(う)・(え)　これらの空所を含む最終段最終文（The identity of…）は，カンマより前の部分が「ロナールの本質は，これら3つの要素が交わるところ，そしてその創造に与えられた意味にある」という意味で，thus「結果として，だから」に続くカンマ以下の部分は transform A to B「A を B に変える」という表現が分詞構文になったもの。ここでも分詞構文の意味をはっきりさせるために thus が使われている。したがって，この部分を直訳すると「その結果，それが A を B に変えている」という意味になる。A に相当するのが a mere（　う　）place で B に相当するのが a cultural and（　え　）space。この文章全体の主旨は，特に第1段にわかりやすく示されているように「ロナールのクレーターの特異な地形が，人間によるその解釈により宗教や神話などの文化につながっている」というようなものである。したがって，（　う　）には(B) geographical，（　え　）には(E) religious を補い「その結果，単なる地理的な場所を文化的，宗教的な空間へと大きく変えた」とする。identity「（ある人やものが持つ他と異なる）固有性，本質」 lie at～「～に存在する」 intersection「交差するところ」 these three layers「これら3つの要素」とは最終段第3文（Geology is understood…）中の geology「地質学」と mythology「神話学」，同段第4文（Archaeological evidence comprises…）中の archaeological evidence を指す。assigned to its creation は the meaning

を後置修飾する過去分詞。assign A to B は「A を B に割り当てる〔与える〕」なので，the meaning assigned to its creation は「その創造に与えられた意味」となる。its「その」は Lonar を受ける。

4． ① declare A（to be）B「（公式に）A を B だと宣言する」という意味で A に相当するのが the forest surrounding Lonar Lake で B に相当するのが a wildlife sanctuary「野生生物保護区」以下。現在分詞 surrounding Lonar Lake「ロナール湖を囲む」は the forest を後置修飾するので，この空所を含む第3段最終文（Since 2000, the Government…）のうち空所より前の部分は「2000年以降，インド政府はロナール湖周辺の森林を野生生物保護区として指定している」という意味である。空所に続く jurisdiction「管轄（権）」は under the jurisdiction of ～「～の管轄下にある」というフレーズで使われるので，空所には(H) under を補う。under the jurisdiction of the Maharashtra State Forest Department が a wildlife sanctuary を修飾し，「マハラシュトラ州森林局の管轄下にある野生生物保護区」という意味になる。

② 空所を含む第4段第2文（The natural water sources…）は，主部が The natural water sources… feed the lake「湖に注ぐその付近の自然の水源と小川」で，are… 以下が述部という構造。「(be) of＋名詞」で「～の性質を持つ」という意味なので(F) of を選び，are of particular importance，直訳すると「特別の重要性を持つ」という表現にする。water source「水源」 stream「小川」 関係代名詞節 that feed the lake が The natural water sources and streams around the site を修飾する。feed「（川などが）（より大きな川・湖など）に注ぎ込む」 particular「特別の」 Hindu「ヒンドゥー教の」 practice「活動，実践」

③ 空所を含む第4段最終文（However, the crater…）と直前の同段第5文（Based on archaeological evidence, …）は However で結ばれているので逆接関係にあることがわかる。第5文の主旨は「ロナールは10世紀以降に宗教的な場所として重要性を増した」というもので，最終文の the crater was a well-known site「クレーターはよく知られた場所であった」に続く表現として，(G) to を補い prior to ～「～よりも前に〔先だって〕」というフレーズにする。prior to this period「その時期よりも前に」の this period が前文の内容を受けている。based on ～「～に基づいて」

infer「〜と推量する」 gain importance as〜「〜としての重要性を増す」 only after〜「〜になって初めて」 well-known「よく知られた」

④　空所を含む第5段第2文（The most frequented …）のカンマより前の部分は「寺院がある場所で最も多くの人が訪れるのはダラティルタである」となっており，空所には(A)after を補い，named after〜「〜にちなんで名付けられた」とする。カンマに続く named after … は過去分詞で the Dharatirtha に「そこに湧き続けている泉にちなんで名付けられた」という補足説明を加えている。frequented は frequent「〜をしばしば訪れる」の形容詞形で「しばしば訪れられる」つまり「多くの人が訪れる」という意味。water spring「泉」 that flows there は関係代名詞で先行詞 the perennial water spring を修飾。flow「流れ〔湧き〕出る」

⑤　この空所を含むカンマで挟まれた部分は挿入句であり，その前後をつなげると「ロナールはヒンドゥー教以外にも，さまざまな宗教を信仰する人々によってしばしば訪れられている」となる。挿入句の部分は空所に(E) like を補い「さまざまな意味を持つインドの他の多くの場所と同様に」とするのが正解。beyond「〜以外に」 Hinduism「ヒンドゥー教」 multivalent「さまざまな意味を持つ」 is frequented by は frequent「しばしば訪れる」の受動態。practicing different religions「さまざまな宗教を実践〔信仰〕する」は people を後置修飾する現在分詞。practice「(習慣や宗教）を実践する」

5． 下線部(1)で始まる第6段第3文は「最も重要な神話が，ヴィシュヌ神がこの地域の暮らしを苦しめる悪魔を打ち負かすという物語である」，続く同段最終文（Lonar Lake is explained …）は「ロナール湖は，悪魔を倒すために神の力が現れるという大異変の結果として説明されている」という意味である。これらの内容をまとめて「ヴィシュヌ神が暮らしを乱す悪魔を打ち負かした際の大異変の結果，できた」などとすればよい。principal「主な，最も重要な」 dominant「主要な」 myth「神話」「前置詞＋関係代名詞」in which 以下は先行詞 a story を修飾する関係代名詞節。基になる構造は the story＋In it（＝the story）the god Vishnu … in the region. で In it が in which となったと考える。triumph over〜「(敵・困難など）に打ち勝つ」 demon「悪魔」 who 以下は先行詞 a demon を修飾する関係代名詞節。disrupt「〜を混乱させる」 region「地域」

be explained as～「～として説明される」は explain A as B「A を B として説明する」の受け身形。outcome「結果」 catastrophic「壊滅的な」 event「出来事」 カンマの後の「前置詞＋関係代名詞」in which 以下は a catastrophic event に補足説明を加える継続用法の関係代名詞節。基になる構造は a catastrophic event＋In it（＝the catastrophic event）a divine power appeared to defeat the demon. で In it が in which となった構造。divine「神の」 to defeat the demon は「目的」を表す不定詞句。defeat「～を打ち負かす」

6．～, while…は「～である，その一方で…」のように「対照」を表す。前半は主語が Geology「地質学」で述部が is understood through…「…を通して理解される」という受動態。後半は主語が mythology「神話学」で述部が is based on…「…に基づく」という受動態で，それに literary interpretation of narratives「物語の文学的な解釈」が続いている構造。したがって「地質学は自然の物質や形態を通して理解され，（一方）神話学は物語の文学的な解釈に基づいている」のような訳になる。material「物質」 form「形，形態」 literary「文学的な」 interpretation「解釈」 narrative「物語」

語句・構文

（第1段） celebrate「～を称賛する」 geological formation「地形」 divinity「神性」 terrestrial impact crater「地球衝突クレーター」 holy「神聖な」 locus「場所」

（第2段） well-preserved「保存状態のよい」 subject of study「研究テーマ，研究の対象」

（第3段） run into～「～に流れ込む」 drain into～「～に流れ出る」 salinity「塩分濃度」 presence「存在，存在すること」 microbe「微生物，細菌」 microorganism「微生物」 a site of international importance は，「of＋名詞」が「～の性質を持つ」という意味なので「国際的な重要性を持つ場所」という意味になる。under the protection of～「～の保護下で」 inter-governmental「政府間の」 treaty「条約」 the Ramsar Convention「ラムサール条約」

（第4段） location「場所，位置」 be marked by～「～を特徴とする」 be clustered in～「～に集まっている」 settlement「集落」

(第5段) valley「(川が流れる) 谷，渓谷」「前置詞＋関係代名詞」の through which に続く関係代名詞節は先行詞 The valley を修飾。基になる構造は the valley＋the water flows into the crater through it（＝the valley）で through it が through which となっていると考えるとよい。この文は The valley … into the crater が主部で，is also used … 以下が述部という構造。flow into～「～に流れ込む」 access「～に接近する」 過去分詞 dedicated to～は「～に捧げられた」という意味で，dedicated to Hindu deities such as Vishnu が five small shrines を後置修飾している。deity「(多神教の) 神，女神」 さらに built in … と surrounded by … も過去分詞で five small shrines に補足説明を加えている。While moving around … は，while 節の主語が文の主語と同じであるため，主語と be 動詞が省略されたもの。省略を補うと While one is moving around … となる。witness「目撃する，目の当たりにする」 as shown「示されているように」 physical connection は「物理的関連」という意味だが，この文脈では「立地的な関係」という意味で使われている。successive「代々の，歴代の」 honor「～を称える」 pilgrimage「巡礼」 circuit「外周」 circuit 直後のカンマに続く connecting all the … the crater は，直前の added layers of … the pilgrimage circuit に付帯状況の説明を加える分詞構文。

(第6段) over time「時が経つにつれて，長い時間〔期間〕をかけて」 evolve「(徐々に) 発達する」 evolved 直後のカンマに続く which 以下は先行詞 an entire mythological system を修飾する関係代名詞節。

(第7段) encapsulate「～を包括する，～を要約する」

(最終段) comprise「(部分として) ～を含む」 artifact「人工遺物」 physically recovered on the site は man-made artifacts を後置修飾する過去分詞。recover「～を回収する」

II　解答

1. 〈解答例1〉これといった理由もなく，友人や家族にちょっとした手紙を書くこと。(25字から35字)

〈解答例2〉寒い日に公園のアイススケートリンクで，居合わせた人にココアを配ること。(25字から35字)

2. (あ)―(I)　(い)―(B)　(う)―(D)　(え)―(J)　(お)―(F)

3．全訳下線部(2)参照。

4—(C)

5．全訳下線部(3)参照。

6．他人に親切にされた人が他人に親切にするようになるという連鎖現象。(25字から35字)

全訳

《研究が明らかにする親切な行為の効果》

[1] 幸福を研究する科学者たちは，他人に親切にすることにより幸福感が向上することを知っている。誰かにコーヒーを一杯買ってあげるという簡単な行為でも，人の気分は高まる。日常生活にはそのような行動をする機会がたくさんあるが，人は常にそれを利用しているわけではない。

[2] オンライン版 *Journal of Experimental Psychology: General* 誌で発表された研究において，シカゴ大学ブース・ビジネススクールの行動科学者であるニコラス＝エプリー教授と私は，考えられる理由を調べた。それは，無作為に何か親切な行為をする人は，受け手が自分の行為をいかにありがたく感じているかを過小評価しているというものである。

[3] 約1,000人の参加者を対象としたさまざまな実験で，人々は無作為に親切な行為を行った。それは（その言動を期待していない）他の人を喜ばせることを主な目的として行われる行動である。そのような行動を行う人は見返りを期待していない。

[4] 具体的な親切行為は状況によってさまざまであった。例えば，ある実験では，人々は友人や家族に「ただなんとなく」という理由でちょっとした手紙を書いた。また別の実験では，カップケーキをふるまった。これらの実験すべてにおいて，私たちは親切な行為をした人とそれを受けた人の双方にアンケートを行った。親切な行動をした人には自分の経験を報告し，受け手の反応を予測してもらった。これらの行為にどれほどの価値があると人々が感じているかを理解したかったので，親切な行為をした人とそれを受けた人の双方に，その行為がどれくらい「大きなもの」と感じられたかを評価してもらった。場合によっては，時間，お金，労力など，実際にかかった，あるいはかかったと思われるコストについても質問した。(2)すべての場合において，私たちは行為をした側が予想した受け手の気持ちと，受け手が実際に経験した気持ちを比較した。

5　調査を通じて，いくつかのはっきりした傾向が浮かび上がった。ひとつは，親切な行為を行った人もそれを受けた人も，こうしたやり取りの後は，普段よりも前向きな気分になったということである。もうひとつは，そうした行為を行った人が，明らかに自分が与えた影響を過小評価していたということである。親切な行為を受けた人は，行為をした人が考えたよりもはるかに良い気持ちになったのである。また親切な行為を受けた人は，行為をした人よりも確実にその行為を「より大きなもの」と評価した。

6　私たちは最初に，友人や同級生，家族など，身近な人に対する親切な行為について研究した。しかし，参加者たちは見知らぬ人に対する自分たちの良い影響も過小評価していることがわかった。ある実験では，参加者は寒い冬の日に公園のアイススケートリンクで，ホットチョコレートを配った。この場合も，この体験は，たまたま居合わせてそれを受け取った人たちにとって，与える側が予想した以上に好ましいものであった。ホットチョコレートを配る側は，その行為を取るに足らないものだと考えていたが，受け取る側にとってそれはとても重要なことだったのだ。

7　私たちの調査で，人がともすると自分の行動の影響を過小評価してしまう理由のひとつも明らかになった。例えば，あるグループの参加者に，研究に参加するだけでカップケーキをもらった場合，その人がどの程度喜ぶかを推定してもらったところ，彼らの予測は受け取った人たちの反応とよく一致した。しかし，特に理由もなくカップケーキをもらった場合に受け取った側がどれだけ良い気持ちになるかを，カップケーキを配った側は過小評価していた。このような予期せぬ行為の受け手は，行為を行う側よりも，こうした「心の温かさ」に注目する傾向がある。

8　(3)心の温かさの大切さを見過ごしていると，それは日常生活においてもっと親切になることの妨げになるかもしれない。カップケーキが人々を良い気持ちにすることは確かに知られているが，親切心から与えられたカップケーキは，人々を「驚くほど」良い気持ちにさせることが判明した。もし人々がこの効果を過小評価していれば，このような心温かい社会的な行動をわざわざ行わないかもしれない。

9　そして親切は人から人へ広がる。別の実験では，「ペイ・イット・フォワード（恩送り）」効果と呼ばれることがあるものを調べるために，人々に経済ゲームをしてもらった。このゲームでは，参加者は自分が今後絶対に会うことのない相手とお金を分配した。親切な行為を受けたばかりの人は，そうでない人に比べて，知らない相手にずっと多くのお金を与えた。最初に親切な行為をした人は，その親切が，後に続くこのような行動に波及することに気づいていなかった。

10　これらの研究結果は，私たちが誰かのために親切なことをするか否かを決めるときには些細なことのように思われることでも，それをする相手にとっては大きな意味を持つかもしれないということを示唆している。このような心温かい行動が自分の気分を高め，相手の人の一日を明るくするかもしれないと考えれば，できるときには親切にするほうを選んではどうだろうか。

解説

1． 下線部(1)を含む文のコロン以下（people who perform …）は，「無作為に親切な行為をする人は，受け手が自分の行為をいかにありがたく感じているかを過小評価している」という意味。この部分の主部は people who perform random acts of kindness で who 以下の関係代名詞節が先行詞 people を修飾している。述語動詞が underestimate でその目的語が how much recipients value their behavior という文構造。perform「～を行う」 random「無作為の」 underestimate「～を低く見積もる〔過小評価する〕」 recipient「受け取り手」 value「～を価値があるものと考える」 behavior「行動」 下線部 random acts of kindness「無作為な親切行為」の内容は第3段に述べられている。その第1文（Across multiple experiments …）の an action done … feel good という部分の，空所(あ)に入る語を除いた意味は「（その言動を期待していない）他の人を喜ばせることを目的として行われる行為である」。続く第2文（Those who perform …）は「そのような行動を行う人は見返りを期待していない」というような内容。that is「すなわち」 an action を過去分詞 done with … feel good が後置修飾している。with the intention of *doing*「～の意図を持って，～しようと思って」 making someone else feel good は make *A do*「*A* に～させる」という使役構文。カッコ内の who isn't expecting the gesture は先行詞 someone else を修飾。gesture「気持ちを表す言葉や行為」 those who ～「～する人々」 in return「見返りとして」 このような行為の具体例として挙げられているのは，まず第4段第2文（For instance, …）中の people wrote notes 以下。この部分は「これといった特別な理由はなく，（ただそうしたいというだけの理由で）友人や家族に短い手紙を書く」という内容。note「メモ，（短い非公式の）手紙」“just because”はSVが続くと「ただ～だから」となり，文脈からは「単に相手を喜ばせたいという気持ちから」と解釈できるが，単独では「ただなんとなく」「これといった理由もなく」という意味である。次に挙げられている例が第4段第3文の In another, they gave cupcakes away. に書かれている「カップケーキを配る」という内容。In another は同段第2文の in one experiment を受けた In another experiment の experiment が省略されたもの。give *A* away〔give away *A*〕「*A* を配る〔贈る〕」 また第6段第3文（In one experiment, participants …）にある「寒い冬の日に公園のアイススケートリンクで，（たまたま居合わせた人に）ココアを配った」という内容も，例に相当する。participant「参加者」はこの場合，「実験に参加した人」という意味。さらにはさかのぼって第1段第2文（Acts as simple …）にある「誰かにコーヒーを一杯買ってあげる」という内容もその一例と考えられる。Acts を as simple as … for someone が後置修飾（Acts that are as simple as … for someone の「主格の関係代名詞＋be動詞」が省略されたものと考えるとよい）。boost「～を高める」 mood「気分，気持ち」 どの例を用いてもよいが，選んだ内容によっては，該当箇所をそのまま抜き出すだけではなく「その行動を期待していなかった他の人を喜ばせることを目的として行われる，見返りを期待していない行為」であることが伝わるように，25字から35字という語数指定に合わせて内容を調整する必要がある。したがって，上記の例を解答にすると「ただそうしたいという理由で，友人や家族のためにちょっとした手紙を書く」「特に理由もなくただ喜ばすために他人にカップケーキをあげる」「寒い日に公園のアイススケートリンクで，居合わせた人にココアを配る」「特に理由もなくただ喜ばすために誰かにコーヒーを一杯買ってあげる」などとなる。

2．(あ)　この文脈では intention「意図」という名詞につける形容詞としては(I)primary「主な」が適切。当該段最終文に，「これらの行為を行う者は見返りを求めない」とあることも参照。with the primary intention of making someone else feel good で「他の人を喜ばせることを主な目的として」という意味になる。

(い) 空所を含む文は「これらの行為にどれほどの価値があると人々が感じているかを理解したかったので，親切な行為をした人とそれを受けた人の双方に，その行為がどれくらい“(　い　)”と感じられたかを評価してもらった」という意味である。understand の目的語が how valuable people perceived these acts to be という文構造。perceive *A* to be ～「*A* が～であると感じる」 rate「～を評価する」の目的語が how “(　い　)” the act seemed。how “(　い　)” the act seemed は how valuable people perceived these acts とほぼ同じ意味であり，空所には「価値がある，重要な」という意味を表すことがある(B) big を補う。第5段最終文（The recipients also …）にも比較級の “bigger” が同じ意味で使われていることも手掛かりとなる。

(う) 空所を含む第9段第1文（And kindness can …）は同段のトピックセンテンスであり，この段の主旨は，同段第4文（People who had …）の「親切な行為を受けたばかりの人は，そうでない人に比べて，知らない相手にずっと多くのお金を与えた」という文に表れている。この文脈から判断して空所に補う形容詞としては，(D) contagious「伝染性の，人から人へ広がりやすい」が適切。第4文は主部が People who had … a kind act で述部が gave 以下という構造。who had just … a kind act が先行詞 People を修飾する関係代名詞節。had just been は過去完了。receiving end は「受ける側」なので主部は「親切な行為を受けたばかりの人」という意味になる。substantially「相当，かなり」 more は more money を意味する。anonymous「匿名の，名を伏せた」 those who … は people who … の意味。those who had not「そうでない人」の後には繰り返しを避け，just been on the receiving end of a kind act という内容が省略されている。

(え) 空所を含むこの文は These findings suggest that …「これらの研究結果は…ということを示唆している」で始まっている。この文章では著者はまず第2段（In studies published …）で研究結果の概略を述べており，それは people who perform … value their behavior「無作為に何か親切な行為をする人は，受け手が自分の行為をいかにありがたく感じているかを過小評価している」というものである。したがって，それに合うように空所には(J)small を補い，「私たちが誰かのために親切なことをするか否かを決めるときに些細なことのように思われることでも，相手にとっては大きな意味を持つかもしれない」とする。この文の that 節の構造は what might seem … for someone else が主部で，述部が could matter … do it for。what は「…すること〔こと〕」という名詞節を作る。whether or not … for someone else が deciding の目的語。whether (or not) to *do*「～するか（どうか）」 matter to ～ は「～にとって重要である」なので matter a great deal to ～ は「～にとって極めて重要である」。先行詞 the person を目的格関係代名詞が省略された関係代名詞節 we do it for が修飾。small という語が，（　い　）に補った big の逆の「重要でない」という意味で使われている。

(お)　空所を含む文の these warm gestures からカンマまでの部分は「このような心温かい行動が自分の気分を高め，相手の人の一日を明るくするかもしれない」，カンマより後の部分は「できるときには親切にするほうを選んではどうだろうか」というような意味。空所にはこの両者をつなぐ接続詞のような働きをする表現が必要なので，(F)given を補い given that ～「～だと仮定すると」という表現にする。enhance「～を高める」 brighten「～を明るくする」 why not *do*?「～してはどうか，～してもいいのではないだろうか」 when we can の後には choose kindness が省略されている。

3. In all cases「すべての場合において」に続くカンマ以下は compare *A* with *B*「*A* と *B* を比べる」の形。*A* にあたるのが the performer's expectations of the recipient's mood「行為をした側の受け手の気持ちへの期待」，*B* にあたるのが the recipient's actual experience「受け手の実際の経験」である。したがって「すべての場合において，私たちは行為をした側の受け手の気持ちへの期待と，受け手が実際に経験した気持ちを比較した」というような意味になる。expectations (of ～)「(～への) 期待」

4. (A)「見ず知らずの人たちは，私たちの研究に参加したがらなかった」 complete「完全な，まったくの」 be willing to *do*「～する意思がある」 participate in ～「～に参加する」

(B)「与えた側は，自分たちの親切な行為の結果を，さほど驚くことなく受け入れた」

outcome「結果」

(C)「参加者は，見知らぬ人への好影響も過小評価していた」

positive「好ましい」 impact on～「～に対する影響」 as well「(文末で) ～も」

(D)「身近な人々への無作為の親切は，気づかれないことが多かった」

go unnoticed「気づかれない，注目されずに終わる」

(E)「与えられた側は，与えた側への感謝の気持ちを伝えるのをためらうのが普通である」

normally「通常は」 hesitate to *do*「～するのをためらう」 gratitude「感謝（の気持ち)」

第6段の空所に続く第3～最終文（In one experiment, …to the recipients.）が空所に入る内容の基になる実験とその結果である。この部分の主旨は「ある実験で，寒い日に公園のアイススケートリンクで，たまたまそこに居合わせてココアをもらった人たちは，与える側が予想した以上に好意的に感じていた」というようなもので，それに合致するのは(C)。第4文は more positive に than the givers anticipated と for the recipients を続けて読む。anticipate「予測する」 カンマに続く who 以下は先行詞 the recipients に補足情報を加える継続用法の関係代名詞節。その中でさらに関係代名詞節 who just happened to be nearby が先行詞 people を修飾している。happened to *do*「たまたま～する」 giving out the hot chocolate は the people を後置修飾する現在分詞。see *A* as～「*A* を～とみなす」 relatively「比較的」 inconsequential「取るに足りない，重要でない」 matter (to～)「(～にとって) 重要である」 さらに(C)の英文中の strangers as well が，空所 a を含む文の直前の同段第1文（We initially studied…）中の familiar people, such as friends, classmates or family を受けて，「親しい人だけでなく見知らぬ人にも」というように使われていることも手掛かりとなる。

5. この文は主部は Missing the importance of warmth「心の温かさの重要性を見過ごすこと」で，may stand in the way of…「…の妨げになる」が述部という構造。miss「～を見過ごす」 warmth「心の温かさ，優しさ」 stand in the way of～「～の妨げ〔邪魔〕になる」に動名詞

being kinder in daily life が続いている。したがって「温かさの重要性を見過ごしていると，それは日常生活においてもっと親切になることの妨げになるかもしれない」というような意味になる。

6. “pay it forward”「ペイ・イット・フォワード（恩送りをする）」は pay it back「恩返しをする」と対照される概念である。その効果の説明となっているのが，下線部に続く第９段第３・４文（In this game,… who had not.），特に「親切な行為を受けたばかりの人は，そうでない人に比べて，知らない相手にずっと多くのお金を与えた」という意味の同段第４文（People who had…）である。この内容を an economic game に限らない一般的な内容にまとめると「他人に親切にされると，その人も他人に親切にするようになるという現象」となるが，その現象が波及的あるいは連鎖的なものであることを盛り込むと〔解答〕のようになる。

語句・構文

（第１段） being kind to others は動名詞。well-being「幸福」 afford「～を提供する」 opportunity for～「～の機会〔チャンス〕」 not always「（部分否定）必ずしも～ない」 take advantage of～「～を活用する」

（第２段） published online in…「オンラインで…に発表された」は studies「研究」を後置修飾する過去分詞。possible「考えられる」

（第３段） across「～を超えて，すべての～」 multiple「複数の」 involving approximately 1,000 participants は multiple experiments を修飾する現在分詞である。involve「（人）を巻き込む〔参加させる〕」 approximately「およそ」

（第４段） from one *A* to the next「一つの *A* から次の *A* へと」 specific「具体的な」 vary「変わる」 ask *A* to *do*「*A* に～するように依頼する」の *A* にあたるのが both the person … receiving it。また both *A* and *B*「*A* と *B* の両方」の *A* にあたるのが the person performing a kind act で *B* にあたるのが the one receiving it。現在分詞 performing a kind act が the person，receiving it が the one を後置修飾する。the one receiving it は the person receiving the kind act を意味する。fill out「（書類）を記入する」 questionnaire「アンケート」 who had acted with kindness は関係代名詞節で先行詞 the person を修飾。不定詞 to に report…「…を報告する」と predict…「…を予測する」の両方をつなげて読む。inquire (about ～)「(～について) 尋ねる」 perceived は perceive「知覚する，考える」の過去分詞なので，perceived cost で「かかったと思われるコスト」という意味。

（第 5 段） investigation「調査」 robust「頑丈な，断固とした」 emerge「明らかになる」 For one と For another は several robust patterns emerged を受けて「一例としては，一つには」「また別の例としては」というように使われている。it was clear that … は仮主語構文で，it は that 以下の内容を受ける。kind actors は performers の言い換え表現。reliably「確実に」 rate *A* as ～「*A* を～と評価する」 performing them did (＝performing these acts rated) は現在分詞で the people を後置修飾。

（第 6 段） initially「最初は」 done for familiar … or family は過去分詞で acts of kindness を後置修飾。

（第 7 段） reveal「(知られていなかったこと) を明らかにする」 that (＝why) people … action's impact は先行詞 one reason を修飾する関係副詞節。one set of ～「ひとまとまりの，一つのグループの」 estimate の目的語が how much someone … in a study「研究に参加するだけでカップケーキをもらった場合，その人がどの程度喜ぶか」。would like … は仮定法過去。simply for participating in a study の for は「～の報酬として」の意。match「～に一致する」 for no particular reason「特に理由もなく」 how positive their recipients would feel が underestimated の目的語。focus on ～「～に注目する」 than performers do の do は focus on *warmth* を意味する。

（第 8 段） make folks feel good は make *A do* の使役構文なので「人々を良い気持ちにする」。folks「人々」 to be sure「確かに」 it turns out that ～「～ということがわかる〔判明する〕」 given in kindness は cupcakes を後置修飾する過去分詞。bother to *do*「わざわざ～する」 carry out「～を実行する〔行う〕」 prosocial「社会的な，社会性のある」

（第 9 段） had people play … の have は使役動詞で have *A do*「*A* に～してもらう」。that allowed us … effects は先行詞 an economic game を修飾する関係代名詞節。allow *A* to *do*「*A* が～することを可能にする」 what are sometimes … effects が examine の目的語。what is〔are〕(sometimes) called ～「(時に) ～と呼ばれるもの」 allocate「～を分配

する」 関係代名詞節 whom they would never meet が先行詞 a person を修飾。who performed the initial act は The person を修飾する関係代名詞節。generosity「気前のよさ，寛大さ，親切」 spill over「波及する」 downstream「下流の，(先に生じたことの) 結果として生じる」 interaction「かかわり合い」

(最終段) finding「研究結果，調査結果」

III　解答

1－(D)　**2**－(C)　**3**－(B)　**4**－(A)・(B)

5. ①－(F)　②－(G)　③－(B)　④－(E)

6. 〈解答例１〉I am optimistic about the future because technology will make our lives easier. For example, with AI robots performing repetitive tasks for us, we will have more free time. (29 words)

〈解答例２〉I am pessimistic about the future because technology has yet to solve critical problems, such as climate change. For example, EVs may increase carbon emissions depending on the production processes. (30 words)

…………………………………… **全訳** ……………………………………

《人類初の月面着陸をめぐる祖父と孫の会話》

ミッシー$_1$：おじいちゃん，歴史の課題を手伝ってくれないかしら。

グレッグ$_1$：ネットで調べるほうがいいんじゃないかい？

ミッシー$_2$：今学期は歴史学方法論について学んでいて，人から話を聞くことも含めて，さまざまな情報源から歴史的情報を収集する経験を積むように教授に言われたの。

グレッグ$_2$：ちょっとわからないんだが，歴史学方法論って何だい？

ミッシー$_3$：基本的には，歴史家が情報を収集し，それを伝える方法を学ぶことよ。

グレッグ$_3$：ああ，口述歴史みたいなものかな？

ミッシー$_4$：その通り！ おじいちゃん，歴史上の特別な日の思い出はある？

グレッグ$_4$：もちろん，一つはっきり覚えている日があるよ。初めての月面着陸だ。1969 年のことだった。お前さんくらいの年齢だったな。

ミッシー$_5$：それがなぜおじいちゃんにとって特別なの？

グレッグ$_{5}$：こう言っては何だが，それは当たり前と言えば当たり前だろう。何十億年もの間，空にあの例の奇妙な球体があり，地球の生き物はとても長い間それを見ていた。そしてついに，成功したんだ。２人の人間がそこに立っていたんだよ。

ミッシー$_{6}$：学校でそれについて学んだのを覚えているわ。ニール＝アームストロングが人類初めて月面を歩いたのよね。それを見ることができなかったのは残念だわ。

グレッグ$_{6}$：まあ，ともかくこういうことだ。私たちはそれをテレビで見ることができた。当時テレビは最新の発明だった。それがその出来事を特別にした要因の一つだった。映像はあまり鮮明に見えなかったが，私たち世界中の何百万もの人がそれをリアルタイムで見ることができたんだ。それまではこれほどの世界的な出来事はなかった。お前さんはどうだい？　記憶にある中で最大の歴史的な出来事は何だい？

ミッシー$_{7}$：それほどのものは何も思いつかないわ。でも，私はそんなに長く生きていないからね。

グレッグ$_{7}$：それもそうだ。でもお前さんはおそらく生きているうちに火星に人が降り立つのを見ることだろう。それは月よりも遥かに遠いところにある。

ミッシー$_{8}$：そうね。それは楽しみだわ。でも，火星の表面を動き回っているロボットから，私たちは火星についてすでにかなりのことを学んでいるわ。月面着陸の前には，月がどのようなものであるか十分に理解されていたのかしら？

グレッグ$_{8}$：いくつか画質の粗い写真はあったが，詳しい知識はそれほどなかった。宇宙船が表面の非常に細かい塵に沈んでしまい，戻ってこられなくなるのではないかと心配する人もいたよ。科学者でさえ完全に確信を持っていなかったことがたくさんあった。

ミッシー$_{9}$：アームストロングは成功の可能性は五分五分だと思っていたという記事を覚えているわ。それはすごい冒険に思われたに違いないわね。それがおじいちゃんには個人的にどんな影響を与えたの？

グレッグ$_{9}$：この出来事は，おそらく私をより楽観的にしたと思う。私たちはしばらくの間，また破滅的な戦争が起こるのではないかという脅威とともに生きていた。月面着陸は人間が素晴らしいこともできると思わせてくれた。

ミッシー$_{10}$：それ以来失望を感じたことはある？

グレッグ$_{10}$：ある意味ではね。でもまた別の意味では，人間が成し遂げられることにいまだに感動しているよ。お前さんはどうだい？　テクノロジーが世界を驚異的な速さで変えているけど。将来に楽観的かい？

ミッシー$_{11}$：その時々だわね。

グレッグ$_{11}$：お前さんは長い間生きることができる。宇宙にだって行くかもしれない。

ミッシー$_{12}$：それは悪くないわね。でも最近は遠い未来が見通しにくいわ。地球の環境はどうなるんでしょう？　物事はどこまでAIによって管理されるようになり，人と人との関係はどうなるのかしら？　おじいちゃんはどう思う？

グレッグ$_{12}$：正直言って，よくわからない。でもこれだけは言えるな。お前さんが歴史について考えているのはいいことだ。加速度的な変化の中でも，過去から有益な教訓を学ぶことができるからね。

ミッシー$_{13}$：そうよね。私もそう思うわ。

解説

1.「この前後関係の中で下線部(1)“it's hardly a mystery”に意味が最も近い表現は次のうちどれか」

context「文脈，前後関係」 be close in *A* to *B*「*A* において *B* に近い」

(A)「それを説明するのは難しい」

(B)「それを理解するのは難しいと思った」

(C)「それは見かけほど単純なことではない」

(D)「それは明白だ」

(E)「あなたの質問は失礼だ」

hardly は「ほとんど～ない」という準否定表現なので，下線部 it's hardly a mystery は「それはそれほど不思議なことではない」という意味。それに近いのは(D)。下線部直前の no offense は「悪気で言うのではない，気を悪くしないでほしい」という意味の表現で，ミッシーが5回目の発言で「月面着陸がなぜ特別なのか」と尋ねたのに対して答えている下線部を含むグレッグの5回目の発言の第1文（Well, no offense, …）は「こう言っては何だが，それは当たり前と言えば当たり前だ」というような意味である。グレッグは続く第2～4文（There'd been this… standing up there.）で，月面着陸が特別な出来事であるのが「当たり前」である理由を「何十億年もの間，謎の存在であった空に浮かぶ球体に人間が降り立ったんだ」という旨で説明している。この前後関係を理解することが下線部の表現の意味を推測するうえで手掛かりとなる。There'd been … は過去完了形 There had been … の短縮形。this はここでは「(文脈上既知の物事を受けて）例の」という意味で使われている。had been watching it は過去完了進行形で「それ（＝this strange ball）を見続けてきた」。awfully「非常に」 make it「成功する」

2.「この前後関係の中で下線部(2)“I haven't been around so long” に意味が最も近い表現は次のうちどれか」

(A)「私は背が高くなっている」

(B)「私は近所に越してきたばかりだ」

be new to～「～で新顔である」 neighborhood「近隣，近所」

(C)「私はまだ若い」

(D)「私はそれほど気にしていない」

(E)「今帰ってきたところだ」

be around で「存在している，（人が）いる」という意味なので下線部 I haven't been around so long は直訳すれば「私はまだそれほど長い間存在していない」となり，(C)「私はまだ若い」が正解となる。ただしこの表現を知らなくとも，直前にグレッグが6回目の発言の最終2文（What about … event you recall?）で，ミッシーに「お前さんはどうだい？　記憶にある中で最大の歴史的な出来事は何だい？」と尋ねたのに対して，ミッシーは下線部を含む文の直前の7回目の発言第1文（I can't think of …）で「それとほぼ同じようなものは何も思いつかないわ」と言っており，この前後関係から判断すれば正解を導ける。think of～「～を思いつく」 much the same「ほぼ同じ」が anything を後置修飾している。

3.「ミッシーがグレッグに彼の経験を聞きたいと思った最初の理由は何か」

initial「最初の」 Missy wants … は，先行詞 the initial reason を修飾する関係副詞節。reason の後に why を補うとわかりやすい。

(A)「世代間の視点の違いをより明確にするため」

distinguish「～を区別する」 difference in～「～における違い」 perspective「(物事に対する) 見方，態度」

(B)「実践的な歴史学の手法の理解を広げるため」

broaden「広げる」 practical「実践的な」

(C)「テクノロジーが歴史にどのように影響するかを理解するため」

疑問詞 how に導かれる how technology affects history という節が comprehend「～を理解する」の目的語になっている。affect「～に影響を与える」

(D)「祖父の若い頃の生活についての知識を深めるため」

deepen *one's* knowledge of～「～の知識を深める」 youth「青年期，若い頃」

(E)「口述歴史の説明の仕方を祖父から学ぶため」

learn の目的語が how to explain oral history。oral history「口述歴史」

ミッシーは２回目の発言（This semester I'm …）で「歴史学方法論の授業で，人から話を聞くことも含めて，多くの情報源から歴史的情報を収集することが課されている」という趣旨のことを言い，３回目の発言（Basically, studying methods …）で「(歴史学方法論が) 歴史家が情報を収集し，それを伝える方法を学ぶことだ」というようなことを言っており，彼女がグレッグに彼の経験について質問をした目的は，人から話を聞くという歴史的情報を集める方法の一つを学ぶためことだということがわかる。これに合致するのは(B)。semester「(２学期制の) 学期」 historiography「史料編纂学，歴史学方法論」 gain experience *doing*「～する経験を積む」 source「情報源」 historians use … report it は，先行詞 methods「方法」を修飾する目的格の関係代名詞が省略された関係代名詞節。

「世代間の視点の違い」や「テクノロジーの歴史への影響」に関する内容は会話にないので，(A)と(C)は不適。結果的に彼女はグレッグが若い時に経験した人類の月面着陸の話を聞くことになったが，それが「最初の理由」ではないので，(D)も不適。紛らわしい選択肢に(E)があり，oral history「口述歴史」という表現は，ミッシーの３回目の発言（Basically, studying methods …）に対するグレッグの３回目の発言（Oh, like oral history?）に使われており，「口述歴史」と「人の話から歴史的情報を収集すること」がほぼ同義であることがわかる。しかしミッシーが学びたいのは「口述歴史をどのように説明するか」ではなく，口述歴史による情報収集の方法なので(E)も不適。

4.「この会話の内容に基づき，最も正しいと考えられるものを２つ選びなさい」

(A)「グレッグは，彼の人生で最も記憶に残る歴史的な出来事を簡単に挙げることができた」

name「～の名前を挙げる」 memorable「記憶に残る，忘れられない」 ミッシーが４回目の発言の第２文（Do you have…）で「歴史上の特別な日の思い出はある？」と尋ねたのに対してグレッグは即座に「もちろん，一つはっきり覚えている日があるよ」と答えているので正しい。a memory of～「～の記憶〔思い出〕」 extraordinary「（出来事などが）特別の」 that stands out は先行詞 one day を修飾する主格の関係代名詞節。stand out「際立つ」

(B)「ミッシーは，人類が火星についてすでに多くの情報を集めていると感じている」

gather information about～「～の〔に関する〕情報を集める」 ミッシーは８回目の発言の第２文（Still, we've already learned…）で「火星の表面を動き回っているロボットから，私たちは火星についてすでにかなりのことを学んでいる」という主旨のことを言っているので正しい。quite a bit「かなりたくさんのこと」 crawling around out there は robots を後置修飾する現在分詞。crawl around「はい回る」 out there「あちらで」は「火星では」の意。

(C)「ミッシーは宇宙旅行に行きたくない」

would not like to *do* は would like to *do* の否定表現。グレッグが11回目の発言の第２文（You might even…）で「宇宙にだって行くかもしれない」と言ったのに対してミッシーは12回目の発言の第１文で I wouldn't mind.「それは悪くないわね」と答えているので正しくない。mind は「～を気にする，～を嫌だと思う」という意味なので，I wouldn't mind. は直訳すると「（そうなっても）嫌ではない」だが，「別に構わない」「それも悪くない」という意味である。go into space「宇宙に行く」

(D)「全体として，グレッグは月面着陸に失望した」

overall「全体としては」 be disappointed by～「～に失望する」 グレ

ッグが月面着陸に感動を覚えたことは彼の4～6回目（Sure, there's one day …. Well, no offense, …. Here's the thing, …），9回目（That event probably …）の発言から明らかなので正しくない。ちなみに disappointed という語が使われているのは「それ（月面着陸）以来失望を感じたことはある？」というミッシーの10回目の発言（Have you felt …）だが，これは月面着陸ではなく，月面着陸以降の出来事についての質問である。

(E)「月に降り立った最初の宇宙飛行士たちは，自分たちのミッションが成功すると確信していた」

who landed on the moon は先行詞 The first astronauts を修飾する関係代名詞節。be positive (that) …「…と確信している」be successful「成功する」「アームストロングは成功の可能性は五分五分だと思っていたという記事を覚えている」というミッシーの9回目の発言の第1文（I remember an article …）に合致しない。that said Armstrong … chance of success は先行詞 an article を修飾する関係代名詞節。chance of ～「～の可能性」

5．「文脈に合う最も適した単語を下のリストから選び空欄①～④を埋めなさい。どの単語も1回しか使えないものとする」

(A) capable「能力がある」(B) catastrophic「破壊的な，壊滅的な」(C) divided「分けられた，分離した」(D) domestic「家庭の，自国の」(E) personal「個人に関する」(F) recent「最近の」(G) thorough「完全な，徹底的な」

①　空所を含むグレッグの6回目の発言の第1文（Here's the thing, though: …）は「私たちはそれをテレビで見ることができたが，それ（テレビ）は当時，かなり［　①　］発明だった」という意味で，この文脈に合うのは(F) recent「最近の」。この文のカンマに続く which was a fairly 以下は先行詞 TV に補足情報を加える継続用法の関係代名詞節。副詞 fairly「かなり」が recent を修飾する。at that time「当時」

②　空所を含むミッシーの8回目の発言の第2・3文（Still, we've already … the moon landing?）の主旨は，「火星については人類がそこに着陸する前からすでにかなりのことがわかっているが，月面着陸の前には，月がどのようなものであるかわかっていたのか」というものなので(G) thorough「完全な」を選び a thorough understanding「完全な理解」とする。

understanding of ～「～の理解」に what the moon was like「月がどのようなものであるか」という疑問詞 what に導かれる名詞節が続いている。what *A* is like で「*A* はどのようなものか」の be 動詞が時制の一致で過去形になり what the moon was like となっている。

③　空所を含むグレッグの 9 回目の発言の第 2 文（We'd been living …）は「私たちはしばらくの間，また［　③　］戦争が起こるのではないかという脅威とともに生きていた」という意味で，この文脈で war を修飾する形容詞としては(B) catastrophic「破滅的な」が適切。この文は第二次世界大戦後の東西冷戦の時期のことを述べたものと考えられる。この文は過去完了進行形で We'd は We had の短縮形。threat「脅威」 for some time「しばらくの間」

④　空所を含むミッシーの 12 回目の発言の第 2 ～ 4 文（It's hard to … relations be like?）は，彼女が未来に感じている不透明感について述べたもの。what will［　④　］relations be like?　の空所には(E) personal「個人に関する」を補い「人と人との関係はどうなるのだろうか」とするのが適切。It's hard to … は形式主語構文で，It は to see … を受ける。see into the future「未来を見通す」に far off「遠い先」が挿入されている。What will *A* be like?「*A* はどのようなものになるだろうか」は，what *A* is like の未来表現が疑問文になったもの。be run は run「～を動かす」の受け身形。

6.「最近のテクノロジーの進歩を考えると，あなたは将来については楽観的か？　もしそうなら，それはなぜか？　もしそうでなければ，それはなぜか？　20～30 語で答えなさい。解答の最後に使用した語数を示すこと。カンマやピリオドなどの句読点は語数として数えないこと」

given ～「～を考慮する〔考える〕と」 be optimistic about ～「～について楽観的である」 count *A* as *B*「*A* を *B* として数える」 punctuation「句読点」

指示に従って書くことが大切である。特に指示文が英語なのでまずは問題を正確に理解すること。含めなければならないのは，①将来について楽観的か否か，②（最近のテクノロジーの進歩をふまえて）それはなぜか，という 2 つのポイントである。語数に指定があるライティングでは，「どのくらい書けば何語くらいになる」という感覚を持っておくことが大切である。一般的に1文の長さは10～20語程度なので20～30語は目安として2～3文ということになる。構成は「意見→理由（+説明／例）」ということになるので，第1文で「意見」，第2（～3）文で「理由+説明／例」とするか，第1文で「意見+理由」，第2（～3）文で「説明／例」とするとよい。「意見」は，あえて表現を変えなくとも指示文中の表現をそのまま使用し I am optimistic about the future. / I am not optimistic〔pessimistic〕about the future. でよい（ちなみにフォーマルなライティングでは I'm などの短縮形は用いないのが普通である）。「理由」は指示文にある recent advancements in technology「最近のテクノロジーの進歩」に直接関係する内容を書くとよい。グレッグが10回目の発言の第4・5文（Technology is changing … about the future?）で「テクノロジーが世界を驚異的な速さで変えているけど。お前さんは将来に楽観的かい？」と問いかけ，それに対してミッシーが12回目の発言の第3・4文（What will the planet's … relations be like?）で，環境，AI の発達，人と人との関係など未来に対する不透明感について述べており，否定的な立場をとる場合はこの部分もヒントとなる。

語句・構文

（ミッシーの1回目の発言）I wonder if ～「～だろうか，～かなぁ」 help *A* with *B*「*A*（人）が *B* をするのを手伝う」

（グレッグの1回目の発言）Wouldn't it be better to ～？ は仮定法過去なので過去形の助動詞 Wouldn't が使われており，「（もしそうできるのなら）～したほうがよいのではないか」というような意味になる。look ～ up / look up ～「～を調べる」

（グレッグの2回目の発言）Quick question「（簡単な質問だ）ちょっと教えてほしい」≒Can I ask you a quick question?

（グレッグの5回目の発言）billions of ～「数十億〔何十億〕もの～」 creature「生き物」

（ミッシーの6回目の発言）I'm sorry (that) S V「S が V で残念だ」 miss「（機会など）を逃す〔見逃す〕」

（グレッグの6回目の発言）the thing は「重要なこと」という意味なので，Here's the thing. は「こういうことだ」というように，これから何か大切なことを言う前に用いる表現。That was part of what made it so special. の That は直前の文の「世界中の人がそれをテレビで見ることができた」という内容を指す。what made it so special は先行詞を含む関係代名詞 what「～するもの」に make *A* ～「*A* を～にする」というSVOC の形が続いた形で「そのことがそれ（＝月面着陸という出来事）を非常に特別にした理由の一つだ」となる。It was a bit hard to …「…するのは少し難しかった」は仮主語構文。make out ～「～を認識する〔見分ける〕」 millions of ～「何百万もの～」 live「実況で，生放送で」There's never been … は There has never been … の短縮形。quite like ～「～のような」 you recall は目的格の関係代名詞が省略された関係代名詞節で先行詞 the biggest historical event を修飾。recall「思い出す」

（グレッグの 7 回目の発言）lifetime「生涯」 way は比較級の前に置かれ，much と同じように「ずっと，はるかに」という意味で使われる。further「(far の比較級) もっと遠い」

（グレッグの 8 回目の発言）grainy「(写真の) 粒子が大きい，きめが粗い」 detailed「詳細な」 worried (that) the spacecraft might sink … and not be able to … は might が sink … と not be able to … の両方に続く。sink into ～「～に沈む」 fine「(粒子の) 細かい」 be sure about ～ は「～に確信を持っている」，not completely は「完全には～ない」という部分否定なので weren't completely sure about many things は「多くのことに完全には確信を持っていなかった」。

（ミッシーの 9 回目の発言）seem like ～「～のように思える」 personally「個人的に」

（グレッグの 9 回目の発言）made me more optimistic は SVOC 構文で「私をより楽観的にした」。make it seem like ～ は「～であるように思わせる」という意味の慣用表現。it は漠然とした状況を示す。

（グレッグの 10 回目の発言）In some ways. But in other ways … では in some ways と in other ways が「ある意味では」「また別の意味では」と相関的に使われている。be impressed by ～「～に感動する〔感銘を受ける〕」 先行詞を含む関係代名詞 what に導かれた what humans can achieve が前置詞 by の目的語になっている。at a ～ pace「～な速度で」 tremendous「驚異的な」

（ミッシーの 11 回目の発言）go back and forth「(～の間を) 行き来する，

行ったり来たりする」
（グレッグの12回目の発言）it's good that … の it は仮主語で that 以下の内容を受ける。even with ～「（譲歩）～にもかかわらず」 accelerating「加速度的な」
（ミッシーの13回目の発言）Sure.「（同意して）その通り」 That's what I think. は「それが私が考えることだ」つまり「私は〔も〕そう思う」。

Ⅳ　解答例

1. There are two parallel horizontal lines of equal length. One line has "V" shapes sideways at each end, which appear like arrows. The other has "V" shapes sideways in the opposite direction, which causes each end to resemble the letter "Y" and makes the latter look longer than the former. (50 words)

2. This illusion makes two lines of the same length look different by adding a few extra lines. This shows how easily the eyes can be tricked. The brain can misinterpret visual information and the way people see things can be influenced by small changes made to objects, intentionally or unintentionally. (50 words)

解説

「次の図は，ミュラー・リヤー錯視として知られているものを示している。2本の水平な直線は同じ長さである。この図をよく見て，次の質問に答えなさい。各解答の最後に使用した語数を示すこと。カンマやピリオドなどの句読点は語数として数えないこと」

following「次の」 diagram「図」 present「～を示す」 what is known as～「～として知られているもの」 horizontal「水平な」

1.「それを見たことのない人にこの図を説明しなければならないとする。それがどのように見えるかを説明しなさい。30～50語で書くこと」

まず問題と図を注意深く読んで解答することが大切である。特に問題の指示文が英語である場合は，読み違いなどのないように気をつけなければならない。この問題の場合に気をつけなければならないのは，「この図を見たことのない人に説明」するのであり，図を見せながら説明をするのではないということである。

問題の指示文中にある “two horizontal lines”「2本の水平な直線」であることに加え，説明に含めなければならない点は，①それらの直線の配置が平行（parallel）であること，②2本の直線の端（end）にはそれぞれ「＞＜」「＜＞」のような形状の斜め線がついているということ，③「＞＜」の斜め線がついた直線のほうが「＜＞」の斜め線がついた直線よりも長く見えることである。

「＞＜」「＜＞」を自分の使える英語でいかに表現するかがポイントである。そのために〔解答例〕で用いた表現は，“V” shapes sideways「横向きのV字形」，at each end「両端に」，appear like arrows「矢印のように見える」，“V” shapes sideways in the opposite direction「向きが逆の横向きV字形」，resemble the letter “Y”「Yの文字のように見える」である。また「矢印に似ている」ので比較的説明しやすい「＜＞」のついた直線を先に説明し，「＞＜」をその「逆向き」と説明している。

さらに一般的に2つのものを比べるときに便利な表現である one line「一方の線」／ the other「もう一方（の線）」，the former「前者」／ the latter「後者」を用いている。

〔解答例〕を和訳すると次のようになる。

同じ長さの2本の平行で水平な直線がある。一方の線は，両端には横向き「V」の字のような形がついていて，矢印のように見える。もう一方には逆方向の横向き「V」の字のような形がついていて，両端が「Y」の字のように見え，後者の方が前者よりも長く見える。

2．「ミュラー・リヤー錯視が人のものの見方について何を示しているかを説明しなさい。30～50語で書くこと」

まずミュラー・リヤー錯視がどのようなものであるかを簡潔に述べ，それに基づいて人のものの見方について一般的にどのようなことが言えるかを述べることになる。

問題の指示文中にある illusion「錯覚，錯視」，how people see things「物が人にどのように見えるか」以外に〔解答例〕に用いた便利な表現として look different「異なって見える」，be influenced by ～「～に影響される」などがある。

〔解答例〕を和訳すると次のようになる。

この錯視は，同じ長さの2本の線が，数本の線の追加によって違って見えるものである。これは，目がいかに簡単にだまされるかを示している。脳は視覚情報を誤って解釈することがあり，人のものの見方は，意図的であろうとなかろうと，対象物に加えられた小さな変化によって左右されることがある。

講評

2024年度も2023年度までと同様に，総合読解問題が2題，会話文と英作文が各1題という構成であった。英作文は2024年度も自由英作文であったが，これまで続いていたグラフ・表の読み取りに基づいたものに代わって，錯視に関する図とそこからわかることを説明するものが出題された。なお，会話文でも意見論述の英作文が出題されている。

Ⅰは「自然と文化が融合する聖地，ロナール」に関する自然・社会分野にまたがる評論文。文構造が複雑であるわけではなく，内容・表現レベル共に標準的な文章であった。トピックセンテンスを選ぶ問題が2021～2023年度に続き出題されており，4つの空所に対して7つの選択肢があった。また文章全体の趣旨を説明する文を完成させる新傾向の問題もあり，これらの問題に効率よく解答するためには，論理展開のしっかりとした理解に加え，カギとなる表現を見つけるなど，問題形式への慣れが必要である。

Ⅱは「研究が明らかにする親切な行為の効果」に関する社会・心理分野の評論文。身近な内容なので文章の理解は難しくないが，論理展開を正確に把握する力が空所補充問題などで試されている。また内容説明問題に指定語数に合わせて過不足なく答えるのには，慣れが必要である。

Ⅲは「人類初の月面着陸」という歴史的な出来事をめぐる祖父と孫の会話が素材となった会話文総合問題。2022・2023年度に出題された発話時の感情に合う単語を選ぶ問題が2024年度は出題されず，オーソドックスな形式であった。意見論述は20～30語と2023年度の25～35語から少し減少した。テーマは2024年度も多くの受験生が書き慣れていると思われるものであった。

Ⅳの英作文問題はこれまで続いていたグラフや表の読み取りに基づくテーマ作文に代わり，ミュラー・リヤー錯視の図とそこからわかることを説明する新傾向問題であった。出題内容の大きな変化に加え，線分の両端についた「＞＜」「＜＞」という形状の斜め線をどのように説明するかなどに戸惑った受験生も多かったと思われる。日頃から，表現したいことを自分の使える英語で工夫して表現する力をつける必要を感じさせる出題であった。

総じて，2024 年度の出題も，専門的な内容の英語を理解するだけにとどまらず，その内容を日本語で簡潔に表現したり，またそれについて自分の意見を英語で表現したりという，大学で学ぶ際に根幹となる語学力と思考力を求めるものである。人文・社会・自然科学にまたがる内容の英文を理解するためには，英語力に加えて科目横断的な力が必要と言える。日頃の地道な学習を通じ，実際に使える英語運用力，論理的思考と幅広い教養を身につけた学生を求める出題意図が感じられる問題であった。

日本史

I 解答 **問1．** 朝鮮式山城は，白村江の戦いで敗北した後に大陸からの侵攻に備え北九州から近畿にかけて築かれた。城柵は蝦夷への前線基地として東北の要所に築かれた。多賀城は外郭の内側に政庁や兵舎があり，東北の行政と軍事の拠点となった。

問2． 各戸の成人男子から３人に１人の割合で兵士が徴発され，諸国軍団で訓練を受けた。その中から衛士が選ばれ，都へと向かい宮城の警備にあたった。

問3． 計帳は調・庸などの人頭税を賦課するための人民台帳であり，衛士の食料代は計帳の庸の記載をもとに民部省で計量され各自に割り当てられた。

問4． 応天門が放火により焼失し，左大臣源信を告発した大納言伴善男が真犯人として流罪となった。清和天皇の摂政となった藤原良房は事件の関係者である伴氏・紀氏の排斥に成功し，藤原北家の勢力を拡大させた。

問5． 京：検非違使　宮中：滝口の武者

問6． 諸国守護が指揮して国内の御家人を動員し京都大番役をつとめさせた。

解説

《古代～中世の軍事》

古代の君主制国家において，君主の命を守るという軍事面における課題についてたずねる問題。

問1．「朝鮮式山城」と「城柵」が造営された地域と造営の背景，および多賀城の構造と機能について述べる問題。朝鮮式山城である大野城は，北九州の大宰府政庁の北隣，標高数百メートルの山頂部に造営されている。ほぼ同時に基肄城（佐賀県基山町から福岡県筑紫野市にまたがる）も造営され，大宰府を防御する機能を持っていた。造営の背景には663年に起きた白村江の戦いでの敗戦があり，唐・新羅の連合軍が倭国の軍隊を追って北九州に上陸するケースを想定して築かれたと考えられる。渟足柵や多賀城などの「城柵」は，東日本，とりわけ陸奥や出羽などの東北地方各地に

造営され，蝦夷に対峙する前線基地の機能を備えていた。

多賀城は，築地・材木塀に囲まれた外郭の内側中央部に政庁があり，政庁を囲むように役所群・倉庫群・兵舎などが設けられていた。政庁は陸奥国府で行政の中心としての役割を担い，一時は鎮守府も置かれていた。

問2． 衛士の動員の対象，動員のしかたを，史料を参考に説明する問題。史料1から，「三丁ごとに一丁」つまり各戸の成人男子を3人に1人の割合で兵士として「軍」すなわち諸国の軍団に所属させたことがわかる。また史料2から，兵士のうち「京」つまり都へ向かい宮城の警備にあたった兵士を衛士といったことがわかる。以上をまとめよう。

問3． 史料3に計帳のことが触れられる理由を説明する問題。計帳は調庸などの徴収を目的とした人民台帳であり，そこに記載された個人データをもとに，庸の量が計量され，都の衛士・仕丁らの食料代として支給された。

問4．「大伴門」すなわち応天門をめぐる応天門の変の経緯と政治的影響について説明すればよい。応天門は866年に火災で焼失したが，これは放火とされ，大納言伴善男が左大臣源信を告発して罪を負わせようとした。しかし藤原良房が事件に立ちあううちに，逆に伴善男や子の中庸らが真犯人として逮捕，流刑された。この事件に絡んで紀氏の紀豊城・紀夏井らも流罪となり，源信も政界を引退した。また，藤原良房が正式に外孫である清和天皇の摂政になるなど，伴氏・紀氏ら有力な官人貴族の没落は藤原北家の優位性をいっそう進ませることに繋がった。

問5． 9世紀初め，嵯峨天皇は旧都・平城京に拠った兄・平城太上天皇との対立の後，平安京を守る武力として検非違使を創設した。検非違使は天皇直属で京中の治安維持を担うのがおもな任務である。また9世紀末には宇多天皇が蔵人所の指揮下で宮中の警備にあたる武者を登用した。これを滝口の武者（滝口の武士）という。9世紀末は菅原道真が活躍した時期で，彼を登用したのが宇多天皇である。

問6． 史料4を参考に，鎌倉時代における京の治安維持のための武力について，動員の対象としかたを説明する問題。史料4は御成敗式目の有名な一節である。この中の「大番」というのが京都大番役で，武士による京中の警備のつとめのこと。京中の警備は平安時代中期以降，諸国の武士が交代で上京してつとめてきた慣習であり，鎌倉時代になってもこの慣習はつづいた。御成敗式目では，諸国の守護が国内の御家人に対して京都大番役をつとめるように催促するという形がとられた。

Ⅱ **解答**　**問1．** 戦争による緊張下でも日元の交易は継続し，火災で焼失した北条氏創建の建長寺の再建費用を得るため，幕府の許可を得て元に貿易船が派遣された。

問2． 貨幣経済が発達し年貢の代銭納も行われ，交通の要衝には人と物資が集まって三斎市などの市が立ち，米・反物・履物などがさかんに取引された。

問3． 徒然草。鎌倉時代の後期が題材となる。

問4． さいふ。遠隔地間の取引で利用された為替手形。軽量で迅速に処理され，領主は年貢・現金の運搬と保管の負担を，また事故や盗難による損失の危険を軽減できた。一方農民は現物年貢の輸送負担がなくなる利点があった。

問5． 公用の伝馬には1日の提供頭数を決め，私用を禁止した。伝馬の提供に対しては駄賃を支払わせ普請役を免除して，伝馬経営と貨客輸送の安定をはかった。

解説

《中世の貿易や経済・文化》

問1． 建長寺がどのような寺院であるかに注意しつつ，下線部①の誤りを修正する問題。貿易船の派遣について「幕府の許可や指示は得られなくなり，密貿易として継続され」た，とある箇所が誤り。鎌倉後期には寺社造営料唐船という，朝廷や幕府公認の貿易船が何隻も元に派遣されている。特に有名なのが1325年に派遣された建長寺船で，1315年に火災で焼失した建長寺の造営費用捻出を目的に渡航した。史料1ではその船の護衛命令が幕府から守護を通じて発せられており，貿易が幕府の管理下にあったことがわかる。建長寺は5代執権北条時頼が創建した禅寺で，宋からの渡来僧蘭渓道隆を開山とし，臨済禅を修める専門道場であった。寺は同時に国家安泰や歴代北条氏の菩提を弔う役割を担い，鎌倉最大の官寺として，のちには鎌倉五山の第1位に列せられた。鎌倉時代には北条氏を大檀那とする寺であったことを理解しておこう。

問2． 下線部②に関連させながら，図版について論述する問題。図版は鎌倉時代の社会風俗を写す史料としても知られる『一遍聖絵』の一部で，市の交易のようすが描かれている。画面中央では笠をかぶった女が反物《たんもの》（布）を見せ，向き合う男が銭の束を手に交渉するようすが描かれる。奥の掘立小屋では左隅で高下駄を並べる男，右隅では尼風の女性が反物を手にしている。右隣の掘立小屋では米俵にもたれかかる男が描かれる。以上から，掘立小屋で交易が行われ，履物・布地・米が商われていることがわかる。これを下線部②「商品として流通しやすくなった」に関連づける。リード文を参考に米の流通を用いて説明してみよう。鎌倉時代の後半には輸入銭である宋銭が普及して貨幣経済が発展し，年貢米も現物のまま生産地から畿内の領主のもとに運ばれるのではなく，貨幣でおさめる代銭納が普及した。このため年貢米は生産地近くの市場で売却され，地域の市場で流通したのである。

問3． 2024年度では数少ない語句記述問題。鴨長明の『方丈記』と兼好法師の『徒然草』はともに仏教的無常観に基づく，鎌倉文学を代表する随筆だが，活躍年代は鴨長明が平安末から鎌倉初期，兼好法師が鎌倉後期から南北朝期に分かれる。兼好法師は南北朝期の半ばまで生きたが，『徒然草』は鎌倉末期の成立と考えられ，題材の多くは鎌倉後期と考えてよい。

問4． 割符の読み方と概要を述べ，領主と農民にとっての割符による年貢納入の利点を述べる問題。割符は「さいふ」と読み，遠隔地への送金や年貢輸送の代用として，現物にかわり送られる為替手形のことである。年貢米も貨幣も，遠い地まで運ぶには重量があり，事故や盗難などの安全面にも弱点があった。そこで，軽量で迅速で比較的安全な輸送手段として，割符が使用された。割符による年貢納入は，領主にとっては，年貢運搬の管理負担を免れ，事故や盗難による損失などを回避できる利点があった。また農民にとっては，重量のある年貢や貨幣を運搬する負担を回避できるという利点があった。

問5．「伝馬定書」の箇条から武田氏の意図を読み取る問題。史料2より，武田氏が宿駅周辺の農民に人馬を提供させる伝馬役の負担を負わせたことと，伝馬を提供する仕事に駄賃を支払わせて収入を保証し，生計がたつようにして伝馬制度の維持をめざしたことが読み取れればよいだろう。

Ⅲ　解答

問1． ㋐石高は歴代藩主と将軍との親疎関係で変化し軍役も増減した。

㋑村々では藩内の耕地拡大などによる石高の増減で年貢額も変動した。

問２． 九州北部：長崎沿岸の外国船に対する警備やキリシタンの取締りをはかるため。

近畿地方：朝廷を監視し，朝廷と結ぶ反幕府勢力の動きを牽制するため。

問３． 諸大名が将軍に参勤して江戸に軍事力が常備され，将軍権威も高まって反乱を防ぐ意味があった。裏付けとして，反乱未遂となった慶安の変があげられる。

問４． 時期：藩主松平乗祐以後の時期に

理由：石高が急増し家臣団が増加して，居住に必要な屋敷地が堀の外へ広がった。

問５． ⑴兵農分離

⑵農民への命令は文書によったため，村々で読み書きの学習が進展した。

解説

《江戸時代の西尾藩》

江戸時代の西尾藩に関する問題。西尾藩は現在の愛知県西尾市に置かれた譜代大名の藩で，「表」にあるように国替（転封）による藩主の入れ替わりが頻繁な藩だったが，松平乗祐の入封以後は転封がなくなった。

問１． 西尾藩における石高が，㋐幕府との関係と㋑村々との関係において，それぞれどのように変化したか説明する問題。石高とは，土地の生産力を米の数量単位である「石」で表した数値である。㋐について，「表」より藩主が変わると石高も変動していることがわかる。幕府から大名にあてがわれる知行地は石高に基づき，大名の軍役も石高に応じて定められた。したがって，国替えで新しく入封した各藩主が，藩主の家柄・格式や将軍家に対する貢献度などにより，それに相応しい石高の知行地を獲得し，またそれにともない幕府に対し負う軍役も変化した，ということであろう。㋑について，農民は石高で表示された土地を所持し，その石高に応じて年貢を納入する。したがって，新田開発や農業技術の発展を背景に村々の石高が変化し，石高に応じて貢租負担も変動し，藩の貢租収入も変化した，ということであろう。以上についてまとめればよい。

問２． 九州北部と近畿地方において軍事的空白地帯が生じないよう工夫する必要があった事情について，具体例をあげつつ推測する問題。この２地域の軍事的空白を幕府が嫌ったのは，２つの地域に幕府の統制が及びにく

く，たえず反乱の可能性をもつ地域であったからであろう。九州北部は江戸初期に島原の乱が起きた地域で，乱の原動力となったキリシタンが潜伏しつづける可能性があった。また開港地の長崎をひかえており，外国船が侵入する可能性もあった。いっぽうの近畿地方には京都に朝廷があった。幕府は公家や天皇に対し諸法度を発出して統制するだけでなく，軍事力による牽制を必要としたと推測できる。

問3． 諸大名が江戸で半数交替することが幕府（将軍）にとってどのような意味があったかを推測し，その推測を裏付ける歴史的事実をあげる問題。諸大名が大人数の家臣を引き連れ1年交替で江戸に入り将軍に伺候することは，将軍と大名の主従関係を確立させ，将軍の権威を高める効果があった。また大名が交代し顔ぶれはかわっても，将軍に忠誠を誓う諸大名の武力からなる常備軍が江戸に形成され，反乱の芽を摘む役割を果たした。たとえばその事例として慶安の変をあげることができるだろう。1651年，第3代将軍徳川家光が没した。継嗣家綱が幼少であったことから権力の空白が生じたが，その空白を狙って軍学者の由井正雪らが幕府転覆を計画するという慶安の変が起きた。計画は未然に発覚し，首謀者は各地で逮捕され，武力反乱の大事には至らなかった。鎮圧の背景には，諸大名による圧倒的な力をもつ江戸常備軍体制があったと考えることができるだろう。

問4．「表」や「問1」を参考に，図C右上の太い点線で囲まれた部分が出現した時期と理由について推測する問題。時期には藩主名を用いるよう指示されている。太い点線で囲まれた部分は堀の外であるため，城下町の中で新たに広がった武家地で，藩主の家臣団を構成する武士が居住した場所とわかる。「表」より，松平乗祐が藩主となった1764年に石高が大幅に加増され，6万石になっていることに注目しよう。国替により，大きな石高をもつ大名が西尾藩主となったのである。新たな西尾藩主は6万石に見合った家臣団とともに入封したが，家臣団の居住地は西尾城下の既存の武家地では足りず，新たな居住地が必要となった。そこで堀の外の，太線で示された新たな武家地が追加されることとなったのである。

問5．(1) 武士と百姓の身分における分断を指し示す語句で，漢字4字の指定があることから，兵農分離が正解。

(2) 兵農分離と農民の識字率との関係について説明する問題。農民は藩のお触れを，辻や広場に掲げられた高札の文書を通して理解した。そのため，予め文字を知っておく必要があり，農民の子弟は読み書き計算を学習する寺子屋や手習所などの施設で文字の学習につとめたのである。

Ⅳ 解答

問1． 漢語に疎い庶民のために慣用表現を使って広く理解を得ようとした。

問2． 学問は士族以上の身分が学ぶものでそれ以下の身分には無用とした従来の悪習。学制の新しさは，国民皆学の理念を打ち出し，人々が男女や身分の別なく学校に入り，学問で立身出世を目指せるとした点にある。

問3． 学制は地方の実情を考慮しない画一的な制度で，学校設立に関する経費も学区内の共同負担だったうえ，子どもは家族労働に必要とされていた。

問4． 朝鮮語を捨てて日本語の発音に習熟させ，言語による同化をはかった。総督府は朝鮮人に団結と忠誠を誓わせ皇民化し，戦争協力を求めた。

問5． 教育二法により教員の政治活動が禁じられ，教育委員も公選制から任命制となり，教職員の勤務評定も実施されるなど，国家による教育統制が強まった。

問6． ベトナム反戦，沖縄返還，公害などの問題で反政府気運が高まり，多くの大学で学費値上げなど学内問題への不満が大学紛争となって広がった。

解説

《近現代の教育》

問1． 史料Aの本文の漢字部分に二重のルビが振ってある理由について述べる問題。二重のルビのうち，上は漢字や熟語の通常の読みだが，下のルビは独特で，「産」を“しんだい”，「業」を“とせい”，「生」を“いっしょう”などと，日常的な慣用表現に置き換えている。これは，漢字・漢語に慣れていない人々も対象に，教育改革（学制頒布）の趣旨をなるべく広い階層の人々に通達する目的があったことを示している。

問2． 史料B中の下線部①「従前の弊風」の内容を述べたうえで，それに対し学制に基づく学校教育の新しいところを説明する問題。下線部①につづく文章を意訳すると，「学問は士族以上が携わるもので，士族より下の農工商および女子は学問を考慮せずそれが何たるかを理解しない」となり，これが「従前の弊風」（今までの悪習）の内容となる。それに対し学制で

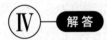

は，AとBを参考にまとめると，「日常の言行書算から政治天文医療等の道まで人の営みに学問でないものはない。そこでこのたび国民皆学の理念に基づき学制を定めた。これからは男女の別なく幼少期から学校に通ってもらい，学問により身を修め智を開き才芸を伸ばして，自身の立身出世や家業の繁栄を目指してもらう」といったことが述べられている。つまり，学問に対する新たな価値観を提示して国民皆学を打ち出し，立身出世という人生の目標を示したところが新しい部分である。

問3． 学制発布のあとに就学率が低迷した要因を説明する問題。学制はフランスの教育制度を模範として導入されたものである。全国を大学区・中学区・小学区に分け，1大学区に32の中学区，1中学区に210の小学区を置いて，全国的には約5万を越える小学校が設けられる計算であった。しかし小学校の設立はその予定数が多すぎて法令通りに進まず，学校にかかる費用負担は国費ではなく地域や家庭など受益者が負担するものだったうえ，家族労働にたよる農家には子どもたちを学校に通わせる余裕がなかった。学制はその画一的内容の強制が地域の実情にあわず計画が滞り，地域や家庭の費用負担も重く，就学率は高まらなかったのである。

問4．「皇国臣民の誓詞」の中で日本語の発音にハングル文字のフリガナがつけられた理由と，朝鮮総督府がこの「誓詞」によって朝鮮人民に求めたことを説明する問題。「誓詞」の内容は日本人が読んでも理解しやすいとは言えない。それを日本語のまま彼らに暗誦させ流暢に語らせることで，朝鮮に日本語を徹底させようしたのが，ハングル文字のフリガナがつけられた理由である。また，日中全面戦争が進行する中で総動員による戦争協力を求める声が強まり，朝鮮でも，朝鮮総督府が朝鮮人の日本への同化をはかる皇民化政策を推し進めていった。総督府は朝鮮人に忠良な帝国臣民としての自覚を持たせ，戦争に協力することを求めたのである。

問5． 甲・乙の新聞記事の背景にある1950年代の教育をめぐる動きを説明する問題。甲は映画の中で教育二法案をめぐって政治と教育の関係に緊張が走るようすを説明し，乙では映画の観覧をめぐるコメントが紹介される。キーワードとして，「教育二法案」「勤務評定問題」「教育委員会」に注目したい。なお教育二法とは，1954年6月公布の，教員の政治活動を抑制する2法案を指す。1945年の敗戦と占領の下で最高司令官マッカーサーが五大改革指令を口頭で発し，以後教育の自由主義化が進展した。アメリカ教育使節団が来日し，その勧告のもとで教育基本法・学校教育法が成立，1948 年には公選制の教育委員会が発足した。しかしこれら一連の民主化政策に対し，1950 年代半ばになると政府方針が転換し，教職員を政府が管理強化する傾向が強まることになる。第 5 次吉田茂内閣のもとで 1954 年に教育二法が成立し，教職員の政治活動が抑制された。次に鳩山一郎内閣では 1956 年に教育委員会法が改正され，公選制の教育委員会が地方公共団体の長による任命制へと改められた。さらに岸信介内閣のもとでは 1958 年より教職員の勤務評定が実施されたが，教職員への管理強化に繋がるとして教職員組合が猛反発し，いわゆる勤評闘争が激化した。反対闘争にもかかわらず，勤務評定は実施されていき，法廷闘争へと転化するものもあったが，ほとんどの裁判は 1970 年代に終了した。

問 6． 1991 年公開の映画における 40 代前半の社員の大学生時代に，大学などで起こった事象を説明する問題。1968 年から 69 年にかけての大学紛争について述べればよい。紛争の契機は，直接的には学費値上げや大学当局による学生への処分への反発であった。こうした動きの背景には，間近に迫った日米安全保障条約の期限，ベトナム反戦運動への共感，公害問題や沖縄返還運動への関心など，日本社会が抱えていた多様な課題があり，それらを通して学生の反政府的な気運が高まっていたのである。

講評

論述解答に重点を置く傾向が続いている。2024 年度の論述問題は計 20 問で，論述解答の合計行数は 41 行（1 行＝約 14 cm）と 2023 年度の 34 行から大幅な増加となった。解答量が多く，時間内に記述し終えるという受験生の課題は 2024 年度も変わらない。問いは「述べよ」や「説明せよ」という表現にほぼまとめられ，2023 年度によく見られた「推測せよ」は 2 問程度となった。こうした問題の要求に応じ論旨の確かな文章で答えることは，名古屋大受験生が修得すべき基礎的課題となっている。

例年通り史料も多数出題されているが，数行の短文にまとまるものがほとんどで要点を押さえやすい。また読解についても脚注や解説を伴うものや現代文に翻訳したものが多いので，受験生には取り組みやすいものだったのではなかろうか。

全体の難易度については，短文史料や図版・図表データを用い論述答案を求める問いが多くを占め，空欄補充形式の単答解答が減った分，難化の傾向にあるといっていいだろう。

Ⅰ　律令国家を軍事面について問う大問。問１は古代日本の山城や城柵の立地とその背景，また多賀城の構造と機能について叙述する。多賀城や東北経営については過去の名大入試でも問われており，城の周囲も含め教科書の記述を辿っておきたい。問３では計帳が何をするための台帳であるかを想起する必要がある。問４では応天門の変の経緯と，その後の藤原良房が政治的地位を獲得するまでの知識が問われる。

Ⅱ　中世の貿易，商品・貨幣経済の発展，遠隔地間取引，伝馬制度などをテーマとする社会経済史からの出題。問２は絵図から売買される品目を丹念に読み取り，解答したい。問５は史料から伝馬制度の定着という意図を読み取る必要があり，やや難。

Ⅲ　西尾藩の国替（転封）をとりあげた問題。難問がそろう。問１は設問文をしっかり理解する必要がある。石高を，幕府と藩では知行地の規模，藩と村々では年貢量ととらえ，それぞれの変化を考えたい。問２は九州北部と近畿で幕府の統制に服さない勢力の存在を推測できるかが鍵になる。問４は表から藩士が急に増加した時期に着目したい。

Ⅳ　近現代の教育がテーマ。問１は漢文や漢語に慣れない庶民にまで布告をした点に気がつきたい。問２は一部の人々の学問から国民皆学へという転換を考え，史料の用語を用いて説明しよう。問４は日本語教育の徹底による同化政策を論じよう。問５は難問だが，教育への管理強化の流れを想起したい。

世界史

I　解答

問1．a． 契丹〔キタイ，遼〕 **b．** セルジューク朝
c． ガズナ朝 **d．** エフタル

問2． 乾燥移動民地帯は北面官が部族制で，定住農耕地帯は南面官が州県制で統治する二重統治体制をとった。(50字以内)

問3． 異教徒は人頭税のジズヤと地租のハラージュを納めれば，信仰の自由を認められ，生命・財産を保障された。(50字以内)

問4． ヴィジャヤナガル王国

問5． 契丹文字

問6． (イ)

問7． 軍役奉仕の代償として国家が所有する土地の徴税権を軍人や官僚に与えた制度。

問8． ペルシア語

問9． アクバルはヒンドゥー教徒のラージプート族との婚姻を通して同盟を結ぶ一方，非イスラーム教徒に課されていたジズヤを廃止し，ヒンドゥー教徒を官僚として採用するなどの融和策によって国内政治の安定を図った。(100字以内)

解説

《契丹・セルジューク朝と10～17世紀のインド》

問1．a． 契丹は五代の後晋の建国を助けた代償として936年に燕雲十六州を獲得した。燕雲十六州は現在の中国の河北省と山西省にまたがる地域で，現在の北京（燕州）・大同（雲州）などの長城付近の地域をさす。

b．「十字軍遠征のきっかけ」でセルジューク朝とわかる。セルジューク朝はトゥグリル＝ベクが1038年に建国したトルコ系イスラーム王朝。アラル海東方から台頭したセルジューク朝は，1055年にバグダードに入城し，ブワイフ朝を倒してアッバース朝カリフからスルタンの称号を授かった。

c． ガズナ朝は，サーマーン朝の武将アルプテギンがガズナに建てた独立政権が起源で，977年に即位した君主から世襲化した。10～11世紀のマフ

ムードは北インドに侵入し，略奪を繰り返した。

d．エフタルはインドの他，ササン朝にも侵攻した。6世紀半ば過ぎにササン朝のホスロー1世と突厥の挟撃を受けて滅亡した。

問2．「両地域をいかに統治したか」と問われているので，乾燥移動民地帯と定住農耕地帯について，それぞれ具体例をあげて二重統治体制を説明すればよい。

問3．イスラーム国家では，異教徒に対して，ジズヤ（人頭税）とハラージュ（地租）の支払いを条件に信仰・財産などを保障した。彼らはズィンミー（庇護民）といわれ，「啓典の民」と呼ばれたキリスト教徒やユダヤ教徒は代表的なズィンミーである。

問4．1498年にヴァスコ＝ダ＝ガマがカリカットに来航したとき，デカン南部・南インドに君臨していたのがヴィジャヤナガル王国である。

問5．契丹文字は耶律阿保機が漢字を基に作成した大字（表意文字）と，後にウイグル文字の影響で作成された小字（表音文字）からなり，両者が併用された。

問6．㋐誤文。デリー＝スルタン朝では，ヒンドゥー教徒にイスラーム教が強制されることはなかった。

㋒誤文。インド仏教は13世紀初めに最後の仏教寺院がイスラーム教徒の攻撃により破壊されたことで衰亡したといわれている。

㋓誤文。イェニチェリ制はオスマン帝国の領土拡大の中核を担ったスルタン直属の歩兵常備軍で，オスマン帝国以外にはみられない。

問7．イクターとは，国家から分与された分与地，あるいはそこからの徴税権を意味する。イクター制はブワイフ朝のときに創始され，セルジューク朝で西アジアに広く施行された。その後，多くのイスラーム王朝も，本質的にこれと同じ制度が採用されている。

問8．デリー＝スルタン朝およびムガル帝国では公用語のペルシア語とインドの地方語との混成語であるウルドゥー語が生まれた。ウルドゥー語はアラビア文字で書かれ，現在パキスタンの国語となっている。

問9．第3代皇帝アクバルのヒンドゥー教徒政策を中心にまとめればよい。ラージプート族，ジズヤの廃止については必ず言及したい。なお，アクバルは世界の諸宗教（イスラーム教・ヒンドゥー教・キリスト教など）の折衷を自ら試み，皇帝を首長とする「神の宗教」（ディーネ＝イラーヒー）

を創始したが，宗教的対立解消の目的は達成されなかった。

Ⅱ 解答

問1． アウクスブルクの和議

問2． フェリペ２世

問3． メキシコのアカプルコからマニラへメキシコ銀を運び，中国商人がマニラに運んだ絹・陶磁器などと交換するガレオン貿易を展開した。

問4． 法令：金印勅書　人名：カール４世

問5． (a)第１次ウィーン包囲（モハーチの戦いも可）

(b)プレヴェザの海戦

問6． 海戦：レパントの海戦　作家：セルバンテス

問7． ユトレヒト同盟

問8． 無敵艦隊〔アルマダ〕

問9． 地域名：ベーメン〔ボヘミア〕

特徴：三十年戦争は新教徒の内乱から始まり，神聖ローマ帝国全体の新旧両派諸侯の宗教戦争に拡大した。その後ヨーロッパ各国が介入したことで国際的宗教戦争となった。しかし，旧教国フランスが新教徒側で参戦したことによってフランスとハプスブルク家による覇権をめぐる戦争となった。

問10． 条約：ウェストファリア条約　記号：(イ)

解説

《16～17 世紀におけるハプスブルク家の歴史》

問1． アウクスブルクの和議で諸侯は領邦におけるカトリック派かルター派かの選択権を獲得したが，領民個人には信仰の自由はなく，カルヴァン派は認められなかった。

問2． フェリペ２世は神聖ローマ皇帝カール５世（スペイン国王カルロス１世）の長男で，母はポルトガル王女イサベル。1580 年にポルトガル王家断絶を機に，王位継承権を主張して併合した。これにより，ポルトガルの海外領土を得たスペインは世界にまたがる広大な領土を所有することになり，「太陽の沈まぬ帝国」と呼ばれた。

問3． スペインが太平洋で行ったガレオン貿易（アカプルコ貿易ともいう）について，場所と交易品を中心に説明したい。ガレオンとはガレオン船のことで，この交易に使用された大型の帆船である。大量の銀の流入は中国の税制に影響を与え（一条鞭法，地丁銀など），中国の絹や陶磁器は

メキシコからスペイン本国に送られた。

問4． カール4世の出した金印勅書で神聖ローマ皇帝の選出は，7選帝侯の多数決で決められることになった。7選帝侯は，マインツ・ケルン・トリール大司教，ファルツ伯・ザクセン公・ブランデンブルク辺境伯・ベーメン王の7名。

問5． (a)・(b)ともにスレイマン1世の事績。

(a) 第1次ウィーン包囲は1529年。スレイマン1世がハプスブルク家の拠点ウィーンを攻撃したが，突然の寒冷化で撤退した。なお，1526年にハンガリー軍を撃破したモハーチの戦いも別解として考えられる。

(b) プレヴェザの海戦は1538年。オスマン艦隊がスペイン・ヴェネツィア・ローマ教皇などの連合艦隊を破った。

問6． レパントの海戦は1571年。フェリペ2世のスペインと，ローマ教皇・ヴェネツィア連合艦隊がオスマン帝国艦隊を破った。

セルバンテスの『ドン＝キホーテ』は騎士ドン＝キホーテと従者サンチョ＝パンサが活躍する騎士道風刺文学である。

問7． ゴイセンと呼ばれたカルヴァン派の新教徒が多い北部7州は，ユトレヒト同盟を結び抵抗を続けた。カトリック教徒の多い南部10州は，その直前にアラス同盟を結び，オランダ独立戦争を離脱している。

問8． 無敵艦隊（アルマダ）はイングランドに派遣されたが，1588年の海戦でドレークやホーキンスに率いられたイングランド海軍に敗れた。

問9． ハプスブルク家が17世紀前半にスウェーデン・フランスなどを相手に戦ったのは三十年戦争。1617年にベーメンの新王となったハプスブルク家のフェルディナント2世が，ベーメンにカトリック信仰を強制したため1618年に反乱が起き，三十年戦争に発展した。三十年戦争の特徴としては，当初は帝国内の宗教戦争であったが，ヨーロッパ各国がこれに介入したことによって国際戦争となり，最後に旧教国フランスが新教徒側にたって参戦したことで，フランスのブルボン家とハプスブルク家の覇権争いとしての性格を持つようになったことを指摘したい。

問10． ウェストファリア条約で諸邦がほぼ完全な主権を得た結果，神聖ローマ帝国は有名無実化し，同条約は「神聖ローマ帝国の死亡証明書」と呼ばれた。

(イ)誤文。スウェーデンが獲得したのは西ポンメルンである。

Ⅲ 解答

問1．A－2　B－5　C－4　D－3　E－6　F－1

問2．①－C　②－D　③－F　④－E　⑤－A

問3．ガンディー

問4．アメリカ＝メキシコ戦争

問5．(1)ナポレオン＝ボナパルト　(2)スペイン

問6．地主が解放黒人などのシェアクロッパーと呼ばれる小作人に，土地と農具・住居・種子などを貸し与え，収穫を半々程度の割合で納めさせた制度。

問7．ソヴィエト連邦

問8．扶清滅洋

解説

《史料が語るアメリカ合衆国の歴史》

問1．A．黒人という言葉はないが，「非暴力的抵抗」から2の黒人解放運動の指導者キング牧師『自由への歩み』と判断できる。

B．「明白な天命」は英語でマニフェスト＝デスティニー。アメリカの領土拡大と西漸運動を正当化した言葉で，5のジョン＝オサリヴァン「併合論」が正解。やや難であるが，消去法でも判断できる。

C．アメリカ合衆国がフランスからルイジアナを買収（1803年）したのはジェファソン大統領のときだから，4のジェファソン大統領の教書と判断できる。

D．「合衆国に対して反乱の状態にある州」と「奴隷」と「自由」で，3のリンカン大統領の奴隷解放宣言と判断できる。

E．「日本に戦争を終結させる機会」で，6のポツダム宣言と判断できる。

F．「中国における現在の危機的状況」から列強の中国進出に乗り遅れたアメリカによって出された門戸開放宣言に関わるものと考え，1のジョン＝ヘイの回状電報と判断したい。

問2．アメリカ合衆国の領土拡大はジェファソン時代のルイジアナから始まるので，C→Bとなり，①はCとなる。Eは第二次世界大戦中，Aは大戦後のことなので，E→Aとなり，④がE，⑤がAとなる。Dはリンカンの時代，Fはマッキンリーの時代だとわかるので，D→Fとなり，②がD，③がFとなる。

問3． ガンディーは非暴力・不服従運動を，サティヤ（真理）とアーグラハ（把握）を合成して「サティヤーグラハ」と名づけた。

問4． やや難。「明白な天命」は，1840 年代半ばから使われ始めた。正解はアメリカ＝メキシコ戦争。メキシコ領であったテキサスに移住したアメリカ系住民が，1836 年に独立を宣言しテキサス共和国を建国。1845 年にアメリカはこれを併合した。テキサス併合にともなう国境問題から，アメリカ＝メキシコ戦争（1846～48 年）が勃発，敗れたメキシコはカリフォルニア・ニューメキシコをアメリカに譲渡した。

問5． ⑴　ルイジアナ買収（1803 年）当時，フランス政府は統領政府であった。第一統領であったナポレオンは，イギリスとの戦いのための戦費調達と，イギリスとの戦争でアメリカの支持を得ることを期待して，ルイジアナを 1500 万ドルでアメリカに売却した。

⑵　七年戦争とフレンチ＝インディアン戦争で敗れたフランスは，1763 年のパリ条約でミシシッピ川以西のルイジアナをスペインに譲渡した。この地は 1800 年，スペインを支配したナポレオンが返還させ再びフランス領となっていた。

問6． 南部で普及した小作人制度とはシェアクロッパーである。南部における綿花プランテーション経営は奴隷制時代と本質的に変わらず，解放奴隷は生産用具の賃貸料や，その他の借金の返済に苦しめられ，身分的には解放されたものの，貧困から抜け出すことはできなかった。

問7． ポツダム宣言が出された 1945 年 7 月の時点では日ソ中立条約が有効で，日本と交戦状態にはなかったので，ソ連は署名はしなかった。ソ連は 8 月 8 日に日ソ中立条約を破棄して対日参戦し，ポツダム宣言の署名国となっている。

問8．「扶清滅洋」は「清を扶《たす》けて，外国（洋）を滅ぼす」の意味。「滅満興漢」は太平天国のスローガン。

Ⅳ　解答

前漢の郷挙里選や三国の魏の九品中正では，儒学で重視される徳や学問に秀でた人材を推挙によって官僚に登用したが，有力豪族の子弟が高級官職を独占し，門閥貴族が形成された。隋では門閥貴族の勢力を抑えるため，新たな官吏登用試験として科挙が導入され，唐に受け継がれた。科挙は儒学的教養に加え詩賦の能力も重視した筆記試験が課され，文学的に優れた才能を持つ者が実力で官僚へ登用される道を開くことになった。宋では文治主義のもと，科挙に皇帝が自ら行う殿試が加えられたことで，科挙出身官僚が皇帝の手足となって政治を担う体制が確立された。科挙合格者は，経書や詩文を学べる経済的に裕福な新興地主層の形勢戸がほとんどで，彼らは士大夫とも呼ばれ，宋の文化の中心を担った。科挙は明清代でさらに整備されたが，この時代，科挙合格者や官僚経験者は郷紳と呼ばれ，彼らは地方行政に大きな影響力を持ち，文化人としても活躍した。このように，中国における官僚は，その登用制度の性格から思想や文学に精通した文化人であることが必須の条件であった。(450 字以内)

解説

《前近代の中国における文化人と官僚》

●設問の要求

〔主題〕 前近代の中国における文化人の多くが官僚でもあったという状況はどのように生み出されたのか

●論述の方向性

難問。指定語句に「郷挙里選」と「郷紳」があるので，書き出しは前漢，書き終わりは明清代とすればよい。「文化人のほとんどが王朝に仕える官僚でもあった」のは，中国の官吏登用試験の性格によるものであったことが大きいこと，官吏登用制度の変遷について書く論述ではないことに十分注意を払いたい。

◎郷挙里選と九品中正

前漢の武帝が採用した郷挙里選は，地方長官が地方での評判をもとにして優秀な人材を中央に推薦する官吏登用制度で，豪族が中央に進出する契機となった。後漢では，郷挙里選において儒学が重視されたことで，儒学の教育・研究がさかんになり，経書の字句解釈を行う訓詁学が鄭玄らによって発展している。

魏の文帝が創始した九品中正は，中央から地方に派遣された中正官がその地の人材を九品等にランク付けして中央に報告し，中央でそのランクに応じた官職を与える官吏登用制度である。郷挙里選と同様，中正官と結んだ豪族の子弟が中央政界に進出することになった。このため，「上品に寒門なく，下品に勢族なし」といわれるように，高級官僚となる家柄は固定されて門閥貴族と呼ばれる階層が誕生し，政治を独占したことから大きな弊害を生んだ。

郷挙里選と九品中正は両方とも推挙による官吏登用制度であったが，儒学的知識や学問に秀でた者が選ばれるという基準があった点に注意したい。

◎科挙

隋唐代：隋の文帝は，門閥貴族の勢力を抑える目的で，試験で官吏を選抜する科挙を創始し，唐も科挙を受け継いだ。しかし，門閥貴族の勢力は依然として強く，親の地位に応じて一定の官職が与えられる蔭位の制もあったため，科挙は官僚となるためのコースの一つであったことに注意したい。

則天武后（第３代高宗の妃）は，自分に批判的な貴族勢力を排除するため科挙官僚を積極的に登用したが，これは科挙官僚が政治の中心となっていく一つの転機となった。科挙の試験科目の中で唐代に重視された進士科では経書の他に詩賦が課されたこともあり，唐で詩が発達する背景の一つとなった。また，『五経正義』が編纂されて科挙のテキストとなった。

宋代：唐滅亡後の五代十国は中国社会が大きく転換した時代で，門閥貴族はその経済上の基盤である荘園を失い没落していった。これに対し，新興地主層は土地を佃戸と呼ばれる小作人に貸して小作料を取る方法で経済力を伸ばしていくことになった。

宋を建国した趙匡胤（太祖）と次の太宗は，五代の武断政治の弊害を抑えるため，軍人ではなく学識のある文人官僚による文治主義の政治をめざし，節度使に欠員が出るたびに文官をあてて軍人から権力を奪い中央集権体制の確立を図った。皇帝に忠実な官僚を養成するために科挙を整備し，皇帝自ら試験官となって宮中で最終試験を行う殿試が創始された。この結果，科挙出身の官僚が皇帝の手足となって政治を担う体制が整った。しかし，科挙が官吏登用制度の中心となったことは，非常な難関試験となったことを意味し，しかも科挙官僚の特権は一代限りであった。合格するためには幼少からの教育が必要となり，科挙合格者は経済力のある新興地主層（形勢戸）の子弟に限られ，彼らは士大夫と呼ばれるようになった。宋代の文化の中心となったのは彼ら士大夫で，儒学では朱子学が成立し，文人画も生まれている。

明清代：元代では科挙が一時中断されたが，明清代では，科挙がさらに整備されることになった。宋代の科挙は，州試・省試・殿試の3段階制が基本であったが，明清代には州試・会試・殿試の科挙本試験の前に多くの予備試験が課されるようになり複雑化した。

科挙合格者や官僚経験者は郷紳といわれ，彼らは宋代の士大夫に相当する階層である。地方の有力者として社会や文化に強い影響力を持ったが，その社会的地位は科挙合格と密接に結びついており，地位や財産に加え文化的素養が社会的尊敬を得るための重要な条件であった。中国において官僚登用試験合格には，儒学の知識や文学に精通していることが不可欠であり，官僚となるためには文化人としての素養を強く求められたのである。

講評

Ⅰ　乾燥移動民地帯と定住農耕地帯の交流史をテーマに，契丹とセルジューク朝，ガズナ朝～ムガル帝国時代のインドについての知識が問われている。記述問題，選択問題は基本レベル，論述問題も標準的レベルの問題である。ただ，問9は100字という文字数に苦労するかもしれない。

Ⅱ　カール5世の時代から三十年戦争までのハプスブルク家の盛衰をテーマにした問題。政治史が中心となっているが，ガレオン貿易（アカプルコ貿易）を論述させるなど経済史からの出題もある。おおむね教科書レベルの基本的知識に関するものばかりであり，論述問題2問もそれほど難しくはないので，ここは確実に得点しておきたい。

Ⅲ　ジェファソン大統領からケネディ大統領までのアメリカ合衆国の歴史に関する問題。6つの史料を使った問題で，2021年度から4年連続でこの形式が続いている。史料の判定もしやすく，配列問題も前後関係がはっきりしていて易しい。記述問題は問4を除いて教科書レベルの標準的問題。論述問題もシェアクロッパーについての説明なので，それほど難しくはない。ここも確実に得点しておきたい。

Ⅳ　2022年度までは350字であったが，2023年度に続き100字増加して450字となった。近代以前の中国の官吏登用制度の変遷を理解した上で，登用された官僚が文化人であったこととの関連性を学問・文化の面から説明することが求められた。教科書の知識を問題の要求に沿って再構築する必要があり，難しかったと思われる。

2024 年度は 2023 年度と比べ，Ⅳの長文論述の問題にやや手こずったかもしれないが，短文論述は説明を求めるものがほとんどで，論述しやすいものが多かった。史料を使った問題も判定・配列しやすく，全体的にやや易化した。とはいえ，全体的にはハイレベルな問題であることは変わらず，時間的に厳しい出題といえるだろう。

地　理

Ⅰ　解答

問1. (1)この地形図には河川の氾濫原が広がる低湿地が見られ，集落は洪水による被害を避けるため，阿賀野川の河道や旧河道に沿った微高地である自然堤防上に列状に分布している。

(2)最も多くを占める土地利用は水田である。この地形図の阿賀野川の自然堤防の背後に広域に広がる後背湿地は低湿で水利がよいから。

(3)低湿な土地に阿賀野川が流れていることから，台風や集中豪雨などの大雨で河川が氾濫し，洪水が起こることによる浸水，冠水の被害が想定される。その対策として，河川沿いに堤防が建設され，排水路が整備されている。また，河川の流路には水制が設けられている。過去には蛇行していた流路が短絡化されたと考えられる。

問2. (1)**ア.** サンフランシスコ　**イ.** ソウル　**ウ.** 新潟　**エ.** チュニス

(2)

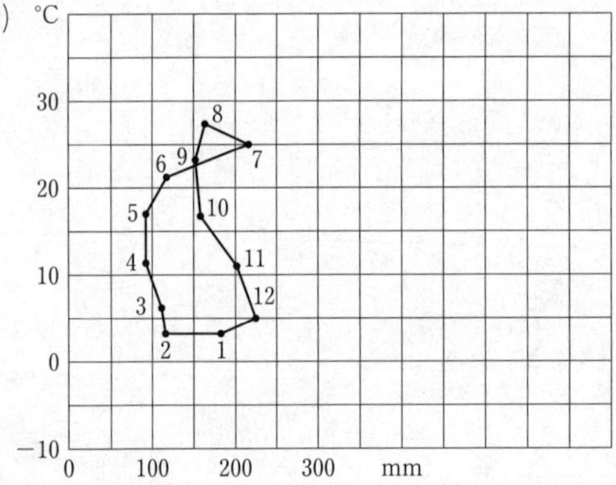

(3)名称：季節風（モンスーン）

影響：冬季にユーラシア大陸にあるシベリア高気圧から吹き出す寒冷で乾燥した北西季節風は，日本海上空を通過するとき，暖流の対馬海流から多くの水蒸気の供給を受け，日本列島の脊梁山脈にぶつかり，上昇気流となって日本海側に大量の降雨や降雪をもたらす。

(4)土壌：褐色森林土

特徴：温帯の落葉広葉樹林帯に分布し，表面に腐植層をもち黒褐色の肥沃な土壌である。

解説

《自然環境》

問1. ⑴　図1を見ると，図上方の下黒瀬から姥ヶ橋にいたる集落，図中央右の京ヶ島から下里にいたる集落は，道路に沿って湾曲して分布していることが読み取れる。この湾曲は旧河道の流路に沿って成立したと考えられ，地形条件としては，阿賀野川のかつての河川流域の高燥地である自然堤防上に立地していることを述べるとよい。また，阿賀野集落は現在の河道に沿った自然堤防上に立地していると考えられる。

⑵　図1を見ると，自然堤防の背後の後背湿地にあたる部分に田の地図記号が広範に分布していることが読み取れる。地形条件には後背湿地をあげ，後背湿地は日本では水田に利用されているが，洪水時にあふれた水や泥が堆積したもので水はけが悪いことを述べるとよい。

⑶　図1で示された地形が河川の下流域の平坦な地形であることから，想定される自然災害としては，台風や集中豪雨の際の洪水が浮かんでくる。そこで，洪水の対策として考えられることを地形図から読み取るとよい。現在の河道に沿っては旧河道には見られなかった堤防が建設されていることは読み取れる。さらに細かくなるが，旧河川の流路に沿って水路が設定されていることや，地形図中の阿賀野川に地図記号の水制が見られることも読み取れる。水制には，川の水の勢いを弱めて河岸が削られるのを防ぐ役割があり，洪水の防止につながる。

問2. ⑴　表1のア～エの月別の平均気温と降水量の数値を見て，それぞれケッペンの分類によるいずれの気候区に属するか検討するとよい。アとエは夏に高温で乾燥し，冬に降水量が多いことから地中海性気候と判断できる。アの夏季の気温が他の地点と比べてあまり高くないのは，沖合を寒流のカリフォルニア海流が流れていることが影響していると考え，アはサンフランシスコ，エはチュニスが該当する。イとウはともに夏に気温が高く降水量が多いが，その違いは，イは年間の気温の差が大きく，大陸性高気圧の影響で冬の寒さが厳しいこと，またウは冬季に降水量が多い点にあると読み取れる。よって，イはソウル，ウは新潟が該当する。

⑵　ハイサーグラフは，横軸に月降水量，縦軸に月平均気温をとり，各月

の数値を1月から順に結び，最後に12月と1月を結んで描く。目盛りは解答用紙に与えられた所定の枠内にすべての月の数値が収まるよう設定すればよいが，気温と降水量の数値を点で取りにくい目盛りの数値の設定は避けた方がよい。

(3)　大陸と海洋の比熱の違いなどで発生する，季節によって風向きが変わる大規模な風は季節風（モンスーン）である。日本列島の日本海沿岸地域の冬季の気候は大量の雪が降ることで知られるが，その気候に影響を与える季節風は，大陸から日本列島に向かって吹く北西の季節風である。低温で乾燥している北西の季節風が，日本海を通り，日本海側に大量の雪を降らせるために起こる大気の現象の変化を論理的に説明したい。

(4)　日本列島にはポドゾルが分布する北海道を除いて，本州以南に広く褐色森林土が分布している。日本列島に限らず，温暖湿潤で広葉樹に覆われた森林地帯には，腐植物が多い褐色森林土が分布する。褐色森林土などの成帯土壌は気候の影響を強く受けるため，土壌の特徴としては，まず分布する気候区や植生，さらに土壌の色，肥沃度などを盛り込んで述べたい。

Ⅱ　解答

問1．(1)①－A　②－B

(2)1970年代以降，Aの周辺では農業を行う住民が多かったが，農地が減少して職場が住宅地に変化することにより，都心への通勤者が多くなった。

(3)旧来の農地の中で次第に増加してきた耕作放棄地を利用することで，農地の保護・保全につながるうえに，農業体験を通じて新たな住民と旧来の住民との交流の場が生まれ，地域の活性化が期待できるため。

(4)人口が流出し，過疎化，高齢化が進み，老年人口の割合が50％を超えて，社会的な共同生活が困難になり，存続が危ぶまれる集落をいう。

(5)1つ目の例：地域を観光地として整備するために，伝統ある歴史的施設を修復したり，自然環境を保全したりする。

2つ目の例：地域独自の工芸品や食材，特産品などをブランド化して，都会のイベントやインターネットを通じて直売する。

問2．(1)X．金沢市　**Y．**豊中市　**Z．**豊田市

(2)金沢市は北陸地方の政治，経済，文化の中心都市であるため，官庁や企業関係の事業所数が多く，大型の商業施設が立地しており，城下町として

観光業も盛んであるため，小売業の販売額も多い。豊中市は大阪市の都市圏の郊外に位置する住宅都市で，ベッドタウンとしての性格から，都心に通勤・通学する人が多いため，夜間に対する昼間人口比率は低くなっている。再開発が進む地域もあることから人口の社会増加率は高い。豊田市は世界的な自動車メーカーの生産拠点があり，産業に占める製造業の割合が突出しており従業者数も多い。しかし，国内外の経済動向に雇用が左右されることから労働者の転出入は多く，人口が減少することも起こりうる。(300字以内)

解説

《都市・村落と人口》

問1．(1) 文中①の周辺では，住宅地開発などで農地が減少しており，さらに商業化していることなどから都市近郊の地域と読み取れる。図1中，ＡはＢに比べ愛知県庁に近いことから，Ａが①に該当し，Ｂが②となる。

(2) 職住分離は文字通りとらえれば，職場と住居が分離することで，都市圏の拡大によって起こる現象である。ただ，ここでは文章の内容に即して説明することが求められており，注意が必要である。Ａ地点に注目し，文中から，かつては周辺の農地で農業をしている人々が多く，職場であったのが，住宅地開発が進み，居住の場に変化していると読み取って述べたい。農業生産の場としての機能が減少するのに対し，生活の場に変化することを念頭に考えるとよい。

(3) 市民農園とは，サラリーマンや都市住民がレクリエーションや生きがいを得るため，また児童の体験学習などの目的で，非営利で野菜や花などを育てる小面積に区分された農地をいう。このことにより，耕地を荒れ放題にすることで起こる様々な災害を防ぐことができ，新たな移住者によって交流が生まれるというメリットを，開設理由として述べるとよい。

(4) 限界集落の「限界」は，過疎化，高齢化の進行により農作業や道路の管理，冠婚葬祭などの社会的共同生活の維持が困難で限界になりつつあるという意味にとらえよう。また，65歳以上の老年人口の割合が集落人口の50％を超えることは押さえておきたい。

(5) 地域活性化の取り組みは，地方創成の名のもとに国を挙げて進められ，住民参加による村おこしや町おこしなどの呼び名で多くの自治体が取り組んでいる。事例については，教科書以外にマスコミやSNSなどで紹介されている情報をもとに受験生が認識している範囲で述べるとよいが，一般的な内容が求められていることには注意しておきたい。〔解答例〕では，地域活性化の切り札ともいわれる，地域の観光地化と，特産品や工芸品をブランド化して販売することをあげたが，他にもいくつかあげられる。農産物の生産だけでなく，その加工や流通にもかかわる6次産業化を目指す試み，都市住民が農山村で豊かな自然に触れ合うことを目的としたグリーンツーリズムの展開，古民家を改修しインターネット環境を整備して，企業のサテライトオフィスを誘致することなどが教科書で紹介されている。

問2．(1)　与えられた3つの都市は，都市機能の点から特徴的であり，金沢市は政治・経済の中核都市，豊中市は住宅都市，豊田市は工業都市という，各都市の性格を念頭において表の指標を考慮しよう。表1から，X～Zに該当する都市を選ぶ際，それぞれの都市が他の2都市に比べて顕著に違いを示す指標に注目するとよい。Xは事業所数と小売業年間販売額が多いことが読み取れる。事業所数は様々な事業主体の数を示し，この数が多いと政治，経済活動が活発であると考えられる。また，小売業年間販売額は，広い商圏をもつ都市や観光業が盛んな都市で金額が多くなると考えられる。よってXは金沢市が該当する。Yは昼夜間人口比率が100より小さいことが読み取れる。比率が100より小さいことは昼間の人口が少なく，市外へ通勤や通学で出かける人が多いことを示し，住宅都市によく見られる。よってYは豊中市が該当する。Zは製造業従業者数が他の市に比べて圧倒的に多い。工業が盛んな都市と考えられ，自動車都市として知られる豊田市が該当する。

(2)　(1)で考察したことを簡潔にまとめ，それぞれの市の特徴をとらえて述べるとよい。金沢市は事業所数と小売販売額がともに多く政治，経済都市であること，豊中市は昼夜間人口比率が100を下回り住宅都市であること，豊田市は製造業従業者が多く工業都市であることを説明したい。〔解答例〕で言及した内容以外に，金沢市には市外からの通勤・通学者が多く，また，豊田市にも製造業を中心に市外からの通勤者が多く，どちらも昼夜間人口比率が100を上回っていることや，豊中市は大阪市などへの買い物客も多く，小売業年間販売額が大きくならないことに触れてもよいだろう。

III 解答 **問1. ア.** アフリカ **イ.** アジア **ウ.** 南アメリカ **エ.** 北アメリカ

問2. (1)―b

(2)ブラジル政府が農業生産に力を入れたことや，アメリカに代わる大豆の輸入先を求めた日本のODAなどを受け，大規模な土壌改良や社会資本の整備が進められたため，ブラジル高原上のセラードは企業的な農業経営を導入した大農業地帯へと変貌した。

(3) Aw

問3. (1)メキシコシティ

(2)大気汚染の対策として，自動車からの排気ガスの排出を抑制するため，自動車の排ガス検査を義務づけ，市街地への自動車の乗り入れとディーゼル車数を制限している。自動車の渋滞を緩和するため，新たな地下鉄路線を建設し，環状道路の建設なども進められている。

(3)低緯度地域では，熱帯の低地は高温多湿で病虫害も多く生活環境は良好でないのに対し，標高が高い高地は，常春と呼ばれる年間を通して温暖な気候となるため，生活しやすく，穀物農業なども行いやすい。

問4. カ. ウユニ塩原 **キ.** 隆起 **ク.** リチウム **ケ.** 埋蔵（分布も可）

問5. ヒスパニックは，アメリカ合衆国南西部のカリフォルニア州からテキサス州にかけての州で人口割合が高い。農業，建設業，サービス業などの雇用を求めてメキシコからの移住者が多いため，メキシコと接する州の割合が高い。また，キューバなどカリブ海の国々からの移住者はフロリダ州に多い。さらにニューヨーク州など北東部の州にもプエルトリコなどからの移住者が多い。

解説

《人口・経済・環境》

問1. 日本と海外交流が活発な地域とそうでない地域を念頭に置きながら該当地域を検討しよう。図1のグラフを見て，棒グラフの長い長期滞在者の人数が多い職業が注目されるが，まず，縦軸を見て，目盛りが示している絶対数の人数を検討するとよい。アとウのグラフはイ，エと比べて目盛りの絶対人数が少なく，他の地域に比べて日本と現在はあまり交流が活発でない地域と考え，アフリカと南アメリカが該当する。そのうち，アは政府の数値が突出していることから，政府に様々な形でかかわる職業と考え，より政情が不安定な発展途上のアフリカが該当する。ウは南アメリカであるが，日本はブラジルやチリなどからの輸入額が多く，貿易など経済面での結びつきが大きいと考えられよう。残るイとエがアジアと北アメリカに該当し，このうちエは，日盛りの人数はイより少ないが，留学・研究者の割合が高いことに注目しよう。留学・研究を目的に長期滞在する地域を考えると，日本以上に科学技術が発展しており，語学研修の目的地とされる北アメリカが該当する。残るイはアジアが該当する。製造業，商業などを目的とした日本企業の進出数もアジアが最も多い。

問2．(1)　図2中，ｂとｃは1990年代から生産が急増していることに注目しよう。日本も含めて海外の多くの国が開発を援助したブラジルとアルゼンチンが該当する。このうち，ｂはブラジルで，ｃはアルゼンチンである。

(2)　ブラジルの大豆生産が増大するのは1970年代以降である。その理由については，ブラジル政府が大豆の生産に力を入れたことがあげられるが，日本などの大豆輸入国がアメリカ以外の新たな生産地を求めたことによる。特に日本のODAの貢献については述べたい。

(3)　大豆の大生産地に変貌した，ブラジル高原北部のセラードと呼ばれる広大な低木林地域はサバナ気候の下にある。かつては粗放的な牧畜が行われていた地域である。

問3．(1)　表1中，内燃機関に最も大きな負荷のかかる都市は，気圧が低く空気が薄い高原に位置する都市と考えると，高山都市のメキシコシティが該当する。メキシコシティは標高2200m以上に位置するが，ジェッダとシンガポールは海に面し標高が低く，サンパウロは標高約800mである。

(2)　大気汚染の大きな原因の一つが自動車からの排気ガスの排出であるため，自動車に対する規制が，特に大都市で大気汚染を防止する対策として考案されていることを想起するとよい。

(3)　メキシコシティと同様の自然条件は，高標高地域に位置する点と考え，低緯度地域に高山都市が発達した理由を考えて述べるとよい。特に常春と呼ばれる気候については触れておきたい。

問4．カ．ボリビア南西部の標高約3700mの位置にある世界有数の塩湖は，ウユニ塩原である。近年は，鉱産資源の他，「天空の鏡」と呼ばれる美しい塩原の景観が観光地としても有名になっている。

キ. ウユニ塩原はアンデス山脈中のアルティプラノと呼ばれる高原に位置することから，海底にあった地域がアンデス山脈の形成とともに海水ごと運ばれて，大量の海水が山中に残って形成された。アンデス山脈の形成には大きな地盤の隆起を伴う地殻変動があったと考えられる。

ク. 携帯電話や電気自動車などのバッテリーの原料として使用される鉱産資源がリチウムであることはよく知られる。地下の塩水中には塩化ナトリウムなどとともに大量のリチウムが含まれている。

ケ. 地下資源と地理的に限定されているという言葉を結びつける言葉として，「分布」も考えられる。

問5. ヒスパニックは，スペイン語圏のラテンアメリカからアメリカ合衆国への移住者をいう。図3を見るとアメリカのヒスパニックの人口割合が多い州はカリフォルニア州からテキサス州にかけての南西部の地域，フロリダ州，北東部のいくつかの州の3つに分類できる。ヒスパニックはスペイン語を話す人々を指し，かつてスペインが旧宗主国であったラテンアメリカから移住してくるが，それぞれの地域に移住するヒスパニックの出身国，その理由などを述べるとよい。

講評

2024年度の大問は，2023年度と同じ3題であった。2023年度に比べ全体の設問数は減少し，論述問題の数は同程度であったが，うち1問は300字の字数制限のある問題であった。出題分野は，3題とも系統地理で，例年出題されている地誌は出題されなかった。2024年度は2023年度に続いて地形図が出題され，さらに，図，グラフ，統計地図などの資料が多用された点は例年通りである。出題形式では，論述法，記述法，選択法が用いられ，描図法が2023年度に続いて出題された。こうした多彩な問い方と地理学習の本質を問う論述問題の出題は，名古屋大学の特徴である。一部に詳細な知識が必要な問題が見られたが，多くは教科書の内容に沿った学習の重要事項の理解を問う良問であった。難易度は2023年度と同程度といえるだろうが，長字数の論述問題と描図問題が出題されたため，解答に時間的な余裕はあまりなかったと思われる。

Ⅰは自然環境の問題で，地形図や統計表を読み取る力が問われた。問1の自然災害の問題は，その対策を地形図からいかに読み取るかがポイントであった。問2のハイサーグラフは容易に描けるだろうが，時間配分を考え要領よく描くことが大切である。

Ⅱは都市・村落と人口の問題であった。問1は職住分離などわかりやすい用語が出題されたが，出題の意図の把握が重要である。また，限界集落や地域活性化の方策など，現代の日本社会の問題に対する関心が問われた。問2は3都市の機能の違いをおさえ，指標を丁寧に読むことが求められた。

Ⅲは人口・経済・環境の問題で，地域的にはラテンアメリカの内容が多く扱われた。問2ではブラジルの大豆生産について深い知識が求められ，問3で問われたメキシコシティの大気汚染問題の対策はやや難しかった。

全体に問題の分量が多く，限られた時間で解答するには，幅広い地理的知識と，要領よく文章をまとめる力や問題に取り組む集中力が求められる。

数　学

1

発想

(1)は因数定理を用いる基本問題。定数項の約数の1つである5を左辺のxに代入して0となるので$x-5$は因数の1つである。

(2)と(3)は，pとqの対称式がテーマと容易に見抜ける。$p+q=pq$だから，積$pq=X$とおくと，和$p+q=X$となり，与えられた等式はすべてXで表現されそうである。

解答

(1)　$x^3-3x^2-50=0$

から

$$(x-5)(x^2+2x+10)=0$$

ここで，$x^2+2x+10=0$の判別式をDとすると

$$\frac{D}{4}=1^2-10=-9<0$$

から，$x^2+2x+10=0$は実数解をもたない。

したがって，実数解は

$$x=5 \quad \cdots\cdots(\text{答})$$

のみである。

(2)　$p+q=pq=X$であり

$$p^3+q^3=(p+q)^3-3pq(p+q)$$
$$=X^3-3X^2 \quad \cdots\cdots(\text{答})$$

(3)　$\dfrac{1}{p}+\dfrac{1}{q}=1$から$p+q=pq$であり，$p+q=pq=X$とおくと，$p^3+q^3=50$は(2)から

$$X^3-3X^2=50$$

すなわち

$$X^3-3X^2-50=0$$

である。(1)から，実数Xの値は

$$X=5$$

よって

$$p+q=5,\ pq=5$$

ゆえに，p，q（$p<q$）は，tについての２次方程式

$$t^2-5t+5=0$$

の解である。

よって，$t=\dfrac{5\pm\sqrt{5}}{2}$ から

$$(p,\ q)=\left(\frac{5-\sqrt{5}}{2},\ \frac{5+\sqrt{5}}{5}\right)\ \cdots\cdots(答)$$

解説

《因数定理，対称式，連立方程式》

(2)，(3)で与えられた条件は，$p<q$ を除いてすべて p，q の対称式であるから，和と積 $p+q$，pq（$p+q=pq=X$）で表すことができるはずだ。これを実行すると，(1)で与えられた方程式と同じ形の X についての方程式が得られる。

設問に従って計算を進めながら，問題全体の構造を考察していくことがポイントとなる。

②

発想

(1)で点Ｐが放物線 C の頂点であることは容易にわかるだろう。

(2)では l と C の式を連立方程式とみて解くが，このとき点Ｐが l と C の共有点の１つであるから，点Ｐの x 座標を解の１つにもつことに注意しておこう。

(3)はまず X の２次不等式を解くことから始めると t の不等式を得る。

解答

(1)　$C:y=-x^2+tx+t$

から

$$y=-\left(x-\frac{1}{2}t\right)^2+\frac{1}{4}t^2+t$$

点Ｐは C の頂点であり

$$\mathrm{P}\left(\frac{1}{2}t,\ \frac{1}{4}t^2+t\right)\ \cdots\cdots(答)$$

(2)　$t \neq 0$ から $\mathrm{P} \neq \mathrm{O}$ であり，l は存在して，OP の傾き

$$\frac{\frac{1}{4}t^2+t}{\frac{1}{2}t}=\frac{t^2+4t}{4}\cdot\frac{2}{t}=\frac{1}{2}t+2$$

から

$$l : y=\left(\frac{1}{2}t+2\right)x$$

これと C を連立させて

$$\left(\frac{1}{2}t+2\right)x=-x^2+tx+t$$

$$x^2-\left(\frac{1}{2}t-2\right)x-t=0$$

$$\left(x-\frac{1}{2}t\right)(x+2)=0$$

$$x=\frac{1}{2}t,\ -2$$

l と C が P 以外の共有点 Q をもつための t $(\neq 0)$ が満たすべき条件は

$$\frac{1}{2}t \neq -2 \quad かつ \quad t \neq 0$$

よって

$$t \neq -4 \quad かつ \quad t \neq 0$$

すなわち

$t<-4,\ -4<t<0,\ 0<t$ ……(答)

このとき Q の x 座標は -2 であり，l から y 座標は $-t-4$。

よって

$\mathrm{Q}(-2,\ -t-4)$ ……(答)

(3)　$\mathrm{AP}^2-\mathrm{AQ}^2=\left\{\left(\frac{1}{2}t+1\right)^2+\left(\frac{1}{4}t^2+t+2\right)^2\right\}-\{1^2+(t+2)^2\}$

$=\left(\frac{1}{4}t^2+t+1\right)+\left(\frac{1}{4}t^2+t+2\right)^2-(t^2+4t+5)$

$=(X+1)+(X+2)^2-(4X+5)$

$=X^2+X$ ……(答)

また，(2)のとき，AP＜AQ となるために満たすべき条件は

$$AP^2-AQ^2<0$$

であり

$$X^2+X<0$$

$$X(X+1)<0$$

$$-1<X<0$$

$$-1<\frac{1}{4}t^2+t<0$$

$$(t+2)^2>0 \quad かつ \quad t(t+4)<0$$

$$t\neq-2 \quad かつ \quad -4<t<0$$

これらは，$t\neq-4$ かつ $t\neq0$ を満たしている。

したがって，AP＜AQ となるために t が満たすべき条件は

$-4<t<-2,\ -2<t<0$ ……(答)

解説

《２次関数のグラフと直線，２次不等式》

放物線の頂点の座標，直線との交点の座標と，テーマは基本的なものである。しかし，(2)，(3)では「t が満たすべき条件を求めよ」という要求がある。これは，t が満たすべき不等式を求めよという要求に過ぎない。このように見ることができた受験生には易問と思えたはずである。ただし，(3)では，まず X の条件を求め，これから t の不等式をつくり解くことになるが，設問文がヒントを与えている。

③

発想

題意をつかむことが易しくない。石の位置 a_k が与えられるが，このゲームの得点は a_k ではない。$a_n\neq2n+2$ なら得点は 0，$a_n=2n+2$ なら得点は $a_1+a_2+\cdots+a_n$ である。この構造を一読で理解するのは困難であろう。このようなとき，具体例を丁寧に考えることから始めよう。(2)で $n=4$ の具体例をつくれば，方針が見出せるはずだ。

解答

(1)　n 回のうち裏の出る回数が r のとき，表の出る回数は $n-r$ であるから

$a_n=2(n-r)+3r=2n+r$ ……(答)

(2)　n 回投げたとき，得点が 0 でないのは $a_n=2n+2$ の場合であり，このとき，(1)から $r=2$，すなわち，n 回のうち裏の出る回数が 2 のときである。

$n=4$ とすると，得点が 0 でないのは，4 回のうち裏の出る回数が 2 のときであるので，その確率は

$${}_4\mathrm{C}_2\left(\frac{1}{2}\right)^2\left(\frac{1}{2}\right)^2=\frac{4\cdot3}{2\cdot1}\cdot\frac{1}{2^4}=\frac{3}{8}\quad\cdots\cdots(答)$$

また，n 回投げて得点が 0 でないのは $r=2$ のときであるから，n 回のうち裏が出るのが第 i 回目，第 j 回目（$1\leqq i<j\leqq n$）であるとすると，k 回投げた後の石の位置 a_k は

$$a_k=\begin{cases}2k & (1\leqq k<i)\quad(i\neq1 \text{ のとき})\\ 2k+1 & (i\leqq k<j)\\ 2k+2 & (j\leqq k\leqq n)\end{cases}$$

であり，このとき，得点を T（$=a_1+a_2+\cdots+a_n$）とすると

• $i\neq1$ のとき

$$\begin{aligned}T&=\sum_{k=1}^{i-1}2k+\sum_{k=i}^{j-1}(2k+1)+\sum_{k=j}^{n}(2k+2)\\&=\sum_{k=1}^{i-1}2k+\left\{\sum_{k=i}^{j-1}2k+(j-1-i+1)\right\}+\left\{\sum_{k=j}^{n}2k+2(n-j+1)\right\}\\&=\sum_{k=1}^{n}2k+(j-i)+2(n-j+1)\\&=2\cdot\frac{1}{2}n(n+1)+2n-i-j+2\\&=n(n+1)+2(n+1)-(i+j)\\&=(n+1)(n+2)-(i+j)\end{aligned}$$

• $i=1$ のとき，同様に

$$\begin{aligned}T&=\sum_{k=1}^{j-1}(2k+1)+\sum_{k=j}^{n}(2k+2)\\&=\sum_{k=1}^{n}2k+(j-1)+2(n-j+1)\\&=(n+1)(n+2)-(1+j)\end{aligned}$$

いずれのときも

$$T=(n+1)(n+2)-(i+j)\quad\cdots\cdots①$$

ここで，$n=4$ とすると，得点が 25 であるとき，$T=25$ として，①から

$$5\cdot 6-(i+j)=25$$
$$i+j=5 \quad (1\leqq i<j\leqq 4)$$

よって，$(i,\ j)=(1,\ 4)$，$(2,\ 3)$ であり，この2通りに限られる。この2通りはいずれも4回のうち表が2回，裏が2回である。

したがって，得点が25である確率は

$$2\cdot\left(\frac{1}{2}\right)^2\cdot\left(\frac{1}{2}\right)^2=\frac{1}{8} \quad \cdots\cdots(\text{答})$$

(3)　$n=9$ とすると，得点が100であるとき，$T=100$ として，①から

$$10\cdot 11-(i+j)=100$$
$$i+j=10 \quad (1\leqq i<j\leqq 9)$$

よって，$(i,\ j)=(1,\ 9)$，$(2,\ 8)$，$(3,\ 7)$，$(4,\ 6)$ であり，この4通りに限られる。この4通りはいずれも9回のうち表が7回，裏が2回である。

したがって，得点が100である確率は

$$4\cdot\left(\frac{1}{2}\right)^7\cdot\left(\frac{1}{2}\right)^2=\frac{1}{128} \quad \cdots\cdots(\text{答})$$

さらに，$n=9$ とすると，得点が奇数であるとき，①から

$$10\cdot 11-(i+j)=\text{奇数}$$

よって，$i+j$ が奇数となるときである。$i,\ j\ (1\leqq i<j\leqq 9)$ は

　奇数1，3，5，7，9から1個

　偶数2，4，6，8から1個

を選んで，小さい方を i，大きい方を j として得られるので，この $(i,\ j)$ の組の選び方は $5\times 4=20$ 通りあり，いずれのときも9回のうち表が7回，裏が2回である。

したがって，得点が奇数である確率は

$$20\cdot\left(\frac{1}{2}\right)^2\cdot\left(\frac{1}{2}\right)^7=\frac{5}{128} \quad \cdots\cdots(\text{答})$$

解説

《反復試行，n 回の独立試行の確率》

n 回投げたとき，得点が0でないのは $a_n=2n+2$ の場合であるから，(1)から $r=2$，すなわち，裏の出る回数は2回，表の出る回数は $(n-2)$ 回である。

具体例として，$n=4$ とし，得点が 25 である場合を考える。

裏の出る回数は 2 回，表の出る回数は $(4-2=)$ 2 回。

裏をⓣ，表を h で表し，順に 4 回のすべての場合を並べ得点を表にまとめると，次のようになる。

$(i,\ j)$	4 回（順に）	$a_1+a_2+a_3+a_4$	得点	
(1，2)	ⓣⓣhh	3+6+8+10	27	
(1，3)	ⓣhⓣh	3+5+8+10	26	
(1，4)	ⓣhhⓣ	3+5+7+10	25	……(適)
(2，3)	hⓣⓣh	2+5+8+10	25	……(適)
(2，4)	hⓣhⓣ	2+5+7+10	24	
(3，4)	hhⓣⓣ	2+4+7+10	23	

得点が 25 となるのは 2 通りあって，このとき

$$(i,\ j)=(1,\ 4),\ (2,\ 3)$$

よって，求める確率は

$$2\cdot\left(\frac{1}{2}\right)^2\cdot\left(\frac{1}{2}\right)^2=\frac{1}{8}$$

表をつくる計算からも，この結果からも，$i+j=5$ が予想される。

上の〔解答〕では(3)まですべてに対応するように，(2)においても一般的な n を用いて式①を導いたが，本番の入試で，(2)までは上に示したような具体的な表を用いて説明して確率を求めてもよい。

講評

2024 年度は，出題された 3 題の間の難易のギャップが大きく感じられた。

1 は，3 次方程式，対称式，連立方程式，2 次方程式の解と係数の関係と多くのテーマが出てくるが，それぞれの基本的な取り扱い方が身についていれば対応は容易である。

2 は，与えられた条件が成り立つために「t が満たすべき条件を求めよ」という問題だが，これを「t がとりうる値の範囲を求めよ」という意味と思えれば，これも対応は易しい。

3は，すぐには題意がつかみづらい。ゲームの得点に関する確率を求めるのだが，得点の定義を理解する読解力が必要である。

3題を合わせて見るなら2023年度より易化しているが，上のように，1および2と，3との間の難易のギャップが大きい。もっとも，受験生の側から見れば，解き易い1，2と，3の前半部分の攻略を狙えば，対応しやすかったかもしれない。

講評

読解する文章量と解答する記述量の多い出題の傾向は大きくは変わらなかったものの、記述量は減少した。じっくりと表現に時間がかけられる問題であった。

一の現代文は、例年どおり、前年に出版された新刊からの出題であった。設問構成も二〇二三年度と同様である。問題文はかなり長くなったものの、内容は極めて平易であり、記述字数も減少したが、その分制限字数内に収まるよう内容をよく吟味し、十分に表現を推敲して、ミスなくまとめられたかに注意が必要で、表現力の的確さがより求められた出題であった。

二の古文は、あまりなじみのない作品からの出題であったが、内容要約的な説明問題がなくなり、記述量も大幅に減少し、じっくりと読解と解答の記述に時間がかけられる問題であった。久々に文学史が出題されたが、和歌を軸にした本文、内容を補って口語訳する問題、和歌の解釈といった基本路線は従来の傾向のままであり、十分に理解したことを的確に説明していく記述力が問われていることも例年どおりである。

三の漢文も、なじみの薄い唐の時代の文章からの出題であったが、問題文の量、解答の記述量は例年とほぼ同じであった。漢字の読み、現代語訳、内容説明、書き下し文、最後の一五〇字の内容要約的な説明問題という基本の出題形式も従来どおりである。

総括すれば、解答の記述量自体は少なくなったものの、説明記述問題を中心とした基本的な出題の内容や形式は従来の傾向どおりであり、こうした問題に的確に答える文章表現力が問われている。この対策を十分にしてきたかどうかが、大きな得点差になったと思われる。

問二　傍線部の後の「断其江之道焉爾」が「蟹断」の説明だが、「其江之道」については「其」の指示内容を明らかにすることが必要。傍線部直前の「蚤夜～障之」から、「其」の指示内容と「断」の主語を補うこと。設問条件として「断」の字の意味を明確にすることが求められているので、「遮断」「断ち切る」など適切な表現をすること。

問三　前半は【注】を参照し、何を「よじのぼる」「のり越える」のかを明らかにして訳せばよい。後半は「去者十六七」の部分を、どういうことかわかるように現代語らしく訳すこと。

問四　「浸」は難しいが、【注】に「ようやく」とあるので、「漸く」と同じと考えればよい。「大於旧」は「於」を用いた比較の構文であることをつかめたかどうかがポイント。「於」が起点ではなく、比較の意味であることを示すためには「より」とするよりは「よりも」とした方がはっきりする。「起点」の場合の「より」には「も」は付けられない。

問五　「如」はここでは比況を表す。「如」の前の内容が後の内容のようであることを言っているのだから、まずこの前の内容を明らかにした上でそれが「江之状」と同様であるということを説明する。前に書かれているのは「自江復趨於海」、つまり蟹が長江から海に移動する様子。「江への状」は前に述べられた「朝其魁…」の部分がその説明。最後は「～（という）こと」の形で結ぶ。

問六　前半の蟹の話と、後半の筆者の主張部分とがどう対応するかを理解することが大切である。「水虫」はこの場合、湿地にいる蟹のことだと考えられ、それは「百家の小さき説」を学ぶ「今の学ぶ者」と対応する。「江」は「孟軻・荀・楊氏」、「海」は「六籍」と対応する。この要所をしっかりつかんだ上で、なぜ今の学ぶ者の知恵が「湿地にいる蟹」以下なのか、理由の形になるように説明する。

参考　陸亀蒙《りくきもう》（?～八八一年）は、唐代の詩人。若い頃から六経に通じていたが、科挙の試験（上級官僚採用試験）に及第できず、蘇州刺史（長官）の幕僚として仕えたが、やがて故郷蘇州の甫里《ほり》に帰り、自ら江湖散人・甫里先生と号し、晴耕雨読の生活を過ごし、風雅の士として多くの詩文を残した。中華民国時代に『唐甫里先生文集』（二〇巻）が刊行されたが、現在一般向けの解説本や口語訳は刊行されていない。

蟹は、水族の微なる者なり。蟹始め穴に窟して沮洳《しょじょ》中に於てし、秋冬の交に必ず大いに出づ。江東の人云《い》へらく、稲の登《みの》るや、率《ひき》ゐて一穂を執りて以て其の魁に朝し、然る後に其の之《ゆ》く所に従ふ。蚤夜《そうや》觱沸《ひっぷつ》し、江《こう》を指して奔《はし》る。漁者蕭《ざる》を緯《あ》み其の流れを承けて之を障《さわ》る。蟹断《かいだん》と曰ふは、其の江への道を断ちて爾《しか》り。然る後に攀援《はんえん》して越軼《えついつ》し、遯《のが》れて去る者十に六七あり。既にして江に入れば、則ち形質浸《ようや》く旧《もと》よりも大なり。江より復《ま》た海に趨《はし》ること、江への状のごとし、漁者も又た断ちて之を求む。其の越軼して遯去《とんきょ》する者又た多を加ふ。既にして海に入れば、形質益《ますます》大なり。海人も亦た其の称謂《しょうい》を異《こと》にすと。

嗚乎《ああ》、穂もて其の魁に朝するは、義に近からざらんや。沮洳を捨てて江海に之き、微より著に務むるは、智に近からざらんや。

今の学ぶ者、始め百家の小さき説を得て、孟軻・荀・楊氏の道を知らず。或いは之を知るとも、又た聖人の言に汲汲とせずして、大中の要を求むるは、何ぞや。百家の小さき説は、沮洳なり。孟軻・荀・楊氏は、聖人の瀆《とく》なり。六籍は、聖人の海なり。苟《いやしく》も沮洳を捨て瀆を求め、瀆より海に至る能はずんば、是れ人の智の反《かえ》りて水虫の下に出づ、能く悲しまざらんや。吾是《ここ》を以て夫《か》の蟹を志《しる》す。

解説

注釈がないと理解が難しい所が多い文章であるが、その内容理解まで設問では求めておらず、細かい所にとらわれずに大意をつかむよう心掛けることも大切である。前半は湿地で生まれた蟹が、障害を乗り越え長江さらに海を目指して成長していくという話であるが、その話の各要素が、偉大な儒学の聖人の世界を目指して学んでいくべきだ、という後半の話の各要素とどう関係するのかを読み取るのがポイント。

問一　当然のこととして、送り仮名を含めた読みを書く必要がある。

a・**b**は漢文の基本事項。**c**は「それ」「かの」「かな」などとも読むが、この場合は「〜ざらんや」の反語文の文末にあることに注意する。

の思想家たちのつまらない言説にとどまり、そこからいきなり中正の道を習得しようとしているから。（一五〇字以内）

全訳

蟹は水中に生きる小さな生き物である。蟹は最初は湿地の穴に巣くい、秋から冬に変わる頃必ず大量に湧き出てくる。江東の人は言う、「蟹たちは、稲が実ると、穂を一本引いて持ってきて集団を先導する蟹のところに集まり、その後先導する蟹の行くのについていく。朝から晩まで次々と湧き出るように、長江を目指して走っていく。漁師たちはざるを編んで作り、その道筋に仕掛けて蟹を遮り捕らえる。『蟹断《かいだん》』と言うのは、蟹の群れの長江への道筋を遮断してそうすることだ。蟹たちはその後、仕掛けられたざるをよじ登り乗り越えて、六割から七割が逃げて長江へと去っていく。長江に入ると、姿形も次第にもとよりも大きくなる。長江からまた海に向かって進んでいくことは、長江へ向かっての有様と同じであり、漁師もまたその道筋を遮断して蟹の群れを捕らえようとする。蟹たちの乗り越えて逃げ去る数もさらに多くなる。海に入ってしまうと、姿形はますます大きくなる。海の者たちも同じ蟹をまた別の名で呼ぶようになるのだ」と。

ああ、穂を持って集団の先導者に集まるのは、正しい道に近くはないだろうか。湿地を捨て長江や海に向かって行き、小さな物から大きな物になるよう努めるのは、正しい知恵に近くはないだろうか。

今の学ぶ者たちは、始め諸々の思想家たちのつまらない言説を習得し、孟子や荀子や楊雄の儒学の道を知らない。あるいはこれを知っても、さらに聖人の言説を一心に求めようとはせず、中正の道の肝心な所を求めようとするのは、どういうことか。諸々の思想家たちのつまらない言説は、湿地のようなものである。孟子や荀子や楊雄の儒学の道は、大きな川のような聖人の道である。儒教の六経は、海のように大きな聖人の教えである。仮にも蟹のように湿地を捨てて大きな川を求め、大きな川から海に至ることができなければ、これでは人の知恵がかえって水虫（蟹）より下だということになり、これを悲しまないでいられようか。私はこういうわけであの蟹のことを書いたのである。

読み（ルビは現代仮名づかい）

頼綱は藤原定家との親交が深く、定家の子為家に娘を嫁がせ、定家が嵯峨の小倉山荘の障子絵のために『百人一首』を贈ったことでも有名で、兄弟ともに鎌倉時代初期の武士出身の歌人としても名高く、和歌や連歌の中心の一つであった宇都宮歌壇の先駆けをなした。朝業は近侍として三代将軍源実朝に仕えたが、実朝が殺害されたのを機に出家し、信生と号した。

『信生法師日記』は、前半が日記紀行文で、出家後に京から実朝の墓参に鎌倉に赴き、その後友人の伊賀式部光宗の信濃の配流先を訪ね、善光寺から鎌倉に戻り、北条政子の死を聞き、故郷塩谷に帰るまでが書かれている。平安時代の『伊勢物語』などの紀行叙述の影響が見られる。後半は一六二首からなる歌集となっている。『新編日本古典文学全集48』（小学館）の中に同時代の日記紀行文学『東関紀行』『海道記』『十六夜日記』などとともに収められている。

三

出典　陸亀蒙《りくきもう》「蟹志《かいし》」（『唐甫里《ほり》先生文集』〈巻十九〉）

解答

問一　a、あるいは　b、いやしくも　c、や

問二　湿地から長江へと一斉に向かう蟹の大群を、漁師たちがざるで通る道筋を遮断して、捕らえること。

問三　蟹たちは漁師たちがざるを仕掛けた後、そのざるをよじ登り乗り越えて、六割から七割がざるから逃げて長江へ去っていく。

問四　形質浸く旧よりも大なり。

問五　蟹たちが長江から海へ移動する様子が、湿地から長江まで移動する際、先導する蟹について、朝から晩までひっきりなしに漁師が仕掛けたざるを乗り越えて進んでいったのと同様であるということ。

問六　蟹が湿地から長江さらに海へと大きな世界をひたすら目指して成長するように、人も諸子の説から孟子や荀子や揚雄、さらに六経へと、偉大な儒家の聖人の世界を一心に目指して成長するべきなのに、今の学ぶ者はいつまでも諸々

と言うのはなぜか、信生との予想もしていなかった（「いかでか」と思っていた）再会の場面であることから考えて補う。

(ウ)「同じさま」とは誰のどんな様子のことか、「立ちも出でぬ」とはどういうことかをまず補うと、会話の相手である信生が、出家して家を離れて善光寺参詣の旅の途中であることがリード文からわかる。「うらやましけれ」とはその信生の境遇に対しての心情である。「この身」「世の恐れ」は光宗が配流の身であることを踏まえて言葉を補う。「ほだし」の意味内容、「振り捨て難くて」の後に省略されている内容も補うこと。「ほだし」は手かせ足かせのことだが、出家が話題になっている場面では出家の妨げになるもの（俗世につなぎとめるもの）の意となるので覚えておきたい。直前に「幼き子」の描写があることと、直後に「心の闇」（【注】にあるように、子を思う親の心のこと）とあることから、ここでの「ほだし」は「幼き子」である。

問二 問一同様、文脈や後の【注】を踏まえて十分に内容を補い、和歌の表現に従いながら、解答の叙述だけ読んでも歌の意味がわかるようにまとめる。

(A) 傍線部（イ）・（ウ）を含む信生と光宗の会話の内容を踏まえて、直前の「おほかたも～」の歌、「姨捨山」「心の闇」の【注】の内容も押さえながら、「見るかひもなし」につながるようにまとめる。

(B)「麻績《をみ》」と「小忌《をみ》」の掛詞を二重に訳すことがポイント。「～ずは」は仮定の意味。二句切れで倒置になっている。「見しにもあらぬ袂」とは、光宗が配流の身であり、鎌倉にいた昔と違って粗末な着物を着ていることを表している。

問三『十六夜日記』『とはずがたり』とも、学校の授業では習っていなくても、参考書や問題集などでよく目にする作品である。文学史を勉強していれば、鎌倉時代の旅日記、紀行文を代表する作品として学習しているはずで、受験対策として当然知っておくべき事項である。

参考 信生法師、俗名塩谷（宇都宮）朝業《ともなり》は鎌倉時代の武士、歌人、僧侶で、幕府の有力御家人宇都宮頼綱（蓮生）の弟。

（A）配流先でわが子のことなどあれこれ思い悩んで物思いにふけっている暗澹たる心が晴れないことには、月の名所の姨捨山の月も、私には見るかいもないことです。あの式部（＝光宗）が謹慎している場所を、麻績《をみ》と申します。この人（＝光宗）が、善光寺まで追って歌をよこす。

（B）もし忘れなかったら、また麻績《をみ》に来て私を訪ねてください。私の小忌《をみ》衣が、配流の身であるために以前は見たこともないような粗末な袂の着物であっても。

（私の）返歌、

立ち返ってまた麻績の地にあなたを訪ねましょう。山藍の模様を摺った小忌衣を着ていたあなたがこのようではどうかと気にかかりますから。

解説

問一　「適宜言葉を補って」とあるので、【注】やリード文もよく読んで省略されている表現、指示語の内容、述語の主語などを十分に補い、「わかりやすく」とあるので、解答の叙述だけ読んでも内容が伝わるようにまとめる。

（ア）「かく」の指示内容、述語の主語を補う。傍線部を含む一文は長いが、少し前の「門のほとりにある男」から傍線部までは、この男が主語となっている。どのように「思ひ寄」らないのかというと、傍線部直前に「いかなる乞食やらむと思ひつるさま」から、男が家に近寄ってきた作者のことを得体のしれない「乞食」だと思っている様子であることが書かれている。このことから、自分がこの家の主の光宗の旧知の人物だとは全く思いつきもしないという意味であると考えられる。「～げ（なき）」の意味も「～様子だ」「～ように見える」などと訳出する。

（イ）「いかでか」の後に省略されている内容、「今こそ嬉しうなむ」の内容を十分に補い、また配流されている光宗の思いを述べていることも踏まえて訳出する。配流の身なので、「昔の面影」とは幕府に仕えていたころに見知った人々の面影と考えるのが妥当であろう。それが配流の身となった今では「いかでか（＝どうして～か、いや～ないだろう）」というのだから、再会は困難だと思っていると考えて言葉を補う。「つらさ」に対して「今こそ嬉しうなむ」

全訳

主君（＝源実朝）にお仕えした昔は、和歌の道で同じ立場で交際し、このように世捨て人となった今では、朝倉山の雲のようにはるかに遠くなってしまった人、旧友の伊賀式部光宗が、谷の枝も葉もない立木のように世間から離れ、姨捨山のほとりに住むことになった出来事（＝謀反の疑いでの配流）がある。沈んでいるだろう心のうちも気の毒で、このような折にこそ私の心情を尽くそうと思って出かけて参ったところ、そのいる所に到着して見ると、みすぼらしげな萱葺《かやぶ》きの家で、昔の華やかな様子が思い出されるが、その門のあたりにいる男は、（私を）どういう乞食坊主だろうかと思っている様子で、こうだ（＝主人の旧友の私がはるばる訪ねてきた）とは思いも寄らない様子であったが、私を見知った男が出て来て、急いで家に入り、こうだ（＝信生が訪ねてきた）と言ったところ、主人（＝光宗）が出て来て、驚いた顔つきで顔を会わせた。まず涙ばかりが先だって落ち、口に出すべき言葉も思いつかない。主人は、「こんな古い小屋で、短い春の夜も明かし難く、（同じく短い）秋の日中も暮らし難くて、物思いしながら過ごす心の中を、ただ思いやってくだされ。我が身に寄り添うものといえば、昔付き合いのあった人の面影で、それも今となってはなおさらどうして会えようかと思ったが、心の苦しみに耐えて生き長らえている命の辛さも、あなたに会った今は嬉しく思うことです」と言う。本当にそうなのだろう、としみじみと心を推し量る。（光宗の）幼い子が、こんな思いもわからず、（父の光宗に）まつわりついて遊ぶのに、涙ぐみながら、「あなたと同じ出家した姿で、家を出て修行の旅に出てしまいたい気持ちがしてあなたがうらやましいのだが、配流の身の上では、世間へのはばかりも多く、また、この幼い子のような俗世への束縛までも振り捨て難くて出家もままなりません」と言い、子を思う親心はいかにもそのように思い悩んでいるのだろう、と思うと気の毒である。生きていればまたと言って、再会を期待させて出て、月が曇りなく輝いておりましたが、その家の近くから歌を申し贈る。

いっこうに慰められることもない山里で、一人であなたは月の名所の姨捨山の月を見たのですか。

（光宗の）返歌、

機構教授。専門は進化合成生物学。世界で初めて遺伝情報を持ち進化する分子複製システムを構築した。著書に『協力と裏切りの生命進化史』（二〇一九年、光文社新書）など。
『増えるものたちの進化生物学』（ちくまプリマー新書）は、「増殖」をキーワードとして生物を考察する二〇二三年四月刊行の書籍である。

二

出典　塩谷朝業『信生法師日記』

解答

問一　**(ア)**　門のあたりにいる男は、主人の旧友の私がはるばる訪ねてきたとは思いも寄らない様子であったが、

(イ)　我が身に寄り添うものといえば、昔付き合いのあった人の面影で、配流の身となった今となってはその人たちになおさらどうして会えようかと思ったが、心の苦しみに耐えて生き長らえている命の辛さも、あなたに会った今は嬉しく思うことです。

(ウ)　あなたと同じ出家した姿で、家を出て修行の旅に出てしまいたい気持ちがしてあなたがうらやましいのだが、配流の身の上では、世間へのはばかりも多く、また、この幼い子のような俗世への束縛までも振り捨て難くて、出家もままなりません。

問二　**(A)**　わが子のことなどあれこれ思い悩んで物思いにふけっている暗澹たる心が晴れないことには、月の名所の姨捨山の月も、私には見るかいもないことです。

(B)　もし忘れなかったら、また麻績に来て私を訪ねてください。私の小忌衣が、配流の身であるために以前は見たこともないような粗末な袂の着物であっても。

問三　①十六夜日記　②とはずがたり

あり、両方を簡潔におさえて四〇字以内でまとめるよう工夫する。

問三 「やさしさ」は「共感」と同義で使われている。傍線部の直後に「人間が持っている共感能力は…人間の生存に貢献し、強化されてきたもの」とあるのに対し、次の段落の「他の生物に対する共感」が「人間の生存には貢献していない」のが「不思議」の中身である。「他の生物に対する共感」により肉が食べられなくなり、人間の生存には不利益になるという内容としてもよい。

問四 傍線部の前の「このように」は、前の二つの段落を指している。特に直前の段落が「大成功」の説明になっているので、その内容をまとめる。かつてはすべての生物は「必要な食料を得るために競争をして」きたのに、「現代の先進国においては、栄養は足りている」ことが「大成功」なのである。その背景を「共感」と結びつけてまとめる。

問五 まず「人間のどのような傾向が」とあるので、この点を明確にする。前段落で述べられているような「共感能力」を生物にも発揮するほど強化する傾向をおさえる。次に、傍線部以降が「どこまで進む」かの説明。ほ乳類を殺すことがなくなることから、植物の命を奪わないようになることまで進むかもしれないことが具体例もまじえて説明されている。

問六 ア、冒頭の主題提示の内容であり、本文全体の趣旨でもあり○。

イ、「人工肉」には言及されていても、「食べなければならない」とは言っていないので×。

ウ、「ウシのゲップに含まれるメタン」の「温室効果」は言っているが、「解消することが急務」とは言っていないので×。

エ、「昆虫」について、「体温」「体のつくり」という叙述はどこにもないので×。

オ、傍線部④からの三段落の記述内容から読み取れるので○。

カ、「人間のやさしさの拡張傾向」が「ブッダの教えに始まる」とは言っていないので×。

参考 市橋伯一《のりかず》（一九七八年〜）は、東京生まれ。東京大学大学院総合文化研究科・先進科学研究機構・生物普遍性研究

Ⅰ　第一段落〜二段落　共感能力について（主題提示）
人間の協力性を可能にした人間の「共感能力」は最近ますます強化されている。

Ⅱ　第三段落（近年、ウシや）〜八段落　他の動物への広がり
近年殺して食べることへの罪悪感から動物食を控える人が増えていて、私たちは他の動物へも共感の範囲を広げている。→問二

Ⅲ　第九段落（この人間のやさしさ）〜十段落　やさしさの広がりの不思議さ
他の生物への共感は人間の生存に貢献していないのに、人間のやさしさ（共感能力）が他の生物にも拡張しているのは不思議だ。→問三

Ⅳ　第十一段落（このような）〜十三段落　現代社会の成功
現代の先進国では、共感能力が食糧生産と分配を効率化できる協力体制を可能にし、栄養が足り、食料を得るための競争がなくなり、共感能力は強化されつつある。→問四

Ⅴ　第十四段落（ではいったい）〜最終段落　人間のやさしさの進む先
人間のやさしさの拡張は、代用品によりほ乳類を殺すことをなくし、科学技術の進歩により植物を含めたすべての生物の命を奪わずに食料のタンパク質を増やし、理想的な生き方ができるようにするかもしれない。→問五

解説

問一　**d**の「好事家」は「もの好きな人」の意で、読みと意味の頻出語。**f**の「惧」の字は常用漢字外。つくりは「具」ではないので注意すること。**g**は本来の「昂騰」でも可。**h**は「殻」の左側の字形と画数（7画）に注意。名古屋大学では例年読みをカタカナで書くよう指示されていることにも注意。

問二　問題の中心は傍線部の次の段落の「倫理的な問題」で、「私たちと同じほ乳類…食べることが許されるのかという問題」という説明に着目して内容を述べること。また傍線部直後の「温暖化などの環境負荷が大きい」ことも問題で

国語

一

出典　市橋伯一《のりかず》『増えるものたちの進化生物学』（ちくまプリマー新書）

解答

問一　**a**、懐　**b**、ヒカ　**c**、アイガン　**d**、コウズカ　**e**、ゼイタクヒン　**f**、危惧　**g**、高騰〔昂騰〕
h、甲殻　**i**、ショウジン　**j**、装置

問二　環境負荷が大きいという問題と同じほ乳類を殺して食べる罪悪感からくる倫理的な問題。（四〇字以内）

問三　他人へのやさしさ・共感の拡張は人間の生存に貢献するが、他の生物への共感は人間の生存に貢献しないから。（五〇字以内）

問四　人間の共感能力が、食糧生産と分配を効率化できる協力体制を可能にし、現代では栄養が余って食料を得るための競争がなくなったという、過去のどの生物や時代にもなかった状況になった点。（九〇字以内）

問五　人間が共感能力を他の生物にも拡張する傾向が、ほ乳類を殺さないために代用品を作り、さらに科学技術の進歩が植物を含めたすべての生物の命を奪わない食料のタンパク質供給を可能にして、「やさしい」理想的な生き方ができるところまで進むと考えている。（一二〇字以内）

問六　ア・オ

要旨

設問が文章の展開に即して要約的な内容を問う問題になっているので、各設問を踏まえて、全体を便宜的にいくつかの大段落に分けて内容を整理する。

小論文

解答例

問1． 民主主義は「能動的人民」を統治主体とする反面，それが「多数の専制」に陥るのをいかに防ぐかが課題となる。トクヴィルは専門法曹の存在をアメリカにおける貴族的要素とみなし，裁判官の判断が陪審による「多数の専制」を抑制すると同時に，裁判過程を通して人民が啓蒙され，法の精神が社会に浸透すると考えた。トクヴィルにとって陪審制の意義は，裁判官と陪審の相互的抑制均衡が「多数の専制」に抗する自由を確保する点にある。(200字以内)

問2． 職業政治家の民主的問題解決能力に限界が問われる日本で，民主主義の質を高めるには「能動的人民」の質と量を高める必要がある。裁判員制度は裁判過程を通して人民を啓蒙し，社会に法の精神を浸透させる。また裁判員制度は多様な立場の「能動的人民」を育成するため，「少数者の権利」を確立し複数政党制の基礎を築くことにもつながる。そのため裁判員制度は日本の民主主義を支える「能動的人民」を育成する政治的制度だといえる。(200字以内)

問3． 課題文の通り，「能動的人民」の育成は「少数者の権利」を確立し，複数政党制という民主主義の基礎を形作る。しかし日本では，現在，国政選挙の投票率が2割強と非常に低く，得票の多くが政権与党の支持票である。これは民主政治に参与する「能動的人民」が育っておらず，複数政党制が機能していないことを示す。「能動的人民」が職業政治家等に偏れば，多様な立場や視点を取り入れた議論や法制度の設計に至らなくなる。

「能動的人民」が少ないと，少数者の声を代弁する者も相対的に少なくなる。例えば女性は，育児・介護を担う割合が高い一方，政治家や会社役員の比率は少ない。それは社会制度が性別と生き方・働き方を規定する反面，他の生き方をする少数者に配慮しなかったからだ。同様に，病気・障がいをもつ人やその家族，性的マイノリティー，外国人等の権利概念や制度保障も未だ不十分だ。少子化と労働力不足が深刻化し，ようやく男女の働き方・生き方に関する社会制度変革が進み始めたとはいえ，若者の政治不信は深い。そしてそれは次世代の「能動的人民」の育成をも阻害していく。

旧来の社会制度からの変革の遅れは，少子化の進行と労働力や経済力の低下を招いた。「少数者の権利」の制度保障の遅れは，社会の分断や政治不信を助長する。「能動的人民」が少なく「少数者の権利」を守れない状況は，日本の民主主義だけでなく社会そのものを岐路に立たせていると私は考える。(500字以上600字以内)

解説

《民主主義と裁判員制度の意義》

課題文は，民主主義制度における「啓蒙された人民＝能動的人民」の育成の重要性と，その育成手段としての陪審員制度の意義について述べた文章である。アメリカの陪審員制度を「政治制度」とみなし，裁判過程における人民の啓蒙という機能に着目したトクヴィルの考察を軸に，現在の日本の民主主義が抱える問題を改善する手段としての裁判員制度の意義についてまとめられている。

問1． トクヴィルにとっての課題だった「拡大する民主主義」を「共和制における貴族制的要素といかに結びつけるか」について，陪審制の意義に関するトクヴィルの考えを説明する。課題文の第１～２章や「おわりに」の内容から，トクヴィルの陪審員制度に対する見方をまとめればよい。まず，トクヴィルがなぜ「貴族的要素」を重視したのかを押さえておこう。彼は「少数者の権利」の擁護こそ民主主義に不可欠な要素だと考え，民主主義の拡大が大衆によって「多数の専制」に傾く可能性を危ぶんだ。そのため陪審制が有する「能動的人民」の啓蒙過程としての側面および，「多数者」である人民と「貴族的要素」である裁判官の相互抑制によって「少数者の権利」を守る最善の決定に至るという，陪審制の裁判過程に着目したのである。

問2． 裁判員制度が，民主主義を支える「政治制度」だといえる理由をまとめる。なぜ裁判員制度が「能動的人民」の育成になるのかについては，第２章に丁寧に説明されている。問１でみたように，アメリカの陪審制は裁判官等の専門法曹が陪審による「多数の専制」のリスクを抑制する。一般市民である陪審員は，裁判過程に身を置き役割を果たすことで法的な思考様式を学ぶ。そしてそれは次第に社会全体へと波及するとトクヴィルは考えた。日本における裁判員制度もまた，同様に市民を「能動的人民」へと啓蒙する過程だと筆者は述べている。

問3. 現在の日本の民主主義において，「能動的人民」がいかに「少数者の権利」を守るかが課題となっているという筆者の指摘に対し，現在の日本の民主主義においてこの課題がどのような形となって現れているかを論じる。課題文の内容を踏まえ，〔解答例〕では現在の日本の投票率の低さや少数者の権利に対する政策や世論の偏りといった問題を取り上げた。〔解答例〕にも示した通り，投票率の低さはそのまま，民主主義を支える「能動的人民」の少なさを表している。そしてそれは「能動的人民」の育成ができていないことを意味する。また戦後80年の大半が自由民主党政権であることからは，複数政党制が機能していないこともわかる。この時点で，現在の日本の民主主義は非常に脆弱な状態にあるといえる。さらに「少数者の権利」についても，多様な立場の権利者にとって生きやすい共生社会の実現にはほど遠いといえるだろう。〔解答例〕では比較的緩やかな事例として，ジェンダーギャップの問題を取り上げたが，近年しばしば話題となる同性婚の法制化に関する議論や，老老介護・ヤングケアラーなどの介護に関わる問題，障害者雇用の問題，刑務所および入国管理局での虐待問題など，少数者の権利に関する事例は枚挙に暇がない。そうしたものを取り上げてもよいだろう。事例を通して，少数者の権利の擁護が不十分であることや，その状態が続くことが日本の民主主義にとってどのようなリスクがあるかなどを説明すればよい。

講評

2024年度は，民主主義における啓蒙された市民の重要性と，それを育てる政治制度としての裁判員制度の意義に関する課題文であった。文章は読みやすく難解ではないが，全体を通読した上で要点をとりまとめる力が求められている点で，読解力と記述力の双方が問われている。

2023年度と同じく設問は全3問で，問1・問2は内容読解に関する設問，問3が意見論述であった。意見論述では課題文の要点を把握した上で，それを現在の日本の政治や社会の問題と絡めて論じる必要がある。その点で，時事問題や社会への関心の度合いや視野の広さが問われる内容であった。総字数は900～1000字でやや難度の高い出題だといえる。

////////////////////// · memo · //////////////////////

//////////////////// · memo · ////////////////////

· memo ·

2023年度

解答編

解答編

英語

I 解答　1．2番目：time　7番目：learning　10番目：swim
2．全訳下線部(2)参照。
3．ギリシャやエジプトで，水泳がいったいなぜ運動競技の種目に含まれていなかったのかという理由が古代の文献に記されていることはないが，それは当然のことである。
4．彼がボクシングの練習に遠泳も取り入れていたこと。(25字以内)
5．〈解答例1〉It was not until the sixteenth century that practical swimming manuals appeared.
〈解答例2〉Practical training manuals for swimming did not appear until the sixteenth century.
6．①―(ク)　②―(エ)　③―(イ)　④―(ア)　⑤―(オ)　⑥―(キ)

◆全　訳◆

≪水泳とその歴史≫

親が子供に自転車の乗り方を教えるのは，その純粋な楽しみのためであり，それがもたらす自由と自立の感覚のためであるが，一方，水泳はまず何よりも基本的な安全対策として教えられる。それは親の義務である。何千年もの昔も，それは同じであった。

水泳に関する人類最古の記録にある証拠は，約1万年前の新石器時代に描かれた一連の洞窟壁画に残されている。リビアとの国境に近いエジプト南西部の洞窟で発見された絵文字は，ある泳法で泳いだときの――それは私の目には平泳ぎのように見えるが――異なる状態を表しているように見える。これらが描かれた当時，この地域の気候はもっと温和で，今では砂漠しかないようなところに湖や川があった。考古学者たちは，それらの絵は泳げるかどうかで生存が左右された時代における日常生活の様子を描いたものであると推測している。人は――おそらくは食料を求めたり，敵対する部族から逃げたり，より安全な場所に移動したりする目的で――水域の向こう側へたどり着くために泳いだり，また魚を獲るなど，単に日々の食物を得るために泳いだということである。

ギリシャ人の間では，男も女も子供も誰もが，当然泳げるはずのものとされていたようである。ほとんどの人が水辺に住んでいたので，これはもっともなことである。(2)プラトンがその著作『法律』で述べているように，泳ぎ方を知らないことは，文字が読めないことと同じくらい無知のしるしであるように考えられていた。ソクラテスは，さらにはっきりとこう言っている。泳ぎは「人を死から救う」。親は子供たちに教え，おそらく子供たちは互いに学び合ったことだろう。ユダヤ教の教義においても同じような義務が何世紀にもわたり課されてきた。タルムードに述べられているように，親は子供に3つの重要なことを教えなければならないが，それはトーラー，生計の立て方，そして泳ぎ方なのである。

ほとんどの人がナイル川か，ナイル川から分岐した運河のほとりに住んでいた古代エジプトにも同様の考え方があった。泳げることは，漁師や舟乗りにとっては死活問題であり，上流階層の人々にとってはきちんとした教育を受けている証であった。しかし，ギリシャでもエジプトでも，運動競技の種目の中に水泳は含まれていなかった。(3)それ（ギリシャやエジプトで，水泳がいったいなぜ運動競技の種目に含まれていなかったのかという理由）が古代の文献に記されていることはないが，それは当然のことである。それは今日，私たちがタイピングや車の運転がオリンピックの種目に含まれていないことを説明する必要を感じないのと同じなのだ。私が感じるのは，歴史家のクリスティーン＝ナットンが言うように，水泳は「運動においてアルファベットに相当するもの」であり，水泳はどちらかというと実用的な技術としてみなされていたということ，そして女性を含むほぼすべての人が泳ぎ方を知っていたことから，男性だけの領域ではないと考えられていたということである。さらに，水泳は古代ギリシャやローマのボクシングやパンクラチオンのような華やかな競技ではなかった。また，スピードや力を競う短距離走やフィールド競技とは異なり，観客を楽しませる競技でもなかった。水泳は競技種目ではなかったかもしれないが，それが持つ総合的な運動としての価値は認められていたようだ。古代の歴史家パウサニアスと作家ピロストラトスの両者が，ボクシングで4回オリンピックチャンピオンになったティサンドロスは，屋内競技場での練習を遠泳で補っていたと記している。ピロストラトスの言葉によれば「彼の腕は海で彼を遠くまで運び，それが彼の身体と腕力を鍛えた」のである。

水泳の習得は，今日ある種の軍務につくための必須の前提条件となっている。これは古代においてはさらに一般的な事実であった。ウェゲティウスは，軍事訓練に関する著作『軍事論』の中で次のように奨励している。「若い兵士は全員，例外なく，夏の間は泳ぎを習うべきだ。それは時として河川を橋で渡れないことがあるという理由もあるが，逃げる軍も追う軍も，河川を泳いで渡らなければならないことがしばしばあるからである。突然の雪解けや降雨で河川が氾濫することも多く，そのような状況では，泳ぎ方を知らないことによる危険は敵からの危険と同じくらい大きい。騎兵も歩兵も，さらには軍馬や召使いたちも，同じようにこのような不測の出来事に遭遇する可能性があるので，この訓練に慣れるべきである」

ウェゲティウスの著作は，ルネサンス期にイタリア語，フランス語，ドイツ語に翻訳された。それは 19 世紀に至るまで軍人や貴族の訓練に影響を及ぼした。バルダッサーレ＝カスティリオーネは『廷臣の書』の中で，ウェゲティウスを援用して，紳士としての水泳の重要性を説いている。しかし，いずれの著者も泳ぎ方については説明していない。16 世紀になるまで，実用的な水泳の手引書は現れなかった。それは単にそのようなものに対する需要があまりなかったということであろう。

◀解　説▶

▶1．並べ替え箇所を含む文に続く同段最終文（One swam to…）に目を通すと，このくだりが「当時の人々にとり，生きるために泳ぐことがいかに重要であったか」ということを表すものだということがわかる。postulate「推測する」という語は難しいが，that 以下の節の構造の理解に影響はない。that 節は主部が the scenes「(洞窟壁画に描かれた) それらの場面」，動詞が depict「～を描く」，目的語が an aspect of everyday life at… という構造である。選択肢に depended があり，この語は *A* depend on *B*「*A* は *B* 次第である，*A* は *B* によって決まる」のように使われるので，how to swim のつながりも手掛かりにして survival depended on learning how to swim という並びが完成できる。同時に整序箇所の直前の at に a time when…「…である時代」が続くこともわかり，Archaeologists have postulated that the scenes depict an aspect of everyday life at [a time when survival depended on learning how to swim].という文が完成する。直訳すると「考古学者たちは，それらの絵は生存が泳ぎを覚えること次第であった時代における日常生活の様子を描いたものであると推測している」となる。したがって，2番目は time，7番目は learning，10番目は swim となる。archaeologist「考古学者」aspect「(物・事の) 面〔様子〕」

▶2．observe は「～を観察する，(規則や法律) を守る」という意味で使われることが多いが，この場合は「(意見など) を述べる」という意味で使われている。それがわからなくとも As「…のように」に続く部分が「プラトンが (その著作)『法律』で…しているように」となるので，大体の意味は推測できる。カンマから後の主節は動名詞の否定形である not knowing how to swim「泳ぎ方を知らないこと」という動名詞の否定形が主部であり，述部が was considered … という構造。原級を用いた比較構文 as ～ as … が使われている。比較構文を除き，骨格となる部分だけにすると not knowing how to swim was considered a sign of ignorance「泳ぎ方を知らないことは無知のしるしとみなされていた」となる。be considered ～「～だとみなされる」は consider *A* (to be〔as〕) ～「*A* (人・物・事) を～だとみなす」が受け身になったもの。ignorance「無知」これに as＋much＋(a)＋名詞＋as＋*A*「*A* と同じ程度に (名詞)」という同等比較が組み合わされている (よく使われる as＋形容詞／副詞＋as と同様に much＋(a)＋名詞が as に挟まれたものと考えるとよい)。as much a sign of ignorance as は「同じ程度に無知のしるし」，*A* にあたるのが not knowing how to read「(文字の) 読み方を知らないこと」なので，「泳ぎ方を知らないことは，文字の読み方を知らないことと同じ程度に無知のしるしであるとみなされていた」となる。したがって文全体としては「プラトンがその著作『法律』で述べているように，泳ぎ方を知らないことは，文字の読み方を知らない〔文字が読めない〕ことと同じくらい無知のしるしのように考えられていた」となる。

▶3．文の主部は Exactly why this would be, 述部が is never stated … である。exactly はこのように疑問詞の前後に用いられると「(より詳しい情報を求めて) 正確には，いったい」という意味を持ち，would は〈推量〉を表しているので，主部は「これがいったいなぜだったのか（ということ)」という意味になる。this の具体的な内容は，直前の文（In both Greece and…）に書かれている「ギリシャでもエジプトでも，運動競技の種目の中に水泳は含まれていなかった」ということである。be among ～「～に含まれている」 event「(競技の）種目」 述部は state「述べる」, ancient「古代の」, text「原文，原典」なので「古代の文献に書かれているようなことはない」となる。naturally「当然のことながら」は文修飾の副詞で，「…ことは当然のことながらない」と訳出してもよいが，ここでは文末に付け加えられたニュアンスを出すために〔解答〕では「…ことはないが，それは当然のことだ」とした。

▶ 4．Tisandrus と水泳との関わりについてパウサニアスとピロストラトスが述べていることが書かれているのは，下線部(4)を含む文（Both the ancient historian…）であり，この文のコロンより前の部分を訳すと「古代の歴史家パウサニアスと作家ピロストラトスの両者が，ボクシングで 4 回オリンピックチャンピオンになったティサンドロスは，屋内競技場での練習を遠泳で補っていたと記している」となる。この内容を 25 字以内にまとめると「彼がボクシングの練習に遠泳も取り入れていたこと」というようになる。コロンから後の部分はピロストラトスが用いた表現であり，字数が限られていることもあり無理に含める必要はない。また gymnasium「体育館，屋内練習場」という表現は字数が許せば解答に含めてもよいが，ポイントとなるのは「ボクシングのトレーニングに遠泳も取り入れていた」ということで，ボクシングの練習を普段どこでしていたかは重要な情報ではないので含めなくてもよいだろう。historian「歴史家」 note「～と述べる」 supplement *A* with *B*「*A* を *B* で補う」

▶ 5．「～になるまで…しなかった」は It was not until ～ that…「～して初めて…した」という構文を使うと〈解答例 1〉のようになる。強調構文を使わないと〈解答例 2〉のようになる。16 世紀は the 16th century とするより，同段第 2 文の the nineteenth century という表記に合わせて，the sixteenth century とした方がよい。「実用的な」は practical。「水泳の手引書」は swimming (training〔instruction〕) manuals〔books〕など。manuals for swimming や books on swimming でもよい。「現れた」には appear を使うとよい。be (first) published「(初めて）出版された」とし

ても誤りではない。

▶6．(ア)「ほとんどの人がナイル川か，ナイル川から分岐した運河のほとりに住んでいた古代エジプトにも同様の考え方があった」

perspective は「考え方」，hold true は「真である，当てはまる」なのでカンマの前の部分を直訳すると「古代エジプトにも同じ考え方が当てはまった」となる。カンマに続く where 以下の部分は ancient Egypt「古代エジプト」に説明を加える非制限用法の関係副詞節。branching from the river「その川から分岐した」は canals「運河」を後置修飾する現在分詞。branch は「分岐する」という意味の動詞。

(イ)「ギリシャ人の間では，男も女も子供も誰もが，当然泳げるはずのものとされていたようである」

it seems to have been expected that … は仮主語構文。seems to have been expected は seems に述語動詞が表す時よりも前のことを表す完了不定詞が続き，さらに受け身が用いられた表現で「…であると考えられていたようである」という意味になる。

(ウ)「このような状況において，人々が泳ぎ方を学んでいることを示す歴史学的な証拠は限られている」

context「状況」 evidence for ～「～を裏付ける証拠」 people は動名詞 learning の意味上の主語。limited「限られた」

(エ)「水泳に関する人類最古の記録された証拠は，約1万年前の新石器時代に描かれた一連の洞窟壁画に残されている」

recorded「記録された」 evidence of ～「～の形跡〔痕跡〕」 come in ～「～の形で提供される」 a group of ～「一連の～」 created during the Neolithic period「新石器時代に描かれた」は過去分詞で cave paintings「洞窟壁画」を修飾。date (back) to ～ は「(年代・時期) にさかのぼる」という意味で，ここではその現在分詞が the Neolithic period に説明を加えている。

(オ)「これは古代においてはより一般的な事実であった」

broadly「広範囲に，一般的に」 the case「(物事の) 事実，実情」 antiquity「大昔，古代」

(カ)「何世紀にもわたり水泳は女性にとって重要な技能であり続けた」

through「～の間ずっと」

(キ)「ウェゲティウスの著作は，ルネサンス期にイタリア語，フランス語，ドイツ語に翻訳された」

treatise「論文，（特定の題目を扱った）本」 be translated into～「～に翻訳される」は translate *A* into *B*「*A* を *B* に翻訳する」の受動態。

(ク)「親が子供に自転車の乗り方を教えるのは，その純粋な楽しみのためであり，それがもたらす自由と自立の感覚のためであるが，一方，水泳はまず何よりも基本的な安全対策として教えられる」

whereas「～であるのに対して，～である一方で」 teach *A* to *do*「*A* に～することを教える」 sheer「全くの」 it brings「それがもたらす」は，先行詞 the sense of freedom and independence「自由と自立の感覚」を修飾する目的格の関係代名詞が省略された関係代名詞節。for the sheer fun of it「その純粋な楽しみのため」と for the sense of freedom and independence it brings「それのもたらす自由と自立の感覚のため」が並列されている。first of all「まず（第一に），（何よりも）まず」 measure「手段，方策」

①空所直後の第 2 文（It is a parent's duty.）に「それは親の義務である」とあるので，これに先立つ第 1 文には It が受ける内容が書かれていなければならない。これに合致するのは(ク)で，It が受ける内容は「水泳が安全対策として教えられること」ということになる。

②空所直後の第 2 文（The pictographs, found …）から同段最終文まで，第 2 段は，人が泳いでいる様子が描かれたエジプト南西部の洞窟で発見された絵文字に関する内容となっており，この段落のトピックセンテンスである第 1 文としては cave paintings という語が含まれている(エ)が適切である。第 2 文以下の内容が「太古より人類が泳いでいたことを示す証拠が，約 1 万年前に描かれた洞窟壁画に残っている」という主旨の第 1 文の具体例となっている。

③空所直後の第 2 文（This makes sense, …）は「ほとんどの人が水辺に住んでいたので，これはもっともなことである」という意味である。make sense「理にかなっている，当然である」 since「～なので」 この water は「水のあるところ」なので，near the water で「水辺に」という意味。空所に入る第 1 文は This が指す内容が含まれたものでなければならない。これに合致するのは(イ)である。

④この空所を含む段落の第3文（In both Greece and Egypt, …）に注目する。この文は「しかし，ギリシャでもエジプトでも，運動競技の種目の中に水泳は含まれていなかった」というもので，however「しかしながら」とあるので，先立つ内容とこの文が逆接関係にあることがわかる。一つ前の段落である第3段がギリシャに関する内容なので，空所を含む第4段第1・2文がエジプトに関する内容であることが推測される。それに合致する(ア)が正解ということになる。

⑤この空所を含む段落の第1文（Mastering swimming is …）の主旨は「今日，ある種の軍務には水泳の習得が求められる」というものである。essential「重要な」 prerequisite「前提条件」 certain types of～「ある種の～」 military service「軍務」 一方，空所となっている第2文を挟み，第3文～最終文（In his treatise on … the same accidents.”）には，ウェゲティウスがその著作の中で軍事訓練における泳ぎの練習を推奨した部分が紹介されている。現代の軍事訓練に関する内容の第1文と過去の軍事訓練に関する内容の第3文以下の間に補う第2文として適切なのは(オ)。この文の主語 This は第1文の内容を指している。

⑥空所となっている最終段第1文に続く第2文（It exerted influence on …）は「それは19世紀に至るまで軍人や貴族の訓練に影響を及ぼした」という内容である。exert influence（on～）「(～に）影響を与える」 military「(集合的に）軍人」 nobility「(集合的に）貴族」 この文の主語である It が指すのはウェゲティウスの著作『軍事論』なので，第1文として適切なのは，それに関する内容を含む(キ)。

●語句・構文●

（第2段）pictograph「絵文字，象形文字」 カンマに挟まれた found in … the Libyan border は The pictographs に説明を加える過去分詞。cave「洞窟」 border「国境」 appear to *do*「～するように見える〔思われる〕」 phase「(変化・進行などの）段階〔様相〕」 stroke「(水泳の）泳法」 breaststroke「平泳ぎ」 these were painted は the time を修飾する。関係副詞 when を補うと At the time when these were painted となる。temperate「温和な」 where～「～するところに」 little more than～「～にすぎない，～と変わらない」 desert「砂漠」 One swam … の one は堅い表現だが，主語として people「人」の意味で用いられる。body of water「水域」 in pursuit of～「～を求めて」 flee「～から逃げる」 warring「交戦中の」 tribe「部族」 sustenance「生計の手段，食物」

（第 3 段） put「～を表現する」 starkly「はっきりと」 presumably「おそらく」 obligation「義務」 as stated～「（～に）述べられているように」

（第 4 段） life-and-death「生死に関わる」 fisherman「漁師」 boatman「舟乗り」 mark of～「～のしるし」 proper「きちんとした」 higher class「上流階層（の人）」 no more than～「～でないのと同じ」 feel compelled to *do*「～しなければならないと感じる」 justify「～を正当化する」の目的語が why typing … the Olympics となっている。my sense is that～「私は～であると感じる」 be seen as～「～として見られる〔考えられる〕」 more of～「どちらかというと～である」 utilitarian「実用的な」 equivalent「同等のもの」 as *A* put it「*A* が言っているように」 given that～「～なので」 *A* included「*A* を含み」 fall outside「～の領域〔分野〕に入らない〔から外れる〕」 exclusively「もっぱら，独占的に」 sphere「領域」 spectacular「華やかな」 unlike「～とは違い」 sprint「短距離走」 field event「フィールド競技」 display of～「～を見せること」 conducive to～は「～のためになる，～に貢献する」という意味なので conducive to spectators で「観客を楽しませる」というような意味になる。while～「～ではあるが」 competitive「競争的な」 value as～「～としての価値」 all-around「総合的な」 apparently「見たところ，どうやら…らしい」 appreciated「高く評価された」 training both his body and themselves は分詞構文で「そしてそれは…」のように考えるとよい。themselves は his arms を指す。

（第 5 段） without exception「例外なく」 fleeing「逃げている」と pursuing「追っている」の両方の分詞が armies を修飾している。pursue「～を追いかける」 be obliged to *do*「～せざるを得ない」 melting of snow「雪解け」 fall of rain「降雨」 make them overflow their bank は使役動詞構文で「それら（河川）を土手からあふれさせる」という意味になる。overflow「（川などの水が土手など）を越えてあふれ出る」 bank「（川などの）岸」 cavalry「騎兵（隊）」 infantry「歩兵（隊）」 be accustomed to～「～に慣れている」 be liable to～「（問題など）を抱えやすい」

（第 6 段） endorse「～を支持する」 カンマに続く citing 以下は分詞構文で「～を引用して」という意味。cite は「～を引用する」，backup は「支持〔強化〕するもの」なので，cite *A* for backup で「*A* を援用する」という意味。

II 解答

1．イルカの鳴音は，人の名前と同様に個体識別の役割を持つから。(30 字以内)

2．ア―(E) イ―(I) ウ―(A) エ―(G) オ―(C) カ―(D) キ―(B)

3．①―(D) ②―(H) ③―(F) ④―(G) ⑤―(A) ⑥―(C)

4．すべての個体の鳴音が同じになり，互いを識別できなくなること。(30 字以内)

5．全訳下線部(3)参照。

6．(E)

◆全　訳◆

≪イルカの鳴音の研究≫

生まれたばかりのバンドウイルカは，母親の陰に隠れ海流に乗って漂いながら，さえずるような音を発する。彼らはシグネチャーホイッスルとして知られるその個体固有のキーキーという号笛のような音を発する。科学者たちはこれを人間でいえば「名前」のようなものだとしてきた。

多くの哺乳類とは異なり，イルカは水深が変わると声がひずんでしまうため，声を個体識別のための特徴として用いることができない。その代わりに，イルカは旋律（一定の時間続く可聴周波数のパターン）を作り出し，自分であることを周囲に知らせるため，生涯にわたりそれを用いる。バンドウイルカ（学名 *Tursiops truncatus*）は仲間のホイッスルをまねることもでき，はぐれたときには仲間の「名前」を呼ぶ。また，ホイッスルの異なる部分の音量を変えることにより，生殖状態などの追加情報も伝えることができるが，これは，人がニュアンスを加えるためにある言葉を強調するのとよく似ている。しかし，イルカはどのように自分の呼び名を決めているのだろうか？ 5 月に *Scientific Reports* 誌に発表されたある研究によれば，イタリアのサッサリ大学の研究者たちは，地中海で 6 つのイルカの個体群が発する音を調査することにより，シグネチャーホイッスルの違いは主に生息地域と個体群の規模によって決まることを明らかにした。その研究著者たちによると，音の伝わり方は環境によって異なるため，イルカは自分たちの住む環境に最も適したシグネチャーホイッスルを作り出すという。

泥の多い水域で生活するイルカの低い音に比べ，海草の多い水域で生活するイルカは，短く甲高い「名前」を持つことが研究者たちに知られている。一方，小さな群れでは大きな群れよりも音の高低差が大きく，繰り返し接触する可能性が高い場合，そのことが識別に役立つと考えられる。

しかし，すべての科学者が，生息地域と集団の規模をシグネチャーホイッスルの違いの主な要因と考えているわけではない。スティーブン・F. オースティン州立大学の生物学者であるジェイソン＝ブルックは，社会的要因が非常に重要な役割を果たすと考えている。彼はフロリダ州サラソタ湾に生息するイルカを対象とした研究を指摘する。そこでは，イルカがそこに住む他の個体から刺激を受けて独特なシグネチャーホイッスルを作り出したのである。重要なことは，そのイルカたちは，接触する時間が比較的短いクジラ類の動物を基にして自分のホイッスルを作る傾向があったということである。「これによって，すべてのイルカがジョン＝スミスという名前を持つという問題を避けることができるのです」と，ブルックは言う。

マサチューセッツ州ウッズホール海洋研究所の研究専門家，ラエラ＝サイーグも同意見である。サイーグは自身が行った 30 年以上にわたるクジラ類の動物のコミュニケーションの研究から，イルカのシグネチャーホイッスルの 30％は母親のホイッスルが基になっているが，母親のものとは全く異なる，きょうだいのものに似た「名前」を作る個体もいると推測する。また，家族の誰とも全く異なった独自のホイッスルを作るものもいる。家族のものを基にホイッスルを作るバンドウイルカもいれば，あまり関係のない知り合いのものを基に作るバンドウイルカもいる理由は，海洋研究者たちにもまだわかっていない。

サイーグは，社交性などの要因が関係していると考える。例えば，他の個体との関わりが多い母親は，自分の子どもをより多くの種類のシグネチャーホイッスルに触れさせ，彼らのレパートリーとなる多くの音を彼らに与える。しかし，このことを野生の個体群で実証するのは難しい。

「シグネチャーホイッスルの発達期間中に，何が子イルカに影響を与えているかを解明するのは非常に難しく，大規模な観察が必要となります」とサイーグは言う。「観察できているのは実際の発達期間のごく一部にすぎないのです。もし，何らかの非常に重要な交流があったとしても，それを捉えていないかもしれません」

メスのイルカのシグネチャーホイッスルが生涯ほとんど変わらないのに対して，オスのイルカは親しい仲間のシグネチャーホイッスルをまねてホイッスルを少し変えることがある。オス同士のペアの絆は特定の個体群でよく見られ，母子の絆よりも強い場合がある。「これはサラソタではよく見られることです」とサイーグは言う。「これらのオスの関係は，オス同士が常に一緒にいて彼らのシグネチャーホイッスルが似てくることがよくあるというような非常に強いペアの絆です」

イルカは個々のシグネチャーホイッスルに加えて，集団の結束を高めるため共有のホイッスルを作ることもある。イルカがその集団のホイッスルをよく発するのは，狩りをして食物を得たり仲間を守ったりなど，他者と連携して行動するときである。

国立海洋哺乳類基金の科学者で，イルカのコミュニケーションを専門とするブリタニー＝ジョーンズは，米海軍によって訓練された8頭のイルカのグループを研究したことがある。(3)このイルカのうち5頭は21年間一緒に暮らしてきており，その集団特有のホイッスルを共有していたが，それぞれが自分が誰であるかを示すことができるだけの，他と明確に区別できる特徴は保っていた。

「こうした共有のホイッスルは，異なる個体間でもよく似ていましたが，同一個体が発するものは，異なる個体が発するものと比べて，わずかながら，さらによく似ていました」とジョーンズ氏は言う。このことは，誰がホイッスルを発しているかを，他のイルカが識別できる可能性があることを示し，そのホイッスルが，どの集団のどのイルカであるかの両方を伝えることを示唆する。

人間の「名前」と同じように，シグネチャーホイッスルにも多くの情報が含まれている。それによりそのイルカが住む環境的側面に加え，家族の絆や友情などが明らかになる。イルカが物まねの能力を使って他者を欺くことがあるか，仲間の陰口を言うことがあるかなど，まだまだわかっていないことがあると科学者たちは考えている。こうした動物のシグネチャーホイッスルの複雑な使い方を解明することで，実際，彼らの心の中の世界が本当にどれほど独創的なものであるかが明らかになるかもしれない。

◀解　説▶

▶１．下線部(1)は「科学者たちはこれを人間の名前に例えてきた」という意味で，this は直前の文（They create a…）中の a unique siren of squeaks, known as a signature whistle「シグネチャーホイッスルとして知られるその個体固有のキーキーという号笛のような音」を指すので，なぜ科学者たちがイルカのシグネチャーホイッスルを人間の名前に例えてきたのかを説明することになる。siren「号笛」 squeak「キーキーという音」 known as～「～として知られる」は過去分詞で a unique siren of squeaks に説明を加えている。signature whistle「シグネチャーホイッスル」とはこの文章にも書かれているように，仲間に自分を識別してもらい，自分に関する情報を仲間に伝えるために使う「名前」のような働きをするホイッスルである。liken *A* to *B*「*A* を *B* に例える」 下線部の説明となる内容があるのは下線部の直後の第２段第１・２文（In contrast to … of their lives.）で，その主旨は「イルカは個体識別のために melody「旋律」を生み出し，自分であることを周囲に知らせるために常にそれを用いる」ということで，これを制限字数内にまとめると「イルカの鳴音は，人の名前と同様に個体識別の役割を持つから」「イルカは各個体特有の鳴き方を持ち，それで互いを識別するから」などとなる。

in contrast to～「～とは異なり」 mammal「哺乳類」 identifying「個体を識別する」 feature「特徴」 distorted「（音などが）ひずんだ」 depth「深さ」 invent「～を生み出す」 sound frequency「可聴周波数」 held for specific lengths of time「一定の時間続く（保たれる）」は過去分詞で，a pattern of sound frequencies を修飾する。a melody と a pattern of … lengths of time は同格で，後者を挟んで that 以下の関係代名詞節が先行詞 a melody を修飾する。identify *oneself*「自分が誰であるかを示す」 for the rest of～「～の残りの間ずっと」

▶２．ア．この空所の直前の文（In contrast to …）は「多くの哺乳類とは異なり，イルカは水深が変わると声がひずんでしまうため，声を個体識別のための特徴として用いることができない」という内容。空所を含む文のカンマ以下（they invent a…）は「イルカは旋律（一定の時間続く可聴周波数のパターン）を作り出し，自分であることを周囲に知らせるため，生涯にわたりそれを用いる」という内容。この2文をつなぐには空所に(E) instead of「～の代わりに，～ではなくて」を補い，instead of that「その代わりに」とするのが適切。that は前文中の use voices as their identifying feature「声を個体識別のための特徴として用いること」を指す。

イ．この空所を含む文のカンマより前の部分（Additional information, … of the whistle）の意味は「ホイッスルの異なる部分の音量を変えることにより，生殖状態などの追加情報も伝えることができる」というようなものである。空所に続く部分 how people emphasize certain words to add nuance は「人がニュアンスを加えるためにある言葉を強調する方法」という意味であり，この文が人間とイルカの情報の伝え方の類似点を述べたものであることがわかる。したがって空所には，(I) unlike「～とは異なって」を補って not unlike ～「～と違わない〔同じである〕」という表現にする。

reproductive status「生殖状態」 convey「(情報) を伝える」 emphasize「～を強調する」

ウ．この空所直前のカンマまでの部分（By eavesdropping on … and population size）は「イタリアのサッサリ大学の研究者たちは，地中海で6つのイルカの個体群が発する音を調査することにより，シグネチャーホイッスルの違いは主に生息地域と個体群の規模によって決まることを明らかにした」，空所に続く部分は「5月に *Scientific Reports* 誌に発表されたある研究」という意味である。したがって空所には，(A) according to「～によると」を補うのが適切。

eavesdrop on ～「～を立ち聞き〔盗み聞き〕する，～を盗聴する」 population「(生物の) 集団，個体群」 reveal「(知られていなかったこと) を明らかにする」 difference in ～「～の〔における〕違い」 mostly「大部分は，主に」 be determined by ～「～によって決まる〔決定される〕」 habitat「生息地域」 published in May in *Scientific Reports* は a study「研究」を修飾する過去分詞。

エ．この空所に続く部分（small pods…is higher）と直前の文

（Dolphins living among…）の意味的なつながりを考える。空所の前文は「泥の多い水域で生活するイルカの低い音に比べ，海草の多い水域で生活するイルカは，短く甲高い『名前』を持つ（自分たちに与える）ことが研究者たちに知られている」というように，生息地域によるシグネチャーホイッスルの違いを述べている。空所に続く文は「小さな群れでは大きな群れよりも音の高低差が大きく，繰り返し接触する可能性が高い場合，そのことが識別に役立つと考えられる」という意味で個体群の規模による違いを述べている。この2文をつなぐ言葉として適切なのは，(G)meanwhile「一方では」である。

living among seagrass「海藻の中で暮らす」は現在分詞で dolphins を修飾する。the researchers found「研究者たちは発見した」は挿入句なので，その前後をつなげて読む。shrill「甲高い」 compared to～「～と比べると」 baritone「バリトンの，低い」 muddier は muddy「泥の多い」の比較級。waters「水域」 living in muddier waters「泥の多い水域に暮らす」も現在分詞で dolphins を修飾する。pod「（海生動物の）小さな群」 display「～を表す〔示す〕」 pitch「音の高低」 variation「変化」カンマに続く which 以下は，前の節全体を受ける関係代名詞の非制限用法で「そして，それは…」というように説明を加えている。help with～「～に役立つ」 identification「識別」 probability of～「～の見込み〔確率〕」 repeated「繰り返される」 encounter「出会い，接触」

オ．この空所を含む文（Demonstrating this in…）の空所以外の部分は「このことを野生の個体群で実証するのは難しい」という意味である。直前の同段第1・2文（Sayigh believes that… to their repertoire.）は「サイーグは，（ ④ ）などの要因が関係していると考える。例えば，他の個体との関わりが多い母親は，自分の子どもをより多くの種類のシグネチャーホイッスルに触れさせ，彼らのレパートリーとなる多くの音を彼らに与える」という意味である。第1・2文と空所を含む第3文は相反する内容になっていることから判断し，(C)however「しかしながら」を補う。however はこのように文中に挿入句的に用いられることも多い。

play a role「役割を果たす，関係する」 第2文は mothers who interact more with others が主部，expose 以下が述部という構造。interact with～「～と交流する」 expose *A* to *B*「*A* を *B* に触れさせる」

calves は calf「(ゾウ・サイ・クジラなどの) 子」の複数形。a great variety of ～「多くの種類の～」 カンマに続く giving 以下は「そしてそれは…」というように状況説明を加える分詞構文。不定詞句 to add to their repertoire は sounds を修飾し，add A to B は「A を B に加える」なので，more sounds to add to their repertoire で「～らのレパートリーに加えるより多くの音」という意味になる。demonstrate「～を実証する」 prove (to be) ～「～であるとわかる」 tricky「扱いにくい，やりにくい」

カ．この空所を含む段（"It's very difficult …）はサイーグが野生の状態における観察の難しさを述べた言葉であり，第1・2文は「シグネチャーホイッスルの発達期間中に，何が子イルカに影響を与えているかを解明するのは非常に難しく，大規模な観察が必要だ」「観察できているのは実際の発達期間のごく一部にすぎない」というような意味である。空所のある第3文のカンマより前の部分は「何らかの非常に重要な相互作用がある」，後の部分は「それを捉えていないかもしれない」なので，接続詞である(D) if を補い「何らかの非常に重要な交流があったとしても，それを捉えていないかもしれない」とする。

what forces are … development が figure out「～を解明する」の目的語になっている。force「力，影響」 カンマに続く which 以下は前節の内容を受けて「そして…」のように説明を加える非制限用法の関係代名詞節。require「～を必要とする」 extensive「広範囲の，大規模な」 observation「観察」 a fraction of ～「～のほんの一部」 crucial「非常に重要な」 interaction「相互作用，交流」 capture「～を捉える」

キ．この空所を含む文は shared whistles「共有のホイッスル」について述べたもので，空所より前の部分（"These shared whistles, … within an individual）は「同一個体が発するものは，異なる個体が発するものと比べて，わずかながら，さらによく似ていた」というものである。although very similar between dolphins は，接続詞の後ろに省略されている「主語＋be 動詞」を補い although they（＝these shared whistles）were very similar between dolphins と考える。わかりにくい文であるが，直前の下線部(3)の「同じ集団に属する個体は，共有のホイッスルと呼ばれる非常によく似たシグネチャーホイッスルを持っていたが，それを個体間で比較すると個体を識別できるだけの違いもあった」という旨の内容が理解の助けとなる。within an individual「同一個体内」（ある個体が毎回発するホイッスル）と between dolphins「個体間」（同じ集団に属する異なる個体が発するホイッスル）が，それぞれどのくらい似ているかが比較されているので，空所には(B)compared to「～と比較すると，～と比べて」を補い，slightly more similar within an individual compared to between dolphins「（共有のホイッスルは）同一個体が発するものは，異なる個体が発するものと比べて，わずかながら，さらによく似ていた」とする。

▶３．①この空所を含む文（But not all…）は「しかし，すべての科学者が，（　①　）と集団の規模をシグネチャーホイッスルの違いの主な要因と考えているわけではない」という意味である。not all は「すべてが～というわけではない」という意味の部分否定。view *A* as *B*「*A* を *B* とみなす」 driver（of～）「（～の，～にとっての）原因〔誘因〕」 この文は第２段第６・７文（By eavesdropping on…）以降，その具体例となっている第３段（Dolphins living among…）の内容を受けたものである。特に第２段第６文に differences in signature whistles were mostly determined by their habitat and population size「シグネチャーホイッスルの違いは主に生息地域と個体群の規模によって決まっていた」とあるので，空所には(D)habitat「生息環境，生息地」を補う。

②この空所を含む文（Jason Bruck, a biologist…）は「スティーブン・F. オースティン州立大学の生物学者であるジェイソン＝ブルックは，（　②　）が非常に重要な役割を果たすと考えている」という意味である。play a ～ role「～な役割を果たす」 空所に続く文（He points to…）がその説明になっており，その文に dolphins created unique signature whistles using inspiration from community members「イルカが，そこに住む他の個体から刺激を受けて独特なシグネチャーホイッスルを作り出した」という表現があるので，(H)social factors「社会的要因」を選び social factors play a crucial role「社会的要因が極めて重要な役割を果たす」とするのが正解。using 以下は「…を使って」という付帯状況を表す。inspiration「（創造性を）刺激するもの」

紛らわしい選択肢に(G)sociability「社交性」があるが，同段第４文（Crucially, …）の the dolphins tended to… less time with「そのイルカ

たちは，接触する時間が比較的短いクジラ類の動物を基にして自分のホイッスルを作る傾向があった」という内容に合致しない。tend to *do*「～する傾向がある」 base *A* on *B*「*A* の基礎を *B* に置く」 that they spent less time with「彼らが一緒に過ごす時間が少ない」は関係代名詞節で先行詞 cetaceans「クジラ類（クジラやイルカ等）の動物」を修飾する。関係代名詞節の基になっているのは they spent less time with them（＝cetaceans）であり，them が目的格の関係代名詞 that になった構造である。

③この空所を含む文の Sayigh estimates that に続く箇所（30 percent of dolphins'…）は「イルカのシグネチャーホイッスルの30％は母親のホイッスルが基になっているが，母親のものとは全く異なる，（　③　）のものに似た『名前』を作る個体もいる」という意味である。that of their（　③　）は the signature whistle of（　③　）を意味するので，空所には(F)siblings「きょうだい」を補う。

be based on ～「～に基づいている」 while「だが一方」 others は other dolphins を意味する。invent「創作する，作り出す」 that is nothing like…は a name を修飾する関係代名詞節。that is に nothing like…と closer to…の両方が続いている。nothing like ～「～とは全く異なる」 their mom's は their mother's signature whistle を意味する。close to ～「～に近い」

④この空所を含む文（Sayigh believes that…）は「サイーグは，（　④　）などの要因が関係していると考える」という意味である。これは直前の第5段最終文（Marine researchers still…）の「家族のものを基にホイッスルを作るバンドウイルカもいれば，あまり関係のない知り合いのものを基に作るバンドウイルカもいる理由は，海洋研究者たちにもまだわかっていない」という内容を受けている。空所に入る語句は，続く文（For example, mothers…）に書かれている例から判断する。この文は「例えば，他の個体との関わりが多い母親は，自分の子どもをより多くの種類のシグネチャーホイッスルに触れさせ，彼らのレパートリーとなる多くの音を彼らに与える」という意味なので，それに合致するのは(G)sociability「社交性」(この部分の詳しい説明は設問2のオの項を参照)。

⑤この空所を含む文（“These male（　⑤　）are…）は「これらのオス

の（ ⑤ ）は，オス同士が常に一緒にいて，彼らのシグネチャーホイッスルが似てくることがよくあるような非常に強いペアの絆だ」という意味で，These male（ ⑤ ）は，この文に先立つ同段第2文（Male-male pair bonds…）の「オス同士のペアの絆は特定の個体群でよく見られ，母子の絆よりも強い場合がある」という内容を受ける。したがって，空所には(A) alliances「連繫，協力関係」が適切。

Male-male pair bonds に are common … と can be stronger … の両方が続く。bond「絆」 extremely strong pair bonds を関係副詞節 where the males are … converge on their signature whistles が修飾する。この関係副詞節の基になるのは the males are … converge on their signature whistles in them（=extremely strong pair bonds）であり，in them が関係副詞になっていると考える。they frequently … の they は the males を受ける。frequently「しばしば」 converge「（しだいに）まとまる〔一致する〕」

⑥この空所を含む文（In addition to …）は「イルカは個々のシグネチャーホイッスルに加えて，集団内の（ ⑥ ）を高めるため共有のホイッスルを作ることもある」という意味である。直後の文（Dolphins often broadcast…）が「イルカがその集団のホイッスルをよく発するのは，狩りをして食物を得たり仲間を守ったりなど，他者と連携して行動するときである」という内容から判断し，(C) cohesion「（人や集団の）まとまり，団結」を補う。

in addition to ～「～に加えて」 shared「共通の，共有の」 promote「～を促進する」 broadcast はここでは文字通り「広く聞こえるように発する」という意味。when coordinating … others は接続詞の後ろに「主語+be 動詞」を補うと，when they are coordinating … others となる。coordinate「～を調和させる」 forage for ～「（狩猟により食物）をあさる」 guard「～を守る」 mate「仲間」

▶4．下線部(2)を含む文は「このことがすべてのイルカがジョン＝スミスという名前になるという問題を避ける」という意味である。problem of ～「～という問題」に being named John Smith「ジョン＝スミスという名前になること」という受動態の動名詞が続き，every dolphin が動名詞の意味上の主語となっている。ジョン＝スミスは，日本語であれば山田太郎のようなよくある名前の例として使われている。主語の This は直前の文（Crucially, the dolphins …）の「重要なことは，そのイルカたちは，接触する時間が比較的短いクジラ類の動物を基にして自分のホイッスルを作る傾向があったということである」という内容を指す。これはつまり，多くのイルカが日頃よく接触している同じ個体のホイッスルを基に自分のホイッスルを作ると，彼らのホイッスルがすべて同じようなものになってしまうので，それを避けているという意味である。したがって下線部の具体的内容としては「すべての個体の鳴音が同じになり，互いを識別できなくなること」などとするとよい。

crucially「とりわけ重要なこととして」 関係代名詞節 that they spent less time with が先行詞 cetaceans「クジラ類」を修飾している。

▶5．but を挟み前半と後半に分けて考える。前半は主語が Five of the dolphins で，非制限用法の関係代名詞節 who have … for 21 years が挿入句的に説明を加え，述部 shared a group whistle が続く構造なので，「このイルカのうち5頭は21年間一緒に暮らしてきており，その集団特有のホイッスルを共有していた」という意味になる。後半は enough distinctive … identify themselves が they each kept の目的語となっている構造。distinctive characteristic は「他と明確に区別できる特徴」，enough *A* to *do* は「～するのに十分な *A*」なので，「それぞれが自分が誰であるかを示すことができるだけの，他と明確に区別できる特徴は保っていた」という意味になる。

▶6．空所直前の文（Like the human equivalent, …）は「人間における同等のものと同じように，シグネチャーホイッスルにも多くの情報が含まれている」という意味である。the human equivalent「人間における同等のもの」が『名前』を指すことは，「科学者たちはこれを人間でいえば『名前』のようなものだとしてきた」という第1段最終文（Scientists have likened …）からわかる。すべての選択肢の文の主語が They であるが，この They はシグネチャーホイッスルを指すことになるので，空所にはこの文章を通じて述べられたシグネチャーホイッスルが持つさまざまな情報について触れた文を選ぶことになる。

(A)「それら（シグネチャーホイッスル）は，イルカが食べ物や危険など，さまざまな事柄について互いにコミュニケーションをとることを可能にする」

allow *A* to *do*「*A* が〜することを可能にする」 a variety of〜「さまざまな〜」 matter「事柄」 including〜「〜を含めて」 この文に関係する内容は第 9 段（In addition to…）にあるが，これは shared whistle「（集団）共有のホイッスル」に関する内容で，シグネチャーホイッスルの持つ情報とは言えないので不適。

(B)「それら（シグネチャーホイッスル）は，イルカが狩りをしたり，仲間を守ったりする活動において連携をとるために用いる方法である」

先行詞 a method を関係代名詞節 that 以下が修飾する。coordinate「（活動）の調整をはかる，連携させる」 これも同様に第 9 段に書かれている shared whistle「（集団）共有のホイッスル」に関する内容で，シグネチャーホイッスルが持つ情報とは言えないので不適。

(C)「それら（シグネチャーホイッスル）は，濁った水や透明な水など，さまざまな環境下で家族を識別するためにイルカにより用いられる」

identify「〜を識別する」 関連する記述が第 3 段（Dolphins living among…）にあるが，ここに書かれているのは，異なる環境に住むイルカのシグネチャーホイッスルの特徴の違いの例であり，シグネチャーホイッスルが持つ情報とは言えないので不適。

(D)「それら（シグネチャーホイッスル）は，イルカの社会的地位や水深などの位置を表す」

reflect「〜を反映する〔表す〕」 social status「社会的地位」 location「位置」 depth「深さ」 シグネチャーホイッスルがイルカの「社会的地位」を表すという記述はない。また「水深」に関する記述は第 2 段第 1 文（In contrast to most…）にあるが，そこに書かれているのは「イルカは水深が変わると声がひずんでしまうため，声を個体識別のための特徴として用いることができない」ということで，シグネチャーホイッスルの持つ情報とは言えないので不適。

(E)「それら（シグネチャーホイッスル）はイルカの家族の絆や友情，彼らを取り巻く環境的な側面を明らかにする」

reveal「〜を明らかにする」 *A* as well as *B*「*A* も *B* も，*B* だけでなく *A* も」 family ties「家族の絆」 aspect of〜「〜の面〔側面〕」「仲間のホイッスルをまねることができ，はぐれたときには仲間の『名前』を呼ぶ」(第2段第3文),「生息地域と個体群の規模がシグネチャーホイッスルの特徴に影響する」(第2段第6文),「シグネチャーホイッスルの30%は母親のものが基になっており，きょうだいのものに似たシグネチャーホイッスルを持つこともある」(第5段第2文),「強い絆で結ばれたオス同士のシグネチャーホイッスルが似ることもある」(第8段),「共有のホイッスルが集団の結束を強める」(第9段) などの本文に書かれているシグネチャーホイッスルに関する情報をふまえたもので，文章をまとめる最終段の文として適切である。

●語句・構文●

(第1段) drifting … は付帯状況を表す分詞構文。drift (along～)「(～に乗って) 漂う」 ocean current「海流」 in *one's* shadow「～の陰に隠れて，～のすぐ近くに」 newborn「生まれたばかりの」 sing to *oneself*「歌を口ずさむ」

(第2段) imitate「～をまねる」 カンマに続く calling out … lost は「(そして) はぐれたときには仲間の『名前』を呼ぶ」という意味の分詞構文。call out「(大声で) 叫ぶ」 what to call themselves「自分を何と呼ぶか (自分の呼び名)」が decide の目的語になっている。travel「(光や音などが) 伝わる」 distinct「(他のものと) はっきりと異なる，違った」 that best suit their surroundings は関係代名詞節で，先行詞 signature whistles を修飾。(best) suit～「～に (最も) 適する」 *one's* surroundings「周囲の状況，環境」 study author「研究著者」

(第4段) point to～「～を指摘する〔示す〕」 study of～「～を対象とした研究」 living in Sarasota Bay, Florida は現在分詞で dolphins を修飾。カンマに続く where 以下は Sarasota Bay, Florida に説明を加える非制限用法の関係副詞節。

(第5段) Laela Sayigh と a research specialist … in Massachusetts は同格。studying cetacean … three decades は現在分詞で，her work を修飾。decade「10年」 estimate that～「～であると推測する」 that is distinct from any of their family members は関係代名詞節で，先行詞 a unique whistle を修飾。be distinct from～「～と異なる」 why some bottlenoses … on lesser acquaintances が still do not know の目的語になっている。some bottlenoses と others (＝other bottlenoses) が「～する

バンドウイルカもいれば…するバンドウイルカもいる」というように対照されている。省略を補うと others（base their whistles）on lesser acquaintances となる。lesser は「より重要でない」，acquaintance は「(友人ほど親密でない）　知り合い」という意味なので，lesser acquaintances は「あまり関係のない知り合い」というような意味。

（第8段）文頭の while は「…なのに対して」という〈対比・譲歩〉の意味で使われる。barely「ほとんど～ない」 adjust「～を調整する」 mirror「～を反映〔模倣〕する」

（第10段）Brittany Jones と a scientist … dolphin communication は同格。who 以下の関係代名詞節が先行詞 a scientist at the National Marine Mammal Foundation を修飾。specialize in ～「～を専門に研究する」 that have been trained by the U.S. Navy は先行詞 eight dolphins を修飾する関係代名詞節。have been trained は現在完了形の受動態。

（第11段）identify「～を識別する」の目的語が who is making the whistle「誰がホイッスルを発しているか」。suggesting（that）～ は分詞構文で「そしてそれは～であることを示唆する」というような意味になる。

（第12段）unlock「～を解明する」 to unlock は形容詞的用法の不定詞で，there is still more to unlock「解き明かすべきことがまだある」つまり「まだわかっていないことがある」の意。including「～を含めて」に2つの whether 節が続いている。impressionist「物まねをする人」 deceive「人を欺く」 talk about ～ behind *one's* back「本人のいないところで～の話をする，～の陰口を言う」 Uncovering … whistles が主部で may reveal … が述部。uncover「～を解明する」 complexity「複雑さ」 how … whistles が前置詞 of の目的語となっている。just how … is が reveal の目的語となっている。imaginative「想像力に富んだ，独創的な」 inner world「内部世界，心の中の世界」

III 解答

1．(C)

2．(a)―(4)　(b)―(5)　(c)―(3)　(d)―(9)　(e)―(6)

3．(B)・(D)

4．ア―(5)　イ―(3)　ウ―(8)　エ―(7)　オ―(1)　カ―(6)　キ―(2)　ク―(4)

5．〈解答例1〉Some people are trying to reduce their environmental impact by using public transportation and bicycles. Minimizing the use of private vehicles can help reduce greenhouse gas emissions, a major cause of climate change. (33 words)

〈解答例 2〉 Many people use reusable water bottles instead of purchasing beverages in disposable plastic bottles. This helps save the environment as it reduces the amount of plastic waste that ends up in landfills and oceans. (34 words)

◆全　訳◆

≪日本で学ぶ留学生 3 人の食堂での会話≫

日本の大学に通う 3 人の留学生，ブラジル出身のイザベル，インドネシア出身のメラティ，オーストラリア出身のオリバーが，カフェテリアで一緒に昼食をとるために並んでいる。会話を読み，以下の質問に答えなさい。

オリバー：やれやれ！　列が進むのがちょっと遅いと思わない？　メラティ，今日は何を食べるか決めた？　僕はまずはチキンナゲット 2 人前と，それからすき焼きか豚カツ丼のセットにしようかと思ってるけど。

メラティ：ええ！　あなたの胃は底なしなの？

オリバー：いや，今日はちょっとサッカーの早朝練習に遅れて，朝食を食べる時間がなかったから，腹ペコなんだ。

メラティ：なるほどね。それじゃ私は野菜カレーライスにしようかしら。イザベルは何にするの？

イザベル：そうね，豆腐サラダがおいしそうだわ。

オリバー：豆腐？　本当に？

イザベル：そうよ。でもどうして？

オリバー：あの白いぶよぶよした代物だよね？　ウェー！　味がなくて食欲がわかないね。

メラティ：オリー，食べてみるべきよ。私も食べてみたけど，とてもおいしかったわよ。特に和風のドレッシングをかけると。健康にもとてもいいし。

オリバー：二人ともベジタリアンじゃないよね？

メラティ：ええ，私はちがうわ。イジー，あなたは？

イザベル：私もまだちがうけど，世界の流れもあるし，私は間違いなくその方向に向かっているような気がする。

メラティ：それはあなただけじゃないわ。環境意識の高い私の友達の何人かが，ここ数年でベジタリアンになっているわ。

オリバー：ちょっと待ってよ！　ベジタリアンであることと地球の状態がどう関係するというんだい？

メラティ：そうね，まず第一に，肉を食べるのをやめると，私の国で大きな問題になっている森林破壊を減らすのに大きく役立つかもしれないわ。

オリバー：えー，本当？

イザベル：私の国もそうよ。ブラジルは毎年アマゾンの自然林を大量に失っていて，その土地の多くが肉牛を育てるために使われているの。それがすべて地球温暖化に与える影響は言うまでもないし，生物多様性の喪失，土壌侵食，砂漠化もますます気がかりになっているわ。

オリバー：そうだな，でも僕はスポーツをよくするからタンパク質をたくさんとる必要があると思う。それに僕たちオーストラリア人は本当にバーベキューが好きだし。肉を食べるのをやめることはできないと思う。

メラティ：そうね，ある意味ではやめる必要はないかもしれないわ。

オリバー：どうして？

メラティ：現在は代替肉があるからね。たいてい大豆のような植物から作られているのよ。

オリバー：それはまずい。また豆腐の話に戻ってしまう！

メラティ：ううん，これは全く違うのよ。1年くらい前，私の国の大きなハンバーガーチェーンが大豆で作られたハンバーガーを販売し始めたの。それが驚くほど肉のような味と食感で，特に若者の間で大ヒットになったわ。

オリバー：大豆だって？　うーん，どんなもんだろうね。

イザベル：じゃ，菌類由来の代替肉はどう？

オリバー：え？　それって何のこと。キノコか何かのことを言っているの？

イザベル：マイコプロテインのことよ。菌類から作られる一種のタンパク質なの。この間，サトウ教授が授業で話していたでしょう，覚えていないの？

オリバー：うん。寝坊してその授業には出られなかったんだと思う。

メラティ：オリバー，うそでしょう！　あのね，あなたのよくないところは…

オリバー：わかった，わかった。メル，その話はもういいよ。それでサトウ教授は何と言ったんだい？

イザベル：そうね，サトウ教授によると，もし世界の牛肉消費の20%でもマイコプロテイン製品で代替することができれば，今後30年間の地球上の森林破壊を半分にすることができるというの。

メラティ：そう，それにそのことで温室効果ガスも半分にすることができるらしいわ。

オリバー：それで，君たちはそれが本当に肉に似ていると思うんだね？

イザベル：ええ。サトウ教授はマイコプロテインでできた製品はあなたが食べるチキンナゲットのような通常のタンパク源よりもおなかを満たすと言っていたわ。

メラティ：そしてマイコプロテインは食物繊維が豊富だけれど，カロリーと脂肪は低いのでダイエット中の人にもいいのよ。

オリバー：もしそうなら，僕も試してみてもいいな。ほら，カフェテリアの投書箱があそこにある。マイコプロテインの料理をメニューに加えてくれるように投書するよ。

イザベル：それがいいわ！

オリバー：よし，でも待って！　まずは一番重要なことをしなくちゃ。列が動き出したから，さあ，トレーを取って！

◀解　説▶

▶1.「下線部(1)のメラティのオリバーへの質問の意味に最も近いのは，次の選択肢のうちどれか。解答用紙にアルファベットを1つ書き解答しなさい」

(A)「いつもそんなにお肉を食べているの？」

(B)「脚の中に穴が開いているの？」

(C)「どうしてそんなにたくさん食べられるの？」

(D)「その脚，どうしたの？」　What's wrong with ～？「～のどこが悪い

のですか？」

(E)「どうしてそんなに痩せているの？」 thin「痩せた」

下線部 Have you got hollow legs? は，Have you got ～ ? が Do you have ～ ? と同義，hollow は「中が空洞の」という意味なので，直訳すると「あなたの脚は空洞になっているのですか？」となるが，そのような意味であるはずがないので，慣用表現であることがわかる。その意味を会話の流れから推測することを求める問題である。これはオリバーが最初の発言の第４文（I've got my eye on …）で，チキンナゲット２人前とすき焼きか豚カツ丼のセットを食べると言ったのに対するメラティの反応である。それに対してオリバーは２回目の発言（No, it's just that …）で，おなかが減っていることとその理由を答えている。この流れに合う質問は(C)である。紛らわしい選択肢に(A)があるが，この質問が「いつもそんなにお肉を食べているの？」という意味であれば，オリバーの２回目の発言は，「肉」について触れたものになるはずである。

get *one's* eye on ～「～に目が留まる」 portion「（食べ物の）一人前」 to start with「始めは，まずは」 followed by ～「その後に～が続く」 it's just that ～「ただ～というだけのことだ」 starving「とてもおなかがすいて」

▶２．「(a)～(e)のフレーズで表現されている感情に合う最も適切な単語を以下のリストから選びなさい。(1)～(9)の数字を用いて答えること。どの数字も１回しか使えないものとする」

(a)　イザベルが１回目の発言（Well, the tofu …）で「豆腐サラダがおいしそうだわ」と言ったのに対して，下線部を含む発言でオリバーは「豆腐？　本当に？」と言っている。それに対するイザベルの Yes, why not?「そうよ。でもどうして？」という言葉に対して，オリバーが豆腐について否定的なコメントをしている。よって，下線部で表現されているオリバーの感情は(4) disbelief「信じられない気持ち」ということになる。

tempting「食欲をそそる」 wobbly「形の定まらない」 stuff「物，代物」 Yuck!「（嫌悪，不快を表して）ウェー！」 bland「味がない」 unappetizing「まずそうな，食欲がわかない」

(b)　下線部を含むメラティの発言は「オリー，食べてみるべきよ。私も食べてみたけど，とてもおいしかったわよ。特に和風のドレッシングをかけると。とても健康にいいし」というもので，それに合致するのは(5) encouragement「励まし」。

(c)　下線部はイザベルの5回目の発言（How about fungus meat then?)「菌類由来の代替肉はどう？」に対してのオリバーの答えである。You've lost me there. は「それって何のこと？」という意味であるが，この表現を知らなくとも，続けて「キノコか何かのことを言っているの？」と言っていることより，(3)confusion「混乱」を選ぶことができる。

How about ～？「～についてはどう思いますか？」 fungus「キノコ，菌類」 then「それでは」

(d)　下線部は「寝坊してその授業には出られなかったんだと思う」というオリバーの13回目の発言（Um, I think …）に対するメラティの反応である。下線部の「オリバー，うそでしょう！」だけでは判断できないが，メラティが続けて your trouble is …「あなたのよくないところは…」と言っていることから，(9)irritation「いらだち」を選ぶ。

oversleep「寝過ごす」 miss「～に欠席する」 that one＝that class「その授業」 trouble「欠点」

(e)「マイコプロテインの料理をメニューに加えてくれるように投書するよ」という直前のオリバーの発言に対してイザベルが「それがいいわ！」と反応している状況なので，(6)enthusiasm「熱意」が適切。

drop *A* in は「*A* を投入する」なので drop a message in で「投書する」という意味。asking 以下は ask *A* to *do*「*A* に～するように依頼する」が分詞になった形なので「投書して～するように依頼する」という意味になる。add *A* to *B*「*A* を *B* に加える」 mycoprotein「マイコプロテイン，菌タンパク質（人間が消費するために菌類から得たタンパク質）」

▶3.「この会話の内容に基づき，最も正しいと考えられるものを次の中から2つ選びなさい」 infer「～を推測する」

(A)「インドネシアのあるハンバーガーチェーンが，キノコから作られるタンパク質を考案した」

invent「～を考案する」 過去分詞 made from mushrooms が protein「タンパク質」を修飾している。よく似た表現がメラティの9回目の発言の第2文（About a year ago, …）にあるが，ここで述べられているのは hamburgers made with soybeans「大豆から作られたハンバーガー」である。過去分詞 made with soybeans が hamburgers を修飾している。mushrooms という語が使われているのはオリバーの 12 回目の発言の第 3 文（Are you talking…）のみで，そこにもこれに合致する記述はない。

(B)「イザベルとオリバーは同じ授業をとっている」

イザベルが 6 回目の発言（I mean mycoprotein. …）で，「この間，サトウ教授が授業で話していたでしょう，覚えていないの？」とオリバーに言っていることから考えて正しい。the other day「先日」

(C)「イザベルはマイコプロテインの肉を食べてみたことがあり，その味が通常の肉の味に非常によく似ていると思った」

be similar to～「～に似ている」 that of regular meat は the taste of regular meat を意味する。イザベルがマイコプロテインの話をしているのは 6 回目（I mean mycoprotein. …）から 8 回目（Yes. And Professor Sato…）の発言。この中で紛らわしいのはオリバーの 15 回目の発言（And you reckon…）に対するイザベルの 8 回目の発言だが，オリバーが言ったのは「君たちはそれが本当に肉に似ていると思うんだね？」ということで，それに対してイザベルの答えは「サトウ教授はマイコプロテインでできた製品は通常のタンパク源よりもおなかを満たすと言っていた」ということであり，味が似ているということではないので不適。

(D)「イザベルはベジタリアンになることを考えている」

consider *doing*「～しようと考える」 オリバーが 5 回目の発言（You're not both…）で「二人ともベジタリアンじゃないよね？」と言ったのに対して，イザベルは 3 回目の発言（I'm not yet…）の中で given the way…in that direction「私もまだちがうけど，世界の流れもあるし，私は間違いなくその方向に向かっているような気がする」と言っており，in that direction「その方向に」とはベジタリアンになることなので，その内容に合致している。省略を補うと I'm not (vegetarian) yet either となる。given～「～を考えると」 definitely「間違いなく」

(E)「オリバーはカフェテリアへ提案をした」

suggestion「提案」 オリバーは彼の最後から 2 番目の発言（Well, in that case, …）の中で「マイコプロテインの料理をメニューに加えてくれるように投書するよ」と言ってはいるが，最後の発言（OK, but wait! …）で「よし，でも待って！　まずは一番重要なことをしなくちゃ。列が動き出したから，さあ，トレーを取って！」と言っていることから，実際には投書していないことがわかるので正しくない。First things first.「重要なことが先だ，物には順序がある」 queue「列」 grab「～をつかむ」

(F)「オリバーは菌類から作られた肉を気持ちが悪いと考えている」

disgusting「非常に不快な，気持ちが悪い」 オリバーが fungus meat つまり mycoprotein に触れているのは彼の 12 回目の発言（What? …），15 回目の発言（And you reckon …），16 回目の発言（Well, in that case, …）だが，そこにはこの旨の内容はない。

(G)「サトウ教授の教科書には，マイコプロテインは栄養価が高いと書かれている」

nutritious「栄養価が高い」 サトウ教授によるマイコプロテインに関する内容があるのは，イザベルの 7 回目と 8 回目の発言（Well, according to … / Yes. And Professor Sato said …）だが，栄養価が高いという内容ではなく，教科書に書かれているわけでもないので正しくない。

(H)「３人の学生はそれぞれの国の環境について心配している」

be concerned about ～「～について心配している［関心がある］」 respective「それぞれの，各自の」 メラティの 6 回目の発言（Well, for a start, …）から，彼女が自分の国の森林破壊について心配していることがわかる。for a start「まず第一に」 give up on ～「～に見切りをつける」 do a lot to *do*「～するのにかなり貢献する」 カンマに続く which 以下は先行詞 deforestation「森林破壊」に説明を加える非制限用法の関係代名詞節。またイザベルの 4 回目の発言（Mine, too. Brazil …）から，彼女も出身国ブラジルの環境問題を心配していることがわかる。Mine, too. は My country, too. の意味で，メラティの出身国インドネシアと同様にブラジルも森林破壊の問題を抱えているという意味であり，それに続けて「肉牛を育てるために自然林が大量に失われ，それが地球温暖化，生物多様性の喪失，土壌侵食，砂漠化につながっている」という旨の発言をしている。a huge amount of ～「大量の～」 natural forest「自然林」 raise「～を育てる」 cattle「牛」 get concerned about ～「～が心配になる」 loss of ～「～の喪失」 biodiversity「生物多様性」 soil erosion「土壌侵食」 desertification「砂漠化」 not to mention ～「～は言うまでもなく」 it all has on global warming は目的格の関係代名詞が省略された関係代名詞節で，the effect を修飾。ただしオリバーが出身国オーストラリアの環境を心配していることを表す内容はないので正しくない。

▶ 4．「空所ア～クを補うのに最も適切な単語を以下のリストから選びなさい。(1)～(8)の数字を用いて答えること。どの数字も 1 回しか使えないものとする」

ア．(5) go を選び，go for ～「～を選ぶ，～にする」という表現にする。I'm going to go for the vegetable curry and rice で「私は野菜カレーライスにするわ」という意味。

イ．(3) do を選び，have got *A* to do with ～「～と *A* の関係がある」（*A* は something, anything, much, little, nothing などで関係の度合いを表す）という表現にする。文頭の what が *A* に相当し「～と何の関係があるのか？」という疑問文になっている。また，この場合は have got の代わりに have を用いても意味は同じである。have を使えば What does being a vegetarian have to do with ～？となる。文の主語が being a vegetarian「ベジタリアンであること」という動名詞で，文全体では「ベジタリアンであることと地球の状態がどう関係するというんだい？」という意味になる。state「状態」

ウ．ベジタリアンであることと地球の環境が全く関係ないと思っていたオリバーが，肉を食べるのをやめることがインドネシアの森林破壊を減らすのに役立つかもしれないと聞いて驚いている場面である。空所には(8) say を補い，You don't say?「えー，本当？」という意味の表現を完成する。

エ．肉を食べるのをやめることが環境破壊を減らすことにつながると言われたオリバーが，それに対して肉を食べるのをやめられない理由を述べている場面である。1つ目の理由が，スポーツをよくするからタンパク質が必要であること。2つ目の理由として空所には(7) love を補い，「僕たちオーストラリア人は本当にバーベキューが好きなんだ」とする。空所の直前の do は「本当に」というように強調を表す助動詞。plenty of ～「たくさんの～」 Aussie「オーストラリア人」 There's no way ～「～する可能性〔見込み〕はない」

オ．空所を含むオリバーの発言の直前でメラティは，perhaps, in a sense, you don't have to「ある意味ではやめる必要はないかもしれない」と言っている。have to の後ろには stop eating meat が省略されている。それに対してオリバーがその理由を尋ねている場面であることが，これに続くメラティの発言からもわかるので，(1)come を補い How come?「どうして？」とする。in a sense「ある意味では」

カ．寝坊をして授業に出られなかったと言うオリバーに対するあきれた様子のメラティの発言である。You［　カ　］の部分がなくても文は成り立つので，(6)know を補い「(わかるでしょ）あのね」というような感じで使われる You know とする。

キ．直前でイザベルが「世界の牛肉消費の 20% をマイコプロテイン製品で代替することができたら，今後 30 年間の地球上の森林破壊を半分にすることができるとサトウ教授が言っていた」と言ったことを，Yes, and it would … と受けた発言である。greenhouse gas emissions は「温室効果ガス排出」，by half は「半分に」なので，「〜を削減する」という意味の(2)cut を補い「それにそのことで温室効果ガスも半分にすることができる」とする。cut *A* by half で「*A* を半分に削減する」という意味になる。

ク．空所を含む that 節の主語が products made with it「それ（マイコプロテイン）で作られる製品」，more than 以下は「あなたが食べるチキンナゲットのような通常のタンパク源よりも」という意味なので，述語動詞の部分は(4)fill を選び fill you up「おなかを満たしてくれる」とするのが適切である。fill *A*（人）up は「*A*（人）を満腹にする」という意味の表現。made with it は過去分詞で products「製品」を修飾。source of protein「タンパク源」手元にチキンナゲットがあるわけではないので，those を用いて「あのあなたが食べるような」という意味で those chicken nuggets of yours と言っている。

▶ 5．「下線部(2)では，メラティが，ここ数年で環境意識の高い数人の友人がベジタリアンになったと言っている。環境に対する影響を減らすために，人々がしていることは他にもたくさんある。一つ例を挙げて，それがどのように影響を減らすのに役立つと思うか説明しなさい。25〜35 語の英語で答えること。(解答の最後に使用した語数を示すこと。カンマやピリオドなどの句読点は語数として数えない)」 environmentally-conscious「環境意識の高い」 turn「〜になる」 impact on 〜「〜への影響」 help to *do*「〜するのに役立つ」 count *A* as *B*「*A* を *B* として数える」 punctuation「句読点」

指示に従って書くことが大切である。特に指示文が英語なのでまずは問題を正確に理解すること。含めなければならないのは，①環境に対する影響を減らすために，人々がしていることの例を一つ，②それが環境への影響を減らすのに役立つ理由，という2つのポイントである。語数に指定があるライティングでは，「どのくらい書けば何語くらいになる」という感覚を持っておくことが大切である。一般的に1文の長さは15～20語程度なので25～35語は目安として2～3文ということになる。2つのポイントをそれぞれ1文で書くか，もしくは片方を1文，もう片方を2文で書くことになる。ライティングの問題では解答に使える表現が指示文中にあることが多い。この場合も reduce their impact on the environment という表現が使える。また〔解答例〕に用いられている便利な表現としては次のようなものがある。some people …「…する人がいる」 help reduce ～「～を減らすのに役立つ」 a major cause of ～「～の主な原因」 instead of *doing*「～する代わりに，～せずに」 help save the environment「環境保護に役立つ」

●語句・構文●

international student「留学生」 queue up「列に並ぶ」

(オリバーの1回目の発言) Strewth!「やれやれ！」 Decided …？は省略を補うと Have you decided …？となる。

(メラティの5回目の発言) You're not the only one. は「それはあなただけではない」という意味の慣用表現。

(メラティの8回目の発言) substitute は「代用品」なので meat substitute は「肉の代用食品」という意味。available「手に入る，市販されている」 made from plants like soybeans は meat substitutes を修飾する過去分詞。soybean「大豆」

(オリバーの10回目の発言) back to ～「～に戻って」

(メラティの9回目の発言) totally「全く」 meaty「肉のような」 texture「(食べ物の) 食感」 a huge hit「爆発的人気，大ヒット」 with ～「(対象) ～に対して，～に」

(イザベルの6回目の発言) fungi は fungus「キノコ，菌類」の複数形。

(オリバーの14回目の発言) go on about ～「～について話し続ける」 anyway「それはともかく」

(イザベルの7回目の発言) replace *A* with *B*「*A* を *B* に置き換える，*A* の代わりに *B* を用いる」 halve「〜を半減させる」
(オリバーの15回目の発言) reckon「〜であると考える〔思う〕」
(メラティの12回目の発言) rich in〜「〜が豊富である」 fiber「食物繊維」 low in〜「〜が少ない」 fat「脂肪分」 先行詞 people を関係代名詞節 who are on a diet が修飾している。be on a diet「ダイエット中で」
(オリバーの16回目の発言) in that case「もしそうなら」 not mind *doing*「〜するのは嫌でない，〜してもよい」 give it a try「試しにやってみる」 suggestion box「投書箱」

Ⅳ

解答例

1．In 2000, the number of blood donors was 6 million, with 4 million younger donors (16-39 years) and 2 million older donors (40-69 years). Over the next 19 years, old donors increased by 1 million, while young donors decreased by 2 million, resulting in a 1 million decrease in total. (50 words)

2．Between 2000 and 2019, as Figure A shows, the number of blood donors decreased by 1 million, while Figure B shows that the total volume of blood donated remained almost unchanged at 2 million liters. This is due to an increase in the volume of blood donated per person on average. (51 words)

◀解　説▶

「日本赤十字社では，毎年，ボランティアの献血者から血液を集め，それを必要とする人に血液製剤を供給している。下の図Aは，2000年から2019年までの日本における，年齢が低い層（16歳以上39歳以下）と年齢が高い層（40歳以上69歳以下）の献血者数の推移と，19年間における献血者総数の推移を示したものである。図Bは，2000年から2019年までの日本における献血総量の推移を示したものである。点線で示されているのは傾向を表す直線である」

the Japanese Red Cross Society「日本赤十字社」 collect「〜を集める」 voluntary「自主的な」 (blood) donor「献血者」 deliver「〜を届ける〔供給する〕」 blood product「血液製剤」 those who… は people who…と同義。*A* as well as *B*「*B* だけでなく *A* も，*A* および *B*」 period「期間」 donated in Japan from 2000 to 2019 は過去分詞で，the total amount of blood を修飾。linear「直線の」 trend line「傾向線」 dotted line「点線」

▶1.「図Aの3つの傾向線が何を示しているかを説明しなさい。30〜50 語程度で書くこと。(解答の最後に使用した語数を示すこと。カンマやピリオドなどの句読点は語数として数えない)」

describe「〜を説明する」 approximately「およそ」

まず問題と図を注意深く読んで解答することが大切である。特に問題文が英語である場合は，読み違いのないように気をつけなければならない。この問題の場合は the three trend lines「3つの傾向線」の説明が求められているので，the numbers of younger and older blood donors「年齢層の低い献血者と高い献血者の数」, the number of all blood donors「献血者の総数」のすべてに触れた説明をしなければならない。

〔解答例〕を和訳すると次のようになる。

2000 年の献血者数は 600 万人で，年齢層の低い献血者（16〜39 歳）が 400 万人，高い献血者（40〜69 歳）が 200 万人であった。その後 19 年間で，年齢が高い層の献血者は 100 万人増加し，低い層の献血者は 200 万人減少し，その結果，合計では 100 万人の減少となっている。

▶2.「図Bに表されている傾向を説明し，2000 年以降，献血者1人あたりの献血量がどのように変化したかを，図AとBの両方に触れて説明しなさい。解答は 30〜50 語程度とする。(解答の最後に使用した語数を示すこと。カンマやピリオドなどの句読点は語数として数えない)」

depicted in Figure B は過去分詞で the trend を修飾。depict「〜を表現する」 donated per donor は過去分詞で blood を修飾。donate「(臓器，血液など) を提供する」 refer to 〜「〜に言及する」

この問題では，図Aと図Bの両方に触れて説明することが求められていることに注意しなければならない。

〔解答例〕を和訳すると次のようになる。

2000 年から 2019 年にかけて，図Aによれば献血者数は 100 万人減少したものの，図Bでは献血総量は 200 万リットルとほぼ横ばいで推移している。これは，1人あたりの平均献血量が増加したためである。

❖講　評

2023年度も2022年度までと同様に，総合読解問題が2題，会話文と英作文が各1題という構成であった。英作文は図表の読み取りに基づく自由英作文が引き続き出題された。なお，会話文でも意見論述の英作文が出題されている。

Ⅰは「水泳とその歴史」に関する社会・歴史分野の評論文。文構造が複雑であるわけではなく，内容・表現レベル共に標準的な文章であった。トピックセンテンスなどを選ぶ問題が2021・2022年度に続き出題されており，6つの空所に対して8つの選択肢があり，効率よく解答するためには，論理展開のしっかりとした理解に加え，カギとなる表現を見つけるなど，この問題形式への慣れが必要である。

Ⅱは「イルカの鳴音の研究」に関する科学・生物分野の評論文。文章全体の論理展開はそれほど難解なものではないが，空所が多く理解しづらい箇所もある。全体の論理展開の理解に基づいて各箇所を読み進める力が試されている。

Ⅲは「食べ物と環境問題」に関する，日本に学ぶ3人の留学生の会話が題材となった会話文総合問題。登場人物が3人となったことから情報量が増え，また会話特有の表現も散見されたことで，会話の展開を把握する力が求められる。2022年度に続き，発話時の感情に合う単語を選ぶ問題が出題されている。意見論述の分量は2022年度の15～20語から2023年度は25～35語に増えた。テーマは多くの受験生が書き慣れていると思われるものであった。

Ⅳの英作文問題は献血者数と献血量の推移を表した2つのグラフに基づくテーマ作文。2つの小問を合わせると語数は2022年度の倍量となっている。グラフが示す内容は明確だが，1では制限語数に収めるためにどの情報を解答に盛り込むかという判断に苦労するかもしれない。2は，求められている内容は明確ではあったが，2つのグラフから読み取った内容を合わせて考察し，それを表現するという新傾向とも言える形式であった。

総じて，2023年度の出題も，専門的な内容の英語を理解するだけにとどまらず，その内容を日本語で簡潔に表現したり，またそれについて自分の意見を英語で表現したりという，大学で学ぶ際に根幹となる語学力と思考力を求めるものである。人文・社会・自然科学にまたがり，多岐にわたる読解問題を理解するためには，英語力に加えて科目横断的な力が必要と言える。日頃の地道な学習を通じ，実際に使える英語運用力，論理的思考と幅広い教養を身につけた学生を求める出題意図が感じられる問題であった。

日本史

I

解答　問1．一辺が数メートルに区画された小さな平面から成っていた。

問2．田地面積一段を単位に一定量の租稲を徴収した。

問3．国司の監督のもと，郡内各地の租稲は複数の建物からなる郡家に運ばれて郡司が管理し，高床正倉群に収納保管された。

問4．9世紀以降班田収授制度は衰退したが，墾田永年私財法により開墾した田地の私有が認められ，輸租田である開墾地が拡大し，租の収入が増加したことから，年平均の租の蓄積量は減少せず維持できた。

問5．台帳に登録された各戸の個人を単位に行われた。

問6．公出挙割り当ての基準：戸に基づく個人別の割り当てから，耕作田の広さに応じた割り当てに変化した。

新たな課税単位：名

新たな税目：官物，臨時雑役

◀解　説▶

≪古代における稲の収取≫

▶問1．弥生時代に入って水稲農耕が本格化した。人々は一辺が数メートルの畦で囲まれた何枚かの小区画を造成し，その平面に水を張って稲を栽培した。当時の未発達な農耕具を用いた技術では，多くの水田が小規模な区画となったが，灌漑・排水溝が備わり，中・後期には乾田の開発も広がった。教科書に紹介される水田跡遺跡の記述を想起しつつ答えよう。

▶問2．史料1の養老令では「歩」「段」などの単位が規定され，三百六十歩を一段としている。そして租稲は一段あたり二束二把を徴収すると規定される。

▶問3．史料2には，「新田郡」の施設として「正倉」22棟，「郡庁」6棟，「一館」4棟，「厨屋」4棟と列記されている。注1のように「本来あるべき施設」がこの規模であったようである。上野国にある郡のひとつであっても，かなりの大所帯であることがわかる。

次に図1は武蔵国都筑郡の郡家（郡衙）の復元模型の写真である。正倉と称される高床の倉庫群が整然と並んでいることがわかる。

郡行政は国司の監督下で行われ，徴税などの実務は郡司の下で行われた。郡内の各所で徴収された租稲は，郡家に集められて郡司が管理し，正倉に保管されたと考えられる。

▶問４．まずは表１から，８世紀末までと９世紀以降の「年平均の蓄積量」の数値を比較する。表の上から７番目の項目（「年平均の蓄積量」が「379」とある）が９世紀に入った時期の数値なので，この項目より上段の数値と下段の数値の並びを比較しよう。数値の増減に大きな変化がないことがわかるだろう。ここから租の蓄積は維持できていたという結論を導き出すことができる。

次にそうした状況となった背景を史料３，史料４から推定してみよう。史料３はよく知られた 743 年の墾田永年私財法である。田地不足を解決するため，開墾地の私財化を認めることで政府が掌握する田地の拡大をはかるものであった。また史料４では，「墾田」が口分田などと並び「輸租田」とされていることを読み取ろう。

以上から，輸租田である田地が拡大したことで，班田収授制が衰退しても租の蓄積は維持できたことを答えればよい。

▶問５．史料５は，出挙の貸し付けを受けたが死亡したため返済を免除された人や免除の数量などの記録である。「郡」や「郷」「里」「戸」といった行政区分や「戸主」名，「束」「把」といった免除の数量，「山守部嶋売」といった人名も読み取れる。また最終２行では，「板倉郷」の免税が二人で三十六束，その内訳が「板倉里」の一人六束，「委文里」の一人三十束と，個人ごとの返済負担額をもとに免除の数量を算出していることがわかる。

ここから，公出挙の割り当ては戸籍などの人民台帳に登録のある個人を単位に行われたことがわかるだろう。なお公出挙割り当ての原資は，各郡に蓄えられた官稲が用いられた。

▶問６．史料６は９世紀末の 894 年に太政官から紀伊国に下された文書である。内容は，まず「耕田の数に準じて，正税を班挙せよ（正税を出挙として貸し付けよ）」と記されている。この件について紀伊国の役所から上申された文書には「(中略)。お願いしたいのは，耕田の数に準じて一段あたり五束以上の正税を班挙することです。許可を求めます」とあったのに対し,「申請通りにせよ」との勅が下りた，という経緯が述べられている。

ここから，９世紀末には公出挙の割り当てが，問５のような個人ではなく,「耕田の数」，つまり田地の広さへと変化していることがわかるだろう。

また，人から田地へと課税基準が変化したあと，10 世紀になると「租・調・庸・公出挙利稲の系譜を引く」税目である官物，そして「雑徭の系譜を引く」税目である臨時雑役が成立した。課税の対象となる田地は名と呼ばれ，それぞれの名には税の請負人の名前がつけられた。こうして戸籍をもとに個人に課税する律令体制の原則は崩れ，10 世紀には，受領が負名という田地（土地）を基礎に課税する方式へと移行していったのである。

Ⅱ　解答

問１．⑴甲：光長　乙：長房

⑵長房は光長から国守に任命された者で，光長の近親者と推測される。

⑶彼らは国衙・荘園の支配権を持ち，収益を得る権限があったから。

問２．⑴名称：建武式目　該当：法Ｂ

問題点：幕府を鎌倉に置くべきか他所にするべきかが問題となっている。

⑵名称：分国法　該当：法Ｃ

問題点：守護の介入を拒否する不入地容認の可否を問題とし，否認している。

問３．⑴個人が信仰心に基づき入信するのは認めるが，秀吉が知行地を給与した領主が領民をキリスト教へ強制的に入信させる行為は禁止しようとしている。

⑵キリスト教の拡大をおそれた伊勢神宮などの陳情要求を聞き入れ，その場限りでの，地域限定の禁教法令を発したと考えられる。

◀解　説▶

≪中世～近世初期の法や制度≫

▶問１．問題文中に光長は和泉国の「知行国主」とあるので，まずは「知行国」の意味について復習しておこう。知行国は高い地位にある貴族・寺社などが支配権を持つ国のこと。知行国主はみずからの近親や側近を国守に任命し，現地には目代を派遣して国務にあたらせ，一国を支配してそこからの収益を得る。院政時代に成立したこのしくみは，かつて中級貴族が就任し収益を得た国司制度の変形であり，律令時代に貴族が得ていた国家的給与の制度に代わる上級貴族の俸禄制度のようなものと理解すればよい。

⑴「法A」の文書は京都にある国司の役所から，和泉国衙にあてた命令である。「甲」が知行国主の藤原光長で実質的な最高責任者，「乙」が正式な最高責任者である藤原長房となる。

⑵「乙」の位置に花押がある藤原長房は和泉国の正式な最高責任者なので，国司の長官（国守）であろう。また知行国主が国守に任命するような人物は，信頼のおける身内の場合がほとんどで，藤原光長の子弟か近親にあたる人物であろうと推測される。事実，長房は光長の子であった。

⑶後白河上皇は毎年のように熊野に参詣した。その際には京都から摂津，和泉，紀伊を経由する行程が多く利用された。上皇には公卿・殿上人らが随行し，参詣の経費も膨大なものとなって，院の荘園，国衙，沿道の領主に国役の賦課が及んだ。それらは結局，農民を主とする人民の負担となり，あげくには知行国主の収益にも悪影響をもたらすことになる。

ところで，知行国主の支配権は，問題文にあるように，公領だけでなく荘園にも及ぶことがあった。和泉国の知行国主藤原光長は，課税権や課税免除の権限を和泉国内に及ぼせる立場にあった。だからこそ，荘園である久米田寺領への国役賦課を免除することができたのである。

▶問２．⑴1336 年足利尊氏は軍を率いて九州を発ち，湊川に楠木正成を破り，京都に入って建武政権を崩壊させた。光明天皇を擁立した尊氏は同年建武式目十七箇条を定めた。法Bがその冒頭部分である。「鎌倉を元のように幕府の所在地とすべきか，他の場所とすべきか否かのこと。(中略) 幕府の場所が栄えるか廃れるかは政治の善し悪しによる。(中略) 人々が鎌倉から移りたいと思うなら，多くの人々の思いに従うべきだろう」という内容である。ここから，問題となっているのは幕府をどこに置くかということであり，元の鎌倉なのか他所なのかが争点であるが，所在地については最終的には多くの人々の意志に従う，と結論づけていることがわかる。答案はこの史料に沿ってまとめよう。

⑵戦国大名の領国における法は，一般には分国法と呼ばれるが，法Cがその一例で，『今川仮名目録』の一部分である。そこで問題になっているのは守護が介入できない「不入地」のことである。史料は次のように述べる。「不入地について（中略)。古い規定の守護不入というのは，室町将軍家から守護職に任命された際の規定である。(中略) しかし現在はすべて自ら

（今川義元）の力量で領国内に法（分国法）をしき，それが浸透して平和が保たれているため，守護（今川義元）が介入できないものはまったくあってはならない」とある。かつての不入地は守護が介入できない土地として，室町将軍の権威のもとで守護が守ったルールであるが，幕府が衰微した現在は，戦国大名となった今川義元が分国を自身の力量のみで一円的に支配しているので，今川が介入できないような土地（不入地）はまったく認められない，とするのである。守護が介入できない不入地が有効か，もはや無効か，が問題となっているのである。

最後に，法Dに言及しておこう。これは北条泰時が弟の重時に送った書状「泰時消息文」の一部で，御成敗式目制定の事情を語るものだが，設問⑴・⑵にはあてはまらない。

▶問3．⑴豊臣秀吉が許可する可能性を示しているのは，「寺庵百姓」ら領地の人々が「心さし」つまり個人的な心次第でキリスト教を信仰する場合である。しかし，秀吉より知行地を給与された領主が，領民である「寺庵百姓」らを，「心さし」の有無にかかわらず強制的・集団的に信者とすることは「理不尽」なことであり，こうした普及は禁止しようとしているのである。

⑵「問題Ⅱの冒頭文も参考にしながら」とあるので，まず冒頭文の秀吉に関する箇所を拾い読みすると，最終文に「良くいえば柔軟に，悪く言えば希望者に応じ，その場限りの対応を示す場合があった」とある。これを参考にしよう。

秀吉がこの命令を出した理由について。問題文などの記述を追うと，法Eは伊勢周辺にのみ伝えられ，広く交付されていない。秀吉の関心は南蛮貿易にあり，キリスト教統制にはあまり熱心ではない。こうした記述から，まず伊勢地域ではキリスト教の広がりを警戒する動きがあり，秀吉にはその抑止を求める声が届いていたと考えられる。伊勢地域なので伊勢神宮の反発の動きがあったのかもしれない。秀吉はそうした要望を聞き入れつつも，彼の関心は貿易にあって宗教には関心がうすく，結局「その場限りの対応」となり，法Eのような命令が発せられたと考えられる。

Ⅲ　解答

問1．あ．勝海舟　い．松平定信　う．ラクスマン
え．徳川吉宗

問2．勝海舟の思想がわかる記録や，彼の経歴，国際情勢について調べる。

問3．列強の接近に対応する方法として雨森芳洲が説く外交姿勢，欺かず争わず誠意を尽くすという平和外交の心得を評価したから。

問4．（設問省略）

問5．唐人屋敷の中国商人への聞き取りや書物を入手して情報を集めた。

問6．日米修好通商条約の批准書交換に向かう使節に随行し護衛する。

◀解　説▶

≪近世後期の近隣外交≫

▶問1．空欄[あ]は最終段落に「旗本」の出身で,「長崎海軍伝習所」に学び,「咸臨丸」で渡米，明治維新後も新政府で活躍，などヒントが多い。勝海舟を答えよう。空欄[い]は[う]のラクスマンが1792年に漂流民大黒屋光太夫を伴って来航したときの「幕府老中」だから，松平定信。[え]は定信の祖父にあたる将軍なので，8代将軍徳川吉宗を答えよう。吉宗の子に御三卿の田安宗武がおり，その子が松平定信である。なお定信は奥州白河藩松平家の養子となった。

▶問2．中川忠英が作成した和本は，雨森芳洲の『交隣提醒』と『朝鮮風俗考』を合冊したものであったという。雨森芳洲は朱子学者木下順庵の門下で，新井白石とは同門である。対馬藩に仕え，日本と朝鮮の通好関係を仲介した対馬藩の外交にすぐれた足跡を残した。雨森芳洲の著作を和本にまとめた中川忠英は，長崎奉行を務めた人物であった。

勝海舟がこの和本を読もうとした動機は，幕府海軍の軍人として日朝関係に強い関心があったからと推測される。朝鮮使節の幕府訪問は1811年の通信使を最後に長く途絶えていた。日本が開国する幕末期には朝鮮にも欧米列強が接近し開国を迫ったが，政権を担っていた大院君は鎖国攘夷政策をとり，国を閉ざしていた。一足早く開国に踏み切った日本とは事情が異なっているが，日本が明治維新後に朝鮮との国交樹立を急いだことから考えると，日本は朝鮮との通好関係の復活を期待していたと推測される。

1861年にはロシア艦が対馬に上陸し，兵舎などの施設を築き始めた。幕府は咸臨丸（このときは外国奉行の小栗忠順が搭乗）を対馬に差し向けるなどロシアと交渉したが，最終的にはイギリスの協力を得て，半年後にロシアを退却させた。こうした事件は，交渉の途絶えていた近隣朝鮮との情報交換の重要性を幕府に知らしめたことであろう。欧米列強の圧力にさらされる中で，隣接する朝鮮の国情を学んで通好関係の復活を期し，交渉から遠ざかっていた近隣朝鮮との連携の道を探ろうとしたのではないかと推測される。

▶問3．この時代の国際情勢については，リード文にもあるように，ロシア使節のラクスマンが根室に来航し日本に開国と通商を求めた動きを取りあげればよいだろう。次に松平定信が『交隣提醒』を読むように勧めた理由であるが，リード文にあるこの書物の内容紹介をたどればよいだろう。書物では朝鮮外交の心得について，日朝の国情の違いを認識し，「互いに欺かず争わず，真実をもって交わり候を誠信とは申し候」と，「誠信」に基づいた平和外交に徹することを説いている。松平定信はそこに示された外交の精神を評価したと考えられる。

▶問5．鎖国時代の日本で外国事情を知り知識を蓄えるには，日本と海外とを結ぶ接点である四つの窓口（対馬，松前，長崎，薩摩）を通す以外に方法はきわめて限られていた。四つの中で長崎は幕府の直轄地であり，清朝中国の商船が来航し，唐人屋敷には多くの中国人が居留しており，中国事情を知るには日本でもっとも適した場所であった。中川は長崎奉行であったから，長崎の通訳（唐通事）や中国商人を通じ容易に中国事情を聞き知り，輸入される書物によって中国情報を入手できる立場にいた。そうした立場が清朝中国の知識を掲載した書物を完成させえた要因となった。

▶問6．自由貿易にもとづく本格的な開国を決定づけた日米修好通商条約は1858年に締結された。しかし条約に対する両国の最終的な同意・確認作業である批准の手続きが残っていた。批准を完成させるには両国の間の批准書の交換という手続きを必要とした。批准書交換の使命を負って，日本からは外国奉行新見正興が正使となり，1860年アメリカの迎船ポーハタン号に乗って渡米した。その際勝海舟は咸臨丸の艦長として使節に随行し，太平洋を横断した。簡潔に述べよ，とあるので，「日米修好通商条約の批准書交換」という説明があれば足りるだろう。

Ⅳ　解答

A．問1．ア．日韓協約　イ．樺太　ウ．国際連盟
エ．後藤新平　オ．関東軍

問2．南満州の独占的支配をはかる日本に門戸開放を唱えるアメリカが反発し，日米関係は急速に悪化した。南満州権益の確保をはかる日本は四次

にわたる日露協約を結んで接近し，満蒙の勢力圏を分け合いアメリカに対抗した。

問３．溥儀は国防や治安維持，交通機関の管理・敷設を日本に委ね，日本軍に必要な施設の提供を助け，日本人の政治への参与，官吏任用も認めようとした。満州国は日本の意思のままに動く傀儡国家であった。

B．問４．ハワイ真珠湾への空爆攻撃のようで，作戦は成功し

問５．区分Bは日本の侵攻被害を受けたが賠償対象から外れた国々で，これらの国々と信頼関係を築くため，準賠償の形で生産物・役務が供与された。

問６．新聞記事：(イ)

説明：1985 年のプラザ合意により円高不況となり，日銀は低金利策による金融緩和を行ったが，余剰資金が地価・株価を高騰させるバブル景気となった。

◀解　説▶

≪日本の対外膨張と戦後の経済大国化≫

A．▶問１．空欄 ア は，前後にある「三次にわたる」「保護国化を進め」などの説明から，日韓協約を答える。 イ は「日露戦争の講和条約により南半分が日本に譲渡」とあるから樺太。

ウ は「南洋諸島」は国際連盟の「委任」による統治だったので国際連盟。 エ は「満鉄の初代総裁」「台湾の民政長官」という経歴から後藤新平。 オ は「関東都督府」から行政部門の関東庁と「軍事」部門の関東軍に分立したことを知っていれば答えられる。

▶問２．日露戦争の戦前戦中までの日米・日露関係と日露戦争後の日米・日露関係は大きく変化する。両国関係の変化を対比しつつ記述したい。

　19 世紀末，アメリカは列強の中国分割に乗り遅れたため，列強の勢力圏を認めつつ門戸開放を宣言し中国市場開放の機会をうかがっていた。北清事変以後はロシアの満州進出を警戒し，これに対抗する日本には好意的な姿勢を示して，日露戦争が始まると日本の外債募集に応じたり，戦争終結にあたって日露の講和を斡旋したりするなどした。

　しかし戦後，日本が日米の鉄道の共同経営案を一方的に破棄するなど南満州への独占的進出姿勢を鮮明にしたため，日米関係は急速に悪化し，アメリカ国内では日系移民排斥の動きさえ起きた。

いっぽう，日露関係は満州や韓国支配をめぐる対立から日露戦争へと発展したが，講和条約により戦いは終結し，利害対立は解消された。悪化する日米関係をふまえ，日本はロシアと四次にわたる日露協約を結んで協調関係に入り，満州と内蒙古における日露両国の勢力圏を確認しあうことで互いに接近し，アメリカへの対抗姿勢を強めた。

以上，日米関係は悪化，日露関係は接近，という構図で答案を書き進めよう。

▶問３．史料は５項目をあげているが，要約すると，一，満州国は国防と治安維持を日本に委ねる。二，鉄道・港湾・航空路などの管理・敷設は日本に委ねる。三，日本軍が必要とする施設は極力援助する。四，日本の有識者や名望家を満州国の政治に参与させ，諸官庁に日本人を登用する。五，以上４項目を将来結ばれる両国間の条約の基礎とする，という内容である。要するに，溥儀は満州国の主権を放棄し日本の意思のままに動く完全な傀儡国家にすることを容認しているのである。

B．▶問４．空欄「甲」の前文には桃太郎部隊が鬼ヶ島軍港に突入し大爆撃が始まった状況が描写され，「さながら」と，大爆撃を何かにたとえる箇所が空欄「甲」となっている。この文脈から，空欄は「……のようだ」で結ばれるだろう。

時期とアニメシーンから，空欄に最適な文章内容は，日本海軍の飛行隊がハワイ・オアフ島の真珠湾にあるアメリカの太平洋艦隊を空襲し，大損害を与えた戦いにたとえたものになるだろう。その戦いを簡潔に文章化してみよう。

▶問５．サンフランシスコ平和条約第14条により，日本は交戦国に対し賠償義務を負ったが，米・英・豪など欧米諸国は賠償請求権を放棄するか，行使をしなかった。このため日本は残るアジア諸国と２国間協定を結んで賠償を行った。表の区分Ａが賠償を行った国々である。

いっぽう，アジアには日本軍の侵攻による被害を受けながらもサンフランシスコ平和条約の規定から外れ，賠償の対象にならない国々があった。マレーシア・シンガポールは平和条約締結時には英国の植民地で独立国ではなかった。ラオス・カンボジアは賠償請求権を放棄したが，その好意に報いる必要があった。韓国のように侵攻とは関係なく日本の植民地支配下にあった国もあった。こうした国々との関係をそのまま放置すれば，彼らの戦後日本への信頼を失わせ強い反日感情を持ち続けることにもつながり，日本には看過できない問題であった。

そこでこれらの国々と日本は2国間協定を結び，賠償に準ずる形で有償・無償の経済協力を行った。それに該当するものが区分Bの国々である。日本はこうした国々に生産物・役務の供与などで準賠償を行った。結果論ではあるが，こうした日本の経済協力は，戦後における日本の東南アジアへの経済進出を促進することにもつながった。

答えるべき内容を整理すると，以下のとおり。

理由…サンフランシスコ平和条約の規定から外れ，賠償の対象に入らないアジアの国々があった。

目的…東南アジアの国々や韓国と友好・信頼関係を築き，反日感情の高まりを防ぐ。

形…賠償に準ずる形で生産物や役務を供与した。

▶問6．設問の「その時」というのは貿易摩擦の解消をねらい，ドル高を是正するため為替市場に協調介入が行われ，為替相場が急激に変動した時のことを指す。

1980 年代に入ると日本の自動車や半導体輸出をめぐり先進国間で貿易摩擦が激化し，アメリカはドル高を背景とした輸入超過による貿易赤字に悩まされるようになった。そこで日米など先進5カ国の蔵相・中央銀行総裁が 1985 年ニューヨークのプラザホテルに集まり，為替市場に協調介入することで合意（プラザ合意）し，一斉にドル売りを実施したため，急速なドル安・円高が進んだ。日本は一時円高不況に陥ったので，日本銀行が金融緩和を行い，低金利政策を実施して景気回復をはかった。その結果，金融市場には過剰な資金があふれて株価・地価が高騰し，1980 年代後半は景気が泡のように実体なく膨張するバブル景気となった。(イ)のゴッホの「ひまわり」が日本人の手により 58 億円で買い取られた記事は，当時の状況を物語っている。ちなみに，(ア)はバブル崩壊後の 1997 年，(ウ)は高度経済成長下の 1969 年の記事である。

出典追記：(ア)『朝日新聞』1997 年 11 月 22 日付
(イ)『朝日新聞』1987 年 3 月 31 日付
(ウ)『朝日新聞』1969 年 8 月 26 日付

❖講　評

2023 年度は例年通り，史料などを用いた論述問題に重点を置く出題であった。解答量が多く，時間内に過不足なく解答欄に記述を終えるためには十分な学習と演習が必要だろう。

全体の論述量は 2022 年度より減少し，語句や人物名の記述問題がかなり増加した。ただ依然として論述力重視の傾向があり，「あなたの考えを述べよ」「推定せよ」「推測せよ」といった問いもみられるので，論述力をつけることが，名古屋大受験生にはクリアすべき課題となる。全体の難易度については，論述問題が多くを占めるものの，空所補充などの単答式が多くなった分だけ，少し易化の傾向にあるといっていいだろう。

史料の数は，現代文訳も含め近世初期までのものが 10，近代のものが 1 と，合計数では 2022 年度と同数で，数行の短文のものが **Ⅰ** と **Ⅱ** に多く出題された。注や解説をともなう史料が多く，受験生には取り組みやすいものだったのではないだろうか。

図表は古代の官衙復元模型写真，租稲の蓄積状況を示した統計表，近代のアニメ映画の写真，国別の戦後補償についての統計表，戦後の新聞記事写真で，古代と近現代に集中した。

大問は 4 題で，弥生時代から戦後のバブル景気までの出題となった。

Ⅰ　古代における租稲の収取システムの推移を問う。問 1 は水田規模の特徴を問うが，大きいか小さいかを答えるだけでよいわけではなく，具体的な答案記述を心がけたい。問 3 は史料と写真の全体をみて解答を試みよう。問 4 はデータ量に戸惑わず，まず 8 世紀と 9 世紀に変化があるか否かを確認すること。問 5 は史料後半にある人数と免除の数量から考えていこう。問 6 は教科書の知識で答えられる標準的な問いである。以上，史料文や写真，統計データの丹念な読み取りをもとに，具体的に答えよう。

Ⅱ　知行国制，建武式目，分国法，豊臣秀吉の宗教統制法など，中世から近世初期にいたる法制の歴史からの出題。問 1 はまず知行国制度の基礎的理解が必要。問 2 の法 C では守護と不入地の関係は旧時代と戦国の当代で異なることを理解し考えていこう。なお守護不入については 2022 年度にも出題され，連続出題となった。問 3 (2)は難解だが，法 E

交付にみる裏事情については，リード文の最終文「良くいえば……その場限りの対応」をヒントにしてまとめたい。

Ⅲ　近世後期の近隣外交に関する設問である。めずらしく空所と下線部のみからなる問題文で，史料や視覚資料は登場しない。問１は標準的な空所補充問題で，高得点を目指したい。問２は設問が難解。リード文全体の中から「課題」を探ろう。問３・問５・問６は比較的平易な論述問題なのでリード文からもヒントを拾って書き込もう。

Ⅳ　日本の対外膨張と戦後の経済大国化に関する設問である。問１の空所補充の難易は標準的。ここも高得点を目指そう。問２の日米・日露関係の変化は，論述ではわりと定番の問いなので親しんでおこう。問３は史料の要点を整理して記述する，名古屋大ではよく出される問題。問４は写真に戸惑わず，記事から答案を考えよう。問５では区分Ａと区分Ｂを分ける根拠が難問。問６は新聞の見出しでそれぞれ戦後のいつごろのものかを見分けよう。

世界史

I 解答

問1．㋐漢族か否か〔華夏族であるか異民族であるか〕
㋑中心か周縁か

問2．思想：儒学〔儒教〕　王朝：漢〔前漢〕

問3．中華帝国の勢力が強大で対外的に領土が拡大すると，天子の徳化で異民族も儒学を受け入れることで華になると解釈されるから。

問4．㋔朱元璋　㋘明

問5．㋕元　㋖フビライ〔世祖〕

問6．㋗禅譲　㋙放伐

問7．夷狄の異民族王朝である元は，有徳の君主が天命を受けたことで中国を支配できたが，徳を喪失して夷狄に戻った以上，有徳者である朱元璋に帝位を譲り，中国から引き揚げるべきとして，王朝交替を正当化しようとしたから。

◀解　説▶

≪華夷の別≫

▶問1．㋐問題文第3段落に中原諸国が自らを「華夏族（華）」と称しており，華の範囲が拡大して，「呉・越・楚・秦」などもこれに加わったとある。この「華夏族（華）」が漢族を指す。

㋑問題文に，「華とは常に天下の中心に位置し，夷はその周縁に存在する」とある。

▶問2．董仲舒の建言により儒学を官学としたのは漢（前漢）の武帝。董仲舒は，儒学を皇帝の支配の正統化に役立てる学問に体系化した。

▶問3．下線部㋓の直前に，「中華帝国の勢力が強大で対外的に領土が拡大したとき」「中華の天子の徳化で夷狄の地が華になったのだと解釈された」とあるので，これをまとめればよい。

▶問4．1367年に北方の民に向けて檄を発していることで，朱元璋と判断できる。朱元璋は翌1368年に南京で洪武帝として即位し，明を建国した。

▶問5．㋔朱元璋の檄で「北狄」とされ，最終段落に「中華の地を去って」などとあるので元と判断できる。元の建国者はフビライ（世祖）。フビライは 1260 年に上都でハンに即位，1264 年大都（北京）に遷都し，1271 年に国号を元とした。

▶問６．禅譲・放伐は孟子が唱えた王朝交替の理論である易姓革命の形式。三皇五帝の堯から舜など，平和的に継承が行われる禅譲が理想とされた。歴史時代に入ってからは，曹丕が後漢の献帝の禅譲を受けて魏を建国したのが最初とされ，趙匡胤が後周の禅譲により宋を建国するまでたびたび行われているが，ほとんどが形式にすぎなかった。

▶問７．檄文を読んでも，夷狄に対する憎悪を表明するような①の民族の違いを強調するところはなく，易姓革命に基づいての王朝交替を主張している。問題文最終段落に「②と③の観点に基づき，たくみな論理操作で王朝交替が正当化された」とあるので，③徳を失い天命が改まったのだから有徳者に帝位を譲ることと，②夷狄は中華の地に留まってはならないという２点について説明すればよい。

Ⅱ　解答

問１．A－5　B－1　C－4　D－2　E－3

問２．①－C　②－B　③－A　④－E

問３．戦争に勝利したイギリスは，ケープ植民地にトランスヴァール共和国・オレンジ自由国を併合し，南アフリカ連邦を成立させ自治領とした。

問４．レ＝ミゼラブル

問５．農村共同体のミールを基盤とする社会主義的改革をめざした都市の知識人階級や学生。「ヴ＝ナロード」の標語を掲げて農村に入り，農民の啓蒙活動を行ったが激しい弾圧を受け，一部はテロリズムへ走った。

問６．ナポレオン３世

問７．血の日曜日事件

◀解　説▶

≪ヨーロッパ・アフリカ近現代史≫

▶問１．A.「イギリス政府の提案」を「南アフリカ共和国（トランスヴァール共和国の正式名称）」が拒否したとあることから，南アフリカ戦争を推進したイギリスの植民相ジョゼフ＝チェンバレンの電報だと判断できる。

B．フランス国歌である「ラ・マルセイエーズ」が演奏された式典だから，フランス革命百周年記念行事を伝える記事だと判断できる。

C.「農奴は…自由な農村住民としての完全な権利を受け取る」とあることから，アレクサンドル 2 世の農奴解放令だと判断できる。

D.「レセップス」から，スエズ運河開通の記事と判断できる。

E.「ペテルブルク」の労働者などが「陛下」に保護を求めていることから，ニコライ 2 世への請願書と判断できる。

▶問 2．Aのすぐ後に起こった南アフリカ戦争は 1899～1902 年。Bはフランス革命百周年だから 1889 年の出来事。Cのアレクサンドル 2 世の農奴解放令は 1861 年で，この年はイタリア王国成立，南北戦争開始の年でもある。Dのスエズ運河の開通は，アメリカの大陸横断鉄道開通と同じ 1869 年，Eの血の日曜日事件は日露戦争開戦の翌年の 1905 年である。したがって，C→D→B→A→Eの順になる。

▶問 3．イギリスが南アフリカ戦争に勝利したことを指摘し，ブール人が建てたトランスヴァール共和国とオレンジ自由国がどのようになったかを述べ，最後に自治領である南アフリカ連邦の成立に触れればよい。

▶問 4．ヴィクトル＝ユゴーはフランスのロマン派の詩人・文学者として有名だが，政治家としても活躍している。はじめルイ＝ナポレオンを支持していたが，彼がクーデタで独裁権力を掌握すると，武装蜂起を呼びかけて失敗し，英仏海峡の島で亡命生活を送ることになった。亡命中に著した代表作が『レ＝ミゼラブル』である。

▶問 5．ナロードニキの運動を担った階層，目標などをまとめたい。結局，ナロードニキ運動は農民の無関心や政府の弾圧により挫折した。絶望した運動家の間でアナーキズム（無政府主義）やニヒリズム（虚無主義）の傾向が拡大し，ナロードニキの一部はテロリズム（暴力主義）で政府を倒そうとして，皇帝アレクサンドル 2 世や政府高官を暗殺している。

▶問 6．スエズ運河が完成（1869 年）した際の皇帝はナポレオン 3 世（位 1852～70 年）。翌 1870 年，プロイセン＝フランス戦争が勃発し，ナポレオン 3 世は捕虜となり退位，第二帝政が崩壊した。

▶問 7．血の日曜日事件は第 1 次ロシア革命の発端となった事件。司祭ガポンに率いられ請願行動をする民衆に軍隊が発砲して多数の死傷者を出し，民衆の皇帝への信頼は完全に打ち砕かれた。

Ⅲ **解答**　問１．㋐周恩来　㋑毛沢東

問２．㋒三国志　㋓魏志倭人伝

問３．㋔台湾総督〔総督〕　㋕皇民化

問４．㋖ソ連　㋗文化大革命　㋘ニクソン

問５．㋙日中平和友好　㋚改革・開放　㋛社会主義市場

問６．㋜辛亥革命　㋝孫文　㋞蔣介石

問７．㋟サンフランシスコ平和　㋠朝鮮

問８．㋡二・二八　㋢国際連合

問９．㋣李登輝　㋤民進〔民主進歩〕

問 10．現実：中華人民共和国政府が中国の唯一の合法政府であると多くの国が認めていること。

幻想：中華民国政府は一貫して本国領土上で，憲法に基づき主権を行使しているということ。

◀解　説▶

≪第二次世界大戦後の中国・台湾史≫

▶問１．㋐「中華人民共和国の成立が宣言されて以来，終生，首相」で周恩来と判断できる。周恩来は 1949 年からその死の 1976 年まで首相を務め，文化大革命でも失脚せず，「不倒翁」と言われた。

㋑毛沢東は中華人民共和国成立時の国家主席。大躍進運動の失敗で国家主席の座を劉少奇に明け渡したが，プロレタリア文化大革命によって劉少奇を失脚させた。1976 年の周恩来の死去に続いて同年死去している。

▶問２．㋒『三国志』は紀伝体で書かれた正史。『魏書』『蜀書』『呉書』からなるが，『魏書』にのみ本紀が設けられているので，魏を正統な王朝としていると判断される。

㋓魏志倭人伝は，正式には『三国志』の中の「烏丸鮮卑東夷伝」倭人条である。

▶問３．㋔台湾総督府は日清戦争後の 1895 年設置。初代総督は樺山資紀である。

㋕皇民化政策は朝鮮でも行われた同化政策。創氏改名，神社参拝，日の丸掲揚，皇居遙拝などにより，大日本帝国の国民になることを強制した。

▶問４．㋖中ソ国境紛争は 1960 年代に散発したが，1969 年にはウスリー川の中洲の珍宝島（ダマンスキー島）で両国が軍事衝突し，多数の死者を

出した。この中ソ国境紛争は，2004年にロシアのプーチン大統領と中国の胡錦濤国家主席の会談で最終的に解決され，両国の国境は画定された。

㋗プロレタリア文化大革命は，1966年から開始したが，毛沢東が死去した翌1977年に終息している。

㋘ニクソン訪中の目的は，ベトナムを支援していた中国に接近して，ベトナム戦争終結の道を探り，ソ連を牽制することにあった。

▶問5．㋙日中平和友好条約は，1978年8月に中国の華国鋒政権と日本の福田赳夫内閣との間で結ばれた。

㋚改革・開放政策は，鄧小平の指導下に行われた経済改革と対外経済開放政策。経済特別区の設置，人民公社の解体，海外資本の積極的な導入などが行われた。

㋛社会主義市場経済は1993年の憲法改正で明文化された中国の新経済体制。共産党の一党独裁による社会主義体制のままで，市場経済（資本主義経済）を実施するもので，従来の計画経済体制は放棄された。

▶問6．㋜・㋝辛亥革命は1911年10月10日の武昌蜂起が発端となり，革命は華中・華北に波及し，14省が清からの独立を宣言した。翌1912年1月1日，孫文を臨時大総統とする中華民国が南京で樹立され，2月に宣統帝が退位し清は滅亡した。

㋞蔣介石は，1926年に国民革命軍総司令官に就任。1927年の上海クーデタで共産党勢力を排除して南京国民政府を樹立し，翌1928年に北伐を完了した。南京国民政府は列国の承認を受けて正式な中華民国政府となり，蔣介石は主席に就任している。その後，国共内戦に敗れたが，台湾で中華民国政府を維持し，死去する1975年まで総統として台湾を統治した。

▶問7．㋟サンフランシスコ平和条約は日本と連合国48カ国で締結された講和条約。交戦国であった中国（中華民国・中華人民共和国）は講和会議に招聘されず，インド・ビルマ・ユーゴスラヴィアは会議に参加せず，条約に署名もしていない。ソ連・ポーランド・チェコスロヴァキアは会議に参加はしたが，署名しなかった。

㋠「1951年」当時，中華人民共和国が行っていた戦争は朝鮮戦争（1950～53年)。1950年6月，朝鮮民主主義人民共和国（北朝鮮）から大韓民国への侵攻で始まり，同年10月，中華人民共和国は北朝鮮を支援するため義勇軍を派遣した。

▶問 8．㋡難問。1945 年の日本統治終了後に中国大陸から来た外省人ともともと台湾に住んでいた本省人の間の対立から，1947 年 2 月 28 日に台北市で本省人のデモ隊に国民党政府が発砲し，多数の死傷者がでた。これを機に台湾全土に暴動が拡大したが，蔣介石率いる国民党政府によって鎮圧された。これを二・二八事件という。

㋢ 1971 年 10 月国際連合総会での決定により中華民国は国際連合の代表権を失い，中華人民共和国が代わって常任理事国となった。

▶問 9．㋣李登輝は本省人として初の総統に就任した。民主化を推進し，1996 年には初めての総統直接選挙で当選している。

㋤民進党は民主進歩党の略称。反国民党勢力を結集して 1986 年に結成された台湾史上初の野党である。総統を務めたのは，陳水扁（任 2000〜08 年）と現職の蔡英文（任 2016 年〜）の 2 人。

▶問 10．やや難。Cの冒頭の「我が国が㋢国際連合を脱退してからすでに二か月余りとなり」という年代，および問 8 の「1972 年に㋞蔣介石をはじめとする政府当局者に提出した」「71 年 10 月に中華民国政府が㋢国際連合における代表権を失うと…この改革案を提出した」から，Cが書かれたのは，台湾の国際連合からの追放（1971 年 10 月 25 日）から 2 か月余りたった 1972 年 1 月頃ということになる。

台湾が国際連合の代表権を失った時期における「現実」と「幻想」を「A，Bそれぞれの本文と注の関連する箇所を適宜用いて」述べていけばよい。

なお，1972 年 9 月の日中共同声明は，Cの資料提出よりも後のことで対象外となるため注意が必要である。

Ⅳ　解答

パリ講和会議では，ウィルソンの十四カ条を原則として軍備縮小や国際平和機構設立などが協議され，新たな国際秩序であるヴェルサイユ体制が成立した。しかし，国際連盟はソ連・ドイツが排除され，アメリカが上院の反対で参加せず十分な機能を発揮できなかった。アメリカの提唱で開催されたワシントン会議では，主力艦保有比率を制限する海軍軍備制限条約，中国に関する九カ国条約，太平洋に関する四カ国条約が締結されワシントン体制が成立した。その後，ルール占領などで一時混乱したが，再び国際協調の機運が高まり，1925 年のロカルノ条約でドイツと西欧諸国の現状維持と相互保障が決まり，ドイツは翌年国際連盟に加入した。また，1928 年に国際紛争解決の手段としての戦争を放棄する不戦条約が結ばれ，1930 年にはロンドン会議で補助艦保有比率が定められるなど国際協調が進んだ。しかし，世界恐慌後，経済基盤の弱いドイツ・イタリア・日本ではファシズム勢力が伸張し，日独は国際連盟を脱退，ドイツはヴェルサイユ条約を破棄するなど戦後の国際協調体制は崩壊した。(450 字以内)

◀解　説▶

≪第一次世界大戦後の国際秩序≫

●設問の要求

〔主題〕国際協調と軍縮を柱とする第一次世界大戦後の国際秩序の展開

●論述の方向性

第一次世界大戦後の国際秩序の展開だから，ヴェルサイユ体制とワシントン体制を中心に説明すればよい。ファシズムが指定語句にあるため，国際秩序がファシズムの伸張によって終焉を迎えたことまでを述べたい。

ファシズム以外の指定語句を時系列で整理すると以下のとおり。

国際連盟結成（1920 年）→ワシントン会議（1921～22 年）→ロカルノ条約（1925 年）→不戦条約（1928 年）→ロンドン会議（1930 年）

この時系列に従って，それぞれの要点を国際協調と軍縮の視点から述べていけばよい。

◎国際連盟：第一次世界大戦の反省からウィルソンの十四カ条を基礎に国際協調をめざしたが，ソ連・ドイツの排除，アメリカの不参加，制裁力の欠如などにより十分に機能しなかった。

◎ワシントン会議：中国・太平洋問題を協議，九カ国条約と四カ国条約により，東アジア・太平洋地域にワシントン体制と呼ばれる国際秩序を形成した。また，海軍軍備制限条約で主力艦の保有比率をアメリカ：イギリス：日本：フランス：イタリアについて 5：5：3：1.67：1.67 に決定した。

◎ロカルノ条約：ヨーロッパにおける安全保障を協議し，ドイツ西部国境の現状維持・国境の相互不可侵などを決定。ドイツの国際連盟加盟条約発効の条件で，翌年ドイツが国際連盟に加盟した。

◎不戦条約：フランスの外相ブリアンとアメリカ国務長官ケロッグの提唱により，国際紛争解決の手段としての戦争放棄を定めた。

◎ロンドン会議：アメリカ・イギリス・日本の補助艦保有比率をほぼ

10：10：7 に決定。

❖講　評

Ⅰ　中華王朝の対外政策の一貫した枠組みである「華夷の別」をテーマにした問題。朱元璋の檄文を史料に，元から明への王朝交替を中心に問われている。問 1 は漠然としていて答えにくいかもしれないが，問題文をよく読めば，それほど難しい問いではない。問 3 の論述問題も問題文の中にヒントが隠されているので，慌てずにゆっくり読むこと。問 7 の論述問題は，自分なりに考察したことを書かなければならないため，意外と難しく感じたかもしれない。

Ⅱ　19 世紀後半から 20 世紀初頭のヨーロッパとアフリカの歴史に関する問題。5 つの史料を使った問題で，2021 年度から 3 年連続でこの形式が続いている。史料の判定は容易で，配列問題も重要年代に関するものばかりなので易しい。論述問題 2 問も南アフリカ戦争の結果とナロードニキの説明を求めるもので書きやすい。記述問題も標準的なものばかりなので，ここは確実に得点しておきたい。

Ⅲ　1972 年の日中共同声明に関連する史料を用いた第二次世界大戦後の中国・台湾史に関する問題。記述問題では問 8 ㋡の二・二八事件がやや細かいが，その他は教科書レベルの標準的問題なので，確実に得点しておきたい。問 10 の論述問題は史料を読み解く力が求められており，やや難しい。史料だけでなく問 8 の問題文にもヒントになる年代が示されているので，それを見逃さないようにしたい。

Ⅳ　例年は 350 字であるが，2023 年度は一挙に 100 字増加して 450 字となり戸惑った受験生もいたと思われる。ただ，字数は増加したが，内容は第一次世界大戦後の国際秩序の展開を説明する非常にオーソドックスな出題であったため，内容的には標準レベルであった。

2023 年度は 2022 年度と比べ，Ⅳの長文論述の字数が大幅に増えたので時間がかかると思われる。また，短文論述には史料の読み取りや思考力が問われているものがあり，全体的にやや難化した。ハイレベルな問題で，時間的余裕はほとんどないといえる。

地理

I 解答

問1．(1)A．常願寺川 B．木曽川 C．セーヌ川 D．コロラド川 E．メコン川

(2)世界の大陸を流れる河川は，全長が長く勾配が緩やかであるのに対し，日本の河川は，水源から河口までの距離が短く，標高差が大きいため勾配が急で，流域面積が狭いことが特徴である。

問2．(1)V字谷

(2)山間部の傾斜が急な山地を下る流れが速い河川は，下方侵食力や運搬力が大きいため谷が深く刻まれ，川の両岸の斜面の山崩れや地すべりも発生し，急な斜面をもつV字谷が形成される。

(3)
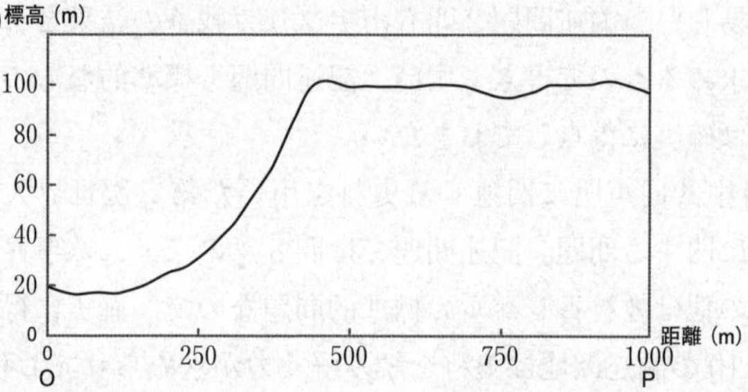

(4)天竜川の氾濫原にあたるO付近の低地では，水利に恵まれるため水田に利用されている。河岸段丘の段丘崖は傾斜が急で，開発されずに森林になっており，P付近の段丘面は水はけがよいため，茶畑として利用されている。

(5)天竜川は急流が多く，下流に大量の土砂を供給していた。しかし，上流に洪水防止や電源開発のために，ダムを多数設置したことにより，上流から河口付近へ供給される土砂の量が減少し，海岸の砂浜の侵食が起こった。そのため，離岸堤を設置して，沿岸流や波の侵食を防止し，海岸線の後退を防いでいる。

◀解　説▶

≪河川や自然環境≫

▶問１．⑴図１をみて，Ａ～Ｅの河川名を各河川の流域の地形を想起しながら検討する。まず，図中ＡとＢは，長さ，傾きの点でＣ～Ｅとは大きく異なると考えられる。傾きが急で全長が短いことから，ＡとＢは日本の河川と考えられ，このうち，長さが短く最も急な勾配をもつＡは常願寺川，Ｂは木曽川が該当する。常願寺川は，富山県を流れる河川で，源流の立山連峰から河口の富山湾まで全長はわずか 56 km で，その間約 2600 m の標高差を流れる日本有数の勾配をもつ河川である。木曽川は長野県の鉢盛山に源流をもち，伊勢湾に注ぐ全長 229 km の河川である。常願寺川と比べて，全長が長い点と，下流では輪中で知られる濃尾平野の低地を流れるため，下流域の距離が長い点で区別できる。

Ｃは，源流が描かれていないとはいえ河口からの距離は最も短いため，全長約 780 km の，パリを流れるセーヌ川が該当する。また，ＤとＥはともに全長は長いが，Ｄは，水源の標高が高いことからコロラド川が該当する。コロラド川はロッキー山脈に源流をもち，コロラド高原を流れカリフォルニア湾に注ぐ全長約 2300 km の河川である。残るＥはメコン川が該当する。メコン川はチベット高原に源流をもち，南シナ海に注ぐ全長約 4400 km の大河川である。源流はチベット高原にあるが，インドシナ半島の丘陵部や平野部を流れる下流域の距離が長いことが想起できると判断しやすい。

⑵世界の河川と比較した日本の河川の特徴としては，全長が短いこと，傾斜が大きく勾配が急であることは必ず指摘したい。その他，河川の特徴を表す用語としてよく用いられる流域面積と河況係数について触れてもよいだろう。世界の河川は，平坦な土地を流れ，多くの支流をもち流域面積が広いのに対し，日本の河川は，山地が多い地形も影響して流域面積は狭い。また，流域面積が狭く，季節による流量の違いが大きいことから，年間の最大流量と最小流量の比である河況係数は，大陸の平地を流れる河川に比べて大きいことも特徴である。

▶問２．⑴図２㋐をみると，等高線が密に描かれ，山地の尾根や谷が明確に読み取れる。そのため，線分Ｍ－Ｎに沿った横断面の形を示す河谷は，山間部にある地形で，川の両側に傾斜が急な斜面が迫る険しい谷として，

V字谷と考えられるだろう。

(2)V字谷の形成過程については，V字谷が山間部で形成されることを念頭に，山間部での河川の働きを述べるとよい。地盤の隆起などで山地が形成されるが，山間部の地形の特徴として，標高が高く，傾斜が急なことがあげられる。そのため，その地形を流れる河川は地面に対する下方侵食力が強く，土砂などを下流に運ぶ運搬力も大きい点は必ず押さえたい。さらに，川の両岸の斜面で，山崩れや地すべりが起こりやすいため，深い谷が刻まれることを述べるとよいだろう。

(3)まず，解答用紙にある断面図の目盛りの数値を決定する。O－P間の距離は図上では4cmで表されているが，右下のスケールをみると，実長は1kmである。解答用紙の横軸の長さが1kmに相当するため，4等分されている目盛りは，それぞれ，250，500，750，1000を記入するとよい。また，標高を表す縦軸は，O－P間で最も高い標高は段丘面の100mと読み取れるため，6等分されている目盛りは20m間隔で，それぞれ20，40，60，80，100を示すと考えるとよい。

次に，実際に断面図を描くことになるが，等高線とO－P線との交点を解答欄に移す作業になる。ポイントとなる2つの点に留意する。1つは氾濫原から段丘崖に移る30mの等高線で，ちょうどOから図上1cm，実長250mの地点に描かれている。もう1つは，段丘崖の最高地点で，平坦な段丘面に移る100mの等高線である。Oから1.6cm，実長400mの地点に描かれている。O点は標高20mと読み取れる。その先，細かな起伏はあるが，ほぼ水平な線を標高30mの点まで描き，さらに段丘崖を標高100mの点まで傾斜のある線で描き，最後に段丘面を，ここでも細かな起伏はあるが，100mのほぼ水平な線でP点まで描くとよい。

(4)O－P線上に地図記号で示された土地利用をみると，OからPへ向かって，田，針葉樹林，茶畑と土地利用が明瞭に分かれていることが読み取れる。また，O－P線上の地形も，天竜川沿いの氾濫原，段丘崖，段丘面と明瞭に3分されている。それぞれの土地利用を水利の点などから地形の特性と関連させて説明するとよい。

(5)Xの範囲には海岸線に沿って，地図記号の水制が描かれている。この水制が離岸堤にあたるが，離岸堤は海岸の沖合に，海岸侵食の防止などを目的に海岸線とほぼ平行に設置される構造物で，消波ブロックを積み上げて造られている。離岸堤は，高波を防ぐ目的，砂浜を守る目的などがあるが，Xの範囲では砂浜海岸がみられることから，砂浜の侵食を防ぐ目的があると考えるとよい。砂浜海岸は，上流から十分な土砂が供給されると維持できるが，土砂の供給がないと，砂浜は波に侵食され失われる可能性がある。そのため，土砂が供給されなくなった理由について，流域の開発を想起して述べることになる。理由としては，ダムの建設が考えられる。ダムの建設により，土砂はダム内にたまり，下流には供給されなくなる。天竜川は急流が多く，しばしば水害に悩まされてきたため，治水，利水，発電を目的に，支流を含めて多くのダムが設置されている。

Ⅱ 解答

問１．⑴ア．汽水面養殖　イ．内水面養殖
ウ．海面養殖

判断の理由：アは，全体の生産量は少ないが，汽水域に生育するマングローブを伐採してエビを養殖しているインドネシアで多いことから，汽水面養殖である。イは，コイ類など淡水魚の養殖が盛んな中国の生産量が多いため，内水面養殖である。ウは，全体の生産量が多く，日本での養殖の中心であることから，海面養殖である。

⑵A．日本　B．アメリカ合衆国　C．インドネシア　D．中国

⑶エルニーニョ現象は，太平洋東部の熱帯海域で，平年より海水温が高くなる現象が数カ月以上継続する現象である。この海域では，例年，南東貿易風が強く吹くため，赤道付近の温かい海水が西へ送られ，東部の海域では寒流のペルー海流と，海洋の中層から湧き上がる冷たい湧昇流が表層に現れ，一定の低温が保たれている。しかし，南東貿易風が何らかの影響で弱まると，東部の海域に温かい海水が広がるので，ペルー海流と湧昇流の上昇が弱まり，海水温が高い現象が生じる。

⑷漁獲量のほとんどを占める魚種はアンチョビである。アンチョビは乾燥させ，粉に砕いてフィッシュミールに加工され，家畜や養殖魚の飼料や農業用の肥料に用いられる。

問２．⑴・⑵

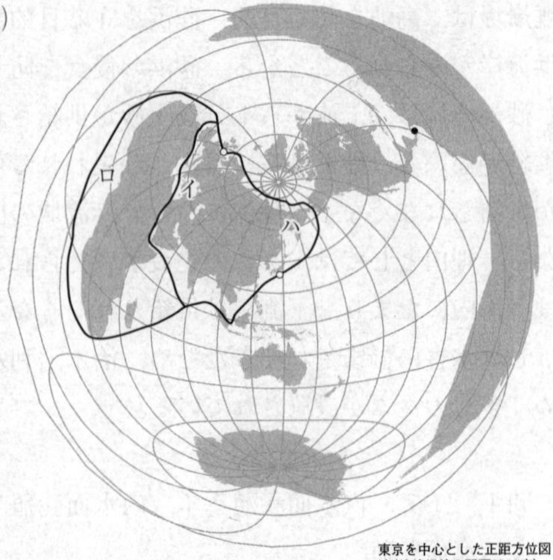

東京を中心とした正距方位図法（緯線経線の間隔は20度）

⑶あ－G　い－H　う－N　え－M　お－L　か－K　き－D　く－F

⑷地球温暖化の影響により，北極海の海面の氷が融解し，氷の面積が減少傾向にある。そのため，夏に海氷が溶ける期間が長くなり，大型船の航行が可能になった。

⑸スエズ運河を通る航路では，途中のソマリア沖やアデン湾で，武装した海賊により貨物船やタンカーが襲撃され，船が乗っ取られたり，人質が取られ身代金を要求されたりする事件が発生している。

◀解　説▶

≪漁業および海運≫

▶問１．⑴表１のタテ，ヨコの欄の数値をみて，いくつかの国の養殖の形態や魚種などの特徴を想起しながら，ア～ウの養殖の種類を判断しよう。その判断の過程を理由として説明するとよい。

ア．インドネシアの生産量が多いが全体の生産量は最も少なく，汽水面養殖と考えられる。汽水域は河川の下流域の淡水と海水の混じる水域をいうが，この水域ではマングローブが生育していることが想起できる。インドネシアをはじめ，東南アジアのマングローブの多くが伐採され，中国や日本へ向けたエビの養殖池となっていることは，森林破壊の環境問題の例としても知られる。

イ．中国での生産量がウと変わらないほど多いことが読み取れる。中国は大きな河川や湖が多く，水産業では淡水での内水面養殖が盛んなことが特徴である。特に，長江流域のフーペイ（湖北）省やチュー川（珠江）流域のコワントン（広東）省でコイ類の養殖が盛んである。

ウ．日本の生産量がア，イに比べて極めて多く，海面養殖と判断できる。日本は，国土が海に囲まれ，古来，海面漁業が盛んであったことに加えて，リアス海岸などからなる養殖に適した穏やかな湾が多いことなどから，養殖についても海面養殖が中心となっていると考える。

⑵図 1 中，まず D 国は 1990 年代後半から他国に比べて漁獲量が圧倒的に多くなっていることが読み取れるので，近年，世界第 1 位の漁獲量を示す中国が該当する。次に，A 国は 1980 年代後半をピークに 1990 年代に漁獲量が大幅に減少していることから，遠洋漁業に加えて沖合漁業の漁獲量が激減した日本が該当する。残る 2 国のうち，C 国は 1980 年代以降漁獲量は増加傾向にあり，2020 年度は世界第 2 位の漁獲量を示すインドネシア，B 国はアメリカ合衆国が該当する。

⑶エルニーニョ現象は，太平洋東部，ペルー沖合の熱帯海域の海水面の温度が平年に比べて高くなり，数カ月以上にわたって継続する現象である。使用語句をみると，現象発生の仕組みの説明が求められていることがわかるので，平年の気象現象，海水温の状態を想起し，その状態がどのように変化することでエルニーニョ現象が起こるかを述べるとよい。まず，平年の状態として，この海域に南東貿易風が強く吹き，温かい海水が東から西へ送られ，そこに寒流のペルー海流と，海洋の中層から湧き上がる湧昇流が上昇することで一定の低い海水温に保たれていることを確認したい。次に，この平常の状態が，何らかの理由で南東貿易風が弱まり，温かい海水が東の海域に広がると，寒流や湧昇流の上昇が弱まり，海面が温かい現象が生じることをまとめるとよい。

⑷ペルーは，漁獲量がかつて世界第 1 位の時期があったが，魚種はほとんどアンチョビ（カタクチイワシ）である。日本では，ごまめやシラスとして食用にされることで知られる。ペルーでは，大量に収獲され，新鮮さが求められる魚種でもあるため，乾燥して粉砕し，魚粉（フィッシュミール）に加工して輸出している。利用法は，家畜などの飼料や有機肥料をあげるとよい。

▶問 2．⑴「イ：スエズ運河を通る航路」は，横浜港から台湾とフィリピンの間のルソン海峡を通り抜け，マラッカ海峡を通り，紅海，スエズ運河，地中海，ジブラルタル海峡を通ってロッテルダム港を結ぶとよい。

「ロ：喜望峰を通る航路」は，同じくマラッカ海峡を通り，次にインド洋，喜望峰，アフリカ西海岸，ドーヴァー海峡を通ってロッテルダム港を結ぶとよい。

「ハ：ベーリング海峡を通る航路」は，横浜港，太平洋からベーリング海峡を通り抜け，北極海のロシア沿岸，スカンディナヴィア半島沿岸を通ってロッテルダム港を結ぶとよい。

(2)パナマ運河は，南北のアメリカ大陸を結ぶ陸地の最も狭いパナマ地峡に建設されている。その位置の記入については，解答用紙の地図中の中央アメリカの陸地が最も狭い部分で，ちょうど西経80度の経線が交わる部分を目印にするとよい。パナマは国土のほぼ中央に西経80度の経線が通っている。

(3)スエズ運河はエジプト北東部のスエズ地峡にあり，全長約193km（拡張前の建設当初は約164km），運河全体が水平な同じ高さの水面からなる水平式の運河である。フランス人レセップスによって建設が進められ，1869年に開通した。建設後はイギリスとフランスが所有したが，1956年にエジプトが国有化して現在に至っている。

　パナマ運河は中央アメリカのパナマ地峡にあり，全長約80km，地峡の中央部の標高が高いため，途中3カ所に閘門と呼ばれる水門を設置し，閘門内の水位を調節して船舶を通過させる閘門式の運河である。アメリカ合衆国によって建設され，1914年に開通した。パナマの国土のうち，運河を挟む運河地帯をアメリカ合衆国がパナマから租借していたが，1999年末にパナマに返還され，現在パナマ運河公社が運営している。

(4)ハのベーリング海峡を通る航路は北極海を航行する経路であるが，北極海が利用可能になった理由を気候変動と関係づけて述べる点で，すでにヒントが与えられている。かつて，この航路は海氷や流氷に覆われ利用が難しかったが，近年の地球温暖化の影響で，北極海の氷の面積は減少傾向を示しており，夏の氷が溶ける期間に，北極海を経由して東アジアとヨーロッパを結ぶ航路も利用されていることを述べるとよい。

(5)航海の安全を脅かす問題としては，近年は発生件数が減少しているのでやや把握しにくいが，ソマリア沖やアデン湾で起こったソマリア海賊事件の発生を想起したい。ソマリアでは1990年代から内戦が起こり，中央政府が機能せず，治安が不安定な状態になったころから武装集団によって船舶が襲撃され，船が乗っ取られたり，人質が取られたりする被害が発生した。なお，各国の対応で 2013 年ごろからは発生件数が激減している。

Ⅲ　解答

問1．アメリカ合衆国

問2．自動車

問3．アメリカ合衆国との貿易摩擦を回避するため，アメリカ国内に生産拠点を移し，現地で生産を行うようになった。

問4．オーストラリア

問5．①石炭　②鉄鉱石

①と②の産出地の地理的分布：①は古期造山帯に属するグレートディヴァイディング山脈に沿った東部の地域，②は安定陸塊の楯状地に属する西部のピルバラ地区に多く分布する。

問6．オーストラリアは，旧宗主国のイギリスとの経済的結びつきが強かったが，1970 年代にイギリスが EC に加盟したことなどを契機に，距離が近く，経済成長しつつあるアジア諸国との関係を強めた。また，白豪主義政策の撤廃後，アジアからの移民の流入が急増したことも関係強化につながっている。

問7．中国

問8．1980 年代半ば以降，日本企業は賃金が安く豊富な労働力をもつ中国に自社の工場を移転するなど積極的に進出した。中国で工業化が進むにつれ，日本からは付加価値が高い工業製品の部品や素材を輸出して，中国から組み立てられた製品を輸入する貿易が活発になった。2000 年代以降，中国への企業進出がさらに進み，中国で急速に製造業の生産が増加したため，中国との貿易額が輸出，輸入とも大幅に増加した。

問9．韓国

問10．韓国では，1960 年代以降，アメリカや日本の経済協力を受けて輸出指向型の工業化政策を進め，1970 年代には製鉄，造船などの重工業が発展した。特に造船の技術力の向上は目覚ましく，そのため，1980 年代以降は，円高で国際競争力を弱めた日本に比べて，安価に製造できる国際競争力の高まりを背景に，新造船建造量が大きく増加した。

◀解　説▶

≪日本の輸入相手国の産業≫

▶問1．表1のaは，2010 年には輸入金額が第2位となったが，1990・2000 年時点では日本の最大の輸入相手国であったことから，戦後一貫して日本の最大の貿易相手国であったアメリカ合衆国が該当する。

▶問2．日本からアメリカ合衆国へは，1980 年代以前から価格，品質の優れた製品が輸出されていた。その中で，特に 1970 年代の後半から 1980 年代にかけて，アメリカ合衆国への輸出が急増し，失業問題を生むまでの貿易摩擦に発展した製品は自動車である。

▶問3．1980 年代半ば以降という年代に着目して，1985 年のプラザ合意により，先進5カ国がドル高を是正するために為替市場に協調介入したため，日本では円高が進行したことを想起したい。1980 年代に入り，欧米に対する貿易摩擦を解消するために，生産拠点の海外移転を行うようになった。

▶問4．表1のbに該当する国は，順位の変動などで特定しにくいが，次の問5・問6の設問内容からオーストラリアと判断できる。

▶問5．日本におけるオーストラリアからの主な輸入品は，一次産品であり，液化天然ガスに次ぐ鉱産物として，①は石炭，②は鉄鉱石が該当する。オーストラリアは，石炭は世界第4位（2019 年），鉄鉱石は世界第1位（2019 年）と，いずれも世界有数の産出量である。産出地の地理的分布の特徴については，地下資源の分布は世界の大地形との関わりが強いことを想起して，石炭は古期造山帯での産出，鉄鉱石は安定陸塊の楯状地での産出が多いことを，具体的な位置や地形名をふまえて述べるとよい。

▶問6．オーストラリアとアジア地域との経済関係強化の背景については，使用語句より，イギリスとの関係に留意する必要があることがわかる。オーストラリアは，1960 年代まで旧宗主国のイギリスが最大の貿易相手国で，経済的なつながりが強かった。しかし，1973 年のイギリスの EC 加盟を契機に，両国の貿易額が減少するようになった。そこでオーストラリアは，以後，中国，日本，アメリカ合衆国など，距離的に近いアジア，太平洋諸国との経済的結びつきを強めている。オーストラリアは，かつて多くの移民が流入したが，20 世紀初頭，白豪主義と呼ばれる白人を優遇する政策が採られた。しかし，戦後の労働力不足から白豪主義は 1970 年代前半に撤廃され，その後，オーストラリアはインドシナ難民を積極的に受け入れたこともあり，アジアからの移民が急増したことが，アジアとの関係強化につながっていることも留意するとよい。

▶問 7．表 1 の c は，2010 年，2020 年の時点で輸入相手国の第 1 位になっており，2000 年代以降，急激に輸入金額が増加している中国が該当する。

▶問 8．2000 年代以降，貿易相手国はアメリカ合衆国に代わって中国が第 1 位となっている。その背景を述べるうえで，まず，貿易の前提となる中国の工業化当初の日本企業と中国とのかかわりを把握したい。つまり，1980 年代半ば以降，円高への対策もあり，日本企業は，安価で豊富な労働力をもつ中国に積極的に進出していたことを押さえておきたい。次に，その後の中国の工業化が進展する中で，日本と中国との市場関係を把握することが大きなポイントとなる。つまり，中国の工業化が進展するにつれ，日本からは付加価値が高い部品や素材を輸出し，中国からは組み立てられた製品を輸入するという分業による相互依存の関係が生まれたことを把握したい。そのため，2000 年代以降，日本企業の進出がさらに増加し，中国で製造業が発展し生産が伸びるにつれ，中国との輸出，輸入が大きく増加したと考えられる。

▶問 9．表 1 のみで判断するのはやや難しいが，図 2 も参照し，造船業で 1990 年代に日本と競合しあった国を想起すると，韓国と考えられる。

▶問 10．図 2 からは，韓国では新造船建造量が 1980 年代から 1990 年代にかけて大きく成長していることが読み取れる。その背景としては，韓国の経済発展と，日本の造船業の停滞の 2 つの側面を考えることができる。ただし，使用語句より，韓国の経済発展を中心に述べることが求められている。1970 年代から，漢江の奇跡と呼ばれる韓国の高度経済成長の時期が到来することを念頭に，この成長を生み出した韓国の工業化の特徴をまとめるとよい。韓国は第二次世界大戦後，朝鮮戦争後には農業国であった。その後，1960 年代から工業化を進める過程で，国内の鉱産資源に恵まれず，国内市場もあまり大きくないため，アメリカや日本など外国の経済協力を受けながら輸出指向型の工業化を進めた点がまずあげられる。次に，工業化の当初は軽工業製品を製造していたが，1970 年代からさらに外国の資金協力や技術援助を受けて製鉄や造船などの重工業に重点を置いたことがあげられる。豊富な労働力と比較的安い賃金で積極的な産業育成に取り組み，特に造船業では高い技術力の向上がはかられた。こうした背景に加えて，特に 1980 年代半ば以降，日本が円高により国際競争力を弱めたことも，韓国の造船業の成長に有利に働いたことを述べるとよい。

❖講　評

2023 年度の大問は，2022 年度と同じ 3 題。2022 年度に比べ，記述問題はやや減少したものの，論述問題は増加した。出題分野は，3 題とも系統地理で，例年出題されている地誌は出題されなかった。2023 年度は地形図が出題され，さらに，図，グラフ，統計表などの資料が多用された点は例年通りである。出題形式としては，論述法，記述法，選択法が用いられ，2021 年度に用いられた描図法が出題された。こうした多彩な問い方と地理学習の本質を問う論述問題の出題は，名古屋大学の特徴である。一部に詳細な知識が必要な問題がみられたが，多くは教科書の内容に沿った学習の重要事項の理解を問う良問であった。難易度は 2022 年度と同程度といえようが，論述問題が増加し，描図問題が加わったため，解答に時間的な余裕はあまりなかったと思われる。

Ⅰは河川や自然環境の問題であったが，図や地形図を読み取る力が求められた。問 1 の河床縦断面の図は教科書にも記載されている学習の重要事項である。問 2 では地形の断面図を描く問題が出題されたが，時間配分を考え，要領よく描きたい。

Ⅱは漁業と海運の問題であった。横浜港からロッテルダム港への 3 つの航路の描図が求められたが，通過する海峡などをしっかりと押さえ，丁寧に描きたい。また，スエズ運河とパナマ運河の比較の表が出題された。選択肢はあるものの，運河の開通年や全長の設問はやや難しかった。北極海航路やソマリア海賊事件など時事的な内容も問われた。

Ⅲは日本の輸入相手国の産業の問題で，各国の経済動向と関連させながら，戦後日本の工業や経済の大きな動向の理解が問われた。輸入相手国は特定しやすかったが，中国と韓国の記述について，論点の把握がやや難しかった。

全体に問題の分量が多く，限られた時間で解答するためには幅広い地理的知識が必要であることはいうまでもない。さらに，要領よく文章をまとめる力や問題に取り組む集中力が求められる。

数学

1

◇発想◇　$f(x)-g(x)$ の因数分解は，$f(x)-g(x)$ は x の 3 次式だから，因数定理を用いて因数を見つけるという方法があるが，最低次の文字 a で整理するという方法もあり，こちらの方が計算量は少ないだろう。

単なる計算でも，このように計算量の少ないものを選びたいものである。

解答　(1)　$f(x)=x^3-(a+2)x^2+(a-2)x+2a+1$

$g(x)=-x^2+1$

から

$$\begin{aligned} f(x)-g(x) &= x^3-(a+1)x^2+(a-2)x+2a \\ &= x^3-x^2-2x-a(x^2-x-2) \\ &= x(x+1)(x-2)-a(x+1)(x-2) \\ &= (x-a)(x+1)(x-2) \quad \cdots\cdots(\text{答}) \end{aligned}$$

(2)　$y=f(x)$ と $y=g(x)$ のグラフの共有点が 2 個となる条件は，x についての方程式 $f(x)-g(x)=0$ が相異なる 2 個の実数解をもつことである。

(1)から，$f(x)-g(x)=0$ すなわち $(x-a)(x+1)(x-2)=0$ の実数解は

$x=a,\ -1,\ 2$

であるが，これらが相異なる 2 個であることから

$a=-1$　または　$a=2$　……(答)

(3)　$f'(x)=3x^2-2(a+2)x+(a-2)$

について，$f'(x)=0$ が相異なる 2 個の実数解 $\alpha,\ \beta\ (\alpha<\beta)$ をもつときを考える。このとき

$f'(x)=3(x-\alpha)(x-\beta)$

と表され，右の増減表から，$x=\alpha$ のとき，$f(x)$ は極大値 $f(\alpha)$ をとる。

x	$\cdots$	α	$\cdots$	β	$\cdots$
$f'(x)$	$+$	0	$-$	0	$+$
$f(x)$	↗	(極大)	↘	(極小)	↗

以下，(2)の結果により，a の値について場合分けをして考える。

(i)　$a=-1$ のとき

$$f(x)=x^3-x^2-3x-1$$

$$f'(x)=3x^2-2x-3=3\left(x-\frac{1-\sqrt{10}}{3}\right)\left(x-\frac{1+\sqrt{10}}{3}\right)$$

から，$f(x)$ は $x=\frac{1-\sqrt{10}}{3}$ $(=\alpha)$ のとき，

極大値 $f(\alpha)$ をとる。

ここで，(1)から（$a=-1$ に注意して）

$$f(x)-g(x)=(x+1)^2(x-2)$$

$\alpha\neq-1$，$\alpha<0$ であるから

$$f(\alpha)-g(\alpha)<0$$

よって

$$f(\alpha)<g(\alpha)<g(0)=1$$

これは，$f(x)$ の極大値 $f(\alpha)$ が 1 よりも大きいことに反する。よって，$a=-1$ は不適。

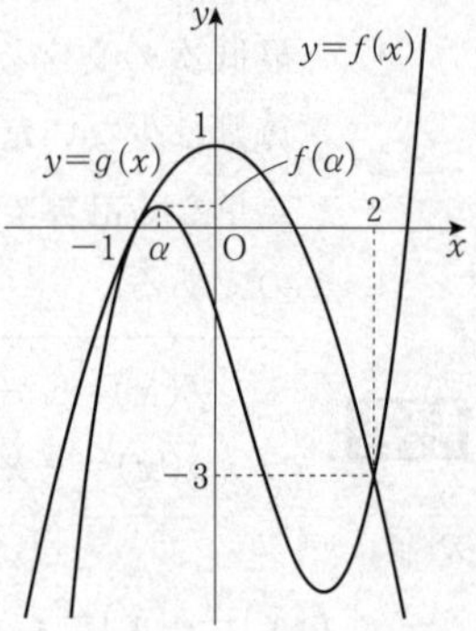

(ii)　$a=2$ のとき

$$f(x)=x^3-4x^2+5$$

$$f'(x)=3x^2-8x=3x\left(x-\frac{8}{3}\right)$$

から，$f(x)$ は $x=0$ $(=\alpha)$ のとき，極大値 $f(\alpha)$ をとり

$$f(\alpha)=f(0)=5>1$$

よって，$f(x)$ の極大値は 1 よりも大きく，

$a=2$ は適する。

このとき，極小値は

$$f(\beta)=f\left(\frac{8}{3}\right)=-\frac{121}{27}$$

また，(1)から

$$f(x)-g(x)=(x+1)(x-2)^2$$

となり，$y=f(x)$ と $y=g(x)$ のグラフは $x=-1$ で交わり，$x=2$ で接する。

(i)，(ii)により，$y=f(x)$ と $y=g(x)$ のグラフは，右図のようになる。

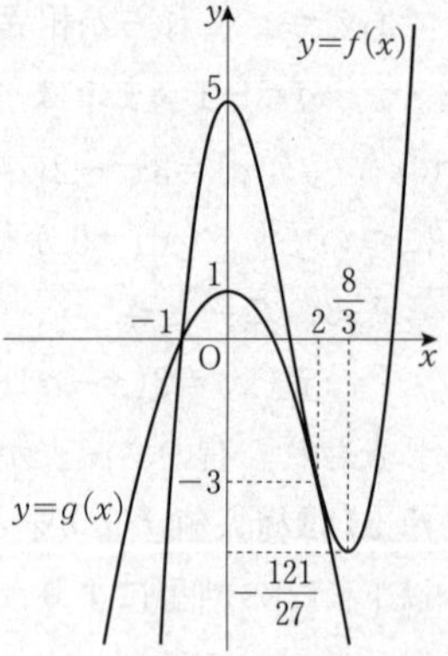

(注)　(2)の(i)$a=-1$ のとき，$f(\alpha)<1$ を示すのは，具体的に $f(\alpha)$ の値を求めてもよい。ただし，このとき，$f(x)$ を $f'(x)$ で割ったときの商 $\frac{1}{3}x-\frac{1}{9}$，余り $-\frac{20}{9}x-\frac{4}{3}$ を用いて，次のようにすると，計算量が少なくなる。

$$f(x)=f'(x)\left(\frac{1}{3}x-\frac{1}{9}\right)-\frac{20}{9}x-\frac{4}{3}$$

と表し，$f'(\alpha)=f'\left(\frac{1-\sqrt{10}}{3}\right)=0$ となることから

$$f(\alpha)=f\left(\frac{1-\sqrt{10}}{3}\right)=0-\frac{20}{9}\cdot\frac{1-\sqrt{10}}{3}-\frac{4}{3}=\frac{-56+20\sqrt{10}}{27}$$

$\sqrt{10}<4$ より　　$f(\alpha)<\frac{-56+20\cdot 4}{27}=\frac{8}{9}<1$

よって　　$f(\alpha)<1$

◀解　説▶

≪関数のグラフと共有点，極大値≫

(1)から，$f(x)=g(x)$ の解は $x=a$，-1，2 の 3 個である。ところが，(2)では $y=f(x)$ と $y=g(x)$ のグラフの共有点が 2 個であるような a の値を求めるので

$$a=-1 \quad \text{または} \quad a=2$$

となる。

また，$a=2$ で $f(x)-g(x)=(x+1)(x-2)^2$ となるとき，$f(x)=g(x)$ の解は $x=-1$，2 となり，とくに $x=2$ は重解である。このことから $y=f(x)$ と $y=g(x)$ のグラフは

$x=-1$，$x=2$ で共有点をもち，とくに，$x=2$ で接している

ことがわかる。

2

◇発想◇　平行線があると，それに関わる図形で，錯角や同位角など等しい角があることが多い。立方体は平行な 2 辺の組がいくつもあるので，等しい角はどこかという観点で図をながめてみよう。そうすると $\triangle \mathrm{APX}\backsim\triangle \mathrm{GFX}$ にたどり着くだろう。

四面体の体積は底面積と高さから得られるが，すでに面積を求

めた面があるため，それらを底面とみて，対応する高さを求めよう。

解答　(1)　$AP /\!/ FG$ から

$$\triangle APX \backsim \triangle GFX$$

であり，相似比は，$AP : GF = p : 1$ である。このとき

$$AX : XG = p : 1$$

$$AX : AG = AX : (AX + XG) = p : (p+1)$$

また，$AG = \sqrt{1^2+1^2+1^2} = \sqrt{3}$ であるから

$$AX = \frac{p}{p+1}AG = \frac{\sqrt{3}\,p}{p+1} \quad \cdots\cdots(答)$$

(2)　$\triangle APX$，$\triangle GFX$ において，それぞれ AP，GF を底辺とみたときの高さを，h_1，h_2 とする（右図）。

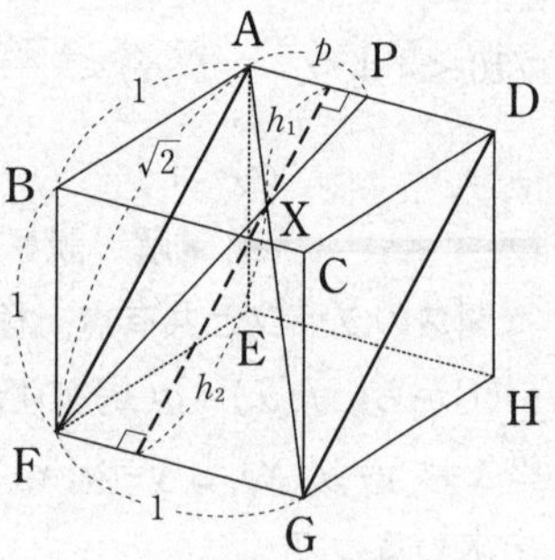

(1)と同様に相似比を考えて

$$h_1 : h_2 = p : 1$$

$$h_1 : (h_1 + h_2) = p : (p+1)$$

また，$h_1 + h_2 = AF = \sqrt{1^2+1^2} = \sqrt{2}$ であるから

$$h_1 = \frac{p}{p+1}(h_1 + h_2) = \frac{\sqrt{2}\,p}{p+1}$$

よって

$$\triangle APX = \frac{1}{2}\cdot AP \cdot h_1 = \frac{1}{2}\cdot p \cdot \frac{\sqrt{2}\,p}{p+1} = \frac{\sqrt{2}\,p^2}{2(p+1)} \quad \cdots\cdots(答)$$

(3)　(2)から

$$h_2 = \frac{h_1}{p} = \frac{\sqrt{2}}{p+1}$$

よって

$$\triangle GFX = \frac{1}{2}\cdot FG \cdot h_2 = \frac{1}{2}\cdot 1 \cdot \frac{\sqrt{2}}{p+1} = \frac{\sqrt{2}}{2(p+1)}$$

ここで，AF と BE の交点を Y とおくと，$BE \perp AF$，$BE \perp AD$ から

$$BE \perp (平面\ ADGF)$$

よって，四面体 ABPX と四面体 EFGX でそれぞれの底面を $\triangle APX$，

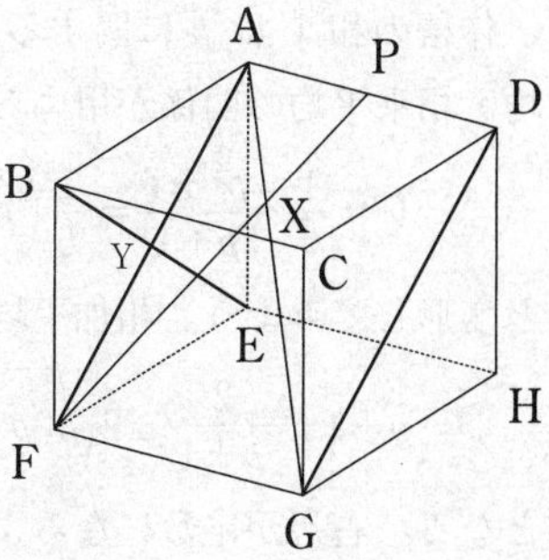

$\triangle$GFX とみたときの高さは BY，EY である。

$$\mathrm{BY}=\mathrm{EY}=\frac{1}{2}\mathrm{BE}=\frac{1}{2}\sqrt{1^2+1^2}$$

$$=\frac{\sqrt{2}}{2}$$

ゆえに，四面体 ABPX，四面体 EFGX の体積をそれぞれ V_1，V_2 として

$$V=V_1+V_2=\frac{1}{3}\cdot\triangle\mathrm{APX}\cdot\mathrm{BY}+\frac{1}{3}\cdot\triangle\mathrm{GFX}\cdot\mathrm{EY}$$

$$=\frac{1}{3}\cdot\frac{\sqrt{2}\,p^2}{2(p+1)}\cdot\frac{\sqrt{2}}{2}+\frac{1}{3}\cdot\frac{\sqrt{2}}{2(p+1)}\cdot\frac{\sqrt{2}}{2}$$

$$=\frac{p^2+1}{6(p+1)}\quad\cdots\cdots(答)$$

(4)　$0\leqq p\leqq 1$ の範囲で考える（P＝A のとき $p=0$ とする）。

$$V=\frac{1}{6}\cdot\frac{p^2+1}{p+1}=\frac{1}{6}\left(p-1+\frac{2}{p+1}\right)$$

$$=\frac{1}{6}\left(p+1+\frac{2}{p+1}-2\right)$$

$$\geqq\frac{1}{6}\left\{2\sqrt{(p+1)\cdot\frac{2}{p+1}}-2\right\}$$
$\left(p+1>0,\ \dfrac{2}{p+1}>0\right.$ より，相加平均・相乗平均の関係を用いた$\left.\right)$

$$=\frac{\sqrt{2}-1}{3}$$

等号成立は $p+1=\dfrac{2}{p+1}\iff(p+1)^2=2$ と $0\leqq p\leqq 1$ より，$p=\sqrt{2}-1$ のときである。

したがって，V は $p=\sqrt{2}-1$ のとき，最小値 $\dfrac{\sqrt{2}-1}{3}$ をとる。　……(答)

◀解　説▶

≪空間図形，面積と体積，相加平均・相乗平均の関係≫

四面体 ABPX，四面体 EFGX の体積を考えるとき，それぞれ，$\triangle$APX，$\triangle$GFX を底面とみて，高さ BY，EY を求める方法をとった（ここで Y は AF と BE の交点）。

体積の和 V は p に関する分数式で表される。このような場合，相加平均・相乗平均の関係が用いられることが多いので，これを目標に

$$V=\frac{1}{6}\cdot\frac{p^2+1}{p+1}=\frac{1}{6}\left(p+1+\frac{2}{p+1}-2\right)$$

と変形してみよう。相加平均・相乗平均の関係を利用すると

$$p+1+\frac{2}{p+1}\geqq 2\sqrt{(p+1)\cdot\frac{2}{p+2}}\ (=2\sqrt{2})$$

となる。右辺が定数になるように変形したことに留意しておこう。

3

◇発想◇　題意を把握し，どのようなしくみをもった試行なのかよく考えてみよう。わかりにくければいくつか具体的な例を考えてみよう。1 回目には 8 枚のカードが用意されていて，数字 k が 1，2，3，4 のいずれでもカードの枚数 8 は k 以上であるので，カードを 1 枚取り除く。2 回目には 7 枚のカードが残っている。そうすると，5 回目までは同様で，6 回目以降を考えればよいとわかる。

解答　(1)　取り出した球に書かれた数字 k は，$k=1$，2，3，4 のいずれかであるから，残っているカードの枚数が 4 以上のとき，(カードの枚数)$\geqq k$ となり，カードを 1 枚取り除く。

よって，5 回目の試行まではつねにカードを 1 枚ずつ取り除き，5 回の試行のあとでカードは 3 枚残っている。

ゆえに，8 回の試行のあとでカードが 1 枚だけ残るのは，6 回目以降の 3 回のうち

　　2 回はカードを 1 枚取り除き，

　　1 回はカードを取り除かない

ときであり，これに限られる。このとき，残っているカードが 3 枚以下のとき，取り出した球に書かれた数字 k によりカードを 1 枚取り除くか否かの確率について，次の表にまとめる。

残っているカードの枚数	3	2	1
カードを1枚取り除く場合とその確率	$k=1,\ 2,\ 3$ $\frac{3}{4}$	$k=1,\ 2$ $\frac{1}{2}$	$k=1$ $\frac{1}{4}$
カードを取り除かない場合とその確率	$k=4$ $\frac{1}{4}$	$k=3,\ 4$ $\frac{1}{2}$	$k=1,\ 2,\ 3$ $\frac{3}{4}$

また，6回目，7回目，8回目の試行における枚数の変化について，次の3通りがある。なお

　　カードを1枚取り除くことを，記号 ↘ で表し，

　　カードは取り除かないことを，記号 → で表す

こととする。

5回の試行のあと	6回目の試行とその確率	6回の試行のあと	7回目の試行とその確率	7回の試行のあと	8回目の試行とその確率	8回の試行のあと
3枚	↘ $\left(\frac{3}{4}\right)$	2枚	↘ $\left(\frac{1}{2}\right)$	1枚	→ $\left(\frac{3}{4}\right)$	1枚
3枚	↘ $\left(\frac{3}{4}\right)$	2枚	→ $\left(\frac{1}{2}\right)$	2枚	↘ $\left(\frac{1}{2}\right)$	1枚
3枚	→ $\left(\frac{1}{4}\right)$	3枚	↘ $\left(\frac{3}{4}\right)$	2枚	↘ $\left(\frac{1}{2}\right)$	1枚

したがって，求める確率は，上の3つの場合を合わせて

$$\frac{3}{4}\cdot\frac{1}{2}\cdot\frac{3}{4}+\frac{3}{4}\cdot\frac{1}{2}\cdot\frac{1}{2}+\frac{1}{4}\cdot\frac{3}{4}\cdot\frac{1}{2}=\frac{9}{16}\quad\cdots\cdots\text{(答)}$$

(2)　8回の試行のあとでカードが残っていないのは，8回のいずれの試行においてもカードを1枚取り除くときであり，これに限られる。

このとき，8回目は $k=1$，7回目は $k=1,\ 2$，6回目は $k=1,\ 2,\ 3$ で，それぞれの場合の球の取り出し方は8回目，7回目，6回目の順に考えると，2通り，$2^2-1=3$ 通り，$2\cdot3-2=4$ 通りである。

	8回目	7回目	6回目	5回目以前
取り出した球に書かれた数字 k	$k=1$	$k=1,\ 2$	$k=1,\ 2,\ 3$	k は任意
球の取り出し方	2通り	$2\cdot2-1=3$ 通り	$2\cdot3-2=4$ 通り	$5!$ 通り

球8個から1個ずつ，計8個を取り出すすべての場合の数は，$8!$ 通りである。

以上から，求める確率は

$$\frac{2\cdot3\cdot4\cdot5!}{8!}=\frac{2\cdot3\cdot4}{6\cdot7\cdot8}=\frac{1}{14}\quad\cdots\cdots(\text{答})$$

◀解　説▶

≪確率，場合分け，場合の数，考える順序≫

⑵では取り出した球を袋の中に戻さない。このとき，8 回目では $k=1$，7 回目では $k=1$，2，6 回目では $k=1$，2，3 であることが必要で，後の試行ほど，条件が厳しくなる。このようなとき，時間的順序を逆転して，8 回目の試行から考えていくとよい。

このように，あたかも映像を逆に見るように，事象を考えていくことが問題を解決に導くことが少なくない。

⑴のように，状態を元に戻してから取り出すことを，復元抽出といい，⑵のように，状態を元に戻さず続けて取り出していくことを，非復元抽出という。いずれも，入試問題には頻出のテーマである。

❖講　評

2021・2022 年度は，2020 年度以前に比べて手のつけやすい標準レベルの問題が多かった。しかし，2023 年度は一転して難化，2020 年度以前のレベル・傾向に戻ったと言ってよいだろう。

1は一見すると基本問題のようだが，3 次関数 $f(x)$ の極大値が 1 以下であることを示すのは容易ではない。$f(x)$ と 2 次関数 $g(x)$ との大小関係などを利用して，計算量を減らす工夫が必要である。

2は空間図形の問題だが，その中で平面図形の相似など幾何的要素が含まれる。相加平均・相乗平均の関係の利用という不等式のテーマも含まれる。

3は題意の把握が難しい。⑴は取り出した球を毎回袋の中に戻すが，⑵は取り出した球を袋の中に戻さない，と設定が違う。⑴・⑵のどちらから解いてもよい。いずれにせよ，文系の出題としては，難問である。

大幅に増え、受験生は時間配分に悩まされたことだろう。表現を吟味推敲する余裕はなかったと思われ、読みながらとにかく答案を埋めていく記述力が問われた。

三の漢文は、近来頻出の『夢渓筆談』からの出題であった。問題の傾向は例年どおりであったが、本文の解釈、全体の趣旨ともやや理解しづらく迷うところがあった。漢字の読み、口語訳、書き下し文、一五〇字の内容説明問題という基本の出題形式は従来どおりであった。

総括すれば、記述量が多くなってきている兆しはあるものの、設問内容や形式はほぼ従来の傾向どおりであり、今後も同様の出題がされると思われ、こうした対策をいかに早くからしてきたかが、得点差につながると考えられる。

エピソードがまとまらない。冒頭の「局量寛厚」の意味を、「身近な小事に無頓着・無関心なおおらかさ」と解釈すれば全体がまとまる。その主題の意味に沿って、いかに要領よく各話を結び付けるかが表現力の見せ所である。

参考 沈括（一〇三一～一〇九五年）は、北宋時代中期の政治家・科学者で、晩年は夢渓丈人と号した。代表作『夢渓筆談』は、博学な知識に支えられた科学・芸術・政治など広範囲にわたる随筆集で、特に科学技術に関してユニークな記事を多く載せているのが特色である。教科書や大学入試にも近来頻出の作品で、目にしたことのある受験生も多いはずである。現代語訳三巻が東洋文庫から出版されている。

本文の主人公王旦（王文正）は、沈括の少し前の北宋の時代の政治家で、十二年間も宰相を務め、人の長所のみを見て生かして平和な時代を築いた、度量の大きさで知られる名宰相で、その点を述べた逸話が多い。

❖講　評

読解する文章量、解答する記述量の多さが名古屋大学の国語の特色であり、出題の傾向は大きくは変わらなかったものの、全体として文章量・記述量とも二〇二二年度よりやや増加し、一〇五分の制限時間内では、解答を吟味し推敲する間もなく、解答欄が埋まらないまま終わってしまった受験生も多かったのではないかと思われる。難易度は例年並みでも、記述量の多さという傾向をいっそう強めた出題であったと言ってよい。

[一]の現代文は、二〇二二年度と同じく新刊書籍からの出題となった。空所補充問題はなくなり、本文との合致を問う内容真偽問題がそれに代わったが、漢字の読み書きと、字数制限つきの説明問題は例年通りである。問題はさほどの難しさではないが、単に本文の一部を抜き出すような問題ではなく、様々な箇所から該当する表現を求め、字数制限内にまとめる問題であり、いかに要領よく的確にまとめていけるかが問われた問題であった。

[二]の古文は、江戸時代の作品からの出題であったが、文章は近世特有のものではなく、和歌を含む本文で、内容を補っての口語訳、心情や内容の説明といった設問形式で、従来の傾向どおりである。二〇二三年度は文章量、記述量とも

▼問一　いずれも漢字漢文の基礎的知識。

a、「幾何」は〝数量がどれほどか〟の意。「幾何学」という語の由来である。

b、「暫」は、現代でも「暫定」「暫時」と使うように、〝しばらく〟の意。

c、「復」は〝また再び〟の意。「また」と読む「又」（〝さらにその上〟）、「亦」（〝～も同様に〟）との意味の違いにも注意。

▼問二　現代語訳：「其」は「王旦（王文正）」を指す。「量」は、「度量（の大きさ・広さ）」で十分に通じる。

説明：傍線部の後の話は、王旦の「度量の大きさ」と結びつけて理解すればよいが、この場合は、「具体的に何をしたのか」を問うているので、「家人」が王旦に対してしたことを二つ述べればよい。

▼問三　書き下し文：ポイントは「為～所…」を「～の…する所と為る」（受身形）と読む読み方である。

現代語訳：やはりポイントは「～に（よって）…される」の受身形。「私」は、この場合は動詞なので、「私（わたくし）す」（〝自分の物にする、くすねる〟の意）と読む。

▼問四　ポイントは「過」を「あやまち」と読むこと。「過失」でもよいが、「罪過」という熟語もあり、この場合むしろ意味は「罪」に近い。「発（あばク）」は「あばく」でよいが、「摘発」という熟語が浮かべば、さらに適当である。

▼問五　「其」は「控馬卒」（馬の口取り）を指す。訳出で迷うのは「乃（すなはチ）」の用法であるが、〝つまり〟の意で傍線部前の話とのつながりを表し、〝つまりこれは、～、ということである〟と訳してもよいが、「乃」には、傍線部直前の「汝乃某人乎」のように、意外なことに感嘆する意味があるため、ここでは〝なんとまあ〟という訳を採った。「逐日」は「逐語（訳）」のように、〝日ごとに、一日一日〟つまり〝毎日〟のこと。「但（ただ）」（〝～だけだ〟）は限定の意。「視」（〝意識してじっと見る〟）、「省（さとル）」も、そのままではなく、語の意味と文章の内容とを考え文脈に合わせた訳をする必要がある。

▼問六　現代語で用いる、清濁併せのむ「度量の大きさ」という意味では、後半二つの話とはうまくかみ合わず、四つの

たたび呼び返して、「ああおまえはあの人だったのか」と言った。そこで（この馬の口取りに）手厚い贈り物をした。なんとまあ、馬の口取りは毎日王旦の馬を引いていたが、（王旦は）彼の背中を見ていただけで、馬の口取りの顔を意識して見たことがなかった。（馬の口取りが）立ち去ったとき（王旦は）その背中を見て、初めて（自分の馬を引いていた者だと）気がついたのであった。

読み　王文正太尉局量寛厚にして、未だ嘗て其の怒るを見ず。飲食に精潔ならざる者有らば、但だ食らはざるのみ。家人其の量を試さんと欲す。少しの埃墨《あいぼく》を以て羹《あつもの》の中に投ず。公唯だ飯を啖《く》らふのみ。其の何を以て羹を食らはざるかを問ふ。曰はく、我偶《たま》たま肉を喜ばずと。一日《いちじつ》又た其の飯を墨す。公之を視て曰はく、吾今日飯を喜ばず、粥を具《そな》ふべしと。

其の子弟公に愬《うった》へて曰はく、庖肉饔人《ようじん》の私《わたくし》する所と為り、肉を食らひて飽かず、乞ふ之を治むるをと。公曰はく、汝輩《なんぢら》人ごとに肉を料ること幾何《いくばく》ぞと。曰はく、一斤なり。今但だ半斤を得て食らひ、其の半饔人の廋《かく》す所と為ると。公曰はく、一斤を尽くせば飽くを得《う》べけんやと。曰はく、一斤を尽くせば固《もと》より当に飽くべしと。曰はく、此の後人ごとに一斤半を料れば可なりと。其の人の過を発《あば》かざること皆之に類《に》る。

嘗て宅門壊れ、主者屋を徹して之を新たむ。暫《しばら》く廊廡《ぶ》下に於て一門を啓《ひら》きて以て出入す。公側門に至り、門低く、鞍に拠りて俯伏して過ぐるも、都《すべ》て問はず。門畢《をは》りて、復た正門を行くも、亦た問はず。

控馬卒有り、歳満ちて公に辞す。公問ふ、汝馬を控《ひ》くこと幾時《いくとき》ぞと。曰はく、五年と。公曰はく、吾汝有るを省《さと》らずと。既に去り、復た呼び回《かへ》して曰はく、汝は乃ち某人かと。是に於て厚く之に贈る。乃ち是れ日を逐《お》ひて馬を控き、但だ背を見て、未だ嘗て其の面を視ず。去るに因りて其の背を見て、方《まさ》に省るなり。

▲解　説▼

王文正についての具体的な四つのエピソードからなり、細かい点が多少わからなくても、話は理解しやすい。冒頭の「局量寛厚」が全体の主題を表しているが、単に「度量が大きい」だけでは、四つの話がつながらない。主題の語を、各エピソードと結びつけてどう理解するかが、読解のポイントとなる。

問六　王文正は度量が大きく、小事に頓着しない大らかな人物であった。自分の食事にススを入れられても、料理人が台所の肉をくすねても怒らず、人の罪過を暴かなかった。邸宅の正門が壊れ仮の低い門を身をかがめて通ったのも、正門の修理が終わったのも全く気にせず、五年間自分の馬を引いた者の顔も覚えていないほどであった。（一五〇字以内）

◆全　訳◆

王文正太尉（王旦）は度量が大きく、小事に頓着しない大らかな人物で、いまだかつて公が怒るのを見たことがなかった。飲食物に清潔でないのがあると、ただ食べないだけで（そのことを注意せずに）すました。家の者が公の度量の大きさを試そうとした。少量のススを熱い吸い物の中に入れた。公は飯を食べただけですました。「公はどうして熱い吸い物を食さないのか」と家の者は問うた。公は「私はたまたま肉を食べたくなかったのだ」と言った。ある日今度は公の飯をススで黒くしてみた。公はこれを見て、「私は今日は飯は食いたくない。粥を出してくれ」と言った。

公の家の若い者が公に、「台所にある肉が料理人によってくすねられ、肉をたらふく食べられません。どうかこの件をなんとかしてください」と訴えた。公は「おまえたちは、量ると一人でどれだけの肉を食うのか」と尋ねた。「一斤です。今は半斤を食えるだけで、肉の半分が料理人にくすねられています」と答えた。公が「一斤を食べれば満足できるのか」と聞くと、（若い者たちは）「まるまる一斤を食えば、もちろん十分でしょう」と答えた。（公は）「これからは一人あたり一斤半量っておけばよい」と言った。公が人の罪過を暴くことをしないことはすべてこのようであった。

屋敷の正門が壊れたことがあり、責任者は正門の建物をすべて新築することにした。しばらくの間は邸宅の東西の塀の建物の屋根の下を壊し、門をあけて出入りをした。公が仮の門に至ると、門は低く、鞍にうつ伏せになって通り過ぎたが、公は全く問題にしなかった。正門の改築が終わり、ふたたび正門を通ったときも、また同様に何も問わなかった。

馬の口取りがいて、年季の期限が来て公に暇乞いの挨拶に来た。公は「おまえはどれだけの間馬を引いていたのか」と聞くと、「五年です」と答えた。公は「私はおまえがいたとは気づかなかった」と言った。立ち去ってしまうと、公はふ

参考　荒木田麗女（本名は麗、一七三二～一八〇六年）は江戸時代中期の文学者。和歌・連歌・漢文学・国史・平安時代の物語に通じ、物語・句集・紀行文・随筆など四〇〇巻にも及ぶ著作を残した。歴史物語として『月のゆくへ』『池の藻屑』、擬古物語として『藤の岩屋』『野中の清水』などの作品があるが、現代一般向けに出版されているものはほとんどない。

『怪世談』は、現実離れの学問や奇談怪談の流行した江戸時代中期の安永年間に書かれた怪談集である。本文の題名「飛頭蛮」は、通常は人間の姿で、夜になると頭だけが胴体から離れて空中を飛び回る、という中国の妖怪伝承をもとにした作品で、日本の「ろくろ首」伝承にも通じる怪談である。

三

出典　沈括『夢渓筆談《むけいひつだん》』〈巻九・人事一〉

解答

問一　a、いくばく　b、しばらく　c、また

問二　現代語訳：家の者は、王旦の度量の大きさを試そうとした。

説明：家の者は、王旦の食事の熱い吸い物の中にススを入れ、王旦が「肉は食べたくない」と言って飯だけを食べると、今度は飯をススで黒くして出して王旦の反応をみた。

問三　書き下し文：庖肉饔人の私する所と為り

現代語訳：台所にある肉が、料理人によってくすねられて（私物化されて）

問四　他人の罪過を暴こう（摘発しよう）としないこと

問五　なんとまあ、馬の口取りは五年間毎日王旦の馬を引いていたが、王旦は彼の背中を見ていただけで、馬の口取りの顔を意識して見たことがなかった。馬の口取りが立ち去ったとき王旦は馬の口取りの背中を見て、初めて自分の馬を引いていた者だと気がついたのであった。

に何についての心情であるかを補っていけばよい。

②「むくつけうさへなりて」が直接的な心情。その心情に至る事情を加えてまとめる。「その夜もまた同じごとなりければ」について、「同じごと」の具体的な内容を説明すること。

③心情を直接述べた語は直前にないが、実際には陸奥の守は女の首がないのをすでに見て知っていたにもかかわらず、「守も今聞きたるやうに」した事情と心情を考えてまとめる。

▼問三　「適宜言葉を補いつつ」とあるので、直訳した上で、内容がよくわかるように訳していく。

Ⅰ、「けさう人」「つれなく」「心こはき」の意味を現代語訳し、人物やどうしたのかを補う。「けさう人」は漢字で表記すると「懸想人」。「心こはし」は「心強し」で〝強情である、気が強い〟の意だが、ここでは恋する相手が自分になびかない、といった意味合いでとらえればよい。

Ⅱ、「こと心」(＝異心)の意味を明らかにし、やはり人物を補いながら訳す。

Ⅲ、「な～そ」(禁止の意味)に、人物や事情を補う。ここでは人々の見た怪異現象(女の首が夜中に飛び回っていたこと)について口止めをしているのである。

▼問四　和歌の意味が正確には取りづらくても、いずれも暇を出されて屋敷と隔てられることになった女の心情を述べた歌であることがわかれば、内容はおよその見当はつく。

A、北の方の、去る女への心情を「あはれ」と言っている。「さすがに」と言っているので、もう一方の「あはれ」と反対の心情にも触れる必要がある。「真木の柱は」という女の言葉についても、後の注を参考に触れること。

B、「かたはらいたし」には〝苦々しい、いたたまれない、心苦しい、きまり悪い〟などの意味がある。女が守に「聞こゆる」歌であり、「いとかたはらいたし」と感じたのは守である。そう思った事情をよく理解してまとめること。女に暇を出したのは女が化け物だからであるが、女の方は守が女に思いをよせていたことを北の方が知り、女を恨んで暇を出したと思い込んでいるのだと、この歌を見た守は思い、「かたはらいたし」と思ったのである。

れ言などをなさるのを（北の方が）聞きつけて、それを気になさったのかと、とても恥ずかしく心も乱れ、おいとまするといって、いつも住んでいた部屋の障子に、

「籬（＝外と隔てる垣根）という名からしてつらい籬が島の宿と思って、このように道を隔ててしまうことになってしまいました（暇を出されて隔てられてしまうことはつらいことです）。

真木の柱は（私を忘れないでください）」と書き付けたのを、北の方もさすがにかわいそうに思った。守も「今はもう」と（女が）立ち去って行くのを見ると、穏やかではなく涙がこぼれそうになっていたが、女は「ただこの人（＝守）の心のわけのわからなさ（＝自分に思いをかけたこと）からこんなことになったのだ」とばかり思うので、うらめしくて、

気まぐれに立ち騒ぐ波がかからなかったら、漁師の小舟も浦から遠くに隔たることもなかったでしょうに（守が私に気まぐれな恋心を起こさなければ、私が遠くにやられることもなかったでしょうに）。

とそっと申し上げたが、（守は）「では北の方などが恨んだと思ったのだろうか」と思い、たいそう苦々しい。

▲解　説▼

漠然と読んでいては、話がつかみにくいが、「怪異物語集」であることや、問二以降の各問題が、各傍線部前の話の要所をまとめる問題になっているので、それに沿って話の筋を理解していく。文章が長く、解答の記述量も多く、よい答案にしようと推敲するには時間が足りないので、読みながらとにかく書いていくという要領がないと書ききれない。

▼問一　品詞分解が久々に問われたが、この程度は確実に答えられるようにしたい。助動詞「る」「らる」の意味の識別が一つのポイント。心情語の下にあると多くは自発、否定の形のときはおおむね可能である。助動詞の接続にも注意すること。

▼問二　どういう心情からの行動かを問うているので、それに「〜から」をつける形で、傍線部前をよく読んで、心情につながる内容として必要なことをまとめていく。

①「うしろめたくて」が直前にあるが、「むくつけう」や「わづらはしう」も行動にむすびつく心情であり、それら

たことであろうか」などと、並一通りでなく考え続けていると、ようやく夜が明けた。

人々は起き出したようであるが、何も聞こえてくることはなかった。守も急いで起きて様子を見ると、女は、いつもの様子で何ごともなかったように台所の方にいた。守は「とても不審だ」とばかり見つめているが、（女は）変わった様子でもなく、ただ普通の様子である。「不思議だ、昨夜私はどういう夢を見たのだろうか」と（守は）思うが、わけがわからず胸騒ぎがしている。しかし人に言えるようなことではないので、北の方にさえも申し上げない。心の中では「暮れにこそは（確かめてやろう）」と思って、懲りもせずに待ち続けているようだ。

その夜もまた同じことであったので、ますます「この世の者でない化け物では」と思うようになり、愛おしいと思った心も打って変わって、気味悪くさえなって、すぐに帰ってしまった。

今夜は守の子である子どもが急に泣き出し、乳を吐くなどしたと言って、北の方も女房たちも起き出して、魔除けのために米をまくなど、やかましく人々も騒ぐなどして、「あの女も起こしてやろう」と言って、老いた女房たちがふと近寄って（女の様子を）見ると、とてもひどくおびえてあきれるほど取り乱している。他の人々にも言うので、守も今聞いたように、行って見るなどした。夜明け近くなったのか、鐘の音も聞こえてきた。どこからともなく、空からあの女の頭が、耳を翼のようにして、鳥か何かだと見間違えるように飛んできたのか、その場にいる全ての人々は恐がり取り乱して、正気を失ってうつぶしてしまった。守は動ずることなく太刀を引き寄せて見続けていると、すぐに（女の頭は）寝ている枕の方に行ったが、しばらくして、女は、何ともないように起きて、人々がここにいるのを、きまりわるく恥じらっている様子は、全く恐ろしい様子もなく愛おしい様子である。守は、人々に目配せし続けて、「何ごとも言うな」と言って立ち去った。

北の方や、女たちがひたすら恐れおののいたのも気の毒に思い、守もこの女をそのままいさせても、かわいらしくもないと思うようになって、辞めさせようとした。女は、このようなことは全く知らず、短期間で辞めてしまうことを人が笑うのも恥ずかしく、ここでも北の方は、隔てのない心をお見せになったのに、こう急に辞めよと言うのは、守が自分に戯して行って見ないと、女のもとに忍んで行ったことがみんなに知られてしまって困るから。

問三　Ⅰ、守の屋敷のこの女を恋い慕った男が、女が冷淡で強情なのを恨んでこのように頭を切り取ったのだろうか

Ⅱ、恋い慕った女に浮気心があるのを知って、以前からつきあっていた男がしたことであろうか

Ⅲ、陸奥の守は、女の頭が空から飛んできたことについて、何事も言うなと言って立ち去った。

問四　A、北の方は、化け物の女を恐ろしく気味悪く思うもののやはり、「暇を出されて遠くに隔てられてしまうのはつらい。私のことを忘れないでください」と女が古歌を踏まえて書き残したのを見て、さすがに気の毒になったから。

B、「守が私に気まぐれな恋心を起こさなければ、暇を出されることもなかったでしょうに」という女の歌を見、守は北の方が女を恨んで暇を出したと女が思っていることを知って、苦々しく思ったから。

◆全　訳◆

（陸奥の守は）やたらと女の所に行きたくて、その夜、人が寝静まった頃に忍んで行った。この女は私室ではなく、廂の間にたった一人で寝ているのを、守はたいそううれしく思って心をときめかせて、そっと近くに寄っていったのだが、（女は）たいそうよく寝入っているのだろうか、目を覚ますこともない。上に掛けた着物を押しのけるが、「あっ」とも言わない。几帳のすきまから通ってくる火の光に、ことにぼんやりと見ると、肌はあたたかくいやな感じもしないが、頭がないようである。とても異様で見間違いではと思ったが、はっきりしないので、帷を少し上げて見ると本当に（頭が）ない。急に気味悪くどうしようもないと思ったので、人々を起こして知らせようとしたが、自分の愚かなふるまいが人々に知られてしまうのが面倒で、またこの女の様子も異様なので、つまらない濡れ衣を着せられたら困ると不安になって、この場から立ち帰ろうとするが、さすがに愛おしかったいつもの顔かたちも忘れがたく、自然と振り返ってしまった。

何もなかったように自分の部屋に入って床に伏したが、まどろむこともできない。やはり気にかかって、「どういう者のしわざであろうか、無論屋敷の中の男どもの中に（犯人が）いるのだろうが、この女を恋い慕った男が（女が）冷淡で強情なのを恨んでこのようにしたのだろうか、または（女に）浮気心があるのを知って、以前からつきあっていた男がし

オ、第二段落の説明に合致する。問五の考察内容とも重なる。

参考　八木雄二（一九五二年〜）は日本の哲学者。東京生まれ、慶應義塾大学大学院博士課程修了、文学博士。専門は西洋中世哲学。現在、東京港グリーンボランティア代表。東京キリスト教神学研究所所長。大学非常勤講師。著書に『イエスと親鸞』（講談社選書メチエ）、『神を哲学した中世』（新潮選書）、『中世哲学への招待』『古代哲学への招待』（平凡社新書）、『「ただ一人」生きる思想』（ちくま新書）、『天使はなぜ堕落するのか――中世哲学の興亡』（春秋社）などがある。『1人称単数の哲学――ソクラテスのように考える』（春秋社）は二〇二二年の最新刊である。

二

出典　荒木田麗女『怪世談』〈飛頭蛮〉

解答

問一　ア、「かへりみ」は名詞、「せ」はサ行変格活用の動詞「す」の未然形、「られ」は自発の意の助動詞「らる」の連用形、「たり」は完了の意の助動詞「たり」の終止形。

イ、「まどろま」はマ行四段活用の動詞「まどろむ」の未然形、「れ」は可能の意の助動詞「る」の未然形、「ず」は打消の意の助動詞「ず」の終止形。

ウ、「見」はマ行上一段活用の動詞「見る」の連用形、「つる」は完了の意の助動詞「つ」の連体形、「なら」は断定の意の助動詞「なり」の未然形、「む」は推量の意の助動詞「む」の終止形。

問二　①陸奥の守は女に頭がないのを気味悪く思ったが、人を呼んだら自分が夜に女の所に忍び入ったことが皆に知られるのが面倒で、また自分が女を殺したというつまらない濡れ衣を着せられたら困ると不安になったから。

②前夜と同じように頭のない女を見た陸奥の守は、ますます女をこの世の者でない化け物ではと思うようになり、愛おしいと思う心もなくなり、気味悪くなったから。

③老いた女房たちが頭のない女におびえ他の人々にも言っていたので、すでに知っている守も今知って驚いたふりを

のを押さえる。「孤独」は、傍線部の前の段落（第八段落）の「言い換えれば、孤独に…」の前に説明されており、その表現を軸に、第八・九段落の説明を加えてまとめる。

▼問三「知的」という語がいきなり出てきて戸惑うが、傍線部直前の「したがって」に着目すれば、「理性的であろうとしている人ほど」を「人は知的であるほど」と言い換えていることがわかる。傍線部を含む第十一段落のはじめにも「したがって…騙されやすいのである」とあることから、この前の段落（第十段落）の内容をまとめれば「騙されやすい」とはどういうことかの詳しい内容説明となる。

▼問四「人類の理性の設計」とは、傍線部の二つ前の段落の「人類の心に宿している『協働のための一致』という原初的な力」のことである。この内容を述べた、「このことによって、」以下の第十三段落に着目する。何が「健全なのか」という主題は傍線部の直前の一文であり、これと「人類の理性の設計」の内容とがつながるようにまとめていけばよい。

▼問五「臭いや絵や音楽…」の内容は、冒頭〜第五段落にある。第四段落に「ことば」との違いを述べた傍線部の理由の説明に使える表現があるが、「人を騙す」の説明は傍線部②の前にあり、その内容もからめて、また本文全体の内容も踏まえてまとめていく。ポイントは、「臭いや絵や音楽」と「ことば」の心に対するはたらき方の違いを明確にすることである。

▼問六　ア、「自分の心をゆだねることはしない」が不可。むしろ、人間は、他者のことばに支配されるというのが本文の主題である。

イ、人は「騙されやすい」のであり、受け取った「ことば」が必ずしも「真実」だとはいえない。また「いつも」その「ことば」通りに行動するとまでは言っていない。

ウ、第十三段落（このことによって…）の説明に合致する。問四の考察内容とも重なる。

エ、「信頼できる他者の発した正しい『ことば』だけが」とまでは言っていない。

◆要　旨◆

段落を明確に分けることが難しい文章だが、問二～問五の説明問題に従って、便宜的に全体を大きく四つの大段落に分けて内容を整理してみる。

Ⅰ　第一～五段落：感覚刺激と「ことば」の違い　→問五

音楽や絵画や映像などは外から感覚刺激によって、人の心を動かす。「ことば」の場合は、ことばに沿って考えるので、心は内から大きく動かされている。

Ⅱ　第六（じっさい、「考える」…）～九段落：ことばの理解と共同世界　→問二

わたしたちは他者のことばを理解し、他者の属している共同世界に入ろうとし、共同世界から切り離されること、孤独になることを望んでいない。

Ⅲ　第十（なぜなら、…）～十一段落：理性はことばに支配される　→問三

ことばのはたらくところには理性がはたらいており、知的で理性的な人ほど他者のことばを理解しようとして、他者のことば、つまり他者の理性によって支配されやすい。

Ⅳ　第十二段落（一方、…）～：ことばの原初的な力　→問四

人類は、かつて集団内で同じことばをもつことによって、協力し合って大自然の中で生き残る道を見つけてきた。いつもわたしたちが、他者のことば通りに考えて行動するのは、きわめて健全で、普遍的に見られることである。

◀解　説▶

▼問一　h、「齟齬」は、〝食い違い〟の意で、意味もよく問われる。あとはやさしいものばかりである。二字の熟語が学習の中心になるだろうが、漢字の訓が案外多く問われており、常に漢字の訓や意味を確認する習慣をつけたい。

▼問二　まず傍線部の「そのとき」という指示語が、直前の「理解できなければ…認めざるを得ない」ときを指している

国語

一

出典　八木雄二『1人称単数の哲学——ソクラテスのように考える』〈第1章〉（春秋社）

解答

問一　a、イヤ　b、シ　c、把握　d、響　e、ワ　f、築　g、抵抗　h、ソゴ　i、ギンミ　j、普遍

問二　他者のことばの意味を理解できず、その他者が属している共同世界から自分が切り離されていると感じること。（五〇字以内）

問三　ことばのはたらくところには理性がはたらいており、知的で理性的な人ほど他者のことばを理解しようとして、他者のことば、つまり他者の理性によって自分の理性が再構成されて、支配されてしまいやすい、ということ。（一〇〇字以内）

問四　人が自分の理性の判断で他者の言う通りに考え、疑問がなければその通りに行動するのは、一見自分の判断を失っているようでも、かつて集団で同じことばをもつことによって協力し合って大自然の中で生き残る道を見つけてきた人類の原初的な力に従った、自然で本能的なあり方だから。（一三〇字以内）

問五　臭いや絵や音楽だけでは、人は外からの感覚的な刺激を受けるだけで、心の内側までは支配しないが、ことばの場合は、それを理解しようと人は心の内側から動かされることになり、人の理性を再構成し、支配するから。（一〇〇字以内）

問六　ウ・オ

小論文

解答例 問 1．シュンペーターの定義する民主主義とは，政治指導者が競争的な選挙を通じて選ばれる政治体制のことであり，権力者が選挙に敗北して退場する可能性があれば，民主主義体制となる。一方，ダールは民主主義を市民の意見が平等に政策に反映される政治体制とし，これに相対的に近いものをポリアーキーと呼ぶ。普通選挙は，シュンペーターの定義する民主主義に不可欠のものではないが，ポリアーキーでは，民主主義の構成要素となる。（200 字以内）

問 2．「代表」を，実質的代表と考えるなら，左派的か右派的かなど，政治家が自身に投票した支持者の意見に従って立法活動を行っていることを意味する。一方で描写的代表と考えるなら，階級やジェンダーや民族など，政治家が自身に投票した支持者と同じ社会的属性を持っていることを意味する。（140 字以内）

問 3．私は，「各政党は国会議員の選挙において候補者の半数を女性とすることを義務付ける」という考え方に賛成する。

まず，政治的意思決定は，多様な人々の意見が取り入れられることが重要であるから，描写的代表観こそが望ましく，そうであれば，男女比と同様に約半数の女性議員が存在することが理想である。

この点，シュンペーターの定義する民主主義によっても，また，ポリアーキーの考え方によっても，結果として，男性議員が多数を占める結果を招来しうるのは，課題文が言及するとおりであり，候補者の半数を女性としても，議会に半数の女性議員が誕生することにはならないという反論も考え得る。もっとも，課題文の言及は，候補者のどれほどが女性であったのかについては考察されておらず，候補者の半数を女性とすることを義務付けることの効果を否定する論拠にはならない。

また，いわゆるポジティブアクションとして，議員定数の一定数を女性枠とし，結果的に多くの女性議員を誕生させる方法もあるが，公正な競争のもとに結果を判定すべき選挙においては，そのような方法は望ましくないと考える。公正な競争のもと，女性候補者が当選しないこともまた，民主主義のあるべき姿であろう。

以上のように，公正な競争のもとに描写的代表が確保されるためには，まず結果としての女性議員を定めずに，候補者といういわばスタートラインの平等を確立することが適切であると私は考える。(500字以上600字以内)

◀解　説▶

≪ジェンダーの視点からみた民主主義≫

▶問１．下線部①に関連して，「シュンペーターの民主主義の定義とダールのポリアーキーという考え方とでは，普通選挙の位置付けがどのように異なるか」を説明させる問題である。

まずは，「シュンペーターの民主主義の定義」と「ポリアーキー」を説明するところからはじめよう。シュンペーターの民主主義の定義は，「政治指導者が競争的な選挙を通じて選ばれる政治体制」と説明され，「権力者が，選挙に敗北して退場する可能性があるかどうか。(…) それだけである」と補足される。対して，ダールは，まず民主主義を「市民の意見が平等に政策に反映される政治体制」と定義し，「ポリアーキー」を「相対的に民主主義体制に近いもの」と説明する。

以上の定義に従えば，シュンペーターの民主主義の定義では，選挙は政治指導者を選ぶものであればよく，選挙がどれだけ制限的なものであっても民主主義体制と評価できる，つまり，民主主義にとって普通選挙は無関係であることがわかる。対して，「ポリアーキー」は，市民の意見の反映が条件であるから，多様な市民の参加が求められ，「普通選挙が民主主義の構成要素」となることがわかる。

以上を踏まえてまとめればよいだろう。

▶問２．下線部②について，「この代表を筆者の言う実質的代表と考える場合と描写的代表と考える場合で，どのような意味の違いが出てくるか」を説明させる問題である。

まず，実質的代表について，筆者は，「政治家が，自身に投票した有権者の意見に従って立法活動を行っている」ときに，「政治家が，自分の支持者を代表している」と説明する。支持者の属性とは関係なく，例えば右派的であるか左派的であるかなど，支持者の意見に従っていれば，支持者を代表することになる。描写的代表については，筆者は，「政治家が，自らの支持者の社会的な属性と同じ属性を持っている」ときに「政治家が，自分の支持者を代表している」と説明する。性別や階級などのそれぞれの属性から選出された者が，描写的代表である。

▶問 3．「各政党は国会議員の選挙において候補者の半数を女性とすることを義務付ける」という考え方への賛否について，「問題文で示された『民主主義』や『代表』についての考え方と関連付けながら」論評する問題である。

〔解答例〕では賛成の立場で論評しているが，反対の立場から立論してもよい。その場合には例えば，「描写的代表の考えから候補者の半数を女性とすることを義務付けるのであれば，階級や民族的出自も同様に扱うべきであり，実現困難ではないか」や，「男女の有権者の投票権を平等に扱うためには，各政党は各選挙区に男女同数の候補者を立てなければならず，これが義務付けられたら多くの候補者を立てることができる大政党が有利になり，結局多数者による専制となってしまうのではないか」などの論点が挙げられるだろう。

❖講　評

2023 年度は，民主主義（ジェンダーの視点からみた民主主義）を論ずる課題文であり，文章自体は決して難解ではないものの，深く読み込むことが求められた。その意味で，読解力を要する出題であったといえる。

3 問の設問のうち，問 1・問 2 が読解問題で，問 3 が意見論述問題である。読解問題は課題文の論理を的確につかんでシンプルにまとめる必要があり，意見論述問題は課題文で示された「民主主義」「代表」の考え方を十分に理解した上で論じる必要があるなど，全体として難度の高い出題であったといえよう。

//////////////////// ・memo・ ////////////////////

2022年度

解答編

解答編

英語

I **解答**　1．全訳下線部(1)参照。

2．加重毛布を用いずに親知らず抜歯の処置を受けた患者たち。(30字以内)

3．閉じ込められているように感じるので，加重毛布を使いたがらないこと。(35字以内)

4．全訳下線部(4)参照。

5．〈解答例1〉 after using the weighted blanket for a few months, I found myself waking up at night for a completely different reason.
〈解答例2〉 I used the weighted blanket for a few months and realized I kept waking up in the middle of night for an entirely different reason.

6．①−(オ)　②−(ア)　③−(イ)　④−(カ)

7．a−(エ)　b−(ウ)　c−(ア)　d−(カ)

◆全　訳◆

≪加重毛布はより良い睡眠に役立つか≫

自分の家を最も快適でリラックスできる場所にすることほど，私に大きな喜びを与えてくれるものは，この地球上にあまりない。数年前のある冬，婚約者が不眠症になった時期があったが，そのとき私はすぐに行動を起こし，遮光カーテン，ホワイトノイズマシン，そして一部の人に人気のある加重毛布など，快眠が期待できるものをすべて集めた。

100ドルもしくはそれ以上する加重毛布は睡眠補助具であり，通常，キルトのように作られており，一面にあるたくさんの四角の中に重いビーズが詰められている。この毛布を愛用する人は，毛布の重さでより早くリラックスでき，それがより良い深い睡眠につながると言う。この毛布の重さは5～14キログラム程度で，(1)製造業者は一般的に自分の体重の10%を超えない重さの加重毛布を選ぶことを推奨している。もっともこれはあくまで大まかな目安であり，科学的研究に基づいているわけではなさそうであるが。

「本当に気に入っているよ」と，ある日，友人のグレッグ＝マローンがフェイスブックで教えてくれた。「交替勤務が原因でなかなか眠りにつけないんだけど，ガールフレンドがそれをプレゼントしてくれて，そしたら寝つきや睡眠の維持が格段に変わったことがわかったんだ」

加重毛布が実際に寝つきや睡眠の維持に役立つことを証明する研究はない。しかし，深部加圧療法（DPT）――不安を軽減するために，体にしっかりと，しかし優しく圧力をかける行為――は，何世紀にもわたって様々な形で実践されてきた。

1987年，限定的な研究ではあるが，DPTを利用した多くの大学生が，(Hug'm Machineというかわいらしい名前の機械で) 15分間全身を圧迫された後，不安感が軽減したと報告している。もっとも，参加者がよりリラックスしたことを示す心拍数や血圧の低下のような身体的変化は認められなかったが。

とはいえ，2016年に行われたある研究によると，親知らずを抜歯する処置の間に加重毛布を使用した患者は，使用せずに同じ処置を行った患者に比べて心拍数が低い傾向にあり，それは彼らがよりリラックスできたことを示すものであるかもしれない。しかし，多くの患者はよりリラックスできたとは報告しておらず，また，彼らがこの処置を経験したのはそれぞれ1回だけであったため，加重毛布が落ち着くためのカギであったのかどうかはわからない。

しかし，それが役立つかもしれない理由に関する理論も，加重毛布を愛用する人の数と同じくらいあるようだ。加重毛布を使うと安眠できるのは単に夜間に寝返りが打ちにくくなるからだと言う人もいれば，それは心拍数を低くすることにつながる皮膚の表面にある血管の圧迫に関係があると言う人もいる。その感覚が，自分を愛してくれる人に抱きしめられたり，生まれたばかりのころに親に布でくるまれたりして，一番安心できたときのことを思い出させるということもあるかもしれない。

それはまた特定の生理的な事実によるものではなく，好みによるものかもしれない。多くの人が柔らかい毛布の肌触りが好きでたまらなかったり，お気に入りの香りのキャンドルがないとリラックスできなかったりするのと同様に，全身を優しく押される感じを気持ちよく感じる人もいるのかもしれない。要は自分を最も心地よくさせる感覚的なきっかけを見つけることである。

ハーバード・メディカル・スクールの精神医学助教授であるクリスティーナ＝クーシン博士は，ハーバード・ヘルス出版に対して「加重毛布は，特に自閉症や行動障害を持つ子供たちのために，長い間存在してきました」と述べている。「それは精神科病棟でよく使われる感覚ツールの1つです。極度の不安を感じている患者は，冷たいものを持つ，特定の香りをかぐ，パン生地を手で扱う，物を作る，図画工作をするなど，様々な種類の感覚活動を選択して，落ち着こうとすることがあります」

しかし，加重毛布はだれにでも合うというわけではない。私の婚約者は，私が手に入れていた9キログラムの毛布をすぐに嫌がり，閉じ込められているような気がすると言った。これは彼だけに限ったことではない。

家族ぐるみの友人であるヘザー＝アイクマンは「最初は気に入っていたけれど，夜，時間が経つにつれて窮屈になったわ」と話してくれた。「それに私は横向きで寝るので，実際，腰とひざ関節が痛くなったの」

加重毛布でパートナーの眠りがさらに悪くなったこともあり，私がそれを試してみることにした。そして，(4)それをかけて丸まって寝られないほど重いとは思わなかったが，確かに9キログラムの毛布のせいでベッドメイキングはちょっとした筋トレになった。結局，私は寝つきが良い方なので，毛布を変えても眠りの質に大きな違いはなかった。しかし，その年の夏，数ヶ月間その加重毛布を使ってみたら，まったく別の理由で夜中に目をさましているのに気づいた。その毛布は暑かったのだ。

◀解　説▶

▶1．カンマを挟み前半の主節と後半の譲歩節に分けて理解する。前半は主語が manufacturers「メーカー，製造業者」，動詞が recommend「～を推奨する」，目的語が動名詞の choosing 以下という構造。one は a weighted blanket「加重毛布」の代わりに使われている。one を関係代名詞節 that's not … body weight「自分の体重の10%を超えない重さの」が修飾している。よって「製造業者は一般的に自分の体重の10%を超えない重さの加重毛布を選ぶことを推奨している」というような意味になる。

後半の although S V「もっともSはVだが」以下は譲歩的な内容を付け加えている。前半の内容を受ける主語 this に seems to be～「～であるように思われる」が続いている。a rule of thumb は「(理論ではなく)経験に基づく方法，大まかな目安」という意味の慣用表現。したがって「もっともこれはあくまで大まかな目安であり，科学的な研究に基づいているわけではなさそうだが」というような意味になる。a rule of thumb の意味がわからなくとも，「～であり，科学的な研究に基づいているわけではない」という前後関係から，おおよその意味を推測できる。

generally「一般的に」 not more than～「せいぜい～，～を超えない」 be based on～「～に基づいている」

▶2．下線部の直前，a 2016 study found that…「2016年に行われたある研究によると…であることがわかっている」に続く研究の内容を理解する。that 節の主部は patients who used… their wisdom teeth removed「親知らずの抜歯の間に加重毛布を使用した患者」。それと対照されているのが下線部 patients who underwent the procedure without なので the procedure「その処置〔治療〕」が「親知らずの抜歯」であることを理解し，without に using a weighted blanket を補って読む。よって下線部は「加重毛布を用いずに親知らず抜歯の処置を受けた患者たち」というような意味。

while *doing*「～する間に」 have *A done*「*A* を～してもらう」 wisdom teeth (<tooth)「親知らず」 tend to *do*「～する傾向がある」 heart rate「心拍数」 undergo「(治療など) を受ける」

▶3．下線部を含む文は「これは彼だけに限ったことではない」という意味で，this の内容は直前の同段第2文 (My fiancé immediately…) から判断する。この文は「私の婚約者は，私が手に入れた9キログラムの毛布をすぐに嫌がり，閉じ込められているような気がすると言った」というような意味なので，this は「閉じ込められているような感じがする (ので，加重毛布を好まない) こと」というような内容であることになる。主語の My fiancé に immediately disliked… と said (that) it made him… の両方を続けて読む。

immediately「即座に」 the 9-kg blanket に続く I had picked up は目的格の関係代名詞が省略されている関係代名詞節。この pick up が「手に取る」などという意味ではなく「～を手に入れる」という意味であることは第1段第2文（So, one winter …）より，著者が婚約者のために快眠に役立つかもしれないものをいろいろと集めたが，その一つが加重毛布であったことからわかる。made は使役動詞なので made him feel like … は「彼を…のような気分にした」の意。feel like S V「S が V であるような気がする」 trap「～を閉じ込める」

▶4．while S V は「S は V であるが」という譲歩を表す。find it too heavy to … は形式目的語構文ではなく，it は the weighted blanket を指す。curl up は「体を丸めて寝る」の意。curl up under の後に意味的に it（＝the weighted blanket）を補って読む。直訳すると「私はそれ（その加重毛布）がその下で体を丸めて寝るのに重すぎるとは思わなかったけれども」となる。did は強調の助動詞，turn *A* into *B* は「*A* を *B* に変える」，strength exercise は「筋トレ」という意味なので，主節は「確かに9キログラムの毛布はベッドメイキングをちょっとした筋トレに変えた」となる。

▶5．「数ヶ月間その加重毛布を使ってみたら」は「数ヶ月間その加重毛布を使った後に」と考えると〈解答例1〉after using the weighted blanket for a few months と表現できる。他にも after sleeping in〔with〕the weighted blanket for a few months / after a few months of using the weighted blanket / a few months after I started using〔to use〕the weighted blanket などでもよい。より日本語表現に近い〈解答例2〉I used the weighted blanket for a few months and … などでもよい。「数ヶ月」は several months も誤りではないが，later that summer とあるので，せいぜい3ヶ月くらいと考えると a few months の方がより適切である。「まったく別の理由で夜中に目をさましているのに気づいた」は find *oneself doing*「自分が～しているのに気づく」を使うと〈解答例1〉I found myself waking up at night for a completely different reason となる。「繰り返し目をさましていることがわかった」と考え，realize S V「S が V であることがわかる」と keep *doing*「（繰り返し）～し続ける」を用いて〈解答例2〉（I）realized I kept waking up in the middle of night for an entirely different reason のようにすることもできる。「夜中」は at night / in the middle of night。midnight は

「夜の 12 時」という意味なので不適。「まったく別の理由で」は for a totally different reason でも可。

▶6．(ア)「しかし，それが役立つかもしれない理由に関する理論も，加重毛布を愛用する人の数と同じくらいあるようだ」

for as many ～, just as many … は「～の数だけ…がいる〔ある〕」という意味の表現。この表現を知らなくとも大体の意味は推測できるだろう。there seem to be ～「～があるようだ」 theory「理論，理屈」

(イ)「それはまた何かしら特定の生理的事実のためではなく，好みの問題かもしれない」

not ～ but …「～でなく…」 due to ～「～が原因で」 specific「特定の」 physiological「生理的な」 instead「そうではなく」 preference「好み」

(ウ)「夜，どのように寝たいかにもかかわらず，加重毛布は高額すぎて手が届かないかもしれない」

regardless of ～「～にもかかわらず」に名詞節 how you like to sleep at night が続いている。unaffordable「(費用などが) 負担しきれない，手が届かない」

(エ)「加重毛布は私の不眠症を治すものではなかったかもしれない」

cure「治療（法)」 insomnia「不眠症」

(オ)「加重毛布が，人が眠りにつき，ぐっすりと眠るのを実際に助けるということを証明する研究は一つもない」

do は強調の助動詞。indeed「本当に」 help *A* *do*「*A* が～するのに役立つ」 fall asleep「眠りにつく」 stay asleep「ぐっすりと眠る」

(カ)「しかし，加重毛布は万人向けというわけではない」

not for everyone「すべての人に向いているわけではない」

①空所に入る文と直後の文（However, Deep Pressure …）は However でつながっているので逆接関係にある。直後の文は「しかし，深部加圧療法（DPT）――不安を軽減するために，体にしっかりと，しかし優しく圧力をかける行為――は，何世紀にもわたって様々な形で実践されてきた」という意味。ダッシュ（―）に挟まれた the act of … to reduce anxiety が Deep Pressure Therapy（DPT）「深部加圧療法」の説明になっている。firm「しっかりした」 gentle「優しい」 reduce「～を軽減す

る」 anxiety「不安」 practice「～を実践する〔行う〕」 in various forms「様々な形で」 この文と逆接関係にあるのは，「加重毛布が，睡眠を助けるということを証明する研究は全くない」という主旨の(オ)。

②空所に続く同段第2文（Some say that …）は「加重毛布を使うと安眠できるのは，ただ単に夜間に寝返りが打ちにくくなるからだと言う人もいれば，それは心拍数を低くすることにつながる皮膚の表面にある血管の圧迫に関係があると言う人もいる」という意味で，加重毛布が安眠につながる理論についての異なる意見が紹介されている。第3文（It also could …）に書かれているのもさらに異なる意見である。第2文の Some say that … に続く節は，主部が the fact that … at night で述部が makes for … 以下という構造。the fact に続く that 節は同格節。makes it more difficult to … は形式目的語構文で，it の内容は to 以下なので「…することをより難しくする」の意。Some（people）say that … と while others（＝other people）claim（that）… は「…であると言う人もいれば，一方…であると主張する人もいる」のように対照されている。toss and turn「寝返りを打つ」 make for ～「～に役立つ」 空所となっている第1文は第2・3文に意味的につながるものなので「加重毛布が役立つ理屈は人によって異なる」という主旨の(ア)が正解。

③空所に続く同段第2文（Similar to how …）の内容から判断する。この文の前半は Similar to ～「～と同じように」に how に導かれる名詞節 how many people … candle burning が続いており，この節の主語である many people に adore … と can't relax … が続いている構造。adore「～が大好きだ」 without their favorite scented candle burning は〈without＋名詞＋形容詞相当句〉の形である。後半の主節の主語は others「他の人」で connect with the feeling of ～ は「～の感覚を得る〔とつながる〕」というような意味。したがってこの文は「多くの人が柔らかい毛布の肌触りが好きでたまらなかったり，お気に入りの香りのキャンドルがともってないとリラックスできなかったりするのと同様に，全身を優しく押される感じが好きな人もいるかもしれない」という意味になる。この内容につながる第1文は「加重毛布の効用も好みの問題かもしれない」という主旨の(イ)。

④空所に続く第2文（My fiancé immediately …）は「私の婚約者は，私が手に入れた9キログラムの毛布をすぐに嫌がり，閉じ込められているよ

うな気がすると言った」という意味。(カ)「しかし，加重毛布はだれにでも合うというわけではない」を選び，第2文が第1文の例となるようにする。

▶7．a．get to sleep で「寝つく」という表現があるので，(エ)getting を選び Rotating shifts makes getting to sleep hard とする。SVOC構文で，rotating shifts は「交代勤務」の意なので，直訳すると「交代勤務が寝つくことを難しくする」となる。

b．目的語 full-body pressure「全身の圧迫」とのつながりから(ウ)experiencing を選ぶ。after experiencing full-body pressure for 15 minutes は，直訳すると「15分間全身の圧迫を経験した後には」となる。

c．目的語 the blood vessels（on the surface of our skin）とのつながりから判断し，(ア)compressing を選び it has something to do with compressing the blood vessels on the surface of our skin「それは皮膚の表面にある血管の圧迫に関係がある」とする。

have something to do with ～「～と関係がある」 compress「～を圧迫する」 blood vessel「血管」 surface「表面」

d．目的語 aromas とのつながりから(カ)smelling を選び，smelling particular aromas「特定の香りをかぐこと」とする。

particular「特定の」 aroma「香り」

●語句・構文●

（第1段）第1文の that 以下は few things を修飾する関係代名詞節。〈最上級＋possible〉で「できるかぎり」の意。bout「（不快な行為などの）一期間」 spring into action「素早く行動を起こす」 gathering 以下は付帯状況を表す分詞構文。hold promise for ～「～が期待できる」 blackout curtain「遮光カーテン」 white noise machine「音響学で『ホワイトノイズ』と呼ばれる，雑音を作り出す機械」 cult「一部の人に人気のある」 the cult favorite と a weighted blanket は同格。

（第2段）カンマで挟まれた which cost … and up は Weighted blankets に説明を挿入する継続用法の関係代名詞節。anywhere from ～ and up「～もしくはそれ以上」 sleep aid「睡眠補助具」 duvet「キルト，羽毛布団」 filled with heavy beads は過去分詞で the many squares を修飾。throughout「至るところに」 leading to a better … は分詞構文で，lead to ～が「～につながる」なので「そして，それがより良い…につながる」

の意。weigh「～の重さがある」 anywhere from *A* to *B*「*A* から *B* の範囲〔程度〕に」
（第 3 段） absolutely「ものすごく」 over「～によって，～を通じて」 make a big difference（in ～）「（～において）大きな違いをもたらす」
（第 5 段） report *doing*「～したことを報告する」 adorably は「かわいらしく」，titled は title「名前をつける」の過去分詞なので adorably titled ～ で「かわいらしい名前をつけられた～」の意。note「～に気づく」 physical change「身体的な変化」 indicate「～ということを示す」 participant「参加者」
（第 6 段） that being said「そうは言っても」 カンマに続く which may indicate … は「そして，このことは…を示すかもしれない」というように直前の節に説明を加える継続用法の関係代名詞節。go through ～「～を経験する」 it's difficult to tell if S V「S が V かどうかはわからない」 calm down「落ち着く」
（第 7 段） cause *A* to *do*「*A* に～させる」 it could be that S V「S が V だということがあり得る」 remind *A* of *B*「*A*（人）に *B* を思い出させる」 care for ～「～を愛している」 swaddle「（赤ん坊）を布でくるむ」 as newborns は as ～「～のときに」，newborn「新生児」なので「生まれたばかりのころに」の意。
（第 8 段） against their skin の against は「～に接触した」という用法。the trick is ～「秘訣は～である」 sensory「感覚の」 cue「きっかけ」
（第 9 段） be around は「存在している」の意味で，現在完了形（継続用法）have been around で使われることが多い。autism「自閉症」 behavioral disturbance「行動障害」 psychiatry「精神医学」 commonly used in psychiatric units は過去分詞で the sensory tools を修飾。psychiatric units「精神科病棟」 be in distress「苦しんでいる」 manipulate「～を（手際よく）扱う」 dough「（パンなどの）生地，練り粉」 arts and crafts「美術工芸」
（第11段） go on「（時間が）経過する」なので，as the night went on で「夜がふけるにつれて」の意。family friend「家族ぐるみの友人」 sleep on *one's* side「横向きに寝る」 knee joint「ひざ関節」 ache「痛む」
（最終段） With the weighted blanket making … の with は〈with＋名詞

＋補語〉の形で付帯状況を表す。この場合は現在分詞 making … が補語になっている。直訳すると「加重毛布が私のパートナーの睡眠をさらに悪くしている状況で」となる。give it a try「試しにやってみる」 overall「概して」 swap out ～「～を交換する」 outstanding「目立った」 snooze「うたた寝，居眠り」

II　解答

1．全訳下線部(1)参照。

2．3番目－say　5番目－wish　12番目－taught　14番目－way

3．インターネットによって，優れた話し手がかつてないほど多くの人に影響力を持つ時代。(40字以内)

4．全訳下線部(4)参照。

5．(B)→(C)→(E)→(D)→(A)

6．イ－(F)　ロ－(D)　ハ－(J)　ニ－(C)　ホ－(B)

7－(D)

◆全　訳◆

≪アクティブ・ラーニングの有用性≫

物理講座の12週目，あなたは評価の高い新しい講師のもとで，静的平衡と流体について学ぶために数回の授業に参加することになる。最初の授業は静力学に関するもので，講義である。2回目は流体についてで，これはアクティブ・ラーニングの授業である。あなたのルームメイトの一人の授業を担当するのは，同じように人気のある別の講師で，静力学ではアクティブ・ラーニングを用い，流体では講義をするというように逆のことをする。

どちらの場合も内容や配布資料は同じで，違うのは授業の方法だけである。講義では，講師がスライドを提示し，説明し，実演し，例題を解き，そしてあなたはプリントにメモを取る。アクティブ・ラーニングの授業では，(1)講師は自ら例題を解くのではなく，クラスを少人数のグループに分けてそれらを考えさせ，質問したりヒントを与えたりしながら歩き回り，その後，解法を一通り説明する。最後にあなたはアンケートに答える。

この実験では，テーマは重要ではなく，あなたの経験を形作るのは教授法である。私はアクティブ・ラーニングが勝つと予想したが，データによると，あなたもあなたのルームメイトも，講義によって行われた方がそのテーマをより楽しめるようだ。また，講義をする講師をより有能だと評価し，物理の授業がすべてその方法で行われればいいのに，と言う可能性も高くなる。

考えてみれば，活気のある講義の魅力は驚くにはあたらない。マヤ＝アンジェロウのような詩人，ジョン＝F.ケネディやロナルド＝レーガンのような政治家，マーティン＝ルーサー＝キング＝ジュニアのような説教者，リチャード＝ファインマンのような教師たちの人に訴える言葉の力に，人々は何世代にもわたって感銘を受けてきた。今日私たちが生きているのは魅力的な話術の黄金時代であり，優れた話し手が，これまでなかったような影響力を持って聴衆と関わり教育する。かつては創造性のある人は小さなコミュニティでその手法を共有していたが，今では小さな国の国民数ほどのユーチューブやインスタグラムの登録者を集めることができる。かつて牧師は教会で数百人に説教をしていたが，今ではインターネットを介した巨大な教会で数十万人に説教をすることができる。かつて教授は，学生一人ひとりに時間をかけられるような少人数の授業を行っていたが，今ではオンライン講座を通じて何百万人もの学生に授業を配信することができる。このような講義が，楽しく有益なものであることは間違いない。問題は，それが理想的な教授法であるかどうかである。

この物理の実験では，学生たちは静力学や流体についてどれだけ習得したかを測定するテストを受けた。講義の方が楽しかったにもかかわらず，アクティブ・ラーニングの授業の方がより多くの知識と技術が身についたことがわかった。アクティブ・ラーニングは，より頭を使うため，楽しさは減ったが，より深い理解につながったのである。私は長い間，人は楽しんでいるときにこそ多くを学ぶことができると信じていたので，この結果に驚いた。結果的に，この研究により私は自分が間違っていたことを納得した。このことで私は大好きな物理の先生のことも思い出した。その先生は，授業中にピンポンをやらせて大人気だったが，摩擦係数の理解を定着させることはなかなかできなかった。誤解のないように言っておくが，私は講義を完全になくせと言っているのではない。中等教育や高等教育で依然として講義が主流であることが問題だと考えているだけだ。この点については，近々，講義を行うこととしよう。

北米の大学では，科学分野の教授の半数以上が授業時間の少なくとも80％を講義に費やし，ちょっとしたインタラクティブ性を取り入れているのは4分の1余り，アクティブ・ラーニングを含む真に学生中心の方法を用いているのは5分の1以下である。高校では，半数の教師がほとんど，あるいはすべての時間を講義に費やしているようだ。講義は必ずしも最良の学習方法ではなく，学生を生涯学習者に育てるには十分ではない。(4)もしあなたが学生時代にずっと一方的に情報を与えられ，それを疑う機会を与えられなかったら，人生で必要となる再考のための手法を身につけることはできないだろう。

◀解　説▶

▶1．カンマで区切られた3つの部分に分けて考える。前半は，instead of ～は「～の代わりに，～ではなく」，example problems は「例題」なので「彼（講師）は自ら例題を解くのではなく」となる。send *A* off は「*A* を送り出す」という表現だが，この場合は「自由に考えさせる」というような意味で用いられている。また figure *A* out「*A*（問題など）を考える」なので，主節は「講師はクラスを少人数のグループに分けてそれら（例題）を考えさせる」となる。wandering around 以下は付帯状況を表す分詞構文で，wander around は「歩き回る」，tips は「ヒント」，walk *A* through *B* は「*A*（人）に *B* の説明を一通り行う」なので，直訳すると「クラスの生徒に解法の説明を一通り行う前に質問を投げかけたりヒントを与えたりするために歩き回って」となる。これらを合わせると「講師は自ら例題を解くのではなく，クラスを少人数のグループに分けてそれらを考えさせ，質問したりヒントを与えたりしながら歩き回り，その後，解法を一通り説明する」のようになる。

▶2．並べ替え箇所を含む文のダッシュ（―）より前の部分の意味は「また，あなたは講義をする講師をより有能だと評価する」となる。likely は be likely to *do*「～しそうである」という形で使われるので you'll be more に likely to say を続ける。また wish に着目し wish に続く節は仮定法なので，you wish に主語 all of your physics courses と述語 were taught that way を続ける。all of というつながりもヒントとなる。that を wish that や say that のように接続詞として使わずに that way「そのように＝講義形式で」のように用いることに気づかねばならない。並べ替えた箇所は（and you'll be more）likely to say you wish all of your physics courses were taught that way「物理の授業がすべてその方法で行われればいいのに，と言う可能性も高くなる」となる。

▶ 3．下線部を含む文の前半部分（Today we live …）は，a golden age は「黄金時代」，spellbinding は「魅力的な」なので「今日私たちは魅力的なスピーチの黄金時代に生きている」という意味。spellbinding は難度の高い語だが，カンマに続く when 以下「優れた話し手が，これまでなかったような影響力を持って聴衆と関わり教育する」が a golden age of spellbinding speaking に説明を加える継続用法の関係副詞節だということ，また続く同段第 4 ～ 6 文（Creatives used to … through online courses.）が，その具体的な説明になっていることがわかれば解答には困らない。「文脈に即して」ということなので，「優れた話し手」「かつてない」「影響力」「インターネット」「多くの人」などがキーワードとなる。これらをまとめると「インターネットによって，優れた話し手がかつてないほど多くの人に影響力を持つ時代」となる。

orator「演説者，雄弁家」 engage with ～「～と関わりを持つ」 unprecedented「前例のない，かつてない」

▶ 4．前半の If 節は If you に spend … と are never given … の両方を続けて読む。spend *A* *doing* は「*A*（時間）を～して過ごす」の意で，この場合は all of your school years と being fed information「一方的に情報を与えられて」という受動態の現在分詞が続いている。fed は feed「（えさなど）を与える」の過去分詞形で，challenge は「（正当性）を疑う」の意。したがって「もしあなたが学生時代ずっと一方的に情報を与えられ，それ（与えられた情報）を疑う機会を与えられなければ」となる。後半の主節は develop の目的語が the tools … in life で，関係代名詞節 that you need in life が the tools for rethinking を修飾している構造。rethink は「再考する」の意。したがって「あなたは人生で必要となる再考のための手法を身につけることはできないだろう」という意味になる。

▶ 5．それぞれの文は次のような意味である。

(A)「結果的に，この研究により私は自分が間違っていたことを納得した」

in the end「最後に，最終的に」 convince *A*（that）S V「*A*（人など）にSがVであることを納得〔確信〕させる」

(B)「この物理の実験では，学生たちは静力学や流体についてどれだけ習得したかを測定するテストを受けた」

gauge「～を測定する」 statics「静力学」 fluids「流体」

(C)「講義の方が楽しかったにもかかわらず，アクティブ・ラーニングの授業の方がより多くの知識と技術が身についたということになる」

it turns out that S V「SがVであることがわかる〔ということになる〕」 despite *doing*「～したにもかかわらず」

(D)「私は長い間，人は楽しんでいるときにこそ多くを学ぶことができると信じていたので，この結果に驚いた」

このasは「…なので」の意。have fun「楽しむ」

(E)「これは，より頭を使う必要があり，そのことが楽しさを減らしたが，より深い理解につながった」

require「～を必要とする」 mental effort「知的努力」 カンマ以下の継続用法の関係代名詞節は前の節の内容を受けて「そしてこのことが」というように説明を加えている。made it less funはSVOC構文。lead to ～「～につながる」

各文の主旨を自然な流れになるようにつなげると次のようになる。

(B)「測定するテストが行われた」→テストの結果(C)「アクティブ・ラーニングの方が理解度が高かった」→その結果の分析(E)「これ（アクティブ・ラーニング）は頭を使う分，疲れるが理解が深まる」→結果に対する著者の感想(D)「その結果は著者にとって予想外であった」→最終的に著者が考えたこと(A)「自分の考えが誤っていたことがわかった」

(E)の主語Thisが(C)のthe active-learning sessionを指していることを理解すると，(C)→(E)のつながりのヒントとなる。

▶6．イ．第1段第2・3文（The first session … an active-learning session.）に，あなたの受ける授業は「最初の授業は静力学についての講義，2回目の授業が流体についてのアクティブ・ラーニング」とある。空所に続く箇所（using active learning …）にルームメイトの授業は「静力学ではアクティブ・ラーニング，流体では講義」とあるので(F)opposite「逆」が正解。using active learning … on fluidsの部分がthe opposite「逆のこと」の説明となっている。

session「授業（時間）」

ロ．空所に続く the only difference is the delivery method「違うのは授業の方法だけである」より判断し，空所には(D)identical「同じ」を補い「どちらの場合も内容とプリントは同じである」とする。

content「内容」 handout「配付資料，プリント」 delivery method「授業を行う方法」

ハ．空所を含む文は「考えてみれば，活気のある講義の魅力は［ ハ ］でないはずだ」という意味で，直後の同段第2文（For generations, people …）にだれもが認める過去の例があげられている。したがって空所には(J)surprising を補い shouldn't be surprising「驚くにはあたらない」とする。

upon reflection「考えてみると」 appeal「魅力」 dynamic「活気のある」

ニ．空所を含む第4段最終文とその前の文（It's clear that …）の意味は「このような講義が，楽しくてためになるものであることは間違いない。問題は，それが［ ニ ］な教授法であるかどうかだ」というものである。この後には空所 あ にアクティブ・ラーニングの方が講義形式よりも学習効果が高かったことを示す調査結果が書かれている。このような前後関係から空所に合うのは(C)ideal「理想的な」である。

it's clear that …「…であることは明らかだ」 entertaining「楽しい」 informative「ためになる」 the question is (whether S V)「問題は（SがVであるどうか）だ」

ホ．空所を含む文は「…において講義が主流であることは問題だと考えているだけだ」という意味で，(B)higher を補い in secondary and higher education「中等・高等教育において」とする。secondary education は中学・高校，higher education は大学を意味する。

it's a problem that S V は形式主語構文。remain「依然として～である」 dominant「支配的な」

その他の選択肢は(A)boring「退屈な」，(E)lower「より低い」，(G)optimistic「楽観的な」，(H)pessimistic「悲観的な」，(I)realistic「現実的な」の意。

▶7．(A)「アクティブ・ラーニングは科学以外の分野では効果が劣る可能性がある」

be likely to *do*「～しそうである」 effective「効果的な」 field「分野」 outside「～以外では」 この旨の記述はなく，アクティブ・ラーニングを勧める全体の主旨にも合致しない。

(B)「著者はアクティブ・ラーニングの方法が過大評価されていると考えている」

overrated「過大評価された」 この旨の記述はなく，アクティブ・ラーニングを勧める全体の主旨にも合致しない。

(C)「その実験結果は学生が授業を楽しめば楽しむほど，彼らは多くのことを学ぶ可能性が高いことを示唆している」

the＋比較級～, the＋比較級…「～すればするほど，ますます…」の構文。suggest「～を示唆する」 これは著者がそれまで考えていたことで，この実験結果からこのことが正しくないと著者も納得したという旨が空所 あ の中の第4文（The result surprised me …），第5文（In the end, this …）に書かれており，それに合致しない。

(D)「アンケートに対する学生たちの回答は著者が予期していたものとは異なった」

response「回答」 survey「アンケート」 what は先行詞を含む関係代名詞。had expected は「（それまで）予期していた」ということで過去完了形になっている。第2段最終文（At the end, …）に，授業の後，学生たちがアンケートに答えたという旨の記述があり，第3段第2文（I expected active …）に「私はアクティブ・ラーニングが勝つと予想したが，データによると，あなたもあなたのルームメイトも，それが講義によって行われた方がそのテーマをより楽しめるようだ」とある。この「データ」はアンケートの結果のことなので，これらの記述に合致する。fill out ～「～に必要事項を記入する」 win the day「勝つ」 deliver はここでは「（授業）を行う」の意。

(E)「アクティブ・ラーニングの成功は講師の人気次第である」

depend on ～「～次第である」 popularity「人気」 この旨の記述はない。

●語句・構文●

（第1段）get to *do*「～することになる」 highly rated「評価の高い」 static equilibrium「静的平衡」 なお，第1～3段で使われている you は，

この実験に参加する人たち（学生）のことを指している。
（第２段）present「～を提示する」 demonstration「実演」
（第３段）not matter「重要でない」 what shapes your experience は関係代名詞節で shape は「形成する」なので「あなたの経験を形成するもの」という意味。rate *A* as ～「*A* を～と評価する」
（第４段）for generations「何世代にもわたり」 admire「～を賞賛する」 rhetorical「修辞上の」 eloquence「雄弁，人に訴える力」 preacher「牧師」 creative「創造的な人」 used to *do*「かつては～していた」 accumulate「～を集める」 enough YouTube and Instagram subscribers to populate … は enough と to を相関させて読む。subscriber「登録者」 populate「（人々を場所に）居住させる」 pastor「牧師」 sermon「説教」 reach「～に影響を与える」 broadcast「～を送信〔配信〕する」
（第５段）stellar「素晴らしい」 review「評価」 not quite は「完全に～ではない」という部分否定。make the coefficient of friction stick の make は使役動詞，coefficient of friction は「摩擦係数」，stick は「定着する」なので「摩擦係数（の理解）を定着させる」の意。to be clear「誤解のないように言うと」 eliminate「～を取り除く」 altogether「完全に」
（最終段）just over ～「～を少し上回る数」 a quarter「４分の１」 incorporate「～を組み込む」 bits of ～「～の破片，ちょっとした～」 interactivity「双方向性」 a fifth「５分の１」 student-centered「生徒中心の」 involve「～を含む」 most or all of the time「ほとんど，もしくはすべての時間」は most of the time or all of the time を省略したもの。not always「必ずしも～でない」 develop *A* into *B*「*A* を *B* に育てる」 lifelong learner「生涯学習者」

Ⅲ　解答

1．〈解答例１〉She was concerned that our throwaway culture would destroy the environment and increase the amount of garbage on a global scale.
〈解答例２〉She was worried that people were using more and more disposable items in their daily lives, and as a result, the environment would be destroyed and the amount of waste around the world

would increase.

2 —(A)

3.〈解答例 1〉The pen my parents gave me as a gift when I entered high school has sentimental value for me. (19 words)

〈解答例 2〉I still have the small old baseball glove I first used because it brings back fond memories of my childhood. (20 words)

4. (a)—(リ)　(b)—(ニ)　(c)—(イ)　(d)—(ヌ)　(e)—(ハ)

5 —(B)・(D)

◆全　訳◆

≪リペア・カフェをめぐるイギリス人親子の会話≫

ルーシーはオックスフォードに住むイギリスの女子学生である。彼女が家のキッチンで父親のフレッドと話をしている。次の会話を読み，下の質問に答えなさい。

ルーシー：おはよう，お父さん。あ，ごめんなさい，あくびをしちゃった。その電子レンジ，どうしようとしているの？　重そうね。運ぶのを手伝おうか？

フレッド：大丈夫そうだ，ルーシー。車に積んで市の廃棄物集積場に持って行こうと思っているだけだ。

ルーシー：修理に出すことはできないの？

フレッド：もう 10 年経つし，保証もとっくに切れているから，メーカーが修理するとはとうてい思えないな。おそらく，もう交換部品もないだろう。

ルーシー：残念ね。あっ，いい考えがある！　学校の近くのリペア・カフェに持って行ったらどうかしら？

フレッド：それは何だい？　聞いたことがないけど。

ルーシー：すごいのよ！　私たちこの間，環境科学の授業でそこに行ったの。人々が集まって壊れたものを協力して修理することができる場所なのよ。おしゃべりしたり，コーヒーを飲んだりしてね！

フレッド：おもしろそうだね。もっと聞かせてくれるかい？

ルーシー：そうね，最初のリペア・カフェはマルチーヌ＝ポストマというオランダ人の女性が 2009 年，アムステルダムで始めたの。彼女は，使い捨て文化で環境が破壊されて，ゴミの量が地球規模で増えることを心配してたんだよ。彼女はこの地球規模の問題を地域で解決する方法を見つけたいと考えたの。

フレッド：それはいわゆる「地球規模で考え，地域社会で行動する」ということだね？

ルーシー：そうなの。彼女はまた都市の住民の間の共同体意識の低下にも取り組み，実用的な技術や創意工夫が失われていることについても何かしたいと思っていたの。

フレッド：そしてその考えが人々に広まったということだね？

ルーシー：その通り。その考えが地球規模の運動に発展したの。オックスフォードのものも4年前に開設されたのよ。

フレッド：素晴らしいね！　どんなものを修理しているんだい？

ルーシー：あらゆるものよ。家電品，衣服，家具，陶器，自転車，そしておもちゃまで。

フレッド：どのくらいうまく修理できるんだい？

ルーシー：そうね，もちろん持ち込まれるものすべてを修理できるとは確約できないけど，かなりの成功率よ。ある調査によると平均60～70％のものが修理されているわ。成功率は自転車や衣服などのいくつかの項目では高いけれど，ノートパソコンなどのようなものでは低いの。

フレッド：そうだろうね。ここだけの話，特別な道具や装置がなければ分解して修理することができないような製品を意図的に作っている電子機器メーカーがあるような気がするよ。

ルーシー：そうなの，そこでリペア・カフェが役に立つのよ。でもこうしたカフェの意義は人々のために物を修理するということだけではないわ。私たちが人々と出会い，考えを共有し，そして刺激を受ける場所なの。ボランティアの修理担当者は訪れた人が修理について考え，実際に自分たちでも修理をするようにとても熱心に働きかけているわ。彼らはより持続可能なコミュニティに一緒に暮らすことについても人々が考えるように仕向けているのよ。

フレッド：彼らは私たちの物だけでなく私たちの心も修理していると言え

るかもしれないね。

ルーシー：ほんとうにそうね，その二つはとても密接な関係があることが多いけどね。たとえば家族の歴史の一部であるような古いものに感情的価値を感じている人もたくさんいるわ。

フレッド：言っていることはわかる。話がうますぎるという気がしなくもないな。何か裏があるということはないのかい？　たとえば，費用はどのくらいなんだい？

ルーシー：修理担当者からのアドバイスや支援は無料だけど，カフェを利用する人からの寄付を募っているわ。そのお金でカフェの運営に必要な経費が賄われているの。もし何か特別に交換部品が必要なら，修理担当者がその入手方法についてアドバイスしてくれるわ。

フレッド：そうか，それは素晴らしいね！　ではこの古い電子レンジをそこに持って行くことにするよ。今日もやっているのかい？

ルーシー：ええ，私も一緒に行くわ。かなり補修が必要なジーンズがあるの。

◀解　説▶

▶１.「下線部(1)を英訳しなさい」

「～を心配する」は be worried〔concerned/anxious〕that S V となる。that 以下に「使い捨て文化で環境が破壊される」と「ゴミの量が地球規模で増える」を続ける。主節の時制が過去なので that 以下の時制も過去になり，助動詞の would を使うことになる。「使い捨て文化」は throwaway culture でよいが，自信がなければ〈解答例２〉のように「人々が多くの使い捨て商品を使用し，その結果環境が破壊される」と説明的に表現することもできる。「地球環境」という場合の「環境」には the environment と the が付く。「ゴミの量が増える」は the amount of garbage〔trash / waste〕would increase だが，「使い捨て文化がゴミの量を増やす」と考えて〈解答例１〉のように無生物主語構文を用いて (our throwaway culture would) increase the amount of garbage とすると簡潔な文構造になる。「地球規模で」は around the world / globally / on a global scale など。

▶２.「下線部(2)はどのような意味か？　最も適切な表現を下から選びな

さい」

(A) became popular「人気が出た」

(B) hit a dead end「行き詰まった」

(C) occurred to you「あなたが～を思いついた」 occur to～「(考えなどが）～の心に浮かぶ」

(D) played a significant role「重要な役割を果たした」 play a～role「～な役割を果たす」

(E) worked in practice「実際にうまくいった」 work「機能する，うまくいく」 in practice「実際にやってみると」

catch on「広まる，流行る」という表現を知らなくとも，下線部を含むフレッドの発言に対してルーシーが直後の発言（Very much so. …）で「その通り」と肯定して，「その考えが地球規模の運動に発展した」と答えており，これに最も近い意味の(A)を選ぶことができる。Very mush so.「全くその通りです」 このconceptは「概念」という意味ではなく「考え，意見」というideaと同じ意味で使われている。grow into～「～に成長〔発達〕する」

▶3．「下線部(3)は，物質的価値というよりは個人的なまたは感情的なつながりに起因するある物の価値という意味である。あなたにとって“sentimental value”（感情的な価値）をもつものを一つあげ，なぜそれがそのような価値をもつかを説明しなさい。15～20語の英語で答えること。(解答の最後に使用した語数を示すこと)」

sentimental valueをもつものをあげる表現は問題文中のhave sentimental value（for～）を使える。この形を使うためには，20語という語数制限もあり，〈解答例1〉はThe 物 has sentimental value for me.を文の骨格として，The 物 を修飾する関係代名詞節でその理由を表現したもの。理由をbecause節で表現してI have a pen that has sentimental value because I got it from my parents when I started high school.のように表現することもできる。sentimental valueという表現を使わずに〈解答例2〉のように表現することもできる。

▶4．「下線部(a)～(e)について話者がどのように発話したかを示す最も適切な語を下から選びなさい。各選択肢は一度しか使えないものとする」

(a)この発言の後ルーシーはsorry for yawning「あくびをしてごめんなさ

い」と言っていることから(リ) sleepily「眠たそうに」が正解。

yawn「あくびをする」

(b)下線部の It's brilliant! は「それ（リペア・カフェ）はすごいのよ」という意味で，続く第2～4文（We visited it …cup of coffee!）ではルーシーが環境科学の授業で訪れたリペア・カフェについて興奮気味に話していることが感嘆符（!）からも読み取れる。これに合うのは(ニ) enthusiastically「熱心に」である。

brilliant「素晴らしい」 get together「集まる」 mend「～を修理する」 cooperatively「協力して」 have a chat「おしゃべりをする」 a chat と a cup of coffee が両方 have に続く。

(c) Just between you and me「これは二人だけの秘密だが，ここだけの話だが」という表現から判断して(イ) conspiratorially「共謀して，いわくありげに」が正解ということになる。紛らわしい選択肢に(ヌ) suspiciously「疑い深そうに，けげんそうに」があるが，この選択肢は(d)に使うことからも不可。

electronics manufacturer「電子機器メーカー」 deliberately「わざと，意図的に」 in such a way that S V「S が V するような方法で，S が V するように」 disassemble「～を分解する」 unless S V「S が V でないかぎり」 specialized「特殊な」 equipment「装置」

(d)下線部の直前の発言（It almost sounds …）でフレッドは「話がうますぎるような気がする」，下線部で「何か裏があるのではないのか？」と言っている。続く第4文（For example, how …）では費用のことを尋ねており，この発言はフレッドがリペア・カフェを怪しく思って言っているものであることがわかり，これに合うのは(ヌ) suspiciously「疑い深そうに，けげんそうに」となる。

too good to be true「話がうますぎる」 catch「かくれた問題点」

(e)下線部の直前でフレッドは that's marvelous!「それは素晴らしい！」と言った後に Then I'll take this old microwave there.「ではこの古い電子レンジをそこに持って行くことにするよ」と言っている。Then「それでは」という表現から，この時点でフレッドが決心していることがわかり，それに合致するのは(ハ) decisively「断固として，きっぱりと」である。

他の選択肢の意味は(ロ) cunningly「悪賢く」，(ホ) haltingly「躊躇して，口ごもって」，(ヘ)indecently「不作法に」，(ト)lovingly「愛情を込めて」，(チ)politely「礼儀正しく」となる。

▶5．「この会話に合致する文を次の中から2つ選びなさい」

(A)「それには感情的な価値があるのでフレッドは彼の電子レンジを修理することにした」

フレッドが電子レンジを修理することに決めたのは12回目の発言の第2文（Then I'll take …）の時点であり，それはルーシーの12回目の発言（Advice and help …）を聞いて，リペア・カフェが営利目的でないことがわかったからなので，それに合致しない。

(B)「フレッドはリペア・カフェでボランティアをしたことがない」

フレッドは3回目の発言（What's that? I've …）でリペア・カフェについて「それは何だい？　聞いたことがないけど」と言っており，それから判断して合致する。hear of ～「～について耳にする」

(C)「ルーシーとフレッドには多くのリペア・カフェに行く余裕がない」

cannot afford to *do*「(経済的または時間的に) ～する余裕がない」このような内容はない。ルーシーの12回目の発言（Advice and help …）からリペア・カフェに行くのにそれほど費用がかからないこともわかり，それにも合致しない。

(D)「ルーシーとフレッドにはそれぞれ修理してもらいたいものがある」

フレッドの12回目の発言の第2文（Then I'll take …）から彼は電子レンジを修理してもらうことにしたことがわかり，ルーシーの13回目の発言の第2文（I've got a …）から彼女はジーンズを修理してもらいたいと思っていることがわかるので，それに合致する。I've got ～ はI have ～ の口語表現。be in need of ～「～を必要とする」 badly「ひどく，どうしても」 attention「手当て，対応」

(E)「ルーシーは彼女のジーンズの修理を自分で行った」

このような記述はない。関係する内容はルーシーの13回目の発言（Yes, and I'll …）だけであるが，ここからわかるのは彼女がこれからジーンズをリペア・カフェに持って行くということだけなので，それに合致しない。

(F)「ルーシーはリペア・カフェに行ったことはあるが，オックスフォードのものには行ったことがない」

but 以下は省略を補うと but she has not visited the one（=Repair Café）in Oxford となる。ルーシーの3回目の発言の第3文（Why not take …），4回目の発言の第2文（We visited it …）より，彼女は学校の近くの（つまり彼女の住むオックスフォードの）リペア・カフェに行ったことがあることがわかり，それに合致しない。

●語句・構文●

（ルーシーの1回目の発言）need a hand（with ～）「（～のことで）手助けを必要とする」

（フレッドの1回目の発言）dump「ゴミ捨て場，廃棄物集積場」

（ルーシーの2回目の発言）send it away to be repaired は直訳すると「修理されるために送り出す」，つまり「修理に出す」ということ。

（フレッドの2回目の発言）（well）out of warranty「保証期間が（とっくに）切れて」 doubt「～とは思えない」 carry「（在庫として）～を持っている」 spare parts「交換部品」

（ルーシーの3回目の発言）That's a shame.「それは残念だ」 Oh, I know what!「あっ，そうだ！」 Why not ～?「～したらどうですか」

（フレッドの4回目の発言）I'm all ears.「興味津々です」

（ルーシーの5回目の発言）local「その地域の」 solution「解決」

（フレッドの5回目の発言）what they call「いわゆる」 think globally「地球的視野で考える」 act locally「地域で活動する」

（ルーシーの6回目の発言）address「（問題など）に対処する，取り組む」 decline（in ～）「（～の）低下」 community spirit「共同体意識」 amongst は among のイギリス英語の文語表現。urban「都市の」 dweller「住人」 practical skill「実用的な技術」 ingenuity「創意工夫」

（フレッドの7回目の発言）impressive「感動的な，素晴らしい」

（ルーシーの8回目の発言）electrical appliance「電気製品」 crockery「陶器」

（フレッドの8回目の発言）be successful at ～「～に成功する」

（ルーシーの9回目の発言）guarantee to *do*「～することを確約〔保証〕する」 brought to them は過去分詞で every item を修飾。fairly「かなり」 success rate「成功率」 on average「平均して」

（ルーシーの10回目の発言）that's where S V「それこそが S が V する

ところだ」 help「役に立つ」 be about *doing*「(仕事・活動など) に従事している」 be inspired「刺激を受ける」 be keen to *do*「熱心に～しようとする」 involve *A* in *B*「*A* を *B* に参加させる」 carry out ～「～を行う」 encourage *A* to *do*「*A* が～するように働きかける」 sustainable「持続可能な」

(フレッドの10回目の発言) I suppose (that) S V「SがVだと思う」

(ルーシーの11回目の発言) be (closely) related「(密接に) 関連している」 attach *A* to *B*「*B* (物・事) に *A* (重要性・性質・意義など) があると考える」

(フレッドの11回目の発言) I see what you mean.「言いたいことはわかります」

(ルーシーの12回目の発言) be invited to *do* の invite は「(意見・寄付など) を (丁寧に) 求める」なので「～するように頼まれる〔依頼される〕」の意になる。make a donation「寄付をする」 cover「～を賄う」 involved in running the café は the costs を修飾する過去分詞。be involved in ～ は「～に関わる」, run は「～を運営〔経営〕する」なので「カフェの運営に関わる」という意味になる。specific「特定の」 advise you on ～ の on は「～について」という意味。obtain「～を入手する」

(フレッドの12回目の発言) marvelous「素晴らしい」

Ⅳ **解答例**

The figure shows that the staff generally paid more for the milk they used in Eye weeks than in Flower weeks. This was probably because the images of eyes made them feel as if someone was monitoring the amount they were paying and thus paid more. (46 words)

◀解　説▶

「下の図はイギリスの共用の休憩室で職員がコーヒーや紅茶に入れた牛乳に対して各週に支払った額を示している。職員は“honesty box (だれも見ていない料金箱)”に匿名で支払った。この実験で研究者たちは毎週 (y 軸) オフィスにおける飲料の価格の上に新しい写真を貼り付けた。週ごとの消費量の違いを考慮して計算された支払い額 (x 軸) は週ごとに異なった。

図中のx軸とy軸の関係を説明し，説明したことについて考えられる理由を1つ述べなさい。語数は40〜50語とする。(書いた文章の最後にあなたの書いた語数を示しなさい)」

the figure below「下の図」 display「〜を表す」 concerning〜「〜に関する」 used in coffee… は過去分詞で milk を修飾。shared「共用の」 break room「休憩室」 anonymously「匿名で，名前を伏せて」 via「〜経由で，〜によって」 attach「〜を貼り付ける」 image「画像」 y axis「y軸」 paid は the amount を修飾する過去分詞なので the amount paid で「支払われた金額」の意。x axis「x軸」 vary「異なる」 control for〜は「〜を考えて調整を行う」という意味なので，after controlling for weekly consumption variation は直訳すると「週ごとの消費量の変化を考えて調整を行った後に」となる。具体的には，グラフの下に Figure: Pounds paid per liter of milk consumed as a function of week and image type.「週と画像の種類の関数としての，消費された牛乳1リットルあたりに支払われたポンド数」とあるように，x軸の数値は1リットルあたりに換算した支払い額ということである。consumed は過去分詞で milk を修飾しているので milk consumed は「消費された牛乳」の意。as a function of〜「〜の関数として」

まず実験の内容を正確に理解し，問題を注意深く読んで解答することが大切である。特に問題文が英語である場合は，読み違いのないように気をつけなければならない。この問題の場合は，指示に従って「図中のx軸(支払われた金額)とy軸(その週に貼られた画像)の関係」→「考えられる理由を1つ」という構成で書く。

〔解答例〕を和訳すると次のようになる。

この図は，概して人々は自分の使った牛乳に対して“Flower ウィーク”よりも“Eye ウィーク”に多くの金額を支払ったことを示している。これはおそらく彼らが眼の画像を目にすると，だれかが彼らが支払った額を監視しているような気持ちになり，そのためより多くの額を支払ったためだと考えられる。

❖講　評

2022 年度も 2021 年度までと同様に，総合読解問題が 2 題，会話文と英作文が各 1 題という構成であった。英作文は図表の読み取りに基づく自由英作文が 2018～2021 年度に続き出題された。なお，会話文でも意見論述の英作文が出題されている。

I は「加重毛布の睡眠への効果」に関する医学・健康分野の評論文。文構造が複雑であるわけではないが，語彙・表現レベルは高めであった。英文和訳などの設問に直接関わる箇所にも a rule of thumb / for as many ～, just as many …/ physiological / curl up などの語や表現が使用されており，文脈や前後関係からそれらの意味を推測する力が試されている。トピックセンテンスを選ぶ問題が 2021 年度に続き出題された。

Ⅱ は「講義形式と比較したアクティブ・ラーニングの有用性」に関する評論文。static equilibrium / fluids / coefficient of friction などの物理に関するもののような難度の高い語彙は散見するが，全体の論理展開は明快で文章の大意を理解する妨げにはならない。しかし **I** と同様，英文和訳などの設問に直接関わる箇所にも send *A* off / walk *A* through *B* / spellbinding など難解な表現が使われており，それらへの対応には苦労する。また語句整序問題は語数が多いという点で，文整序問題は論理展開の把握に加え This が指すものを押さえるという細かい読みも求められたという点で難度が高かったと思われる。一方，空所補充や内容真偽問題などには易しいものが多く，まずはこれらの問題を取りこぼさないことが大切である。

Ⅲ は“リペア・カフェ”をめぐる父と娘の会話が題材となった会話文総合問題。選択肢に conspiratorially / haltingly など難度が非常に高い語彙があるが，それ以外は会話文も設問も素直なものである。意見論述の分量は 2021 年度の 30～40 語から 2022 年度は 15～20 語に減った。テーマは身近なものであったが制限語数内に収めるのに意外と苦労する。

Ⅳ の英作文問題はある社会実験についての説明とその結果を表した図表に基づくテーマ作文。実験内容とその結果が正確に理解できれば，語数指定も 40～50 語と少なく，求められている内容は明確であった。

総じて，2022 年度の出題も，専門的な内容の英語を理解するだけにとどまらず，その内容を日本語で簡潔に表現したり，またそれについて自分の意見を英語で表現したりという，大学で学ぶ際に根幹となる語学力と思考力を求めるものである。人文・社会・自然科学にまたがり，多岐にわたる読解問題を理解するためには，英語力に加えて科目横断的な力が必要と言える。日頃の地道な学習を通じ，実際に使える英語運用力，論理的思考と幅広い教養を身につけた学生を求める出題意図が感じられる問題であった。

日本史

I **解答** A．問１．稲作文化が及ばず，狩猟・漁労中心の文化が続いた。続縄文文化のあと擦文土器を用いる擦文文化と北東沿岸のオホーツク文化が併存して続いた。

問２．器物を装飾する技法で，ヤコウガイやアワビの貝殻の光沢のある部分を磨き切り取って成形し，器物の木地に貼ったりはめ込んだりして用いる。

問３．十三湊は津軽半島の十三湖岸の港で，蝦夷ヶ島と日本海沿岸を結ぶ交易の中継点として栄え，北方のサケ・昆布，中国産陶磁器などが交易された。

B．問４．九州南部へ派兵し反逆する人民を服従させ，戸口を調べ戸籍を作り役人を置いた。しかし班田収授を実施できず，各自の耕作地を認めた。

問５．城柵の周辺に関東地方などから農民を移住させ柵戸とし，開拓を進めた。

問６．陸奥国の郡司の長官である大領の地位にあった。律令国家は帰順した蝦夷の有力者に地方官の地位を与え，蝦夷地域への支配の浸透をはかった。

◀解　説▶

≪原始～中世の「辺境」≫

◆A．▶問１．設問の要求は，紀元前３世紀頃から紀元 13 世紀頃までの，北海道や東北地方北部における文化について述べること，そのさい文化の名称と特徴を明らかにすることである。北海道とその周辺地域に限った地域に関する問題なので，高校教科書で紹介される２，３の用語についての記述内容でまとまるだろう。

縄文文化は日本列島の全域に及んだが，紀元前３世紀になると，北海道と南西諸島を除く日本列島の大部分では弥生文化という水稲耕作と金属器使用の文化が始まった。そして北海道や東北北部では続縄文文化という，続縄文土器を使用し狩猟・採集生活の時代が続いた。続縄文文化は，その後７世紀になると，オホーツク海沿岸のオホーツク文化と，擦文土器と鉄器を使用する擦文文化へと分岐した。

▶問2．設問の要求は，図1にある螺鈿紫檀五絃琵琶の写真を参考に，螺鈿の技法について述べることである。

螺鈿はヤコウガイやアワビなどの真珠色に輝く部分を磨き，薄片を切り取って漆器や木地にはめ込んだり貼りつけたりして，装飾に用いる工芸技法で，奈良時代に伝わり，平安時代には蒔絵の手法を加えながらさらに発展した。

▶問3．設問の要求は，十三湊が交易の拠点として機能した立地上の要因と，主要交易品を記すことである。

津軽半島（青森県）の十三湖と日本海がつながる部分に位置する十三湊は，蝦夷ヶ島（北海道）と本州日本海沿岸や畿内を結ぶ交易の拠点として栄え，中世には北条家の被官である安東氏の拠点が置かれた。主要交易品として蝦夷ヶ島から昆布やサケがもたらされ，畿内や日本海沿岸の各地からは中国や高麗産の陶磁器や宋銭が運ばれた。ちなみに，蝦夷ヶ島の南部志苔館付近からは，本州各地で生産された大甕に収蔵された37万枚もの宋銭が発掘されている。

◆B．▶問4．設問の要求は，史料1・史料2をふまえて，九州南部では律令制の原則のうち何が目指されたか，また実行できなかった点は何か述べることである。

まず史料の内容を読み取ろう。史料1には，薩摩や種子島は天皇の命に従わないので，兵を送って征討し，戸口を調べて役人を置いた，とある。史料2では，大宰府の報告として，「大隅と薩摩では国の設置以来班田が行われていない。百姓の田地はすべて自ら開いた墾田であり，それを各自が継承して耕作している。その場所で公地制を原則とした政府の班田事業をあらためて実施することを彼らは願わない。班田収授を断行すれば騒動になるだろう。昔どおりにして動かさず，それぞれの耕作地を耕させることとした」と述べられている。

このような内容から，まず目指されたことについては，兵による征討ののち，戸籍を作り役人を置き，班田収授を実施することであったことを述べればよいだろう。

次に，実行できなかった点については，まさにその班田収授に関する事柄を指摘しよう。大隅・薩摩ではこれまで班田が行われず，百姓は各自が所有する墾田を受け継いで耕作していた。そのため，反発や抵抗を招きかねない班田を実施するよりも，班田を実施せず，この地で行われてきた昔からの習慣に任せることにしたのである。

▶問5．設問の要求は，開拓労働力の確保のしかたについて述べることである。リード文では，「各地に城柵を設置し，周辺を開拓する」との箇所に下線部があることに留意しよう。

出羽，陸奥と称された東北地方の城柵は，日本海や北上川を北上するように設営され，それぞれ地域行政の拠点としての役割を果たした。城柵の周辺には柵戸と呼ばれる農民を関東地方や北陸地方などから移住させ，開拓をはじめ納税や兵役などを負担させた。

▶問6．設問の要求は，反乱首謀者の地位を述べることと，そこからわかる蝦夷支配の方式について述べることの2点である。

まず，史料3に書かれている陸奥国此治郡の「大領」が，反乱首謀者の地位である。「大領」とは，郡司の四等官のうち長官の地位を指す。

また，伊治呰麻呂は「本これ夷俘の種なり」と記されている。「夷俘」とは蝦夷のことで，彼はその出身だということがわかる。この箇所から，律令国家は服属したり帰順したりした蝦夷（俘《ふ》囚《しゅう》）の首長に「大領外従五位」という官職と位階を与えて律令国家の支配下に取り込んでいったことがわかる。

II　解答

問1．平清盛。後白河天皇の動員に応じて崇徳上皇方を破り保元の乱に勝利した。ついで藤原信頼が源義朝と結んで挙兵する平治の乱が起きると，両者を滅ぼした。

問2．⑴鎌倉時代前・中期の歴史を編年体で記した，幕府の編纂による史書。

⑵地頭のうち自らを御家人と承知し任務を勤める者が御家人とされた。彼らは守護の催促に従い上洛して治安を守る大番役を勤めるよう期待された。

問3．八幡宮神人の強訴を鎮圧するため守護は荘園の地下人の動員を求めたが，領主は地下人への守護の介入を恐れ，守護不入地を理由にこれを拒否した。

問4．⑴画面向かって左が明の官軍，右が倭寇である。

⑵明は私貿易を禁じ幕府に通交と倭寇の禁圧を求めた。幕府は応じ，明に

朝貢し勘合貿易を開始した。管理された貿易のもとで倭寇は衰退した。

◀解　説▶

≪中世の武家政治≫

▶問１．設問の要求は，保元・平治の乱の経緯について略述すること，そのさい，この乱で勢力を得た人物を挙げ，この人物を中核として述べることである。

保元の乱と平治の乱の両乱に勝利して勢力を得た人物とは，平清盛である。鳥羽上皇の没後，彼は後白河天皇の動員に応じて崇徳上皇方を破り，保元の乱の勝利者の１人となった。ついで，院近臣である藤原信頼が清和源氏の源義朝と結んで信西（藤原通憲）を自殺させると，平清盛は藤原信頼，源義朝を相次いで滅ぼし，源頼朝を伊豆に流した。こうして清盛は武家の棟梁としての権勢を高めた。

▶問２．⑴設問の要求は『吾妻鏡』について，「どのような性格の書物であるか」略述せよ，というもの。『吾妻鏡』は，鎌倉幕府の歴史を幕府自身が編年体で記した史書で，1180 年の源頼政挙兵に始まり 1266 年の宗尊親王の帰京までを綴っている。

⑵設問の要求は，「御家人」であるか否かは誰がどのように決めたのか，また御家人はどのような任務に就くことが期待されたのか，任務の名称・内容を明記しつつ，史料に即して答えることである。

史料１は 1192 年の政所下文の一節である。その３行目を読めば，「国内の荘園の地頭のうち，家人（＝鎌倉御家人）と承知している者は，守護・大内氏の催促に従って勤務するように」とし，「なかでも最近の京都市中では強盗などの犯罪があると聞くので，その取り締まりのためにおのおのが上洛し京都大番役を勤めるように」と指示している。ただし，「逆に鎌倉御家人ではないと思っている者は早く事情を申し出よ」とする。

この史料から，御家人とは，地頭の中で自らを鎌倉御家人であると承知している者のことであり，御家人であるか否かは自身の判断で決め，軍役などのつとめを果たす武士のことであった。その判断のもとに，御家人は京都大番役を勤め，京都における治安維持の役を負うのである。もっとも，自身を御家人であると思わない者はその事情を申し出ればよく，そうした義務は免れることとなる。

▶問３．設問の要求は２点ある。ひとつは守護の命令の目的とその内容について，いまひとつは日記の筆者（＝荘園領主）がなぜ守護不入などを理由に命令を拒絶しようとしているかを論じることである。

まず史料2の内容をおおまかに理解しよう。山城の守護一色氏から荘園の地下人らに命令文書（折紙）が届いた。石清水八幡宮の神人たちが強訴騒ぎを起こしている。このため山城一国で警備体制をとらなければならない。この荘園の地下人らも，守護の側に立って忠節を尽くすべきである，といっている。しかしこの荘園は守護の不入地であり，加勢するのは難しい，と返事しておいた。

設問の要求を検討しよう。守護の命令の目的であるが，守護の一色氏には山城国に発生した強訴騒ぎを鎮め，一国の治安を維持する目的がある。そのため京都近郊にあるこの荘園内からも軍事動員をはかる必要があり，「守護の側に立って忠節を尽くす」ように迫っているのである。この点について，日記の筆者は，軍事動員を通じて守護が荘園内に介入し，地下人と呼ばれる名主・沙汰人ら荘園内の有力者が被官化されることを警戒している。このため，筆者は守護の介入を回避しようと，荘園は守護が関与できない不入地であるからとして，この命令を拒絶することにしたのである。

▶問4．(1)図は，16 世紀中国の沿岸海上における倭寇の活動を描いたもの（図の成立は 17 世紀）で，画面向かって左が明の官軍，右が倭寇の船団となる。

(2)設問の要求は，明・幕府・倭寇の三者はどのように連動する関係にあったかを簡潔に述べることである。

まず明から幕府・倭寇に対して。明は 14 世紀の建国後中国を中心とする伝統的な国際秩序の回復を目指して近隣諸国との接触をはかり，当時の室町幕府に通交と倭寇の取り締まりとを求めた。

ついで幕府から明・倭寇に対して。幕府は明の働きかけにこたえて将軍足利義満の時代に倭寇を取り締まる一方で明に使者を送り，国交を開いて朝貢に基づく勘合貿易を開始した。

最後に倭寇の動向について。明の海禁政策が安定し日明の勘合貿易が進展すると，国家間の貿易が管理下に置かれて倭寇の活動は衰退した。しかし 16 世紀中ごろに日明貿易が断絶すると倭寇が再び活発化し，豊臣秀吉の海賊禁止令の発令によりようやく沈静化することとなった。

Ⅲ **解答**

問1．キリスト教の禁止

問2．前提条件は読み手側の識字能力が向上していることであった。寺子屋などで民衆の子弟向け教育が普及し，幕府法や日常道徳が教授されていた。

問3．イは民衆を対象に地域の治安維持に協力させるものなので，イを選ぶ。ロは武家を対象に武芸を奨励しているので，高札に不相応で採用しない。

問4．(1)宿場間の移動に継送りの馬が利用され，一定の運送費用がかかった。

(2)水上は，舟運や廻船により大量・安価・長距離の物資輸送に適していた。

問5．温泉地への湯治や物見遊山，伊勢神宮・善光寺・金比羅宮への寺社参詣，聖地・霊場への巡礼が，講の資金を利用して共同・交代で行われた。

問6．(1)五榜の掲示

(2)西洋諸国の多くはキリスト教国であり，信仰を禁止する政策に反発した。

◀解　説▶

≪近世の高札場と交通≫

▶問1．空欄［あ］には，江戸時代，各地の高札場の制札に記された内容で，「忠孝の奨励」や「毒薬・偽薬の禁止」などと並ぶ，法令・禁令にあたる語句や短文が入る。禁令であれば，のち明治初期に掲げられた新政府による五榜の掲示（高札）にも引き継がれた，「キリシタン邪宗門の禁制」などを想起できるだろう。

▶問2．設問の要求は，制札の内容がきちんと伝わるうえで必要な前提条件と，実際に浸透した背景にあった事情について述べることである。

制札の内容が伝わるには，前提条件として読み手に文字を認識する能力がなければならない。その能力は学習によってのみ身につくが，個人間や家族間の小規模な学習以上に，普及という意味では，多くの人々が通うことのできる手習いのための私塾や初等教育の場が整っていることが重要となる。

近世後期には都市・村々を問わずおびただしい数の寺子屋，手習塾がつくられ，庶民向けの初等教育が普及した。印刷が盛んとなり，出版された教科書を用いて，寺子屋の師匠が読み・書き・そろばんなどの日用的な知識や，幕府の法，日常道徳などを教えた。

▶問３．設問の要求は，あなたが高札場の設置者なら，イとロのどちらを採用するか，またどちらを採用しないか，その理由とともに答えよ，というもの。

高札は，幕府や藩が法度・禁令などを民衆に伝達するために，交差路や橋のたもとなどに高く掲げられた板札である。民衆への伝達手段であるから，イがふさわしい。「怪しい者がいたら詳しく取り調べて，早々に代官・地頭のもとに連行してくること」とあり，民衆に対し治安維持への協力を求めている。一方ロの場合は「文武弓馬の道にひたすら励め」という武家諸法度の有名な一節で，大名に対する将軍の命令である。一般的な命令として解釈しても，武家たる者への心構えを説く内容だから，民衆を対象とする高札には不相応となる。以上の理由から，ロを採用せずイを採用する。

▶問４．⑴設問の要求は，下線部③に留意しつつ江戸時代の陸上交通の特徴について述べることである。

下線部を読むと，馬籠から妻籠への隣り合う宿場間の移動には，馬一頭に荷物を背負わせて費用は百八文，荷物と人を馬に乗せてそれぞれにつき百八文，人の搬送で馬一頭につき六十七文といった運送料がかかった。これで１つの宿場間の費用である。中山道は宿場が多く，移動に困難な山中の道も多くて馬の利用が盛んであり，馬は宿場間の継送り方式で，長距離で利用し積算すれば多くの費用もかかった。

⑵設問の要求は，陸上交通に対して水上交通にはどのような特徴があったかを述べることである。

水上交通では，河川や湖沼をゆく舟運が，大量の物資を安価に運ぶのに適しており，人と物資の輸送手段として発展し，河岸と呼ばれる港町も各地にあらわれた。また海上では，東廻り・西廻り海運に代表される，遠隔地を結ぶ帆船による全国的規模の海運ルートが整備された。このように，水上交通は遠距離間の大量かつ安価な輸送を可能にし，港を結ぶ廻船が各地で発達することとなった。

▶問５．設問の要求は，江戸時代の民衆の旅の特徴（旅の目的，目的地や方法など）について述べよ，というもの。

民衆の旅は，特に江戸後期に盛んとなった。病気やけがの治療，農閑期の娯楽として温泉地で自炊しつつ何泊も過ごすという湯治では，江戸周辺の草津・箱根，上方の有馬，伊予の道後などが賑わった。各地の名所などを見物する物見遊山も盛んとなった。伊勢神宮や信濃の善光寺，讃岐の金比羅宮などを目指す寺社参詣，西国三十三箇所や四国八十八箇所の巡礼も盛んとなった。長旅に備えて，各地には伊勢講や富士講など参詣のための組織である講も結ばれ，そこで旅の資金も調えられた。旅は講のメンバーが持ち回り方式で出かけた。伊勢などの大寺社門前には御師と呼ばれる，祈禱を行ったり宿泊を案内したりする専門の世話人もいた。各地で名所を紹介する名所図会や街道沿いを紹介する浮世絵の風景画も普及し，人々の旅心をそそった。

問６．⑴下線部「五種類の制札」は何と呼ぶか，とあるが，これは五榜の掲示という。明治新政府が 1868 年に対民衆方針を明らかにしたもので，江戸幕府時代の制札内容を引き継ぎ，徒党・強訴の禁止，キリシタン禁制など，非常に保守的な内容であった。

⑵五種類の制札のうちの１つである［あ］は，西洋諸国から激しい非難を浴びたが，なぜか，という問いである。

第３札の［あ］はキリシタンを邪宗門として禁制とする，という内容で，直前に表明された五箇条の誓文で開国和親をうたいながらこの禁制を掲げるのは矛盾があり，キリスト教を信奉する西洋諸国の反発が不可避であった。浦上信徒弾圧事件も起き，西洋諸国の反発が強まると，政府は 1873 年にこの高札を撤去し，キリスト教の黙認へと転換した。

Ⅳ　解答

Ａ・Ｂ．問１．寺内正毅。米穀をめぐる各地の騒擾が，新聞報道を介して全国的な米騒動に拡大した。

問２．原首相は普通選挙の導入には時期尚早と反対し，大政党に有利な小選挙区制を導入し選挙権の納税資格拡大のため納税額を３円まで引き下げた。

問３．河上は第一次世界大戦による好景気の恩恵を受けた船成金らの富者と，恩恵から疎外された都市下層民や貧農との間で拡大する経済的・社会的格差を問題視し，階層間の格差と分断が対立や騒擾へと発展すると考えた。

Ｃ．問４．石油危機を機に日本経済の高度成長が終わり，インフレと不況が進行した。労働組合は大幅な賃上げを求め，ストライキを伴う労働争議を頻発させた。

問5．核兵器。沖縄は，戦後は米軍の軍政下，講和後は米国の施政権下に置かれた。本土復帰を求める住民運動も起こり，日米間で核抜き・本土並みの返還が模索された。

問6．日米安全保障条約の改定阻止を叫ぶ国民運動が激化したが，条約は参議院の議決がないまま自然成立となって承認され，運動はむなしく挫折した。

◀解　説▶

≪近現代の社会運動と社会問題≫

◆A・B.　▶問1．設問の要求は，史料A中の「現内閣」の総理大臣名と，新聞統制に至った1918年の「食糧騒擾」の特徴について述べることである。

Aは新聞の論説で，1918年の米価暴騰で引き起こされた食糧騒擾，つまり米騒動を取り上げる。ときの総理大臣は寺内正毅で，寺内が施行した新聞報道に対する箝口令が，厳しく批判されている。

さて「食糧騒擾」の特徴を新聞統制との関連で考えてみよう。いわゆる大戦景気による都市への人口集中と米消費の拡大を背景に米価が高騰し，米の投機的売買も横行して，1918年夏には米価が急騰した。富山県魚津の騒動をきっかけに都市民衆，貧農，被差別民らが米の買い占めに反対し，安売りを要求して米穀商や地主を襲撃し警官隊と衝突した。この騒ぎは新聞報道を介して全国各地に広がり，最終的には約70万人を巻き込む大騒擾となった。寺内内閣は新聞による情報拡散を警戒して報道管制を敷き，軍隊を動員して鎮圧に当たったが，批判はやまず，責任を追及する世論を前に総辞職した。

社会に生じた格差や分断を背景に発生した「食糧騒擾」であったが，それが報道を介して全国に拡大すると，民衆の政治参加を求める世論が形成され，寺内内閣を退陣に追い込む原動力となった。

▶問2．設問の要求は，普通選挙制度に対する原敬首相の姿勢をふまえ，同内閣による衆議院議員選挙法の改正内容を説明することである。

まず普通選挙についておさらいしておこう。これは制限選挙，つまり納税額や教育程度などにより選挙権・被選挙権を制限する制度ではなく，一定年齢以上のすべての成人に選挙権・被選挙権を与える制度である。ただしこの時代の日本では，男性のみの普通選挙を意味した。

第一次世界大戦後には，世界的なデモクラシー運動の高揚を背景に，日本でも民衆運動として普通選挙の実施を求める声が高まっていた。しかし原首相は普通選挙の導入は時期尚早であると慎重姿勢をとり，衆議院議員選挙法の改正では小選挙区制の導入と選挙権の納税資格を３円以上として拡大する改正に留めた。そのねらいは，小選挙区制は多数政党政友会に有利にはたらくこと，有権者枠の拡大で特に政友会支持の多い農村有権者を約２倍に増やせることであった。こうして原首相は衆議院を解散し，直後の総選挙で政友会を圧勝に導いた。

▶問３．設問の要求は，河上肇が考える日本の社会問題とは何か，また社会問題がこの時期の日本で顕在化した背景について，考えられるところを述べよ，というものである。

史料Ｂから社会問題について述べた箇所をたどってみる。そこでは，米騒動とは「経済的弱者」の不平が米価問題を契機に爆発したにすぎず，背景には「社会問題」があることを見逃してはならない，という趣旨が述べられる。大戦景気という空前の好景気によって船成金，鉄成金という資本家の急成長がみられた一方で，資本主義の急展開は，自由な競争からはじかれた貧農や都市下層民などの経済的弱者を大量に生み，社会的な格差や分断を生んでしまった。その格差や分断を背景に米騒動が発生し，貧者が富者を襲撃する全国的な騒擾となった。河上はこうした騒擾の背後にある社会的格差と分断が，階級間の対立や抗争へと転化すると考えているのである。

◆Ｃ．▶問４．設問の要求は，1970年代前半に労働争議が頻発していた理由について，当時の経済状況や争議の特徴という観点から述べよ，というもの。

まずグラフを読み取ろう。「総争議」（太実線）は1970年から75年にかけて急増している。そのうちストライキ（同盟罷業）などの「争議行為を伴う争議」（破線）が大半を占め，「半日以上の同盟罷業及び作業所閉鎖」（細実線）という比較的強硬な争議行為も約半数にのぼったことがわかる。

次にこの間の経済状況を考えてみよう。日本経済は1955年から73年まで，年平均10％前後の急激な成長をみせ，その時代は高度経済成長期と呼ばれたが，1970年代に入ると転機が訪れた。アメリカのドル危機を契機に 1971 年にニクソン大統領がドルと金の交換を停止した（ドル＝ショック）ため，為替市場が混乱し，円の対ドルレートも切り上げられ，輸出産業が打撃を受けた。1972 年には田中角栄内閣が発足し「列島改造」ブームが土地投機を呼び地価が高騰した。1973 年には第 4 次中東戦争を契機に OPEC が原油価格を大幅に値上げし，石油危機をもたらした。石油危機により日本は「狂乱物価」と呼ばれるインフレに見舞われて企業の倒産や失業が増加した。1974 年の日本経済は戦後初のマイナス成長となり，その後も低成長率が続いて，高度成長は終わりを遂げた。以上が当時の経済状況である。

その結果，企業は省エネ・人員整理・パート労働への切り替えなど減量経営に努めたため，労働争議の件数は 1975 年までに急増した。この時期の争議の特徴は，インフレに対応した大幅な賃上げや雇用の確保を求めて，ストライキ（同盟罷業）など争議行為を伴うものが大半を占め，その約半数で半日以上にわたるストライキやロックアウト（作業所閉鎖）などの強硬手段がとられ，争議の激化がみられた。

▶問 5．設問の要求は，［甲］に入る語句を答えること，またアジア・太平洋戦争後から「本土復帰」までの沖縄が置かれた状況について説明することである。

まず空欄について。［甲］は設問文と史料に登場し，前後の文脈から，本土復帰時に沖縄にないことが望ましく，また「基地」や「毒ガス兵器」と並んで地元住民には歓迎されない語句が入る。1972 年には核抜き・本土並みの沖縄返還を望む声が大きかったので，［甲］には核兵器が入る。なお，佐藤栄作内閣は沖縄返還交渉の過程で，1967 年に核兵器に関して，持たず，つくらず，持ち込ませずの「非核三原則」を表明して政府方針とし，のち国会でも議決された。

次に戦後から本土復帰までの沖縄の状況について。アジア・太平洋戦争の末期 1945 年 4 月にアメリカ軍が沖縄に上陸，沖縄を戦場とする唯一の本土決戦が行われ，約 3 カ月後に沖縄はアメリカが占領することとなった。同年 8 月，日本がポツダム宣言を受諾し，9 月に戦争は終結したが，沖縄は本土から切り離され，アメリカ軍の軍政下に置かれることとなった。1952 年にサンフランシスコ平和条約が発効して日本の本土は主権を回復したが，沖縄は依然アメリカの施政権下に置かれた。アメリカ軍による収用で，基地が島の過半を占めた沖縄では，爆撃機の墜落などの基地被害や米兵の犯罪事件もあって，1960 年代には住民による祖国復帰運動が高まり，特にベトナム戦争が激化する中で返還問題があらためて浮上した。佐藤栄作内閣はアメリカのニクソン大統領との間で核抜きの本土復帰で合意し，1971 年には沖縄返還協定を結び，翌年沖縄の施政権返還が実現した。

▶問 6．設問の要求は，1960 年の社会運動では何が要求され，結果としてどうなったのか,「アカシアの雨がやむとき」の歌詞を参考に述べよ，というもの。

1960 年の社会運動とは，岸信介内閣による日米安全保障条約の改定に反対する，いわゆる安保闘争（60 年安保）のことである。当時の革新勢力（社会党・総評・原水協，反対派学生など）は，岸内閣の安保改定によって日本がアメリカの世界戦略に組み込まれ，さらなる再軍備を強いられるとしてこれに反対し，安保改定阻止国民会議を結成して反対運動の中核となった。しかし同条約案は 5 月に衆議院を通過，6 月には参議院の議決なきまま自然成立し承認された。この間，闘争は激化し，国会議事堂前では機動隊と反対派学生のデモ隊との衝突が起こり，東大女子学生の圧死事件も起きた。ともあれ条約は承認されたが，騒擾のさなか，予定されていたアイゼンハワー大統領の訪日は中止された。岸内閣は条約承認を見届けて総辞職し，池田勇人へと政権は引き継がれた。

条約に反対して運動に参加し，結局敗れ去った人々には挫折感が残った。その敗北感にうちひしがれた気分と，失恋をテーマとする歌詞が重なり,「アカシアの雨がやむとき」はヒットした。

❖講　評

2022 年度の論述問題は計 24 問で 2021 年度から 4 問増え，論述解答の合計行数は 42 行（1 行＝14 cm）と，こちらも 2021 年度より 6 行分増加し，全体の分量はやや増加している。2022 年度も 2021 年度と同じく 2 行程度の解答が大半で，16 問である。3 行程度の解答は 1 問出題されているが，かつてみられた 4 行程度の解答はない。人物名を記述する解答（平清盛，寺内正毅）は 2 カ所と，2021 年度と変わりはないが，空所補充は 2 カ所で，2021 年度の 5 カ所から減少し，全体的に論述解答に重点を置く傾向が続いている。解答量が多く，時間内に過不足なく解答欄に記述しなければならないという課題は変わらない。

史料の要約や，史料をもとに答える問いも出題されている。出題史料の数は近世までで 7 個，近代のものが 4 個で計 11 個と，2021 年度の 9 個より増加した。読解の難易度については，脚注や解説を伴う史料が多く，受験生は解釈しやすいものだったのではないだろうか。

全体的に，2022 年度の解答量は 2021 年度より増加し，語句や人物名の単答方式が減少して，論述方式へと特化する傾向にある。文章力・論述力をつけることが，名古屋大受験生にはクリアすべき課題となる。全体の難易度についても，史料解釈に基づく論述や，美術品の技法などが問われ，やや難化の傾向にあるといってよいだろう。

視覚資料は古代の美術品写真が 1 点，中世の絵図 1 点，近世の絵図 2 点が出題されており，2021 年度の 9 点ほどではないが，1 大問につき 1 点程度の分量となっている。

大問数は，2019 年度の大問 3 題を除き，大問 4 題が続いている。2022 年度は時代別では縄文時代を含む原始・古代から戦後の安保闘争までの出題となった。過去問をさかのぼっても，ほぼ全時代全分野からまんべんなく出題されている。

I　日本列島の歴史に関して，A では原始・古代から中世にかけての，B では律令国家時代の「辺境」が問われる。問 1・問 3 は教科書の記述を想起して答えよう。問 2「螺鈿」の技法説明はやや難だが，リード文に「ヤコウガイ」とあるので，これを用いて考えよう。問 4～問 6 の史料問題では史料の読解が前提となる。カギとなる文節や用語をみつけて答案を組み立て，正解に導きたい。

Ⅱ　中世武家政権の政治に関する問題で，問1「保元・平治の乱」は教科書の記述に基づいた問題，問4『倭寇図巻』も絵図の理解を前提とするが，教科書に基づく解答を求める問題である。一方，中世の政治をめぐる問2・問3は史料の読解を前提に，教科書の通説的な理解からさらに踏み込んだ問いが設定されており，受験生は史料中のカギとなる文節や用語を見いだして答案を記述しなければならない。そういう意味でやや難に位置づけられる問いである。

Ⅲ　江戸時代の高札場をめぐる問題で，交通制度や旅に関する問いも付随して問われている。問1で［　あ　］がわからなくても，問6でも重ねて出てくるので解けるだろう。問2は民衆教育，問3は民衆への広報，問5は民衆の旅，問6は維新政府の民衆政策と，いずれも民衆をテーマとする問題で，教科書には記述があるのでたどっておきたい。問4⑴はリード文中の史料から簡便な宿泊に比べ馬に頼る陸上移動が高価だったことを読み取りたいが，やや難しいかもしれない。⑵の水上交通の特徴は教科書に必ず記述があるのでここで挽回したい。

Ⅳ　近現代の社会運動・社会問題に関する出題。史料A，Bでは米騒動に関して，史料Cでは1970年代の労働争議件数のグラフ，問5の史料では琉球政府の「建議書」，問6では1960年の流行歌と，多彩で多角的視点からの出題となっている。問3は資本主義の発展が必然的にもたらす格差の問題を取り上げたい。問4は「争議行為」の概念中に「同盟罷業」や「作業所閉鎖」が含まれると理解しつつグラフを読み取ろう。

世界史

I 解答

問１．ａ)政権の名：北魏　民族の名：鮮卑
氏族名：拓跋氏

ｂ)北魏の孝文帝は，鮮卑の服装・姓名・言語を禁止するなど積極的な漢化政策を行い，これらの政策に反発した軍人が反乱を起こしたため北魏は東西に分裂し，さらに東魏は北斉に，西魏は北周に代わった。

問２．ａ)皇后や后妃の親族

ｂ)外戚が，皇帝の親族という立場を利用して政治に介入すると，官僚や宦官などとの間に政争が生まれやすく，中央政府の機能が混乱した。前漢を滅ぼして新を建てた王莽が例として挙げられる。

問３．ａ)③赤眉　④黄巾　⑤紅巾　⑥陳勝・呉広　⑦安史　⑧黄巣
⑨李自成　⑩太平天国　⑪義和団

ｂ)番号：④　宗教団体名：太平道　番号：⑤　宗教団体名：白蓮教

問４．ａ)塩　ｂ)唐代に流通経済が発展し，商業圏が全国に拡大した

問５．ａ)⑭高句麗遠征　⑮大運河の開削

ｂ)王朝名：唐　支配者の名：高宗

ｃ)首都名：長安〔大興城〕・開封・杭州〔臨安〕・北京〔大都〕から３つ
影響：南北朝時代に開発の進んだ江南と政治の中心地である華北が直結し，中国が経済的に統一されるとともに，江南の開発がさらに進んだ。

◀解　説▶

≪中国史における反乱≫

▶問１．ａ)鮮卑は４世紀から華北に侵入した五胡の一つ。拓跋珪（道武帝）が 386 年に北魏を建国，439 年に太武帝が華北を統一し，五胡十六国時代を終わらせた。拓跋氏の血統は隋・唐の時代にも支配層として続き，北朝から隋・唐にいたる諸王朝は総称して拓跋国家と呼ばれる。

ｂ)孝文帝の漢化政策と，軍人の反乱，北魏の東西分裂，その後の北斉と北周の成立を説明すればよい。孝文帝は，都を平城から洛陽に遷都すると，鮮卑の服装・姓名・言語を禁止するなど漢化政策を行った。これに対し，北方にとどまった鮮卑の軍人が反発したことから反乱が起こった。これを

きっかけとして北魏は東西に分裂し，さらに東魏が北斉に，西魏は北周に倒された。

▶問２．ｂ)難問。「外戚」が国政を混乱させる要因の代表のように言われる原因について，例を挙げて説明することが求められている。

　皇后や后が生んだ子が皇帝となった場合，皇后や后の父や一族の男性が皇后や后を介して国政に介入する場合があり，特に皇帝が幼少であったり，政治に無関心な場合はその傾向が顕著で，国政を担っていた官僚や後宮を統括する宦官などとの間に政争が起こりやすく，中央政府の機能が混乱する要因となった。

　例としては王莽が言及しやすいだろう。王莽は，前漢元帝の皇后であった王氏の一族出身。幼少の平帝に娘を嫁がせ，平帝を毒殺した後は同じく幼少の孺子嬰を立てて摂政となったが，まもなくこれを廃して帝位につき，新を建国した。この他，唐の楊貴妃の一族などを例示してもよいだろう。

▶問３．ａ)③五行思想（木→火→土→金→水の循環）で前漢は火徳と考えられていたので，赤眉の乱は眉を赤く染めることで，前漢の復活を願ったとされる。

④黄巾の乱は，火徳に代わる土徳の黄色を用いることで，後漢の滅亡を象徴していた。

⑤紅巾の乱鎮圧後の内乱状態の中で，紅巾軍の武将であった朱元璋が明を建国した。

⑥陳勝と呉広は貧農の出身。挙兵の際の陳勝の言葉「王侯将相いずくんぞ種あらんや」は実力第一主義の世情をよく表している。

⑦安史の乱は玄宗晩年の755年に勃発。玄宗は四川への逃亡中に退位した。

⑧黄巣の乱は875～884年。安史の乱と違い，黄巣の乱は経済の中心であった江南にまで波及したため，唐は国力を消耗して滅亡期に入った。

⑨李自成は農民の出身。北京を攻略して明を滅ぼしたが，明の将軍呉三桂に大敗して自害した。

⑩太平天国の乱を起こした洪秀全は客家の出身。客家は異民族の侵入を避けて華北から南方に移住した人々の子孫とされる。

⑪清末とあるので，白蓮教徒の乱（1796～1804年）と間違わないように。義和団の乱は清末の1900年に勃発。義和団はかつての白蓮教の流れをくむ宗教結社である。

b)④黄巾の乱を起こしたのは，張角を創始者とする太平道という民間宗教。太平道は張陵を創始者とする五斗米道とともに道教の源流となった。
⑤紅巾の乱を起こしたのは白蓮教徒。白蓮教は宋代に成立した仏教系の民間宗教。初め阿弥陀仏を信仰したが，後に弥勒仏に救済を求める弥勒下生信仰が盛んになり，農民反乱の宗教的な基盤となった。
▶問4．a)難問。黄巣の乱を起こした王仙芝・黄巣ともに塩の密売商人であることから考えたい。空欄直後に「商業経路を利用して」とあるので，塩の密売商人という解答の方向性も許容されるだろう。
b)難問。これも「商業経路を利用して」がヒントになる。唐代には広大な統一国家の成立により商業・流通が発達し，遠隔地を結んで商人が活発に往来した。
▶問5．a)⑭高句麗遠征はすでに文帝（楊堅）時代の598年に始まっていた。煬帝による遠征は612年から3年連続で行われたが，ことごとく失敗に終わった。
⑮難問。空欄の直後に「この二つの重労働」とあるので，大運河ではなく，大運河の開削が正解。大運河の建設は文帝の時代から始まっており，長安と黄河を結ぶ広通渠，淮水と長江を結ぶ山陽瀆が建設された。煬帝の時代には黄河と淮河を結ぶ通済渠，長江流域の揚州と杭州を結ぶ江南河を完成させ，これにより長安と長江デルタ地帯が結びつけられた。黄河と天津にいたる永済渠は高句麗遠征のための物資輸送路であった。
b)唐の太宗も高句麗遠征を試みたが，高句麗に撃退された。その後，高宗が668年に新羅と連合してついに高句麗を滅ぼすことに成功した。
c)「大運河の開削との関わりが深い」という意味がわかりにくいが，大運河を建設した隋，黄河と大運河の合流点として経済的に繁栄した開封を首都とした宋（北宋），大運河を補修し新運河も建設した元の首都が相応しいと思われる。また，南宋が都とした臨安（杭州）も大運河の南の起点として繁栄した都市であるため，「関わりが深い」と判断した。

　大運河の完成がその後の中国史に与えた影響については，中国の南北が大運河という交通路によって結合されたことをまとめればよい。

II **解答**

問1．(1)ヴァスコ＝ダ＝ガマ　(2)永楽帝

問2．ムガル帝国

問3．(1)―③　(2)―⑤　(3)―⑥

問4．ケープタウン・カイロ・カルカッタ

問5．スターリン

問6．③

問7．自国の通貨を軸として，密接な関係にある自治領や植民地との間で形成した閉鎖的な経済圏。圏内では関税を引き下げて貿易を活発化し，圏外の国の商品は高関税を課して排除した。

問8．GATT〔ガット〕

問9．(1)マーシャル＝プラン　(2)北大西洋条約機構〔NATO〕

問10．(1)経済相互援助会議〔COMECON，コメコン〕(2)1955年

◀解　説▶

≪15～20世紀の経済統合の歴史≫

▶問1．(1)ヴァスコ＝ダ＝ガマは喜望峰を迂回してアフリカ東岸のマリンディに到達。イスラーム教徒の水先案内人イブン＝マージドを雇い，彼の案内で1498年にインド西岸のカリカットに到達した。

(2)永楽帝は靖難の役で甥の建文帝から帝位を簒奪して即位した。南海遠征には行方不明となった建文帝を捜索する目的があったとも言われる。鄭和の南海遠征は1405～33年に7回実施されたが，最後の第7回は宣徳帝の命であった。

▶問2．インド人傭兵による反乱はシパーヒーの反乱（1857～59年）。ムガル帝国皇帝バハードゥル＝シャー2世が反乱軍に指導者として擁立されたが，捕らえられてビルマに流刑になったことでムガル帝国は滅亡した。

▶問3．(1)蒸気機関車はスティーヴンソンが，1825年，ストックトン・ダーリントン間を客車・貨車牽引に成功，1830年にはマンチェスター・リヴァプール間でロケット号の営業運転を行った。

(2)蒸気船は，アメリカのフルトンが外輪式蒸気船クラーモント号の建造に成功し，1807年にハドソン川を航行させた。

(3)磁石式電話機はアメリカのベルが1876年に発明した。

▶問4．イギリスの3C政策に対して，ドイツは，ベルリン・イスタンブル（ビザンティウム）・バグダードを結ぶ3B政策で対抗した。

▶問５．一国社会主義論を主張するスターリンは，世界革命論を主張するトロツキーと対立。党内争いに敗れたトロツキーは 1929 年に国外追放になり，1940 年に亡命先のメキシコで暗殺されている。

▶問６．イタリアでファシスト党が政権を掌握したのは 1922 年である。③不適。イタリアは，1920 年に発足した国際連盟の常任理事国となった。他に常任理事国になったのはイギリス・フランス・日本。

▶問７．ブロック経済にはイギリスのスターリング＝ブロック，フランスのフラン＝ブロック，アメリカのドル＝ブロックなどがある。この結果，自由貿易が阻害され，ブロック間に摩擦を生み，第二次世界大戦の原因の１つとなった。

▶問８．GATT を受け継ぐ形で，1995 年に世界貿易機関（WTO）が設立されている。

▶問９．⑴マーシャル＝プランは，アメリカ国務長官マーシャルによって発表された。トルーマン大統領の「封じ込め政策」の一環で，経済援助により西欧諸国の共産主義化を防止するのが目的であった。

⑵北大西洋条約機構（NATO）は 1949 年にアメリカ・カナダ・イギリス・フランスなど 12 カ国で結成された。冷戦終結後，東欧や旧ソ連構成諸国の加盟で東方拡大が進んだことから，ロシアが警戒感を強め，特にウクライナ加盟問題で軍事的緊張が高まり，2022 年２月ロシアはウクライナに侵攻した。

▶問 10．⑴経済相互援助会議はマーシャル＝プランに対抗して組織された。冷戦終結後の 1991 年に解体された。

⑵ワルシャワ条約機構の発足は 1955 年５月。西ドイツが再軍備を認められて NATO に加盟した直後のことであった。

Ⅲ　解答

問１．A－4　B－3　C－1　D－5　E－2

問２．①－B　②－A　③－E　④－C

問３．アレクサンドル１世

問４．ライン同盟

問５．ユダヤ系軍人ドレフュスをめぐる冤罪事件。再審をめぐってドレフュスを無罪とする共和派と有罪とする反共和派に二分され，最終的に無罪が確定した。

問６．オスマン帝国領内のギリシア正教徒の保護

問７．穀物法は，大陸封鎖令廃止により安価な大陸産穀物が流入して穀物価格が下がるのを防ぎ，地主の利益を守るため輸入穀物に高関税をかけた。

◀解　説▶

≪19 世紀のヨーロッパ史≫

▶問１．A.「神聖な宗教の教え」から神聖同盟条約草案だと判断できる。神聖同盟はキリスト教の友愛精神を基調とした。

B.「皇帝の職務をこれ以上まったく遂行できない」から，神聖ローマ皇帝フランツ２世の退位宣言だと判断できる。ちなみにフランツ２世はオーストリア皇帝としてはフランツ１世を名乗った。

C.「ドレフュス無罪」からドレフュスを支援したエミール・ゾラの「私は弾劾する」だと判断できる。

D.「黒海は中立化される」からクリミア戦争の講和条約であるパリ条約(1856 年）と判断できる。

E.「自由貿易原理」からコブデンの演説だと判断できる。コブデンは反穀物法同盟を結成した。

▶問２．Dのクリミア戦争のパリ条約（1856 年）の時はナポレオン３世の第二帝政，Cのドレフュス事件（1894～99 年）は第三共和政での出来事なので，D→Cの順となり，④にはCが入る。Aの神聖同盟（1815 年）はナポレオン没落直後に成立，Bの神聖ローマ帝国消滅（1806 年）はナポレオン戦争中の出来事，Eのコブデンらによる穀物法廃止（1846 年）はナポレオン戦争後の出来事なので，B→A→Eの順となり，①にB，②にA，③にEが入る。

▶問３．ロシア皇帝アレクサンドル１世はアウステルリッツの三帝会戦(1805 年）で，神聖ローマ皇帝フランツ２世とともに，フランス皇帝ナポレオン１世と交戦している。

▶問４．ライン同盟はナポレオン保護下に西南ドイツの 16 諸邦が 1806 年に結成した同盟。これを機にフランツ２世が退位し，神聖ローマ帝国は名実ともに消滅した。

▶問５．ドレフュスの無罪がなかなか認められなかった背景には，キリスト教世界における反ユダヤ主義の根強さがあった。これにショックを受けたユダヤ人ジャーナリストのヘルツルがシオニズム運動を提唱，ユダヤ人

のイェルサレムへの帰還が始まり，イスラエル建国へとつながっていく。

▶問6．ロシアのニコライ1世は南下政策を推進し，オスマン帝国領内のギリシア正教徒の保護を口実にしてクリミア戦争を開戦した。この他，当時，ナポレオン3世がイェルサレムの聖地管理権返還を要求して，これをオスマン帝国が認めたことから，ニコライ2世はこの管理権の奪回も口実にしている。

▶問7．反穀物法同盟を結成したコブデンやブライトはマンチェスターの産業資本家。産業資本家は，穀物法によって安価な大陸産穀物の輸入が阻害され，高価な国内産穀物が流通する現状が労働者の賃金を引き上げる要因の1つとなっていると考えた。このため，穀物法廃止によって，安価な大陸産穀物を輸入しようとしたのである。1846 年，穀物法は保守党ピール内閣によって廃止された。これは保護貿易から自由貿易への転換となった法改正の1つである。

Ⅳ 解答

インドと中国の海上交易が盛んになる中，1世紀末メコン川下流域に扶南が建国された。外港のオケオからはローマ金貨・インドの神像・中国の鏡などが出土している。中国はベトナム中部に日南郡を置き南海交易の拠点とした。後漢時代にローマ皇帝マルクス＝アウレリウス＝アントニヌス帝とされる大秦王安敦の使者が日南郡に到着している。2世紀末には，ベトナム南部でチャム人が日南郡から独立して林邑を建国した。扶南や林邑は，東西を結ぶ海上交通の要地にあったため港市国家として交易活動を活発化させた。ベトナム北部では中国から漢字や儒教が伝わり，その他の地域では4世紀末から5世紀にかけて，インド船の盛んな往来を背景に「インド化」が進み，ヒンドゥー教や大乗仏教・インド神話・サンスクリット語などが取り入れられていった。(350 字以内)

◀解　説▶

≪紀元前後～5世紀ごろの東南アジア地域≫

●設問の要求

〔主題〕紀元前後～5世紀ごろの東南アジア地域の東西交流・交易とその影響

●論述の方向性

「日南郡」「扶南」「林邑」の指定語句が与えられているので，ベトナム中部に中国が置いた日南郡と港市国家である扶南と林邑を中心に紀元前後から5世紀ごろまでの東南アジアについて説明すればよい。ポイントになるのは，①紀元前後から成立した日南郡・扶南・林邑の説明と，②4世紀末からの「インド化」の説明の2点であろう。

①紀元前後～：日南郡，扶南，林邑

日南郡は，前漢の武帝によってベトナム中部に前2世紀末に設置された。中国は日南郡を通じてベトナムに影響を与え，南海交易もこの地を通して行われた。後漢の時代にこの地を訪れたとされる大秦王安敦については，『後漢書』に記述が残されている。1世紀末にメコン川下流域で成立した扶南はクメール人（もしくはマレー人）が建てた王朝で，東南アジア最古の王朝とも言われている。外港となったオケオからローマ金貨やインドの神像，中国の鏡などが発見されており，東西交易の痕跡がうかがえる。2世紀末には，ベトナム南部でチャム人が日南郡から独立して林邑を建国した。林邑は中国側の名称で，時代によって，環王，占城とも表記される。扶南や林邑は，東西を結ぶ海上交通の要地にあったため港市国家として交易活動を活発化させた。

②4世紀末～：「インド化」

ベトナム北部はその地理的位置から中国の影響が強かったのに対して，これ以外の地域では「インド化」と呼ばれる変化が4世紀末から起こっているので，具体例を複数挙げて説明するとよいだろう。〔解答〕の例の他，扶南の建国神話にインドの影響が見られることや，林邑の別名のチャンパーはインド風の名称であることなどを挙げてもよいだろう。

❖講 評

Ⅰ 中国史における反乱をテーマに，主に北魏の分裂から隋末の混乱にいたる政治史から問われた。記述問題はおおむね教科書レベルの知識で対応できる。論述問題では問２．ｂ)の「外戚」についての論述は難問であった。また，問４の空所補充も判断が難しかったと思われる。問５．ａ)の⑮は「大運河」ではなく「大運河の開削」が正解となる点に注意したい。リード文との関係を正確に読み取りたい。

Ⅱ 15～20 世紀の経済統合の歴史をテーマにした問題。インド航路の開拓・鄭和の南海遠征・3C 政策・GATT などについて問われている。問７のブロック経済についての論述問題も含めて，すべて教科書レベルの知識で対応できるものなので，ここは確実に得点しておきたい。

Ⅲ 19 世紀のヨーロッパ史についての問題で，2021 年度と同じく史料問題が出題された。ゾラの「私は弾劾する」，コブデンの演説，神聖ローマ皇帝フランツ２世の退位宣言，神聖同盟条約草案，1856 年のパリ条約の５つの史料が使われている。問２の配列問題も含めて，すべて教科書レベルの基本的知識ばかりで，ドレフュス事件や穀物法についての論述も定番と言えるものであった。

Ⅳ 例年通り 350 字（ただし 2018 年度は 400 字）の論述問題であった。日南郡や扶南と林邑の海上交易とインド文化の影響に関する説明で，教科書をしっかり読み込んでいれば，論述しやすい問題であった。ただ，東南アジアということで学習の度合いによっては得点が伸びない可能性があった。「すべてを使う必要はない」という注意付きで語句が示されているが，問題の要求を考えるとすべて使用したほうが，うまく説明することができる。

2022 年度は 2021 年度と比べ，Ⅳの長文論述の問題の難度は大きな変化はなかったが，記述問題が増加し，全体的にやや難化した。2022 年度はⅠが最も難しく，時間をとられやすかったため，これとⅣの 350 字の論述でどれだけ得点できたかが重要だったと思われる。

地理

I　解答　問1．9

問2．B．円弧　C．エスチュアリー（三角江も可）
D．ヴェルホヤンスク　E．卓状地（シベリア卓状地も可）

問3．カナダ楯状地，バルト楯状地（ロシア卓状地も可）

問4．F．ヤマル　G．スエズ　H．ベーリング

問5．過去2万年前

問6．スカンディナヴィア氷床

問7．気候区の名称：亜寒帯冬季少雨　気候区の記号：Dw

問8．シベリア東部は冬の寒さは厳しいが，夏は平均気温が10℃を上回る。年降水量は少ないが，夏季は降水量が多く，降った雨は地面深くにしみ込まず，地表面にとどまる。また，夏季には永久凍土層の表面が融けるため，土壌水は豊富に得られる。冬は乾燥するが，極めて寒冷なため蒸発量は少なく，地表は比較的湿潤である。

問9．1991

問10．ソビエト社会主義共和国連邦

問11．15

問12．サハ

問13．トナカイの遊牧

◀解　説▶

≪シベリアの自然環境≫

▶問1．北極海を覆う海氷の面積は一年の間に変化し，毎年2～3月に最大となり，9月に最少となる。7・8月に気温が上昇し，海氷が融けきる季節を考えるとよい。また，北極海に流れ込むレナ，エニセイ，オビ川の下流域は5～6月ごろまで凍結するため，それ以降に河川水が海に流れ込み海氷を融かす時期とも一致する。

▶問2．B．レナ川の河口には上流から運ばれた大量の土砂が堆積し，広大な三角州が形成されている。レナ川流域のシベリア東部は，最終氷期に氷河に覆われていなかったため，氷河地形は形成されなかった。堆積され

る土砂の量は多いが河口付近を沿岸流が流れるので，円弧状の三角州が形成されている。

C．レナ川に対して，エニセイ川とオビ川の流域は最終氷期に氷河で覆われたため，河口部が氷河によって深く削られ細長い湾になっている。三角州に対応して河口でみられる地形として，エスチュアリー（エスチュアリ）と考えられるだろう。

D．シベリア地方では，レナ川流域の東側に新期造山帯が形成されている。シベリア東部の山脈は，レナ川の東側を川筋に沿って弧状に走っているヴェルホヤンスク山脈がよく知られるが，チェルスキー山脈などもよかろう。

E．中央シベリア高原はエニセイ川とレナ川の間に位置する高原で，大地形では安定陸塊に分類されるシベリア卓状地の東側を占める。シベリア卓状地はウラル山脈とヴェルホヤンスク山脈の間に広がり，先カンブリア時代の基盤岩に古生代，中生代の地層がほぼ水平に堆積している。

▶問3．安定陸塊には，卓状地と楯状地が該当する。楯状地は先カンブリア時代の基盤岩が露出した，楯を伏せたような低平な陸地をいう。北半球では，カナダのハドソン湾を中心にしたカナダ楯状地と，バルト海を中心としたバルト楯状地が知られるが，アラブ楯状地もよかろう。

▶問4．F．ヤマル半島は，オビ川の河口から続くオビ湾の西側に位置する。平坦な地形で多くは永久凍土に覆われ，多数の天然ガスの産地がある。

G．ヨーロッパとアジアの海上輸送において，現状の航路は南回り航路と呼ばれ，地中海を通りエジプトのスエズ運河を経由して航行している。

H．北極海を通って太平洋と大西洋を結ぶ北極海航路が成立すると，北極海沿岸から日本へはベーリング海峡を経由して航行できる。スエズ運河経由に比べて30～40%航行距離が短くなるといわれている。

▶問5．地質年代でみると，新生代のうち，現在まで続く第四紀は260万年前から始まる。第四紀は氷河時代とも呼ばれ，氷河期が繰り返された。約7万年前に始まり1万年前に終わった最終氷期が一番新しい氷期であり，この更新世の最終氷期が終わって現在に続く完新世に入る。最終氷期の間で最も氷床が拡大した約2万年前は，最終氷期の最寒冷期と呼ばれる。

▶問6．最終氷期にシベリア西部を覆った氷床は，スカンディナヴィア半島を中心に北ヨーロッパに広がっていたスカンディナヴィア氷床である。ローレンタイド氷床はカナダのハドソン湾を中心に北アメリカに分布した。

▶問 7．雨温図を見ると，最暖月平均気温は 10℃ 以上で，最寒月平均気温は −3℃ 未満のため，亜寒帯気候に属する。そのうち，降水量は夏に多く，冬は極めて少なくその差は大きいため，亜寒帯冬季少雨気候と判断しよう。ケッペンの気候記号は Dw である。

▶問 8．シベリア東部は寒冷で乾燥した気候といわれるが，タイガが生育しているのは，何かそれを補う条件があると考えるとよい。まず，寒冷については，この地域は年中寒冷であるのではなく，夏季には気温は上昇するため，森林が生育するのに必要な気温が得られると考えられる。次に，乾燥については，年間通した降水量は少ないが，夏季には降水は比較的多く，しかも永久凍土層が広がる地域では，降水は土中深くまでしみ込まず，地表にとどまる。さらに，春から夏にかけて永久凍土層の表面が融解するため，森林生育に十分な水分が供給されると考えられる。ここで年降水量，永久凍土，土壌水の語を使うとよい。問題は冬季の乾燥であるが，この地域の冬は寒冷が厳しいため，蒸発量が少なく比較的湿潤な土壌が保たれることを想起したい。ここで乾燥の語を使うとよい。与えられた語は水分の関係が多いため，水分の供給に重点を置きながら述べるとよい。

▶問 9〜問 11．1917 年のロシア革命によりロシア帝国が崩壊し，ソビエト政権が成立した。ソビエトは労働者，兵士などの代表によって組織される評議会のことである。1922 年にロシアをはじめとする 4 つの社会主義共和国が連合し，世界初の社会主義国であるソビエト社会主義共和国連邦が誕生した。1940 年までに 15 の共和国からなる連邦国家に拡大したが，その後，バルト三国の独立を契機に 1991 年末までに大部分の共和国が独立を表明したことで連邦の維持は難しくなった。さらに，連邦の中心であったロシアなど 3 カ国がソビエト連邦からの離脱とそれに代わる新たな枠組みとして独立国家共同体を設立したことで，ソ連は 1991 年 12 月に崩壊し，15 の共和国が分離独立した。15 カ国は，中心となるロシアをはじめ，カザフスタンなど中央アジアの 5 カ国，アゼルバイジャンなどカフカス地方の 3 カ国，ウクライナ，バルト 3 国などヨーロッパの 6 カ国である。

▶問 12．「広大な共和国」の記述が求められているため，極東ロシアでレナ川流域に広大な面積をもつサハ共和国が適当であろう。サハ共和国では，トルコ系のヤクート人（サハ人）が共和国人口に占める割合が大きい。

▶問 13．寒冷なシベリア地方は，北部の農業が不可能な地域では，少数民族がトナカイの遊牧などを行っている。オビ川の下流域にあるヤマロ・ネネツ自治管区に住む先住民のネネツ人は，トナカイの遊牧民として知られる。

Ⅱ　解答

問1．A．アジア　B．ヨーロッパ
C．中央・南アメリカ　D．アフリカ　E．オセアニア

BとEは先進国が多い地域で，工業が早くから発達し都市に人口が集中していたため，都市人口率はもともと高いが，その後60年間の都市人口率の増加は小さい。一方，A，C，Dは発展途上国が多い地域で，近年は工業化による経済発展が進み，農村からの急激な人口流入などで都市人口率が60年間で大きく増加している。

問2．a．西アジア　b．東アジア　c．南アジア

aは都市人口率が一貫して高く，乾燥気候が広がり居住適地が限定される西アジアが該当する。bは都市人口率が近年大きく伸びており，経済発展が進んだ東アジアが該当する。cは都市人口率が低く増加の伸びも小さいため，経済発展が遅れている南アジアが該当する。

問3．地区の呼称：スラム

発展途上国では，農村部での人口増加や農業の機械化で，土地や仕事を失った多くの人々が大都市に流入している。しかし，都市では工業が未発達で十分な雇用がなく，住宅などのインフラ整備も不十分なため，流入した低所得者層が劣悪な環境の地域に不法に住みつく。

問4．1955年までは戦後のベビーブームにより全国的に人口増加率が高かったが，1955年以降は高度経済成長期で，工業が発達した太平洋ベルト地帯へ人口が集中する一方，地方では人口が減少した。石油危機後の1975年以降は地方の産業振興がはかられ全国的に人口は増加し，特に大都市周辺で大きく増加した。1995年以降は少子高齢化が進み，地方では人口が減少したが，首都圏などでは人口増加が続いている。

問5．現象の呼称：スプロール現象

急激な都市化で住宅・工場などが農地に無秩序に拡大することにより，道路，公園などのインフラ整備が遅れ，生活の不便が生じる。さらにインフラの計画的な整備を阻害する要因ともなる。一方，農地では，農業用水の汚染や，大気汚染や騒音などの環境の悪化も生じる。

◀解　説▶

≪人口と都市≫

▶問1．表1中，与えられた指標について検討しよう。都市では，第2，第3次産業従事者の割合が高く，一般に工業化が進み経済が発展すると人口100万人以上の都市数は増加し，都市人口率も高くなると考えられる。経済活動が活発な人口100万人以上の大都市は20世紀半ばごろまでは先進国に多かったが，20世紀後半以降は人口が多い発展途上国で急増している。都市人口率も同様の現象がみられる。表1中Aは，2015年の100万人以上の都市数が他地域に比べて圧倒的に多く，人口が多い中国，インドを含むアジアが該当する。ただし，農村人口も多いので都市人口率は高くない。Bは当初から大都市数は多いが2015年までの増加の伸びは大きくない。都市人口率は1955年時点ですでに高く，ヨーロッパが該当する。Cは2015年の大都市数が1955年に比べて8.5倍に大きく伸びており，中央・南アメリカが該当する。この地域は発展途上地域であるが，かつての植民地支配が都市中心に行われたため，都市人口率が一貫して高い点が特徴である。Dは2015年には1955年に比べると大都市数は19倍に大きく増加している。しかし，都市人口率は1955年，2015年とも他の地域に比べて最も低く，経済発展が遅れているアフリカが該当する。Eは大都市の数が1955年，2015年とも最も少なく，人口が少ないオセアニアが該当する。移民が都市中心に増加したことから当初から都市人口率は高い。

60年間の都市人口率の変化から地域を2つのグループに分ける場合，世界全体と比べて，都市人口率の伸びが大きい地域と小さい地域に分けることができるだろう。人口率が大きく伸びたA，C，Dはいずれも発展途上地域であること，伸びが小さいB，Eは先進地域であることをおさえ，工業化による経済発展などをふまえて人口率増加の特徴を述べるとよい。

▶問2．都市人口率は一般的に経済発展に伴って高くなる傾向があるが，それ以外の要因で高い場合もあることに注意したい。植民地支配が都市中心に行われた中央・南アメリカがその1つであり，砂漠やステップなどの乾燥地域が多く，居住地が限定され，農業が広く行われなくなった地域もその1つと考えられる。aは1950年時点から中央アジアと並んで都市人口率が高く，1970年以降はアジアで最も都市人口率が高いことが読み取れる。中央アジアが1950年時点で他地域以上に経済が発展していたとは考えにくく，中央アジアと似た乾燥気候のもとにある地域と考え，西アジアが該当する。判断の理由としては居住環境が限定されていることを説明したい。b は 1950 年時点では東南アジアや c と同じく都市人口率は低かったが，2000 年以降大きく増加していることが読み取れる。この間，東南アジアも増加しているが，東南アジアを上回る経済発展がみられた地域と考え，東アジアが該当する。判断の理由としては経済発展があったことを説明したい。c は当初から一貫して都市人口率が低い。農村人口が多く経済発展が遅れている地域と考え，南アジアが該当する。判断の理由としては経済発展の遅れがあることを説明したい。

▶問３．図２のような，密集した粗末な家屋がみられる生活環境の劣悪な居住地区はスラムと呼ばれる。スラムは低所得者層が密集して居住することで形成されるため，先進国の大都市にも形成される。そこで，特に発展途上国の都市内にスラムが形成される要因については，スラム居住者の多くが農村出身者であることを念頭に，２つの観点から説明したい。まず，農村部での生活環境を考えると，農村部では，20 世紀後半以降，人口が急増し農業の機械化も進むことで，土地や仕事を失い農村からあふれた多くの人々が職を求めて都市へと流出している。次に，彼らの流入先となる都市部の状況を考えると，発展途上国の都市では，工業化が十分進展しておらず，住宅などのインフラ整備が遅れ，流入人口を吸収できるだけの仕事も居住環境も限られる。そのため，流入人口の多くはインフォーマルセクターと呼ばれる不安定な職しか得られず，劣悪な環境に不法に住みつくこととなり，スラムが発生することを説明するとよい。

▶問４．図３の４つの階級区分図を見て，読み取れる内容を特に人口増加率が高い都道府県に留意して把握しよう。ただし，与えられた語句を見ると，図の単なる読み取りだけでなく，それぞれの年代における社会現象をふまえた記述が求められていることがわかる。それぞれの時期にみられる日本の経済・社会の動きを把握しながら説明したい。

• 1935～1955 年

すべての都道府県で人口が大きな割合で増加している。第二次世界大戦をはさんだ激動の時期であるが，1947～1949 年に起こった戦後の第一次ベビーブームの出生率増加の影響で，全国的に人口が増加したと考えられるだろう。

・1955～1975 年

京浜，中京，阪神など，いわゆる太平洋ベルトで人口が増加する一方，地方では人口の減少県も目立っている。この時期は高度経済成長期にあたり，工業が集積した地域に地方からの人口が集中した結果と考えられる。ここで，「高度経済成長」と「太平洋ベルト地帯」の語を用いるとよい。

・1975～1995 年

全国的に人口がわずかに増加し，特に大都市周辺の県で人口増加率が高い。石油危機後の安定成長で三大都市圏への人口集中が収まり，地方での産業振興がはかられた時期と考えられる。さらにバブル経済の時期が訪れることから，上昇傾向にあった大都市の地価が高騰し，大都市周辺の県で人口増加率が高まったと考えるとよい。

・1995～2015 年

大半の県で人口が減少し，首都圏と地方中核都市のある府県でわずかに人口増加が続いている。経済はバブル経済崩壊後の停滞期にあり，国内で人口の少子高齢化が起こっていると考えられる。2005 年からは日本の人口は減少に転じている。

各時期の人口増減のポイントを絞って，解答欄に収まるようまとめたい。

▶問５．図４の 1997 年の図では，農地や緑地の中に住宅，工場などの都市的な施設が虫食い状に拡大している現象がみられ，これはスプロール現象と呼ばれる。急激な都市化により，こうした無秩序な開発が進められることの問題点を，都市化地域と農地の両方から考えるとよい。都市化地域では，もともと人口が希薄な農村地域に進出することで，道路，上下水道，学校などの都市施設の設置が整わず，生活の不便が生じることをあげたい。行政側からみると，インフラの計画的な整備が阻害されるため，自治体の財政を圧迫することにつながる。一方，農村地域では自然環境が改変され，農業用水の汚染や，騒音や大気汚染などの環境問題が起こることを想起したい。さらに，両者の生活様式や共同体意識の違いから，住民間のトラブルが発生しかねないことをあげてもよいだろう。

III　解答

問１．a．シンガポール　b．マレーシア　c．タイ　d．インドネシア　e．フィリピン　f．ベトナム

問２．ア．フィリピン　イ．シンガポール　ウ．インドネシア

問3．1980 年以降，東南アジアの工業化の進展に加え，シンガポールは港湾業務の IT 化を進め港湾設備を拡充したことでコンテナ取扱量が大幅に増加した。2000 年以降，中国の経済発展により国際物流が大幅に増加したが，ハブポートとしての機能を生かして取扱量はさらに増加している。

問4．政策の名前：ブミプトラ政策

マレーシアは多民族国家として独立したが，農業従事者が多い先住民で多数派のマレー系住民と，商業従事者が多く都市部で経済的に優位にある中国系住民との経済格差が拡大し，しばしば対立が起こった。そこで，マレー系住民の社会経済面での地位の向上をはかった。

問5．アブラヤシ農園を開発することで熱帯林が大規模に伐採されるため，森林破壊による生物多様性の保全機能の喪失，土壌侵食などの環境破壊が生じ，さらに二酸化炭素吸収量の減少により地球温暖化が進むことが問題視されている。また，現地の人々と土地の所有をめぐる対立が起こることや，自給用の食料生産の基盤が失われることなどが懸念されている。

問6．カ．外国企業（外国資本，外資系企業も可）　キ．輸出指向

ク．輸出加工区（工業団地も可）

問7．記号：シ

ベトナムでは，社会主義経済体制による計画経済から，1980 年代後半にドイモイと呼ばれる市場開放政策に転換した。この政策の導入で，農民の作物の生産意欲が高まり，収益の高いコーヒー園が拡大したため，1990 年代以降，輸出用のコーヒー豆の生産量が急増した。

◀解　説▶

≪東南アジアの地誌≫

▶問1．表1について，東南アジアでは国ごとに主な宗教の信者の割合に特徴があるので，１人当たり GNI はシンガポールが圧倒的に多いことをおさえると，残りの国は特定しやすい。

ａ．人口は最も少ないが，１人当たり GNI は先進国並みに最も多いことから，東南アジアでいち早く工業化に成功し最も経済が発展している国と考え，シンガポールが該当する。

ｂ．シンガポールに続いて工業化を進めたのはマレーシアとタイであるが，１人当たり GNI がｃより多く，イスラム教信者の割合が高いことからマレーシアが該当する。

c．シンガポール，マレーシアに次いで1人当たりGNIが多く，仏教信者が全人口の大半を占めることから，タイが該当する。

d．人口が最も多く，イスラム教信者が全人口の大半を占めることから，インドネシアが該当する。

e．人口が1億人を超え，キリスト教信者が全人口の大半を占めることからフィリピンが該当する。フィリピンではスペインによる植民地支配のもとでキリスト教（カトリック）が浸透した。

f．人口が1億人近くあり，多くを占める宗教がみられないことからベトナムが該当する。ベトナムは，古くから中国文化の影響を受け儒教や仏教が信仰されていたが，統計上は無宗教が約8割にのぼる。

▶問2．ア．輸出額は機械類の割合が高いが，輸出品目に野菜・果実や銅などが含まれることから，バナナなどのプランテーション農業にも力を入れているフィリピンが該当する。

イ．輸出額が3カ国中最も多く，輸出品目は有機化合物など化学工業製品も含めて工業製品が中心であることから，工業が発達したシンガポールが該当する。

ウ．輸出額の上位が石炭とパーム油であることからインドネシアが該当する。インドネシアは世界1位のパーム油の輸出国として知られるが，石炭についても産出量は世界3位，輸出量は世界1位である（2018年）。

▶問3．与えられた語から考え得る範囲で解答を作成することも可能である。表2を見ると，シンガポールは1980年から2000年にかけて世界の順位が6位から2位に上昇し，港湾コンテナ取扱量が大幅に増加しているうえに，2018年も中国の港湾が上位をほぼ独占する中，上海に次ぐ2位で，取扱量は2000年に比べ約2倍に増加していることが読み取れる。1980年から2000年にかけて取扱量が大きく増加した背景は難しいが，膨大な貨物量を取り扱うために1980年代後半にバースや岸壁用クレーンを装備し，港湾業務のIT化を進めるなど，港湾設備を整備したことが大きい。また，東南アジア諸国の経済発展があったことも見逃せない。ここで「港湾設備」の語を用いるとよい。2000年以降は中国の経済発展で国際物流の量的拡大がみられるが，中国の港から直接海外に運ばれるようになったため，中国の港湾が上位を占めている。その分，香港の地位が低下しているが，シンガポールはアジアと中東，ヨーロッパを結ぶ地理的な特性を生かして積み替え貨物を多く扱い，ハブポート（中継貿易港）としての役割を保っていることで取扱量が増加していると考えられる。シンガポールがもつ中国の港湾とは異なる役割をきちんとおさえたい。ここで「国際物流」と「ハブポート」の語を使うとよい。

▶問4．1963年に独立したマレーシアは，マレー系住民に加え，中国系，インド系住民などが住む多民族国家である。先住民はマレー系住民で，その地位向上をはかるための政策は「土地の子」を意味するブミプトラ政策である。この政策がとられた社会経済的背景が問われており，マレー系住民と中国系住民の間で経済的な格差が生じたことを想起したい。マレーシアでは，先住民で多数派のマレー系住民の多くは農業に従事していたのに対し，中国系住民は商業に従事することが多かったため経済の実権を握り，両者の間でしばしば対立が起こったことが背景にある。そこで経済格差を是正するために，公務員の採用や国立大学への入学などでマレー人を優遇する制度がとられた。

▶問5．アブラヤシは高温多雨の熱帯地方の気候を好み，実からパーム油が採れる。インドネシアとマレーシアがパーム油の二大生産国で，この2国で世界生産の約85%を占める（2018年）。パーム油は比較的安価で，さまざまな食品に利用され，石鹸の原料やバイオ燃料にもなる。世界的な油脂の需要の高まりからアブラヤシ農園の開発が進められているが，農園を開発するためには大規模に熱帯林が伐採され焼き払われる。その問題について，森林伐採による環境問題はすぐに浮かんでくるだろう。環境問題の具体例も，熱帯林のもつ多様な機能が失われることを指摘しやすいが，できれば，環境問題以外の問題も指摘したい。アブラヤシ農園は大規模なプランテーションとなることが多く，そのため，土地の所有をめぐる現地の人々との対立や，自給用作物の生産基盤の喪失などが想起できるとよい。その他，熱帯林を焼き払う際の，森林火災や煙害といった問題も考えられる。

▶問6．カ．タイは東南アジア最大の自動車生産国であるが，背景には優遇措置を設けて外国企業を誘致し，資本や技術の導入を促進させる政府の政策があった。日本をはじめ海外の大手自動車メーカーが多数進出している。

キ．タイで製造されている自動車は，自国に供給されるばかりではなく，

ASEAN 域外へも輸出されており，輸出指向型の工業化政策といえる。

ク．工業化政策の一環として外国企業を積極的に誘致する方法としては，関税などの税制上の優遇措置が与えられる特定の区域を設定することが考えられる。こうした地区はタイ以外の ASEAN 諸国にもみられ，輸出加工区と呼ばれる。

▶問 7．ベトナムは近年コーヒー豆の生産が急増し，現在コーヒーの生産量は世界 2 位である。よってグラフはシが該当する。図 2 中シは 1980 年代後半から生産量が増加しはじめ，1990 年代から大幅に増加していることが読み取れる。1990 年代に生産が急増する要因として，1986 年に導入されたドイモイ政策を想起したい。ドイモイは「刷新」の意味で，ベトナムでは独立後，社会主義体制が維持されているが，経済面では市場経済を導入し，対外開放を進める政策に転換した。企業の自由な経済活動が認められ工業化が大きく進展し，農業でも生産の拡大，経営の多角化が進んでいる。ベトナムへのコーヒー栽培の導入はフランス植民地時代とされるが，本格的な栽培開始は 1990 年代以降である。ベトナムでは，世界で広く栽培されているアラビカ種より品質はやや劣るが育てやすいロブスタ種が栽培されており，低価格のため，インスタントコーヒーの原料などとして輸出が急増している。なお，図 2 中，サはブラジル，スはコロンビア，セはインドネシア，ソはエチオピアである。

❖講　評

2022年度の大問は，2021年度と同じ3題であったが，2021年度に比べ1題あたりの問題の分量はやや減少し，記述問題がやや増加したものの，論述問題の数は減少した。出題分野は，系統地理2題，地誌1題で，地誌は毎年1題，地域を変えて出題されている。2022年度も地形図は出題されなかったが，例年通り，グラフ，統計表，視覚資料などの資料が多用された。出題形式としては，論述法，記述法，選択法が用いられ，2021年度に用いられた描図法は出題されなかった。こうした多彩な問い方と地理学習の本質を問う論述問題の出題は，名古屋大学の特徴である。一部に詳細な知識が必要な問題がみられたが，多くは教科書の内容に沿った重要事項の理解を問う良問であった。難易度は2021年度と同程度といえるだろうが，論述問題の数が減った分，余裕をもって取り組めたと思われる。ただし，2021年度より減ったとはいえ論述問題は数が多く，要点を的確にまとめて記述する必要があり，解答に時間的な余裕がそれほどないことには変わりない。

Ⅰはシベリアの自然環境についてであるが，地形や気候に加えてソ連の崩壊など歴史的事項にもおよぶ幅広い分野から出題された。氷河地形は学習面でなじみが薄く，問4ではシベリアの細かい地名も出題され，やや難しかった。問8のタイガの成立理由については「乾燥」の語の使い方が難しかった。

Ⅱは人口と都市の出題であった。論述問題が多かったが，設問内容は重要事項が多く，取り組みやすかったであろう。問4は，4つの時期の各都道府県の人口増加の背景となる社会現象を的確にとらえるのが難しかった。

Ⅲは東南アジアの地誌で，ブミプトラ政策やドイモイ政策など東南アジア特有の地理的事象が数多く出題された。問3は難しく，シンガポールがもつハブポートの役割を的確にとらえたい。

論述の問題量が多く，限られた時間で解答するためには幅広い地理的知識が必要であることはいうまでもない。さらに，要領よく文章をまとめる力や問題に取り組む集中力を，普段の学習の中で養ってほしい。

数学

1

◇発想◇　(1)は整式の割り算を実行するとよい。(2)もまずは(1)と同様に割り算を実行して得られた余りが与えられた余りと一致することから，α，β，b に関する条件を求めよう。余りが与えられているからといって，商を $Q(x)$（1次式）とおき

$$x^3=f(x)\cdot Q(x)+3x+b$$

とすると，未知数が増え次数も高くなるので，解法としては無駄が多いことは容易に予想される。

解答　(1)　整式 x^3 を2次式 $(x-a)^2(=x^2-2ax+a^2)$ で割る計算を実行する。

$$
\begin{array}{rl}
 & \quad x+2a \\ \cline{2-2}
x^2-2ax+a^2 \,\big) & x^3 \\
 & x^3-2ax^2+a^2x \\ \cline{2-2}
 & \qquad 2ax^2-a^2x \\
 & \qquad 2ax^2-4a^2x+2a^3 \\ \cline{2-2}
 & \qquad\qquad 3a^2x-2a^3
\end{array}
$$

余りは　　$3a^2x-2a^3$　……(答)

(2)　整式 x^3 を2次式 $x^2+\alpha x+\beta$ で割る計算を実行する。

$$
\begin{array}{rl}
 & \quad x-\alpha \\ \cline{2-2}
x^2+\alpha x+\beta \,\big) & x^3 \\
 & x^3+\alpha x^2+\beta x \\ \cline{2-2}
 & \quad -\alpha x^2-\beta x \\
 & \quad -\alpha x^2-\alpha^2x-\alpha\beta \\ \cline{2-2}
 & \qquad\qquad (\alpha^2-\beta)x+\alpha\beta
\end{array}
$$

余りは $(\alpha^2-\beta)x+\alpha\beta$ となる。これは，与えられた整式 x^3 を $f(x)$ で割った余り $3x+b$ に等しいので

$$
\begin{cases}
\alpha^2-\beta=3 & \cdots\cdots① \\
\alpha\beta=b & \cdots\cdots②
\end{cases}
$$

が成り立つ。

b の値に応じて，$f(x)$ の個数は，①かつ②を満たす実数の組 $(\alpha,\ \beta)$ の個数に等しい。さらに①から α の値が定まれば β の値はただ 1 つに定まるので，①，②から β を消去して得られる式

$$\alpha(\alpha^2-3)=b \quad \cdots\cdots③$$

を満たす α の個数に等しい。

ここで，③の左辺を $g(\alpha)$ とおくと

$$g(\alpha)=\alpha^3-3\alpha$$

$$g'(\alpha)=3\alpha^2-3$$

$$=3(\alpha+1)(\alpha-1)$$

より，$g(\alpha)$ の増減表，$\gamma=g(\alpha)$ のグラフは下のようになる。

α	$\cdots$	-1	$\cdots$	1	$\cdots$
$g'(\alpha)$	$+$	0	$-$	0	$+$
$g(\alpha)$	↗	2	↘	-2	↗

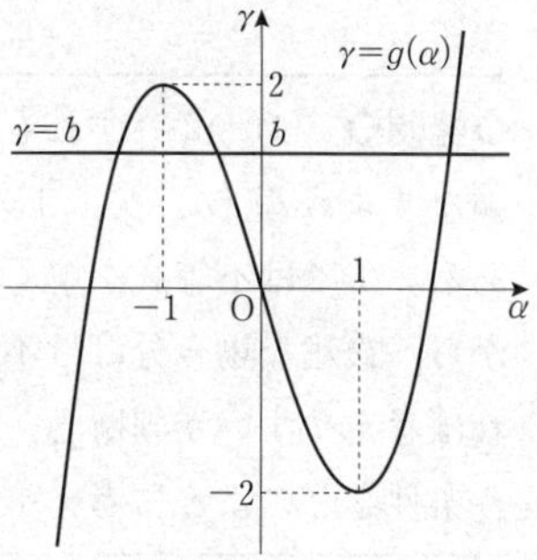

③を満たす α の個数は，$\gamma=g(\alpha)$ のグラフと直線 $\gamma=b$ の共有点の個数に等しい。

よって，$f(x)$ の個数は

$b<-2,\ 2<b$ のとき　　1 個
$b=\pm 2$ のとき　　2 個　　……(答)
$-2<b<2$ のとき　　3 個

◀解　説▶

≪整式の割り算，3 次方程式の実数解の個数≫

具体的に与えられた 3 次式を 2 次式で割ったときの余りを考えるなら，割り算を実行するのがよいだろう。

(1)で商を $Q(x)$，余りを $R(x)$ として

$$x^3=(x-a)^2Q(x)+R(x) \quad \cdots\cdots㋐$$

から求めようとすると，積の導関数（数学Ⅱでは発展として公式となって

いることもある）の公式から

$$3x^2=2(x-a)Q(x)+(x-a)^2Q'(x)+R'(x) \quad \cdots\cdots ㋑$$

㋐，㋑で $x=a$ として

$$\begin{cases} a^3=R(a) \\ 3a^2=R'(a) \end{cases}$$

$R(x)$ は1次式だから，$R(x)=px+q$ として p，q について解くと

$$p=3a^2,\ q=-2a^3$$

を得る。これより，割り算の実行の方がいかに易しいかがわかるだろう。

(2)では $f(x)$ の個数を求めるが，これは $(\alpha,\ \beta)$ の組の個数を求めると考えることがポイントである。

2

◇発想◇　(1)・(2)いずれも確率の計算以前に，与えられた条件を満たすような $(a,\ b,\ c)$ の組を数え上げることを考える必要がある。(1)では不等式を解くことになるが，3つの文字があることから，複雑な場合分けは不可避である。どの文字で場合分けをすれば考えやすいか判断し，方針を選ぼう。(2)では，互いに素という条件をどのように考えやすくするかが重要である。

解答　(1)　$ab+2c \geqq abc$ から

$$(ab-2)(c-1) \leqq 2 \quad \cdots\cdots①$$

・$c=1$ のとき，①は $0 \leqq 2$ となり，任意の $(a,\ b)$ の組で①は成立するから，$(a,\ b)$ の組は 6^2（$=36$）通りある。

・$c=2$ のとき，①は $ab \leqq 4$ となり

$a=1$ なら　　$b \leqq 4$

$a=2$ なら　　$b \leqq 2$

$a=3$ または $a=4$ なら　　$b=1$

であるから，$(a,\ b)$ の組は $4+2+1+1$（$=8$）通りある。

・$c=3$ のとき，①は $ab \leqq 3$ となり

$a=1$ なら　　$b \leqq 3$

$a=2$ または $a=3$ なら　　$b=1$

であるから，$(a,\ b)$ の組は $3+1+1$（$=5$）通りある。

• $c=4,\ 5,\ 6$ のとき，いずれの場合も①は

$$ab \leqq 2+\frac{2}{c-1} \quad \left(ここで，c=4,\ 5,\ 6 から 0<\frac{2}{c-1}<1\right)$$

となり，$ab \leqq 2$ から　　$(a,\ b)=(1,\ 1),\ (1,\ 2),\ (2,\ 1)$

さらに，c が 3 通りあることを考慮して，$3\times 3\ (=9)$ 通りある。

以上から，求める確率は

$$\frac{36+8+5+9}{6^3}=\frac{58}{6^3}=\frac{29}{108} \quad \cdots\cdots(答)$$

(2)　$ab+2c$ と $2abc\ (=ab\cdot 2c)$ が互いに素となる条件は，ab と $2c$ が互いに素となることである。このとき，ab は奇数であることに注意して，ab と $2c$ が互いに素となる $(a,\ b,\ c)$ の組を数える。

$(a,\ b)=(1,\ 1)$ のとき，c はいずれでもよく，$1\times 6(=6)$ 通りある。

$(a,\ b)=(1,\ 3),\ (3,\ 1),\ (3,\ 3)$ のとき，$c\neq 3,\ c\neq 6$ であるから，$3\times 4(=12)$ 通りある。

$(a,\ b)=(1,\ 5),\ (5,\ 1),\ (5,\ 5)$ のとき，$c\neq 5$ であるから，$3\times 5(=15)$ 通りある。

$(a,\ b)=(3,\ 5),\ (5,\ 3)$ のとき，$c\neq 3,\ c\neq 5,\ c\neq 6$ であるから，$2\times 3(=6)$ 通りある。

以上から，求める確率は

$$\frac{6+12+15+6}{6^3}=\frac{39}{6^3}=\frac{13}{72} \quad \cdots\cdots(答)$$

◀解　説▶

≪サイコロの確率，整数の不等式，互いに素≫

(2)では

$$ab+2c と ab\cdot 2c が互いに素 \Longleftrightarrow ab と 2c が互いに素$$

と考えるとよい。これに思い至らなければ，少し冗長になるが，まず必要条件を 2 段階に分けて以下のように考えてもよい。

$ab+2c$ と $2abc$ が互いに素であるなら，$2c,\ 2abc$ がいずれも偶数であることから，ab は奇数であることが必要である。

さらに，$2c,\ 2abc$ がいずれも c の倍数であるから，$c\neq 1$ のとき，ab は c の倍数ではない。

これらを満たすように，奇数 ab の値で場合分けする。

このように，丁寧に場合分けすることにより，$(a,\ b,\ c)$ の組を定めることになる。

3

◆発想◆　2 つの放物線に囲まれた図形の面積とその最大値がテーマである。異なる 2 点で交わるときを考えるから，(1)で求める「2 点で交わるための $a,\ b$ の条件」を(2)，(3)において無視してはいけない。十分に注意しておこう。

解答　(1)　$f(x)=\dfrac{1}{2}x^2$，$g(x)=-(x-a)^2+b$ とおく。

$C_1 : y=f(x)$，$C_2 : y=g(x)$ が異なる 2 点で交わるための条件は，x についての 2 次方程式 $f(x)-g(x)=0$ すなわち

$$3x^2-4ax+2a^2-2b=0 \quad \cdots\cdots ①$$

が異なる 2 つの実数解をもつことであり，判別式を D とすると $D>0$ である。

$$\frac{D}{4}=(-2a)^2-3(2a^2-2b)$$
$$=-2a^2+6b>0$$

よって，求める $a,\ b$ の条件は

$$b>\frac{1}{3}a^2 \quad \cdots\cdots ② \quad \cdots\cdots(答)$$

(2)　②が成り立つとき，①の異なる 2 つの実数解を α, β $(\alpha<\beta)$ とおくと

$$\alpha=\frac{2a-\sqrt{-2a^2+6b}}{3},\ \beta=\frac{2a+\sqrt{-2a^2+6b}}{3}$$

であり，この 2 数の差は

$$\beta-\alpha=\frac{2\sqrt{-2a^2+6b}}{3} \quad \cdots\cdots ③$$

である。

ここで，$\alpha \leqq x \leqq \beta$ において，$g(x) \geqq f(x)$ だから

$$S=\int_\alpha^\beta \{g(x)-f(x)\}dx$$

$$=-\int_\alpha^\beta\left[\frac{1}{2}x^2-\{-(x-a)^2+b\}\right]dx$$

$$=-\frac{1}{2}\int_\alpha^\beta(3x^2-4ax+2a^2-2b)dx$$

$$=-\frac{1}{2}\int_\alpha^\beta 3(x-\alpha)(x-\beta)dx$$

$$=-\frac{3}{2}\cdot\left\{-\frac{1}{6}(\beta-\alpha)^3\right\}$$

$$=\frac{1}{4}\left(\frac{2\sqrt{-2a^2+6b}}{3}\right)^3$$ （③を用いた）

$$=\frac{2}{27}(-2a^2+6b)^{\frac{3}{2}}$$ ……④

$S=16$ となるための条件は

$$2(-2a^2+6b)^{\frac{3}{2}}=16\times27$$

$$(-2a^2+6b)^{\frac{3}{2}}=2^3\times3^3$$

$$(-2a^2+6b)^{\frac{1}{2}}=6$$

$$-2a^2+6b=36$$

よって

$$b=\frac{1}{3}a^2+6>\frac{1}{3}a^2$$

これは，②を満たしている。

したがって，求める a，b の条件は

$$b=\frac{1}{3}a^2+6$$ ……(答)

(3)　④から，S が最大となるとき，$-2a^2+6b$ が最大となる。そこで，$b\leqq a+3$ から

$$-2a^2+6b\leqq-2a^2+6(a+3)$$

$$=-2a^2+6a+18$$

$$=-2\left(a-\frac{3}{2}\right)^2+\frac{45}{2}$$

$$\leqq\frac{45}{2}$$

よって，$b=a+3$ かつ $a=\dfrac{3}{2}$，すなわち $a=\dfrac{3}{2}$，$b=\dfrac{9}{2}$ のとき，$-2a^2+6b$ は最大値 $\dfrac{45}{2}$ をとり，かつ，②を満たしている。

したがって，このとき，④から S は最大値

$$\frac{2}{27}\left(\frac{45}{2}\right)^{\frac{3}{2}}=\frac{2}{27}\cdot\frac{27\cdot5\sqrt{5}}{2\sqrt{2}}=\frac{5\sqrt{5}}{\sqrt{2}}=\frac{5\sqrt{10}}{2}\quad\cdots\cdots(\text{答})$$

をとる。

◀解　説▶

≪2つの放物線で囲まれる図形の面積，不等式と最大値≫

異なる2点で交わる2つの放物線（あるいは放物線と直線）により囲まれる部分の面積を求めるとき，α，β を実数として

$$\int_\alpha^\beta(x-\alpha)(x-\beta)dx=-\frac{1}{6}(\beta-\alpha)^3$$

の公式がよく用いられる。(2)・(3)において，S を求める積分に利用される。ここでの積分

$$S=-\frac{1}{2}\int_\alpha^\beta(3x^2-4ax+2a^2-2b)dx$$

$$=-\frac{1}{2}\int_\alpha^\beta3(x-\alpha)(x-\beta)dx$$

では

$$3x^2-4ax+2a^2-2b=3(x-\alpha)(x-\beta)$$

と表されることが重要な点である。

α，β は $3x^2-4ax+2a^2-2b=0$　……①の2つの実数解であった。一方，α，β を2つの実数解にもつ2次方程式の1つは $(x-\alpha)(x-\beta)=0$，2次の係数が（①から）3であるから，$3(x-\alpha)(x-\beta)=0$，これが①に一致することから

$$3x^2-4ax+2a^2-2b=3(x-\alpha)(x-\beta)\quad\cdots\cdots(*)$$

が成り立つ。これを一瞬にして書けるようにしておこう。解と係数の関係から導いてもよい。公式の適用は易しいが，$(*)$を認識しておくことが大前提である。

❖講 評

2021 年度は，それ以前に比して手のつけやすい標準レベルの問題が多かったが，2022 年度もその傾向が続いた。

1は整式の割り算に関する問題で，具体的に与えられた 3 次式を 2 次式で割るのであるから，割り算を実行して商と余りを求めるとよい。(2)では $f(x)$ の個数を $(\alpha,\ \beta)$ の組の個数と読み換える思考力がポイント。

2の確率は，丁寧に場合分けをして考えていこう。(2)はやや難しいが，方針が立ちにくければ（少なくとも a，b は奇数であることは見抜いて），ab の値，あるいは，c の値で場合分けしてもよい。多少手際が悪くても，試験時間 90 分で 3 題の出題なので，この問題に 30 分かけても丁寧に数え上げていけばよい。文系の受験生に要求される学力のうちの一つは，適切に場合分けができることである。

3は典型問題。日頃の学習の勤勉さが試されている。

験時間内で納得の行くようなまとめをするのが困難なほど多く、こういった訓練を相当早くから始める必要を強く感じさせる。

㈠の現代文（評論）は、二〇二二年度も、従来と同じく過去一～二年以内に発表された文章からの出題である。現代ならではのホットな内容の文章が毎年出題されている。こうしたさまざまな分野の、現代的テーマに対する興味関心を持つことも、現代文読解対策としては重要である。問二の副詞や接続語の選択式空所補充問題は、近年出されておらず、また最後の選択式の内容説明問題も名古屋大学の問題としてはやや珍しいと言える。ただやはり問題の主流は、内容に関する説明記述問題であり、何を答えたらいいのか、また字数内にどうまとめたらいいかに非常に苦労する。こうした問題には絶対的な解答というものが必ずしもあるわけではなく、何度解答を書き直しても納得のいかないことが普通であり、行き着くところがないようで大変であるが、ともかく時間内でまとめられなければ点数にならないので、普段から文章でまとめて答える習慣をつけておく必要がある。

㈡の古文は、久々に歌論からの出題であった。和歌に関連した文章、和歌についての問題はこれまでも頻出であり、和歌の対策をしっかりできていたかで差がついただろう。内容を補ってわかりやすく現代語訳する問題、和歌の解釈や説明といった問題形式も、対策の範囲内だったはずである。解答する分量が多く、時間内でどれだけ書けるかが点数に直結する。本文を読み取ったうえで適切な記述解答を書き上げることに慣れていないと、歯が立たないと思われる。

㈢の漢文は、珍しく日本漢文からの出題であった。入試問題としては少なく、「古典」の教科書にはあっても、ここまでは対策の手が届いていなかったかもしれないが、文章のレベルとしては例年並みであった。漢字の読み、口語訳、字数制限なしの内容説明、書き下し文、そして一五〇字の内容説明問題という設問構成で、やはり記述力・文章力が大きくものを言ったはずである。

総括すれば、内容要約的な説明記述問題が主の、トップレベルの国公立大学にふさわしい入試問題と言えよう。

金幣……一握之粟」の部分を踏まえてまとめる。

▼問四　「不独在物也」は「独り物のみに在らざるや」と読む累加の文型である。〝ただAだけでなくBもある〟の意味になる。どんな物（壊れた瓦）でも何らかの価値があるように、どんな人でも同じだ、という趣旨を押さえる。古瓦についての説明は傍線部3の前、人についての説明は、傍線部3の後から「則其於人者可」まで踏まえる。「君相」とは、〝君主や宰相〟の意。一般的には、〝為政者、上に立つ者〟くらいでよい。

▼問五　「苟」を「いやしくも～ば」と読めるかがポイント。〝もし～ならば〟という意味だが、漢文の場合は、「先んずれば人を制す」のように、「已然形＋ば」は、恒常的条件の意味で訳すことが一般的である。文法を気にしすぎる人もいるようだが、無理に「～せば」と未然形にしないほうが、漢文の読み方としてむしろ正しい。

▼問六　古瓦を愛好することは、問四で考えたように、為政者が人材をどう登用するかという政治姿勢につながり、政治への思いを失っていないことを意味する。傍線部5以下の説明を、論理的に結びつけながら、上記の趣旨になるようにまとめる。無理に一文にするとまとめにくくなるので、最後が理由の形になっていれば、文は分けて書いてもよかろう。

参考　佐藤一斎（一七七二～一八五九年）は、江戸生まれの、美濃岩村藩の儒学者。通称は捨蔵、字は大道、号は一斎、愛日楼などと称した。藩主が、幕府儒官である林家に養子として迎えられ、当主となった関係で、一斎は後に昌平坂学問所の塾長に就き、多くの門弟の指導に当たった。儒学の大成者として公にも認められ、朱子学を専門に、その広い見識は陽明学にまで及んだ。有名な門人が、幕末に活躍した山田方谷、佐久間象山、渡辺崋山、横井小楠、中村正直など多数いる。四十余年にわたり記した随想録『言志四録』がよく知られている。よく紹介される言として、「少《わか》くして学べば、則ち壮にして為すことあり。壮にして学べば、則ち老いて衰えず。老いて学べば、則ち死して朽ちず」がある。

❖講　評

現代文・古文・漢文の大問三題構成であり、主流の記述式説明問題の難易度は高い。問題で求められる記述量も、試其の最も佳なる者を揀《えら》び、印して以て譜と為し、坦に題言を徴《もと》む。攤《ひら》きて之を観るに、大小無慮百四十余品。皆数百年外の物たり。年号有り、標章有り、寺観堂宇の款識《くわんし》有り、古色藹然《あいぜん》たりて掬《きく》すべきなり。其れ古今の沿革と時俗の好尚とにおいて、以て其の一斑を窺《うかが》ふに足るのみ。坦嘗《かつ》て謂《おも》へらく、物に一定の貴賤なし。時に因《よ》りて之を貴賤す。珠玉金幣は世を挙げて之を貴重す。而れども凶年饑《き》歳には一握の粟《ぞく》に如《し》かず。豈《あ》に必ずしも貴重と謂はんやと。敗瓦爛甍《らんぼう》人皆之を軽賤す。而れども是を以て古今の沿革を攷《かんが》へ、時俗の好尚を徴むれば、則ち軽賤すべきに匪《あら》ず。然して独り物のみに在らざるや。君相の人材を用ふるも、亦《ま》た或いは然り。寸に長ずる所あり、尺に短ずる所有り。苟《いやし》くも能く之を器使すれば、使ふべからざるの人無し。今侯の古瓦に於ける、猶ほ且つ棄てざれば、則ち其れ人に於けるも知るべし。抑《そも》そも又之を推せば、侯の古道を尚《たっと》び、古人を崇《たっと》び、故老を遺《す》てず、故旧を棄てざるは、亦た応《まさ》に必ず其の好古の癖中にあるべし。然らば則ち此の譜の自る所、豈に物を翫《もてあそ》び志を喪《うしな》ふと之を視るべけんや。

◀解　説▶

▼問一　いずれも漢文を勉強している者には常識の基本語。

a、「自」は副詞としては「おのずから」「みずから」と読み、接続詞としては目的語の前に置かれて「より」と読む。

b、「而已」「已」「而已矣」のいずれも「のみ」と読み、限定を表す。

c、「如」は〝匹敵する〟という意味で「しく」と読む。「不如」をレ点に従って読むと「しかず」。〝～に及ばない〟の意。現代でも「百聞は一見に如かず」などと使われる。

▼問二　「其」は、集めた古瓦を指す。「為」は、この場合、〝作る〟の意。「譜」は「楽譜」「棋譜」などと使うように、〝系統だって書き記したもの〟の意。この場合、「年譜」の「譜」がわかりやすく、〝記録や来歴のまとめ〟くらいの意味であろう。

▼問三　「豈」（あに）は反語表現の副詞。傍線部2は〝なぜ必ず貴重であると言えるのか、いや言えない〟と訳す。「珠玉金幣」が「貴重」とされない理由を問うているので、傍線部2の前の「物無一定之貴賤」からの部分、特に「珠玉

問六　浜松侯が、何の価値もないような古瓦を愛好し、古道や古人を大切にしているのは、政治への志を失ったからではなく、むしろそれらからは、今に通じる役立つことをじっくり見出そうとしている、ひいてはどんな人物でも役立つところを見極めて用いていこうとする姿勢が見え、政治への志が失われていないと考えられるから。（一五〇字以内）

◆全　訳◆

侍従《じじゅう》の浜松侯（＝老中の水野忠邦）には古物を好む傾向がある。物はそれを好む所に集まるもので、古瓦が四方から集まってくる。思うに数百片にもなろう。近ごろ浜松侯は自分自身でその集めた古瓦の格別に良いものを選び、拓本をとってそれで来歴のまとめを作り、私にそのはしがきの依頼をしてきた。広げてみると、大小およそ百四十余品がある。皆数百年来の古物である。年号があったり、瓦の文様があったり、寺院や建物の名を彫りつけた文字があったり、古風な雰囲気が盛んですくいとれるほど多くある。昔から今に至る歴史の記録や風俗の流行というものは、それでもってその一端がわかるだけのものである。かつて私は思っていた、「物には定まった貴賤はない。時によって貴ばれたり卑しめられたりするものだ。宝玉や貨幣を世の人々は皆貴んで大切にする。しかしそれらも凶作や饑饉の歳には一握りの穀物に及ばない。どうして絶対的に貴重だなどと言えようか（必ずしも言えない）」と。壊れた瓦を人は皆軽んじ卑しめる。しかしこれらによって昔から今に至る歴史についてを考え、風俗の流行を探求していくならば、軽んじ卑しめるべきではない。そしてこのことは物についてのみではない。主君や大臣が人材を用いることについても、またあるいは言えることだ。人にはわずかに長所があり、またわずかに短所があるものだ。もしこれを才能に応じて用いるならば、役に立つことのできない人物などいないのだ。今侯が古瓦において、どうしても捨てられないのならば、人においてもそのことはわかるだろう。そもそもさらにこれを押し広げて考えるならば、侯が古道を尊び、古人を崇拝し、古老を大切にし、古い友人を捨て去らないのも、またその古を好む性向の中にあるのだろう。それならこの古瓦の来歴の記録を、どうして物を弄び志を失ったと見なすことができようか（できはしない）。

読み　侍従《じじゅう》浜松侯に好古の癖《へき》有り。物其《そ》の好む所に聚《あつま》り、古瓦《ぐわ》の四方より湊至《そうち》す。蓋《けだ》し亦《ま》た数百片を累《かさ》ぬ。頃者《このごろ》侯自ら仮想表現である。「口なしに」と詠みかけながら道信が差し入れた山吹の花を、「若き人々、え取らざりければ」、すなわち若い女房たちは歌が思いつかないので受け取ることができなかった。そこで、伊勢大輔がすぐさま、道信の思いも汲んだ歌を付けたのである。そのおかげで、上東門院彰子の局には風雅を解する女房がいないというような不名誉なことにならなくてよかったと、一条天皇がおっしゃったということ。なお、道信は即興で詠みかけたのではない。（B）の前に「もとよりや、まうけたりけむ」〝元々用意していたのであろうか〟とある。

参考　源俊頼（一〇五五～一一二九年）は、平安時代院政期の代表歌人で、五番目の勅撰和歌集『金葉和歌集』の撰者。『俊頼髄脳』は関白藤原忠実の依頼で、娘の泰子（のちの鳥羽天皇皇后）のために書かれた和歌の指南書である。和歌に関する彼の理論を豊富な実例や説話などを交え、詳細に語っていて、後の歌風や歌論にも大きな影響を与えた。入試のみならず、「古典」の教科書にも頻出の作品である。

ちなみに本文に登場する小式部内侍、和泉式部、藤原定頼、藤原道信、伊勢大輔は、多くの作品に登場する平安時代中期の有名歌人であり、いずれも『小倉百人一首』に歌がある。

三

出典　佐藤一斎「古瓦譜引」（『愛日楼全集』）

解答

問一　a、より　b、のみ　c、しかず

問二　近ごろ浜松侯は自分自身で古瓦の格別に良いものを選び、拓本をとって来歴のまとめを作り

問三　平時には人々に尊ばれている宝玉や貨幣も、凶作や飢饉の時には、その価値は一握りの穀物にも及ばないから。

問四　どんな物にでも何らかの価値があって、壊れた瓦でも、昔から今に至る歴史や風俗の流行が探求できるように、役に立たない人物などはなく、上に立つ者が人を用いる際にも、その長所をよく見て用いなくてはならない、ということ。

問五　苟（し）くも能く之を器使すれば、使ふべからざるの人（は）無し。

やかに……悔いねたがるをいふなり」の部分を解釈し、「〜という難点（こと）」を最後に付けてまとめればよい。

▼問二　問三と解答の内容が重複しそうで、どこまで説明したらいいかも迷うところだが、何より何を答えたらいいのかをきちんと押さえること。この問いでは小式部内侍が和歌に込めた「意図」を聞いているので、和歌そのものの意味だけを答えるのでは不十分。和歌が詠まれた状況を押さえる必要がある。歌合の歌を母に代作してもらったのかという定頼のからかいに対して、遠い生野へは行ったこともないし、母からの手紙など見ていないと、掛詞（「生野」と「行く野」、「文」と「踏み」）や縁語（「ふみ」と「橋」）を使って自分の作歌の実力を示すという意図をこめていると考える。

▼問三　「心とく」は形容詞「心疾し」の連用形。〝気ぜわしい、気が早い〟の意味。冒頭の段落で、即興の歌はよくないと述べたうえで、うまくいく場合もあるとした例が小式部内侍の歌である。定頼の問いかけにその場ですぐ歌を作り、しかも返歌もできないほどすばらしい歌で、相手が太刀打ちできなかったことを「めでたし」と評価しているのである。一般的にも、相手に対する機転の利いた返事は、十分に考えてからではなく、思いついたら、その場で即座に言わなければ、意味のないものになってしまうだろう。

▼問四　「現代語訳」とあるので、まずは直訳した上で、本文および【注】からわかる内容を十分に補ってまとめていく。

(B)直訳すれば〝くちなしによって繰り返し何度も染めたことです〟ということ。当然「くちなし」には、何も言わずに「ただにすぐる」ことの意が込められている。歌も詠めずに通り過ぎる、と女房たちが道信に言っているのである。また山吹の「花の色は…梔子色と同色」という【注】の説明も押さえる必要がある。

(C)ポイントは「えもいはぬ」で、〝「口なし」だから何も言わない〟の意と、〝何とも言えないほど美しくすばらしい〟の意とが掛けられていることをきちんと説明すること。さらに(B)の歌の続きを考えれば、道信が「口なし」(何も言わずに通り過ぎようとしたこと)であったことも踏まえられていると考えられる。

▼問五　直訳は〝もし伊勢大輔がいなかったならば、恥ずかしい思いをしたことであろうよ〟。「ましかば〜まし」の反実

思うと、即座に思いついて歌を詠んでいるのもすばらしいことである。

（藤原）道信の中将が、山吹の花を持って、上の御《み》局《つぼね》といった所を、通り過ぎたところ、女房たちが、大勢（部屋から）はみ出して座っていて、「そのような美しい花を持って、そのまま（黙って）お通りになってよいものですか」と、話しかけてきたので、はじめから、準備していたのであろうか、

　くちなしで繰り返し何度も染めたようなすばらしい色の山吹の花を持っているが、くちなしの花のように、私は何の歌も詠めずに通り過ぎるだけです。

と（上の句を）詠んで、（山吹の花を）差し入れたところ、若い女房たちは、（下の句を付けられそうにないので）それを取ることができなかったのを、（そのとき）部屋の奥に、伊勢大輔が伺候していたのだが、「あれを取れ」と中宮様が仰せつけられたので、（伊勢大輔は）承って、一間ぐらいの間を、ひざをついたまま出て行ったところ、思いついて、

　なるほどこの花は「口なし」というだけあって、何とも言えない美しい花の色ですね（あなたが何も言えなくなるのももっともですね）。

と、（「口なし」に「言はぬ」を掛けて下の句を）付けたのであった。この話を、帝がお聞きになり、「もし伊勢大輔がいなかったならば、恥ずかしい思いをしたことであろうよ」と、おっしゃられた。

　これらのことを思うと、即座に思いついて歌を詠むのも、すばらしいことである。即座に思いついて歌を詠んでいる人は、かえって、長く考えていると、下手に詠まれるものだ。ゆっくりと考えて詠み出す人は、即座に詠もうとしても思い通りにはできない。ただ、（その人の）本来の心の働きに従って、詠み出すべきであろう。

◀解　説▶

　小式部内侍の「大江山……」の歌については、多くの教科書でも取り上げられており、歌論ではあるが、趣旨はつかみやすい。解答の記述量が多いので、何を答えればいいのかをしっかり押さえ、要領よく解答を書き進めていく必要がある。

▼問一　「難点」という聞き方に惑わされないこと。要は「後悔の病」とはどういうことかを述べた、直後の「歌、すみ

るのももっともですね。

問五　もし道信の詠み掛けた上の句に下の句が付けられなかったなら、彰子に仕える女房たちは、機転の利いた歌も詠めない者ぞろいだと恥をかくところであったが、伊勢大輔がいて見事に下の句を詠んでくれたおかげで、彰子も仕える女房たちも、面目を施し、恥ずかしい思いをせずにすんだ、ということ。

◆全　訳◆

和歌の、八つの病の中に、後悔の病という病がある。歌を、すぐに詠み終えて、人にも語り、書き送ったりもして、その後になってから、よい表現、趣向を思いついて、このように表現しなくて（残念だった）などと思って、後悔することを（後悔の病と）いうのである。だからやはり、和歌を詠むときには、急いではならないというのがよい態度である。今でも、昔からも、早く詠んでよいことはない。だから、（紀）貫之などは、歌一首を、十日も二十日もかけてこそ詠んだのだ。そうではあるけれども、それは時により、場合にもよるだろう。

大江山から生野《いくの》の里へと行く道のりは遠いので、私は母のいる天の橋立のある丹後の地などまだ踏みもしていませんし、（母からの）文《ふみ》も見ておりません。

この歌は、小式部内侍といった人の歌である。このこと（＝歌を詠んだこと）の発端は、小式部内侍は、和泉式部の娘である。母の和泉式部が、（丹後守の藤原）保昌の妻となって、（夫と）丹後に下向していた間に、都で、歌合《うたあわせ》が催されたのだが、小式部内侍は、（歌合の）歌人に選ばれ（そこで詠む歌を）考えていたところ、四条中納言定頼といった人は、四条大納言公任の子である。その人が、戯れて、小式部内侍がいたので、「丹後の国（の母のもと）へ遣わした人は、帰って参りましたでしょうか。どんなにか心細く思っていらっしゃるでしょうね」と、悔しがらせようと話しかけ申して、立ち去ろうとしたので、小式部内侍は、御簾から半ば体を乗り出して、軽く、（中納言の）直衣の袖を引っ張り、この歌を詠みかけたので、（中納言は）どうしてこんなことになったのかと、そのままいて、この歌の返歌をしようと、しばらくは考えたけれども、思いつくことができなかったので、（引っ張られた袖を）引き払って逃げてしまった。このことをエ、第十二・十三段落を読めば、「遊び」とは社会とむしろ無縁のものである。

参考　村上靖彦（一九七〇年〜）は、精神分析学・現象学者。東京都生まれで、二〇〇〇年に基礎精神病理学・精神分析学博士（パリ第7大学）。二〇二二年現在大阪大学人間科学研究科教授。著書は、『治癒の現象学』、『レヴィナス——壊れものとしての人間』、『仙人と妄想デートする——看護の現象学と自由の哲学』、『ケアとは何か——看護・福祉で大事なこと』、『子どもたちがつくる町——大阪・西成の子育て支援』など多数。『交わらないリズム——出会いとすれ違いの現象学』では、長年、医療・福祉の現場で人の語りに耳を傾け続けてきた著者が、人間のうつろいゆく生を素描し、リズムとメロディーという切り口から出会いについて論じている。

二

出典　源俊頼『俊頼髄脳』

解答

問一　和歌をよく考えずすぐに詠み終えて、人にも語り、書き送ったりした後で、さらによい表現や趣向を思いついて、こうすればよかったと、残念がり後悔する、という難点。

問二　「歌合の歌の指南のため、丹後にいる母に送った使者が帰らず、困っているだろう」とからかった定頼を、「そんな使者は送ってなく、母からの手紙も見ていない」と、即座に巧みな和歌で返答し、自分の和歌を作る実力を見せつける意図。

問三　定頼のからかいに対し、丹後へ行くことに関連する地名を読み込み、「生野」に「行く」、「ふみ」に「文」と「踏み」を掛けながら、なおかつ問いかけに対し、当意即妙に返答したこと。

問四　（B）くちなしで繰り返し何度も染めたようにすばらしい色の山吹の花を持っているが、くちなしの花のように、私は何の歌も詠めずに通り過ぎるだけです。

（C）なるほどこの花は「口なし」というだけあって、何とも言えない美しい色ですね。あなたが何も言えなくな文字通り居場所にいる人々自身が自らの生活を改善する研究のことなので、〝限定的〟という意味の「あくまで」が適当。Dは「学校や家で……居心地が悪く」それを事実として「居場所がない」と感じる、という文脈なので〝その通り、間違いなく〟などの意味の「まさに」が適当。

▼問三　「二つの文脈」は次の第二段落と第三段落にそれぞれ説明がある。一つは「困難の文脈」と提示されているので、「困難」を説明しつつまとめる。「困難」は、社会的背景とも取れるが、ここでは居場所を失った障害者や子どもたちの置かれた、地域の共同体が壊れた状況を言っている。もう一つは「自発的なもの」とあり、障害者や子どもの居場所が、そのニーズに応えて自然発生的に生まれたことを言っている。前の方が何をまとめるか迷うが、後の方が明らかなので、後をまとめてから、その対比で前をまとめていけば、どんな言葉を使ったらいいかを考えやすい。

▼問四　(1)「何もしない」という意味内容の漢字二字の熟語が、空欄Bの次の段落冒頭に出てくる。

(2)「こんな風景」とは引用文にある「何もしていない人たち」「ただ座っているだけ」の人たちがいる風景のこと。「無為に加えて」から始まる段落の終わりには「無為は……遊びにつながっている」とある。さらにその次の段落にある「遊び」とはどういうものかを述べた表現を拾い出して、両者が結びつくようにまとめる。

▼問五　傍線部③の「二つの側面」が指す「外に繰り広げられる時間」と「内に折り込まれる時間」の内容を説明すればよい。本文の最後の一文がまとめになっており、その部分が利用できる。さらに、空欄Cの次の段落から「円環的な時間」＝〈状況が変化しない〉と最終段落から「リズムのゆるみ」＝〈日常生活からの解放〉と掘り下げる必要がある。

▼問六　大段落Ⅱに述べられている内容をチェックしていけばよい。

ア、Ⅱの第四〜七段落に述べられている。

イ、「誰にとっても大切なことであり」という記述はない。また、「居場所」は日常から解放されたところにある（最終段落）。

ウ、第九段落を踏まえるが、「『何もしない』ことに耐えられなくて調査を断念した」のである。

問六　ア

◆要　旨◆

問三〜問六が、おおむね大段落の趣旨を問う問題になっており、それに従って、全体を三つに分けて、要点をまとめる。

Ⅰ　居場所がクローズアップされる二つの背景（第一〜三段落：「居場所」はおそらく……連動している。）

居場所がクローズアップされる背景には、困難な状況にある弱い立場の人の「場」が失われ、「居場所」を人工的に作り出す必要が生じたこと、障害者や子どもたちが地域で暮らすために集う居場所が、そのニーズに応える形で自然発生的に生まれたことの、二つの文脈がある。↓問三

Ⅱ　無為の居場所から自由な遊びが生み出される（第四〜十三段落：二〇〇〇年代に……退却を前提とする。）

居場所とは無為に「何もしない」という特徴があるが、そこは、社会や生活の場と切り離された、何かのためという目的やプログラムのない、自由で即興的な、創造的な自発性に恵まれた遊びが生まれる場所でもある。↓問四・問六

Ⅲ　居場所の時間とは（第十四〜最終段落：無為と遊びという特徴……〈リズムのゆるみ〉である。）

居場所の時間は、無為で状況が変化しない、現在しか存在しない円環的な時間であり、また、あわただしさや緊張から解放された、リズムのゆるんだ時間である。↓問五

▲解　説▼

▼問一　すべて通常の漢字学習の範囲内であるが、読みをカタカナで書くことにも注意する。cの「疎」（十二画）など、画数がわかるように一画一画丁寧に書くこと。

▼問二　前後の文脈を十分とらえた上で、確実なものから入れていけばよい。Aは前文の「困難の文脈」を受けて、どんな人々かの説明に続くので〝特に〟の意味である「とりわけ」が適当。Bは直前に「あるいは」とあり、これは同様の事柄を列挙する接続助詞だが、「行為が必要とされない」「行為は禁じられている」と並列されているので、ここでは〝後者の方がよりふさわしい〟という意味の「むしろ」が入る。Cは当事者研究についての説明。当事者研究とは

国語

一

出典　村上靖彦『交わらないリズム――出会いとすれ違いの現象学』（青土社）

解答

問一　a、露呈　b、キロ　c、過疎　d、先駆者　e、タワム　f、途端　g、形骸　h、ボウサツ　i、ケンソウ　j、シカン

問二　A―イ　B―オ　C―エ　D―ア

問三　・伝統的な居場所を失った、困難な状況にある弱い立場の人々の居場所を、人工的に作り出す必要が生じたこと。（五〇字以内）

・障害者や子どもたちが地域で暮らすための居場所が、そのニーズに応えて、新たに自然発生的に生まれたこと。（五〇字以内）

問四　(1)無為

(2)社会と無縁な、何もせずに居ることができる「居場所の風景」は、社会や生活の場と切り離された、何かのためという目的やプログラムのない、自由で即興的な、創造的な自発性に恵まれた「遊び」とつながっている。（一〇〇字以内）

問五　「居場所の時間」は、外に繰り広げられる時間という側面では、無為で現在の状況が変化しない円環的時間であり、内に折り込まれる時間という側面では、喧騒や緊張から解放された、リズムのゆるんだ静的な時間である。（一〇〇字以内）

小論文

解答例　問１．人間という社会的動物にとって，競争には，単に生き残るための，合理性の徹底としての競争という面だけではなく，合目的性を超えた遊戯への欲求から生まれてくる競争という面がある。しかし，競争システムの評価・報酬の制度があまりに極端であれば，人間は規範や規則を破るという行動に走ってしまい，競争に不正が起こる。また，競争が自己目的化してしまい，実体的な経済競争が遊戯へと転化してしまうことによって，目的と手段の倒錯が起こるケースがある，ということ。(240 字以内)

問２．公職の選挙は一種の人気投票であるから，民主制社会における公職の地位と人格・識見との間には定まった対応関係はない。したがって偉大な才幹や情熱をもっている人々は富を追求するために，一般に権力を追い求めることに力を注がなくなる。それゆえ，多数の凡俗な人々が，選挙を通して公務につくような傾向が生まれる。さらに，民主制社会では多数を占めることが権威となり，人間の知識や判断が均等化する傾向にある。同時に量の増大に伴う知識の質の低下が起こり，とにかくたくさんの人々が喜ぶような意見や考えが世の中を支配するため，社会の中の人材の評価のシステムも，一元的なランク付けに終始しやすいから。(300 字以内)

問３．私は，社会における競争を過度に刺激したために「ゆがみ」や不正が生じている具体例として，大学入試における受験競争を取り上げる。多くの場合，受験生は一度の筆記試験によって一元的に評価され，一定の点数を境に合格か不合格かの両極端な結果が出るため，試験中のカンニングや試験問題の流出などの不正が発生しやすい。また，大学自体も入試偏差値によって一元的にランク付けされており，受験生の学習は，とにかく高いランクの大学に合格するための点取りゲームへと転化してしまう。

受験競争において適正さやバランスを保つためには，まず，各大学が受験生をより多元的に評価していく必要がある。すでに，入試形式や出題内容は多様化しつつあるが，長期的な学びの履歴や，外国語スピーチやプログラミングといった実技も，評価対象とすることが考えられる。また，ひとつの大学・学部に対して，様々な形式による複数回の受験を可能とし，一度の試験で不合格を確定させない制度設計も有効だろう。

そのような入試制度は，受験生の多様な志望動機を引き出す形で運用されるべきである。まずは，各大学が，その教育理念やカリキュラム，設備・環境の特徴を広くアピールし，一元的なランク付けから脱却していく必要がある。加えて，複雑化した入試制度を受験生が利用しやすいように，模擬試験を提供したり，出願手続きは簡便にしたりするなどの工夫が求められる。(500字以上600字以内)

◀解　説▶

≪競争のもつ意味と適正さ≫

課題文は大きく3つの節に分かれている。第1節（第1～9段落）は，社会主義計画経済がなぜ破綻したのかについて述べている。第2節（第10～19段落）は，人間と社会にとっての競争の意味と，競争がはらむ危険性について述べている。第3節（第20～30段落）は，相矛盾するものを希求する人間の複雑さを踏まえ，多元的な競争・評価システムの必要性について述べている。以上のような課題文の大筋を把握した上で，各設問の中身に入っていくとよい。なお，第1節は，あくまでも経済競争が再評価されるに至る歴史的経緯を説明しているのであり，課題文全体として，計画経済と経済競争の二項対立，ないし二者択一を主眼に据えているわけではない点には留意が必要である。

▶問1．下線部①「生存と遊戯という二つの意味で競争が人間と社会にとって重要であるにもかかわらず，競争の徹底がいくつかの危険性をはらんでいる」とはどういうことかを説明する。前後に「以上述べたことは…ことを示している」とあり，第2節の内容のまとめに当たるとわかるだろう。

前半の「生存と遊戯…重要である」については，競争が生存のための合理的行動選択を迫るという側面（第10段落）と，非合理な遊戯としてきわめて重要であるという側面（第11段落）の2つを説明する。下線部①より後ろになるが，第20段落が第1・2節の内容をさらにまとめているので，「生存のために…合理的手段を選ばざるをえない」「遊戯の精神が人間を人間たらしめている」といった表現を用いてもよい。

逆接を挟み，後半の「競争の徹底が…はらんでいる」については，「報酬の体系があまりに刺激的すぎると，不正やゆがみを生み出す可能性をはらんでくる」（第13段落）とある。そこから,「第1の問題点は…競争の結果に対する適正な報酬制度がデザインされていないかぎり，競争は不正を生み出す」（第14〜16段落),「第2の問題点は，競争が自己目的化してしまい…目的と手段の倒錯が起こる」（第17段落)，という2つの問題点を説明する。

▶問2．下線部②「現代民主主義の下では，こうした多元的評価システムを創り上げることはなかなか難しい」と筆者が考える理由を説明する。直後に「それは現代民主主義のいくつかの特色を想起すれば明らかであろう」とあるので，以降の内容から現代民主主義の特色をまとめればよい。

まず，現代民主主義において,「公職の選挙は一種の人気投票であ」り（第26段落),「人民は優秀な人に投票するとは限らないし，優秀な人が熱心に投票を求めることもない」（第27段落)。選挙自体が客観性に乏しく一元的な人材評価システムになっていることに加え,「多数の凡俗な人々が…公務につく」ため,「多元的システム自体をどう創り上げるか」という「難しい政策論」に堪えるとは考えにくい。

さらに,「民主制社会では『多数』が権威となり，人間の知識や判断が均等化する」とともに「質の低下が起こり」,「とにかくたくさんの人々が喜ぶような意見や考えが世の中を支配する」（第28段落)。人間や社会の本来的な複雑さに反し，凡庸で単純化された考えが，多数に支持されているという理由だけで正しいと見なされることもまた，多元的でソフィスティケート（洗練）されたシステムの生成を阻む要因になる。

▶問3．課題文を踏まえ，①社会における競争を過度に刺激したために「ゆがみ」や不正が生じていると考える具体例を一つ取り上げながら，その競争において適正さやバランスを保つためには，②どのような評価・報酬の制度を創り，③どのように運用すればよいかについて論じる。

まず，①については，取り上げた具体例がどのような評価・報酬の制度をもち，それによってどのような不正やゆがみが生じているのかを説明する。一元的な評価や報酬格差，それに伴う規範・規則違反や遊戯への転化に言及できていればよい。

次いで，②については，課題文の主張に沿って，①で指摘した問題点に対応する，多元的な評価・報酬システムを提案するのが妥当だろう。現行のもの以外に，どのような評価軸や報酬があり得るかを考えるとよい。

最後の③については，課題文が「制度」と「運用」を分けているわけではないため，独自の発想が求められる。運用主体をだれにすべきか，どのような点に留意して運用するのか，制度を維持するためにどのような工夫があり得るか，といった観点から論じるとよい。

〔解答例〕では，課題文中にもある受験競争を取り上げたが，その他にも，オリンピックにおけるメダル（個数）争いや，IT 市場における GAFA の独占なども取り上げることができる。いずれにせよ，制限字数内で設問要求との対応を明示できるよう，構成を工夫することが肝要である。

❖講　評

2022 年度は，人間や社会にとっての競争の意味を問い直し，その適正さをいかに確保するかについて考察する課題文が出題された。難解な日本語というわけではないものの，「生存（合理）－遊戯（非合理）」の二項対立軸をはじめ，「管理－競争」「経済－政治」「一元－多元」などの複数の軸が入り組んだ論を読みこなすには，高度な読解力が求められた。

3 問の設問のうち，問 1 の内容説明と問 2 の理由説明は，そのような課題文の論理展開を正しく把握できているかを問うものであった。いずれも設問要求に比して制限字数がやや多かったが，単に課題文を頭から要約するのではなく，対応箇所を明確に絞り込み，答案に盛り込むべき要素を取捨選択する必要がある。問 3 の意見論述も，課題文の示す論理の枠組みに合致する具体例を提示しなければならない点で，正確な読解を前提としているが，こちらは設問要求に比して制限字数が少ないため，相応の構成力が求められる。全体としてハイレベルな出題であったといえよう。

· memo ·

2021年度

解答編

解答編

英語

I **解答**　1．ア―(A)　イ―(E)　ウ―(F)　エ―(G)
2．お―(A)　か―(E)　き―(B)
3．(C)
4．科学技術が大きな発達を遂げて専門分化が進み，科学者でも自分の専門分野以外の知識は一般の人とそれほど変わらない現在の状況。(60 字以内)
5．全訳下線部(3)参照。
6．ダーウィンの時代は科学研究を一般読者が理解できるように発表できたが，今日では難解な数式や専門用語を使わずに説明するのは困難だということ。(70 字以内)
7．全訳下線部(5)参照。

◆全　訳◆

≪科学技術の発展がもたらした問題≫

英国の科学アカデミーである王立協会は 1660 年に設立された。最初期の会合では，科学者たちは旅行者から物珍しい土産話を聞いたり，新しく発明された顕微鏡を覗いたり，空気ポンプや爆発，毒物の実験をしたりしていた。最初期の会員には，博学者のクリストファー＝レンやロバート＝フック，また多作の日記作家サミュエル＝ピープスのような熱心なアマチュアも含まれていた。会合は時にはぞっとするような恐ろしいものになることもあった。たとえばピープスは，羊から人への輸血の記録を残している。驚くべきことにその人が死ぬことはなかったが。最近では健康と安全のための規則により，王立協会の会合は以前と比べるとやや退屈なものになってはいるが，指針となる精神は残っている。設立当初から，王立協会は科学が国際的で学際的なものであるという認識をもっていた。

もちろん，科学技術は，その後何世紀かの間に大きな発展を遂げた。その結果，現在の王立協会の会員は各分野の専門家となっている。この事実が，科学と一般の人々，また異なる専門分野間の障壁をより大きなものにしている。私は物理学者であるが，現代の生物学についての私のわずかばかりの知識のほとんどは，そのテーマに関する「一般向けの」本から得たものである。

科学者と人文学系の学者の間のこのようなはっきりした境界設定を知れば，レンやフック，ピープスのような知識人は，さぞかし当惑したことであろう。1959 年，小説家，評論家であり，化学者でもある C. P. スノーは，ケンブリッジ大学で行われた「二つの文化」についての象徴的な講演の中で，このような境界設定を嘆いている。私たちの文化的な守備範囲があまりに狭すぎるという彼の分析には多くの真実があった（それは今でもいえることだが)。しかし，スノーはこの二分を明確に示しすぎた。それはおそらく彼の活躍した社会環境の影響であった。彼は，第二次世界大戦で戦争に協力した科学者や技術者に親近感をもち，人類の進歩における科学の役割について確固たる楽観的意識をもち続けた。彼によれば，その時代の人たちは「根っからの未来志向」で，また別の機会に彼が使った言葉によれば「権力の中心」に出入りしていた。彼らは，とりわけ英国首相ハロルド＝ウィルソンに影響を与え，彼は 1963 年の労働党大会における有名な演説で「この技術革新の白熱状態」を激賞した。スノーによると，これとは対照的に，彼がよく知っていて 1950 年代の文学的教養を代表する存在であった人文学の学者たちは，古典語を重視した学校教育を受け，その後たいていはオックスフォードやケンブリッジの狭い社会で 3 年間過ごして，知的に束縛されてきたというのであった。

スノーが懸念していた問題は，今日ではさらに大きく立ちはだかっている。社会は高度な技術への依存を高め，科学はこれまで以上に私たちの生活に浸透している。しかし，科学に対する喜びに満ちた楽観主義は徐々に失われていった。多くの方面において新たな大発見の影響をわくわくするというよりもむしろ相反する感情で注視している人がいる。スノーの時代以来，私たちの「素晴らしい」新技術は新たな危険を生み出し，新たな倫理的なジレンマをもたらしてきた。多くの評論家は，科学に歯止めが効かなくなり，政治家も市民もそれを吸収し，それに対応したりすることができなくなっていることを心配している。現在もそのリスクはさらに高くなっている。科学は非常に大きなチャンスを提供してくれているが，未来の世代は核や遺伝子，アルゴリズムなど，我々の文明の存続そのものを脅かすほど大きな危険にさらされやすくなるだろう。

自身が行った講演を基にした後の出版物の中で，スノーは「第三の文化」の存在を示唆しており，それは社会科学を含むものである。今日では「文化」という概念そのものが複雑に織り交ざった多くの要素をもつと言ったほうが正しいかもしれない。それにもかかわらず，知的な偏狭さと無知は依然として根強い。政治やメディアの世界にいる，心配になるほどの数の人々にとって，科学は全く理解不能のものだ。しかし，自国の歴史や文学について無知な人もそれと同じくらいたくさんいる。科学者が嘆かねばならない特別な理由はない。実際，(3)恐竜やヒッグズ粒子，宇宙論のような実生活とは非常にかけ離れたテーマに，どれだけ多くの人が興味をもっているかということは，実に注目に値する。意識の起源，生命の起源，宇宙そのものの起源など，根本的で大きな疑問への関心は，驚くほど，そして喜ばしいほど高い。

たとえば，チャールズ＝ダーウィンの考えは，1859 年に初めて発表されて以来，文化的，哲学的な意義をもち続けてきた。実際，今日でもこれまで以上に活発な議論を引き起こしている。ダーウィンはおそらく，一般読者にもわかるように自分の研究を発表できた最後の科学者だったのだろう。今日では難解な数式を並べたり専門用語を用いたりせずに新たな研究成果を説明するのは困難である。彼が自分の理論を支える「一つの長い議論」と表現した『種の起源』は，文学作品として高く評価されている。(5)それは私たちが地球上の生命の始まりにまで遡ることができる壮大な進化の過程の結果であることを明らかにすることにより，人間に対する私たちの認識を変えたのである。

◀解　説▶

▶1．ア．Its earliest fellows included …「最初期の会員は…を含んでいた」に，空所をはさんで the polymaths Christopher Wren and Robert Hooke「博学者のクリストファー＝レンやロバート＝フック」と enthusiastic amateurs such as the prolific diarist Samuel Pepys「多作の日記作家サミュエル＝ピープスのような熱心なアマチュア」が続いている。空所の前後が並列関係なので(A) along with ～「～に加えて」が適切。

fellow「(学会の）会員」 polymath「博学者」 enthusiastic「熱心な」 prolific「(作家・音楽家が）多作な」 diarist「日記作家」

イ．空所を含む文は，主部がThe sharp demarcation … humanities scholars「科学者と人文学系の学者の間のこのようなはっきりした境界設定」で，述部が仮定法過去完了would have perplexed intellectuals …「知識人を当惑させたことであろう」以下という構造。Wren, Hooke and Pepysがintellectualsの例となっているので(E)such as ～「～などの」が正解。

demarcation「境界設定」 humanities「人文学」 scholar「学者」 perplex「～を当惑させる」 intellectual「知識人」

ウ．moreとのつながりから(F)thanを選び，more ～ than …「…というより～」というイディオムを使ったwith more ambivalence than excitement「わくわくするというよりは相反する感情で」という表現を完成させる。

ambivalence「両面感情（ある対象に対してまったく反対の二つの思考や感情が存在すること)」 この文のそれに先立つ部分は，quarterは「方面」，observerは「観察者」，impactは「影響」，breakthroughは「大発見，飛躍的進歩」の意なので，「多くの方面において，観察者は新たな大発見の影響を（…な感情で）見ている」，つまり「多くの方面において新たな大発見の影響を（…な感情で）注視している人がいる」というような意味になる。

エ．(G)toを選びbe vulnerable to～「～の影響を受けやすい」という表現とし，空所を含む部分をfuture generations will be vulnerable to risks「未来の世代は危険にさらされるだろう」とする。ダッシュ（—）に挟まれた挿入句nuclear, genetic, algorithmic「核の，遺伝子の，アルゴリズムの」はrisksに説明を加え，powerful enough to … our civilisation「我々の文明の存続そのものを脅かすほど大きな」はrisksを後置修飾している。

jeopardise「～を危うくする〔脅かす〕」 the very～「まさに～」 survival「存続」 civilisation「文明」 jeopardise, civilisationはイギリス英語の綴りで，アメリカ英語ではjeopardize, civilization。

▶2．お．空所を含む文と直前の第2段第1文（Science and technology,

…）との意味的なつながりから判断する。第 1 文の内容は「科学技術は，その後何世紀かの間に大きな発展を遂げた」というもので，空所で始まる第 2 文の主旨は「現在の王立協会の会員は各分野の専門家となっている」というもの。この二つの文は因果関係にあるので，(A)as a result「結果として」が適切。

hugely「大いに」 expand「拡大する，発展する」 following「次の」 present-day「今日の，現代の」 specialised「専門分野別の」はイギリス英語の綴りでアメリカ英語では specialized。professional「専門家」

か．第 3 段第 5 文（He felt an affinity …）から空所の直前までの主旨は「スノーが第二次世界大戦中に活躍した科学者や技術者に親近感をもち，彼らが国家に与えた影響と科学技術の役割を大きく評価していた」というもの。空所で始まる最終文の主旨は「スノーは，古典語重視の教育などによって知的に束縛されてきたとして，人文学の学者たちに対して批判的であった」というもの。この二つの文が対照的であることから(E)in contrast「（それとは）対照的に」が適切。

affinity「親近感」 war effort「戦争（遂行）努力」 第 5 文の retained a robust … 以下は主語の He（＝Snow）につなげて読む。retain「～をもち続ける」 robust「確固たる」 betterment「改善」 have ～ in *one's* bones「骨の髄まで～」 roam「（場所）を歩き回る」は他動詞で what he elsewhere called the ‘corridors of power’ が目的語。what は関係代名詞で直訳すると「彼が（この講演ではなく）別のところで『権力の中心』と呼んだもの」となる。corridors of power は直訳すると「権力の回廊」つまり「権力の中心」のこと。among others「とりわけ」 prime minister「首相」 カンマに続く who 以下は the UK’s prime minister Harold Wilson に説明を加える継続用法の関係代名詞節。extoll「～を激賞する」 white heat「白熱状態」 celebrated「世に知られた」 Labour Party「（イギリス）労働党」 conference「会議」 humanities scholar「人文学者」 typify「～を典型的に代表する」 literary「文学の」 ダッシュ（—）で挟まれた部分は the humanities scholars whom Snow knew best に説明を加える挿入句なので，その前後を続けて読むと文の意味がわかりやすい。intellectually「知的に」 straitjacket「～を束縛する」 schooling「学校教育」 with a focus on ～「～に重きを置いた」 Classical languages

「(ラテン語などの) 古典語」 followed by ～「その後に～が続く」 social world「社会」

き. 空所を含む文と直前の第 5 段最終文 (There is a surprising …) とのつながりから判断する。第 5 段最終文は「意識の起源, 生命の起源, 宇宙そのものの起源など, 根本的で大きな疑問への関心は, 驚くほど, そして喜ばしいほど高い」, 空所を含む文は「チャールズ＝ダーウィンの考えは, 1859 年に初めて発表されて以来, 文化的, 哲学的な意義をもち続けてきた」という内容。空所を含む文が前文の具体例となっているので, (B) for example「たとえば」が適切。for example は文頭以外にも, このように文中や文末に置かれることも多い。

gratifying「喜ばしい」 fundamental「根本的な」 origin「起源」 consciousness「意識」 cosmos「宇宙」 philosophically「哲学的に」 resonant「響き渡る, 重要な, 意義のある」 unveil「～を発表する」

その他の選択肢は(C) in addition「さらに, その上, 加えて」, (D) in conclusion「結論として」, (F) secondly「(事実や理由を説明するときの順序として) 第二に, 次に」, (G) to my surprise「驚いたことに」という意味。

▶ 3. (A)「王立協会は科学者は受け入れるが, 人文学の学者は受け入れない」

(B)「王立協会は健康や安全の規則を守ることにより, ぞっとするような実験さえも行っている」

conduct「～を行う」 gruesome「おそろしい, ぞっとする」 obey「～を守る」

(C)「王立協会は世界中から情報を集め, その研究はさまざまな学問分野に及んでいる」

gather「～を集める」 a variety of ～「さまざまな～」 discipline「学問分野」

(D)「王立協会は世界地図を作るためにその会員を世界のいろいろな地域に派遣している」

various「さまざまな」

下線部(1)を含む第 1 段最後から 2 文目 (Health and safety …) は「最近では健康と安全のための規則により, 王立協会の会合は以前と比べるとやや退屈なものになってはいるが，指針となる精神は残っている」というもの。the guiding spirit「指針となる精神」の内容は，直後の同段最終文（Right from the start, …）に「王立協会は科学が国際的で学際的なものであるという認識をもっていた」と書かれており，(C)がそれに合致する。

render *A* ～「(事・物が) *A*（人・物）を～（の状態）にする」 Royal Society meetings が render の目的語，somewhat duller が補語という第 5 文型。somewhat「幾分」 dull「退屈な」 right from the start「最初から」 recognise「～を認識する」はイギリス英語の綴りでアメリカ英語では recognize。multidisciplinary「多くの専門分野にわたる，学際的な」

▶ 4．下線部(2)は「私は物理学者であるが，現代の生物学についての私のわずかばかりの知識のほとんどは，そのテーマに関する『一般向けの』本から得たものである」というもの。physical scientist「物理学者」 all-too- ～で「あまりに～な」という意味なので，all-too-limited は「非常に限られた」という意味。popular books は「一般向けの本」。「一般向けとされている」という意味で popular にクォーテーションマークがついている。subject は「テーマ」という意味で，この場合 the subject は modern biology を指す。この文は「科学者といえども自分の専門以外の知識は一般の人とそれほど変わらない」ということの例であり，それが最低限含めなければならない内容である。さらに，このような状況が生まれた原因は，直前の第 2 段第 3 文（This fact aggravates …）にあるように「この事実が（科学と一般人の間の障壁と）異なる専門分野間の障壁をより大きなものにした」ということで，「この事実」が指すのは同段第 1・2 文（Science and technology, … specialised professionals.）に書かれているように「科学技術が大きく発展し，専門分化が進んだ」ということ。60 字以内という字数制限から判断して，これらの内容も含めることが求められていると考えられる。

aggravate「～を悪化させる」 barrier「障壁」 the public「一般人」 ～ as well as …「…だけでなく～も，～と…」の，～に相当するのが between science and the public，…に相当するのが between different specialisms。specialism「専門分野」

▶ 5．全体の構文は it's ～ how …「いかに…であるかということは～だ」

という形式主語構文なので「いかに…であるかは実に注目に値する」という意味になる。subjects「テーマ」を as ～ as …「…くらい～な」の構文を使った as blazingly irrelevant … 以下が修飾している。blazingly irrelevant to practical life「実生活とは非常にかけ離れた」が～の部分，dinosaurs, the Higgs boson and cosmology「恐竜やヒッグズ粒子，宇宙論」が…の部分に相当する。

remarkable「注目に値する，すばらしい」 blazingly「非常に」 irrelevant to ～「～に関係のない」 practical life「実生活」 dinosaur「恐竜」 cosmology「宇宙論」

▶6．下線部(4)は「今日では難解な数式を並べたり専門用語を用いたりせずに新たな研究成果を説明するのは困難だ」という内容。present「～を発表〔説明〕する」 original「新たな」 finding「研究成果〔結果〕」 forbidding「近づきがたい」 array of ～「たくさんの～」 equation「方程式」 specialised「専門の」はイギリス英語の綴りでアメリカ英語では specialized。

チャールズ・ダーウィンの時代に関する記述は下線部(4)の直前，Darwin was perhaps … to general readers の箇所にあり，「ダーウィンはおそらく，一般読者にもわかるように自分の研究を発表できた最後の科学者だった」という内容。the last scientist を who 以下の関係代名詞節が修飾。accessible to general readers が a way「方法，やり方」を修飾している。accessible to ～「～にとってわかりやすい」 general reader「一般読者」

▶7．文の骨格となるのは It changed our perception of human beings by revealing that … の部分で「それは…を明らかにすることにより，人間に対する私たちの認識を変えた」という意味。revealing の目的語となっている that 節の骨格は we were an outcome of a grand evolutionary process「私たちが壮大な進化の過程の結果である」で，that can … 以下の関係代名詞節が a grand evolutionary process を修飾している構造。文の主語 It は，前文の ‘On the Origin of Species’ を指す。

perception「理解，認識」 reveal「～を明らかにする」 outcome「結果」 grand「壮大な」 evolutionary process「進化の過程」 trace back to ～「～に遡る」

●語句・構文●

(第 1 段) the Royal Society「王立協会」 academy「学会」 found「～を設立する」 share「(感情や経験) を共有する」 travellers' tales「(外国に関する) 面白いが信じがたい話，ほら話」 peer through ～「～を覗き込む」 newly invented「新発明の」 microscope「顕微鏡」 experiment with ～「～を用いて実験する」 explosion「爆発」 poison「毒物」 gathering「会合」 blood transfusion「輸血」

(第 3 段) novelist「小説家」 critic「評論家」 chemist「化学者」 bemoan「～を嘆く」 divide「分割，区分」 iconic「象徴的な」 presented at the University of Cambridge は過去分詞を用いた形容詞句で his iconic lecture on the 'Two Cultures' を修飾。there is a truth in ～「～には真実がある」 analysis「分析」 all too ～「あまりに～すぎる」 reach「理解できる範囲」 dichotomy「二分」 starkly「全く，はっきりと」 consequence of ～「(行動や状況) によって生じた結果」 social milieu「社会環境」 関係代名詞節 in which he moved は the social milieu を修飾。基になる構造は the social milieu + he moved in it (= the social milieu) で，in it が in which になったと考える。

(第 4 段) issue「(議論すべき) 問題」 concern「(人) を心配させる」 loom「(不気味に) そびえ立つ」 be dependent on ～「～に依存する」 pervade「～に行き渡る〔浸透する〕」 more than ever「これまで以上に」 glad「喜ばしい」 optimism「楽観主義」 fade「薄れる」 marvellous「素晴らしい」はイギリス英語の綴りでアメリカ英語では marvelous。fresh「新たな」 hazard「危険」 raise「(問題など) を引き起こす〔もたらす〕」 ethical「倫理的な」 quandary「困惑，ジレンマ」 commentator「評論家」 be anxious that ～「～であることを心配して」 get out of hand「抑えがきかなくなる」 such that …「…であるほどに」 neither *A* nor *B*「*A* も *B* も～ない」 assimilate「～を吸収する」 cope with ～「～に対応する」 stakes「(通常複数形で) 危険の度合い」 opportunity「チャンス」

(第 5 段) based on his original lecture は過去分詞を用いた形容詞句で，publication「出版物」を後置修飾。based on ～「～に基づいた」 embracing the social sciences は現在分詞を用いた形容詞句で，one を修

節。embrace「(学問などが) ～を含む」 social science「社会科学」 it might be truer to say … は形式主語構文。the very idea of ～「～という概念そのもの」 interweaving「入り混じった，織り交ざった」 strand「より糸，構成要素」 nonetheless「それにもかかわらず」 narrowness「偏狭さ」 ignorance「無知」 remain「(依然として) ～のままである」 endemic「蔓延した」 closed book「全く理解できないもの」 worrying「心配になるほどの」 politics「政治」 just as many ～「ちょうど同じ数の～」 be ignorant of ～「～を知らない」 moan「愚痴を言う，嘆く」

(最終段) provoke「(反応など) を引き起こす」 vibrant「活発な」 they do は they provoke vibrant debates の意。'On the Origin of Species'『種の起源』 カンマで挟まれた which 以下の挿入句は 'On the Origin of Species' に説明を加える継続用法の関係代名詞節。describe A as B「A を B と表現する」 underpinning his theory は現在分詞を用いた形容詞句で 'one long argument' を修飾する。underpin「～を支える」 rank highly「上位になる」 work of literature「文学作品」

II 解答

1．ア―(C) イ―(B) ウ―(D) エ―(A)

2．お―(B) か―(D) き―(C) く―(E) け―(F)

3．part of a dive community (7語以内)

4．(D)

5．ダイバーの全身にかかる水圧が，日常生活ではあまり身体の自由がきかないかもしれない人に，無重力の感覚や自由の感覚を与えてくれる。

6．スキューバダイビングが広範にわたる治療成果をもたらす可能性があることは文献により示唆されてきたが，退役軍人の精神衛生に対する治療効果を調査した研究はこれまでほとんどなかったということ。

◆全 訳◆

≪スキューバダイビングが退役軍人にもたらす治療的効果≫

スキューバダイビングは，アドベンチャーツーリズムを連想させるレクリエーション活動である。多くのアドベンチャー活動と同様にスキューバはこの活動をよく知らない人には危険に感じられることがある。危険を感じさせる要素には，水圧，呼吸状態，水中での視界，参加者の水中での方向感覚などがある。このような危険要素はあるものの，ほとんどのスキューバダイバーがこの活動に参加し続けるのは，必ずしもスリルや興奮のためだけではない。スキューバダイビングには，本質的にさまざまな治療的有用性もあるのである。本研究の目的は，アダプティブ・スキューバダイビングがアメリカの退役軍人の精神衛生に与える影響を調べることである。それはこの活動が心理的恩恵，身体的恩恵，そして社会的恩恵をもたらすからである。

第一に，多くのスキューバダイバーがダイビングをするのは，安らぎや静けさ，平穏さといった感覚を得るためである。ダイバーは，ゆっくりと深く安定した呼吸の技法で呼吸をしなければならない。このような呼吸法は，心拍数の変動性の増大とストレスの軽減に関係する。呼吸を制御し穏やかな状態を維持するならば，ダイバーは，より長い時間水中にとどまることができる。水中では，ダイバーは自分の呼吸音だけしか聞こえない静寂な環境にいる。ダイバーがゆっくり安定した呼吸をしていれば，リズミカルなバックグラウンドノイズが発生する。他の音が聞こえないこの安定した音は，瞑想体験において意識を集中させるポイントとなる。ダイバーは，水中で体験する快適さが日々のストレス要因からの隔たりを与えてくれると，しばしば報告する。この認知的な隔たりは，ダイバーがダイビング活動中に意識を集中することを可能にする。

第二に，水は他の場所にはない機会を提供してくれる。ダイバーは，体のあらゆる部分で水圧に触れる。(3)この水圧は，日常生活ではあまり身体の自由がきかないかもしれない人に，無重力の感覚や自由の感覚を与えてくれる。この引き込まれるような体験は，ダイバーの知覚力を変える。彼らはさまざまな方法で自分の体の軸を自由に変えることができる。その一つが，飛んでいるような感覚で体を水平に保つことである。公表はされていないが，脊髄損傷のある退役軍人に対するスキューバダイビングの効果についての試験的研究では，退役軍人のダイバーは，軽い触覚の感知に10％の改善を感じ，筋肉の痙攣が15％減少したと報告している。

最後に，スキューバダイビングは，従来の瞑想やマインドフルネス活動にはない他の機会を提供してくれる。スキューバダイビングにはそれを見ればダイバーだとわかる独特な必要装備（ダイビングスーツ，ゴーグルなど）がある。障害のある人にとって，スキューバダイバーという新しい呼称は，ダイビングという行為そのものと同じくらい自由を与えてくれる。

ダイバーはダイビングコミュニティの一員となる。ダイビングから得られる社会的な心地よさは，ダイビング仲間同士の関係に最も強く表れる。ダイビング仲間はお互いを気にかけ，ダイビング中お互いの安全を確保する。これはダイビング体験以外ではあまり例がない集団内の責任感を促す。

アダプティブ・スキューバダイビングでは，脊髄損傷などの障害をもつ人も，可能な限り自力で安全にダイビングをすることができる。ダイビングに関する基礎知識の習得には変わりないが，技術的トレーニングはそれぞれのニーズに応じて調整される。たとえば，対麻痺のある人はダイビング仲間に伴われて，上肢だけで効率的に体を推進させバランスを取るために，水かきつきのグローブを使用することがある。また，手の細かい運動制御に問題がある人は，水中で他の人とコミュニケーションをとるために適応バージョンの手信号を学ぶことになる。心的外傷後ストレス障害をもつダイバーには，ダイビングのインストラクターはダイビングに出発する前に，トラウマ的経験をよみがえらせる可能性のあるもの（ボートの機械音，水中の暗さなど）を知らせておく。精神状態のために薬を服用しているダイバーは，起こりうる問題（たとえば，抗うつ剤は眠気の原因となり，減圧症を悪化させる可能性がある）を記した個別のリストを受け取る。インストラクターや仲間は，精神的健康に問題のあるダイバーを，発症の可能性がないか水中で注意深く観察し，緊急脱出計画を準備しておく必要がある。

スキューバダイビングが広範にわたる治療成果をもたらすレクリエーション活動である可能性がこれまでの文献により示唆されている。しかし，私たちの知る限りでは，退役軍人の精神衛生に対するアダプティブ・スキューバダイビングの治療効果を調査した研究はほとんどなかった。本研究は，文献におけるこのギャップを埋めることを目的としたものであった。その目的は，アメリカの退役軍人のマインドフルネスと充足感に対するアダプティブ・スキューバダイビングの効果を調べることであった。

◀解　説▶

▶1．(A)「アダプティブ・スキューバダイビングでは，脊髄損傷などの障害をもつ人も，可能な限り自力で安全にダイビングをすることができる」

allow *A* to *do*「*A* が～することを可能にする」の構文で *A* が individuals with disabilities, such as spinal cord injuries, *do* が dive as

independently and safely as possible。individual は「人」，disability は「障害」，spinal cord injury は「脊髄損傷」なので，individuals with disabilities, such as spinal cord injuries で「脊髄損傷などの障害をもった人」。as ～ as possible「可能な限り～」と independently and safely「自力で安全に」が組み合わされているので，「可能な限り自力で安全に」。ちなみにこの文からもわかるように，adaptive scuba diving「アダプティブ・スキューバダイビング」とは，特別な用具を用いたりして，障害のある人などでもできるように配慮されたスキューバダイビングのこと。
(B)「多くのスキューバダイバーが参加するのは，安らぎ，静けさ，平穏さといった感覚を得るためである」 participate「参加する」 a sense of ～「～の感覚」 tranquility「静けさ」 calm「平穏」
(C)「スキューバダイビングはアドベンチャーツーリズムを連想させるレクリエーション活動である」 that 以下は先行詞 a recreational activity を修飾する関係代名詞節。be associated with ～「～と関連している，～を連想させる」
(D)「水はそれ以外の場所では得られない機会を提供してくれる」 that 以下は先行詞 opportunities を修飾する関係代名詞節。opportunity「機会」
ア．空所となっている第 1 文に続く第 2 文（As with many …）は「多くのアドベンチャー活動と同様に，スキューバはこの活動をよく知らない人には危険に感じられることがある」という意味。第 2 文中の adventure, activities という語が(C)の文中にも使われていることに注目する。第 2 文は，(C)「スキューバダイビングはアドベンチャーツーリズムを連想させるレクリエーション活動である」を引き継いだ内容になっているため，空所に入るのは(C)だと判断できる。as with ～「～と同様に」 be perceived as ～「～と感じられる」は perceive *A* as ～「*A* を～と感じる」の受動態。those unfamiliar with … は those who are unfamiliar with … の「who＋be 動詞」が省略された形。このように those who …「…する人たち」に be 動詞が続く場合，「who＋be 動詞」が省略されることがある。be unfamiliar with ～「～をよく知らない」
イ．空所を含む文で始まるこの段の主旨が「スキューバダイビングの際のゆっくりとした呼吸法や自分の呼吸音だけが聞こえる静かな環境はストレスの軽減に役立つ」というようなものであることを理解する。この内容につながる第 1 文として適切なのは(B)。この段が第 1 段最終文（The purpose of …）に述べられているスキューバダイビングの psychological benefits「心理的恩恵」に関する内容であることがわかると，後の段落に physical benefits「身体的恩恵」，social benefits「社会的恩恵」に関する内容が続くことも予測できる。

ウ．空所を含む文で始まるこの段の主旨が「水中では日常生活ではあまり身体の自由がきかない人が自由に体を動かすことができ，それがリハビリ効果にもつながる」というようなものであることを理解する。この内容につながる第 1 文として適切なのは(D)。この段は physical benefits「身体的恩恵」に関するものである。

エ．空所となっている第 1 文に続く第 2 文（Although learning of …）が「ダイビングに関する基礎知識の習得には変わりないが，技術的トレーニングはそれぞれのニーズに応じて調整される」というもので，第 3 文（For example, someone …）以降にその具体例が続いている。

-related は「～関連の」なので，diving-related は「ダイビングに関する」という意味。foundational「基礎を成す」 remain the same「何ら変わらない」 adjust「～を調整する」 depending on ～「～に応じて」 individual needs「それぞれのニーズ」

この内容につながる第 1 文として適切なのは(A)。第 2 文中の individual needs と(A)の文中の individuals with disabilities という表現のつながりもヒントとなる。

▶ 2．お．空所を含む文が If で始まる条件節になっており，この節は主語が individuals，空所に入る動詞に続く limited fine motor control in their hands「手の限られた細かい運動制御」が目的語という文構造。目的語とのつながりから判断して，適切な動詞は(B) have。全体としては「手の細かい運動制御に問題がある場合は」となる。

limited「限られた」 fine「細かい，繊細な」 motor control「運動制御」

か．空所に入る動詞の目的語が an adaptive version of hand signals「適応バージョンの手信号」なので，動詞は(D) learn「～を身につける〔習得する〕」が適切。全体としては「水中で他の人とコミュニケーションをとるために適応バージョンの手信号を学ぶことになる」となる。「適応バージョンの手信号」とは，「その人の手の運動機能の問題に配慮が加えられた手信号」という意味。

hand signal「手信号」

き．空所を含む文の前半は For divers with posttraumatic stress disorder「心的外傷後ストレス障害をもつダイバーのために」という意味。そのようなダイバーに diving instructors が行うことは何かということを考える。空所に続く them of … の of もヒントに(C) inform を選び，inform *A* of *B*「*A* に *B* を知らせる」という表現を完成させる。全体としては「ダイビングのインストラクターはトラウマ的経験をよみがえらせる可能性のあるもの（ボートの機械音，水中の暗さなど）を彼らに知らせる」となる。

posttraumatic stress disorder「心的外傷後ストレス障害」 potential「潜在的な，可能性のある」 reminder of ～「～の記憶をよみがえらせるもの」 traumatic「トラウマ的な」 go on a diving trip「ダイビングに行く〔出かける〕」

く．divers with mental health issues「精神的健康に問題のあるダイバー」への配慮について述べた文である。Instructors and buddies should closely に続く動詞として適切なのは(E) monitor「～を観察する」。全体としては「インストラクターや仲間たちは，精神的健康に問題のあるダイバーを，発症の可能性がないか水中で注意深く観察する必要がある」となる。

buddy「仲間」 closely「注意深く」 health issue「健康問題」 for ～ は「～を求めて」，episode は「症状の発現」なので，for potential episodes で「症状の発現の可能性がないか」という意味になる。

け．Instructors and buddies should につながる動詞で，目的語は immediate exit plans「緊急脱出計画」。この条件に合うのは(F) prepare「～を準備する」。「緊急脱出計画を準備しておく必要がある」という意味になる。

immediate「緊急の」 exit plan「避難〔脱出〕計画」

▶3．下線部(1)の social benefits「社会的な恩恵」についての説明があるのは第4段（Lastly, scuba diving provides …）。この段の主旨は「ダイバーは特別な装備を身につけることでグループの一員であるという意識をもち，その意識は時に解放感につながる。互いの安全を確保するダイビング仲間に対するグループとしての責任感も生じる」というようなもの。この内容に基づいて「ダイバーになることにより，人は＿＿＿になる。このことが一体感をもたらす」の空所に7語以内の適切な英語を補うことが求められている。bring「～をもたらす」 sense of belongingness「帰属意識，一体感」 社会的恩恵について書かれているのは第4段でその第4文に Divers become part of a dive community.「ダイバーはダイビングコミュニティの一員となる」という文があり，この文から part of a dive community を抜き出して補うとよい。a member of a dive community とするのも可。

▶4．(A)「ダイバーはリズミカルなバックグラウンドノイズに驚く」 rhythmic「リズミカルな，規則的な」

(B)「ダイバーの身体は麻痺する」 paralyzed「麻痺した」

(C)「静かな水中の環境では，ダイバーは自分の呼吸音も含め何も聞こえない」 including ～「～を含めて」

(D)「ダイバーは自分の呼吸音を，意識を集中させるポイントとして利用する」 use *A* as *B*「*A* を *B* として利用する」 focus on ～「～に集中する」

下線部(2)a meditative experience「瞑想体験」を含む第2段第7文（This steady sound, …）は「他の音が聞こえないこの安定した音は，瞑想体験において意識を集中させるポイントとなる」という内容である。steady「安定した」 absent of ～「～がない」 focus point「焦点，中心」

これに合致するのは(D)。a rhythmic background noise という表現は同段第6文（If divers are …）にあるが，ダイバーがこの音に驚くという内容はないので(A)は不適，水中でダイバーの身体が麻痺するという記述はどこにもないので(B)も不適，ダイバーは自分の呼吸音だけは聞こえるので(C)も不適である。

▶5．This pressure が意味するのは直前の第3段第2文（Divers are touched …）にあるように「ダイバーの全身にかかる水圧」。every inch of ～は「～の至るところ」，sense of ～は「～の感覚」という意味。a sense of ～につながるのは weightlessness と freedom の両方なので，文の前半は「ダイバーの全身にかかる水圧が，無重力の感覚や自由の感覚を与えてくれる」となる。weightlessness「無重力」

individuals を修飾する who 以下の関係代名詞節は「日常生活ではあま

り身体の自由がきかないかもしれない」という意味。bodily「身体の」 *one's* daily life「日常生活」

▶ 6．下線部(4)this gap を含む文は「本研究は，文献におけるこの隔たりを埋めることを目的としたものであった」という内容。

current「現在の，進行中の」 study「研究」 be aimed at ～「～を目的とする」 fill「(隙間など) を埋める」 gap「隙間，隔たり」 literature「文献」

this gap「この隔たり」の具体的な内容は直前の同段第 1・2 文 (Previous literature suggests … veterans' mental health.) に述べられている。第 1 文の主旨は「スキューバダイビングが広範にわたる治療成果をもたらす可能性が文献により示唆されてきた」というもので，第 2 文の主旨は「退役軍人の精神衛生に対するアダプティブ・スキューバダイビングの治療効果を調査した研究はほとんどない」というもの。

previous「これまでの」 that has a broad … outcomes は，a recreation activity を修飾する関係代名詞節。broad range of ～「広範にわたる〔さまざまな〕～」 therapeutic outcome「転帰，治療成果」 to the best of *one's* knowledge「～の知る限りでは」 examine「～を調査する」 therapeutic effect「治療効果」 veteran「退役軍人」

●語句・構文●

(第 1 段) element「要素」 関係代名詞節 which create perceived danger は関係代名詞節で先行詞 The elements を修飾。perceive は「～を知覚する」という意味なので perceived danger は「知覚される危険，危険に感じられること」の意。breathing condition「呼吸状態」 visibility「視界」 orientation「方向感覚」 note は「～に注目する」なので，完了形の分詞構文を用いた表現 Having noted ～ は「～のことを考えた〔に注目した〕うえで」の意。risk factor「危険要素」 it is not necessarily … の文は否定文の強調構文。not necessarily「必ずしも～ない」は部分否定。perceived risk「知覚されたリスク」 drive *A* to *do*「*A*（人）が～するように駆り立てる」 participation in ～「～に参加すること」 inherently「本質的に」 therapeutic benefit「治療的有用性」 effect of *A* on *B*「*A* が *B* に与える影響」 psychological well-being「精神衛生」 outcome「転帰（治療後の経過・結果)」

〔第 2 段〕 breathe「呼吸する」 increased ～「～の増大」 heart rate variability「心拍数の変わりやすさ」 long period of time「長い時間」 When underwater「水中にいるとき」は，When they are underwater の接続詞に続く「主語＋be 動詞」が省略された形。except for ～「～を除けば」 report「～ということを報告する」 関係代名詞節 they experience in the water が先行詞 the comfort を修飾。provide「～をもたらす〔与える〕」 stressor「ストレス要因」 cognitive distance「認知的な隔たり」 be fully present「完全にここにいる」は「その瞬間に意識を集中する」というような意味。

〔第 3 段〕 immersive「没入型の」 alter「～を変える」 axis「軸」 horizontal plane「水平面」 カンマ以下 emulating the feeling of flight は付帯状況を表す分詞構文。emulate は「～をまねる」の意なので，直訳すると「飛んでいる感覚をまねて」。Although unpublished は Although it was unpublished の意で，接続詞に続く「主語＋be 動詞」が省略された形。unpublished「未発表の」 pilot study「試験的研究」 effect on ～「～への影響」 with spinal cord injuries の with ～は「（けが）を負った」の意なので，「脊髄損傷を負った」となる。improvement in ～「～における改善」 sense「～を感知する」 decrease by ～%「～%減少する」の by は「差」を表す。

〔第 4 段〕 not found in traditional meditation or mindfulness activities は other opportunities を修飾。meditation「瞑想」 mindfulness「マインドフルネス（現在において起こっている経験に注意を向けること）」 required「必須の」 goggle「ゴーグル」 that serves as a group identifier は先行詞 a unique set of required equipment を修飾する関係代名詞節。serve as ～は「～としての役割を果たす，～として役立つ」 identify は「（服装などが人・物）を～だと見分けるのに役立つ」という意味なので，この場合の group identifier は「それを見ればダイバーだとわかる印」というような意味。label of ～は「～のレッテル〔呼称〕」という意味だが，ここでは「（障害者ではなく）『ダイバー』と呼ばれること」という意味。動詞の free は「～を自由にする，解放する」という意味なので，その現在分詞 freeing は「自由にしてくれる，解き放ってくれる」という意味で，それが as ～ as …「…と同じくらい～」と組み合わされている。comfort「快適さ」 gained from diving「ダイビングから得られる」は過去分詞で social comfort を修飾。look after～「～を世話する」 ensure「確保する」 mutual「お互いの」 when diving は when they are diving の接続詞に続く「主語＋be 動詞」が省略された形。promote「～を促す」 that may not … the dive experience は関係代名詞節で，先行詞 group responsibility を修飾。outside of～「～以外には」

（第5段） be accompanied by～「～に付き添われる，～が同伴する」 webbed「(手・足の指に) 水かきのある」 efficiently「効率よく」 propel「～を推進させる」と balance「～のバランスをとる」の両方が目的語 the body につながる。upper limb「上肢」 who take medications for their mental conditions は関係代名詞節で，先行詞 Divers を修飾。medication「薬」 individualized「個人に合わせた」 antidepressant「抗うつ剤」 drowsiness「眠気」 worsen「～を悪化させる」 decompression sickness「減圧症」

（最終段） contentment「満足感」

III　解答

1．ア―(B)　イ―(E)　ウ―(F)　エ―(J)　オ―(H)

2―(B)

3―(A)

4―(C)・(E)

5．〈解答例1〉 I think cinemas will exist in the future. You can relax in large comfortable seats, watch movies on large screens, and enjoy high-quality sound effects. The fascination of the cinema experience will always attract people. (35 words)

〈解答例2〉 I don't think cinemas will exist in the future. These days, movie streaming services are becoming more popular. They offer a wide variety of movies and are much cheaper. Also, you can watch a movie anywhere and anytime. (38 words)

◆全　訳◆

≪映画をめぐる友人同士の会話≫

映画館で，マイケルは友人のルイーズと話をしている。彼らはチケットを買うために列に並んで待っている。本文を読み質問に答えなさい。

マイケル：ところで，今日見るこの映画は何ていう映画なの？

ルイーズ：*La Strada Polverosa* という映画で，英語にすると "The Dusty Road（埃っぽい道）" という意味になるわ。

マイケル：えっ，この映画は英語じゃないの？

ルイーズ：ええ，イタリア映画よ。

マイケル：字幕を読まなければならないってこと？

ルイーズ：そうよ。いやなの？

マイケル：映画は英語で見る方が好きなんだ。そのほうがストーリーの展開についていきやすいし，理解しやすいからね。それに，映像に集中できるのが好きなんだ。字幕を読まなければならないと，映像をよく見ることができないし。

ルイーズ：まあ，この映画はそんなに対話の部分がないから大丈夫。とても有名な映画よ。1967 年にロレンツォ＝ビアンキという映画監督によって作られたものなの。

マイケル：ちょっと待って，これは古い映画なの？　カラー映画なのに？

ルイーズ：いいえ，白黒よ。それがどうしたの？

マイケル：どうもしないけど，新しい映画のほうがいいなぁ。最先端の特殊効果や大爆発がある，スケールが大きくて製作費をかけたアクション映画が好きなんだ。

ルイーズ：そうね，もしそうしたければ別の映画を見てもいいけど，他の場所に行かないといけないわね。この映画館ではアート・シアター系の映画しか上映していないから。

マイケル：アート・シアター系の映画って何？

ルイーズ：アート・シアター系の映画というのは，面白いだけの映画ではなく，芸術的で実験的な映画のことよ。

マイケル：大爆発シーンのある製作費をかけたアクション映画は，アート・シアター系の映画ではないということ？

ルイーズ：ええ，絶対に違うわ。

マイケル：ちょっとエリート主義的な感じだね。

ルイーズ：そうかもしれないわね。でも，私もアート・シアター系の映画だけを見ているというわけではないのよ。アクション映画やロマンティック・コメディもたまに見るし。幅広くいろいろな映画を見ることが大事だと思うの。それは視野を広げるためにいいと思うわ。

マイケル：なぜそれほどまでにこの古い映画を見たいんだい？

ルイーズ：ものすごく大きな影響力をもっているからなの。多くの現代アーティストがインスピレーションの源だと言っているわ。映画製作者だけでなく，芸術家やファッションデザイナー，建築家もみなその文化的な重要性を認めているわ。

マイケル：見たことあるの？

ルイーズ：ええ，テレビでだけどね。私のお気に入りの映画の一つなの。今回，ようやく大きなスクリーンで見るチャンスに恵まれたのよ。

マイケル：映画館で見るのと，テレビで見るのとではそんなに違うと思う？

ルイーズ：全く違うと思う。アート・シアター系の映画でも，爆発シーンの多いアクション映画でも，大きなスクリーンで見るほうがずっとスリルがある。できれば映画はすべて映画館で見たいわね。

マイケル：君はほんとうに映画が好きなんだね。

ルイーズ：映画のことが頭から離れないような感じだわ。

マイケル：僕たちが見るこの映画はどのくらいの長さなの？

ルイーズ：3時間 45 分よ。

マイケル：うわぁ，4時間近いね！　他の映画なら同じ時間で何本か見られるよ。

ルイーズ：そう，だからこの映画はコストパフォーマンスがよいというわけよ。

マイケル：面白い見方だね。

ルイーズ：1993 年に公開されたハンガリー映画で上映時間が7時間以上のものがあると聞いたことがあるわ。

マイケル：7時間かい？　そんなに長くじっと座っていられないと思うな。

ルイーズ：何か食べ物を持っていかなければならないわ。飲み物はもちろんだけど。

マイケル：少なくとも1回はトイレ休憩も必要だ。

ルイーズ：7時間のアート・シアター系の映画よりは，ばかげたアクション映画のほうがまだいいわ。

マイケル：次回はちょっとしたアクションのあるアート・シアター系の映画があるといいかもしれない。二人の好みを両方満足させてくれる中間的なものが。

ルイーズ：アート・シアター系のアクション映画？　そんなの聞いたことないけど，ありそうな気がする。

マイケル：映画の前の予告編で何か見つかるかもしれない。

ルイーズ：そうね。映画が始まる前に準備できるよう席をとりに行きましょう。

◀解　説▶

▶1．「空所ア～オに，下記のリストから最も適切な語を補いなさい。(A)～(J)の記号を用いて答えなさい。各選択肢は一度しか使えないものとする」

ア．「字幕を読まなければならないってこと？」というマイケルの3回目の発言（You mean I'm …），「そうよ。いやなの？」というルイーズの3回目の発言（Yes. Do you mind?），「映画は英語で見る方が好きだ」というマイケルの4回目の発言の第1文（Well, I prefer …）の流れを理解する。subtitles「字幕」 mind「嫌がる」 prefer to *do*「～することを好む」 It makes it [ア] for me to follow and understand. の主語のItが指すのは直前の文の内容「映画を英語で見ること」。形式目的語を用いた構文でfor meは不定詞の意味上の主語なので，この文を直訳すると「それ（映画を英語で見ること）が，私が話についていき，理解することを [ア] にする」という意味になる。文型から判断して空所に入るのは補語となる形容詞。意味的に判断して適切な形容詞は(B) easier。

イ．ルイーズは4回目の発言（Well, this film …）で，これから見る映画（this film）について話をしている。第2文（It's very …），第3文（It was …）のItはthis filmを指す。空所の前のbe動詞was，空所に続くin 1967 by …「1967年に…により」から判断して，受動態とするために空所には過去分詞形の動詞(E) madeを補う。

ウ．空所を含む文は，「これから見る映画の長さは3時間45分だ」という旨の直前のルイーズ14回目の発言（Three hours and …）に対するマイケルの反応である。空所に(F) nearly「ほとんど～，～近い」を補い「うわぁ，４時間近いね」とする。

エ．空所を含む文は，「(４時間近くという時間は）他の映画なら何本か見られるくらいの時間だ」という旨の直前のマイケルの 15 回目の発言の第２文（I could see …）に対するルイーズの反応である。(J)value を補い，value for money「金額に見合う価値」という表現を完成する。この文は直訳すると「そう，だからこの映画に関しては金額に見合う価値を得ることになる（コストパフォーマンスがよい)」となる。この未来進行形 will be *doing* は「～することになる」の意。

オ．直前の「上映時間が７時間以上の映画もある」という旨のルイーズの 16 回目の発言（I've heard of …）に対してマイケルが「７時間かい？そんなに長く…座っていられないと思う」と応じている。空所に(H)still「動かないで」を補い sit still「じっと座っている」とする。I don't think I could … の could は「～することができた」という過去の意味ではなく，この場合は「上映時間が７時間の映画を見るということになったとしても」という仮定を含意する仮定法過去。that は「それほど」の意なので，that long は「それほど長く」という意味。

▶２．「空所［か］を補うのに最も適切な表現を選びなさい」

選択肢となっている慣用句の意味は以下の通り。

(A)appreciate what you have「自分が持っているものに感謝する」what は先行詞を含む関係代名詞で「…するもの（＝the thing which)」の意。appreciate「～をありがたく思う」

(B)broaden *one's* horizons「視野を広げる」 broaden「～を広げる」

(C)look before you leap「転ばぬ先の杖」 直訳すると「跳ぶ前に見よ（行動を起こすには，用心の上に用心を重ねて行うべきである)」という意味の慣用句。leap「跳ぶ，飛び跳ねる」

(D)make a long story short「かいつまんで話す，手短に言う」 直訳すると「長い話を短くする」となる。To make a long story short, …「手短に言えば」のように文頭に使われることが多い。

(E)take a rain check「またの機会にする」 野球の試合が雨天中止になったときに，次回の試合のチケットが配られたことから「今回は行けないけど，次の機会にする」という意味の慣用句として使われる。

　空所を含む文の直前の文（I think it's …）でルイーズは「幅広くいろ

いろな映画を見ることが大切だと思う」と言っている。これに続く文としては(B)が適切。a wide range of～「広範囲の～」

▶3.「この会話に基づき，正しくないものを一つ選びなさい」

(A)「ルイーズは*La Strada Polverosa*を初めて見る」 11回目のルイーズの発言（Yes, but only…）に「この映画をテレビでは見たことがある」とあり，それに合致しない。

(B)「ルイーズは時にはロマンティック・コメディを楽しむこともある」ルイーズの9回目の発言の第3文（Sometimes I enjoy…）に合致する。occasionally「時々」

(C)「マイケルは爆発シーンのある映画が好きである」 explosion「爆発」マイケルの6回目の発言の第2文（I love big, expensive…）に合致する。state-of-the-art「最先端の」 special effect「特殊効果」

(D)「*La Strada Polverosa*に影響を受けたファッションデザイナーもいる」 ルイーズの10回目の発言の第3文（Not only filmmakers, …）に合致する。

(E)「ルイーズとマイケルが見ようとしている映画はイタリア映画である」be about to *do*「まさに～しようとしている」 ルイーズの2回目の発言（No, it's an Italian film.）に合致する。

▶4.「次の中から，この会話に合致するものを二つ選びなさい」

(A)「ルイーズはアクション映画を見ない」 ルイーズの9回目の発言の第3文（Sometimes I enjoy…）に合致しない。

(B)「ルイーズは映画を見に行くよりテレビで映画を見るほうがよいと考えている」 go to the cinema「映画（を見）に行く」 ルイーズは12回目の発言の第2・3文（Whether you're seeing…if I could.）で「どんな映画でも，大きなスクリーンで見るほうがずっとスリルがあるので，すべて映画館で見たい」という旨のことを言っており，合致しない。whether *A* or *B*「（譲歩の副詞節を導いて）*A*であっても*B*であっても」 I'd（=I would） watch…で始まる第3文は仮定法過去。

(C)「マイケルはアート・シアター系の映画という概念に疑問を感じている」 question「～を疑問に思う〔感じる〕」 concept of～「～という概念」 arthouse film「アート・シアター系の映画」とはルイーズが7回目の発言（An arthouse film…）で説明しているような映画を指す。アート・シアター系の映画に関するやりとりは，マイケルの 7 回目の発言（What's an arthouse film?）から始まる。アート・シアター系の映画と娯楽映画は全く異なるものだという旨のルイーズの意見に対して，マイケルは 9 回目の発言で That sounds a bit elitist.「すこしエリート主義的な感じがする」と言っており，合致する。artistic「芸術的な」 experimental「実験的な」 as opposed to～「～とは対照的に」 simply「単に」 entertaining「面白い，娯楽的な」 definitely not「全く違う」 elitist「エリート主義的な」

(D)「マイケルは多くのアート・シアター系の映画を見ている」 マイケルの好きな映画は 6 回目の発言の第 2 文（I love big, …）にあるように「最先端の特殊効果や大爆発がある，スケールが大きくて製作費をかけたアクション映画」。このような映画はルイーズの 7 回目の発言（An arthouse film …）にある「面白いだけの映画ではなく，芸術的で実験的な映画」というアート・シアター系の映画の定義に当てはまらない。

(E)「マイケルは字幕を読みたくない」 prefer not to *do*「～することを望まない」「映画は英語で見る方がいい」「字幕を読まなければならないと忙しくて映像に集中できない」という旨のマイケルの 4 回目の発言（Well, I prefer …）に合致する。

▶ 5.「将来，映画館は存在すると思うか？ 30～40 語であなたの意見を説明しなさい。（書いた文章の最後に使用した語数を示しなさい）」

「意見」→「理由および（理由の）説明」という構成で書くのが基本である。

〈解答例 1〉は「将来，映画館は存在すると思う」→「ゆったりとしたシートでくつろぎ，大きなスクリーン，高品質の音響効果を楽しむことができる」→「映画館ならではの魅力は今後も人を引きつけるだろう」という構成，〈解答例 2〉は「将来，映画館は存在すると思わない」→「映画のストリーミングサービスの人気が高まっている」→「映画の種類が豊富で，映画館のチケットよりも安い」「いつでもどこでも映画を見ることができる」という構成で書かれている。

まずは構成を考え，「理由」と「（理由の）説明」が書きやすいほうの意見を選んで書くとよい。この場合「将来，映画館は存在すると思う」の立場をとる場合には，マイケルの 12 回目の発言（Do you think …）にある

seeing a movie at the cinema is very different from seeing it on TV, ルイーズの12回目の発言の第2文（Whether you're seeing…）にある it's much more thrilling to see it on the big screen などの表現も参考になる。30～40語という分量の目安は，意見（1文）+理由（1文）+説明（1・2文）である。

●語句・構文●

wait in line「列に並んで待つ」

(ルイーズの1回目の発言) カンマ以下 which means… は先行詞 *La Strada Polverosa* に説明を加える継続用法の関係代名詞節。

(マイケルの3回目の発言) be going to have to *do*「～しなければならないだろう」

(マイケルの4回目の発言) follow「(ストーリーの展開に) ついていく」 plus「そしてその上」 focus on ～「～に集中する」 visual「(映画・テレビなどの) 映像（部分)」 If I'm having to *do*「もし～しなければならないなら」

(ルイーズの4回目の発言) dialogue「(劇・映画などの) 対話（の部分)」 you should be fine. は直訳すると「あなたは大丈夫なはずだ」，つまり「大丈夫ですよ」の意。filmmaker「映画監督」

(マイケルの5回目の発言) in colour「(映画・写真などが白黒でなく) カラーの」

(ルイーズの5回目の発言) in black and white「(カラーでなく) 白黒の」

(マイケルの6回目の発言) recent「最近の」

(ルイーズの9回目の発言) not just ～「～だけではない」

(マイケルの10回目の発言) be keen on *doing*「～するのが大好きだ」 this particular「特にこの」

(ルイーズの10回目の発言) enormously「非常に」 influential「影響力の強い」 contemporary「現代の」 credit *A* as *B*「*A* を *B* だとみなす」 architect「建築家」 regard *A* as *B*「*A* を *B* とみなす」 landmark「画期的な出来事」

(ルイーズの12回目の発言) absolutely「(強い同意を表して) もちろん」

(マイケルの13回目の発言) be passionate about ～「～に夢中だ」

（ルイーズの 13 回目の発言）obsession「頭から離れないこと」
（マイケルの 16 回目の発言）a … way of looking at ～ は「～に対する…な見方」なので，That's an interesting way of looking at it. で「それは面白い見方だ」の意。
（ルイーズの 16 回目の発言）hear of ～「～のことを耳にする」 release「(映画など）を公開する」 run for ～「(映画などが）～の間上映される」
（ルイーズの 17 回目の発言）as well as ～「～はもちろん，～だけでなく」
（マイケルの 18 回目の発言）at least「少なくとも」 bathroom break「トイレ休憩」
（ルイーズの 18 回目の発言）I'd rather（I would rather）*do*「むしろ～したい」 crass「愚かな，無神経な」
（マイケルの 19 回目の発言）a bit of ～「少々の～」 in between「間にある，中間の」 taste「好み」
（マイケルの 20 回目の発言）trailer「(映画・テレビ番組の）予告編」
（ルイーズの 20 回目の発言）so（that）…「…するように」

Ⅳ **解答例**

The line and bar graphs show that the bicycle travel distance per person per year and the number of cyclists killed per billion kilometers of bicycle travel differ greatly among the nine countries. Together, the graphs reveal that the proportion of fatal cycling accidents is smaller in those countries where people travel a longer distance by bicycle. One possible reason is that countries where bicycles are used more often provide a safer environment for cyclists, such as wider cycle lanes. Another is that car drivers are more accustomed to paying attention to cyclists while driving. (95 words)

◀解　説▶

「下の図はさまざまな国における自転車の使用と安全に関する研究から得たデータを示している。折れ線グラフと棒グラフのデータ，それらを併せることでわかることを説明しなさい。さらに，この図からわかることに関して考えられる理由を少なくとも一つ説明しなさい。総語数は80～100語程度とする。(書いた文章の最後にあなたの書いた語数を示しなさい)」

まず問題を注意深く読み，指示に従って解答することが大切である。特に問題文が英語である場合は，読み違いのないように気をつけなければならない。100語以下であれば改行は行わず，一つのパラグラフにしたほうが書きやすい。一般的な「意見＋理由」型のパラグラフでは「トピックセンテンス（意見）→理由１＋サポート→理由２＋サポート（→結論文）」という構成をとるが，この問題の場合は，指示に従って「折れ線グラフと棒グラフのデータの説明」→「両者を併せることでわかること」→「考えられる理由」という構成で書くことになる。

〔解答例〕を和訳すると次のようになる。

折れ線グラフと棒グラフは，９つの国において，年間一人当たりの自転車による移動距離と自転車での移動10億キロメートルあたりの自転車事故による死亡者数に大きな差があることを示している。二つのグラフを併せると，自転車での移動距離が長い国では死亡事故の割合が低いことがわかる。考えられる理由の一つは，自転車の使用頻度が高い国では，広い自転車専用レーンなど，自転車利用者にとってより安全な環境が提供されていることだ。また別の理由に，自動車を運転する人が運転中，自転車に注意を払うことに慣れているということがあるだろう。

❖講　評

2021年度は2020年度に続き，総合読解問題が２題，会話文と英作文が各１題という構成であった。英作文は図表の読み取りに基づく自由英作文が2018～2020年度に続き出題された。なお，会話文でも意見論述の英作文が出題されている。

Ⅰは「科学技術の発展がもたらした問題」に関する社会分野の評論文。文構造が複雑であるわけではないが，論理展開がつかみにくく，語彙レベルも高めであった。特に英文和訳や内容説明などの設問に関わる箇所にも難解な語が使用されており，文脈や前後関係から未知語の意味を類推する力が試されている。

Ⅱは「スキューバダイビングが退役軍人にもたらす治療的効果」に関する研究報告書からの出題。論理展開は明快だが，専門的な内容なので難度の高い語句が少なくない。未知の語句があっても論旨や論理展開が理解できるかが，トピックセンテンスを選ぶ問題などで試されている。

Ⅲは映画をめぐる友人同士の会話が題材となった会話文総合問題。英文は読みやすく設問も素直なものである。会話文問題で定着した感のある意見論述の分量は，2020 年度は 25～40 語，そして 2021 年度は 30～40 語であった。語数の下限が多少増えてはいるが，テーマが身近なものであったので取り組みやすい。

Ⅳの英作文問題は，自転車の使用頻度と自転車事故死者数の国別比較を表した図表に基づくテーマ作文。何を書くべきかについての指示は明確でデータの読み取りもシンプルなものであったが，80～100 語という制限語数内で求められている内容を収めるために何をどの程度記述するかの判断が難しい。また，全体としてまとまりのある文章にするのには慣れが必要である。

総じて，2021 年度の出題も，専門的な内容の英語を理解するだけにとどまらず，その内容を日本語で簡潔に表現したり，また社会問題について自分の意見を英語で表現したりという，大学で学ぶ際に根幹となる語学力と思考力を求めるものである。人文・社会・自然科学にまたがり，多岐にわたる読解問題を理解するためには，英語力に加えて科目横断的な力が必要と言える。日頃の地道な学習を通じ，実際に使える英語運用力，論理的思考と幅広い教養を身につけた学生を求める出題意図が感じられる問題であった。

日本史

I 解答

A．問1．図1では火をたく炉がある。図2では大陸から新たな生活様式を伴い渡来した人々が火の管理が容易なかまどを伝え，米を甑で蒸す調理が定着した。

問2．ア．掘立柱　イ．倉庫

問3．建物の基壇を切石で覆うか，幾層も重ねた粘土を石などで枠取りして崩れを防ぎ，礎石を固定して柱を立て，瓦葺き建物の重量に耐えられるようにした。

B．問4．平城京の大極殿は天皇が出御し朝政や儀式を行う中心的建造物として使われた。遷都に伴い移築資材に使われたが，紫香楽宮遷都で移築は中断した。

問5．鑑真は正式な僧侶となる受戒のさいの，正しい戒律のあり方を伝えるために来日した。最澄は延暦寺に東大寺戒壇とは別の大乗戒壇の設立を求めた。

問6．菅原道真。漢詩や史書を編纂した官人で，遣唐使の廃止を提言した。右大臣となるが失脚，失意の死後は怨霊として恐れられ，天神として祀られた。

◀解　説▶

≪原始～古代の建造物≫

◆A．▶問1．設問の要求は，図1と図2を比較し，煮炊き用施設それぞれの具体名を挙げて，図に示された変化の背景と定着した調理法について述べることである。

まず煮炊き用施設の具体名。図1では竪穴住居内で火を扱う設備である炉が描かれる。図2では建物内の一角を土で固めてかまどが設けられる。

次に，縄文時代から古墳時代の間に起きたこの変化の背景を考えよう。縄文時代に比べ，弥生時代以降は大陸との交渉が盛んとなり，特に5世紀には人々が集団で渡来し，須恵器や鉄器などの多様な生産技術や生活文化を日本に伝えた。かまども彼らがもたらした生活様式の一部で，炉に比べ火力の調整がしやすい。

最後に調理法。かまどの出現で甑など調理用の土器が発達し，米を蒸して食べる食事法が広がったことを挙げておこう。

▶問２．設問の要求は空欄に適当な語句を入れること。アは「柱を地中に埋めて固定する」とあるので，伝統的であった「掘立柱」式の建物を想起したい。イは「高床の」という形容があるので，高床倉庫からの連想で，「倉庫」を答えよう。

▶問３．設問の要求は，図３を参照して，飛鳥時代の寺院にみる新しい建築工法について説明すること。図が２つあるが，そこから以下のことがわかる。それまでの掘立柱工法と違い，まず建物の基壇を頑丈にするため，土を何層にも突き固めたうえで，基壇全体を加工された切石で覆うか，基壇の四辺を切石か瓦状の板で仕切り，崩れを防ぐ。そこに上部が扁平な礎石を置いて固定し，その上に柱を建てる，という工法が採用されている。

◆B．▶問４．設問の要求は，史料１～３を参考に，「史料３に出てくる建造物の使われ方」について説明することである。

まず「史料３に出てくる建造物」とは平城京の大極殿である。朝廷では臣下が天皇を前に拝礼をする朝賀が行われており，元来そのための施設が大極殿であった。宮城の中心であった朝堂院の中で，大極殿は天皇臨席のもと重要な祭礼や儀礼をとり行う中心的な施設として使われていたと説明できる。

次に史料１～３を参考として「使われ方」を考えよう。大極殿は朝廷政治に不可欠の建物であったから，史料１では，平城京から恭仁宮へと急な遷都が行われたときに，大極殿移築もはかられたが間に合わず，儀式のさいに帷帳をめぐらすしかなかったとある。史料２では，翌年になっても大極殿が完成せず，寄棟造の別の施設で儀式を行ったとある。史料３では，平城京の大極殿を取り壊し，四年がかりで恭仁宮に移し終えようとするときに紫香楽への遷都が命じられ，恭仁宮の工事が中止されたとある。朝廷政治には不可欠の建物であったから，移築用資材として使用が試みられたわけであるが，遷都があいついで移築が間に合わず，ついに使われなかった，ということになる。

結局，求められる「使われ方」として２つの答え方があるだろう。まず天皇臨席のもとで行われる，朝廷に不可欠の朝政・儀式の場として使われたこと。ついで，史料１～３では移築中断までの経緯が述べられ，下線部

④でも記述されているように，移築の資材として使われたことも挙げておけばよいだろう。

▶問5．やや難。設問の要求は，鑑真来日の目的と最澄の死後認められた施設名を挙げることである。

まず鑑真の来日目的から説明しよう。奈良時代は国家仏教の全盛期といってよいが，国家の保護下で正式な僧尼の地位を得ると，僧尼には免税をはじめ官僚に準じたさまざまな特権が与えられた。しかし，その地位を得るには戒律（具足戒）を伝授される必要があり，具足戒の授（受）戒のさいには，儀式に立ち会う三師七証という正式な資格をもった戒師が列席する必要があった。当時の日本にはその戒師がそろわず，正式な受戒ができずにいた。

そこで唐から戒師を招き，正式な授（受）戒の制度を導入しようとする動きが起こった。唐の鑑真はこれに応じ，6度目の渡航で来日に成功，日本に本格的な戒律のあり方を伝えた。

戒壇は僧尼に戒律を授け正式の地位を与える場であったが，日本では東大寺，観世音寺，下野薬師寺に限られており，とりわけ東大寺の影響力は大きかった。平安時代に入り，最澄は東大寺の戒壇とは別の大乗戒による独自の戒壇を比叡山に設けようとし，朝廷に働きかけた。このため南都諸寺との間で激しい論争が展開され，最澄は『顕戒論』を著して反駁した。その大乗戒壇が認められたのは最澄の死後まもなくであった。

▶問6．やや難。設問の要求は，「政変」で失脚した人物を挙げること，その事績について知るところを述べること，そしてその人物が後世どのように扱われたか，以上の3点を述べることである。

まず人物。宇多天皇から醍醐天皇に代替わりする時期に，政界の一線にいた人物として菅原道真を挙げることができる。彼は宇多天皇に取りたてられ，894年遣唐使派遣の中止を建言し，受け入れられた。子の醍醐天皇時代に道真は右大臣となるが，藤原氏の讒言にあい失脚，大宰府で失意のうちに生涯を終えた。

次に事績。菅原道真の事績は，遣唐使廃止の建言が挙げられるが，これ以外に史書で六国史の最後『日本三代実録』の編纂，史書『類聚国史』の撰述，漢詩集『菅家文草』の著述などの事績がある。

さらに後世の扱い。菅原道真は失意のうちに大宰府で没したが，その後政権中枢にあった藤原時平をはじめとする人物が次々と病死し，道真の怨霊によるものと信じられた。道真は天満天神として祀られ，天神信仰が広まったが，彼が学問にすぐれていたことから，現在では学問の神として受験生の信仰を集めている。

II **解答** 問1．⑴征夷大将軍。長井泰重は守護として備後・備前両国を管轄し，両国内の御家人を指揮する立場にあった。

⑵同じ耕地で年に2種類の作物を収穫する二毛作が行われている。幕府は田麦を租税としてはならず，農民の収益にするよう命じている。

問2．⑴ア．熊野。熊野三山があり，特に院政期以降上皇や貴族が詣でる信仰地であった。

⑵ⓐ主題は荒野の開発。既存の溜池・耕地から離れた位置に荒野が描かれている。

ⓑ中世には神社祭礼を行う宮座を中核に惣が発展したが，戦乱が多く開発も滞った。近世には戦乱が終息，領主主導の新田開発が進み集落も発達した。

ⓒ渇水時に村々が水を争わないよう，紛争回避の証拠文書として描かれた。

◀解　説▶

≪中世～近世の農業と農村絵図≫

▶問1．⑴設問の要求は，「仰せ」を発した人物の地位を述べること，また宛名の人物長井泰重はどのような立場にある人物かを述べることである。

史料は鎌倉時代に備後・備前地方に広がっていた二毛作について，裏作の麦を所当（年貢）として徴収すべきではないという幕府の命令を通達する文書で，『新編追加』に収められている。通達しているのは武蔵守北条長時と相模守北条政村で，このとき長時が執権，政村が連署であった。幕府の要職にある二人に「仰せ（＝ご命令)」を発した目上の存在といえば将軍しかないので，征夷大将軍，または鎌倉殿と答えればよい。

次に，長井泰重の立場である。史料には，「備後，備前両国の御家人等に下知せしむべき…」という一節がある。これは長井が備後，備前両国の御家人に指図をする立場にあったことを示す。幕府の命をおびて諸国御家人を指揮する立場といえば，守護以外に思いあたるものはない。守護を答えよう。

⑵設問の要求は，史料に記された農法について，また，幕府が史料でどのようなことを命じているかについて述べることである。

まず農法については，史料１行目に述べられるとおりである。すなわち田稲を刈り取って収穫したあと，その跡に麦を蒔いて裏作をするという農法で，同じ耕地に２種類の異なる作物を育て収穫する二毛作が行われていることがわかる。

次に，幕府が何を命じているかであるが，史料では「自今以後，田麦の所当を取るべからず」として，裏作の麦から所当（年貢）をとらないように命じている。裏作の麦は「農民の依怙たるべし」，つまり農民の収益とする，というのである。

▶問２．⑴空欄［ア］は「高野とならぶ南方の著名な信仰地」とあるので，紀伊半島の南端域にある熊野を答えよう。また，この信仰地（霊場）について知るところを述べよ，とあるので，院政時代の上皇が盛んに熊野詣を繰り返した，程度は記しておきたい。

熊野三山の神社（熊野本宮大社，熊野速玉大社，熊野那智大社）は，もとは山岳修行の霊場として信仰を集めたが，のち仏教の阿弥陀信仰とも習合し，院政期には上皇や貴族の熊野詣がさかんとなった。熊野への上り下りの参詣者はひきもきらず，「蟻の熊野詣」という言葉も生まれたほどである。図Ａでは，和泉国に熊野へとつづく街道（大道）が整備されていたことがわかる。

⑵難問。設問の要求は，ⓐ中世の図Ａの主題は何か。どのように描かれているか。ⓑなぜ中世は近世とは異なる景観がみられるのか，政治的・社会的背景を述べること。ⓒ図Ｂは何のために描かれたと考えられるか。この３点について述べよ，というもの。

まずⓐ。設問文には，「図Ｂ」の主題が「用水」にあり，人々の関心事が取水にある，と説明しているからそれと比較するとよい。図Ａの主題は，絵図のタイトルにあるように「荒野」にあり，その開発が求められていたというべきだろう。描かれ方は，既存のため池・田畑・集落から離れた空白部として荒野が描かれている。

次にⓑは異なる景観がみられる理由である。図Ａでは神社が５カ所，寺院が４カ所記されるのに対し，図Ｂでは神社が２，寺院が３となり，寺社数は図Ａのほうが多い。神仏への信仰が村々に浸透し，何らかの役割を果たしていたと考えられる。また，先述の「荒野」も広がっていた。一方，図Bでは図Aよりもため池の数や規模，集落の規模がはるかに大きく，主要河川（大川）から村内へと用水が引かれていることもわかる。四百数十年の歳月は日根野村に大きな経済的発展をもたらしたといってよい。

このように異なる景観がみられる政治的・社会的背景を考えてみよう。図Aは 14 世紀初頭の鎌倉末期にあたる中世地図である。当時畿内各地では自立的・自治的な惣村が成長していた。人々は宮座を基盤に神社の祭礼や農作業を共同で行って結束を強めていたが，その結束は戦乱に対する自衛を果たすためのものでもあった。村々は荘園領主や地頭の支配を受けていたが，しばしば彼らと対立し，不当な代官・荘官の罷免，年貢の軽減を求めて一揆を結んで集団で抵抗し，実力を行使した。このため領主支配は安定せず，また中世を通じて戦乱があいついだことから，村々の成長は滞った。

図Bは江戸中期の作成で，一見して開発の進展ぶりがわかる地図である。江戸時代に入り幕藩体制が確立し，徳川氏のもとで長い平和が続いた。幕藩領主の支配下で，中世の村々のような独立性は失われ，抵抗力も削がれたが，用水・山野の管理，治安・防災などは自治的に共同で実施した。また，領主の意向で大規模な新田開発が進められ，灌漑用の用水や溜め池が広がり，耕作地と集落が村全体に拡大するようになった。

最後にⓒの設問の要求は，図Bが何のために描かれたと考えられるか，を述べることである。リード文および「用水絵図」のタイトルにあるように，絵図には「毛細血管」状に用水がはりめぐらされた様子が描かれていて，用水に沿って水田が全面的に広がっていたと考えられる。図Bは，水田を維持するための水利権を確認するための用水図として作成され，隣村との紛争を回避して用水の分配を円滑に進める証拠文書の役割を果たしたと推察できる。

Ⅲ 解答

問1．ア．定免法　イ．検見法

定免法は豊凶にかかわらず一定の年貢を取る方法。検見法は毎年の作柄を調べ豊凶に応じて年貢を取る方法。

問2．5％

問3．新田開発により年貢増収をはかる。商品作物や特産品の生産を奨励し藩の専売品とし，貨幣収入を得る。教育により，改革を担う人材を育成する。

問4．寛永飢饉により百姓の農業経営が破綻し，藩財政が困窮した。藩は百姓から年貢諸役を得るため，百姓の経営を保障し没落を防いで共存をはかった。

◀解　説▶

≪藩財政と百姓一揆≫

▶問1．設問の要求は，二つの空欄 ア ， イ にあてはまる用語を入れること，また年貢徴収法の違いを述べることである。

まず空欄から。年貢徴収法として受験生が想起できるのが，検見法と定免法だろう。享保の改革ではそれまでの検見法を改めて定免法を取り入れた，と教科書では説明する。二つの手法の違いは，検見法が毎年の収穫に応じて年貢率を決める方法で，定免法は一定期間同じ年貢率を続ける方法である。

リード文にある史料（現代語訳）では，空欄 ア の説明として，「これまで一定額に決められてきた年貢」とあるので， ア が定免法， イ が検見法と答えたい。受験生が教科書の享保の改革で学んだ「検見法から定免法へ」という順序とは逆だが，刈谷藩の村々では1738年には定免法が採用されていたことになる。

定免法は年貢率が一定のため，凶作時には農民の困窮が深まるが，豊作時には余剰を得られる利点がある。一方，検見法になると，豊凶にあわせた年貢額になるが，毎年収穫時の役人による検見が終了するまで，「鎌止め」といって，農民は収穫や裏作物の植えつけなどの農作業が禁止された。そうしたデメリットを嫌って，史料の農民は検見法に反対しているものと考えられる。

▶問2．刈谷藩の石高は23000石で年貢率は5公5民なので，藩の年貢額は23000石×0.5＝11500石（①）。科料は1500俵で，一俵が0.4石だから，1500俵×0.4＝600石（②）。したがって，②÷①×100＝5.2…で，5%が正解。

▶問3．設問の要求は，あなたが刈谷藩主なら，どうやって財政再建を図るか述べよというもの。幕府や諸藩の採用した諸政策を参考にしながらという条件がつく。

享保改革では年貢増徴政策のほかに，新田開発の奨励，商品作物生産の奨励，米価の安定策，漢訳洋書輸入の禁の緩和策などがおこなわれ，田沼政治では長崎貿易の奨励，特産物の専売制導入，株仲間公認による営業税収入確保などがおこなわれた。

諸藩においても財政危機は似た状況にあった。上杉治憲（米沢藩）らも，財政再建策として米沢織など特産品生産を奨励して藩の専売制を強化し，藩校を設置して人材養成に力を注いだ。

19 世紀の天保期に入り，西南諸藩で実施された改革もある。薩摩藩がおこなった強引な藩債整理や中国商品の密貿易，長州藩の越荷方による金融事業（港を利用する廻船相手の金融）などがある。

ここでは，リード文の時代に即して 18 世紀の諸藩の財政再建に絞り，特産物の生産奨励と専売制の導入，新田開発，財政危機を克服するための人材の育成などを挙げればよいだろう。

▶問 4．やや難。設問の要求は，「17 世紀半ばの危機的状況を克服するなかで定着した」考え方はどのようなものか，17 世紀半ばの危機的状況を具体的に示しながら説明することである。

まず 17 世紀半ばの危機的状況について。ここでは寛永の飢饉（1641～42 年）を挙げよう。寛永の飢饉は全国的に広がった江戸初期の飢饉で，甚大な影響をもたらしたとされる。

飢饉の結果，百姓経営が多く破綻し，田畑を手放し没落する百姓があいついだ。それは幕府や諸藩の財政を直撃し，年貢・諸役による収入が激減した。このため幕府や諸藩は，百姓に対し年貢以外に軍役・城普請役などの重負担を強いてきた農政からの転換を余儀なくされた。

幕府は田畑永代売買禁止令や分地制限令を発して百姓の農業経営が破綻するのを防止しようとした。農業経営が安定すれば，幕府・諸藩の年貢収入や諸役の確保も安定する。こうして，幕府・諸藩は法令や触書により本百姓経営を安定させる，百姓はこれに応じて年貢などを納入する，という互恵的な共存関係がのぞましい，という考え方が定着していったと考えられる。

Ⅳ 解答

A．問 1．安政の五カ国条約により横浜や神戸は開港地となり，外国船が来航し，貿易品がもたらされた。外国人居留地もあり，西洋の生活様式が紹介された。

問2．野蛮。政府が西洋文明を生活文化まで含めて摂取しようとしたため文明開化の風潮が生まれ，県は長く定着していた庶民の年中行事を野蛮として排除した。

問3．農村では旧暦を基準として季節を分ける時期が示され，旧暦を用いることは農業に適していた。

B．問4．『長崎の鐘』が出版され原爆の被害状況が明らかになると，米軍への反発が強まって占領政策が危うくなるので，GHQは出版許可を下さなかった。

問5．中曽根康弘。行財政改革の一環として三公社の民営化を推進し，1985年には電電公社・専売公社，1987年には国鉄の分割民営化をすすめた。

問6．未曾有の聖戦に勝利する戦時体制を確立するため，健全な体育・文化活動をすすめて人的資源を確保し，戦いに動員して戦意高揚をはかろうとした。

◀解　説▶

≪近現代の生活・文化≫

◆A．▶問1．設問の要求は，横浜，神戸などの都市が文明開化の窓口となった理由について説明せよ，というもの。

神戸や横浜は安政の五カ国条約により開港地に指定され，開港ののちには外国の貿易船が来港した。貿易品の取引が盛んで，外国人居留地も設けられ，文明開化の風潮がもっとも直接的に伝来する都市であり，文明開化の窓口の役割を果たしたわけである。

▶問2．設問の要求は，二つの史料を読んで，「ねぶた」や「虫追い」を当時の青森県がどうみなしていたか，二つの史料に共通する語句を抜き出すこと。さらに，定着していた年中行事がなぜこの時期に禁止されたのかを説明することである。

まず「共通する語句」から。明治六年の史料には本文2行目，明治七年の史料には本文3行目に，「野蛮」という語句がある。

次に，ねぶたや虫追いといった伝統的な年中行事がなぜ禁止されたか。その理由も「野蛮」の事例として記されている箇所から読み解けばよい。すなわち，ねぶたにおいては治安を乱す，虫追いは迷惑行為である。そうした野蛮な行為は文明開化の時代に逆行するものであるから禁止するというのである。

▶問 3．設問の要求は，農村部が旧暦を使用し続けた理由について，考えられることを述べよ，というもの。

史料にあるように，「旧暦に依らざれば播種から収穫まで見当がつかない」がヒントとなる。農村においては，毎年の農作業を計画的に進めるために最適なタイミングが得られることから，旧暦を基準としていた。

◆B．▶問 4．設問の要求は，GHQ の占領政策をふまえて，GHQ が『長崎の鐘』の出版を許可しなかった理由を述べることである。

第二次世界大戦後，日本はポツダム宣言に基づき，連合国軍の占領下に置かれたが，報道の自由はプレス・コードで制限され，検閲によって占領軍への批判は禁止された。

『長崎の鐘』は長崎医科大の医師永井隆の被爆体験と被爆者救護活動の記録で，彼の妻もこのとき亡くなっている。1946 年には書き上げられていたが，凄惨な被爆体験や被災記録を出版して公開すれば，原爆を投下しかつ占領政策を進める米軍への反発につながり，占領統治を危うくさせることが懸念されるため，出版の許可が下りなかった。

結局『長崎の鐘』は，GHQ 側から日本軍によるフィリピン・マニラ大虐殺の記録である『マニラの悲劇』をあわせ出版することを条件に，1949 年に出版され，空前のベストセラーとなった。

▶問 5．設問の要求は，四コマ漫画を参考に，総理大臣名とその政策を説明することである。

漫画のうち左は，日本電信電話公社が民営化されて NTT となり，株式が上場されて非常な高値で取引される様子，中央は日本国有鉄道が分割・民営化され JR グループになった様子，右は日本専売公社の民営化（→日本たばこ産業）と電電公社の民営化を扱ったものである。

1980 年代は，国家による経済への介入を極力回避し，できるだけ市場の自由な調節に委ねようとする新自由主義が西側諸国の風潮となり，アメリカのレーガン政権，イギリスのサッチャー政権がこの政策を主導した。日本でも 1982 年に中曽根康弘が総理大臣となり，英米と歩調をあわせる政策を推進し，1985 年から 87 年にかけて公共企業体の民営化を進め，大型間接税の導入をはかった。

▶問 6．難問。設問の要求は，文化・スポーツが「戦時体制にいかなる形で適応させられていったのか」を説明することであり，「史料に即して」という条件がつく。

まずは史料を読んで，文化・スポーツに関連する記述をたどり，その要旨をとらえておきたい。1940 年当時といえば，日中戦争が長期化し，欧州に始まる第二次世界大戦も本格化していた。日中戦争勃発後，1937 年 8 月より国民精神総動員運動が始まり，「挙国一致」「尽忠報国」など戦意高揚をはかるスローガンが謳われた。1938 年には国家総動員法が施行され，39 年には国民徴用令が出され，国民の戦争への根こそぎ動員体制が築かれつつあった。戦争に勝利するための国民動員体制を地方においても拡充すべく，人的資源を確保する運動も盛んとなった。心身を鍛える体育と健全で教養を高める文化を勧奨し，その一方で戦争に批判的な言動を排除し，戦争に協力する人材の動員体制を構築しようとしたのである。

❖講　評

2021 年度の論述問題は 20 問で，2020 年度から 2 問増えたが，論述解答の合計行数は 36 行（1 行＝約 14 cm）と，こちらは 2020 年度より 5 行分減少しており，分量的な増減はほとんどない。2021 年度は 2 行程度の解答が中心で，16 問となった。かつてみられた 3 行程度，4 行程度の解答はなくなった。語句のみの記述解答は 1 問（解答個数 2），人物名とその事績を記述する解答（菅原道真，中曽根康弘）が 2 問，石高に基づく計算問題が 1 問出題された。全体的には論述解答に重点を置く傾向が続いている。解答量が多く，時間内で過不足なく解答欄に記述しなければならないという課題は変わらない。

難易度については，語句解答も論述解答中に含めつつ答える方式がとられているため，文章表現が問われており，2020 年度並みかやや難化傾向にあるといってよい。

史料の要約や，史料をもとに答える問いも出題されている。出題史料の数は現代文意訳を含めて 9 個であった。読解の難易度については，現代語訳の史料や問題文で解説をともなう史料が多く，受験生は取り組みやすかったのではないか。

全体的に，2021 年度の解答量は 2020 年度並みで，語句や人物名の単答方式も含みつつ，より論述方式へと特化する傾向が続く。文章力・論述力をつけることが，名古屋大受験生にはクリアすべき課題となる。

視覚資料は建物基礎部の遺構図が4点，農村の絵図が2点，4コマ漫画が3点と，2021 年度は出題が豊富で，2020 年度の1点から飛躍的に増えた。

大問数は，2019 年度の大問3題を除き，4題が続いている。時代別では縄文時代を含む原始・古代から戦後の中曽根康弘内閣までの出題となった。過去問をさかのぼっても，ほぼ全時代・分野からまんべんなく出題されている。

Ⅰ　原始〜古代の建造物に関する出題。Aでは原始・古代の建物遺構が図版により問われ，Bでは古代の建造物と僧・学者に関連した問いが出題された。問1〜問3は教科書などの記述をもとに答えよう。問4「建造物の使われ方」は，建造物の政治的な用途を答えるのか，移築資材としての用途を含めた答案にすべきか迷うだろうが，まずは政治的用途を書き込もう。問5・問6もやや難問ではあるが，教科書の記載に応じた解答を考えたい。

Ⅱ　中世〜近世の農業と農村絵図に関する出題。中世の農業と農村を主題とする問題であった。問1⑵は集約農業の事例である二毛作を史料で扱う。史料は高校教科書では紹介されない場合があるが，副教材などではおなじみの頻出史料の一つ。今回は読解も試される。問2⑵は同じ村を中世と近世の絵図で示してその景観の違いを問う。難問といってよく，まずリード文を丁寧に読み返し，絵図の読み取り方を理解し確認したうえで，図Aと図Bの景観から気づいた特徴を可能な限り挙げていくことから始めよう。

Ⅲ　江戸時代における藩財政と百姓一揆に関する出題。問1は空欄前後の文脈を注意深くたどって記入する語句を決めよう。問2は簡単な計算問題なので，あせらずに解いて正解を導きたい。問3は特産物生産と専売制を中心に論述するとよい。問4は「考え方」を説明するやや難問に属する問題。「17 世紀半ばの危機的状況」が答えられれば正解に近づく。

Ⅳ　近現代の生活・文化に関する出題。Aは明治時代初期の文明開化の風潮に関して，Bは戦中戦後の出版文化に関しての問題。問2は文明開化の「文明」と「野蛮」という対義語に気がつけば解きやすい。問３はリード文内史料の「旧暦に依らざれば…見当がつかない」がヒント。問６は難問。「史料に即して」の指示があるので，戦時動員体制の歴史を想起し史料内の語句を拾いつつ説明すること。

世界史

I 解答

問1．a)アケメネス朝〔アカイメネス朝〕　b)駅伝制
問2．マニ教
問3．アラビア語
問4．ウマイヤ朝では改宗した異民族は異教徒と同じくジズヤとハラージュを課せられたが，アッバース朝ではすべてのムスリムはジズヤを免除され，民族による差別は廃止された。
問5．トマス＝アクィナス
問6．a)バグダード　b)マリ王国
問7．ウ)　問8．ハイチ〔ハイチ共和国〕
問9．a)リベリア〔リベリア共和国〕
b)エチオピアは古代から続いてきた帝国であるのに対し，リベリアはアメリカ合衆国が解放奴隷を送り込んで19世紀に独立させた共和国である。
問10．a)アフリカで多くの独立国が誕生した。　b)マンデラ

◀解　説▶

≪シバの女王関連史≫

▶問1．a)アケメネス朝のカンビュセス2世が前525年にエジプトを滅ぼして，全オリエントを統一した。
b)アケメネス朝はアッシリア王国から属州制や駅伝制を継承した。アケメネス朝のダレイオス1世は，都のスサと小アジアのサルデスを結ぶ「王の道」をはじめとする道路網を設け，駅伝制を整備した。
▶問2．マニ教は3世紀前半のササン朝でマニが創始した宗教で，ゾロアスター教にキリスト教・仏教の要素を融合して成立した。マニはシャープール1世に保護されたが，王の死後，処刑されている。ゾロアスター教を国教とするササン朝でマニ教は弾圧されたが，西方では北アフリカや南フランスに伝播し，キリスト教のカタリ派などの異端を生んだ。また，教父アウグスティヌスが一時その信者になったことは有名である。
▶問3．『コーラン（クルアーン）』はアラビア語で書かれており，それは神アッラーの言葉とされ，他の言語に翻訳することは禁止された。そのた

めイスラーム教の拡大にともない，イスラーム世界の共通語として広まった。

▶問 4．アッバース朝はウマイヤ朝の支配に不満をもつシーア派や異民族ムスリム（マワーリー）の支持を得て，ウマイヤ朝を倒した。地租（ハラージュ）についても，ウマイヤ朝ではアラブ人は免除されていたが，アッバース朝ではアラブ人であっても土地を持っていれば課せられるようになった。

▶問 5．「パリ大学教授で神学を体系化した」からトマス＝アクィナスと判断したい。彼はスコラ学者として，その著書『神学大全』で中世キリスト教神学を体系化した。

▶問 6．ａ)「8 世紀後半から 9 世紀」は，イスラーム世界でアッバース朝（750〜1258 年）が栄えていた時代で，都のバグダードが正解。

ｂ)マリ王国（1240〜1473 年）はニジェール川上流にあった黒人のイスラーム国家。サハラ縦断交易で繁栄し，交易の中心となったトンブクトゥは「黄金の都」と呼ばれた。

▶問 7．ア)誤文。ペスト（黒死病）の大流行は 14 世紀中頃である。

イ)誤文。11〜12 世紀のヨーロッパでは，三圃制の普及により農業生産が増大している。

▶問 8．ハイチは西インド諸島のエスパニョーラ島の西部。コロンブスの上陸以後スペイン領であったが，17 世紀末にフランス領となりサン＝ドマングと呼ばれた。1791 年に黒人奴隷の反乱が勃発，トゥサン＝ルヴェルチュールの指導によってフランス軍を撃退し，1804 年に黒人最初の共和国として独立した。なお，トゥサン＝ルヴェルチュールは，フランス軍に捕らえられて独立直前に獄死している。

▶問 9．エチオピアが古代から長く続いてきた国家であるのに対し，リベリアが 19 世紀に建国された国であることを指摘したい。エチオピアでは紀元前後頃にアクスム王国が成立した。また，13 世紀に成立したエチオピア帝国は複数の王朝を経て 1974 年まで続いている。これに対し，リベリアはアメリカ植民協会が 1822 年から解放奴隷の送り込みを開始し，1847 年に独立した新しい国家である。

▶問 10．ａ)アメリカの公民権法成立は 1964 年。これを成立させた公民権運動は，1960 年に 17 の独立国が誕生した「アフリカの年」に代表されるように，アフリカで多くの国が独立を達成したことを背景としている。

ｂ)マンデラは反アパルトヘイトの団体であるアフリカ民族会議（ANC）の

指導者。1991年にデクラーク大統領がアパルトヘイト諸法を撤廃し，1994年の選挙でANCが第一党となり，マンデラが黒人初の大統領に就任した。

II 解答

問1．(1)人名：康有為　運動名：戊戌の変法

(2)義和団事件の敗北後，清朝は科挙の廃止，憲法大綱発表と国会開設公約など，近代国家建設に向けての改革に着手した。一方，海外では華僑・留学生を中心に漢人による清朝打倒をめざす革命運動が盛んになった。興中会を指導する孫文は東京で革命諸団体を結集した中国同盟会を組織し，三民主義による革命を目指した。

問2．ランケ　問3．帝王の事跡

問4．言語・文化を共有し国民意識をもった平等な市民が国家を構成するという理念。

問5．書名：漢書　人名：班固

問6．書名：資治通鑑　人名：司馬光　スタイル：編年体

問7．(1)九品中正　(2)地名：香港〔香港島〕　人名：鄧小平

問8．紀伝体で帝王など権力者の興亡や盛衰の事実をただ羅列したり王朝で区分する歴史ではなく，人類社会全体の動きや進歩，国民のすべての経歴を原因と結果との関係で説明する。

◀解　説▶

≪梁啓超の歴史観≫

▶問1．(1)康有為は公羊学派の儒学者。光緒帝に上書を繰り返し，1898年に戊戌の変法を断行した。戊戌の変法は日本の明治維新を模範として，立憲君主制の樹立を目指す政治改革であったが，西太后ら保守派のクーデター（戊戌の政変）で失敗に終わった。

(2)指定語句から，義和団事件後の光緒新政の中で行われた科挙の廃止に代表される清の改革を述べ，これに対する清朝の打倒を目指す革命運動として孫文による中国同盟会が結成された流れをまとめればよい。康有為・梁啓超らはあくまでも清朝の改革による立憲君主制の樹立を目指しており，孫文らの革命派とは対立した。

▶問2．ランケは19世紀に活躍したドイツの歴史学者。厳密な史料批判と史実の客観的叙述を主張し，近代歴史学を確立した。

▶問3．「本紀」は帝王の年代記でその事跡が扱われ，「列伝」は帝王以外

の人物史が扱われている。

▶問４．やや難。主権国家との混同に注意。主権国家は一定の領土と国民を支配し，他国の干渉，支配を受けることのない，独立した国家のこと。その中で，言語・文化・人種・宗教などを共有する国民意識が形成され，国民主権が確立した段階を「国民国家」といい，18 世紀のヨーロッパに始まり，19 世紀以降ヨーロッパ以外へも広まっていった。

▶問５．『漢書』は高祖から王莽の滅亡までを記述した前漢の正史。著者は班固で，西域都護として活躍した班超の兄である。班固が獄死した後，妹の班昭が『漢書』を完成させた。

▶問６．『資治通鑑』は皇帝の治政の参考となるよう司馬光が著した，戦国時代開始（前 403 年）から五代末までの通史で，正史には数えない。司馬光は正史の形式である紀伝体ではなく，『春秋』に倣ってあえて編年体の形式をとった。

▶問７．⑴九品中正は漢代の郷挙里選に代わる官吏登用制度で，魏の文帝（曹丕）が制定した。有徳で有能な人材を登用するのが目的であったが，次第に有力な豪族の子弟が選ばれるようになり，「上品に寒門なく，下品に勢族なし」といわれた。隋の文帝（楊堅）がこれを廃止し，学科試験である科挙による官吏登用制度を開始した。

⑵イギリスはアヘン戦争の講和条約である南京条約で香港島を獲得，1860 年の北京条約で九竜半島の南端部，さらに 1898 年に半島の残り全域とその周辺の島嶼部（新界）を 99 年間租借し，香港全域がイギリスの支配下に入った。鄧小平とサッチャー首相との交渉により，1984 年に香港返還協定が結ばれ，1997 年 7 月 1 日に香港は中国に返還された。

▶問８．難問。第一節と第八節で述べられている中国のこれまでの歴史と中国に存在しなかった新しい歴史についての言及を以下に整理した。

　中国の伝統的な歴史は，紀伝体で権力者の興亡や盛衰の事実を記述し，時代区分に王朝を使用していたことを読み取りたい。これに対し，梁啓超は「近代の史家」は人類全体の動きや進歩，国民すべての経歴を原因と結果という関係で説明すると述べている。

第一節　史の定義

◎中国のこれまでの歴史：

「かつての史家は人類社会における一握りの権力者の興亡や盛衰の事実を

記述したにすぎず，名目は史であっても，実態はある個人，ある一族の家譜にすぎなかった」

◎中国に存在しなかった新しい歴史：

「近代の史家はその事実と原因・結果との関係を説明しなければならない」

「近代の史家は人類社会全体の動きや進歩，つまりは国民すべての経歴とそのなかでの互いのかかわりについて探らなければならないのである」

第八節　時代の区分

◎中国のこれまでの歴史：

「時代を区分するのに「周紀」「秦紀」「漢紀」といった名称を使っている。これは中国の先人の意識では，君主だけを見て，国民がいることを見なかったためである」

◎中国に存在しなかった新しい歴史：

「歴史というものに中断はない。…原因と結果のつながりがある」

III 解答

問１．A－３　B－１　C－５　D－２　E－４

問２．①－E　②－D　③－C　④－B

問３．ミケランジェロ

問４．啓蒙主義に影響を受けた絶対君主が主体となって上からの近代化と富国強兵を目指した体制。市民層の成長が遅れた東欧地域で発達し，農奴の負担の軽減や宗教寛容策などが行われた。

問５．ウィリアム３世，メアリ２世

問６．ユグノー戦争中に起きた旧教徒によるカルヴァン派新教徒虐殺事件。シャルル９世の摂政カトリーヌ＝ド＝メディシスが主導したとされ，以後新旧両教徒の対立が激化した。

問７．第１次囲い込み〔第１次エンクロージャー〕

◀解　説▶

≪16～18 世紀のヨーロッパ史≫

▶問１．手がかりの明確なものから考えていこう。Bは「君主は，国家第一の下僕」から１の「フリードリヒ２世の政治遺訓」だと判断できる。Dは「わが弟である王」と呼んでいるシャルル９世はカトリーヌ＝ド＝メディシスの子だから，２のフェリペ２世の書簡だと判断できる。ちなみに，フェリペ２世の王妃エリザベートはシャルル９世の姉である。Eは「羊は，…人間までも食らうようになった」という表現で，４のトマス＝モアの『ユートピア』の一節だと判断できる。残ったＡとＣは文章の内容から，Ａが３のエラスムスの『愚神礼賛』，Ｃが５のジョン＝ロックの『統治二論』の一節であると判断できる。

▶問２．Ａのエラスムスとトマス＝モアはルネサンス期の人物なので，①にはＥが入る。残りの３つはイギリス国王を基準にして考えるとわかりやすい。Ｂのフリードリヒ２世が戦った七年戦争の頃のイギリス国王はハノーヴァー朝の国王（ジョージ２世とジョージ３世），Ｄのフェリペ２世の頃のイギリス国王はテューダー朝のエリザベス１世，Ｃのロックの頃のイギリス国王は問５の問題にもなっているが，ステュアート朝のウィリアム３世とメアリ２世。したがって，②がＤ，③がＣ，④がＢとなる。

▶問３．ミケランジェロは教皇パウルス３世の命で，システィナ礼拝堂の祭壇画として「最後の審判」も描いている。

▶問４．啓蒙専制主義について，成立の背景や具体的な政策などに言及したい。啓蒙専制君主としては，プロイセンのフリードリヒ２世，オーストリアのヨーゼフ２世，ロシアのエカチェリーナ２世などが挙げられる。

▶問５．メアリ２世は名誉革命で倒されたジェームズ２世の娘。夫のオランダ総督オラニエ公ウィレム３世もイギリス国王ウィリアム３世として即位し共同統治者となった。

▶問６．サンバルテルミの虐殺はユグノー戦争中の 1572 年に起きた。新旧両教徒の宥和を目的に，ユグノーの首領であるブルボン家のアンリ（後のアンリ４世）とシャルル９世の妹が結婚したが，祝賀に集まったユグノーをカトリック教徒が多数虐殺した。これによりユグノー戦争は一層激しさを増した。

▶問７．第１次囲い込みは，16 世紀に最盛期を迎え，毛織物市場拡大のための牧羊を目的に非合法的な手段で行われた。農民たちは暴力的に土地を追われ，トマス＝モアは「羊が人間を食らう」という表現でこれを批判した。

Ⅳ　解答　ゴルバチョフの進めたソ連邦のペレストロイカは社会主義諸国に大きな影響を与えた。1989 年ポーランドで自主管理労組「連帯」が非共産党政権を成立させ，ハンガリー・チェコスロヴァキアでも共産党政権が崩壊した。ルーマニアではチャウシェスクが処刑され，反体制運動が勝利した。ドイツではベルリンの壁が開放され翌年ドイツ統一が実現した。ソ連邦でも複数政党制が導入され，1991年には共産党が解散，ロシア連邦を中心に独立国家共同体が結成されてソ連邦は消滅した。ユーゴスラヴィアでは内戦が勃発し国家の解体が進行した。一方，中国では改革開放政策により経済自由化が進んだが，共産党一党独裁が続いた。これに対する反発から1989年学生・市民が民主化を要求して天安門広場に集まったが，政府はこれを武力鎮圧し，共産党一党独裁が維持された。(350字以内)

◀解　説▶

≪社会主義諸国における国家体制の変化≫

●設問の要求

〔主題〕社会主義諸国における国家体制の変化

●論述の方向性

問題文の「1980年代」「その後」，指定語句の「ベルリンの壁」「『連帯』」「ソ連邦」「チャウシェスク」から，東欧革命とソ連邦の国家体制の変化について説明することが求められている。また，指定語句に「天安門広場」があるので，中国について，改革開放政策が採用されたが，天安門事件によって民主化は弾圧され，共産党一党独裁体制が維持されたことに言及することが必要である。

ソ連邦では，1986年からゴルバチョフによるペレストロイカ・グラスノスチが開始され，これが社会主義諸国の国家体制を変化させる出発点となった。1988年には新ベオグラード宣言によって東欧社会主義諸国に対する制限主権論を否定し，翌年の東欧革命の背景となった。

東欧社会主義諸国では「自由化」「民主化」の声が高まる中で，各国で自由選挙と複数政党制が導入され，共産党一党独裁体制が崩壊した。ルーマニアではチャウシェスク夫妻が処刑された。また，ソ連邦も1991年の保守派のクーデターの後，ソ連共産党が解散し，同年末，独立国家共同体(CIS)が成立したことで，ソ連邦は消滅することになった。

一方，中国では改革開放政策によって社会主義市場経済が採用されたが，官僚の腐敗や沿岸部と内陸部の経済格差など多くの問題が生じたことから共産党一党独裁体制への不満が高まった。1989年，前総書記であった胡耀邦の死去を契機として，民主化を要求する学生・市民が天安門広場で座り込み運動を行ったが，人民解放軍によって徹底的に弾圧され（天安門事件），その後も中国では共産党一党独裁体制が続いている。

❖講　評

Ⅰ　シバの女王をテーマにした大問。古代オリエント，キリスト教，イスラーム教，アフリカに伝わるシバの女王伝説に関連して，古代から現代まで幅広く問われている。論述問題も含め，おおむね教科書レベルの知識で対応できる。

Ⅱ　梁啓超の考える歴史の定義と時代区分を述べた史料を使った大問。中国の歴史書・近代歴史学・梁啓超の生きた清朝末期の政治状況などを中心に問われている。記述問題は基本的事項ばかりで平易。問 1⑵の論述問題は指定語句が 5 つ与えられており，それに沿って文章を構成していけばよいので書きやすいが，問 4 の「国民国家」は，概念の説明でやや難。問 8 は 2020 年度〔 2 〕問 5 と同じく，史料を読み解いてまとめる国語力が問われており，差がつきやすい難問。

Ⅲ　16～18 世紀のヨーロッパ史についての大問。フリードリヒ 2 世の政治遺訓，フェリペ 2 世の書簡，エラスムスの『愚神礼賛』，トマス=モアの『ユートピア』，ジョン=ロックの『統治二論』の 5 つの史料が使われている。問 2 の配列問題も含めて，すべて教科書レベルの基本的知識ばかりなので，ここは確実に得点しておきたい。

Ⅳ　例年通り 350 字（2018 年度は 400 字）の論述問題であった。2019 年度は視覚資料，2020 年度は史料を使った難しい問題であったが，2021 年度は東欧革命とソ連邦の消滅，天安門事件についての政治情勢に関する説明で，比較的論述しやすい問題であった。

2021 年度は 2020 年度と比べ，短文論述の問題の分量に変化はなく，論述しやすいものがほとんどであった。また，Ⅳの長文論述の問題も 2020 年度に比べて論述しやすい問題で，全体的に易化した。しかし，全体的にハイレベルな問題であることに変わりはなく，時間的余裕はほとんどないといえる。

地理

I 解答

問１．⑴プトレマイオス　⑵TOマップ

⑶名：メルカトル

図法の短所：高緯度ほど距離と面積が拡大して表され，北極点と南極点が描けない。

⑷航路の名：等角

大圏航路の説明：大圏航路は地表上の２点間の最短経路をいう。大円の一部となるので，メルカトル図法では曲線で表される。

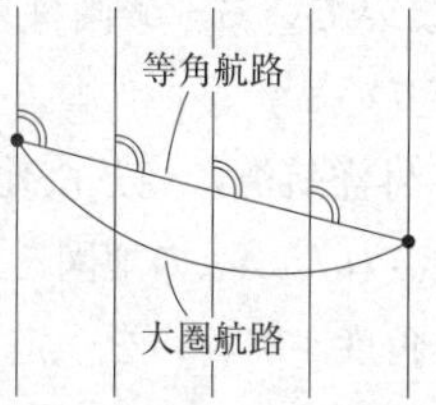

問２．⑴地上から遠く離れた航空機や人工衛星などを用いて，地表から反射，放射される電磁波や電波を受信し，地表や大気などの地球の現象を観測する技術。

⑵気象衛星ひまわりは，地球の自転と同じ速度で地球の赤道上空を回っているため，常時，日本周辺の気象状況を観察，撮影できる。

⑶エルニーニョ現象は，貿易風が弱まることで，太平洋東部の赤道付近の海域で海面の水温が平常時より高温になる状態が長期間続く現象をいう。東南アジアの一部地域では平時より海水温が低くなり，雲が発生しないため降水量が減少して，干ばつや森林火災が起こりやすくなる。

⑷このしくみ：GNSS　アメリカ合衆国のもの：GPS

問３．⑴都心部の気温が周辺地域より島状に高くなる現象。

⑵都市化により，都心部は人口が集中し経済活動が活発になり，自動車の排ガスや建物や家屋の冷暖房施設などからの人工熱が大量に排出される。また，アスファルト舗装の道路やコンクリート建築物など，熱を蓄えやすい人工構造物が多く，気温を緩和させる緑地が少ない。加えて，建造物の

密度が高く，風が通りにくいことも挙げられる。

◀解　説▶

≪地図と地理情報≫

▶問1．(1)経緯線を用いて世界地図を描いた古代の学者は，2世紀頃に活躍したプトレマイオスである。古代ギリシアではすでに地球球体説も生まれ，それを受け継いだプトレマイオスは球面を平面に投影する方法を考え，経緯線を用いた円錐図法で世界地図を描いた。

(2)ヨーロッパの中世に権威を強めたキリスト教の世界観が反映された絵地図は，TOマップと呼ばれる。地球球体説は否定され，陸地は円盤状に描かれた。内海の地中海とドン川，ナイル川を表すTの文字で陸地がアジア，ヨーロッパ，アフリカに3分割され，オケアノスと呼ばれる大海を表すOの文字が陸地を取りまいている。楽園は東にあると信じられたことから，東を上にして描かれている。

(3)C：大航海時代になり，外洋航海に適した地図として1569年にメルカトルによる世界地図が考案された。この地図を用いて，出発地と目的地を結んだ直線と経線が交わる角度（舵角）を一定に保って羅針盤を見ながら船を進めると，目的地に到達できる。

図法の短所：球体の地球を平面の地図に表す場合，どの図法を用いても面積，角度，方位など，すべてを一度に正しく表すことはできない。メルカトル図法は，角度が正しく表されるように作られた正角図法であり，赤道上では距離，方位も正しく表される。そこで，短所としては赤道から離れ，高緯度になるほど顕著に表れるひずみを説明するとよいだろう。

(4)D：メルカトル図法の地図上で2地点間を結ぶ直線は，南北を示す経線に対して一定の角度で交わるため，等角航路と呼ばれる。

大圏航路の説明：大圏航路は，地表上の2地点間の最短経路をいう。教科書などのメルカトル図法の説明の中で，等角航路と比べて大圏航路が大回りに描かれる図がよく示されている。等角航路との違いがわかるように描くためには，同じように等角航路が描きやすいメルカトル図法を想定して両方の航路を示すとよい。ただ，南半球の任意の2地点間を描くように指示されている点に注意しよう。大圏航路は地球の中心を通る大円の一部となるため，北半球では2点を結んだ等角航路の北側に円弧状に描かれるが，南半球では逆に南側に円弧状に描かれる。

▶問２．⑴リモートセンシングは遠隔探査と呼ばれ，文字通り地上から遠く離れた遠隔地から地球のさまざまな現象を探査する技術であることを押さえたい。具体的には，航空機や人工衛星に搭載された観測センサーによって，地表の対象物から反射，放射される電磁波を収集し，植生，土地利用，地表の温度，大気の動きなど，さまざまな現象を観測している。地上からの観測が困難な場合でも探査可能で，一度に広範囲の情報を収集できる利点がある。得られた情報は加工され，幅広い用途に利用されている。

⑵「ひまわり」は日本の静止気象衛星の愛称であり，雲の様子や地表や海面の温度などの気象状況を宇宙から観測して，日本国内だけでなく世界に情報を提供している。その長所は，「ひまわり」についての知識がないと難しいが，刻々と変化する気象情報を，常時継続的に伝えるためにはどのような機能が必要かを想起できるとよい。

⑶エルニーニョ現象については，発生する海域と，海水温の上昇という平時と異なる点については確実に述べたい。東南アジアの一部地域における気象に関連した現象は，エルニーニョ現象発生のメカニズムを理解していれば述べやすいであろう。貿易風が何らかの影響で弱まると，温暖な海水が西側に流れず太平洋東部にたまってしまう。そのため，東南アジアなどの地域では海水温が平時よりも低くなり，雲が発生しにくくなって降水量が減少する。これらのことをふまえて，干ばつや森林火災の発生などの現象を挙げるとよい。

⑷地球を回っている複数の人工衛星が発信する電波を受信して，地球上の位置を正確に知る仕組みは全球測位衛星システム（Global Navigation Satellite System）で，頭文字をとって GNSS と呼ばれる。ロシアや EU も開発しているこのシステムのうち，アメリカ合衆国が，当初，軍事目的で開発したシステムが，GPS（Global Positioning System）である。GPS 機能は，身近な携帯電話やスマートフォンにも搭載されている。

▶問３．ヒートアイランド現象は，都市気候の１つとして知られる。都市化によってみられる構造物などの都市景観を想定し，それが局地的に気候にもたらす影響を考えよう。都心では，人口が集中し建物が密集していることから，活発な生活や経済活動により大量のエネルギーが消費されることは浮かんでくるだろう。その建物や道路がアスファルトやコンクリートなど，熱を吸収しやすいものでおおわれていること，緑地が少ないことは述べたい。その他，建物が密集して風の通りが悪いことなども挙げられる。

Ⅱ **解答**　問１．ア．穀物　イ．水産物　ウ．イモ類　エ．肉類
オ．乳製品

問２．国：i　大土地所有制の名称：ファゼンダ

問３．⑴A－c　B－f　C－g　D－i　E－b　F－d

⑵

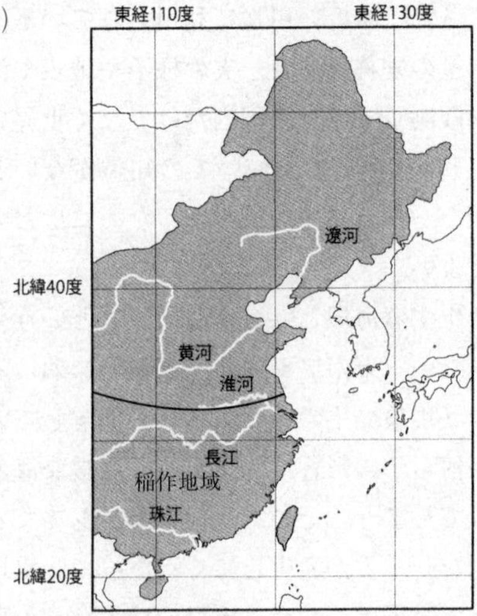

⑶モンゴルの伝統的な生活様式である遊牧では，移動に利用しやすく草食性の群れをつくりやすい家畜が飼育された。また，主な食料源として，それらの家畜の肉に加えて，家畜の乳から作った乳製品がよく利用された。そのため，放牧しやすく乳を得やすい牛，ヒツジ，ヤギの肉が食用とされ，飼育にむかない豚や鶏はほとんど食用にされていない。

⑷トウモロコシの用途：家畜の飼料，コーンスターチや食用油，バイオ燃料の原料などから３つ

トウモロコシの生産国　第１位の国：a　第２位の国：e

問４．⑴センターピボット方式　⑵オガララ帯水層

⑶地下水のくみ上げによる地下水資源の枯渇のほか，乾燥地域に過剰に灌漑を施すことで，土中の塩分が地表に集積する土壌の塩性化が起こるおそれがある。

問５．⑴Xの国：f　Yの国：h

⑵地形の名称：エスチュアリー（三角江）
説明：背後に大きな山地をもたず大きな平野を流れるため，上流からの土砂供給が少ない河川で，河口部の低地に海水が浸入して形成された。
⑶海岸地形の名称：フィヨルド
説明：山地の谷に発達した氷河によって侵食され急崖をもつU字谷に，海水が浸入して形成された。

◀解　説▶

≪世界各国の農業・食文化・自然環境≫

▶問１．表１のア〜オそれぞれの総量の比較と，それぞれの食料の国ごとの消費量の比較を合わせて行うとよい。まず，アは発展途上国を含めてａ〜ｊのいずれの国も消費量が多いことから主食に利用される食料と考え，穀物が該当する。イは各国とも全体的に量が少ない。特にエチオピアとモンゴルが極めて少なく，ノルウェーが最も多いことが読み取れる。ノルウェーは水産業が盛んで，エチオピアとモンゴルは内陸国で漁獲量が少ないと考えると，水産物が該当する。ウはエチオピアが最も多い点に注目しよう。エチオピアは，かんしょ（さつまいも）とヤムイモの生産が多く，いずれも生産量世界５位である（2018 年）。よって，イモ類が該当する。エとオには乳製品か肉類が該当するが，ほとんどの国で消費量が多いオが乳製品，エは宗教や経済状況の影響をより強く受ける肉類が該当する。

▶問２．大土地所有制は，農園主が所有する大規模な農牧場で，農園主に雇われた多くの労働者が農牧業に従事する農業経営の形態をいう。スペインやポルトガルの植民地活動で導入され，農業が社会の基盤になっているラテンアメリカの国を選ぶ。大土地所有制に基づく大農園の呼称は地域によって異なり，ブラジルではファゼンダと呼ばれる。

▶問３．⑴図１のＡ〜Ｆに該当する国をそれぞれの農牧業，食文化などの特徴を念頭に考えよう。Ａは主食である穀物のうち，トウモロコシと特に雑穀の消費量の割合が極めて高く，他の国の消費とは異質な傾向がみられる点に注目しよう。独特の食文化をもつ国と考えると，アフリカのエチオピアが該当する。エチオピアではイネ科のテフと呼ばれる穀物が主食としてよく用いられている。ＢとＣは小麦とジャガイモの割合が高く，米とキャッサバの割合が高いＥ，Ｆとは対照的である。残るＤはそれぞれの食品の中で，トウモロコシ，牛肉，キャッサバの割合が他の国々と比べて高く，

B，CともE，Fとも異なる食文化をもつと考えられよう。トウモロコシは，中南アフリカとラテンアメリカの国々で主食となっており，キャッサバは熱帯地方で広く栽培されている。よって，ブラジルが該当する。BとCは，小麦とジャガイモを組み合わせたやや冷涼なヨーロッパ地域の食文化をもつ国と考えられるが，そのうちBは豚肉の割合が高いのに対し，Cはヒツジ・ヤギ肉の割合が高い。Bは豚肉の生産が多く，ハム・ソーセージなどの保存食の消費が多い国と考えドイツ，Cは毛や肉など，羊への依存度が高いニュージーランドが該当する。EとFはアジアの国が該当するが，EはFに比べ豚肉の割合が低い点に注目しよう。ムスリム（イスラーム教徒）は豚肉を食べないのでムスリムの割合が高いインドネシアが該当する。残るFはタイが該当する。

⑵中国では．稲は南部の温暖で降水量が多い地域，小麦は北部の冷涼で乾燥した地域で栽培されている。その境界線は，チンリン（秦嶺）山脈とホワイ川（淮河）を結ぶ年降水量 800～1000 mm の線であることが知られている。ホワイ川は黄河と長江の間を流れ，チンリン・ホワイ川線は黄河と長江それぞれの中下流域のほぼ中央を東西に結ぶと考えるとよい。

⑶モンゴルの肉類消費について，牛，ヒツジ，ヤギと豚，鶏の家畜としての相違点から考えよう。豚肉の消費はムスリムの割合が高い場合も少なくなるが，モンゴルは伝統信仰やラマ教信者が多く，宗教が理由で少ないとは考えにくい。そこで，宗教以外の生活様式を考えると，モンゴルでは，伝統的に自然の草を求めて家畜と一定地域を移動する遊牧生活が営まれてきたことから，移動に利用しやすい動物との結びつきが強かったと考えられるだろう。ここで，問題文の「白い食べ物」の視点が大きなヒントになる。遊牧生活では「赤い食べ物」の肉類に加え，「白い食べ物」の家畜の乳から得る乳製品がむしろ重要な食料源となるため，搾乳しやすい家畜が飼育されたと考えられる。これらの点から牛，ヒツジ，ヤギの肉の消費が多い点を説明するとよい。牛，ヒツジ，ヤギは草食動物で群れをつくって移動する習性があるが，豚や鶏は草だけでの飼育や，群れでの長距離移動が難しい。また，搾乳に適さない点も考えられる。

⑷トウモロコシの食料以外の用途について，世界各地で生産されるトウモロコシの多くは家畜の飼料として利用される。その他，でん粉のコーンスターチやコーン油などの食品の原料としても利用される。近年，特に需要

が増加しているのは，燃料用のバイオエタノールの原料としての利用である。バイオエタノールは石油代替エネルギーの1つとして，再生可能で，植物由来のため燃やしても二酸化炭素の増加にはカウントしないなどの利点により，注目されている。特にアメリカ合衆国でバイオエタノールの需要が高まっている。トウモロコシは，生育期に高温多湿な気候を好むが，世界中で広く生産されている。アメリカ合衆国と中国が二大生産国で，3位以下を大きく引き離している（2018年）。

▶問4．⑴図2には多数の円盤状の耕作地がみられる。これは，地下水をくみ上げ，旋回するスプリンクラーを使って灌漑して作物を栽培する方法で，センターピボット方式と呼ばれる。乾燥地域でも大規模に作物を栽培することが可能である。アメリカ合衆国のグレートプレーンズのほかサウジアラビアなどでも用いられている。

⑵グレートプレーンズの中央部には，オガララ帯水層と呼ばれる日本の国土面積の約1.2倍に及ぶ巨大な地下水層が分布する。この豊富な地下水を利用し，トウモロコシを飼料とした大規模な肉牛の飼育が行われている。

⑶オガララ帯水層は数千年を経て蓄えられた地下水で，大量に利用することで地下水面が低下し，枯渇が懸念されている。また，グレートプレーンズ一帯は乾燥地のため，乾燥地での過剰な灌漑により，各地で指摘されている土壌の塩性化や塩害がみられることについてふれるとよい。

▶問5．⑴図3のXは東経10度，Yは東経5度の経線が通っていることから判断して，ともにイギリスのやや東に位置するヨーロッパの国と考えられ，選択肢からノルウェーとドイツが該当する。このうちXの国を海岸線の地形から判断するのは難しいが，Yの国は海岸線の状況からフィヨルドが発達していると考えられ，ノルウェーと判断できる。よって，Xはドイツが該当する。

⑵Xの破線内の地形は，河川の河口部がラッパ状に開いていることからエスチュアリー（三角江）が該当する。破線内の河川はドイツのエルベ川である。まず，エスチュアリー（三角江）は沈水海岸であることを押さえよう。次に河川の特徴を考えると，エルベ川以外にテムズ川，セントローレンス川などにエスチュアリーが発達しているが，いずれも構造平野などの大きな平野を流れている。そのため，上流域に大きな山地がなければ土砂が侵食されにくく，河口部への「土砂供給」は少ないと考えられよう。河

口部に土砂が供給されず，水深が深い河川の河口部が，浸水して形成されることを述べるとよい。

(3)Yの地形は，深い入り江が発達していることからフィヨルドと判断できる。フィヨルドは主に高緯度地方の西岸の，かつて氷河におおわれていた地方にみられ，エスチュアリーと同じ沈水海岸である。「氷河」の語は使いやすい。山岳の谷に発達した氷河が流れ下ることで谷壁が削られて形成されたU字谷に，海水が浸入して形成されたことを述べるとよい。

Ⅲ　解答

問1．アーE　イーB　ウーD　エーA　オーC

問2．Lは石炭の産地を示し，古期造山帯のグレートディヴァイディング山脈の周辺を中心に分布している。Mは天然ガスの産地を示し，内陸や大陸沿岸の安定陸塊に分布している。Nは鉄鉱石の産地を示し，安定陸塊のオーストラリア楯状地に分布している。

問3．カ．ノーザンテリトリー（北部も可）　キ．アボリジニー
ク．赤　ケ．ウルル〔エアーズロック〕　コ．グレートバリアリーフ
サ．サンゴ礁

問4．オーストラリアの都市は，大陸の東部や南東部，南西部に集中して分布している。これらの地域は，地形的にはグレートディヴァイディング山脈の東麓から海岸に至る平野部やマリーダーリング盆地にあたる平地で，気候は温帯気候に属し，内陸の広大な乾燥地域に比べて温暖で降水量に恵まれている。そのため，これらの地域の沿岸部からイギリス人の入植が開始され，開拓の拠点となった都市は大都市に発展している。

問5．Xで示されたキャンベラは計画的に造られたオーストラリアの首都で，政治機能をもっている。連邦政府の成立時に，シドニーとメルボルンの2大都市が首都をめぐって争ったために両都市の中間に位置するキャンベラに首都を建設した。同様の政治機能をもった計画都市には，他にアメリカ合衆国のワシントンD.C.やブラジルのブラジリアが挙げられる。

問6．オーストラリアでは20世紀初頭から白豪主義がとられ，白人以外の人々の移住が制限された。そのため，第二次世界大戦後は東・南ヨーロッパからの移民が増加したが，1981年頃まではイギリス出身者が多数を占めていた。しかし，大戦後の経済発展に伴い多くの労働者が必要となり，1970年代に白豪主義は撤廃された。その後，インドシナ難民も受け入れ，

アジア諸国からの人々の移住も急増した。政府は多文化主義の政策を積極的に進めている。

◀解　説▶

≪オーストラリアの地誌≫

▶問１．図１中，A～Eの都市の位置とケッペンの気候区分による気候区を確認しよう。Aはパースを示し地中海性気候，Bはカルグーリー・ボールダーを示しステップ気候，Cはメルボルンを示し西岸海洋性気候，Dはブリスベンを示し温暖湿潤気候，Eはケアンズを示し弱い乾季のある熱帯雨林気候にそれぞれ該当する。そこで，図２中，アは最寒月の平均気温が18℃以上で，熱帯気候に属し，雨季と乾季が明瞭であると考えられ，Eが該当する。イは気温の年較差は比較的大きいが，降水量が年間通して極めて少ないため乾燥気候であると考えられ，Bが該当する。次にエをみると，南半球の夏季に高温乾燥，冬季に温暖湿潤の特徴がみられるため地中海性気候と考えられ，Aが該当する。残るウとオのうち，ウはオに比べて年間通して気温が高く，夏に降水量が多いことから温暖湿潤気候と考えD，オはやや冷涼で気温の年較差が小さいため西岸海洋性気候と考え，Cが該当する。

▶問２．図１中，Lは大陸東部の沿岸部を中心にグレートディヴァイディング山脈に沿って分布していることが読み取れる。石炭が該当し，モウラ炭田，ボウエン炭田など，日本の資本がかかわって開発されている炭田がよく知られる。石炭は古代の植物が埋没，炭化してできたと考えられ，古期造山帯に多く分布している。Mは大陸中央部，南東部に加えて北西部の海底にも分布していることが読み取れる。石油とも考えられるが，日本のオーストラリアからの輸入金額の３位以内の鉱産資源であることから，輸入金額２位の天然ガスが該当する。なお，輸入金額１位は石炭である(2018 年)。大地形との関連は難しいが，大陸全体に分布していることから安定陸塊と考えるとよいだろう。Nは大陸北西部のピルバラ地区に集中している。この地域は，日本の資本・技術協力で開発されたマウントホエールバックなどの鉄鉱石の産地として知られる。鉄鉱石は主に先カンブリア時代の地層が露出している安定陸塊の楯状地に分布している。

▶問３．カ．Pの世界遺産はカカドゥ国立公園を示し，州に準じた権限をもつオーストラリア唯一の準州であるノーザンテリトリーにある。

キ．ノーザンテリトリーは，人口の４分の１程度がアボリジニーであるといわれる。「今もここに居住する」オーストラリアに特徴的な地域住民ということからも，先住民のアボリジニー（アボリジニ）と判断できる。この国立公園にはアボリジニーが描いた壁画などの文化遺産が多数残されている。

ク．Qはオーストラリアのほぼ中央部に位置するウルル・カタジュタ国立公園を示している。この地の砂質平原には鉄分を豊富に含んだ砂岩の地層が広がり，鉄分が酸化した赤みを帯びた色をしている。

ケ．巨大な一枚岩はウルルと呼ばれ，硬い岩石が侵食から取り残された残丘の例として知られる。アボリジニーにとって創世神話にかかわる地で，古くから聖地として大切に守られてきた。

コ・サ．Rはグレートバリアリーフを示している。グレートバリアリーフは長さ約 2000 km にもおよぶ世界最大のサンゴ礁で，堡礁と呼ばれるサンゴ礁の形態が発達している。1981 年，サンゴ礁として初めて世界自然遺産に登録された。

▶問４．図３から，都市の分布の特徴を読み取って，地形，気候，開拓の歴史との因果関係を結びつけて説明するとよい。まず，都市の分布は大陸の東部，南東部，南西部の沿岸地域に集中していることが読み取れる。その理由は，これらの地域が，地形，気候に恵まれ，開拓の歴史もこの地域から始まったからと考えられる。この地域は，地形の点ではグレートディヴァイディング山脈と海岸にはさまれた平地など平坦な土地であり，気候の点では乾燥地帯が大きな割合を占めるオーストラリアにあって，温帯に属し降水量も多いことから，生活や経済活動が行いやすいと考えられる。イギリス人による入植，開拓の歴史も，やはりこの地域から始まった。入植は 1788 年にシドニー近郊から始まり，1820～1830 年代にかけて，ブリズベン，パース，メルボルン，アデレードなどが，開拓の拠点となる都市として入植が進んだ。これらの都市は，図３ではいずれも人口 100 万人以上の都市で示されている。

▶問５．図３中，Xの都市はキャンベラである。キャンベラは計画的に建設された首都であるため，主な都市機能の点では政治都市の機能をもつことで説明できよう。キャンベラの歴史的成り立ちについては，計画的に建設された首都であることを説明したい。オーストラリアが 1901 年にイギリス植民地からの独立にあたって首都を決める際，シドニーとメルボルンの両都市が首都誘致を争ったことが背景にある。そのため，1908 年に両都市の中間に位置するキャンベラに首都を建設することで決着した。このような計画的に建設された政治都市，つまり首都を考えると，アメリカ合衆国のワシントン D.C.，ブラジルのブラジリアが挙げられるだろう。

▶問 6．表 1 の 4 つの年度の統計からオーストラリアへの移住者の出身国別の動向を読み取ろう。1911 年の統計ではイギリス人が移住の中心である。1947 年ではイギリス人が中心であるが，移住者の割合は減っている。1981 年ではイギリス以外に，東・南ヨーロッパからの移住者が増加した。2016 年ではアジア諸国からの移住者が増加していることが読み取れる。ただ，こうした変化を羅列するのではなく，変化の内容を，オーストラリアの移民政策という大きな枠の中で位置づけ説明することがポイントとなる。オーストラリアは，元来イギリスの流刑植民地であったが，1788 年に入植を始めて以来，多くのヨーロッパ人が移住した。ところが，1850 年代のゴールドラッシュで中国をはじめアジア系移民が増加したため，1901 年の連邦成立後，白人以外の移住を制限する白豪主義が採られた。1911 年の統計時点では白豪主義が採られている。第二次世界大戦後，英語を母国語としないヨーロッパ人が大量に移住したが，経済成長に必要な労働力確保のため移民の制限は緩和された。また，1973 年のイギリスの EC 加盟もあり，1970 年代半ばまでには白豪主義は撤廃された。その後，アジアからの移住者が増加し，政府は多文化主義政策へ転換している。近年では，近距離に位置するアジア太平洋圏との結びつきが強まっている。白豪主義の開始，撤廃の年代を，移住者の変化の過程に確実に位置づけて説明したい。

❖講　評

2021 年度の大問は，例年の 4 題から 3 題に減ったが，1 題当たりの分量は増えたため，全体の問題数，記述量は 2020 年度とほとんど変わらなかった。出題分野は，系統地理 2 題，地誌 1 題で，地誌は毎年 1 題，地域を変え出題されている。2021 年度も地形図は出題されなかったが，地図，グラフ，統計表，視覚資料などの資料が多用された点は例年通りである。出題形式としては，論述法，記述法，選択法に加えて描図法が用いられた。こうした多彩な問い方と，本質を問う論述問題は，名古屋大学の特徴である。一部に詳細な知識が必要な問題がみられたが，大半は教科書の内容に沿った地理学習の重要事項の理解を問う良問であった。難易度は 2020 年度と同程度といえるだろう。ただし，論述問題は数が多く，やや小さい解答欄に要点を的確にまとめて記述する必要があり，時間的な余裕はないであろう。

Ⅰ　地図と地理情報に関する内容が中心であるが，気象まで展開させた出題がみられた。全体的にさまざまな地理的事象を説明させる問題が多かった。問 1 の(4)は南半球における描図が指示されている点に注意したい。地理情報はややなじみの薄い分野だけに，問 2 の(2)「ひまわり」の長所や(4)GNSS は，学習が手薄な受験生には難しかったと思われる。

Ⅱ　農業，食文化，自然環境と幅広い分野から出題され，問題の分量も多かった。問 3 のグラフは，各国の食文化の知識を最大限に生かして(1)を確実に解答したい。(3)はユニークな出題で，モンゴルの伝統的な遊牧生活が想起できると，飼育される家畜の種類の違いが導けるだろう。

Ⅲ　オーストラリアの地誌で，自然環境，鉱産資源，世界遺産，都市，移民政策とオーストラリア特有の地理的事象が数多く出題された。問 6 の，移民の出身国の変化と，白豪主義の開始，撤廃の時期とを結びつけた説明には，意外に骨が折れたかもしれない。

論述の問題量が多く，限られた時間で解答するためには幅広い地理的知識が必要であることはいうまでもない。さらに，要領よく文章をまとめる力や問題に取り組む集中力を，普段の学習の中で養ってほしい。

数学

1

◇発想◇　放物線 C_1 の接線が放物線 C_2 と接するとき，この接線は C_1, C_2 の共通接線である。あるいは，C_1, C_2 のそれぞれの接線が一致すれば，これは共通接線である。このように，共通接線という概念を，数学の土俵で考えることができるような解釈をすれば，あとは単に計算だけの問題となる。

解答　(1)　$C_1 : y=x^2$ から　　$y'=2x$

よって，点 $(t,\ t^2)$ における C_1 の接線は

$$y=2t(x-t)+t^2$$

すなわち

$$y=2tx-t^2 \quad \cdots\cdots(\text{答})$$

(2)　C_1 の接線と $C_2 : y=-x^2+4ax-4a^2+4a^4$ が接するとき，これら 2 式を連立させて得られる x の 2 次方程式

$$2tx-t^2=-x^2+4ax-4a^2+4a^4$$

すなわち

$$x^2+2(t-2a)x-(t^2+4a^4-4a^2)=0$$

は，重解をもつ。よって，この方程式の判別式を D とすると

$$\frac{D}{4}=(t-2a)^2+(t^2+4a^4-4a^2)=2(t^2-2at+2a^4)$$

重解条件 $D=0$ から

$$t^2-2at+2a^4=0 \quad \cdots\cdots①$$

2 つの共通接線が存在する条件は，t についての方程式①が異なる 2 つの実数解をもつことであり，この方程式の判別式を D' として

$$\frac{D'}{4}=a^2-2a^4=-a^2(2a^2-1)>0$$

よって　　$a^2\left(a+\dfrac{1}{\sqrt{2}}\right)\left(a-\dfrac{1}{\sqrt{2}}\right)<0$

$a>0$ に注意して

$$0<a<\frac{1}{\sqrt{2}}\quad \cdots\cdots ②\quad \cdots\cdots(答)$$

別解 (1)と同様にして，点 $(u,\ -u^2+4au-4a^2+4a^4)$ における接線の方程式を求める。

$$y'=-2x+4a$$

から，接線の方程式は

$$y=(-2u+4a)(x-u)-u^2+4au-4a^2+4a^4$$

すなわち

$$y=(-2u+4a)x+u^2-4a^2+4a^4$$

これと(1)の C_1 の接線が一致するとき，共通接線となる。これら 2 つの接線の係数，定数項を比べて

$$\begin{cases} 2t=-2u+4a \\ -t^2=u^2-4a^2+4a^4 \end{cases}$$

u を消去すると

$$-t^2=(2a-t)^2-4a^2+4a^4$$

よって　$t^2-2at+2a^4=0$　……①

(以下，〔解答〕と同じ。)

(3)　②のとき，t についての方程式は異なる 2 つの実数解 α，β $(\alpha<\beta)$ をもち，解と係数の関係から

$$\alpha+\beta=2a,\ \alpha\beta=2a^4\quad \cdots\cdots ③$$

また，α，β は C_1 と l，l' の接点の x 座標である。よって，l，l' の方程式は

$$y=2\alpha x-\alpha^2,\ y=2\beta x-\beta^2$$

これを連立方程式とみて解くと

$$2(\beta-\alpha)x=\beta^2-\alpha^2$$

$\alpha<\beta$，および③から

$$x=\frac{\alpha+\beta}{2}=a$$

$$y=2\alpha\cdot\frac{\alpha+\beta}{2}-\alpha^2=\alpha\beta=2a^4$$

したがって，l，l' の交点の座標は，$(a,\ 2a^4)$ である。……(答)

(4)　$C_1 : y=x^2$，$C_2 : y=-(x-2a)^2+4a^4$

および，$D_1 \cap D_2$ の概形を，$a>0$ に注意して描くと右図のようになる。

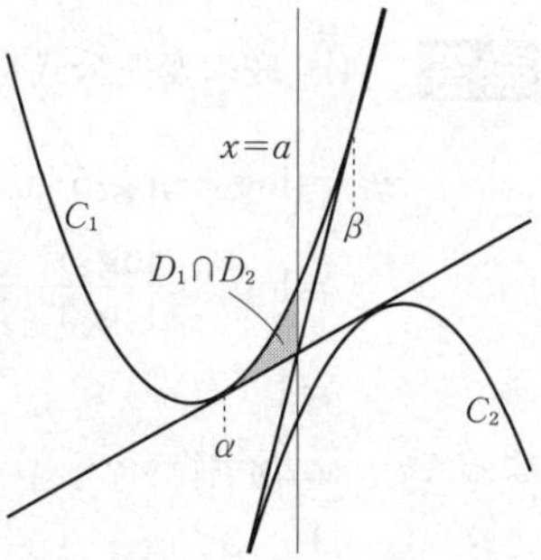

よって

$$S(a)=\int_{\alpha}^{a}\{x^2-(2\alpha x-\alpha^2)\}dx$$
$$=\int_{\alpha}^{a}(x-\alpha)^2dx$$
$$=\left[\frac{(x-\alpha)^3}{3}\right]_{\alpha}^{a}$$
$$=\frac{(a-\alpha)^3}{3}$$

ここで，①と $\alpha<\beta$ から　　$\alpha=a-\sqrt{a^2-2a^4}$

よって，$a-\alpha=\sqrt{a^2-2a^4}$ であり

$$S(a)=\frac{1}{3}(a^2-2a^4)^{\frac{3}{2}}\quad\cdots\cdots(答)$$

◀解　説▶

≪2 つの放物線の共通接線，面積≫

(1)，(2)は 2 つの放物線の共通接線を求めることがテーマだが，(3)・(4)は放物線 C_1 と 2 接線 l，l' について交点，面積を求める。後半は C_2 は無関係である。このように 2 つに分けてこの問題をみてみれば，教科書レベルの問題 2 題を合わせたものに過ぎない。

放物線の接線については，(i)微分法を用いた接線の公式を利用する，(ii)放物線と直線の接する条件を判別式を用いて求める，の 2 通りの取り扱い方がある。この一方のみを用いるか，両方を用いるか，問題によってうまく使い分けたい。

2

◇発想◇　底の変換など，対数関数の公式や性質を活用することがポイントとなる。与えられた数に $\frac{3}{2}$ が含まれるが，これも対数の形で表すことを考えよう。3 次関数 $f(x)$ の因数分解と方程式 $f(x)=0$，$y=f(x)$ のグラフの関係にも注目して考察を進めよう。

解答　(1)　底の変換公式を用いて，底を 2 に統一すると

$$\alpha\beta\gamma=\log_2 3\cdot\log_3 5\cdot\log_5 2$$
$$=\log_2 3\cdot\frac{\log_2 5}{\log_2 3}\cdot\frac{\log_2 2}{\log_2 5}=\log_2 2$$
$$=1$$

よって　$\alpha\beta\gamma=1$　……①　　(証明終)

(2)　$\delta=\frac{3}{2}=\frac{3}{2}\log_2 2=\log_2 2^{\frac{3}{2}}$

$$=\log_2 8^{\frac{1}{2}}<\log_2 9^{\frac{1}{2}}=\log_2 3=\alpha$$
$$\delta=\frac{3}{2}=\frac{3}{2}\log_3 3=\log_3 3^{\frac{3}{2}}$$
$$=\log_3 27^{\frac{1}{2}}>\log_3 25^{\frac{1}{2}}=\log_3 5=\beta$$
$$\gamma=\log_5 2<\log_5 5=1=\log_3 3<\log_3 5=\beta$$

よって　$\gamma<1<\beta<\delta<\alpha$　……②

小さい順に並べると　$\gamma,\ \beta,\ \delta,\ \alpha$　……(答)

(3)　$p=\alpha+\beta+\gamma$

①から

$$q=\frac{1}{\alpha}+\frac{1}{\beta}+\frac{1}{\gamma}=\frac{\beta\gamma+\gamma\alpha+\alpha\beta}{\alpha\beta\gamma}=\beta\gamma+\gamma\alpha+\alpha\beta$$
$$1=\alpha\beta\gamma$$

よって

$$f(x)=x^3+px^2+qx+1$$
$$=x^3+(\alpha+\beta+\gamma)x^2+(\beta\gamma+\gamma\alpha+\alpha\beta)x+\alpha\beta\gamma$$
$$=(x+\alpha)(x+\beta)(x+\gamma)$$

ゆえに，$y=f(x)$ のグラフは $x=-\alpha,\ -\beta,\ -\gamma$ で x 軸と交わる。

ここで

$$\frac{1}{2}=\frac{1}{2}\log_5 5=\log_5 5^{\frac{1}{2}}>\log_5 4^{\frac{1}{2}}=\log_5 2=\gamma$$

であり，これと②から

$$\gamma<\frac{1}{2}<1<\beta<\delta=\frac{3}{2}<\alpha$$

したがって

$$-\alpha<-\frac{3}{2}=-\delta<-\beta$$

$$<-1<-\frac{1}{2}<-\gamma$$

であるから

$$f\left(-\frac{3}{2}\right)>0,\ f(-1)<0,\ f\left(-\frac{1}{2}\right)<0$$

……(答)

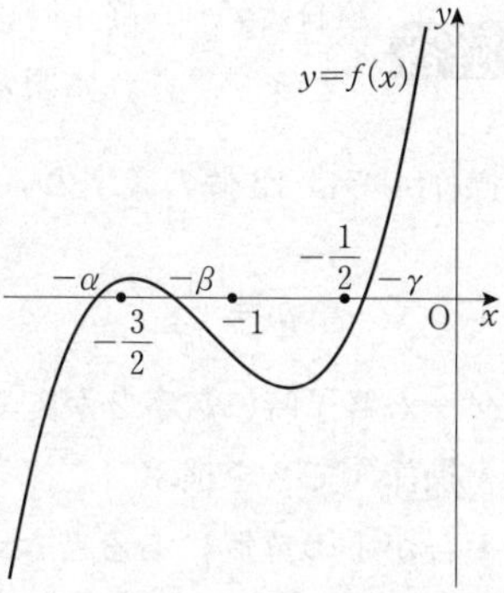

◀解　説▶

≪対数関数の性質，３次方程式の解と係数の関係，３次関数のグラフ≫

(2)で大小比較をする際，できるだけ効率よく考えなければならない。たとえば，$\gamma<\beta<\delta<\alpha$ を証明するのに，$\gamma<\alpha$ を示しても無駄である。あらかじめ，わかる範囲でよいから見当をつけておこう。底と真数を見比べて，$\gamma=\log_5 2<1$，他は１より大，と気づくだけで，γ は最小とわかるので，残りの３つをまず考える。$\delta=\dfrac{3}{2}$ を対数で表現するとき，α と比べるなら底を２に，β と比べるなら底を３にとることになる。

(3)では，$f(x)=x^3+px^2+qx+1$ について

- $f(x)=(x+\alpha)(x+\beta)(x+\gamma)$ と表せる
- $f(x)=0$ の解は，$-\alpha$，$-\beta$，$-\gamma$ である
- $y=f(x)$ のグラフは，x 軸と $x=-\alpha$，$-\beta$，$-\gamma$ で交わる

が互いに同値であることに注意しておこう。

3

◇発想◇　題意を把握することが，大きなテーマである。ゲームの終了時に数字 j が丸で囲まれているという状況は，どのようにしてつくられるのか，操作(a)，(b)により，それぞれの場合を見出してみよう。たとえば，数字 11 に丸がつくのは，(a)で 11 を選ぶ，(b)で 2，7，10 のいずれかに石があるとき数字 11 を選ぶ，これらに限られる。

解答　(1)　ゲーム終了時に数字 1 が丸で囲まれるのは操作(a)で 1 を選ぶときで，これに限られる。

操作(a)では 12 個の数字のいずれも等しい確率 $\frac{1}{12}$ で選ばれる。

よって　　$p_1=\frac{1}{12}$

ゲーム終了時に数字 2 が丸で囲まれるのは

- 操作(a)で 2 を選ぶ
- 石が 1 の位置にあるとき，操作(b)で，2，3，4，5，6，10，12 の 7 個の数字から 2 を選ぶ

のいずれかで，これらに限られる。よって

$$p_2=\frac{1}{12}+p_1\cdot\frac{1}{7}=p_1+\frac{1}{7}p_1$$

$$=\frac{8}{7}p_1=\frac{2}{21}\quad\cdots\cdots(\text{答})$$

(2)　ゲーム終了時に数字 3 が丸で囲まれるのは

- 操作(a)で 3 を選ぶ
- 石が 1 の位置にあるとき，操作(b)で，2，3，4，5，6，10，12 の 7 個の数字から 3 を選ぶ
- 石が 2 の位置にあるとき，操作(b)で，3，4，5，7，11 の 5 個の数字から 3 を選ぶ

のいずれかで，これらに限られる。よって

$$p_3=\frac{1}{12}+p_1\cdot\frac{1}{7}+p_2\cdot\frac{1}{5}=p_2+\frac{1}{5}p_2$$

$$=\frac{6}{5}p_2=\frac{4}{35}$$

以下同様に考えると

$$p_4=\frac{1}{12}+p_1\cdot\frac{1}{7}+p_2\cdot\frac{1}{5}+p_3\cdot\frac{1}{3}$$

$$=p_3+\frac{1}{3}p_3=\frac{4}{3}p_3=\frac{16}{105}$$

$$p_5=\frac{1}{12}+p_1\cdot\frac{1}{7}+p_2\cdot\frac{1}{5}+p_3\cdot\frac{1}{3}+p_4\cdot\frac{1}{2}$$

$$=p_4+\frac{1}{2}p_4=\frac{3}{2}p_4=\frac{8}{35}\quad\cdots\cdots(\text{答})$$

(3)
$$p_6=\frac{1}{12}+p_1\cdot\frac{1}{7}=p_2=\frac{2}{21}$$

$$p_7=\frac{1}{12}+p_2\cdot\frac{1}{5}+p_6\cdot\frac{1}{5}$$

$$=\frac{1}{12}+\frac{2}{5}p_2=\frac{17}{140}$$

$$p_{10}=\frac{1}{12}+p_1\cdot\frac{1}{7}+p_6\cdot\frac{1}{5}=\frac{1}{12}+p_1\cdot\frac{1}{7}+p_2\cdot\frac{1}{5}$$

$$=p_3\left(=\frac{6}{5}p_2\right)=\frac{4}{35}$$

$$p_{11}=\frac{1}{12}+p_2\cdot\frac{1}{5}+p_7\cdot\frac{1}{3}+p_{10}\cdot\frac{1}{2}$$

$$=\frac{1}{12}+\frac{1}{5}p_2+\frac{1}{3}\left(\frac{1}{12}+\frac{2}{5}p_2\right)+\frac{1}{2}\cdot\frac{6}{5}p_2$$

$$=\frac{1}{9}+\frac{14}{15}p_2=\frac{1}{5}\quad\cdots\cdots(\text{答})$$

◀解　説▶

≪確率の基本性質≫

p_1, p_2, …と必要な確率を順次求めていかねばならない。それぞれの分数計算は大変である。少しでも工夫ができないかと考えつつ，計算を進めていこう。p_1, p_2, p_3, p_4, p_5 と式を書いてみると，次々と項が付加されていくような形となる。p_6, p_7, …についても，それまでに求めた結果をできるだけ利用しよう。うまく思いつかないときもあるが，いろいろ工夫して計算しようと心がけることは大切である。

❖講　評

例年より，いくらか手のつけやすい問題構成で，難問はなかった。

$\boxed{1}$は，共通接線と面積の 2 つのテーマが並び，標準的な問題であった。

$\boxed{2}$は，対数と 3 次関数の典型的な 2 つのテーマが続くのだが，こちらも標準的な問題である。

$\boxed{3}$は，一見難しそうだが，題意を把握すればあとは計算だけである。

2021 年度は若干易化傾向にあったが，これは一過性のものととらえ，2020 年度までの傾向にも十分に配慮してしっかりとした対策をするのがよいだろう。

二の古文は、二〇二〇年度に続いて本格的な平安時代の女流文学からの出題であった。和歌を軸にした本文、設問という形式が名古屋大学の出題の本道であり。和歌の解釈を書く問題に、内容を補って口語訳する問題、心情説明といった構成で、従来の傾向どおりの出題である。読解が難しい平安女流文学の口語訳や和歌の解釈といった問題に、普段からいかに時間をかけて取り組んできたかが問われたといえる。

三の漢文は、『荀子』について論じた文章からの出題であったが、読解力もさることながら、荀子の思想内容をある程度理解していることが前提として求められた問題で、広く漢文世界に親しんでいたかどうかも、得点を大きく左右したと思われる。漢字の読み、口語訳、書き下し文、一五〇字の内容説明問題という出題形式は従来どおりである。

総括すれば、全体にやや難化の兆しはあるものの、設問内容や形式はほぼ従来の傾向どおりで、今後も当分は同じような出題がされると思われる。

約問題であるが、単に要約するのではなく、なぜ荀子が「本意」でなく「性悪之説」を説いたのかについて、本文の叙述に即してしっかりと説明する必要がある。ポイントとなるのは、「世大乱、民胥泯棼」という現実に直面した荀子が、人々を「礼」によって善性に導こうとした、ということ。一五〇字ともなれば、一文で書こうとするとわかりづらくなるので、二～三文に分けた方が書きやすかろう。

参考 王先謙（一八四二～一九一七年）は、清末の文官で儒学者・考証学者。一八六五年に進士となり、朝廷に仕えた。古今の書物に通じ、官職を辞した後も、清末の混乱を避け、郷里の長沙で、多くの書物を編纂した。古典の注釈書が多く、『漢書補注』『水経注合箋』『後漢書集解』『荀子集解』『荘子集解』などがあるが、中でも『荀子集解』（一八九一年）は、それまでの多くの学説を採集した、『荀子』の最も精詳で権威ある注釈本とされ、現在でも『荀子』研究の基本テキストとされる。宋代以後『孟子』が『論語』と並んで重んじられたため、ほとんど顧みられていなかった『荀子』の価値を世に広めた。ちなみに『荀子』の言葉は、夏目漱石の『こころ』の初版本の表紙にも書かれていて、興味深い。

❖講　評

共通テストの影響が注目されたが、これまでの問題の傾向と大きくは変わらなかったといってよい。そうはいっても、現代文の本文の文章量と解答の記述量が増加し、また古文・漢文とも、わかりにくいところの多い、やや難解な文章が出題された。こういった文章や説明記述問題に慣れていないと、歯は立たなかったと思われ、典型的な難関国公立型の問題の傾向を強めた出題だったといってよい。

〔一〕の現代文は、例年のように二年以内に発表された文章からの出題で、内容も極めて現代的な課題を扱っている。漢字の読み書きのほかに、選択式の空所補充問題があったが、これも大きくは例年どおりである。字数制限つきの説明記述の問題が中心で、問題はさほどの難しさではないが、本文の文章量、説明記述の量が増えたのみならず、字数制限内にまとめるのに苦労する問題が多く、こうした問題を解くことにいかに習熟しているかが問われる出題であった。

a、「諸（もろもろ）」「数（しばしば）」「愈（いよいよ）」など、畳語の読みとして漢文で覚えておくべき漢字である。

b、「然」を「しかり」（〝そうだ〟の意）と読むのは、古文でも常識であり、漢文においても頻出である。「然後」の形で〝（前の事柄を受けて）その後で〟の意。

c、「莫」は「莫大」（…よりだいなるはなし）などと現代語でも用いる漢字。「所」にかかっているので連体形になる。

▼問二　「大醇小疵」と読んでも「大醇にして小疵なり」と読んでも問題はなかろう。問われているのは「以A為B（Aを以てBと為す）」（〝AをBと考える〟）の形。送りがなに注意すること。

▼問三　語注を参照すれば、意味を捉えるのは比較的容易だろう。最後が「…ければなり」と読まれているので、下の句が上の句の理由になるように訳す。また、「…を待たずして」を文脈に合うように訳すこと。

▼問四　「夫」は発語で〝そもそも〟の意。「使」は仮定形で〝もし…ならば〟の意。「則」は「…（れ）ばすなはち」の形で、〈前の事柄の結果、後の事柄が起こる〉意を示す接続詞。問三も含め、「性」は単に〝性質〟ではなく、〝本性〟とか〝本来の性質〟と訳すことも、文章をよく理解していることを示す上で大切である。

▼問五　反語形の「豈に…んや」の理解を問う設問である。「豈」は「に」を送らないこともあるが、「あに」という読みを示す意味で、送っておく方が無難。反語形であるので文末は「…ざらんや」と結ぶこと。

▼問六　長めの文章であるが、一・二点をはさんで上・下点で返る構造を押さえれば、読む順序自体はそれほどややこしいところはないだろう。あとは前後のつながりを考慮し、適切な送り仮名を施す必要がある。ここは、前述の内容を受けて、〈だから〉「余」は「悲」と思うのだ、という流れなので「因」は「因《よ》りて」。「悲」の内容にあたるのが「荀子……出此」の部分。「以」も「感激而」も順接で下につながるのでそれぞれ「以て」「感激して」と読めば文意が通じる。

▼問七　「どのように評価しているのか」と聞いているので、まずは解答の終わりをそれに合わせること。例年の文章要

も、みな「礼」を思想の根本に据え、繰り返し深く追究して、その趣旨を明らかにするように努めた。千古の昔から道を修め教えを立てるのに、ここから外れることができるものはないのである。荀子が「さまざまな人倫道徳に通じなければ、十分に学んだとは言えない」と言い、また「一物たりとも名実が合致しないと、乱れのもととなる」と言ったのは、聖門（孔子の教え）に一貫する精神を探求し、古今の出来事を断ずる道理を明らかにしようとしたのだ。

読み 昔唐の韓愈《かんゆ》氏、荀子の書を以て大醇《だいじゅん》小疵《しょうし》と為す。宋に逮《およ》んで攻《とが》むる者益《ますます》衆《おほ》し。其の由《よし》を推《お》すに、性悪を言ふを以ての故《ゆゑ》なり。余謂《おも》へらく、性悪の説は、荀子の本意に非ざるなり。其の言に曰はく、直木は檃栝《いんくわつ》を待たずして直《なほ》きは、其の性直ければなり。枸木《こうぼく》は必ず檃栝烝矯《じょうけう》を待ちて然《しか》る後《のち》に直きは、其の性直からざるを以てなり。今人の性悪なれば、必ず聖王の治、礼儀の化を待ちて、然る後に皆治より出で、善に合すと。夫《そ》れ使《も》し荀子にして人の性に善悪有ることを知らずんば、則ち木の性に枸直有ることを知らざるべし。然して其の言此《か》くのごときは、豈《あ》に真《まこと》に性を知らざらんや。余因《よ》りて以て荀子の世の大いに乱れ、民の胥泯棼《みなびんふん》するに遭ひて、感激して此《これ》を出だすを悲しむなり。荀子学を論じ治を論ずるに、皆礼を以て宗と為し、反復推詳し、務めて其の指趣を明らかにす。千古道を脩《おさ》め教へを立つるに、能く外にする莫《な》き所たり。其の倫類通ぜざるは、善く学ぶと謂ふに足らずと曰ひ、又一物称を失ふは、乱の端なりと曰ふは、聖門一貫の精を探り、古今成敗《せいばい》の故を洞《あき》らかにす。

◀解　説▶

荀子の思想の概略や有名な「人の性は悪なり、其の善なる者は偽なり」（性悪篇）の文章を学習していれば、本文は理解しやすい。荀子は戦国時代の社会の混乱や人心の荒廃という現実を前に、人間の本性は醜いものだが、「礼」（人間社会を秩序づける制度やしきたり・人間の守るべき倫理）による教化という後天的な営為（偽＝人為）によって善に導かれ、社会も治まる、と説いた。まさにこの文章の趣旨そのものである。文章の最後の部分が引用の断片であるためわかりにくいが、こだわらなければ、解答にはあまり影響しない。

▼問一　いずれも漢文独特の読みの問題だが、漢文を読むことに慣れていれば容易である。

らだ。

問四　そもそも荀子が人間の本性に善悪両方があることをわかっていなければ、木の本性に曲がったものとまっすぐなものがあることをわからなかったはずだ。

問五　豈に真に性を知らざらんや。

問六　余因りて以て荀子の世の大いに乱れ、民の胥泯棼するに遭ひて、感激して此を出だすを悲しむなり。

問七　荀子は、木にも本来まっすぐに伸びるものもあることを例に、本性が善である人間もいると考えていた。それでもあえて性悪説を唱えたのは、乱世で民衆の心も乱れていた現実を見て発憤し、何とか「礼」による教化によって人々を善に導こうとしたからであり、純粋に孔子の教えの精神を探求しようとした姿勢を高く評価している。（一五〇字以内）

◆全　訳◆

昔の唐代の韓愈は、『荀子』を「最も純粋でわずかな欠点しかない」と評価した。しかし宋代に及んで、非難する者がますます多くなった。その理由を推察するに、性悪説を唱えたからである。（しかし）私が思うには、性悪説は、荀子の本意ではなかった。その中の言で、『まっすぐな木が曲がったものを伸ばす道具の使用を受けなくてもまっすぐなのは、その本来の性質がまっすぐだからだ。曲がった木が必ず曲がったものを伸ばす道具の使用を受けることや蒸しやわらげて矯正することで初めてまっすぐになるのは、その本来の性質がまっすぐでないからだ。人の本性は悪であるから、必ず聖王による統治や、礼儀による教化によって、初めて社会が治まり、人間は善にかなうようになるのである』と述べている。そもそももし荀子が人間の本性に善悪両方があることをわかっていなければ、木の本性に曲がったものとまっすぐなものがあることをわからなかったはずだ。それでもその言がこのようである（性悪説）のは、どうして本当に人間の本性を知らないことがあろうか（よく知っていたのだ）。私はだから荀子が世の中が大いに乱れ、民衆がみな混乱している現実に遭遇して、深く心に感じて奮い立ってこれ（性悪説）を世に出したことを悲しむのだ。荀子は学問を論じ政治を論ずる際

（A）「松」に「待つ」を掛けるのは、古文によくある表現。また「露」は「涙」の比喩であるとともに、「はかない命」の比喩として、古典でしばしば用いられている。「ものを思ふ」とは、物思いにふけること。〈夜のあいだに松にかかった露が、夜が明けると消える〉意と〈夜のあいだ夫を待つ自分が涙にくれて、夜が明けると消え入る気がする〉意の両方を訳出する。

（B）「鶯も」とあるので、「鶯も……思ふらむ」は、当然「作者」の思いでもある。「みなつき」は「水無月」（六月）と「皆尽き」の掛詞と考えられる。「なく」も「鳴く」と「泣く」の両方の意味にとれる。「や…らむ」（疑問）、「ぞ…なる」（強意）の係り結びにも注意すること。

参考　『蜻蛉日記』は、九五四年ころから九七四年ころまでの、訪れのない夫を待ち続ける女性の苦悩を綴った最初の女流日記文学。受領の娘であった作者への、藤原摂関家の貴公子兼家の強引な求婚に始まり、一子道綱を産むものの、兼家の浮気や薄情に苦しみ嫉妬、やがて愛は冷め、道綱の成長を頼みに生きようとする、一人の女の苦悩を深く見つめた自照文学の名作で、『源氏物語』など、後の平安女流文学にも多大な影響を与えている。

ちなみに作者の妹は『更級日記』の作者菅原孝標女の母。また兼家の子は、道綱の他に道隆・道兼・道長らがおり、この周辺の人々も含め、人間関係や主要な出来事を知っておくことは『枕草子』『大鏡』などの平安時代の文学作品を理解する上での、必須の前提条件である。

三

出典　王先謙『荀子集解《しっかい》序』

解答

問一　a、ますます　b、しかるのちに　c、なき

問二　荀子の書を以て大醇（にして）小疵（なり）と為す。

問三　まっすぐな木が曲がったものを伸ばす道具の使用を受けなくてもまっすぐなのは、その本来の性質がまっすぐだか

ア、傍線部イも含め、傍線部アの前後の「いとあやしく……なむある」「念じてなむ。……」「夜のほどにてもあれば。……便なかるべし」の話者は、「帰りなどせし人」（＝兼家）である。「念ず」には〝祈願する〟または〝がまんする〟の意があるが、ここは後者の意。接続助詞「て」に続いているので、「なむ」は強意の係助詞。結びが省略されているが、ここは兼家が〈七八日ぶりにやって来た〉場面で言った言葉なので、「来る」などの意を補いつつ訳すこと。「おぼつかなさ」は〝気がかりだ〟の意の形容詞「おぼつかなし」の語幹に接尾語「さ」がついて名詞化したもの。「に」は理由を示す格助詞。

イ、「かく」は〝このように〟の意。「ありき（ありく）」は「歩く」で〝出歩く〟意。兼家が作者に会いに来ることを指している。「けり」は過去の助動詞。「見えむ」は「見ゆ」＋「む」で、「見ゆ」は〝人に見られる〟意。「む」は婉曲・仮定の助動詞。「便なかるべし」は「便なし」＋「べし」で、「便なし」は〝不都合だ、具合が悪い〟意。「べし」は推量の助動詞。

ウ、「これ」とは、直前の内容（＝喪に服する着物を早く作ってくれという兼家の頼みを作者が断ったこと）を指す。「心やましきさま」と作者が述べているので、この「心やまし」（〝不満だ、不愉快だ〟）は兼家の心情を言っていることがわかる。

▼問二　「つれなし」（〝平気だ、冷淡だ〟）、「胸うちつぶれ」（「胸つぶる」＝〝心が乱れる、どきどきする〟）、「あさまし」（〝おどろきあきれる〟）といったところが「作者の心情」を表す部分である。これらの理由がわかるように、直前の「はては消息だになくて久しくなりぬ」を踏まえ、十分に内容を補って説明する必要がある。「つくりわたる」は〝本心をいつわってそのさまを装い続ける〟ということ。来訪どころか手紙すら来なくなったことに、表面上はそ知らぬ風を装っているものの、揺れる気持ちを説明すればよい。

▼問三　「掛詞」と「比喩」があるはずなので、これをまずきちんと見つけることがポイント。訳が二重になって長くなるが、説明不足よりはよかろう。

ことだ。夜が明けると露が消えるように、夜が明けてあの方が訪れてくれなかったと思うと、露のようにはかない私の命も消えそうなほどに物思いに沈むことだ。

こうして日を過ごすうちに、その月の末に、「小野の宮の大臣（＝藤原実頼）がお亡くなりになった」と言って世間は騒いでいる。（便りもなかったのに）あげくのはてに、「世間がひどく騒がしいようなので、謹慎していて、訪ねて行くことができないのだ。喪中になったので、これら（＝喪に服する着物）を、早く仕立ててくれ」と言ってくるなんてあるものか。あまりにあきれたので、「このところ、着物を縫う人たちが里に下がっていて（できません）」と返事をした。このことで（あの方は）なおさら不愉快な様子で、まったく（私への）言づてさえもない。そのまま六月になった。こうして数えてみると、夜会わないことは三十日あまり、昼会わないことは四十日あまりになってしまった。あまりに急で変だという言葉などではとうてい言い尽くせない。思うようにならない夫婦仲とはいうものの、まだこれほどの目に会ったことがなかったので、まわりの人々も奇妙でとんでもないと思っている。（わたしは）訳もわからないので、ただ物思いに沈むばかりである。人目もひどく恥ずかしく思われて、落ちる涙をこらえながら、横になって聞いていると、鶯が季節遅れで鳴くのが聞こえて、思ったことには、

うぐいすも、私と同じように、終わることがないもの思いをしているのだろうか。水無月になっても果てることなくうぐいすの鳴く声がするように、私もみな尽きることのない悲しみで声を上げて泣いていることだ。

▲解　説▼

作品の背景として、来訪が途絶えがちになっている夫兼家への嫉妬や苦悩が、作者の日記として描かれていることを、よく踏まえて読む必要がある。苦悩の主体・主語は作者であり、その対象が兼家であることを、書かれてはいないが、当然の前提として補いながら読んでいく必要がある。

▼問一　「適宜語句を補い」とあるので、主語や省略された表現を補いつつ、単語の意味や文法を踏まえ、文意が通じるよう「わかりやすく」口語訳する必要がある。

れていることだ。夜が明けると露が消えるように、夜が明けてあの方が訪れてくれなかったと思うと、露のようにはかない私の命も消えそうなほどに物思いに沈むことだ。

（B）うぐいすも、私と同じように、終わることがないもの思いをしているのだろうか。水無月になっても果てることなくうぐいすの鳴く声がするように、私もみな尽きることのない悲しみで声を上げて泣いていることだ。

◆全　訳◆

　こうして四月になった。（その月の）十日から、またも五月十日ころまで、（あの方は）「とても妙に気分が悪い」と言って、いつものようではなくて、七八日おきの訪れで、（訪れても）「（私は気分が悪いのを）我慢して（やって来た）。あなたのことが気がかりだから」などと言って、（また、）「夜分でもあるから（人に気づかれずやって来た）。（しかし）こう苦しくては（どうにもならない）。宮中へも参っていないので、このように（夜に）出歩いていたと人に見られたら具合が悪かろう」と言って、すぐに帰っていったりなどしたあの方は、病が治ったと聞くのに、いくら待ってもただ時だけが過ぎていく気持ちがする。おかしいと思い、ひそかに今夜（来てくれるか）様子をみてみようと思っているうちに、とうとう手紙も来なくなって長い時間が経った。めったにないことで疑わしいと思うが、うわべは平気なふうに振る舞い続けていても、夜は外を通る車の音に（もしかしたらあの方が来たのではと）ひどく心を乱しながら、（それでも）時々は寝入ってしまい、（いつのまにか）夜が明けてしまったよと思うにつけ、これまでにもましてあきれるほど情けない思いがする。幼い人（＝子ども）があの人の所へ行くたびに様子を聞いてみるが、これといって何ということもないそうだ。（私のことを）「どうしているのか」とさえ尋ねることもないそうだ。（あの方がそうなのだから）まして、私のほうからは、どうして、（来てくださらないのは）変ですねなどとも言ってやることがあろうか、いや、決して言ってやるまいと思い続けて、毎日を過ごして、（ある朝）格子などを上げるときに、外を眺めると、夜、雨が降った様子で、木々に露がかかっている。見るとすぐに思い浮かんだことには、

　夜の間に降った雨で松の木に露がかかっているように、私も夜の間ずっとあの方を待つことで流した涙にくれている

⑤の前の「そのすべてを捉えなければウェルビーイングの総体を捉えることはできない」という表現に即したものにする。

参考　『わたしたちのウェルビーイングをつくりあうために――その思想、実践、技術』（BNN新社、二〇二〇年）は、「わたしの幸せから、わたしたちの幸せへ。これからの社会に欠かすことのできないウェルビーイングを、包括的に捉えるための視点と方法。『個でありながら共』という日本的なウェルビーイングのあり方とは」（本表紙の紹介文）をテーマにした気鋭の研究者たちの文章を集めた論説集。監修者のひとり渡邊淳司はNTTコミュニケーション科学基礎研究所人間情報研究部の上席特別研究員で、『表現する認知科学』（新曜社、二〇二〇年）、『情報を生み出す触覚の知性――情報社会をいきるための感覚のリテラシー』（化学同人、二〇一四年）などの著書がある。また、共著者の安藤英由樹は、NTTコミュニケーション科学基礎研究所研究員を経て、大阪芸術大学アートサイエンス学科教授（二〇二一年現在）。

二

出典　藤原道綱母『蜻蛉日記』〈中巻第八〉

解答

問一　ア、私は気分が悪いのを我慢してやって来た。あなたのことが気がかりだから。
イ、このように夜に出歩いていたと人に見られたら具合が悪かろう。
ウ、私が喪に服する着物を作るのを断ったことで、あの方はなおさら不愉快な様子で、まったく私への言づてさえもない。

問二　夫兼家の訪れどころか連絡すらなくなり、うわべは平気に振る舞い続けていても、毎夜外を通る車の音にもしや夫の訪れかと心乱れては、結局訪れもなく夜が明けてしまったことを実感し、これまで以上にあきれるほどつらく情けなく思う心情。

問三　(A)　夜の間に降った雨で松の木に露がかかっているように、私も夜の間ずっとあの方を待つことで流した涙にく

▲解　説▼

▼問一　eの「遡」は「（鮭の）遡上・（適用の）遡及」という熟語があり、「さかのぼ（る）」と読む。bの「誹謗」とgの「包摂」も書き取りとなれば難しいが、漢字の読み（音）は十分類推できる。

▼問二　「もしかしたら」とあるので、情報通信技術によって生活が豊かになった点を踏まえた上で、逆に「幸せ」でない状況を、具体例の部分を除いて、理由となるようにまとめればよい。字数制限内でまとめるには、本文の記述からさらに表現を削っていく必要があるが、〈個人の心身に与える影響〉〈社会全体への影響〉という要素は必須である。

▼問三　傍線部②・③を含む一文は、直後で「福祉の対象を……変わってきた」と言い換えられている。ここを軸として、傍線部②・③の前後の叙述や、後の「むしろ対象を……豊かな福祉が実現できる」といった表現を組み合わせてまとめていけばよいが、やはり表現のつながりや字数制限内を意識してまとめるのには、工夫を要する。

▼問四　ひとつ前の段落で説明されている内容を参照する。「身心の健康状態で判断できる」から、まずCにア「医学」、「課題に取り組んでいるときの一時的な苦しさ……阻害する」から、Aにイ「快楽」、「その課題を乗り越える……」から、BはAより上の段階であるウ「持続」が入る。Dは二カ所あるが、二つの空欄の間に「持続的」という表現があるため、ウ「持続」が入る。

▼問五　「個人主義的」は第十二段落の「確立された個人の……貢献を目指す」、「集産主義的」は同段落の「集団のゴールや……考えに基づく」の説明が利用できる。問いは「どのようなものか」とあるので、傍線部④の前の「コミュニティと公共のウェルビーイング」に着目し、その直前の「人と人のあいだにウェルビーイングが生じる」という叙述も踏まえてまとめるとよいが、やはり字数制限に苦労するだろう。

▼問六　直後に「ウェルビーイングとはいったい何なのかを整理しなおす」とあり、最終文に「……整理していくことでこそ、……道のりが見えてくるはずだ」とあることから、「『解像度』を上げる」とは、設問で示された定義を参照すると、「画像や文字をより精細に表示するように、さらにはっきりと見やすくする」こととなる。その説明を傍線部

体を大きく五つの大段落に分けて要点を整理する。

Ⅰ（第一～五段落：情報通信技術の……しまっているのだ。）情報通信技術の革新は私たちを幸せにしたか　↓問二

情報通信技術の革新は、私たちの知的活動の可能性を広げ、効率も向上させたが、「幸せとは何か」が意識されないまま設計が進んだため、心身だけでなく社会全体にも大きな悪影響を及ぼし、人々を抑圧してしまっている。

Ⅱ（第六～八段落：近年、……課題である。）注目されているウェルビーイング

近年、日本でも２０５０年までに達成すべき６つの目標における研究開発はウェルビーイング（人間の心の豊かさ）に向けたものであることが明言され、企業活動や福祉分野（↓問三）においても情報技術と人間の心的な側面の関係性に関心が高まっている。

Ⅲ（第九～十一段落：しかし、……始めている。）ウェルビーイングの３つの定義　↓問四

従来は医学的ウェルビーイングや快楽的ウェルビーイングが研究の対象とされてきたが、２０００年代以降特に持続的ウェルビーイングを情報技術によって促進するための方法論が研究され始めている。

Ⅳ（第十二～十四段落：このように、……はずである。）ウェルビーイング研究の個人主義的視点と集産主義的視点　↓問五

個人主義的なウェルビーイングの視点だけでなく、集団のゴールや人間同士の関係性、プロセスのなかで価値をつくりあうという考えに基づく集産主義的な視点も加えた、コミュニティと公共の場におけるウェルビーイングの観点も大切だ。

Ⅴ（最終段落：個人の心のなか、……くるはずだ。）ウェルビーイングの「解像度」を上げること　↓問六

捉えがたいウェルビーイングの総体を、その「解像度」を上げて整理していくことで、「わたし」や「わたしたち」のウェルビーイングとは何か、どうやって実現していくかが見えてくるはずだ。

国語

一

出典　安藤英由樹、渡邊淳司「ウェルビーイングの見取り図」（渡邊淳司、ドミニク＝チェン監修・編著『わたしたちのウェルビーイングをつくりあうために——その思想、実践、技術』BNN新社）

解答

問一　a、カタヨ　b、ヒボウ　c、採択　d、浸透〔滲透〕　e、サカノボ　f、配慮　g、ホウセツ　h、発揮　i、ソガイ　j、促進

問二　情報通信技術の革新は、知的活動の広がりや効率の向上という豊かさをもたらしたが、一方で心身だけでなく社会全体にも大きな悪影響を及ぼし、逆に人々を抑圧しているから。（八〇字以内）

問三　ウェルフェアは福祉の対象を社会的弱者として保護し救済するという理念であるが、ウェルビーイングは対象を一人の人間として尊重し、固有の状況に対応した自律的な活動や自己実現を通して、より豊かな福祉を実現しようとする理念である。（一二〇字以内）

問四　A—イ　B—ウ　C—ア　D—ウ

問五　個人の心身を豊かにして社会貢献を目指す「個人主義的」な視点に、集団のゴールや人間同士の関係性、プロセスのなかで価値をつくりあうという考えに基づく「集産主義的」視点も加えた、コミュニティや公共の場に生じるウェルビーイング。（一二〇字以内）

問六　捉えがたいウェルビーイングの総体を、精細に目に見える形で客観的に認識できるようにすること。（四五字以内）

◆要　旨◆

問二〜問六が、例年のようにおおむね文章の大段落の趣旨を理解しているかを問う問題になっており、それに従って全

小論文

解答例　問１．市民間の平等な関係が必要なのは，その関係が損なわれるとき，劣位にある人々は優位にある人々による抑圧を被りやすい立場にたたされることになるからである。加えて，他の市民との関係において劣位の者として扱われ続ければ，その市民は自尊の感情をもつことができず，政治社会の制度への信頼，そして他の市民への信頼を失うからである。一方，市民間の平等な関係が成り立つのは，所得や富の不平等が一定の限度内に抑えられている場合である。加えて，各市民が基本的諸自由を平等に享受でき，しかも，どのような階層に属するかに関わりなく，同じレベルの才能と意欲をもつのであれば，誰もが同じ機会を享受できなければならない。(200～300 字)

問２．課題文も指摘するように，日本ではジェンダーギャップが大きく，女性は男性に比べ，公正にひらかれた機会にアクセスできる立場にあるとは言い難い。政治におけるリーダー，あるいは企業におけるリーダーに女性は少なく，就職・昇進においても女性は冷遇されるため，平均賃金の男女差も大きい。また，数年前には，大学医学部入試においても女性が不当に扱われていたことが報道された。女性が男性に対して不利な立場にあるという状況は，今後も再生産され続けると考えられる。

この不平等を是正することは，「運の平等主義」の考え方に基づいて正当化できる。「運の平等主義」とは，各人が選択しえない事柄については本人の責任を問うことができず，それによって生じた不利に対しては，社会から補償がなされてしかるべきとする考え方である。ジェンダーギャップは，生来の性別という，まさに本人が選択しえない事柄が反映されたものであって，そうした不利をあたかも本人の選択の帰結であるかのように扱うことは不当である。したがって，この不平等に対しては社会の責任が問われ，是正が正当化されることになる。

しかし，このような正当化には，女性を男性に対して劣位にある者とし，市民間に優劣のある関係をむしろ固定化しかねないという難点がある。また，補償の対象になっているという事実が，支援を必要とする弱い存在という自意識を女性に植えつけ，女性が自尊の感情をもつのを妨げることも考えられる。加えて，この不平等は，男女という集合的なカテゴリー間の不平等であり，個々人への資源の再分配によってのみ対処することには限界がある。たとえば，進学に伴う補償が行われ，本人の才能と意欲に沿った進路がかなったとしても，その女性が女性である限り不利な立場は変わらない。続く職業選択や昇進といった他のさまざまな場面で，男性と同様の機会がひらかれるかといえば，そうではないのである。(600～800 字)

◀解　説▶

≪政治社会における市民間の平等な関係≫

▶問１．課題文に基づいて，下線部にある「市民間の平等な関係」は，①なぜ必要で，また②どのような場合に成り立つと考えられるかを説明する。

まず①について，「なぜ平等な関係を築いていかなければならないのかという反問」（第２段落）に対して，課題文は「人々にさまざまな点で違いがあることは…不当でも正当でもない」が「そうした違いが社会の制度や慣行のもとで互いの関係における有利－不利…の違いへと変換されていく」（第４段落）ことを指摘する。その上で，「有利－不利の違いは人々の関係のあり方を決める。不利な立場にある人は，より有利な立場にある人の意に沿うことを強いられやすく，また，劣った者として扱われつづければ屈辱の感情を抱かずにはいられない…そうした関係は不当であると考えるのであれば，それを惹き起こしている制度や慣行は問い直される必要がある」（第６段落）と応じている。

したがって，①に必要な要素は，市民間の平等な関係が損なわれた場合に，不利な立場にある人が有利な立場にある人から抑圧を被ること，および，自尊の感情をもてないことの２点であると考えられる。それを踏まえて以降の段落を確認すると，「抑圧」については第 14～16 段落で，「自尊」については第 25～29 段落で詳しく述べられているとわかるだろう。後者については「政治社会の制度が，…すべての市民に自尊をもつことを可能にするような平等な立場を保障すべき理由は，いま述べた点にある」（第 29 段落）とあり，その前の箇所で「制度への信頼，そして他の市民への信頼を彼らから奪う」（第 27 段落）とあるので，答案でもこの点に言及しておくべきである。

次いで②については，下線部のある節の末尾に「市民間の平等な関係は，

『平等な市民としての立場』のみならず，『所得および富の分配において各人が占める場所によって規定される立場』についても，一方が他方を恣意的に制御できるような優位－劣位の関係が市民の間に生じていないときに成り立つ」（第 24 段落）とある。これが設問要求に直接対応しているが，「平等な市民としての立場」および「所得および…される立場」はロールズ独自の用語なので，それぞれをわかりやすく説明する必要がある。前者については第 22 段落から，基本的諸自由の平等および公正な機会の平等があること，後者については第 23 段落から，所得や富の分配において著しい格差がないことが説明できていればよい。

▶問 2．課題文を踏まえ，①不当な有利－不利にあたると考える現代社会における不平等の具体例を一つ取り上げながら，②その不平等の是正が「運の平等主義」の考え方に基づいてどのように正当化できるか，また③その正当化はどのような難点を伴うかについて論じる。

まずは，課題文から「運の平等主義」の考え方を正しく把握する必要がある。「運の平等主義」においては，「不平等は，それが各人が制御できない事柄の違いを映しだしている場合には正当化できず，それが各人による選択がもたらす影響の違いを映しだしている場合には正当化できる」（第 33 段落）と捉えられる。「運の平等主義」は，「本人の責任を問いえない事柄に対して責任を問うことを不当であると考え，いかんともしがたい不運を被っている人々に対する補償…を正当化する」（第 35 段落）のである。

しかし，この考え方には難点が大きく 4 つ挙げられている。まず，「本人による選択の帰結…に対する冷酷な扱いを正当化する」（第 36 段落）。また，「運に恵まれた人々がそうではない人々に支援の手をさしのべるという優劣の関係を市民の間につくりだす」（第 38 段落）。加えて，「個人の自己責任を問える範囲を特定するのはきわめて困難」である（第 41 段落）。さらに，「カテゴリー間の不平等に対して，個々人への資源の再分配によってのみ対処することには限界がある」（第 45 段落）。

以上を踏まえると，答案の基本方針としては，現代社会における不平等の具体例について（①），それが各人が制御できない，本人の責任を問えない事柄の違いを反映したものであることを示した上で（②），先の 4 つの難点のうち，妥当するものについて具体例に即して説明する（③）ことになるだろう。翻って，②が可能な具体例を選ぶことが必須となる。

〔解答例〕では課題文から具体例を拾い，ジェンダーギャップについて論じているが，他にも，障碍者－健常者の不平等，住む土地による不平等などの具体例を拾うことができる。あるいは，課題文中にないものとして，デジタル・ディバイド（情報格差）に基づく不平等を取り上げ，世代によって情報機器への習熟度に差が出ざるをえないことから是正を正当化しつつ，後追いで学ぶこともできるために自己責任を問える範囲が不明確であること，「情報弱者」という立場の固定化などの難点を指摘することもできるだろう。いずれにせよ，設問要求および課題文の示す論理枠組みとの対応が明確になるよう，構成を工夫する必要がある。

❖講　評

2021 年度は，市民間の平等／不平等という，政治における基本概念を原理的に掘り下げる課題文が出題された。文章自体は決して難解ではないものの，一見すると一般的な語彙であるものに対して，独自の厳密な定義が示されることが多い。また，先に抽象的な命題が示され，それが後になってから具体例を交えてわかりやすく説明されるという構成にもなっている。そのため，全体の論理展開と議論の枠組みを正しく把握するには，かなり高度な読解力が求められた。

2 問の設問は大まかに課題文の前半と後半に対応している。問 1 の内容・理由説明問題は，課題文の示す問題の所在と応答の大枠を把握させるものであった。問 2 は意見論述問題ではあるが，「運の平等主義」の考え方を自ら取り上げた具体例に適用させるもので，実質的には内容説明に近い。いずれも課題文の正確な読解を前提としており，また，特に問 1 は設問要求に比して制限字数が少なめであるため，相応の構成力も求められている。全体的にハイレベルな出題であったといえよう。

2020年度

解答編

解答編

英語

I

解答　1．アーD　イーH　ウーG　エーA　オーC

2．(あ)ーA　(い)ーB

3．その場限りの関係なので，見知らぬ者同士が気楽に会話しやすくなるという現象。(40字以内)

4．全訳下線部(2)参照。

5．かー(E)　きー(A)　くー(C)

6．〈解答例1〉I agree with Hypothesis 1. Many people are busy using smartphones and do not talk to each other even when they are with their family or friends. The Internet deprives people of quality face-to-face interaction with significant others. (38 words)

〈解答例2〉I support Hypothesis 2. Shared information online enables you to get together with friends conveniently. You can also "meet" people on the Internet who you cannot meet otherwise. You may later have opportunities to meet them in person. (38 words)

◆全　訳◆

≪インターネットが人々の関係に及ぼす影響≫

インターネットとスマートフォンが人々の触れ合い方を根本的に変えた。テレビや電話のような以前の技術の登場と同様に，デジタル技術が社会的つながりに与える影響は重要な議論のテーマとなってきた。

インターネットが人と人との触れ合いに与える影響について述べた，相反する二つの仮説が存在する。一方ではインターネットが社会的つながりを現実世界から仮想世界に移すと主張してきた研究者たちがいる（仮説1）。アメリカにおけるある初期の研究では，初めてコンピュータを使った人の長期的な標本を用いて，インターネットの使用が家族の時間やインターネットによらない社会的な交流を締め出すことが示された。さらに，より最近の研究も示しているのが，インターネットによらずに人に会うための名目が携帯機器により奪われたということである。つまり，昔なら写真を見せたり，行事の計画を立てたり，噂話をしたりするのには直接会っていたのに，そうした機能が今や仮想世界へと移されてしまったのである。

これと相反する仮説は，インターネットは直接会って話をする関係を補強するものであり，コンピュータを利用したコミュニケーションは，人々が直接会う機会を増やしているとしている（仮説２）。コミュニケーションの全体量を増やすことにより，インターネット上のコミュニケーションが直接顔を合わせての交流も促進しているというのである。この意味では，インターネットの台頭には，社会の結びつきを飛躍的に高めた電話の出現と共通点がある。さまざまな研究がこの結論を支持してきた。オランダの若者1,210人を対象とした研究は，インスタントメッセンジャーの使用時間が長い人は，実際に人と会って交流することにかける時間も長いことを明らかにした。ドイツ人の全国民の代表標本を用いた長期的な研究においても，ソーシャルネットワークの使用が対面の交流に与えるプラスの影響が認められている。

インターネットが橋渡し的な社会関係資本を強化する方法の一つが，インターネット上のコミュニティーの形成によるものである。人口統計学的特性や地理的な位置に関係なく，共通の関心を持つ人々を結びつけることにより，インターネットは人々の新しいつながりの構築，新たな交流グループの形成を可能にする。この方法には，これまで存在してきた社会的ネットワークを破壊する一方で，さまざまな共通点を持つ人々の新しいグループを形成するという効果がある。例えば，インターネット上の減量支援グループは，人々が共通の目的達成において互いに励まし合うことを可能にする。このようなネットワークは現実のネットワークを補完するかもしれない。

橋渡し的な社会関係資本を創造するこの機会は，新たな個人間の対面での出会いにつながる。インターネットは，その環境が本質的に一時的なものであることが互いに知らない人々がより気軽に会話することを可能にする「列車で乗り合わせた見知らぬ人々」現象を再現する。これは，これらの出会いがインターネット上だけではないことを意味している。アメリカのHow Couples Meet and Stay Together Survey（カップルはどのように出会い，付き合っていくかという調査）のデータによると，インターネットが，ご近所，友人の集まり，職場といった従来からのパートナーとの出会いの場にとって代わっている。アメリカにおいてインターネット利用者は非利用者に比べて恋人に出会う確率が高いことがわかっており，それはインターネット上での出会いという新たな方法のおかげで，より多くの人がパートナーに出会っているかもしれないことを示唆している。

研究の結果には矛盾したものがあるが，特にソーシャルネットワークの積極的な利用を考えた場合，インターネット上の社会的つながりが対面の交流を補完しているという考えを裏付けるかなりの証拠がある。一例として，ヨーロッパ諸国において，インターネットの頻繁な利用と社会生活に対する人々の満足度に，国を超えて比較的強い相関があることを「欧州における生活の質調査」のデータが強調している。インターネットを毎日利用する人と週一度程度利用する人を比較すると，毎日利用する人の方が週一度程度利用する人よりインターネット利用による大きな恩恵を受けている。社会的つながりにおけるインターネットの恩恵は，おそらくインターネット上の社会的活動の結果であると考えられる。

インターネットの恩恵について特筆すべき分野の一つが，デジタル技術を利用する高齢者における孤独の減少の可能性である。(2)高齢期における平均余命の延び，子供の数の減少，そして生活様式の変化の結果として，社会からの孤立は高齢者にとって重大な，そしてますます深刻さを増している問題となっている。孤独感は高齢者の健康状態に悪影響を及ぼす。この問題に対処するため，ますます多くの証拠が指摘しているのが，高齢者の孤独を克服するためにインターネットとインターネット上のソーシャルネットワークが果たしうる有益な役割である。

インターネットの上記のようなさまざまな好ましい影響にもかかわらず，現実の生活の交流に比べて参加への敷居が比較的低いこともあり，ネガティブな社会的交流の場も提供している。インターネットの匿名性や隔離性ゆえに，人々は現実の生活よりさらに安易に望ましくない社会的行動をするかもしれない。ネット上の嫌がらせ，一部のグループの人々に対する差別，さらには犯罪行為までもがソーシャル・メディア・プラットフォームにより助長され，現実世界のものと同じくらい，もしくはそれ以上に有害なものとなるかもしれない。このような弊害は子供たちの間のいじめに見られる。

いじめは子供たちの心の健康や主観的な幸福感に有害な結果をもたらし，極端な場合には自殺につながることもある。屈辱の範囲は多くのネット視聴者に広がり，言葉や画像はいつまでもネット上に残るので，ネットいじめは従来の形態のいじめより，さらに有害なものになりうる。ネットいじめと心の健康の問題の関連は，これまでも広範に実証されてきた。

ネットいじめの広がりを把握するのは難しい。ほとんどの調査が自己報告による情報に頼ったものであり，被害者は報告したがらなかったり，報告できなかったりするかもしれないということで，固有の問題がある。「学童の健康行動」調査によると，多くの国において被害を報告するのは男子よりも女子が多く，平均して 15 歳の 9 %が過去に少なくとも 1 回のネットいじめの被害の経験があることを報告している。

◀解　説▶

▶1．ア．D の in を補い in person「(本人が) 直接に」という成句を完成する。「インターネットによらずに人と会うための名目（pretexts for offline encounters）が携帯機器により奪われた」ことの言い換えとなっているのが where 以下である。offline encounters を言い換えたのが meet in person。

pretext「口実，名目」 offline「(インターネット上ではなく) 直接顔を合わせた」 encounter「会合」 share「～を共有する」 gossip「噂話をする」

イ．satisfaction with ～ で「～に対する満足（度)」なので，空所には H の with を補い people's satisfaction with their social life「社会生活に対する人々の満足度」とする。空所を含む文の構造は，data from the European Quality of Life Survey「『欧州における生活の質調査』のデータ」という主部に，動詞 highlight「～を強調〔明らかに〕する」，目的語の a moderately strong cross-country correlation between ～ and …「～と…の間の国を超えた比較的強い相関」が続く構造。～に相当するのが frequent Internet use「インターネットの頻繁な利用」，…に相当するのが people's satisfaction with their social life である。

moderately「中程度に」 cross-country「国を横断する，国を超えた」 correlation between *A* and *B*「*A* と *B* との相関」 frequent「頻繁な」

ウ．空所を含む箇所は it also provides a space for negative social interactions「それ（インターネット）はネガティブな社会的交流の場も提供する」に，given …「…を考える〔考慮する〕と」が続いている構造。given に続く the comparatively lower barrier to participation [ウ] is the case for real life interactions の空所ウには，lower と呼応し，直前の the comparatively lower barrier to participation を修飾する節を導く疑似関係代名詞である G の than を補う。be the case は「事実である」という意味なので，この部分は「現実の生活の交流に比べると，比較的低い参加への障壁を考えると」というような意味になる。

provide a space for ～「～のための空間を提供する」 comparatively「比較的」 barrier to ～「～への障壁」

エ．空所には A の as を補い，as ～ as … 構文の as harmful as offline とする。空所を含む文は，主部 Online harassment, …, or even criminal offences「ネット上の嫌がらせ，一部のグループの人々に対する差別，さらには犯罪行為」に can be facilitated by …「ソーシャル・メディア・プラットフォームにより助長される可能性がある」と may be as harmful as offline, if not more「現実世界のものと同じくらい，もしかするとそれ以上に有害なものとなるかもしれない」という述部が続いている。

harassment「嫌がらせ」 discrimination against ～「～に対する差別」 population「(特定グループの) 人々」 criminal offence「犯罪行為」 facilitate「～を助長する」 platform「プラットフォーム（システムやサービスの基盤となる環境)」 if not more「それ以上ではないとしても，もしかするとそれ以上に」

オ．空所には C の between を補い link between *A* and *B*「*A* と *B* の関連〔つながり〕」の形にし，The link between cyberbullying and mental health problems has been extensively documented.「ネットいじめと心の健康の問題の関連は，これまでも広範に実証されてきた」とする。

bullying は「いじめ」なので cyberbullying は「ネットいじめ」。extensively「広範に」 document「～を記録する〔実証する〕」

▶2．(あ)設問箇所で始まる文と直前の第 3 段第 5 文（A study of …）は，いずれも「さまざまな研究がこの結論を裏付けてきた」という内容の同段第 4 文（Various studies have …）の具体例である。第 5 文は「オランダの若者1,210人を対象とした研究は，インスタントメッセンジャーの使用時間が長い人は，実際に人と会って交流することにかける時間も多いことを明らかにした」という内容。設問箇所に続く節（a positive effect …）の内容は「ドイツ人の全国民の代表標本を用いた長期研究において，ソーシャルネットワークの使用が対面の交流に与えるプラスの影響が認められた」というもの。同様の結果が得られた2つの研究を紹介しているので，それをつなぐ表現としてはAのAlsoが適切。他の選択肢B．However「しかしながら」，C．Consequently「その結果として」，D．Generally「大抵の場合」は，このつながりに不適。

various「さまざまな」 support「～を裏付ける，支持する」 conclusion「結論」 Dutch「オランダ（人）の」 adolescent「青年期の人，若者」 those who ～「～する人々」 spend *A*（時間）*doing*「～して*A*（時間）を過ごす」 instant messenger「インスタントメッセンジャー（インターネットに接続中のユーザー間で，短いメッセージをリアルタイムに送受信することができるソフトウェア）」 positive「プラスの」 longitudinal「長期にわたる」 using…「…を用いた」は現在分詞でa longitudinal studyを修飾。representative sample「代表標本（母集団の特性が保持されているサンプル）」 population「（ある地域に住む）全住民〔人々〕」

(い)直前の第4段第1～3文（One way through … sharing various commonalities.）と設問箇所に続く節online weight-loss support groups … a shared goal.の関係から判断する。第1～3文の主旨は「インターネット上のコミュニティーの形成により，新しいつながりや交流グループが形成される」というもので，設問箇所に続く「インターネット上の減量支援グループは人々が共通の目的達成において互いに励まし合うことを可能にする」という節はその具体例であることから，BのFor exampleを導く。他の選択肢A．On the other hand「他方では」，C．As a result「その結果」，D．Moreover「さらに，そのうえ」は，この文脈に不適切。

weight-loss「減量」 support group「支援グループ」 allow *A* to *do*「*A*が～することを可能にする」 encourage「～を励ます」 in achieving a shared goalはin *doing*が「～しているときに，～する際に」なので「共通の目的達成において」の意。

▶3．strangers on the trainは「列車に乗り合わせた見知らぬ人たち」

という意味。“strangers on the train” phenomenon の説明となっているのが where 以下の継続用法の関係副詞節。「その環境の一時的な性質が，互いに知らない人々がより気軽に会話することを可能にする」ということ。transient「一時的な」 nature「本質，特質」 allow *A* to *do*「*A* が～することを可能にする」 individual「個人，人」 engage in ～ は「～に従事する」なので engage in conversation で「会話する」の意。

▶4．**Social isolation is a major and growing problem for the elderly, as a result of higher life expectancy in old age, lower number of offspring, and changes in their patterns of living.**

social isolation は「社会からの孤立」，major and growing problem は「重大な，そしてますます深刻さを増している問題」，the elderly は「高齢者」なので，前半は「社会からの孤立は高齢者にとって重大な，そしてますます深刻さを増している問題である」のように訳出する。

as a result of ～「～の結果」で始まる後半は，life expectancy「平均余命」，lower number of ～「より少ない数の～，～の低下」，offspring「子，子孫」，change in ～「～における変化」，pattern of living「生活様式」などの語句を押さえると，「高齢期の平均余命の延び，子供の数の減少，そして生活様式の変化の結果として」というようになる。

▶5．選択肢の英文は次のような意味。

(A)「ネットいじめは従来型のいじめより，さらに有害なものになりうる」

traditional form of ～「従来型の」

(B)「ネットいじめは，今後，増加することが予想される」

be expected to *do*「～すると予期されている」

(C)「ネットいじめの広がりを把握するのは難しい」

measure「～を測る〔把握する〕」 prevalence「流行，広がり」

(D)「ネットいじめは罰せられるべきだ」

(E)「人々は現実の生活よりさらに安易に望ましくない社会的行動をするかもしれない」

か．直前文の第8段第1文（Despite various positive …）の後半 it also provides … と，空所を含む第2文の前半 Because of … とのつながりから判断する。第1文後半の主旨は「インターネットの世界は現実の世界よりもネガティブな交流の場になりやすい」というもの。第2文前半の内容は「インターネットの匿名性や隔離性ゆえに」なので，第1文後半の内容を説明し，インターネットの世界の特徴を述べている(E)が正解。

anonymous「匿名の」 detached「隔絶された」

き．直前文の第9段第1文（Bullying can have …）は「いじめは子供たちの心の健康や主観的な幸福感に有害な結果をもたらし，極端な場合には自殺につながることもある」という内容。空所に続く because 以下が「屈辱の範囲は多くのネット視聴者に広がり，言葉や画像はいつまでもネット上に残るので」という意味で，空所に入る内容の理由になっていることから判断し，(A)が正解。

detrimental「有害な」 consequence「結果」 subjective well-being「主観的幸福，幸福感」 in extreme cases「極端な場合には」 lead to～「～につながる」 reach「範囲」 humiliation「屈辱」 expand「～を拡大する」 indefinitely「無期限に」

く．空所に続く第10段第2文（Most surveys …）が「ほとんどの調査が自己報告による情報に頼ったものであり，被害者は報告したがらなかったり，報告できなかったりするかもしれないということで，固有の問題がある」という意味。第2文が第1文の理由となっているつながりから判断し，(C)が正解。

survey「調査」 rely on～「～に頼る」 self-reported「自己報告による」 which で始まる継続用法の関係代名詞節は Most surveys に説明を加える。inherent「固有の」 as 以下は理由を述べる節。victim「犠牲者」 be willing or able to report の省略を補うと，be willing to report or be able to report となる。report「～を報告する」

▶6．Hypothesis 1を支持するにせよ，Hypothesis 2を支持するにせよ，文中に述べられているそれぞれの仮説の内容に基づいた意見でなければならない。ただし，「自分の意見」を書くことを求められているので，文中に書かれている意見をそのままの表現で使うことは避けたい。

第2段（Two competing hypotheses … the virtual world.）に書かれている Hypothesis 1の内容のポイントは，「インターネットの使用が家族の時間や顔を合わせた社会的な交流の減少につながる」「人々がこれまでのように直接顔を合わせる必要がなくなってしまった」という2点なので，これらに関連した意見を書けばよい。〈解答例1〉では，最初のポイントに関連する「家族や友人と一緒にいてもスマートフォンに触れてばかりで会話がない」という身近な経験を理由としている。

第3段（The competing hypothesis … the German population.）に書かれているHypothesis 2の内容のポイントは「コンピュータを介したコミュニケーションは，人々が直接会う機会を増やしている」ということなので，〈解答例2〉では，それについて「インターネット上で連絡をとることで友人と会うことが容易になった」「インターネット上で知り合った人に，その後，実際に会うことがある」という2つの具体例を挙げて理由としている。

〔解答例〕を和訳すると次のようになる。

〈解答例1〉仮説1に賛成する。多くの人が家族や友人と一緒にいてもスマートフォンを使うのに忙しく互いに話をしない。インターネットは人々から大切な人と顔を合わせて話をする充実した時間を奪っている。

〈解答例2〉仮説2を支持する。インターネット上で情報を共有することが，友人と会うことを容易にする。また，インターネット上では，そうでなければ出会うことのない人に「出会う」ことができる。その後，その人達に実際に会う機会があるかもしれない。

●語句・構文●

（第1段） fundamentally「根本的に」 the way ～「～する方法」 interact「触れ合う」 as with ～「～と同様に」 arrival「登場」 previous「以前の」 effect of *A* on *B*「*B* に対する *A* の影響」 social connection「社会的つながり」 subject「テーマ」 significant「重要な」 debate「議論」

（第2段） competing「相反する」 hypotheses＜hypothesis「仮説」 describe「～を言い表す〔説明する〕」 interaction「交流」 on the one hand「一方では」 argue that ～「～であると主張する」 displace「～を移す」 from the real（world）to the virtual world「現実世界から仮想世界へ」 sample「（調査のための）抽出標本，サンプル」 crowd out ～「～を押し出す，～を締め出す」 mobile device「携帯機器」 remove「～を取り除く」 function「働き，役目」

（第3段） The competing hypothesis is that ～ and that … は，2つのthat 節が is の補語になっている。reinforce「～を補強する」 computer-mediated「コンピュータを介した」 overall「全体的な」 volume「量」

online「インターネット上の」 facilitate「～を促進する」 face-to-face「対面の，直接会っての」 in this sense「この意味において」 rise「台頭」 enhance「～を高める」

(第 4 段) One way through which … は，先行詞 One way を関係代名詞節 through which … が修飾している。「前置詞＋関係代名詞」の基になる構造は One way＋the Internet … social capital through one way で，through one way が through which になったと考える。bridging「橋渡し的な」 social capital「社会関係資本（人々の信頼関係や，社会的ネットワークを含めた人間関係）」 formation「形成」 people with ～「～を持った人々」 shared「共通の」 regardless of ～「～に関係なく」 demographic characteristic「人口統計学的特性」 geographic location「地理的な位置」 allow「～を可能にする」 forge「～を築く」 bond「つながり」 group of association「交流グループ」 while *doing*「～する一方で」 destruct「～を破壊する」 previously existing「以前に存在した」は現在分詞で social networks を修飾。allow for ～「～を可能にさせる，～という効果がある」 sharing various commonalities「さまざまな共通点を持つ」は現在分詞で individuals を修飾。commonality「共通点」 complement「～を補う」 real-life「現実の」

(第 5 段) extend to ～「～にまで及ぶ」 encounter「出会い」 emulate「～をまねる」 phenomenon「現象」 displace「～にとって代わる」 venue for ～「～の場」 workplace「職場」 be found to *do*「～するということがわかっている」 be likely to *do*「～する可能性が高い」 romantic partner「恋人」 最終文のカンマ以下の suggesting that … は分詞構文で，and it suggests that …「そしてそれは…であることを示唆している」と同義。

(第 6 段) mixed「賛否両方の」 substantial evidence「相当の根拠」 the idea に続く that 以下は同格の that 節なので the idea that … で「…という考え」。especially は「特に」，when *doing*（現在分詞）は「～すると」なので，especially when considering … は「特に…を考えると」の意。To illustrate の to は「～すれば」，illustrate は「（例を挙げて）説明する」なので「例を挙げれば」の意。when *doing*（現在分詞）で「～すると」なので when distinguishing between *A* and *B* は「*A* と *B* を区別〔比

較〕すると」。benefit「恩恵」 most likely「たぶん」

(第7段) as to～「～について」 potential「可能性がある」 decrease in～「～における減少」 loneliness「孤独（感）」 have a〔an〕(…) effect on～「～に（…な）影響がある」 health outcome「健康状態」 a (growing) body of～「（ますます）たくさんの～」 point to～「～を指摘する」 beneficial「有益な」 that the Internet…以下は先行詞 the beneficial role を修飾する関係代名詞節。基になるのは the beneficial role＋the Internet…can play the beneficial role to overcome loneliness among the elderly で，the beneficial role が目的格の関係代名詞 that になっていると考える。play a (…) role「（…な）役割を果たす」 overcome「～を克服する，～を取り除く」

(第8段) described above「上述の」 observe「～を観察する」

(最終段) on average「平均して」 完了形の動名詞 having experienced～「～を経験したということ」は report「～を報告する」の目的語。with girls reporting…は「with＋名詞＋分詞」で付帯状況を表す。victimisation「犠牲になること」

II 解答

1．1―(J)　2―(I)　3―(E)　4―(F)

2．世界人口が 1837 年の約 10 億から，その後 200 年足らずでその 7 倍に増えたこと。(40 字以内)

3．100 年足らずの間に，先住民の数が激減，ヨーロッパ系住民の数が激増してその人口比率が逆転するという変化が起こり，それは国内のみならず，世界的にも大きな影響を与えた。

4．全訳下線部(う)参照。

5―(D)

6―(A)・(C)

◆全　訳◆

≪人口動態の変化と世界の歴史≫

ここ最近 200 年ほどの変化がいかに徹底的に変革をもたらすものであったかを実感するためには，長期的な視点から人口動態をとらえることが役立つ。紀元前 47 年にジュリアス＝シーザーが共和政ローマの終身独裁官に任命されたとき，彼の領土は現在スペインと呼ばれているところから現代のギリシャまで，北はフランスのノルマンディーまで，そしてそれ以外の地中海沿岸地域のほとんど，今で言えば 30 以上の国を含む地域にまたがっていた。これら広大な地域の人口は 5 千万人ほどで構成されており，それは世界人口およそ 2 億 5 千万人の約 20% であった。その後 18 世紀以上経た 1837 年にビクトリア女王がイギリス王位に就いたとき，地球上に住んでいた人の数は約 10 億人，4 倍に増加していた。そのうえビクトリア女王の戴冠から 200 年も経たぬうちに，世界人口はさらにその 7 倍に増えており，10 分の 1 の時間で増加率がほぼ倍増したことになる。この後者の増加は驚異的な速度で，地球規模の変化をもたらす影響力を持ってきた。

1840 年から 1857 年の間にビクトリア女王は 9 人の子供を産んでおり，その全員が成人している。その前のイギリスの女帝，アン女王は 1714 年に 49 歳で亡くなっている。彼女は 18 回妊娠したが，彼女の悲劇はすべての子供が彼女より先に亡くなったということである。ビクトリア女王の死からたった 29 年後の 1930 年までに，また別の偉大なイギリスの女性統治者，皇太后が産んだ子供は 2 人だけ，エリザベス（現在の女王）とマーガレットである。アン，ビクトリア，そしてエリザベス皇太后の 3 人の女王に関するこれらの事実が，18 世紀から 20 世紀の間にイギリスで始まり，その後世界に広がった二つの傾向をよく表している。

一つ目の傾向が，乳児死亡率の急激な低下であり，幸いなことに，子供の死が親にとってよくある苦悩ではなく，異常なことになったことである。それに続いた二つ目の傾向が，女性一人あたりの平均的な出産児数の劇的な減少である。アン女王の時代には子供が次々と亡くなるということはよくあることだった。ビクトリア朝中期のイギリスにおいては子供がたくさんいることが，まだ普通のことだった。その全員が成人するまで生き延びることは珍しかった（その点でビクトリア女王は富だけでなく幸運にも都合よく恵まれていたということになる）が，それは間もなく普通のこととなるのであった。20 世紀の両大戦間の時期には，2 人の娘に無事に成人になってもらいたいという皇太后の願いは，少なくともイギリスにおいてはごく当たり前のものだったと言える。

ビクトリア女王が生まれた 1819 年には，オーストラリアに住んでいたヨーロッパ人の数は，わずか約 3 万人と少なかった。当時のオーストラリア先住民の数は確かではないが，30 万人から 100 万人の間であったと推定されている。ビクトリア女王が20世紀初めに亡くなったときには，その数は10万人以下となっていたが，その一方，ヨーロッパ系オーストラリア人の数はほぼ400万人と80年前の100倍以上になっていた。このようなある大陸の人口の規模と構成の変化が一人の人間が生きている間に起こったのである。このことがオーストラリアを完全に，かつ永久に変えることになり，二度の世界大戦におけるイギリスの活動への食料の供給や人員面の支援においてオーストラリアが重要な役割を果たすことになるなど，その大きな影響はオーストラリア国内にとどまらない。同じような話がカナダやニュージーランドにも当てはまる。

これらの衝撃的な事実――急激ではあるが限られた民族における加速度的な人口増，乳児死亡率の(う)急落，出生率の低下，19世紀におけるヨーロッパ人のヨーロッパ以外の地への流出――は，すべて関連したものである。それらは産業革命に伴う同じ大規模な社会変化から生まれたもので，ある国々や地域社会に他のものを犠牲にして力を与え，経済や帝国の運命を決め，そして今日の世界の基礎を築くなど，歴史の流れに圧倒的な影響力を持つことになった。

◀解　説▶

▶1．1．appoint *A* (as) *B* は「*A* を *B* に任命する」なので，Julius Caesar（　1　）appointed perpetual dictator of the Roman Republic の空所には(J)was を補って「ジュリアス＝シーザーが共和政ローマの終身独裁官に任命された」という受動態を完成する。

perpetual dictator「終身独裁官」 Roman Republic「共和政ローマ」

2．stretch from *A* to *B*「*A* から *B* まで及ぶ〔広がる〕」の *A* に相当するのが what（　2　）now called Spain で，*B* に相当するのが modern Greece という構造。(I)is を補い what is now called ～「今で言う（ところの）～」を完成する。

3．when Queen Victoria ascended the British throne in 1837「1837年にビクトリア女王がイギリス王位に就いたとき」から判断し，主部 the number of people living on earth「地球上に住んでいる人の数」に続く述語動詞は，(E)had を補い had grown to …「…に増加していた」という過去完了時制にする。grow to ～ は「～に増加する」の意。

ascend「(王位など）に就く」 throne「王位」

4．空所を含む部分は，主部の This latter multiplication「この後者の増加」に，述部 is astonishingly rapid と（　4　）had a transformative global impact が続いている構造。述部の前半が現在形なので，空所には(F) has を補って現在完了時制にし，「地球規模の変化をもたらす影響力を持ってきた」とする。

latter「後者」 multiplication「増加」 astonishingly「驚くほど」 rapid「急速な」 have a〔an〕… impact「…な影響を及ぼす」 transformative「変形させる，変革を起こす」

▶2．This latter multiplication「この後者の増加」が指すのは，直前の第1段第5文（Yet less than …）の内容で，この文は「そのうえビクトリア女王の戴冠から 200 年も経たぬうちに，世界の人口はさらにその7倍に増えており，10 分の1の時間で増加率がほぼ倍増したことになる」という意味。1837 年にビクトリア女王がイギリス王位に就いたときの人口は，同段第4文（More than eighteen …）より，something like 1,000 million「約 10 億人」なので，「さらにその7倍」は約 70 億人ということになる。

something like ～「約～，およそ～」 yet「さらに」 coronation「戴冠」 further「さらに」 a tenth「10 分の1」

▶3．A similar story can be told に続く of は「～に関して」という用法なので，下線部は直訳すると「同じような話がカナダやニュージーランドに関しても語られることが可能だ」，つまり「（オーストラリアに起こったのと）同じような話がカナダやニュージーランドにも当てはまる」という意味。オーストラリアで起こったことについては第4段第1～5文（When Queen Victoria … both world wars.）に書かれており，そこからのカナダやニュージーランドにも当てはまりそうな内容を選ぶと次のようになる。

第1文：以前には，ヨーロッパ系住民の数は少なかった。

a small number of ～「少数の」

第2文（The number of …）：先住民の数の方が圧倒的に多かった。

indigenous「先住の」 uncertain「確かでない」 estimate「（数や量などの）推定」 range from between *A* to *B*「（範囲が）*A* から *B* の間である」

第 3 文（When Victoria died …）：その後，先住民の数は激減，ヨーロッパ系住民の数は激増していた。

at the start of ～「～の初めに」 while「だが一方…」 *A* of *B* は「*B* の性質を持つ *A*」という意味なので，Australians of European origin は「ヨーロッパ系のオーストラリア人」の意。origin「血統」 number「数が～に達する」

第 4 文（This transformation in …）：人口の規模と構成の変化が一人の人間が生きている間（80 年ほどの間）に起こった。

transformation（in ～）「～の変化」 composition「構成」 continental「大陸の」 occur「起こる」 in the space of ～「～の間に」

第 5 文（It changed Australia …）：その変化が国を完全にかつ永久に変え，世界的にも大きな影響を与えることになった。

beyond Australia's shores「オーストラリアの海岸を越えて」は「オーストラリア国外で」という意味。come to *do*「～するようになる」 play a … role in ～「～において…な役割を果たす」 provision「～に食料を供給する」 man「～に人員を配置する」 effort「活動」

▶4．**the rapid but selective acceleration of population growth; plummeting infant mortality rates; falls in fertility; the nineteenth-century outpouring of European populations to lands beyond Europe**

下線部を含む文の構造は，主部が These startling facts「これらの衝撃的な事実」，ダッシュに挟まれた下線部がその具体的内容，そして述部が are all connected「すべて関連している」というもの。

the rapid but selective acceleration of population growth は「急激ではあるが限られた民族における加速度的な人口増」の意。この場合 selective「選択的な」とは，前段に述べられているように先住民の人口は減り，ヨーロッパ系住民の人口が激増したことを表す。

acceleration「加速」 population growth「人口増」

plummeting infant mortality rates は「乳児死亡率の急落」の意。

plummet「急落する」 infant mortality（rate）「乳児死亡率」 ちなみに第 3 段第 1 文（The first was …）中の a precipitous drop in infant mortality と同義。precipitous「急激な」 drop（in ～）「（～における）減

少」

falls in fertility は「出生率の低下」の意。

fall（in ～）「（～における）減少」 fertility「出生率」 ちなみに第３段第２文（The second, which …）中の a dramatic reduction in the average number of children born per woman と同義。dramatic「劇的な」 reduction（in ～）「（～における）減少」 born per woman は children を修飾する過去分詞。

the nineteenth-century outpouring of European populations to lands beyond Europe は「19 世紀におけるヨーロッパ人のヨーロッパ以外の地への流出」の意。

outpouring「流出」 beyond Europe の beyond は「（範囲）を越えた」の意。

▶５．(A)「20 世紀の情報技術」は，本文に「情報技術」に触れた箇所がないので不適。

(B)「1960 年代の経済の変化」は，経済についての言及は最終段最終文（They are born …）に fate of economies とあるだけで，1960 年代以前の経済に触れた内容が本文にないので不適。

(C)「19 世紀の政治形態の変化」は，本文に「政治形態の変化」に触れた箇所がないので不適。

(E)「ローマ帝国時代の人口の変化」は第１段第２～４文（When in 47 BC … a fourfold increase.）の内容で，それが最後に繰り返されることはあり得ないので不適。

本文が古代から近現代までの人口動態の変化を時代を追って述べたものであること，第４段第５文（It changed Australia …）に２回の世界大戦に触れた記述があることより，本文の最後に続き得るトピックとして適切なのは，第二次世界大戦終戦後の人口変化であり，(D)「1945 年以後の人口（構造）の変化」が適切である。

▶６．(A)「紀元前 47 年，共和政ローマには世界人口の約５分の１が住んでいた」

one fifth「５分の１」 reside「（場所に）住む，居住する」

第１段第２・３文（When in 47 BC … approximately 250 million.）の記述に合致する。

vast「広大な」 land「地域」 comprise「～から成る〔構成される〕」 around「約～」 第 3 文のカンマに続く which 以下は，around 50 million people に説明を加える継続用法の関係代名詞節。a world population of approximately 250 million の of は同格で「約 2 億 5 千万人という世界人口」 approximately「約～，およそ～」

(B)「エリザベス皇太后には姉妹が一人いたが，兄弟はいなかった」

エリザベス皇太后に関する記述があるのは第 2 段第 4・5 文（By 1930, just … across the world.）と第 3 段最終文（By the interwar …）。ここからわかるのは，彼女にはエリザベス（現在の女王）とマーガレットという 2 人の娘がいたということだけで，自身の兄弟姉妹に関する記述はないので不適。

(C)「イギリスではビクトリア朝に乳児死亡率が急激に低下した」

sharply「急激に」 Victorian Age「ビクトリア（女王）時代，ビクトリア朝」

第 2 段と第 3 段第 1 文がカギとなる。まず第 2 段第 1 ～ 4 文（Between 1840 and … and Margaret.）に，アン女王は 18 回妊娠したが，子供はすべて彼女が 49 歳で亡くなる前に亡くなったこと，ビクトリア女王は，1840～1857 年に産んだ 9 人の子供の全員が成人しており，その後，エリザベス皇太后は子供を 2 人しか産まなかったという旨の記述がある。これを受けて，同段最終文（These facts about …）に「これらの事実が 18 世紀から 20 世紀の間にイギリスで始まり，世界に広がった二つの傾向を表している」とあり，さらに第 3 段第 1 文（The first was …）には「一つ目の傾向が，乳児死亡率の急激な低下である」という旨の記述がある。これらの内容を総合すると，正しいことがわかる。

give birth to ～「～を出産する」 カンマに続く all of whom 以下は nine children に説明を加える継続用法の関係副詞節。基になる構造は nine children＋all of them（＝the nine children）survived into adulthood である。survive into ～「～まで生き延びる」 monarch「君主」 aged「～歳で」 pregnancy「妊娠」 tragedy「悲劇」 not a single *A*「一つ〔一人〕の *A* も…ない」 survive「～よりも長生きをする」 neatly「きれいに，きちんと」 represent「～を表す」 先行詞 the two trends を二つの関係代名詞節 that began in … と which have subsequently … が修飾し

ている。subsequently「その後」

また，第 3 段第 4・5 文（In mid-Victorian Britain, … shortly become usual.）にも関連した内容があり，ここからわかるのは「(ビクトリア女王が子供を産んだ）ビクトリア朝の中期にはまだ乳児死亡率が高かったが，その後，ビクトリア朝の後期には顕著に低下し始めた」ということである。

mid-Victorian「ビクトリア朝中期の」 brood「(同じ家族の）子供たち」 norm「平均的な状況」 survival into ～「～まで生存すること」 *A* as well as *B*「*B* だけでなく *A* も」 in *one's* favour「～に有利に」 shortly「間もなく」

(D)「アン女王の子供は一人として 1 歳まで生きなかった」

アン女王の子供に関する記述は第 2 段第 3 文（She had eighteen …）にあるが，アン女王より早く死亡したとあるだけで，生後 1 年以内に死んだかどうかはわからない。

(E)「過去 200 年の間にオーストラリアの人口は減少し，その後再び増加した」

第 4 段第 1～4 文（When Queen Victoria … a single lifetime.）のオーストラリアの人口に関する記述にこのような内容はないので不適。同段第 3 文（When Victoria died …）が紛らわしいが，ここに書かれているのは先住民の数が減少したということで，ヨーロッパ系住民はそれ以上に増加しているので，オーストラリアの人口が減少したわけではない。

(F)「イギリスの急激な人口増が産業革命の原因であった」

cause「原因」

the industrial revolution「産業革命」に関する記述があるのは最終段最終文（They are born …）で，「それらは産業革命に伴う同じ大規模な社会変化から生まれたもので…」と書かれている。「それら」が指すのは直前の同段第 1 文（These startling facts …）にある，人口増，乳児死亡率の急落，出生率の低下，19 世紀におけるヨーロッパ人のヨーロッパ以外への流出である。人口増が産業革命の原因だとは書かれていないので不適。

be born of ～「～から生まれる」 profound「大規模な」 accompany「～に伴って起こる，～と同時に生じる」

●語句・構文●

（第 1 段） get a sense of ～「～を感じ取る」の目的語が how completely

revolutionary … years or so「ここ最近 200 年ほどの変化がいかに徹底的に変革をもたらすものであったか」。completely「徹底的に」revolutionary「変革をもたらす」 it helps to …「…することが役立つ」は仮主語構文。help「役立つ」 have a 〜 view of …「…を〜な視点からとらえる」 demography「人口統計，人口動態」 domain「領土」 as far north as 〜「北は〜まで」 the Mediterranean, … はカンマを挟んで the Mediterranean「地中海地方」と a region that … が同格。fourfold「4倍の」

（第3段） The first は The first trend。with the death of a child becoming … は「with＋名詞＋分詞」で付帯状況を表す。mercifully「ありがたいことに」 *A* rather than *B*「*B* ではなく *A*」の *A* に相当するのが irregular「異常な」，*B* に相当するのが a common agony for parents である。common「よくある」 agony「苦悩」 第2文のカンマに挟まれた挿入句の which followed「次に続いた」は The second (trend) に説明を加える継続用法の関係代名詞節。*A* after *A*「次々と」 interwar「両大戦間の」 expectation に続く that 以下は同格の that 節なので，expectation that … で「…という期待〔願い〕」。at least「少なくとも」

（最終段） startling「衝撃的な，驚くべき」 connected「関連した」 prove to be …「…であることがわかる」 formidable「恐るべき」 influence (on 〜)「(〜に) 影響を与えるもの」 course of history「歴史の流れ」 カンマ以下の empowering …, determining …, and laying … は付帯状況を表す分詞構文。empower「〜に力を与える」 at the expense of 〜「〜を犠牲にして」 others は other countries and communities のこと。determine「〜を決める」 fate「運命」 empire「帝国」 lay the foundation of 〜「〜の土台〔基礎〕を築く」

III 解答

1 ―(C)

2 ―(B)・(E)

3 ―(B)

4 ―(D)

5．ア―(D)　イ―(E)　ウ―(A)　エ―(C)　オ―(G)

6 ―(A)

7.〈解答例1〉I think language ability is more important. It is essential to communicate effectively. If your language skills are strong, you will feel confident and be successful in all aspects of your stay, such as doing well academically and making friends. (40 words)
〈解答例2〉I believe that having a positive attitude, which will enable you to enjoy challenges, is more important. As you positively interact with others, you can build good relationships with them and also quickly become better at the language. (38 words)

◆全　訳◆

≪留学のためのアプリケーション・エッセイについての学生と教授の会話≫

日本人大学生のユウタが，授業の後，アメリカの大学への留学のための出願書類について，彼の英語の教授カレンと話をしている。本文を読み質問に答えなさい。

ユウタ：失礼します，先生，私のアプリケーション・エッセイは読んでいただけましたでしょうか。

カレン：そうでした！　思い出させてくれてよかったわ。はい，あなたの書いた下書きを返しますね。あなたが一生懸命に書いたことはわかるのですが，何カ所か大幅な変更を勧めます。ですから，申し訳ないですが，修正には少し時間がかかるかもしれません。

ユウタ：そうではないかと思っていました！　たくさん文法の誤りがありましたか？

カレン：いいえ，簡単に直せるいくつかのちょっとした間違い以外は文法はよかったです。実は，主な問題点は，その内容だと思います。

ユウタ：え，そうなのですか？　選んだテーマがつまらなかったということでしょうか？

カレン：そうは思いません。実は私が心配しているのは，二つのエッセイがあまりに似ていることです。一方のエッセイはあなたが留学に備えてどのような必要な準備をしたかについて，もう一方はあなたが困難を乗り越えたときのことについて書くことになっていたのですよね。

ユウタ：はい，その通りです。

カレン：ええと，最初のエッセイであなたが書いたのは，留学の夢を追うために猛烈に勉強し，ようやく必要なスコアがとれるまで何度も何度も TOEFL を受験したことについてです。二つ目ではあなたが大学の入試に合格するためにいかに一生懸命努力したかということについて書いています。

ユウタ：その通りです。すみませんが，それの何が問題なのでしょうか？　これらの話題は求められているものにちゃんと合っていると思ったのですが。

カレン：もちろん，あなたがこれまで試験でよい点数を取ってきたということに触れることはいいと思いますが，あなたのエッセイを評価する人に，あなたが一面的であるような印象を与える恐れがあります。私の考えでは，それぞれのエッセイで異なるタイプの経験について書き，あなたの人柄の多くの側面を見せる方がよいのではないかと思います。

ユウタ：先生のおっしゃることはわかりましたが，他に何について書いたらいいかわかりません！　学校以外では，あまり困難を経験してきていませんので。

カレン：何か他に私たちには思いつくことがあるはずです。これまで海外旅行をしたことはありますか？

ユウタ：中学生だったときに家族とカナダに行きましたが，まだ幼かったので恥ずかしがって地元の人に近づくことができませんでした。移動したり食べ物を注文したりなどするときも両親に頼ってばかりでした。

カレン：わかりました，では最初からやり直しましょう。あなたが以前の授業で，コーヒーショップでアルバイトをしていると言ったのを覚えています。問題を解決したり困難を克服したりするあなたの能力を示す，仕事での困難だけどやりがいのある経験は思いつかないかしら？

ユウタ：ええと。上司に対していらいらすることもありましたが，それはあまり面白くないですね。そうだ，もっといいアイディアを思いつきました！

カレン：素晴らしい，聞かせてください！

ユウタ：先月，一人の外国人旅行者が近くの博物館に行く道を尋ねるために店に入ってきました。彼は日本語を全く話せなかったので，最初は彼がどこに行こうとしているか，どうやって手助けしてあげられるか全くわかりませんでした。外国人と英語を話すのが恥ずかしかったということもありましたが，私はジェスチャーや基本的な表現を使い，最終的には何とかお互い理解することができました。私が博物館への道を教えたとき，彼は信じられないほど感謝してくれました。代わりにこの経験をどちらかのエッセイで書けると思いますか？

カレン：ええ，もちろん！　そうすればあなたが親切で忍耐強いということがわかるだけでなく，教室以外で立派に英語を使ったことがあるということも示すことができますね。ほらね，あなたがテストの点がよいだけの人でないことは私にはわかっていたわ！

ユウタ：わかりました，先生，本当にありがとうございます。エッセイの一つをすぐに書き直してみます。

カレン：それがいいでしょう。頑張ってくださいね！

◀解　説▶

▶1.「ユウタのエッセイの下書きに関する教授の主な懸念は何か」

concern「懸念，不安」

(A)「彼が面白くない話題を選んだ」 uninteresting「面白くない」

(B)「彼がいくつかの文法の間違いをした」 grammar「文法」

(C)「彼は両方のエッセイに試験についてのことを書いた」

(D)「彼は以前のカナダ旅行のことについて書くべきであった」 should have *done*「～すべきであった」 previous「以前の」

(E)「彼は求められたテーマに取り組まなかった」 address「(問題など)に取り組む」 required「必要な，要求されている」

カレンの4回目の発言（Well, in your first …）でエッセイが両方とも試験に関するものであることを指摘している。またそれについて5回目の発言の第1文（Of course, it's …）後半で「一面的な人間であるような印象を与える恐れがある」という懸念を伝えている。それに合致するのは(C)。intensely「猛烈に」 describe「(文章で) ～を言い表す」 カレンの5回目の発言第1文の a risk に続く that 以下は同格の that 節なので，a risk that … は「…という恐れ」となる。come across as ～「～という印象を与える，～と受け取られる」 one-dimensional「一面的な」 judging your essays は現在分詞で the people を修飾。

▶ 2．「教授のコメントによると，そのアメリカの大学はどのように海外からの留学生を選考すると考えられるか，次のうち正しいものを二つ選べ」

based on ～「～に基づいて，～によると」 following「下記」 infer「～を推測する」 how 以下の疑問詞節が about の目的語となっている。select「～を選考する」

(A)「志願者の試験の成績をあまり重要視していない」 consider *A* to be ～「*A* が～であるとみなす」 applicant「志願者」

カレンの５回目の発言第１文（Of course, it's …）前半で「これまで試験でよい点数を取ってきたということに触れることはいいと思う」と言っていることから不適。

mention that …「…であると述べる」 score well「高得点を取る」

(B)「志願者の人柄や経歴を考慮に入れる」 take *A* into consideration「*A* を考慮に入れる」

カレンの５回目の発言の第２文（In my opinion, …）で「それぞれのエッセイで異なるタイプの経験について書き，あなたの人柄の多くの側面を見せる方がよい」とアドバイスしていることから正しい。

multiple「多数の，多様な」

(C)「学業とアルバイトを両立している志願者の方が好ましいと考えている」 prefer「～の方を選ぶ」 balance *A* with *B*「*A* と *B* を両立させる」

学業とアルバイトの両立に関する内容は文中にないので不適。

(D)「海外旅行の経験がある志願者を求めている」 have experiences of *doing*「～した経験がある」

カレンの６回目の発言第２文（Have you traveled …）で海外旅行の経験の有無を尋ねてはいるが，それが考えられるエッセイのテーマの一例として挙げただけであることが，話題が海外旅行からすぐに離れていることからわかる。よって不適。

(E)「学業以外の状況において英語を使用した経験をプラスに評価する」 view「評価する」 experience with *doing*「～した経験」 non-academic

「学業以外の」 setting「状況」 positively「前向きに，プラスに」

「(アルバイトで英語を使った経験について書くことで) 教室以外で英語を使ったことがあるということも示すことができる」という主旨のカレンの9回目の発言（Yes, (　オ　)! …）の第2文から判断して正しい。

not only ～ but also …「～だけでなく…も」 demonstrate that …「…であることを示す」

▶3.「どの文が下線部 “back to the drawing board” という表現に意味が最も近いか」

(A)「私たちはあなたの最初のテーマに戻り，それをよりよいものにする方法を見つけるべきだ」

(B)「私たちは最初からやり直し，他の考えられるテーマを見つけるべきだ」 start over「もう一度やり直す」 think of ～「～を考え出す」

(C)「私たちはあなたのカナダへの旅行に関する，より詳しいことを検討してみるべきだ」 detail「詳細」

(D)「私たちはあなたのカナダへの旅行に関する異なる結論を引き出すべきだ」 draw conclusions「結論を引き出す」

drawing board は「製図板」なので back to the drawing board は「最初からやり直しだ」という意味。ただしこの表現を知らなくとも，カレンがこの表現の直後に，全く新しいテーマを検討し始めていることからも判断できる。(B)が正解。

▶4.「ユウタのコーヒーショップにおける仕事の経験について，次の記述のうち正しくないものはどれか」 statement「記述」 experience (in) *doing*「～した経験」

(A)「ユウタは旅行者と英語で話をする必要があった」

ユウタの9回目の発言（Last month, a foreign …）の第1・2文に合致する。ask for directions to ～「～への行き方を尋ねる」 figure out ～「～を理解する」

(B)「ユウタはその旅行者に英語で話しかけることに気まずさを感じた」

be uncomfortable about ～「～に気まずさを感じる」

同じくユウタの9回目の発言の第3文に I also felt embarrassed … とあり，それに合致する。feel embarrassed「戸惑いを感じる」

(C)「ユウタはその旅行者に関する経験が彼の上司との関係よりも面白いと

感じている」
ユウタの 8 回目の発言（Hmmm. Sometimes I …）で「上司に対していらいらした経験はテーマとしてあまり面白くない」という旨のことを言った後，Oh, I just thought of a better idea!「もっといいアイディアを思いついた」と言い，9 回目の発言（Last month, a foreign …）で外国人旅行者に関する経験を話していることより，正しい。get annoyed（with ～）「（～について）いら立ちを感じる」
(D)「ユウタはその旅行者が彼の助けに対して感謝していないと考えた」
grateful「感謝している」
ユウタの 9 回目の発言の第 4 文に I couldn't believe …「博物館への道を教えたとき，彼は信じられないほど感謝した」とあり，それに合致しない。
▶ 5．「空所(ア)～(オ)に，下記のリストの中から最も適切な語を補い，その記号を用いて書きなさい。各選択肢は一度しか使えないものとする」
fill in ～「（空所など）に書き入れる」 appropriate「適切な」
ア．空所を含む文は I suggested に目的語が続く構造。したがって空所には changes を修飾する形容詞を補う。直後の revising might take you a while「修正には少し時間がかかるかもしれない」とのつながりから判断して(D) substantial「かなりの，相当の」が正解。紛らわしい選択肢に(C) challenging「困難だがやりがいのある」があるが，(エ)に使わなければならないので不可。suggest「～を勧める」 I'm sorry to say that …「申し訳ないですが，悪いけど」 revise「～を修正する」 take *A* a while「*A*（人）にとってしばらく時間がかかる」
イ．your grammar was fine aside from …「…以外は，文法はよかったです」に続く a few（　イ　）errors の空所には，それを修飾する that should be easy to correct「直すのが簡単な」のつながりから判断して，(E) trivial「ささいな」を補い「ちょっとした間違い」とするのが正解。
aside from ～「～を除いては」
ウ．空所を含む文は how 以下の節が you wrote about の目的語になっている構造。how you studied intensely「いかに猛烈に勉強したか」に続く to 以下は目的を表す副詞的用法の不定詞なので，(A) pursue「～を追い求める」を選び to pursue your dream of …「…する夢を追うために」とするのが正解。pursue *one's* dream「夢を追う」

エ．Can you think of any（　エ　）experiences at workの空所にはexperiences at workを修飾する形容詞が入る。続くthat以下の関係代名詞節が「問題を解決したり困難を乗り越えたりするあなたの能力を示すような」という意味で，それもヒントに(C)challenging「困難だがやりがいのある」を選ぶ。at work「職場での」
オ．直前のユウタの9回目の発言の最終文（Do you think …）の「代わりにどちらかのエッセイにこの経験を書けると思いますか？」に対するカレンの答えとして適切なのは，(G)absolutely「絶対的に」。この場合Yesを強めて「もちろん」というような意味で使われている。
他の選択肢は，(B)unexpectedly「思いがけなく」，(F)success「成功」，(H)amused「面白がっている」，(I)routinely「いつも決まって」。
▶6．「空所(か)に補うのに最も適切な表現を選びなさい」
(A)「そうとは言いません（そうは思いません）」
(B)「はっきりとはわかりません」　for sure「確かに」
(C)「そう言われています」
(D)「あなたが言っていることがわかりません」
直前のユウタの3回目の発言で「選んだテーマがつまらないということですか」と尋ねたのに対するカレンの答えとして適切なのは(A)。直後のActually, I'm worried … で始まる「私が心配しているのは（テーマがつまらないということではなく）実は二つのエッセイがあまりに似ていることだ」という主旨の文とのつながりから判断する。
▶7．「素晴らしい留学経験のためには，言語の能力と積極的な姿勢のどちらがより重要だと思うか？　25～40語の英語であなたの意見を説明しなさい。(書いた文章の最後に使用した語数を示しなさい)」
「意見」→「理由」→「(理由の）説明」という構成で書くのが基本である。〈解答例1〉は「語学力の方が重要」→「コミュニケーションに必要だから」→「語学力があれば自信を持つことができ，すべての面でうまくいく」，〈解答例2〉は「積極的な態度の方が重要」→「大変なことがあっても楽しむことができる」→「積極的な交流はよい人間関係や語学力の向上につながる」という構成で書かれている。まずは構成を考え，「理由」と「(理由の）説明」が書きやすい方の意見を選んで書くとよい。

●語句・構文●

（ユウタの 1 回目の発言） did you have a chance to ～？は直訳すると「～する機会はありましたか」となるが，自分が依頼したことを相手がすでにやってくれたかどうかを尋ねるときに用いられる。did you ～？よりも丁寧な表現。application「出願，出願書類」

（カレンの 1 回目の発言） I'm glad（that）…「…してよかった」 remind「(人）に思い出させる〔気づかせる〕」 draft「下書き」 can tell（that）…「…であることがわかる」 work hard on ～「～に一生懸命取り組む」

（カレンの 2 回目の発言） main issue「主な問題点」

（カレンの 3 回目の発言） I'm worried that …「…であるのが気になる」 be supposed to *do*「～することになっている」 one essay about ～ and the other（essay）about …「～について一方のエッセイを，…についてもう一方のエッセイを」 二つの物事を説明する場合に，一方を one，他方を the other で指す。demand「(熟練など）要求されるもの」

（ユウタの 5 回目の発言） meet the requirements「要求〔基準〕を満たす」

（ユウタの 6 回目の発言） I see what you mean「おっしゃることはわかります」 I'm not sure は I don't know と同義。struggle「困難」

（カレンの 6 回目の発言） 関係代名詞を補うと something else（that）we can come up with のようになる。基になる構造は something else＋we can come up with something else で，something else が目的格の関係代名詞となり省略されたと考える。come up with ～「(アイディアなど）を思いつく」

（ユウタの 7 回目の発言） approach「～に近づく」 local「現地の」 rely on ～「～に頼る」 get around「(あちこちに）移動する」

（ユウタの 9 回目の発言） eventually「最終的に」 show *A* the way to *B*「*A*（人）に *B*（場所）への道を教える」 instead「その代わりに」

（カレンの 9 回目の発言） not only *A* but also *B* の *A* に当たるのが shows that you … で，*B* に当たるのが demonstrates that …。See は You see の You が省略されたもので，間投詞的に「ほらね（わかるでしょう)」の意で用いられている。there was more to you than high test scores は直訳すると「あなたにはテストの高得点以上のものがある」ということで，「あなたがテストの点がよいだけの人でない」という意味。

（ユウタの10回目の発言）rewrite「～を書き直す」 right away「すぐに」

Ⅳ　解答例

The percentage of young people who say they are satisfied with themselves is by far the lowest in Japan at 46%. In the other six countries, it is higher than 70%, with the U.S. being the highest at 86%, followed by France and the U.K., both at 83%. Two factors appear to contribute to this gap. First, Japanese culture value modesty, so many people refrain from presenting self-confidence. Second, there may actually be more young people in Japan who do not have much confidence in themselves than in other countries because of their unsuccessful experience in school entrance examinations. (99 words)

◀解　説▶

「下の表は2013年のもので，若者の意識に関する国際的な調査の結果を示している。結果の中であなたが気づいたものを一つ，もしくは複数，説明しなさい。異なる数カ国のデータを比較すること。取り上げた結果のそれぞれについて考えられる原因を説明しなさい。総語数は英語80～100語程度とする。（作文の最後にあなたの書いた語数を示しなさい）」

まず問題を注意深く読み，指示に従って解答することが大切である。特に問題文が英語である場合は，読み違いのないように気をつけなければならない。100語以下であれば改行を行わず，一つのパラグラフにした方が書きやすい。一般的な「意見＋理由」型のパラグラフでは「トピックセンテンス（意見）→理由1＋サポート→理由2＋サポート（→結論文）」という構成をとるが，この問題の場合は，指示に従って「気づいたこと（数カ国のデータ）」→「考えられる原因」という構成で書くことになる。

一般的には，他国の若者と比べた日本の若者の特徴を挙げ，その原因を考察することになるので，日本の若者が，他国の若者に比べて率が断然高い／低いという特徴的な結果を選ぶと書きやすい。

〔解答例〕は他国との差が最も大きい「1．自分に満足している」という項目を選んで書いたものである。複数の項目を挙げる場合は，First(ly),

Second(ly) で始めるとパラグラフの構成が明確になる。

〔解答例〕を和訳すると次のようになる。

日本では自分に満足していると回答した若者の割合は46%と群を抜いて低い。他の6カ国では，その割合は70%を超えており，最高のアメリカでは86%，次いでフランスとイギリスの83%となっている。この差には2つの要因があるように思われる。まず初めに，謙虚さが重んじられる日本の文化では，自分に自信があるように見せることを避ける人が多いということである。そして2つ目に，入学試験で失敗した経験から，自分に自信を持っている若者が，他国に比べて実際に少ないかもしれないということもある。

❖講　評

2020年度は2019年度に続き，総合読解問題が2題，会話文と英作文が各1題という構成であった。英作文は図表の読み取りに基づく自由英作文が2018・2019年度に続き出題された。なお，読解問題〔1〕と会話文でも2問の意見論述の英作文が出題されている。

Iは，「インターネットが人々の関係に及ぼす影響」に関する社会分野の評論文。2019年度に比べると内容説明問題が大幅に減り（1問のみ），空所補充問題が多く出題されたのが特徴的である。英文には複雑な構造の箇所があるわけではなく，ある程度の語彙力があれば，それほど理解に苦労するものではない。空所補充，内容説明，英文和訳は標準的なレベルのものであったが，本文の内容に基づく意見論述の英作文は，本文の内容に基づきつつも，本文にある英語をそのまま抜き出すことなく，正確かつ論理的に自分の意見を書かなければならず，慣れが必要である。**II**は「人口動態の変化と世界の歴史」に関する人口統計学，歴史分野の評論文。細かい内容や数字に戸惑うことなく文脈を追って読むのに苦労するかもしれないが，それほど難解な文はない。設問はこれまで中心だった英文和訳・内容説明が減り，「本文の最後に続き得るもっとも適切なトピック」を選ばせる新傾向の問題なども出題されている。**I**・**II**の総合読解問題の総語数は1500語弱で2019年度より100語ほど減っている。**III**は「留学のためのアプリケーション・エッセイ」についての学生と教授の会話が題材となった会話文総合問題。back to the drawing board などの口語表現の意味を問う出題もあるが，設問は各発言の意図や全体的な会話の流れがつかめれば苦労しない素直なものである。会話文問題中に定着した感がある意見論述は，分量が 2019 年度の 10〜15 語から 25〜40 語に増えてはいるが，比較的自由に書けるものであったので取り組みやすい。Ⅳの英作文問題は，若者の意識に関する国際的な調査の結果をまとめた表を題材とした意見論述であった。結果の中で気づいたことを説明し，それについて考えられる原因を説明する（80〜100 語）という問題で，「異なる数カ国のデータを比較すること」という指示もあり，やや書きにくかったかもしれない。

総じて，2020 年度の出題も，専門的な内容の英語を理解するだけにとどまらず，その内容を日本語で簡潔に表現したり，また社会問題について自分の意見を英語で表現したりという，大学で学ぶ際に根幹となる語学力と思考力を求めるものである。人文・社会・自然科学にまたがり，多岐にわたる読解問題を理解するためには，英語力に加えて科目横断的な力が必要と言える。日頃の地道な学習を通じ，実際に使える英語運用力，論理的思考力と，社会に目を向けて幅広い教養を身につけた学生を求める出題意図が感じられる問題であった。

日本史

I 解答

A．問１．・形状は前方後円墳または前方後方墳。
・竪穴式石室に長い木棺を埋葬。
・銅鏡や玉など呪術的な副葬品が見られる。

問２．近畿中央部を除き墳丘規模が小型化した。数は急激に増加し，小型古墳の集合である群集墳も営まれた。家族が合葬可能な横穴式石室が普及した。

問３．稗田阿礼が誦習した『帝紀』『旧辞』を筆録し，『古事記』を編纂した。

B．問４．末法の世の到来におびえ，仏法を記す経典を後世まで保存するため，書写した経典を金属の容器におさめ，金峯山経塚の地中に埋納して極楽往生を願った。

問５．官吏任免権を持つ藤原道長に対し，法成寺造営に奉仕して受領に任じてもらうため。受領の勤務実績を審査する朝廷の会議を通過する必要があった。

問６．弟源義経との対立が深まる中，源頼朝は後白河法皇に迫って義経追討の院宣を下させ，諸国に守護・地頭の任命権や兵糧米の徴収権を得た。義経が自決すると，義経を匿ったとして藤原泰衡を討ち，奥羽を支配下においた。

◀解　説▶

≪古代～中世の墓制と信仰≫

◆A．▶問１．設問の要求は，日本列島各地で造営された巨大古墳に見る画一的な特徴を，３点挙げることである。画一的とはすべてが一様である，という意味だが，では何が画一的か考えていこう。

第一に形状である。３世紀後半の出現期の古墳は，その形状から多くは前方後円墳，もしくは前方後方墳と呼ばれる。第二に埋葬施設である。竪穴式石室や粘土槨が設けられ，そこに長い木棺をおさめる。第三に副葬品である。銅鏡や玉類など呪術的な副葬品がおさめられている。この時期の被葬者の司祭者的性格を知ることができる。

奈良県桜井市の箸墓古墳を知っておこう。この時期の代表的な前方後円墳で，出現期の古墳では最大の規模を誇る。一帯は纏向《まきむく》遺跡といい，大型建物や運河跡が確認されている。

▶問２．設問の要求は，６世紀に大きく転換する古墳の様相について，墳丘規模・古墳の数・埋葬施設について述べることである。

まず墳丘の規模について。かつての巨大古墳は近畿中央部を除いて姿を消し，墳丘規模は小型化した。次に数について。小型古墳の数が爆発的に増え，一辺が10メートル程度の円墳や方墳が狭い範囲に集まる群集墳も地方に現れた。さらに埋葬施設。かつての竪穴式石室から，この時期には横穴式石室へと変化する。その構造は家族の合葬に適し，日常使用する土器なども副葬されるようになった。

▶問３．設問の要求は，「史料１」の墓誌銘に紹介される人物が行った事績について述べることである。史料から「太朝臣安万侶」（太安万侶）という人物名が読み取れる。高校教科書では，ほぼ『古事記』の編纂に関わった人物として紹介されるので，その部分を想起して答えればよい。天武天皇が宮廷に伝わる『帝紀』『旧辞』を稗田阿礼に誦習させたものを，のち太安万侶が筆録し『古事記』として完成させたもので，神代から推古天皇時代までを記録する。なお安万侶は『日本書紀』の編纂にも参加したとされている。

◆B．▶問４．設問の要求は，史料の２・３に基づいて，ア（＝藤原道長）の行為がどのようなものかを説明することである。

まず史料２を読むと，金峯山にお参りして，自ら書写した仏教経典を本堂前の灯籠の下に埋めた，とある。史料３も同様に金峯山に登って経典をおさめた銅篋を埋めた，とある。

これらの行為は埋経と呼ばれた。お経を埋納した場所には小さな塚が設けられ，これを経塚といった。こうした道長の行為の背景にはまず末法思想，そして浄土信仰がある。末法思想は末法の世になると釈迦の教えが理解されず救済もされなくなるという歴史観で，当時の貴族はこの新しい時代の到来におびえた。そこで経塚をつくることで乱世の時代にも経典が長く後世に伝わるようにした。そしてそうした善行を積むことによって，自身の浄土への往生を祈願したのである。

▶問５．設問の要求は２つある。１つめは「彼ら（＝受領）」がなぜ ア

［　］（＝藤原道長）のような貴族に奉仕を行ったのかであり，その際に［ア］の名を明示する必要がある。2つめは受領が次の地位を獲得するためにどのような手続きを必要としたかである。

まず1つめ。リード文によれば［ア］は法成寺を建立し，史料2によれば彼の日記は『御堂関白記』である。これらをヒントにすれば，［ア］が藤原道長であると判断できる。リード文には藤原道長の法成寺造営にあたり「多くの受領たちが奉仕を行った」というくだりがある。また設問には，「受領の地位獲得の面から説明せよ」とあるので，この2点を組み合わせればよい。つまり，受領には任期があるので，任免権のある道長の法成寺造営にあたって私財を提供して道長に奉仕し，道長から任期満了後にも再度受領に任命してもらおうとしたのである。

次に2つめ。受領が任期満了後に次の地位に就くためには，朝廷の「受領功過定」をパスする必要があった。これは公卿による重要な会議で，受領の1人1人について，その功績と過失を審査して受領を評価した。この会議を無事通過すると，受領は希望する上級の官職や，他国の受領に就任することができた。

▶問6．設問の要求は，奥州藤原氏が滅亡するに至る経緯と，それに関わって［イ］（＝源頼朝）が獲得した支配権について説明すること。その際［イ］の名と，その弟の名前を挙げることも求められている。

リード文によれば［イ］は奥州藤原氏を滅ぼしたとされる。これをヒントにすれば［イ］が源頼朝であると判断できる。また，その弟で奥州藤原氏滅亡の直前に平泉に滞在したのは源義経である。

1185 年に平氏が滅亡すると，戦功のあった源義経と兄源頼朝の対立が激化した。後白河法皇はこれを利用し，源頼朝の追討を弟の源義経に命じた。しかし鎌倉の源頼朝は軍勢を送って法皇に迫り，逆に源義経追討の院宣を下させ，諸国に守護・地頭を任命する権限と兵糧米の徴収権を得た。源義経は縁故のあった奥州の藤原秀衡をたより逃亡したが，奥州ではその藤原秀衡が没して子の藤原泰衡の時代となった。藤原泰衡は源頼朝に屈服して衣川に源義経を滅ぼした。ところが，源頼朝は源義経を匿ったとして藤原泰衡を攻撃し，1189 年に彼を滅ぼし，陸奥と出羽の両国を支配下におくこととなった。以上の内容を要約して説明すればよい。

II **解答**　問１．９世紀末，朝廷によりその実力を見込まれて宮中の警備に用いられた武士。

問２．主人は神仏への参詣という厳粛な儀式にのぞんで立烏帽子に狩衣で正装し，先頭を進んでいる。８人の従者たちは実用的な略装である折烏帽子と直垂を着用し，主人の身辺警護にあたりながら門前まで主人を送ってきた。

問３．武士の略装である直垂は，室町時代に入り貴族の実用的な平服として普及し，将軍に出仕する際にも用いられた。しかし宮中装束としては許容されなかったため，昇殿し天皇のもとに出仕する際は着用できなかった。

問４．文禄の役の和議の際，明の皇帝は豊臣秀吉を日本国王に冊封し，王位・王冠を与え，秀吉夫妻に装束を，さらに約五十の衣冠を下賜した。天皇の地位剝奪，秀吉を帝位につける，朝鮮を支配しているなどの誤認がある。

◀解　説▶

≪服飾文化と中世の政治・外交≫

▶問１．設問の要求は，「滝口の武者」について説明することである。９世紀末の宇多天皇時代から，宮中の警備のために出仕した武士を滝口の武士という。彼らは蔵人所に属し，清涼殿北東の滝口にその宿所があったのでこう呼ばれる。滝口の武士は，武士が天皇や貴族にその実力を見込まれて登用される端緒となった。

▶問２．設問の要求は，主人と従者はそれぞれどのような目的にあわせて，どのような正装ないし略装の姿で描かれているのかを論述することである。

まずはリード文を参照しよう。第２段落以降に武士の装束について説明があるが，それは大きく狩衣・水干・直垂の３種類に分かれ，狩衣は武士の正装として，直垂は実用的な略装として広く用いられた，とある。次の段落では烏帽子に言及しており，縦長の立烏帽子が正装，折烏帽子は実用性を重視して用いられた，とある。この説明文にもとづいて今一度「図」をみると，先頭を行く主人は立烏帽子を着用し，背後に「裾の部分を装飾的に垂ら」した様子がわかる狩衣姿である。これは武士の正装で，神仏の前に立つという厳粛な儀式に臨もうとしているのがわかる。一方，従者８人は，そろって折烏帽子と直垂といういで立ちで，「実用的な略装」である。うち１人は，主人の所有するものか，反り返った太刀のようなものを肩に担いでいる。彼らは道中で主人を護衛しつつ寺社に到着したものと考えられる。

▶問３．設問の要求は，直垂の着用はどのように拡大したか，またその限界は何かについて，史料にもとづいて論述することである。

まずは「拡大」について。直垂は「庶民の仕事着が起源」（リード文）といわれ，「実用的な略装」として室町時代には貴族の間にも広く普及した。正長２（1429）年の日記にあるように，貴族は直垂を着用して武家の第一人者である室町将軍のもとに出仕したほどである。

次に「限界」について。直垂は，宮中の天皇の前では，通用しない装束であった。貴族が天皇のもとに出仕する際は直垂ではなく束帯・衣冠・直衣を着用しなければならず，永享６（1434）年の日記にあるように，直垂では昇殿を認められなかった。

▶問４．設問の要求は，豊臣秀吉が明の皇帝から冠服を与えられた背景にある事実関係，また事実誤認や誇張について，史料に即して論ぜよ，というもの。

この問題のテーマは，豊臣秀吉が明の征服をめざして朝鮮に出兵した文禄・慶長の役のうち，文禄の役の際の日明の和平交渉を扱っている。文禄の役では，渡海した武将小西行長がまもなく漢城，平壌を占領し，加藤清正軍は朝鮮最北の地まで攻め入り攻勢を強めたが，朝鮮では義兵による抵抗運動が始まり，朝鮮水軍は日本軍の補給線である海路を分断したため，日本軍は兵糧が欠乏した。また朝鮮には明の援軍が送り込まれ，戦いは膠着した。漢城の北，碧蹄館では日明両軍が激突し，明が敗れて撤退を始めた。しかし日本も追撃の余裕はなく，日明双方に講和への条件が整った。

講和交渉においては戦争の早期終結を急ぐ日明の現地の武将たちの思惑が強くはたらき，秀吉による朝鮮南部の四道の割譲，日明貿易の再開などの和平条件は明には十分に伝わらなかった。一方の明は，和平条件として日本の降伏文書である「関白降表」を求め，日本軍の撤退と秀吉に対する冊封を条件に和平交渉に応じたが，交渉の主旨は秀吉には十分に伝わらなかった。明の使節は文禄４（1595）年に大坂城に入った。秀吉は明帝より贈られた冊封文と冠衣を受け取ったものの，冊封，すなわち秀吉を日本国王とする旨とその前提である日本の降伏を理解できず，まもなく交渉は決裂して慶長の役へと進展した。

さて3つの史料と事実関係を照らし合わせてみよう。フロイスが著した最初の史料では，明の万暦帝が「天皇の王位を剝奪」しようとしていることが述べられるが，事実誤認であろう。ただし「王冠と王衣とを送って豊臣秀吉を日本国王に取り立て」ようとしたのは事実だろう。梵俊による史料では，明帝から秀吉に「装束が贈られた」のは事実であるが，秀吉が「朝鮮も支配し」た，とあるのは誇張であろう。朝鮮支配はあくまで秀吉が示した和平条件の1つに過ぎない。3つ目の吉川家の史料では，秀吉に対し明帝から多くの下賜品があり，「約五十人分の衣冠」があったと述べられている。それが日本の雄将に分賜されたのは事実であろうが，秀吉が日本国王に冊封されようとしたことは事実でも，「帝位」につけられた，というのは誇張である。

Ⅲ　解答

問1．明は海禁政策により海外との自由な通交を制限し，周辺諸国には朝貢を求め貿易を管理した。琉球は明と朝貢貿易を行いつつ日本や朝鮮とも通交し，これらの国々と東南アジア諸国との間を行き来して中継貿易を行い繁栄した。

問2．琉球使節の装いが異国風を強いられたのは，徳川将軍と薩摩藩に従う異民族という役割を彼らに負わせることで，将軍の権威を高める意味があった。

問3．政府は琉球藩を設置して直属とし，国王尚泰を藩王とした。また台湾で琉球島民が虐殺されると，台湾に出兵して清国の譲歩を引き出した。さらに琉球藩を廃して沖縄県を置き県令を派遣，尚泰は東京に移住させられた。

問4．ア．昆布　地名：蝦夷地

◀解　説▶

≪中世～近世の琉球≫

▶問1．設問の要求は，琉球貿易の形態を説明することで，中国の対外政策を踏まえることが条件としてあげられている。

琉球王国の成立時，中国は明の時代であったが，自国民には「海禁」といって，自由に外国に出かけ通交することを禁じ，一方で冊封体制を敷いて周辺諸国との貿易を統制した。琉球王国は明帝の冊封を受け，明に朝貢して臣下の礼をとりつつ貿易を行った。海禁政策により，明の商人は活躍の場を狭められていたため，琉球商人が彼らに代わり活躍する条件が揃った。琉球商人は日本や朝鮮，東南アジア諸国とも貿易を行ったが，その貿易の形態は中継貿易と呼ばれる。それは琉球が仲立ちして明の産品を日本や東南アジアに売り，また東南アジア諸国の産品を日本や明・朝鮮に売る，という形態である。国際貿易港となった那覇は大いに繁栄したが，やがて16 世紀後半の東アジア貿易でポルトガルが台頭すると琉球の勢いは衰えた。

▶問 2．設問の要求は，琉球から幕府への使節が異国風を強調した装いだったことの意味について，考えられるところを述べよ，というもの。

琉球は 1609 年徳川家康の許可を得た薩摩藩の侵攻を受け，これに服属した。1630 年代からは，徳川将軍の代替わりを祝して慶賀使を，琉球国王の代替わりを感謝する謝恩使を，薩摩藩にともなわれて幕府に送った。琉球は薩摩藩と江戸幕府に従属する国であったが，一方で，明に朝貢し従属する国で，日明両属という立場であった。琉球使節が「江戸上り」で幕府を訪れる際，道中であえて異国風を強調した装いで人々の目に触れたことには，徳川将軍があたかも異民族の上に君臨する存在であるかのような印象を人々に与え，徳川将軍家の権威を高める意味があった，と考えられる。

▶問 3．設問の要求は，「琉球処分」の過程を説明することである。琉球処分は 1879 年の沖縄県設置を指す場合もあるが，この問題では「『琉球処分』の過程」を説明するよう求めているので，政府が琉球を日本領土化する過程を追っていくとよいだろう。

まず明治新政府が樹立された段階では，琉球は江戸時代と同様薩摩藩と清国に両属する体制であった。1871 年本土における廃藩置県により薩摩藩が廃されると，琉球は鹿児島県に編入された。政府は琉球を日本領とする方針をとり，翌 1872 年には琉球藩を置いて国王尚泰を藩王とした。こうした政策に清国が反発したが，政府はさらに 1871 年の台湾における琉球島民虐殺事件を契機に 1874 年台湾に出兵し，清国に対し日本の行動を「義挙」として認めさせ，撫恤金（見舞金）を支払わせた。政府はさらに1879 年，琉球における廃藩置県を宣言し，琉球藩を廃止して沖縄県を設置，尚泰を華族として東京に移住させ，かわって県令を派遣・任命して併合を完了した。なお清国は承服せず，アメリカ前大統領グラントの調停もあり，この問題は尾を引いたが，最終的には日清戦争の勝利により終止符が打たれた。

▶問４．設問の要求は，［ア］（輸出品）とその主要な生産地を答えることである。ヒントとして，「長崎貿易においても，俵物とともに中国向け輸出品として多く用いられた」とある。俵物といえば，いりこ・ふかひれ・干し鮑の３品をいうが，海でとれる輸出品をもう一つあげるとすれば，昆布を答えることができるだろう。昆布は蝦夷地や三陸の沿岸で採集され，大坂や江戸へ運ばれた。18世紀末には，その昆布を，大坂で薩摩商人が薩摩産の砂糖と交換し，清と琉球の進貢貿易を利用して清に輸出するようになった。そうした歴史的背景があって，現在も沖縄料理の素材では，豚肉とともに昆布が多く用いられ，１世帯あたりの消費量は日本有数である。

Ⅳ　解答

問１．第２次伊藤博文内閣の外相陸奥宗光は，領事裁判権撤廃，関税自主権の一部回復，居留地の廃止，相互的最恵国待遇などを内容とする日英通商航海条約を調印した。

問２．満州事変が勃発し，陸軍は満州を占領，上海事変も起き海軍も出動した。中野は政党内閣の井上財政・幣原外交の無策ぶりや高橋財政の時代錯誤を非難攻撃し，列強諸国に倣う挙国一致と統制経済を訴え，聴衆の賛同を得た。

問３．井上蔵相は旧平価による金輸出を解禁し金兌換を再開した。高橋蔵相は金輸出を再禁止して金兌換を停止，管理通貨制度に移行して為替安を招いた。

問４．田中角栄。産業や人口の一部地域への集中による弊害を除くため，全国の地方都市を新幹線と高速道路網で結んで経済の均衡ある発展を目指した。

問５．戦後の新制大学は大幅に増設され男女の別なく学生を迎え大衆化した。

◀解　説▶

≪近現代の政治・経済・外交≫

▶問１．設問の要求は，「元勲内閣」の外務大臣による条約改正交渉が，いかなる結果をもたらしたのかを説明することである。

「元勲内閣」とは，1892年に成立した第２次伊藤博文内閣をいい，伊藤を先頭に，山県有朋，黒田清隆など大物元勲政治家をずらりと揃えた内閣だったのでこう呼ばれる。その内閣の外務大臣として条約改正にあたったのが陸奥宗光である。彼は 1894 年，日清戦争勃発の直前に日英通商航海条約を締結した。その結果，日本の幕末からの課題であった領事裁判権が撤廃され，日本にとり片務的であった最恵国待遇も相互対等となった。ただし関税率は引き上げられはしたが，関税自主権は一部の回復にすぎず，全面回復にはいたらなかった。なお，同様の条約が他の欧米諸国とも結ばれ，5 年後の 1899 年，同時に実施された。

▶問 2．設問の要求は，「この時」（満州事変）の日本軍が中国大陸で展開した軍事行動と，中野正剛がそれをどう考えていたのかを史料より読み取ること，さらに国民の反応を述べることである。「この時」が満州事変を指していることは，史料（『参陽新報』）の「満蒙事変」「民政党」「政友会」「井上財政，幣原外交の失敗」「高橋蔵相」「芳沢霞ヶ関外交」などのキーワードから判断できるだろう。「井上財政，幣原外交の失敗」は立憲民政党の浜口雄幸内閣・第 2 次若槻礼次郎内閣の井上準之助蔵相と幣原喜重郎外相に対する非難，「高橋蔵相」は芳沢外相と同じ立憲政友会の犬養毅内閣で蔵相を務めた高橋是清である。

史料は『参陽新報』からの抜粋で，紹介される 10 行余りの演説内容を要約すれば以下のようになる。

（満州事変が起こり）満蒙では日本陸軍の将兵が奮闘し，（第 1 次）上海事変を機に日本海軍の将士が護りについている。浜口内閣の井上財政・幣原外交は破綻し，その後の高橋財政も無価値で，結局政党内閣は国難を前に全くの無策であった。世界の強国がすすめる統制経済政策から取り残され，ダンスとお世辞を外交の定石とするばかりでは，この国難を背負っていけるはずがない，と中野正剛は政党内閣を攻撃し，挙国一致を絶叫して聴衆に訴え，そのたびに堂内を揺るがす拍手を受けた。

以上から，満州事変・第 1 次上海事変が起きて陸海軍が出動していたこと，中野は陸海軍とその将兵に共感する一方で政党内閣を無為無策と攻撃し，挙国一致と統制経済の実現を主張していること，そして国民聴衆が彼の演説・主張に魅了され賛成していることが示せればよいだろう。

▶問 3．設問の要求は，浜口内閣の井上準之助蔵相，犬養毅内閣の高橋是清蔵相の金融政策の違いを，為替や金に注目して説明することである。

井上準之助と高橋是清の政策はきわめて対照的なので，以下の表に示しておこう。

	金	為　替
井上準之助	金輸出解禁，金兌換を再開（金本位制に復帰）	円切り上げ（円高で安定）となる旧平価解禁を断行
高 橋 是 清	金輸出再禁止，金兌換停止（金本位制離脱）	管理通貨制に移行 金兌換停止により為替安（円安）となる

なお2人の政策の結果についても説明しておく。井上蔵相は金の旧平価解禁を断行し為替の安定と輸出の増進をめざしたが，進行中の世界恐慌の影響を受けて輸入超過となり，金が海外に流出して打撃を受けた。一方高橋蔵相のもとでは金との兌換が停止されて円安が進んだ。かつての浜口内閣が断行した産業合理化政策により国際競争力を身につけていた日本は，衣料など軽工業品を中心に輸出を伸ばし，世界に先駆けて景気を回復させるにいたるのである。

▶問4．設問の要求は，下線部の「与党幹事長」で後に総理大臣となった人物は誰で，「列島改造政策」はどのようなものか，インタビューの内容を踏まえて説明することである。

この人物は田中角栄である。田中が総理となる直前に発表され話題となった政策構想が「日本列島改造論」で，これは，人口の都市集中や公害など，高度経済成長のゆがみを解決し，調和ある発展を実現するための政策構想であった。一部地域に集中した人口と産業を地方に分散させ，既存の大都市と新地方都市との連携を強化し，列島各地の都市を新幹線や高速道路などの大規模公共事業による交通ネットワークで結びつけるというのである。田中内閣が発足し，地価対策を講じる前に構想が前面に出て，投機的な土地売買が「狂乱地価」と呼ばれる地価高騰を招き，おりからの石油危機の不況が重なってこの構想は当時成功裏に実現したわけではなかった。しかし新幹線網，高速道路網，そして三本の本州四国連絡橋などはその後も日本列島という舞台に着実に整備され，今日では重要な産業基盤として，また国民生活に欠かせない公共財としての役割を果たしている。

▶問5．設問の要求は，大学が，戦前から敗戦後にどのように変化したかを述べることである。変化を問うているので，「戦前はこうであったが戦後はこうなった」と前・後の違いを2行程度で論じたいが，解答欄には1行分しかない。よって解答は変化した結果を中心に述べるしかない。

戦前の大学は，原敬内閣時の大学令（1918 年）によって，それまでの帝国大学に加え，公立，私立，単科の各大学が認められ，大学制度が拡充され，学生数も増加し，1918 年の約9千人から，1930 年の約7万人へと増加し，大衆化が進んだ。戦後，アメリカの意向を受け教育の民主化が進むと，大学もさらに拡充がはかられ，専門学校，高等学校，師範学校などが新たに大学に編入され，短期大学も新しく発足した。こうして新制大学は大幅に増設され，新制大学は戦前に増して大衆化が進むとともに，女子大学生も増加した。

❖講　評

2020 年度の論述問題は 18 問，論述解答の合計行数は 41 行（1行＝約 14 cm〈Ⅰ問1のみ約 10 cm〉）であった。3行程度で答えさせる論述問題は全7問で，2017 年度（4問），2018 年度（3問），2019 年度（5問）に比べて最も多くなっている。求められる記述量の最大は3行で，かつて出されていた4行解答は 2017 年度以降は出題されていない。語句のみの記述解答は1問（解答個数2），論述の中で人物名を答えさせる解答が3問（藤原道長，源頼朝，源義経，田中角栄）出題された。問題には空欄に語句を補充するものが含まれるが，シンプルな空所補充問題の数は減少しつつある。一方で論述量は 2018 年度 40 行，2019 年度 38 行，2020 年度 41 行と，論述解答に重点を置く傾向が続いており，試験時間内で過不足なく全問に答えられるかという課題は依然残る。

難易度については，語句解答も論述に含めつつ答える形式が大勢となった分，文章表現が問われ，やや難化の傾向が続いているといってよい。

史料の要約や，史料をもとに答えさせる問いも出題されている。出題史料の数は，現代文訳を含めて 10 個で，2019 年度（4個）より増え，2018 年度（8個）並みとなった。現代文訳の史料や問題文で解説をともなう史料が多く，受験生は取り組みやすかったのではないか。

視覚資料は1点のみで，2018 年度の7点や 2019 年度の2点からも減少した。

大問数は 2019 年度の大問3題から4題となり，2016〜2018 年度と同じであった。時代別では古墳時代を含む古代から戦後の田中角栄内閣までの出題となった。例年，ほぼ全時代・分野からまんべんなく出題されている。

Ⅰ　古代〜中世の墓制と信仰に関する出題。Aでは初期と後期の古墳の特徴と，太安万侶の事績が問われ，Bでは藤原道長による経塚造営の事情，受領の任期終了後の再任官の条件，奥州藤原氏滅亡に関わって源頼朝が得た支配権などが問われた。問4の経塚に関する問い，問5の受領が再び任官されるための手続きに関する問いは難問。他の4問は教科書にも記述がある問題なので，ここで着実に得点しておきたいところだ。

Ⅱ　服飾文化からみた中世の政治・外交の諸問題を問う。問1は「滝口の武者（武士）」という歴史用語の説明で，教科書にも記述がある。問2は絵図を見て主人と従者の装束の違いを把握して論じられればよい。問3は直垂の拡大と限界を，問4は明の皇帝から豊臣秀吉に冠服が賜与された背景を論じさせるが，この2問はリード文と史料文を丹念に読み解いて論述解答につなげていきたい。

Ⅲ　中世〜近世の琉球に関する出題。問1では明の冊封体制と琉球，琉球貿易の特質を問う。問2では近世の琉球使節による異国風の装いについて，**Ⅱ**の服飾文化にもつながる問いである。問3は琉球処分の過程についてで，特に問1と問3は教科書にもとづく基本的な問いといってよい。問4の語句記述問題は，蝦夷地の産物が琉球料理に不可欠な素材として普及した事例で，よく覚えておこう。

Ⅳ　近現代の政治・経済・外交に関する出題。問2以外は高校教科書にも紹介される。問1は日英通商航海条約の内容，問3は対照的な井上財政と高橋財政の比較，問4は日本列島改造論の説明が求められる。問5は解答欄が1行なので工夫が必要。最後に問2はリード文を読み取り，満州事変の日本軍の行動，中野正剛の主張，国民の反応を整理して記述しよう。

世界史

I **解答** 問１．アルタミラ〔アルタミラ洞窟〕

問２．(a)ジブラルタル海峡

(b)フェニキア人が，イベリア半島で産出される金・銀・銅・錫などの鉱物資源を獲得するための交易拠点として重要視したため。

問３．カルタゴの将軍ハンニバルがイタリアに侵入し，カンナエの戦いでローマ軍に打撃を与えたが，最終的には北アフリカのザマの戦いでスキピオの率いるローマ軍に敗れた。

問４．トラヤヌス

問５．フランク王国の宮宰カール＝マルテルが，侵入してきたウマイヤ朝のイスラーム軍をトゥール・ポワティエ間の戦いで破り，キリスト教世界の防衛に成功した。その子ピピンは教皇の支持を得てカロリング朝を開き，教皇との提携を強化し，さらにその子カールが教皇レオ３世によりローマ皇帝に戴冠され，西ヨーロッパ中世世界が成立した。

◀解　説▶

≪先史時代～中世のイベリア半島の歴史≫

▶問１．ラスコーはフランスの遺跡なので間違わないように。アルタミラの洞穴絵画は 1879 年にスペイン北部で発見された旧石器時代後期の遺跡で，牛や馬などの動物が彩色画や線画で描かれている。

▶問２．(a)ジブラルタル海峡はスペインとモロッコの間の海峡。古代ギリシア人は，ヨーロッパ側の「ジブラルタルの岩」とアフリカ側のアチョ山（アフリカ側の柱については諸説ある）を「ヘラクレスの柱」と呼んだ。なお，アチョ山はスペイン領セウタに位置する。

(b)難問。2016 年度〔１〕でもほぼ同内容の出題があった。「地中海の東端から渡来した人々」はフェニキア人。イベリア半島は，各種鉱物の産地として知られ，フェニキア人は交易を目的としてイベリア半島南岸のガディル（現在のカディス）などの植民市を建設した。

▶問３．第２回ポエニ戦争（前 218～前 201 年）の経緯を説明すればよい。ハンニバルとカンナエ（カンネー）の戦い，ザマの戦いに必ず言及すること。ハンニバルの拠点はカルタゴの植民地であったイベリア半島のヒスパニア。カルタゴ=ノヴァ（現在のカルタヘナ）を出発したハンニバルはアルプスを越えてイタリアに侵入し，前216年のカンナエの戦いでローマ軍に壊滅的打撃を与え，その後イタリアを転戦した。しかし，ローマの将軍スキピオがスペイン，次いでカルタゴ本土を攻撃したため，ハンニバルは本国に召還され，前202年のザマの戦いでローマ軍に大敗した。

▶問4．トラヤヌス帝はヒスパニアの出身。初の属州出身の皇帝であり，五賢帝の一人。ダキア（現在のルーマニア）を属州とし，メソポタミアを征服し，ローマ帝国最大の版図を実現した。

▶問5．カール=マルテル，ピピン，カールと関連する歴史事項について順に言及していけば書きやすい論述である。

732年，フランク王国メロヴィング朝の宮宰カール=マルテルはトゥール・ポワティエ間の戦いでウマイヤ朝軍を撃退した。726年の聖像禁止令でビザンツ皇帝と対立した教皇は，ビザンツ皇帝に代わる政治的保護者となることを期待してフランク王国に接近した。マルテルの子ピピンは教皇ザカリアスの承認を得てカロリング朝を開き，教皇は「ピピンの寄進」により教皇領を手に入れ，両者の提携は強化された。800年にピピンの子カールが教皇レオ3世により戴冠されたことで，ビザンツ帝国に対抗できる政治勢力としての西ヨーロッパ中世世界が誕生した。

II 解答

問1．ア．ローマ　イ．北京
ウ．コンスタンティノープル〔イスタンブル〕
エ．西安〔長安〕　オ．草原の道〔ステップ=ルート〕
カ．オアシスの道〔オアシス=ルート〕
キ．海の道〔海上ルート，マリン=ルート〕
問2．①モンゴル帝国〔大モンゴル国〕
②そのなかでは交通が活発化し，商業活動や文化交流が促進された。
問3．ク．スキタイ　ケ．匈奴
問4．コ．ヘロドトス　サ．司馬遷　シ．歴史　ス．史記
シの内容：ペルシア戦争の歴史を物語風に記述した。
スの内容：黄帝から前漢の武帝の時代までを紀伝体で著した。
問5．(1)家畜とともに移動し，定住する場所をもたない。

⑵弓矢に優れ，騎馬に巧みな戦士である。

⑶農耕を行わない遊牧民である。

⑷戦術が現実的で，不利な時にはあっさりと退却する。

問６．例えばゲルマン人国家が成立したように，騎馬遊牧民の移動が他民族の移動を引き起こした。また，騎馬戦術が農耕社会の戦術を変化させたように政治・軍事面に影響を与えている。

◀解　説▶

≪騎馬遊牧民の歴史≫

▶問１．ア.「すべての道がつうじる」は「すべての道はローマに通ず」の諺のこと。

イ．北京は，フビライ＝ハンによって 1264 年カラコルムから遷都され，モンゴル帝国・元の都となり，大都と称された。

ウ．コンスタンティノープルはギリシア人の植民市時代はビザンティオンと呼ばれていた。330 年にコンスタンティヌス帝が遷都し，彼の名前にちなんでコンスタンティノープルと改称された。イスタンブルはコンスタンティノープルの別称で，1453 年にオスマン帝国に征服されて以降も２つの名称で呼ばれている。イスタンブルと独立して呼ばれるようになったのは 20 世紀に入ってからである。

オ.「草原の道」はユーラシア大陸北部のステップ（草原）地帯を通るので，ステップ＝ルートともいう。モンゴルから天山山脈の北側のジュンガル・カザフの草原を通り，カスピ海の北側に達する。

カ.「オアシスの道」は，19 世紀にドイツの地理学者リヒトホーフェンが名づけた狭義の「シルク＝ロード（絹の道)」にあたる。中国から中央アジア・イラン高原・メソポタミアを結ぶオアシス都市経由のルート。敦煌から河西回廊を通り天山南北路に分かれ，南路はさらに天山南麓の西域北道と崑崙北麓の西域南道に分かれる。

キ.「海の道」は地中海から紅海・アラビア海・インド洋を経て，東南アジア・中国に至る海上交易ルート。

▶問２．①モンゴル帝国は最盛期に地球上の陸地の約４分の１を支配したといわれる。

②難問。モンゴル帝国の成立がユーラシア大陸に及ぼした影響を述べればよい。モンゴル帝国で駅伝制によって東西交通路が整備されたことにより，

商業活動が活発となり，授時暦やイランの細密画に代表されるような東西の文化交流が促進された。

▶問3．ク．「世界史の舞台に遊牧国家として最初に名前を記した」からスキタイが正解。スキタイは前7世紀から前3世紀にかけて，黒海北方の草原地帯を中心に活動したイラン系の騎馬遊牧民。

ケ．クのスキタイ「に続いてユーラシア草原の東部にあらわれた」とあるので匈奴が正解。匈奴は前3世紀後半からモンゴル高原南部で活動を活発化させ，前3世紀末，冒頓単于によって統一された。

▶問4．難問。コ・シ．クがスキタイであることと，史料の「ペルシア王」がヒント。ヘロドトスがペルシア戦争についての『歴史』を著していることから判断したい。『歴史』はペルシア戦争史を主題にしているが，スキタイについて述べられた部分がある。

サ・ス．ケが匈奴であることから司馬遷と判断したいが，『漢書』にも匈奴について述べた部分があるため紛らわしい。「巻一一〇」で匈奴について述べられているのは『史記』である。司馬遷は，前2世紀，前漢の武帝時代の歴史家。匈奴の捕虜となった将軍李陵を弁護したため，武帝により宮刑に処せられた。『史記』は本紀・列伝を中心とする紀伝体の形式で記述されており，中国各王朝の正史の手本となった。

▶問5．(1)『歴史』の「町も城壁も築いておらず」「その一人残らずが家を運んでは移動してゆく」と，『史記』の「城壁とか定まった住居はなく」「水と草を追って移動し」は，定住ではなく移動生活であることが述べられている。

(2)『歴史』の「騎馬の弓使いで」と『史記』の「士卒は弓を引く力があれば，すべて甲冑をつけた騎兵となった」は，騎馬に巧みであったことが述べられている。

(3)『歴史』の「種も蒔かねば耕す術も知らない」「生活は……家畜に頼り」と，『史記』の「耕作に従事することもなかった」「家畜を放牧しつつ点々と移動した」は，農業をせずに放牧（遊牧）をしていたことを指している。

(4)『歴史』の「ペルシア王が……向ってきた場合には……逃れつつ……撤収し，ペルシア王が退けば追跡して攻める」と，『史記』の「形成有利とあれば進撃し，不利と見れば退却し，平気で逃走した」は，戦術について述べている。

▶問6．難問。様々な点が指摘できるが，〔解答〕では，フン人の移動がゲルマン人の大移動を引き起こして西欧にゲルマン人国家が成立したことを例にあげて，騎馬遊牧民の移動で新たな国家形成が進展したことを説明した。中国でも五胡の侵入によって五胡十六国が成立している。また，例えば，古代中国では戦車や歩兵が重視されていたが，騎馬遊牧民の侵入によってその集団騎馬戦術が中国の戦術を変化させていることなどを考えた。このように騎馬遊牧民は政治・軍事的な影響力を世界史に与えている。

Ⅲ 解答

問1．a．ボニファティウス8世
b．ウィリアム＝オブ＝オッカム　c．ウィクリフ
d．フス

問2．A．コンスタンツ　B．オクスフォード　C．プラハ

問3．聖職売買，聖職者の妻帯

問4．聖職者への課税

問5．ペトラルカ

問6．1)ルターが発表した「九十五カ条の論題」などは，当時グーテンベルクによって実用化された活版印刷術により短時間で大量に印刷され，広範な階層に広く普及した。

2)教皇やカトリック教会の伝統的権威を否定したため，教皇による政治的干渉や経済的搾取に反発する諸侯・市民，教会領主の搾取のもとにあった農民など，広範な社会層に支持された。

◀解　説▶

≪教皇権の衰退とルターの宗教改革≫

▶問1．a．教皇ボニファティウス8世は，1303年にローマ近郊のアナーニでフィリップ4世の側近に捕らえられ，その後市民によって救出されたが，屈辱のうちに憤死した。

b．ウィリアム＝オブ＝オッカムは14世紀のイギリスのスコラ学者で，唯名論の立場に立ち，信仰と理性，神学と哲学の区別を説き，近代合理論への道を開いた。

c．ウィクリフは教会に対する国家の優先を主張し，信仰の唯一の源泉は神の言葉である聖書にあるとし，聖書によらない一切のカトリックの施設・機関・制度を否定する聖書主義の立場をとった。

d．フスはウィクリフの説に共鳴し，カトリック教会の世俗化を厳しく批判した。教皇庁から破門され，説教も禁止されたが屈せずに各地で活動した。コンスタンツ公会議に召還され，学説の撤回を迫られたが拒否したため，火刑に処せられた。

▶問2．A．コンスタンツ公会議（1414～18 年）は，神聖ローマ皇帝ジギスムントの提唱で開催され，教会大分裂を解消し，フスを火刑にした。

B．オクスフォード大学はイギリス最古の大学で，パリ大学を模範として12 世紀後半に設立された。

C．プラハ大学は 1348 年，神聖ローマ皇帝カール 4 世によって設立されたドイツ語圏で最古の大学である。

▶問3．司教・修道院長などの高位聖職は国王・諸侯といった世俗支配者により任命され，また世俗支配者が高位聖職者を兼ねる場合も多かったので，任命される際に金銭を納めることが一般化し，下位聖職者では主に司祭職が売買された。また，カトリックでは聖職者の妻帯は禁止されていたが，これも慣行として一般化しており，クリュニー修道院と教皇グレゴリウス 7 世の改革運動で聖職売買とともに批判された。

▶問4．フィリップ 4 世は国内統一とイギリスとの戦費調達のため，国内の教会・修道院に課税しようとしたが，教皇ボニファティウス 8 世は教皇権の絶対性を主張し，聖職者への課税に反対した。そこで，フィリップ 4 世は国内世論を味方につけるため，1302 年に聖職者・貴族・平民の代表からなる三部会を招集した。

▶問5．『叙情詩集（カンツォニエーレ）』の作者ペトラルカは少年時代をアヴィニョンで過ごし，ボローニャ大学で法律を学んだ後，一時期アヴィニョン教皇庁に下級聖職者として仕えている。

▶問6．1)活版印刷術を使って出版されたルターの「九十五カ条の論題」や『新約聖書』は，それまで修道院の聖職者によって書写されていたラテン語の書物と違い，安価な上にドイツ語なので一般にも読めるようになり，ルターの宗教改革を支える最大の武器となった。

2)ドイツでは中央集権化が遅れ，領邦分立の状態が継続していたため，教皇による政治的干渉や経済的搾取の対象になりやすく，「ローマの牝牛」と形容された。ザクセン選帝侯フリードリヒのように教皇による搾取に反発してルターを支持した諸侯も多く，領主制の下で苦しんでいた農民もルターの教えを受け入れたのである。

Ⅳ 解答

マゼランの航海を機にフィリピンを領有したスペインは，1571 年に拠点としてマニラを建設した。ポトシ銀山などで採掘された銀は，メキシコのアカプルコからガレオン船でマニラに運ばれ，中国商人が持ち込んだ絹や陶磁器と交換された。これをアカプルコ貿易という。大量の銀が流入した中国では貨幣経済が発展し，明代には各種の税や徭役を銀に一本化して納める一条鞭法が税制として実施された。重金主義をとるスペインは，アカプルコ貿易によって一時的に多大の利益を得たが，結局大量の銀が国外に流出する結果となり，国家を富ませることに成功しなかった。また，この貿易はヨーロッパと中国とを結ぶ中継貿易であったため，現地の産業育成には結びつかず，原住民も農業よりも貿易に従事したため，フィリピン経済の自立を阻害することになった。(350 字以内)

◀解　説▶

≪アカプルコ貿易≫

●設問の要求

〔主題〕16 世紀後半に始まった，マニラ，アカプルコ，中国間の国際交易
〔条件〕史料を参考にする

●論述の方向性

アカプルコ貿易の説明はできると思うので，史料から何を読み取れるかがカギとなる。

アカプルコ貿易に関しては，マニラ・アカプルコ・中国をつなぐ貿易だったこと，銀と中国の絹や陶磁器が交易品となったこと，中国で一条鞭法が導入される背景となったことなどを指摘したい。

史料から二つのことを読み取りたい。一つは，マニラに住むスペイン人が交易活動しか行っておらず，農耕・畑作はもちろん，鉱山・砂金採取場の開発もせず，非常な利益を生むような仕事にも従事していないということ。それはスペイン人だけではなく，原住民もかつて行っていた仕事や農業を放棄してしまっている。つまり，マニラの経済が交易活動だけで成り立っているモノカルチャー的経済であるということが述べられている。

もう一つは，「貿易の窓口を通して，年々莫大な銀が異教徒の手に渡り，

もはやいかなる経路からもエスパニャ人の手に戻ることはないという大きな損害がある」という部分に注意したい。毎年莫大な銀が中国に流出し，スペインはそれを回収できないため，大きな損害となる，と分析している。

❖講　評

Ⅰ　先史時代から8世紀までのイベリア半島の歴史に関する大問。アルタミラ遺跡，フェニキア人の植民市，ハンニバル，トラヤヌス帝，トゥール・ポワティエ間の戦いなどについて問われている。論述問題も含め，おおむね教科書レベルの知識で対応できるが，問2(b)の「フェニキア人がイベリア半島沿岸部に多くの植民市を建設した理由」は教科書レベルを超えており難しい。ただ，2016年度にほぼ同じ内容の問題が出題されており，過去問研究をしていた受験生には有利となった。

Ⅱ　スキタイ・匈奴に始まる騎馬遊牧民の歴史をテーマにした大問で，地図や史料を読み解く力も試されている。広義のシルクロードに関する知識を中心に，歴史書に関する知識も問われている。空所補充形式の問題では，問4が難問。特に司馬遷を判定するのは難しかった。問2②と問6の論述問題は教科書的知識では対応できず難問である。問5は史料を読み解く国語力も問われており，ユニークな問題であった。

Ⅲ　14世紀に始まった教皇権の衰退とルターの宗教改革に関する大問。アナーニ事件，教皇のバビロン捕囚，コンスタンツ公会議，反カトリック運動，ルターの宗教改革などに関する知識が問われている。記述問題は標準的な内容で易しい。問6の論述問題では，2)のルターの思想が広範な社会層に受け入れられた理由については，やや論述しにくかったかもしれない。

Ⅳ　例年通り350字（ただし2018年度は400字）の論述問題であった。2019年度は2017年度と同じく古代地中海世界の宗教がらみの問題であったが，2020年度は近世スペインのアカプルコ貿易について経済史からの出題となった。史料を読み込む力も問われており，難しい。アカプルコ貿易については，中国の税制改革への影響などは論述しやすいと思うが，「現地経済の自立を阻害した」ことと「スペイン衰退」を関連づけることを，史料から読み取ることができたかどうかがカギとなる。

2020年度は2019年度と比べ，短文論述の問題は若干増えた程度であるが，教科書レベルの知識では対応できない難問が増えた。Ⅳの長文論述の問題は，2019 年度に比べると論述しやすい問題であったため，全体としては難易度に差はない。全体的にハイレベルな問題で，時間的余裕はほとんどないといえる。

地理

I　解答

問1．a．ニューオーリンズ　b．カイロ　c．ダッカ　d．シャンハイ〔上海〕

問2．アは鳥趾状三角州で，河道に沿った自然堤防が海にのびており，河川が運搬する土砂の量が多く，沿岸流や潮汐の作用が弱い場合に形成される。イは円弧状三角州で，河口部で分流した河道により広範囲に土砂が堆積され，沿岸の波の侵食作用がアより大きい場合に形成される。エは河口部が沈水して入り江になっており，潮汐の力が大きい場合に形成される。

問3．イ付近は砂漠気候におおわれているため，外来河川のナイル川から灌漑用水が得られ，肥沃な土壌が広がる三角州の地域が耕地や居住地として利用され，小麦，綿花などが盛んに栽培されている。一方，三角州の周辺の地域には砂漠が広がり，水が得られないため人間生活にほとんど利用されていない。

問4．アのミシシッピデルタはメキシコ湾，ウのガンジスデルタはベンガル湾に面し，それぞれハリケーン，サイクロンと呼ばれる熱帯低気圧の進路方向に位置している。これらの地域は低平で水はけが悪いため，襲来に伴う暴風雨や高潮などによる海岸侵食や浸水，水没の被害を受けやすい。

問5．資源名：原油

原油採掘に伴う海底油田採掘中の事故や海底パイプラインの事故により原油が大量に流出し，三角州を含む地域では沿岸域の水質汚濁や，原油漂着による土壌汚染や漁場，生態系の破壊などの環境問題が生じている。

◀解　説▶

≪世界の大河川の三角州≫

▶問1．まず図のア～エで示された河川を，表に示された河川から選んで特定しよう。河川の流路と三角州の形態から河川が想起できるとよい。

アは，本流と思われる河川が海に突き出し，その自然堤防周辺に土砂が堆積していることが読み取れる。鳥趾状三角州をもつミシシッピ川と考えられ，aはニューオーリンズである。

イは，まず方位に注意。北が下になっている。図の中央を流れる河川が河口部で枝分かれし，海に向かって扇状に開いた典型的な円弧状の三角州が形成されている。ナイル川と考えられ，扇のかなめに位置するｂはカイロである。

ウは，河口部に多くの分流が画像からも読み取れるほど発達していることから，ガンジス川と考えられる。よってｃはバングラデシュの首都ダッカである。

エも，方位に注意しよう。北が右になっている。河川は西から東へと流れ，河口に巨大な中州のような島がみられる。判断がやや難しいが，河口の南側に大きな湾（ハンチョウ湾）をもつ特徴的な地形から長江と判断したい。よって，河口部南側に位置するｄはシャンハイである。

▶問２．三角州の形態はミシシッピ川三角州に代表される鳥趾状三角州，ナイル川三角州に代表される円弧状三角州，テヴェレ川三角州に代表されるカスプ状三角州などに分類される。これらの形態は，上流からの土砂の供給量と，流れ込む水域の沿岸流や潮汐の強さなどとの相互作用で形成されるため，それらの特徴を指摘して違いを説明するとよい。アは土砂の供給量が多く，沿岸流や潮汐の作用が弱い場合に形成される。イは河口付近に分流が発達し，沿岸流が海岸線を緩やかに侵食する場合に形成される。エは形態からみてカスプ状三角州とは考えにくく，判断が難しい。潮汐の影響が強く，河口に堆積する土砂が侵食され河道が入り江のような形になるとともに，流路と平行にのびる中州が形成されたと考えるとよいだろう。

▶問３．イのナイルデルタ周辺の写真から，三角州の部分とそれ以外の部分では色が変わっていることが読み取れる。ナイル川は外来河川として知られ，図中の白い部分は砂漠，黒い部分は植物が生育している地域と考えられる。そこで，まずイの周辺地域は亜熱帯高圧帯におおわれ砂漠気候が広がることを押さえよう。その上で，ナイル川流域の三角州の地域は土壌が肥沃で灌漑農業などが行われて耕地や居住地がみられること，それに対し，その周辺の地域は人間活動が行われていない砂漠であること，つまり水の存在の有無で土地利用が大きく異なることを対比させて述べるとよい。

▶問４．三角州の一般的な地形的特徴を考えると，低平で，水はけが悪い点が浮かんでこよう。そこで，三角州が受けやすい災害としては，一つは問題文にある河川上流からもたらされる洪水があるが，「洪水以外」とあるので海から受ける災害を考えよう。地理的な位置として，ミシシッピデルタはメキシコ湾，ガンジスデルタはベンガル湾に面しており，それぞれハリケーンとサイクロンと呼び名は異なるが，熱帯低気圧の襲来を受けやすい位置にあることを踏まえ，それに伴う両者に共通する災害を述べるとよい。具体的には暴風雨，高潮の被害や海岸の侵食などがあげられよう。

▶問5．アのミシシッピデルタの沿岸地域では原油が採掘されており，アメリカ第2の油田といわれるメキシコ湾岸油田がある。この原油採掘に伴って生じる環境問題としては，原油の流出事故による海洋汚染をあげるとよい。この地域では，2010年に原油流出事故が起こり，海底油田掘削中の施設で天然ガスに引火，爆発が起こって大量の原油が流出し，自然環境だけでなく漁業，観光産業などの社会生活に大きな影響を与えた。

Ⅱ　解答

問1．(1)（記号：国名の順に）　ア．B：ガーナ　イ．A：ブラジル　ウ．D：インド　エ．C：ケニア

(2)モノカルチャー経済の国では，特定の一次産品の生産と輸出にその国の経済が依存するため，生産量や国際価格の変動の影響を受けやすく，工業製品に比べ付加価値が小さいこともあり，不安定な経済状況になりやすい。そのため，輸出品の多角化や工業化を進めることが課題である。

問2．(1)カ．アメリカ合衆国　キ．フランス　ク．中国　ケ．ナイジェリア

(2)日本では，戦後の高度経済成長期以降，生活水準の向上から食生活の洋風化が進んだ結果，米の消費量が減少し，肉類や乳製品の消費量が増加した。そのため，食用の穀物の国内消費量の割合が低下してきた一方で，家畜の飼料用の穀物の国内消費量の割合は増加した。

問3．(1)ーセ

(2)ビールは，原料の重量の大部分を占める水は広範に得られ，製品になると重量が大きくなる。そこで，ビール工業は製品の輸送費を最小化するため，三大都市圏とその周辺に工場が立地する市場指向型の立地傾向がみられる。

◀解　説▶

≪資源と産業≫

▶問1．(1)3つの商品作物のうち，カカオ豆は高温多湿な熱帯雨林地域が栽培の適地で，ギニア湾沿岸地域で生産が多いことから，アは図2中Bの

ガーナが該当する。さとうきびはイネ科の植物で，生育期に高温多湿で収穫期に乾燥するサバナ気候などのもとで広く栽培されており，イはAのブラジルが該当する。ブラジルはさとうきびを原料に，バイオマス燃料となるバイオエタノールを生産している。ウはさとうきびに加え，茶の生産も多いことから，Dのインドが該当する。インドのアッサム地方は茶の生産地として知られる。残るエはCのケニアが該当する。イギリスの植民地時代に白人が入植したホワイトハイランドと呼ばれる温暖で肥沃な高原で茶の栽培が行われている。

⑵モノカルチャー経済の問題点としては，一国の経済が不安定で発展しにくい点がよく指摘されるが，その原因は，生産や輸出の中心が一次産品であることから考えるとよい。一次産品は気候や埋蔵量などの自然の影響を受けやすく，国際価格が変動しやすい点，付加価値が小さく価格が抑えられる傾向にある点を述べるとよい。論述のポイントとなる語が指定されているので，与えられた語から論述の道筋を類推することも可能であろう。「課題」についての論述が求められているので，問題点だけでなく，解決のための方策についても簡潔に述べたい。

▶問２．⑴図３中，カとキは，1961 年，2013 年ともに食用より飼料用の穀物消費量の割合が高いことから，肉類や乳製品の消費量が多く牧畜が盛んな西ヨーロッパや新大陸の国と考えられる。国内消費量の数値が大きいカはアメリカ合衆国，小さいキはフランスに該当する。クは 1961 年の消費量は食用中心であったが，2013 年は食用と飼料用が同程度に変化している。生活水準の向上で肉類や乳製品の割合が増えたため飼料用の割合が増加したと考えられ，中国が該当する。ケは 1961 年，2013 年ともに食用の割合が高い。肉類の消費が少ない発展途上国のナイジェリアが該当する。

⑵図３から，日本の穀物の国内消費量の割合の変化は，クの中国と似て 1961 年は食用の割合が高く，2013 年は食用と飼料用の割合がほぼ半々であることが読み取れる。日本の食生活の変化とは，戦後の米や魚が中心の伝統的な日本の食生活から，現在みられる肉類や乳製品を含めた多様な食生活への変化であり，その社会的背景となる食生活の洋風化や生活水準の向上などについて述べるとよい。

▶問３．⑴図４から，主な工場はおおまかに太平洋ベルトに沿った鉄道沿線に分布することが読み取れる。中でも三大都市圏とその周辺に分布が集中していることから，市場指向型の工業立地がみられるビール工業が該当する。製紙とセメントは原料指向型，鉄鋼は交通指向型の工業である。
⑵工業立地に関してはウェーバーの工業立地論を想起するとよい。工業生産に必要な費用のうち，原材料や製品の輸送費が最小になる場所を求めて工業が立地する可能性が論じられた。この理論から「輸送費」と「最小化」の語が使える。この理論をビールに当てはめ，ビールは，原材料のうち広範に得られる水が製品の重量の大部分を占め，さらに製品になるとビンや缶の重量が増えるため，工場は首都圏など大市場の近くに立地することを述べるとよい。ここで「原料」と「市場」の語が使えよう。

Ⅲ 解答

問1．⑴フランス，イタリア，ベルギー，オランダ，ルクセンブルク（順不同）
⑵ECSC
⑶ヨーロッパで再び戦争が起こらないように，重要な資源である石炭と鉄鋼の共同市場を設立し，生産や価格などを共同で管理する。
問2．⑴ア．ベネズエラ　イ．イラン　ウ．イラク
⑵サウジアラビア，クウェート（順不同）
⑶C．スペイン語　D．ペルシャ語　E．アラビア語
⑷自国の石油を採掘から販売まで先進国のメジャー（国際石油資本）に支配されていた発展途上国の産油国が，資源ナショナリズムの風潮の高まりを背景に，結束してメジャーに対抗しようとしたから。
問3．⑴カ．マレーシア　キ．シンガポール　ク．タイ
ケ．インドネシア　コ．フィリピン
⑵F．イスラーム　G．キリスト教　H．ヒンドゥー教　I．仏教
⑶東西冷戦下で，ベトナム戦争の拡大によるインドシナ半島での社会主義勢力の拡大を防ぎ，政治の安定をはかろうとしたから。
問4．⑴NAFTA
⑵域内の自由貿易を促進させるため，関税の段階的な撤廃や，金融，保険などへの投資の自由化をはかり，知的財産権の保護などをめざす。

◀解　説▶

≪国家群≫

▶問1．⑴・⑵ヨーロッパ連合（EU）の基礎となった，1952年結成の組織

はヨーロッパ石炭鉄鋼共同体で，European Coal and Steel Community の略称がECSCである。当時のフランス外相シューマンによる，フランスと西ドイツの石炭と鉄鋼の管理に関する提唱に，フランス，西ドイツに加え，同意し条約に調印したイタリア，ベルギー，オランダ，ルクセンブルクの6カ国で結成され，現在のEUの原加盟国である。

⑶ECSCの目的としては，文字通り産業の発展に重要な資源である石炭と鉄鋼の生産，価格，市場などをヨーロッパで共通の機関の管理のもとにおこうとしたことがあげられよう。ただ，ECSC設立の背景には，二度の世界大戦の反省から，過去に紛争が続いたフランスとドイツの対立をなくし，弱体化したヨーロッパを経済復興させ，平和なヨーロッパをめざすという，シューマンらによるねらいがあったことも理解しておきたい。それが今日のEUがめざす方向の基盤になっているといわれる。

▶問2．⑴OPECは，自国の石油資源を欧米の石油資本に支配されていた当時の発展途上国の産油国が結成した組織である。中東のイラク，サウジアラビア，クウェートのアラブの3カ国とイランに加え，1910年代に石油開発の始まった南アメリカのベネズエラの5カ国で結成された。

表1中，Eの言語を話すウ・エ・オの3つの国がアラブの3カ国と考えられる。このうちウは，クルド語も話されていることから，クルディスタンが含まれるイラクが該当する。よって，クルド語とトルコ語を含みながら，主な言語がイラクとは異なるイは，イランと考えられよう。残るアは，中東以外の国と考えてベネズエラが該当する。

⑵エ・オは，ウのイラクと同じ言語のアラビア語が主に話されることから，サウジアラビアとクウェートが該当する。

⑶C．南アメリカのベネズエラで主に話されている言語は，旧宗主国の言語であるスペイン語である。

D．イランで話されている言語は，インド・ヨーロッパ語族に属するペルシャ語である。

E．アラブの3カ国で話されている言語は，アフリカ・アジア語族に属するアラビア語である。

⑷OPECを結成した5カ国は，いずれも石油開発の歴史は古いが，メジャー（国際石油資本）と呼ばれる欧米の先進国の資本により開発・生産から販売までが独占され，わずかな利権料しか手にできなかった。戦後，多

くの植民地が独立を達成する中で，発展途上国の間で自国の資源を自国の経済発展に利用しようとする資源ナショナリズムの考えが強まった。当時の主な産油国が，メジャーに対抗するため複数の国で交渉しようとして結成した組織がOPECである。メジャーと産油国との対立の構図を明確にし，結成の背景となった資源ナショナリズムの風潮を盛り込んで述べたい。

▶問3．(1)・(2)ASEANの原加盟国はインドネシア，マレーシア，シンガポール，タイ，フィリピンの5カ国である。これらの国々の特定は宗教から考えた方がわかりやすいかもしれない。東南アジアでは，およそ16世紀ごろまでに，まず大陸部で仏教（大乗・上座），のちに島嶼部でイスラームが広まっていたが，その後，植民地支配によりキリスト教（カトリック）が伝わり，移民によりヒンドゥー教も増加した。

表2中，まずHの宗教は，5カ国で人口の割合が最も小さいのでヒンドゥー教が該当する。Gはコの1国のみが極端に割合が高いことからキリスト教が該当する。FとIが国内の宗教人口の割合が最も高い国がともに2つずつあり判断が難しいが，キの国は，仏教人口の割合が比較的高いが，キリスト教，イスラームの割合もやや高いことを想起すれば，中国系住民が多い多民族国家のシンガポールと考えられ，Iは仏教，Fはイスラームが該当する。

宗教が確定すると，国名が判断しやすい。コはキリスト教が圧倒的に多いことから，かつてスペインの植民地統治に伴ってキリスト教が広まったフィリピンが該当する。クは仏教人口が圧倒的に多いことからタイ，キはシンガポールが該当する。カとケはやや迷うが，イスラームの割合が高いケはインドネシア，ヒンドゥー教人口の割合がやや高いカは，マレー系，中国系に加えインド系住民が居住するマレーシアが該当する。

(3)ASEANは，現在では経済，社会面で相互協力を進めている組織として知られるが，設立は1967年のことで，1965年に始まったベトナム戦争が激化していたことを想起したい。設立にあたった5カ国は資本主義路線をとり，西側陣営と友好関係をもっていたため，当初は社会主義勢力の拡大を警戒したことが背景にあげられよう。

▶問4．(1)カナダ，アメリカ合衆国，メキシコの3カ国で締結した地域協定はNAFTA（北米自由貿易協定）で，North American Free Trade Agreementの頭文字をとって呼ばれる。

⑵FTAは自由貿易協定のことで，自由貿易を進めるため関税などの貿易制限を削減，撤廃することが主な内容である。経済のグローバル化に対応した，他国への投資の自由化，知的財産権の保護などの内容も加えたい。

Ⅳ　解答

問1．A．グリーンランド　B．ジャワ島
C．シンガポール　D．モルディブ

問2．デンマーク

問3．グリーンランドの内陸の大部分は大陸氷河（氷床）におおわれ，氷雪気候が広がることから作物の栽培などの活動が困難なため，アネクメーネと呼ばれる陸地で人類が常住していない非居住地域となっている。

問4．プレート

問5．首都のジャカルタでは，農村などから多くの人が職を求めて流入し，一極集中が進んでいる。しかし，インフラの整備が進んでいないため，交通渋滞や大気汚染が深刻化し，さらに，地盤沈下が進み，多くの貧困層が集住するスラムが拡大している。

問6．マレーシアは，マレー系，中国系，インド系などの住民からなる多民族国家であるが，独立後，多数を占めるマレー系住民を優遇するブミプトラ政策が進められたため，経済的に優位な中国系住民が反発し，中国系住民が多く住んでいたシンガポールが分離独立した。

問7．モルディブは，国土がサンゴ礁ででき美しい自然をもつが，地球温暖化に伴う海水温の上昇でサンゴに白化現象が起きサンゴが死滅するほか，国土の大半が低平なため，海面の上昇により沿岸部の侵食や国土の水没が懸念されている。

◀解　説▶

≪世界の4つの島の地誌≫

▶問1．Aの島は世界最大の島であることから，グリーンランドが該当する。Bの島は人口が多く地震が多いとあり日本の本州とも考えられるが，首都が島の西部に位置し，深刻な都市問題をかかえることから，インドネシアのジャワ島が該当する。Cの島は淡路島ほどの面積をもち，経済発展により日本をしのぐ一人当たりGDPであることから，シンガポールを想起したい。Dの島は北緯4度，東経73度の位置から，インドの南方，赤道付近から北へ細長くのびる島国のモルディブに属すると導きたい。

▶問2．グリーンランドには先住民が住んでいたが，1000年ごろからヴァイキングに続いて北欧人が断続的に移住し始めた。その後，ノルウェーが当時の強国のデンマークの支配下に入って以降，デンマーク領となったといわれ，デンマークの領有が続いて今日に至っている。

▶問3．アネクメーネはエクメーネの対語で，人類が常住していない非居住地をいう。非居住の理由は寒冷，乾燥，高地などで，グリーンランドの場合は寒冷である。その程度として具体的に氷雪気候や大陸氷河（氷床）の分布などをあげ，人間活動ができないことを述べたい。

▶問4．地震多発の原因となる「境界」から，プレートの境界が想起されよう。スマトラ島，ジャワ島のすぐ南側の海域ではユーラシアプレートとインド・オーストラリアプレートがぶつかり，狭まる境界が形成されている。

▶問5．インドネシアの首都ジャカルタの都市問題は深刻で，首都をカリマンタン東部に移転する計画が2019年に発表された。都市の地盤沈下が進み，交通渋滞や大気汚染が深刻でスラムも拡大しているといわれる。ジャカルタに限定した都市問題の説明となると難しいが，発展途上国の首都に共通する都市問題と広く考えてもよいだろう。マニラ，バンコク，メキシコシティなどでも交通渋滞，大気汚染，スラムなどの問題が起こっている。

▶問6．まず，マレーシアは多民族国家で，もともと半島部にマレー系住民が多く，一方，イギリスの植民地統治以来，中継貿易で発展していた現在のシンガポールには中国系住民が多かったことを押さえたい。シンガポールのマレーシアからの独立の理由については，1971年以降本格的に採用されたブミプトラ政策と呼ばれるマレー人優遇政策に中国系住民が反発したことを述べるとよい。シンガポールは，1963年マレーシア連邦成立の際にイギリスから独立してマレーシアの一州となるが，中国系住民がマレー系住民より経済的に優位にあったため，マレーシア政府は，マレー人を雇用や教育の面で優遇する政策をとった。このことがシンガポールの分離独立の背景にあった。

▶問7．モルディブはサンゴ礁でできた約1200の島からなる国で，美しいサンゴ礁を生かした観光業が重要な産業である。地球温暖化がもたらすと考えられる深刻な影響のうち，まず生物面では，具体的に海水温の上昇に伴うサンゴの白化現象をあげたい。白化現象が続くとサンゴは死滅するといわれる。次に地形面では，モルディブは国全体の標高が低く，海面が1m 上昇すると国土の 80%が失われるといわれ，海面上昇による海岸の侵食や水没の危機を述べるとよい。

❖講　評

2020 年度の大問は，系統地理３題，地誌１題で構成され，Ⅰ．自然環境，Ⅱ．産業，Ⅲ．国家群，Ⅳ．地誌（世界の４つの島）と，例年の傾向が踏襲された。2020 年度は地形図は出題されなかったが，写真，地図，グラフ，統計表などの資料が多用された点は例年通りで，出題形式としては，論述法，記述法，選択法が用いられた。こうした多彩な問い方と本質を問う論述問題の出題は名古屋大学の特徴である。一部に詳細な知識が必要な問題がみられたが，大半は教科書の内容に沿った地理学習の重要事項の理解を問う良問であった。難易度は 2019 年度に比べてやや易化したといえよう。ただし，論述問題は数が多く，解答欄がやや小さいため，要点を的確にまとめて記述する必要があり，解答に時間的な余裕はないだろう。

Ⅰ　世界の４つの大河川の三角州に関して，衛星画像を用いて三角州の形態，利用，災害など幅広く出題された。問１の河川と都市名の特定は，日ごろから地図帳を十分活用していた受験生にとっては難しくなかったであろう。ただ，問２の形態の論述は，特に長江についてはやや難しかった。

Ⅱ　資源と産業に関する問題で，農業，工業立地が出題された。グラフや地図などを用いた問題は基礎的で，論述問題はいずれも書きやすい重要テーマが出題された。2020 年度の問題の中では最も取り組みやすかったであろう。

Ⅲ　国家群について，ECSC，OPEC，ASEAN，NAFTA の４つの組織の原加盟国，結成の理由・目的などが問われたが，単に用語の暗記では対応しきれない本質をついた出題であった。OPEC の原加盟国の特定はやや難しかったかもしれない。

Ⅳ　グリーンランド，ジャワ島，シンガポール島，モルディブ諸島に関する地誌の問題で，名称，各地域に関する地理的事象や，各地域がかかえる問題が出題された。島名の特定は難しくない。論述問題はいずれも学習の基本事項であるが，押さえるべき要素を的確にふまえて述べたい。

論述の問題量が多く，限られた時間で解答するためには幅広い地理の知識が必要であることはいうまでもない。さらに，要領よく文章をまとめる力や問題に取り組む集中力を，普段の学習の中で養ってほしい。

数学

1

◇発想◇ $f(x)$ は文字定数が1個 (a) のみであり，次数を考えても容易に因数分解できそうだ。t を求め $-1 \leqq t \leqq 1$ をつくってみよう。不等式を解くときに $\dfrac{1-\sqrt{3}}{2}$ は負の数であることに注意。

積分は計算が楽になるように変形することがポイントだ。

解答 (1) $f(x)=2x^2-2ax-a^2=2\left(x-\dfrac{1-\sqrt{3}}{2}a\right)\left(x-\dfrac{1+\sqrt{3}}{2}a\right)$

から，$f(x)=0$ の解 t は

$$t=\frac{1-\sqrt{3}}{2}a \quad \text{または} \quad t=\frac{1+\sqrt{3}}{2}a$$

このいずれもが $-1 \leqq t \leqq 1$ をみたす条件は

$$-1 \leqq \frac{1-\sqrt{3}}{2}a \leqq 1 \text{ かつ } -1 \leqq \frac{1+\sqrt{3}}{2}a \leqq 1$$

$\dfrac{1-\sqrt{3}}{2}<0$ であることに注意して

$$-\frac{2}{1-\sqrt{3}} \geqq a \geqq \frac{2}{1-\sqrt{3}} \text{ かつ } -\frac{2}{1+\sqrt{3}} \leqq a \leqq \frac{2}{1+\sqrt{3}}$$

$$1+\sqrt{3} \geqq a \geqq -(1+\sqrt{3}) \text{ かつ } 1-\sqrt{3} \leqq a \leqq \sqrt{3}-1$$

したがって，求める a の条件は

$$1-\sqrt{3} \leqq a \leqq \sqrt{3}-1 \quad \cdots\cdots(\text{答})$$

(2) $f(x)=0$ の2解を α，β $(\alpha \leqq \beta)$ とおくと，(1)から

$$\beta-\alpha=\left|\frac{1+\sqrt{3}}{2}a-\frac{1-\sqrt{3}}{2}a\right|=\sqrt{3}\,|a|$$

このとき，(1)で求めた条件をみたす a について

$$-1 \leqq \alpha \leqq \beta \leqq 1$$

であり，$-1 \leqq x \leqq 1$ において

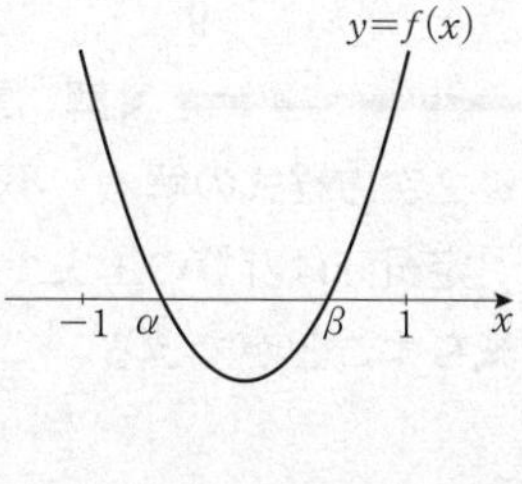

$$|f(x)|=\begin{cases} f(x) & (-1\leqq x\leqq \alpha,\ \beta\leqq x\leqq 1) \\ -f(x) & (\alpha\leqq x\leqq \beta) \end{cases}$$

となる。よって，$f(x)=2x^2-2ax-a^2=2(x-\alpha)(x-\beta)$ であるから

$$\begin{aligned} S(a)&=\int_{-1}^{1}|f(x)|dx \\ &=\int_{-1}^{\alpha}f(x)dx+\int_{\alpha}^{\beta}(-f(x))dx+\int_{\beta}^{1}f(x)dx \\ &=\int_{-1}^{\alpha}f(x)dx+\int_{\alpha}^{\beta}f(x)dx+\int_{\beta}^{1}f(x)dx-2\int_{\alpha}^{\beta}f(x)dx \\ &=\int_{-1}^{1}f(x)dx-2\int_{\alpha}^{\beta}f(x)dx \\ &=\int_{-1}^{1}(2x^2-2ax-a^2)dx-2\int_{\alpha}^{\beta}2(x-\alpha)(x-\beta)dx \\ &=2\int_{0}^{1}(2x^2-a^2)dx-4\cdot\left\{-\frac{1}{6}(\beta-\alpha)^3\right\} \\ &=2\left[\frac{2x^3}{3}-a^2x\right]_0^1+\frac{2}{3}(\sqrt{3}\,|a|)^3 \\ &=2\left(\frac{2}{3}-a^2\right)+2\sqrt{3}\,|a|^3 \\ &=2\sqrt{3}\,a^2|a|-2a^2+\frac{4}{3}\quad\cdots\cdots(答) \end{aligned}$$

(3)　(2)の結果から $S(-a)=S(a)$ であるので，まず，$0\leqq a\leqq\sqrt{3}-1$ における $S(a)$ の増減を調べる。この区間で $|a|=a$ だから

$$\begin{aligned} S(a)&=2\sqrt{3}\,a^3-2a^2+\frac{4}{3} \\ S'(a)&=6\sqrt{3}\,a^2-4a \\ &=6\sqrt{3}\,a\left(a-\frac{2\sqrt{3}}{9}\right) \end{aligned}$$

a	0	$\cdots$	$\frac{2\sqrt{3}}{9}$	$\cdots$	$\sqrt{3}-1$
$S'(a)$		$-$	0	$+$	
$S(a)$		↘		↗	

この増減表と $S(-a)=S(a)$ から，$S(a)$ の値が最小となる a の値は

$$a=\pm\frac{2\sqrt{3}}{9}\quad\cdots\cdots(答)$$

◀解　説▶

≪2 次方程式の解法，不等式，定積分の計算，最小値≫

定積分は計算の工夫で時間が大きく短縮できるだけでなく，計算ミスも減らすことができる。

2 次関数の定積分では，次の公式がよく用いられる。

$$\int_{\alpha}^{\beta}(x-\alpha)(x-\beta)dx=-\frac{1}{6}(\beta-\alpha)^3$$

$$\int_{-p}^{p}x^{2n+1}dx=0,\ \int_{-p}^{p}x^{2n}dx=2\int_{0}^{p}x^{2n}dx\quad(n\text{ は 0 以上の整数})$$

これらが使える形に変形できないかと考えながら，定積分の式，積分される関数のグラフなどをながめてみよう。

2

◇発想◇　ベクトルの大きさが 0 ならば，そのベクトルは $\vec{0}$ である。$|\overrightarrow{OP}+\overrightarrow{OQ}+\overrightarrow{OR}|=0$ のままでは扱いにくいが，$\overrightarrow{OP}+\overrightarrow{OQ}+\overrightarrow{OR}=\vec{0}$ なら，計算は進めやすそうである。これを利用して $|\overrightarrow{PQ}|=|\overrightarrow{QR}|=|\overrightarrow{RP}|$ が示されないか等と考えてみよう。(2)では(1)が利用できないか考えながら，計算を進めていこう。

解答

(1)　$|\overrightarrow{OP}+\overrightarrow{OQ}+\overrightarrow{OR}|=0$ から

$$\overrightarrow{OP}+\overrightarrow{OQ}+\overrightarrow{OR}=\vec{0}$$

よって

$$\overrightarrow{OP}+\overrightarrow{OQ}=-\overrightarrow{OR}$$

$$|\overrightarrow{OP}+\overrightarrow{OQ}|^2=|-\overrightarrow{OR}|^2$$

$$|\overrightarrow{OP}|^2+2\overrightarrow{OP}\cdot\overrightarrow{OQ}+|\overrightarrow{OQ}|^2=|\overrightarrow{OR}|^2$$

$|\overrightarrow{OP}|=|\overrightarrow{OQ}|=|\overrightarrow{OR}|=1$ から

$$\overrightarrow{OP}\cdot\overrightarrow{OQ}=-\frac{1}{2}\quad\cdots\cdots(ア)$$

これを用いて

$$|\overrightarrow{PQ}|^2=|\overrightarrow{OQ}-\overrightarrow{OP}|^2=|\overrightarrow{OQ}|^2-2\overrightarrow{OP}\cdot\overrightarrow{OQ}+|\overrightarrow{OP}|^2$$

$$=1-2\left(-\frac{1}{2}\right)+1=3$$

$$\therefore\quad |\overrightarrow{PQ}|=\sqrt{3}$$

同様にして

$$|\overrightarrow{QR}|=\sqrt{3}$$

$$|\overrightarrow{RP}|=\sqrt{3}$$

したがって，三角形 PQR は一辺の長さ $\sqrt{3}$ の正三角形である。

（証明終）

(2)　(i)　$|\overrightarrow{OA}+\overrightarrow{OB}+\overrightarrow{OC}|=3|\overrightarrow{OH}|$　……①のとき，△ABC の重心を G とすると

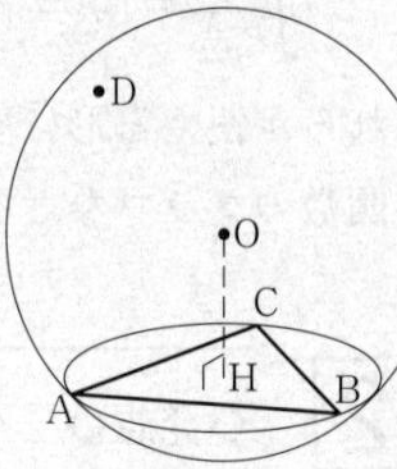

$$\overrightarrow{OA}+\overrightarrow{OB}+\overrightarrow{OC}=3\overrightarrow{OG}$$

よって，$|\overrightarrow{OA}+\overrightarrow{OB}+\overrightarrow{OC}|=3|\overrightarrow{OG}|$ となり，これと①から

$$|\overrightarrow{OH}|=|\overrightarrow{OG}|$$

点 G も平面 ABC 上にあり，一方，垂線の足 H は O から平面 ABC に至る最も近いただ 1 つの点であるから，G は H に一致する。

よって，①から

$$\overrightarrow{OA}+\overrightarrow{OB}+\overrightarrow{OC}=3\overrightarrow{OH}$$

すなわち

$$(\overrightarrow{OA}-\overrightarrow{OH})+(\overrightarrow{OB}-\overrightarrow{OH})+(\overrightarrow{OC}-\overrightarrow{OH})=\vec{0}$$

$$\overrightarrow{HA}+\overrightarrow{HB}+\overrightarrow{HC}=\vec{0}$$

$$|\overrightarrow{HA}+\overrightarrow{HB}+\overrightarrow{HC}|=0\quad\cdots\cdots(イ)$$

また，OH⊥AH から

$$|\overrightarrow{HA}|^2=|\overrightarrow{OA}|^2-|\overrightarrow{OH}|^2=1-\mathrm{OH}^2$$　（O＝H のときも含めて成立）

同様に，$|\overrightarrow{HB}|^2=|\overrightarrow{HC}|^2=1-\mathrm{OH}^2$ となり

$$|\overrightarrow{HA}|=|\overrightarrow{HB}|=|\overrightarrow{HC}|\ (=l\ とおく)$$

△ABC の条件は，(1)の △PQR の条件の l 倍となっているに過ぎず，同様に考えて，△ABC は正三角形である。　（証明終）

(ii)　$|\overrightarrow{OA}+\overrightarrow{OB}+\overrightarrow{OC}+\overrightarrow{OD}|=0$ から

$$\overrightarrow{OA}+\overrightarrow{OB}+\overrightarrow{OC}+\overrightarrow{OD}=\vec{0}$$

よって

$$\overrightarrow{OA}+\overrightarrow{OB}+\overrightarrow{OC}=-\overrightarrow{OD}$$

$$|\overrightarrow{OA}+\overrightarrow{OB}+\overrightarrow{OC}|=|-\overrightarrow{OD}|$$

$|-\overrightarrow{OD}|=|\overrightarrow{OD}|=1=3|\overrightarrow{OH}|$ だから

$$|\overrightarrow{OA}+\overrightarrow{OB}+\overrightarrow{OC}|=3|\overrightarrow{OH}|$$

したがって，命題(i)により，△ABC は正三角形である。 ……②

また

$$\overrightarrow{OA}+\overrightarrow{OB}=-(\overrightarrow{OC}+\overrightarrow{OD})$$

$$|\overrightarrow{OA}+\overrightarrow{OB}|^2=|-(\overrightarrow{OC}+\overrightarrow{OD})|^2$$

$$|\overrightarrow{OA}|^2+2\overrightarrow{OA}\cdot\overrightarrow{OB}+|\overrightarrow{OB}|^2=|\overrightarrow{OC}|^2+2\overrightarrow{OC}\cdot\overrightarrow{OD}+|\overrightarrow{OD}|^2$$

$|\overrightarrow{OA}|=|\overrightarrow{OB}|=|\overrightarrow{OC}|=|\overrightarrow{OD}|=1$ であるから

$$\overrightarrow{OA}\cdot\overrightarrow{OB}=\overrightarrow{OC}\cdot\overrightarrow{OD}$$

ここで

$$|\overrightarrow{AB}|^2=|\overrightarrow{OB}-\overrightarrow{OA}|^2=2-2\overrightarrow{OA}\cdot\overrightarrow{OB}$$

$$|\overrightarrow{CD}|^2=|\overrightarrow{OD}-\overrightarrow{OC}|^2=2-2\overrightarrow{OC}\cdot\overrightarrow{OD}$$

であるから

$$|\overrightarrow{AB}|^2=|\overrightarrow{CD}|^2$$

$$\therefore\quad |\overrightarrow{AB}|=|\overrightarrow{CD}|$$

同様に，$|\overrightarrow{BC}|=|\overrightarrow{AD}|$，$|\overrightarrow{CA}|=|\overrightarrow{BD}|$ が成り立つから，このことと②より四面体 ABCD の辺の長さはすべて等しいので，四面体 ABCD は正四面体である。　　（証明終）

（注）　(1)　(ア)から，次のように示してもよい。

$\overrightarrow{OP}\cdot\overrightarrow{OQ}=-\dfrac{1}{2}$ より

$$\overrightarrow{OP}\cdot\overrightarrow{OQ}=|\overrightarrow{OP}||\overrightarrow{OQ}|\cos\angle POQ=\cos\angle POQ=-\frac{1}{2}$$

であるから

$$\angle POQ=\frac{2}{3}\pi$$

同様に，$\angle QOR=\angle ROP=\dfrac{2}{3}\pi$ が成り立つから，これと $|\overrightarrow{OP}|=|\overrightarrow{OQ}|=|\overrightarrow{OR}|$ より

$$\triangle OPQ\equiv\triangle OQR\equiv\triangle ORP$$

よって，PQ＝QR＝RP が成り立つので，△PQR は正三角形である。

(2) (i) (イ)$|\overrightarrow{HA}+\overrightarrow{HB}+\overrightarrow{HC}|=0$ は次のように示してもよい。

$$\begin{aligned}|\overrightarrow{OA}+\overrightarrow{OB}+\overrightarrow{OC}|^2&=|(\overrightarrow{HA}-\overrightarrow{HO})+(\overrightarrow{HB}-\overrightarrow{HO})+(\overrightarrow{HC}-\overrightarrow{HO})|^2\\&=|\overrightarrow{HA}+\overrightarrow{HB}+\overrightarrow{HC}+3\overrightarrow{OH}|^2\\&=|\overrightarrow{HA}+\overrightarrow{HB}+\overrightarrow{HC}|^2+6(\overrightarrow{HA}+\overrightarrow{HB}+\overrightarrow{HC})\cdot\overrightarrow{OH}\\&\qquad+9|\overrightarrow{OH}|^2\end{aligned}$$

ここで，$\overrightarrow{HA}\perp\overrightarrow{OH}$，$\overrightarrow{HB}\perp\overrightarrow{OH}$，$\overrightarrow{HC}\perp\overrightarrow{OH}$ であるから

$$(\overrightarrow{HA}+\overrightarrow{HB}+\overrightarrow{HC})\cdot\overrightarrow{OH}=\overrightarrow{HA}\cdot\overrightarrow{OH}+\overrightarrow{HB}\cdot\overrightarrow{OH}+\overrightarrow{HC}\cdot\overrightarrow{OH}=0$$

よって

$$|\overrightarrow{HA}+\overrightarrow{HB}+\overrightarrow{HC}|^2=|\overrightarrow{OA}+\overrightarrow{OB}+\overrightarrow{OC}|^2-9|\overrightarrow{OH}|^2=0$$

$$(\because\quad |\overrightarrow{OA}+\overrightarrow{OB}+\overrightarrow{OC}|=3|\overrightarrow{OH}|)$$

$$\therefore\quad |\overrightarrow{HA}+\overrightarrow{HB}+\overrightarrow{HC}|=0$$

◀解　説▶

≪平面ベクトル・空間ベクトルと図形，三角形の外心・重心≫

(1)において，$|\overrightarrow{OP}|=|\overrightarrow{OQ}|=|\overrightarrow{OR}|=1$ は，点 O が △PQR の外心であることを表し，$|\overrightarrow{OP}+\overrightarrow{OQ}+\overrightarrow{OR}|=0$ すなわち $\overrightarrow{OP}+\overrightarrow{OQ}+\overrightarrow{OR}=\vec{0}$ は，点 O が △PQR の重心であることを表す。したがって，(1)は，「△PQR の外心と重心が一致すれば，△PQR は正三角形」となるという有名な命題の証明を要求しているのである。

(2)は(1)の空間への拡張であり，さらに条件 $|\overrightarrow{OH}|=\frac{1}{3}$ をつけ加えて，正四面体となることの証明がテーマとなっている。

3

◇発想◇　長方形を 1 つ定めるには，4 つの辺を順に定めればよい。どの辺から定めると重複なくもれなく数え上げることができるかを考えてみよう。

(4)$R(n)=1001$ となる n について考えるときは，1001 を素因数分解すると，容易に $1001=7\cdot11\cdot13$ が得られる。これと(3)の結果を比べてみよう。

解答　(1)　$n=3$ のとき，長方形の各辺について

底辺が $y=0$ 上，上辺が $y=1$ 上なら，左右の辺の選び方は ${}_3\mathrm{C}_2$ 通り，底辺が $y=0$ 上，上辺が $y=2$ 上なら，左右の辺の選び方は ${}_2\mathrm{C}_2$ 通り，底辺が $y=1$ 上，上辺が $y=2$ 上なら，左右の辺の選び方は ${}_2\mathrm{C}_2$ 通り。

以上ですべてを尽くすので

$n=3$ のとき

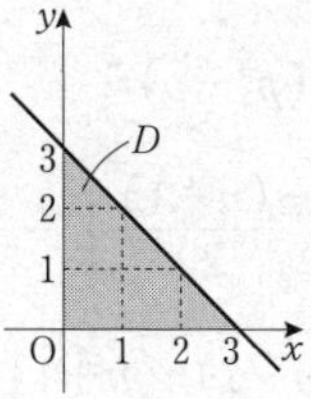

$n=4$ のとき

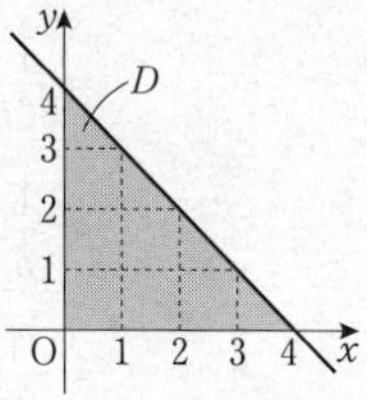

$$\begin{aligned}R(3)&=({}_3\mathrm{C}_2+{}_2\mathrm{C}_2)+{}_2\mathrm{C}_2\\&=(3+1)+1\\&=5\quad\cdots\cdots(\text{答})\end{aligned}$$

$n=4$ のときも同様に数え上げて

$$\begin{aligned}R(4)&=({}_4\mathrm{C}_2+{}_3\mathrm{C}_2+{}_2\mathrm{C}_2)\\&\qquad+({}_3\mathrm{C}_2+{}_2\mathrm{C}_2)+{}_2\mathrm{C}_2\\&=(6+3+1)+(3+1)+1\\&=15\quad\cdots\cdots(\text{答})\end{aligned}$$

(2)　底辺が x 軸 $(y=0)$ 上にあるので，上辺が

$y=k\quad(k=1,\ 2,\ \cdots,\ n-1)$

上にあるとき，左右の辺の選び方は

${}_{n-k+1}\mathrm{C}_2$ 通り

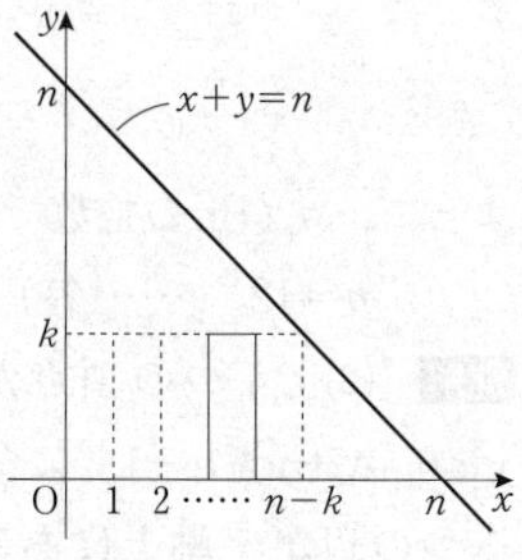

したがって

$$\begin{aligned}S(n)&=\sum_{k=1}^{n-1}{}_{n-k+1}\mathrm{C}_2\\&=\sum_{k=1}^{n-1}\frac{(n-k+1)(n-k)}{2\cdot1}\\&=\sum_{l=1}^{n-1}\frac{(l+1)l}{2}\quad(n-k=l\ \text{とおいた})\\&=\frac{1}{2}\sum_{l=1}^{n-1}(l^2+l)=\frac{1}{2}\left\{\frac{(n-1)n(2n-1)}{6}+\frac{(n-1)n}{2}\right\}\\&=\frac{1}{6}(n-1)n(n+1)\quad\cdots\cdots(\text{答})\end{aligned}$$

（$S(1)=0$ から，$n=1$ についても成り立つ）

(3)　底辺が $y=m$ $(m=0,\ 1,\ 2,\ \cdots,\ n-2)$ 上にある長方形について考えると，次図よりその数は

$S(n-m)$

となるので

$$
\begin{aligned}
R(n) &= \sum_{m=0}^{n-2} S(n-m) \\
&= \sum_{p=2}^{n} S(p) \quad (n-m=p \text{ とおいた}) \\
&= \sum_{p=2}^{n} \frac{1}{6}(p-1)p(p+1) \\
&= \frac{1}{6}\sum_{p=1}^{n}(p^3-p) \\
&= \frac{1}{6}\left[\left\{\frac{n(n+1)}{2}\right\}^2 - \frac{n(n+1)}{2}\right] \\
&= \frac{1}{24}(n-1)n(n+1)(n+2) \quad \cdots\cdots (\text{答})
\end{aligned}
$$

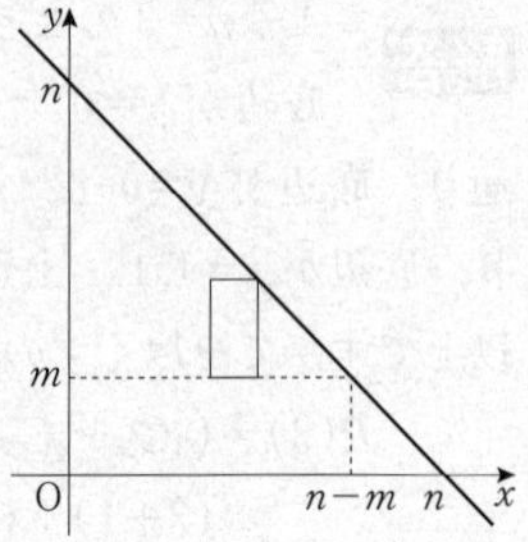

（$R(1)=0$ から，$n=1$ についても成り立つ）

(4)　$R(n)=1001$ と(3)の結果から

$$
\begin{aligned}
(n-1)n(n+1)(n+2) &= 1001\times 24 \\
&= 7\cdot 11\cdot 13\times 2\cdot 12 \\
&= 11\cdot 12\cdot 13\cdot 14
\end{aligned}
$$

よって，n が正の整数で，$R(n)$ は単調増加であることから

$n=12$　……(答)

別解　(2)　4つの頂点がすべて領域「$x\geqq 0$，$y\geqq 0$，$x+y\leqq n+1$」に含まれる格子点であり，1つの辺が x 軸上にある長方形について考える。この長方形の数は $S(n+1)$ であり，4つの頂点の座標を $(x_1,\ 0)$，$(x_1,\ y)$，$(x_2,\ 0)$，$(x_2,\ y)$（ただし，$0\leqq x_1<x_2\leqq n$）とすると，$S(n)$ はこれらの長方形の中で，$x_1\geqq 1$ をみたす長方形の数と考えることができる。

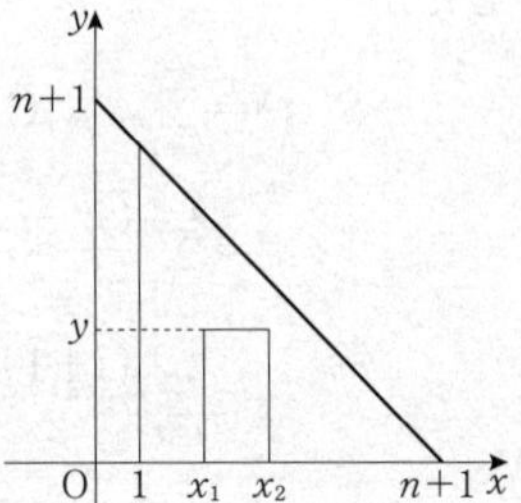

このとき，$S(n+1)-S(n)$ は $x_1=0$ をみたす長方形の数である。この長方形は，$x_2=k$（$k=1,\ 2,\ \cdots,\ n$）のとき，$y=1,\ 2,\ \cdots,\ n+1-k$ の $(n+1-k)$ 個あるから

$$
\begin{aligned}
S(n+1)-S(n) &= \sum_{k=1}^{n}(n+1-k) \\
&= n+(n-1)+\cdots+2+1
\end{aligned}
$$

$$=\frac{n(n+1)}{2}$$

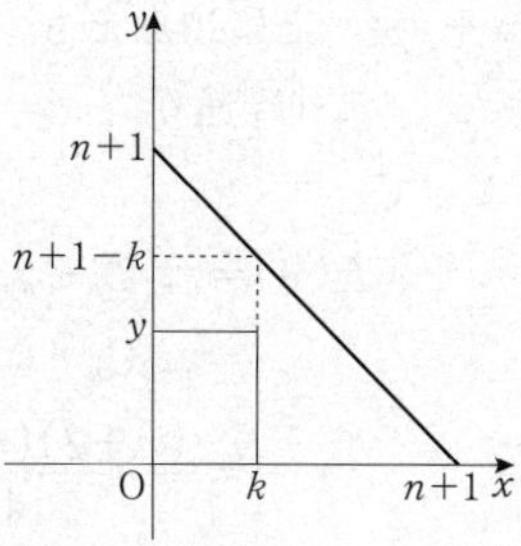

よって，$n\geqq 2$ のとき

$$S(n)=S(1)+\sum_{k=1}^{n-1}\frac{k(k+1)}{2}$$

$$=\frac{1}{6}(n-1)n(n+1)$$

$$(\because\quad S(1)=0)$$

これは，$n=1$ のときも成り立つ。

(3)　(2)と同じ領域において，$R(n+1)$ は x 軸と平行な辺をもつ長方形の数であり，頂点の x 座標を x_1，x_2（ただし，$0\leqq x_1<x_2\leqq n$）とすると，(2)と同様に考えて，$R(n+1)-R(n)$ は $R(n+1)$ のうち $x_1=0$ をみたす長方形，つまり 1 つの辺が y 軸上にある長方形の数である。したがって，対称性を考慮して

$$R(n+1)-R(n)=S(n+1)$$

が成り立つ。よって，$n\geqq 2$ のとき

$$R(n)=R(1)+\sum_{k=1}^{n-1}S(k+1)$$

$$=\sum_{p=2}^{n}S(p)\quad(\because\quad R(1)=0)$$

$$=\frac{1}{24}(n-1)n(n+1)(n+2)\quad(\text{(2)と同様の計算による})$$

これは，$n=1$ のときも成り立つ。

◀解　説▶

≪場合の数，組合せ，数列の和，素因数分解≫

誘導に沿って $S(n)$ を求め，それを利用して $R(n)$ を求めるのが計算も易しく考えやすい。

(3) $R(n)$ を求めるには，〔解答〕〔別解〕の解法だけとは限らない。

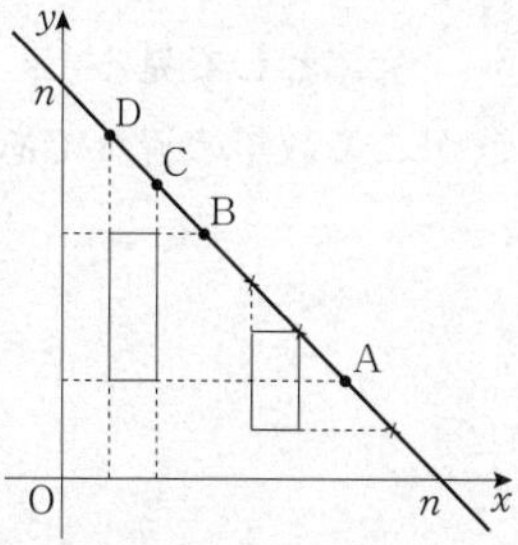

$x+y=n$ 上に頂点をもたない長方形は，右図の $x+y=n$ 上の 4 点 A，B，C，D をとれば 1 通りに定まるので

$${}_{n+1}C_4 \text{ 通り}$$

$x+y=n$ 上に頂点をもつ長方形は，点 B と点 C が一致し

$${}_{n+1}C_3 \text{ 通り}$$

よって

$$\begin{aligned} R(n) &= {}_{n+1}C_4 + {}_{n+1}C_3 \\ &= {}_{n+2}C_4 \\ &= \frac{(n+2)(n+1)n(n-1)}{4\cdot3\cdot2\cdot1} \\ &= \frac{1}{24}(n-1)n(n+1)(n+2) \end{aligned}$$

となる。ここで得られる結果

$$R(n) = {}_{n+2}C_4$$

は，直線 $x+y=n+1$ $(x=0,\ 1,\ 2,\ \cdots,\ n+2)$ 上に異なる 4 つの格子点をとることに対応する。

❖講　評

例年通り，考えにくい問題，難しい問題のセットである。2020 年度は，毎年のように出題されている確率は出題されなかった。1 題当たり 30 分という試験時間だが，それに応ずるような各問のボリュームである。

1は，2 次関数の積分の計算の仕方次第では，時間を浪費するかもしれない。頻出の積分公式には，十分に習熟しておきたい。

2のベクトルは「三角形の外心と重心が一致すれば正三角形」という，よく知られた事実の証明だ。こうした自明と思われるような証明は，ていねいな考察を心掛けたい。

3は長方形の個数の数え上げだが，各小問の問題文から，解法の大きな流れを読み取ることが大切である。

全体として見ると，文系としては相当レベルの高い出題である。それがここ数年の流れであり，今後もこの流れは続くと思われる。

的な難関国公立型の記述説明問題や内容要約的な問題が中心となった。

一の現代文は、二〇一八年に出版された本からの出題で、社会学についての文章であった。雑誌でも単行本でも、ごく最近発表された文章からの出題が定着しており、内容的にも、現代の文明や思想に新しい視点からメスを入れた論説の出題が続いている。選択式の問題や箇所指摘問題があったものの、説明記述の分量は例年並みで、文章の要点を記述する問題が中心である。限られた時間の中で、いかに要領よくまとめられるかが問われた問題であった。

二の古文は、久々に本格的な平安時代の女流文学からの出題であった。和歌の解釈を中心に、内容を補って口語訳する問題、内容要約的な問題といった構成で、従来の傾向どおりの問題である。本格的な和歌がらみの文章の読解、こういった問題への対策が普段から時間をかけて十分できていたかが、得点を大きく左右したと思われる。

三の漢文は、『斉東野語』という、大学入試の出典として稀な作品からの出題であったが、内容的には、具体的な話を軸にした読み取りやすい文章であった。漢字の読み、口語訳、書き下し文、内容説明問題、一五〇字の内容要約という出題形式は従来どおりである。

総括すれば、設問内容や形式はほぼ従来の傾向どおりであり、特に内容要約的な、制限字数内で説明する問題に平生からいかに習熟してきたかが問われた出題であり、これからもこの傾向は大きくは変わらないだろうと思われる。

れたという旨を的確に示したい。

▼問六　「特」は「独特」という熟語もあるとおり、「唯・惟・只」と同様、「ただ」と訓じ、限定の意味を表すが、打消や反語表現を伴うと、〝ただ〜だけでなく〟という累加の意味になる。漢文の句法に十分に習熟しているかが問われている問題である。

▼問七　「雲は手で持ち出して贈ることはできない」とする陶通明の詩と、「雲は手や袋で捕らえることができ、人に贈り、また君主にも献上できる」とする蘇軾と徽宗にまつわる話との対比を読み取ってまとめる。ただ問いは「併せて一笑に資するのみ」がどういうことかを聞いているので、そこをしっかり押さえること。「併せて」は、蘇軾と徽宗にまつわる両話を指す。また「〜に資する」には、〝〜のたすけとなる、〜に役立つ〟というニュアンスがあり、その点も踏まえること。これらを一文にまとめようとすると、わかりづらくなるので、解答すべき点をしっかり押さえた上で、文を分けて説明してかまわない。

参考　周密（一二三二〜一二九八年）は、字《あざな》は公謹。もとは今の山東省済南の生まれであったが、宋末の混乱期、今の浙江省に移り、南宋に仕える。元朝に滅ぼされた後は、官に仕えず、隠棲して多くの著作を残した。『斉東野語』は、自分の出身である斉の地を懐かしみ、見聞した俗説や奇談の類いを集めた書で、全二〇巻。ちなみに、「斉東野語」とは、『孟子』（萬章上）にある言葉で、現在でも、〝聞くにたえない下品で愚かな言葉。信じがたい妄説〟の意で用いられるが、本書の題名もこの語義を踏まえている。

❖講　評

現代文と漢文の文章量は二〇一九年度より減少し、漢文は内容もやや平易なものとなった。しかし、古文が本格的な平安時代の日記文学で難化し、かなり読み慣れていないと読みこなせないと思われる。全体的には、現代文で一部異なる形式の問題があったものの、現代文、古文、漢文とも、説明問題の形式や記述量はさほど変わらず、例年同様に典型尽《ことごと》く入り、遂に嚢を括り以て献じ、名づけて貢雲と曰ふ。車駕《しやが》の臨む所毎《ごと》に、則ち尽く之を縦《はな》ち、須臾《しゆゆ》にして、滃然《おうぜん》として充塞し、千巖万壑《せんがんばんかく》の間に在るがごとし。然らば則ち特《た》だに以て持ちて贈るべきのみならず、又た以て貢ぐべし。併せて一笑に資するのみ。

◀解　説▶

わかりにくいところもあるが、大筋として何が言いたいかは、つかみやすい。第二段落と第三段落の話の共通点をきちんと押さえられたかが、ポイント。

▼問一　a・bは送りがなも書かないと解答したことにならない。特に断っていない場合は、仮名づかい（旧／新）はこだわらなくてよい。「固」は「固有」（＝本来持っている）、「竟」は「畢竟《ひっきょう》」（＝つまり、結局）などという熟語が現代にもある。「須臾」（＝わずかの間）は現代文の読みでも頻出の語である。

▼問二　「奔突」が訳しにくいが、漢字の意味をよく考え、本文に即した訳を考えること。「奔」は、「奔走」「奔放」などという熟語があり、〝勢いよく駆ける〟の意。直訳した上で、間違えない程度に内容を補うこと。

▼問三　「吾」が誰を指すかをまず考える。「又《タ》云《フ》」に続く箇所なので、「云《フ》」の主語である蘇軾が「吾」に相当するとわかる。当該傍線部の直前、「又《タ》」で接続されている箇所に注目すれば、南山の雲に蘇軾が遭遇した内容を読み取れる。

▼問四　「貢」とは「みつぐ」で、〝献上する〟の意。直前の箇所では、特殊な袋を作りそれを険しい山々に仕掛けて雲を採取して献じた、とある。では誰に献じたのかといえば、傍線部の直後に「車駕所」とあることから、雲を献上する対象は天子、すなわち徽宗だとわかる。以上を端的にまとめて説明すること。

▼問五　直訳だけなら〝たくさんの険しい崖や深い谷の中にいるようであった〟でよいが、そのような状態になっているのは「何が」「どうなって」いるからなのか、やはり傍線部の前の叙述を踏まえて説明を加えること。徽宗の車が行く先々で、雲を袋から出して周囲に満ち溢れさせることで、まるで険しい山の中にあるような荘厳な雰囲気が演出さ

て君に贈ることは残念ながらできない」と言う。雲は当然ながら持ち帰って人に贈ることのできる物ではない。

蘇軾がある日山中より帰るとき、雲が馬の群れのように勢いよく湧き上がって、山中からこちらに向かって来るのを見た。そして手で雲を拾い上げ、籠を開けて、その中に収めた。家に帰っても、白雲が籠の中に満ち、開けて雲を外へ放ち、かくて「攓雲《けんうん》篇」を著して、「道中に南山の雲に逢い、稲妻のように迫ってきた。とうとう誰かが命じて、絶え間なく雲を空から下らせた」と言う。また、「私の車に飛び入ってくる雲があり、人のひじやまたぐらに迫った。捕まえて箱の中に入れ、携えてかやぶきの庵に帰った。箱にかけた縄を解いてこれを放し、引き出すと姿を変えて現れた」と言っている。つまり雲はほんとうに持ち出して人に贈ることができるのだ。

徽宗の宣和年間、艮嶽という山を名付けた折、近くの山に油で防水した絹の袋をたくさん作り、水でこれを湿らせ、夜が明ける頃に険しい山々に張り巡らせた。雲がことごとく中に入ってしまうと、そのまま袋を括って徽宗に献上し、貢雲と名付けた。徽宗の車駕が訪れた先々に、この雲を放つと、たちまち、雲が盛んに立ち上ってあたりに充満し、たくさんの険しい崖や深い谷の中にいるようであった。とすれば雲は持ち出して人に贈ることができるだけでなく、さらに天子に献上することができるのだ。二つの話をあわせて笑い話として紹介する。

読み　陶通明の詩に云ふ、「山中に何か有る所、嶺上に白雲多し。只《た》だ自ら怡悦《いえつ》すべく、持ちて君に贈るに堪へず」と。雲は固《もと》より持ちて贈るべきの物に非ざるなり。

坡翁一日山中より還り、雲気群馬のごとく奔突し山中より来《きた》るを見る。遂に手を以て掇《ひろ》ひ、籠を開き、其の中に収む。帰るに及び、白雲籠に盈《み》ち、開けて之を放ち、遂に「攓雲《けんうん》篇」を作りて云ふ、「道に南山の雲に逢ひ、欻吸《くつきふ》すること電《いなづま》の過ぐるがごとし。竟《つひ》に誰か之を使令し、衮衮《こんこん》として空より下らしむる」と。又《ま》た云ふ、「或ひは吾が車に飛び入り、人の肘《ちう》胯《こ》に偪仄《ふくそく》す。搏取《はくしゆ》して笥中に置き、提携して茅舎に反《かへ》る。緘《かん》を開き仍《よ》りて之を放ち、掣《ひ》き去りて仍りて変化す」と。然らば則ち雲は真に以て持ちて贈るべし。

宣和中、艮嶽《こんがく》初めて成り、近山に多く油絹嚢を造り、水を以て之を湿らせ、暁に絶巘《ぜつけん》危巒《きらん》の間に張らしむ。既にして雲と、冷泉天皇の第三皇子為尊親王との熱愛が始まるが、親王はすぐに亡くなり、今度はその弟の帥宮敦道親王の求愛を受けた。帥宮と和歌や手紙などを取り交わし、また数度の訪問を経て関係を深め、多くの苦難や世間の批判を経て、ついには帥宮邸に迎え入れられる。この間のいきさつを和歌のやりとりを中心に、和泉式部の心情を綴ったのが『和泉式部日記』である。敦道親王の死後、一条天皇の中宮藤原彰子に女房として出仕。その後藤原道長の家司で豪胆で知られる藤原保昌と再婚した。

三

出典　周密『斉東野語』〈巻七　贈雲貢雲〉

解答

問一　a、もとより　b、つひに〔ついに〕　c、しゅゆ〔しゅゆ〕

問二　雲が馬の群れのように勢いよく湧き上がり、山中からこちらに向かって来るのを見た

問三　南山から勢いよく下ってきた雲が、蘇軾の車に飛び入った。

問四　絹の袋を険しい山々に張り巡らせて集めた雲を徽宗に献上したので、貢雲と名付けられた、ということ。

問五　徽宗が訪れた先々で、袋から放たれた雲が充満し、徽宗があたかも険しい崖や深い谷の中にいるように感じられた、ということ。

問六　特だに以て持ちて〔持して〕贈るべきのみならず

問七　陶通明の詩に、雲は持ち出して人に贈ることはできないとあり、当然と思っていた。しかし、同じ宋代の、雲を捕まえ箱に入れ家に運んだ蘇軾の文章や、雲を絹の袋に詰めて徽宗に献上した話は、雲は持ち出して人に贈ることができたことを述べている。その二つの話はありえないことだが、笑い話としては面白いということ。（一五〇字以内）

◆全　訳◆

陶通明の詩に、「山中に何が有るか、嶺の上には白雲が多い。しかしただ自分が楽しむことができるだけで、持ち出し

なれて柔らかくなっているのがかえって〟という旨になる。正装ではなく、平服の宮の姿もまた素敵だ、という和泉式部の心情を押さえる。

B、「思され」（尊敬語）とあるので、帥宮の心情を表す。「あはあはし」（淡淡し）の意味を、直前の二つの会話文を踏まえ類推して説明すること。宮は当初、和泉式部を「言ふかひなからず」（ク活用形容詞「言ふかひなし」の未然形＋打消の助動詞「ず」＝つまらなくはない）と思っていたが、「ある人々」が自分に対し、和泉式部のもとへ源少将や治部卿が通っている、という噂を口々に「聞こゆれば」（ヤ行下二段動詞「聞こゆ」の已然形＋接続助詞「ば」＝申し上げるので）、軽い女だと評価を改めたという文脈をつかむこと。

▼問四　やはり「適宜言葉を補って、わかりやすく」とあるので、文法や語意などを確認した上で、省略表現を補い、どういう心情を表しているのかがわかるように説明する。以下の点を踏まえる。

（Ⅰ）帰ろうとしている宮に対して、和泉式部が贈った歌であることを、まず押さえる。「こころみに」（＝ためしに）は、副詞的に「降ら」に掛かっている。「なむ」は他に対する願望を表す終助詞。〝～してほしい〟を訳に示すこと。「宿過ぎて空行く月の影」は上記の文脈から、宮を月に例えている表現だとわかる。「とまると」の後には「おぼゆ」が省略されている。和泉式部が宮を引き留めたいと思っている心情をしっかりつかみたい。

（Ⅱ）「あぢきなし」は、ク活用形容詞で〝思うようにならない〟の意。物忌みのために帰らなければならない事情を示している。「影こそ出づれ」と「心やは行く」が、対比的な表現となっている。反語表現をつくる係助詞の「やは」の意をしっかり訳出したい。〈姿はここから出ていくが、心は出ていくだろうか、いや出ていきはしまい〉という旨をとらえること。

参考　和泉式部（九七八年頃～没年不詳）は平安時代中期の歌人で、恋に生き恋を歌った情熱の歌人として有名である。越前守大江雅致（いわゆる受領階級）の娘として生まれ、長保元年（九九九年）のころ和泉守橘道貞の妻となる。後の女房名和泉式部の名はここに由来する。「大江山いくのの道の」の歌で有名な小式部内侍を産む。道貞との関係が破綻するそれぞれ入る。

▼問二　「適宜言葉を補って、わかりやすく」とあるので、文法や語意を踏まえるだけでなく、主語や省略表現を補い、また直訳ではなく、どういうことかがわかるように説明を加える。以下の点を踏まえること。

ア、「まかりなむ」は「まかる」（ラ行四段動詞）の連用形＋「ぬ」（助動詞・強意）の未然形＋「む」（助動詞・意志）。直後に「帰らせたまへば」とあるので、〝おいとましよう〟という意だとわかる。「誰に忍びつるぞ」は、敬語表現が使われていないこと、また宮が和泉式部のもとに他の男が通っているのではないかと訝っているという文脈から、〝誰のところに他の男が忍んできているのか〟の意になる。和泉式部が誰と忍んで会っているのか、という意味ではないことに注意。最後の「なむ」は係助詞。後に「参る」を補えば、宮が今回なぜ和泉式部のもとを訪れたのか、その理由を明かしている文脈がつかめる。

イ、宮が、和泉式部は他の男を通わせているのではないかという疑念を抱いていたことを、和泉式部が知ったという文脈を押さえる。「いかで」（副詞）＋「にしがな」（願望の終助詞）という構造になっている。〝なんとかして、〜したいものだ〟の意。「いとあやしきもの」は、〝大変けしからぬ〈様子のおかしい〉人〟の意だが、上記の文脈から〝他の男も通わせている大変けしからぬ女〟と補える。「聞こし召す」は「聞く」の尊敬語。当然、主語は宮となる。「聞こし召し直す」は〝聞いて誤解を解く〟という意の「聞き直す」の尊敬表現。〈他の男が通っているというのは誤解なのだ、それをなんとか宮に理解してほしい〉という趣旨を汲み取る。

▼問三　A、直前の「例のたびごとに……なえたるしも」の内容を、かみ砕いて説明する。宮の姿を目にして評価している視点なので、和泉式部の気持ちであることを明確に示す解答にすること。「目馴れてもあらぬ」は、ラ行下二段動詞「目馴る」の連用形＋接続助詞「て」＋係助詞「も」＋ラ変補助動詞「あり」の未然形＋打消の助動詞「ず」の連体形。〝何度見ても見慣れることはない〟という旨をつかむ。「直衣」は貴人の常用の服。「いたうなえたるしも」は、副詞「いたう」＋ヤ行下二段動詞「なゆ」の連用形＋完了の助動詞「たり」の連体形＋副助詞「しも」。〝たいそう着

ただけだから。明日は物忌みと言っていたので、家にいないのもおかしいと思ったので」とおっしゃってお帰りになろうとするので、

(Ⅰ)ためしに雨でも降ってほしい。空を行く月が私の家を通り過ぎるように、私の家を通り過ぎようとしているあなたが、雨宿りしてとどまってくださると思うので

他の人が言うより子供っぽく見えて、(宮は)愛しくお思いになる。「いとしいあなたよ」とおっしゃって、しばらく部屋にお上がりになり、(その後)出て行かれるときに、

(Ⅱ)しかたなく空行く月に誘われて私の体は出ていきますが、心がどうして出ていきましょうか、心はあなたのところにとどまっています

とおっしゃって、お帰りになった後、さっきのお手紙を見ると、

私のせいで月を眺め物思いにふけっているとお告げになったので、本当かどうか確かめに来たのだ

とある。「やはり本当に素敵でいらっしゃるなあ。なんとかして、(私のことを)たいそうけしからぬ女だとお聞きになっているのを、お考え直していただきたいものだ」と思う。

宮も、「どうしようもない女ではない。寂しさを慰めるにはいい」と思われるのに、ある女房たちが申し上げるには、「この頃は、源少将が通っていらっしゃるそうです。昼間もいらっしゃるそうです」と言うと、また、「治部卿もいらっしゃるそうです」などと、口々に申し上げるので、(宮も)あまりに軽々しい女だと思われて、長い間お手紙もない。

▲解　説▼

『和泉式部日記』が、作者(本文では「女」)と帥宮(本文では「宮」)との歌の贈答を中心に、互いへの募る思いを記述した作品であることをまず押さえる必要がある。また、前書きの「宮は、女が他の男性を通わせているのではないかと疑念を抱いており」の部分が、本文を読み解く上でも、問題に解答する上でも、大きなヒントになっている。

▼問一　カ行変格活用の動詞の活用がわかっていれば容易である。①は未然形、②は命令形、③は已然形、④は連用形が

問四　（Ⅰ）ためしに雨でも降ってほしい。空を行く月が私の家を通り過ぎるように、私の家を通り過ぎようとしているあなたが、雨宿りしてとどまってくださると思うので

（Ⅱ）しかたなく空行く月に誘われて私の体は出ていきますが、心がどうして出ていきましょうか、心はあなたのところにとどまっています

◆全　訳◆

こうして、その後は宮の訪れもない。月の明るい夜、横になって、「うらやましくも（＝これほど生きにくい世の中にあっても、うらやましいほど澄んでいる月だなあ）」などと物思いにふけっているので、宮に歌を差し上げた。

月を見て荒れ果てた宿で物思いにふけっていることを、あなたは見に来ないまでも、誰に告げよというのでしょうか。
あなたにお知らせしたい

樋洗童《ひすましわらわ》に、「右近の尉《じょう》に渡してきて」と言って使いにやった。（帥宮《そちのみや》は）御前に人々を召し、お話をしていらっしゃるときだった。人々が退出して、右近の尉が手紙を差し出すと、「いつものように車の準備をさせよ」とおっしゃって、（女の元へ）お越しになる。

女（＝私、和泉式部）は、まだ端近で月を眺めていたところ、人が入ってきたので、簾《すだれ》を下ろして座っていると、いつもの通りそのたびに見慣れることのないお姿であったが、直衣《のうし》などが着なれてとても柔らかくなっているのも、素敵に見える。（宮は）なにもおっしゃらないで、ただ扇に手紙を置いて、「あなたのお使いの者が返事を受け取らないで帰ったので」とおっしゃって、（扇を）差し出された。女は、お話し申し上げようにも離れていて具合が悪いので、扇を差し出して手紙を受け取った。宮も部屋に上がろうと思っていらっしゃる。庭の植え込みの美しい中をお歩きになって、「人は草葉の露なれや（＝私が恋しく思っている人は草葉の露なのか。その人がいないとすぐに涙で袖が濡れていることだ）」などとおっしゃる。とても優雅である。女の近くに寄っていらっしゃって、「私は今夜はこれでおいとましましょうよ。あの車が誰のところに忍んできたのか（あなたのところに忍んできたのか）、つきとめようと思ってあなたのところに来

の両義性を問題視している選択肢はイのみ。

参考 犬飼裕一（一九六八年〜）は愛知県生まれ。二〇二〇年現在日本大学教授。マックス・ウェーバーやゲオルク・ジンメル、和辻哲郎の研究から出発し、歴史社会学、日本人論・日本文化論などを研究している。著書に社会学理論の問題点を突いた『マックス・ウェーバーにおける歴史科学の展開』『方法論的個人主義の行方』などがある。最新刊の『歴史にこだわる社会学』では、歴史社会学という新しい学問分野から、歴史と社会についての関係を、これまでとは異なる視点からの考察を展開していて、本文ではそれがどういうものかが述べられている。

歴史とは、過去の価値観のなかで、その時々のさまざまな関係性の中で展開してきたものである。それを解明しようというのが、筆者の言う「歴史社会学」であると考えられる。

二

出典 『和泉式部日記』〈第二〇〉

解答

問一 ①こ ②こ〔こよ〕 ③くれ ④き

問二 ア、私は今夜はこれでおいとまするつもりだよ。男が一体誰のところに忍んで来たのか、つきとめようと思ってあなたのところに来ただけだから

イ、私のことを他の男も通わせている大変けしからぬ女だと帥宮がお聞きになっているのを、なんとかしてお考え直していただきたいものだ

問三 A、和泉式部の、いつも自分のもとを訪れるたびに新鮮な印象を与える帥宮が、今回は着なれて柔らかくなった直衣姿でいらっしゃるのを、かえって素敵だと思う心情。

B、帥宮の、和泉式部をつまらなくはない女だと評価していたが、彼女が他の男たちも通わせているという噂を聞くにつれ、ひどく軽々しい女だと思いなおす心情。

細部の書き落としが意外と多い。字形や点などにも注意すること。

▼問二　(1)「対をなす」「九字」とあるので容易。

(2)「社会」と「権力」については、第二段落と第四段落に「社会」「権力」を用いた表現があるので、それをもとにまとめる。

▼問三　(1)直接的には傍線部の後の「一八世紀のヨーロッパにあっては……隷属化の論理ともなりうる」という一文が「両義性」「二面性」の直接の具体的説明になっているので、ここをベースにする。「平等」という言説が一八世紀ヨーロッパで「解放」の論理となった、という点は、解答する上ではもう少し言葉を補っておきたい。この箇所は、ルソーらの人権思想で掲げられた平等権が、互いの異なる個性を平等に尊重し身分制度からの解放を目指した、ということを指していると思われる。その旨を端的に記して説明すればよい。続いて後半の部分、「平等」は人間の規格化・均質化・隷属化の論理にもなりうる、という点は第七〜十段落からさらに説明できる。「平等」は、一面では、人間の個性を平板化し取り替え可能な部品と見なす思想となり、それを信奉する人々を、自ら巨大組織の構成部品として隷属化するものである、というポイントをしっかり押さえておきたい。

(2)〔要旨〕に示した大段落Ⅲがその説明になっているが、第十三段落冒頭の「問題は……にあるのだろう」が端的に示した一文になっている。字数も解答の根拠になる。

▼問四　問三(1)とも重なる問題である。直前の第十四段落の「人々は自分だけが……変わらない生き方をしようと願っている」の一文がわかりやすい説明であるが、傍線部の後の「社会科学が、結果として巨大な機械の部品としての人間を積極的に推奨してきた」がさらに掘り下げた説明になっている。「社会学」ではなく、「社会科学」について問うていることをしっかり念頭に置き、理由の説明になるようにまとめること。

▼問五　ここでの「個人」とは、社会科学の推奨してきた「平等」の考えのもと、組織を構成する均質な部品として隷属化している一方で「自分だけが特別」と考えている人間を指している。そうした人々を生み出してしまう、社会科学

な生き方を願うようになっているから。（七〇字以内）

問五　イ

◆要　旨◆

本文が「『歴史社会学』という新しい学問分野を掲げる立場から述べられたものである」という前書きと、従来の「社会学」だけではなく、本文の後の「社会科学」の【注】にあるように、「社会現象を対象とする学問分野の総称。経済学、法律学、政治学、社会学など」に対して修正を求めている文章であることを念頭に置いて読み進めていくこと。

明確に区切りにくいが、全体を大きく三つの大段落に分けて要点を整理する。

Ⅰ（第一～五段落：人はおそらく……違いである。）社会、平等、権力についての考え方の違い　↓問二

人は他人について自分に当てはめてしか理解しないものだ。人間の適性が多様だと考える人々は、多様な人々の、その時々の複雑な関係から成る社会、機会の平等、各々の関係を個別に調停する権力を考えるが、人間の適性が均質だと考える人々は、均質な人員からなる大きな社会、結果の平等、均質な人間を合理的にまとめ上げる権力を考える。

Ⅱ（第六～十二段落：複雑な対象を……論理ともなりうる。）「平等」の二面性と社会科学　↓問三(1)

「人間は平等である」という社会科学における考えが、現代では以前の思想家の考えと別の意味となり、均質な人間を巨大な組織の構成部品と考え、人間を「平等」に隷属化する論理になっている。

Ⅲ（第十三～最終段落：問題はおそらく……からである。）これまでの社会科学の修正としての歴史社会学

↓問三(2)・問四・問五

問題は、結果として巨大な機械の部品としての人間を推奨してきた社会科学の思考にあり、過去の刻々と変化していく状況を通して、不変の人間社会を理解しようとすることでそれに修正を求めるのが、歴史社会学である。

▲解　説▼

▼問一　c、「惹」がやや難しいが、文脈から十分判断でき、完全正解できる常識的なものばかりである。jの「養」は、

国語

一

出典 犬飼裕一『歴史にこだわる社会学』（八千代出版）

解答

問一 a、独裁 b、ザセツ c、ヒ d、ショウモウ〔ショウコウ〕 e、レイゾク f、コワダカ
g、規格 h、営 i、精一杯 j、栄養

問二 A、(1)人間の適性が均質だ（と考える人々）
(2)社会は均質で単純な関係に基づいて構成される組織で大きいほど優れており、権力は人々を合理的にまとめ上げる力だと考えている。（六〇字以内）
B、(1)人間の適性が多様だ（と考える人々）
(2)社会は、多様な役割を果たす人々の、その時々の複雑な関係から成り、各々の関係を個別に調停するのが権力であると考えている。（六〇字以内）
＊AとBは逆になっていても可。

問三 (1)「平等」を掲げ、身分などの束縛からの解放、機会の均等の論理となってきた社会科学の言説が、今日では逆に、本来多様な人間の個性を平板化し代替可能な存在と見なし、人々が自ら巨大組織の構成部品として隷属化する論理を生み出している、という有り様。（一二〇字以内）
(2)特定の視点〜とする思考

問四 現代の人々は、巨大な機械の部品たる人間像を推奨してきた社会科学の影響により、他の人々と変わらない均質的

小論文

解答例　問1．筆者は，19世紀後半から20世紀前半にかけて，混血を避けて純粋な「血」を守ろうとする「純血主義」や極端な人種排斥という反グローバリズムの要素を伴ったグローバル化が進んだと考えている。それに対し，現代世界のグローバル化は，ヒトやモノの交流がより徹底し，より「混血的」にグローバル化が進んでいると考えている。確かに，政治的な分野では混血よりも排他的純血主義を好む勢力が影響力をもっているが，「混血的」なグローバル化の傾向は，人口調査に「複数」あるいは「多人種」というカテゴリーが追加されている点や，文化，芸術，教育，学問等の各分野においても顕著にみられ，特にバレンボエムは現代の流れの一つを象徴している。(300字以内)

問2．「惑星意識」とは，地球は広い宇宙にある一つの惑星に過ぎないという見方である。それは，国境によって分断された人類ではなく，同じ星に生息し，同じ宇宙に存在するものとしての人間，という考えにつながる。また，動植物や自然環境なども同じ惑星に存在するものとして，人間とともに共生共存していかなければならない，という認識にもつながる。筆者が「惑星意識」の重要性を説くのは，環境汚染問題やエネルギー問題など現代世界全体の問題に対応するには，そうした認識が不可欠だからである。

　このような「惑星意識」が徹底した社会では，様々な問題について，人間と自然環境の共生という視野から議論がなされ，トランスナショナルな活動によって解決が図られていくと考えらえる。たとえば，発展途上国の経済成長を援助するに当たっては，先進国から場当たり的に資金を投入したり，使い古された技術を輸出したりといった方法は，もはや採られなくなるだろう。まず，国際的な議論の場において，しかるべき経済成長の方向性が，すべての生物にとって健全な環境を構築する目的をもって模索される。そして，その国を舞台とする代替エネルギーの開発，低エネルギー社会の実現が目指される。さらに，それらの成果が先進国の経済・社会のあり方をも変えていくという，相互依存的な援助が行われるはずである。また，そうした社会においては，私たち個人も，ひとりひとりが惑星規模の問題に関わる主体であることを求められる。先のような問題解決のあり方は，国家間の外交よりも，むしろ国境を越えた人間同士のつながりや交流を基盤としているからだ。そのため，平和・人権・環境といったグローバルなものに関心を向けるだけでなく，ローカルな多様性にも関心を寄せ，言語や文化の垣根を越えたコミュニケーションを試みる，開かれた態度が，個人においても要請されると考えられる。(600〜800 字)

◀解　説▶

≪グローバル化の進展と惑星意識の重要性≫

▶問１．問われているのは，筆者の考える 19 世紀後半から 20 世紀前半にかけてのグローバル化と現代世界のグローバル化の違いである。

課題文の前半部分に，その違いについて説明がされている。次の点は押さえたい。

１）現代世界は

- より混血的，雑種的である
- 生物学的にいろいろな人種が混合して子孫を作っていくというだけではなく，食事，住宅，生活様式から音楽，絵画さらには学問にいたるまで，「純血」でないものができあがっている
- ただし，政治的な境界としての国境が簡単になくなることはない

２）19 世紀後半から 20 世紀前半は

- 混血を避けて純粋な「血」を守ろうという擬似学説が流行した
- 「純血主義」や極端な人種排斥が顕著で，当時のグローバル化は，そうした反グローバリズムの要素ももっていた

以上の点を中心に，「現代世界」と「19 世紀後半から 20 世紀前半」のグローバル化の対比構造がわかるようにまとめよう。

▶問２．問われているのは，①筆者が「惑星意識（プラネタリティ）」の重要性を説く理由を説明した上で，②そのような惑星意識が徹底した社会はどのようなものになるか，自分の考えを示すことである。②については，③過去または現在の具体的な事例を挙げることが条件となっている。

まず，①に答える前提として，惑星意識（プラネタリティ）とはどのようなものかを把握する必要がある。これについては，課題文第２節「惑星意識と環境問題」の冒頭に，「地球は広い宇宙にある一つの惑星に過ぎないという，いわば惑星意識（プラネタリティ）」とあり，直後の文で「地

球は太陽を取り巻く星の一つであるという……事実が地球に生息するすべてのものと結びつけられて，生命共同体のような考えとなる」と説明されている。

そして，そのような惑星意識がなぜ重要かということについては，課題文の終わりで，「『プラネタリティ』の視野がいかに重要であるか」としてまとめられている。すなわち，「人類全体，世界全体の問題」に対しては，「地球に生息する動植物，空気，水，そして人間の存在を前提とし」，それらが「共存するのを可能にする」という発想が求められ，そのために惑星意識が重要になるのである。また，課題文第２節の第５段落の「惑星意識と呼ばれる……考えにつながる」や第11段落の「惑星意識は，……という認識へとつながる」でも，同様の説明がなされているので，それらも参考にしながらまとめるとよい。

続いて，②について考察していくことになる。課題文第２節に，「世界各地で依然として人権が抑圧され，国家間の対立が見られるのは，惑星意識が徹底していないことを物語っている」（第７段落）とあるので，逆に，惑星意識が徹底した社会においては，そうした問題が見られなくなるというのが，課題文の基本的な見立てであると考えられよう。そこでは，「あらゆる存在が自分と他者を区別する境界を取り外し，一つの地球としてのアイデンティティのみが残る」（第１節最後から３段落目）からである。

答案作成に当たっては，このような課題文の見立てを踏まえつつ，③の条件に沿って，現実の具体的な事例について論じる必要がある。先に確認した惑星意識の重要性に基づいて，「（惑星）意識が徹底した社会」は，その事例がはらむ問題をどのように受け止め，解決するのかを説明するとよいだろう。設問文には，「筆者が挙げている事例に限定する必要はありません」とあるが，ここでは，課題文中にある環境汚染問題やエネルギー問題に関する事例を扱った方が，課題文に沿った考察を展開しやすく，答案全体の論旨の一貫性を保ちやすい。

〔解答例〕では，発展途上国への経済支援を事例として，惑星意識が徹底した社会における問題解決のあり方を説明するとともに，そうした社会は私たち個人にも一定の態度を求めるのだとまとめた。もちろん，課題文が言及していない領域の事例を挙げることもできるが，「惑星意識」の重要性に基づいて，十分に分析・検討できるものを選ぶことが肝要である。また，問われているのは，あくまでも「社会はどのようなものになると…考えるか」なので，個別具体的な問題の議論に終始してしまわないよう，注意が必要である。

❖講　評

2020 年度も，課題文を読解して内容説明をし，自らの知識・理解を前提とした具体例を出しつつ意見を述べる出題であった。

もっとも，課題文のテーマは，例年と少し異なる。例年は，裁判制度，法哲学等の広く「司法」に関する課題文であったのに対し，2020 年度は「惑星意識」に関する文章であったため，戸惑った受験生もいたのではないだろうか。どのような課題文がテーマとされようとも冷静に対処できることが望まれる。

また，2020 年度は，例年に比べれば解答字数は減少したものの，90 分の試験時間に対して，合計で 900〜1100 字の解答を求めており，難度は高いといえる。加えて，課題文の水準も決して低くはない。

日常の学習において，硬めの論説文の主張を筆者が前提としている価値観も含めて丁寧に読解し，それを自分の言葉で短く表現する訓練等を重ねていくことが重要だろう。

//////////////////// · memo · ////////////////////

· memo ·

////////////////////// · memo · //////////////////////

大学赤本シリーズ

名古屋大学

文系

文・教育・法・経済・情報〈人間・社会情報〉学部

別冊問題編

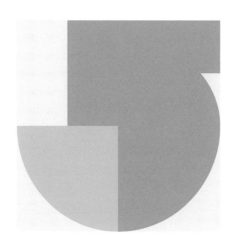

2025

矢印の方向に引くと
本体から取り外せます
→

教学社

目　次

問題編

解答用紙は，赤本オンラインに掲載しています。

https://akahon.net/kkm/ngy/index.html

※掲載内容は，予告なしに変更・中止する場合があります。

2024年度

問題編

前期日程

問題編

▶試験科目・配点

学部(学科)	教　科	科　　　目　　　等	配　点
文	外国語	コミュニケーション英語Ⅰ・Ⅱ・Ⅲ，英語表現Ⅰ・Ⅱ	400点
	地　歴	日本史B，世界史B，地理Bから1科目選択	200点
	数　学	数学Ⅰ・Ⅱ・A・B	200点
	国　語	国語総合・現代文B・古典B	400点
教　育	外国語	コミュニケーション英語Ⅰ・Ⅱ・Ⅲ，英語表現Ⅰ・Ⅱ	600点
	数　学	数学Ⅰ・Ⅱ・A・B	600点
	国　語	国語総合・現代文B・古典B	600点
法	外国語	コミュニケーション英語Ⅰ・Ⅱ・Ⅲ，英語表現Ⅰ・Ⅱ	200点
	数　学	数学Ⅰ・Ⅱ・A・B	200点
	小論文	高等学校の地歴・公民の学習を前提とする	200点
経　済	外国語	コミュニケーション英語Ⅰ・Ⅱ・Ⅲ，英語表現Ⅰ・Ⅱ	500点
	数　学	数学Ⅰ・Ⅱ・A・B	500点
	国　語	国語総合・現代文B・古典B	500点
情報(人間・社会情報)	外国語	コミュニケーション英語Ⅰ・Ⅱ・Ⅲ，英語表現Ⅰ・Ⅱ	700点
	選　択	日本史B，世界史B，地理B，「数学Ⅰ・Ⅱ・A・B」から1科目選択（出願時）	400点

▶備　考

- 「数学B」は，「数列」，「ベクトル」から出題する。数学の試験については，試験室において公式集を配付する。また，直線定規・コンパスを使用できる。

英　語

（105 分）

I　次の英文を読み，下記の設問に答えなさい。
（＊のついた語は注を参照すること。）

Many places around the world celebrate unique geological formations or natural phenomena by associating them with divinity. In India, Lonar, one of the world's largest terrestrial impact craters, is considered a holy site and is the locus of several temples. [　　a　　] can be seen at this site.

[　I　] The Pleistocene Epoch was the geological age that lasted from about 2,580,000 to 11,700 years ago, and it was in this period that a meteorite collision impact created a large depression in the ground at Lonar. Lonar has one of the few well-preserved terrestrial impact craters in the world. The site has been an important subject of study because the geomorphology and hydrology of the crater are similar to those on other（　あ　）bodies, such as Mars.

[　II　] This body of water, called Lonar Lake, has a thin stretch of shore encircling it. The main perennial* stream runs into the crater lake from the north-east. About fifty meters lower is another perennial spring that drains into the lake. Owing to its high salinity and the presence of halophilic archaea* microbes, Lonar Lake supports microorganisms like blue-green algae* and bacteria. In 2020, Lonar Lake was recognized as a site of international importance, under the protection of an inter-governmental treaty known as the Ramsar Convention. Since 2000, the Government of India has declared the forest surrounding Lonar Lake a wildlife sanctuary（　①　）the jurisdiction of the Maharashtra State Forest Department.

[Ⅲ] The natural water sources and streams around the site that feed the lake are (②) particular importance in Hindu practice. All such locations are marked by a temple construction. These temples are clustered in three prime locations near the crater. Based on archaeological evidence, we can infer that Lonar gained importance as a religious site only after the tenth century. However, the crater was a well-known site prior (③) this period, and a small settlement was already present on the rim.

The highest concentration of temples at Lonar is around the rim of the crater, thus making the crater (い) to all narratives associated with the temples. The most frequented temple site is the Dharatirtha, named (④) the perennial water spring that flows there. The valley through which the water flows into the crater is also used as one of the main routes to access the lake. In addition to the main temple, there are five small shrines dedicated to Hindu deities such as Vishnu*, built in different periods, and surrounded by semi-open spaces. While moving around the salt-water lake, one witnesses a historical timeline of at least four hundred years as shown through its architecture. There is a strong physical connection between each temple and the crater. Successive temple builders have not only honored the presence of the crater, but also added layers of meaning to the pilgrimage circuit, connecting all the places around and within the crater.

Beyond the ecological and geological significance of the crater, an important aspect of this landscape is its cultural perception. Over time, an entire mythological system has evolved, which explains the creation of the lake and its seasonal changes. (1) The principal dominant myth is a story in which the god Vishnu triumphs over a demon who was disrupting life in the region. Lonar Lake is explained as the outcome of a catastrophic event, in which a divine power appeared to defeat the demon.

The mythological narrative of Lonar encapsulates people's perception and comprehension of the crater. Beyond Hinduism, (⑤) many other multivalent sites in India, Lonar is also frequented by people practicing different religions.

[Ⅳ] The archaeological evidence allows us to construct a timeline for this human attempt at explaining and comprehending a landscape. (2)Geology is understood through natural materials and forms, while mythology is based on literary interpretation of narratives. Archaeological evidence comprises man-made artifacts physically recovered on the site. The identity of Lonar lies at the intersection of these three layers and the meaning assigned to its creation, thus transforming a mere (う) place to a cultural and (え) space.

【出典：Sohoni, Pushkar and Swapna Joshi. “Geological Wonder as a Sacred Landscape: The Case of Lonar Crater.” *Education about Asia* 27(3):37-41 (Winter 2022). 出題の都合上，原文の一部に変更を加えている。】

注

perennial	永続的な，絶え間なく続く
halophilic archaea	好塩性古細菌
algae	藻類
Vishnu	ビシュヌ(ヒンドゥー教の神)

設 問

1．空欄 [a] から始まる文は，この文章全体の趣旨を説明する文です。[a] に入る最も適切なフレーズを選択肢から選び，記号で答えなさい。

(A) Geological importance of this unique crater with saline and alkaline lakes

(B) Magnificent natural scenery of the crater that has fascinated pilgrims as well as tourists

(C) The natural history of the formation of the crater and the cultural history of how it has been perceived by humans

(D) The ways in which ancient people’s perception and comprehension of

Lonar have influenced their technologies of temple construction

2．[　Ⅰ　]〜[　Ⅳ　]に入る最も適切な文を選択肢から選び，記号で答えなさい。ただし，各記号は1回しか使用できない。

(A) Another mythological layer imposed on the landscape around the crater comes from the text known as the *Lonar Mahatmya*.

(B) Archeological excavation projects around the crater were stopped by 2010 due to an increasing number of natural disasters.

(C) At Lonar, material culture exists in the form of temples, which can be dated from the tenth century onwards.

(D) During the annual Hindu festival of Navaratri, a large fair is held here to celebrate and propitiate the goddess.

(E) Geological processes often take tens of thousands or even millions of years to unfold.

(F) The Lonar crater has a mean diameter of 1.12 miles and the floor of the crater is filled with salt water approximately 459 feet below the crater rim.

(G) The Lonar crater is a fine example of how geological phenomena are often overlaid with mythological meaning.

3．(　あ　)〜(　え　)に入る最も適切な表現を選択肢から選び，記号で答えなさい。ただし，各記号は1回しか使用できない。

(A) central
(B) geographical
(C) planetary
(D) prone
(E) religious
(F) subsequent

4．(　①　)〜(　⑤　)に入る最も適切な表現を選択肢から選び，記号で答えなさい。ただし，各記号は１回しか使用できない。

(A) after　　(B) as　　(C) between
(D) from　　(E) like　　(F) of
(G) to　　(H) under

5．下線部(1)によれば Lonar Lake はどのようにしてできたとされているか。25字から35字（句読点も含む）の日本語で述べなさい。

6．下線部(2)を日本語に訳しなさい。

Ⅱ　次の英文を読み，下記の設問に答えなさい。

Scientists who study happiness know that being kind to others can improve well-being. Acts as simple as buying a cup of coffee for someone can boost a person's mood. Everyday life affords many opportunities for such actions, yet people do not always take advantage of them.

In studies published online in the *Journal of Experimental Psychology: General*, Nicholas Epley, a behavioral scientist at the University of Chicago Booth School of Business, and I examined a possible explanation: people who perform random acts of kindness(1) underestimate how much recipients value their behavior.

Across multiple experiments involving approximately 1,000 participants, people performed a random act of kindness—that is, an action done with the（　あ　）intention of making someone else (who isn't expecting the gesture) feel good. Those who perform such actions expect nothing in return.

From one situation to the next, the specific acts of kindness varied. For instance, in one experiment, people wrote notes to friends and family "just because." In another, they gave cupcakes away. Across these experiments, we asked both the person performing a kind act and the one receiving it to fill out questionnaires. We asked the person who had acted with kindness to report their own experience and predict their recipient's response. We wanted to understand how valuable people perceived these acts to be, so both the performer and recipient had to rate how "(い)" the act seemed. In some cases, we also inquired about the actual or perceived cost in time, money or effort. (2) In all cases, we compared the performer's expectations of the recipient's mood with the recipient's actual experience.

Across our investigations, several robust patterns emerged. For one, both performers and recipients of the acts of kindness were in more positive moods than normal after these exchanges. For another, it was clear that performers undervalued their impact: recipients felt significantly better than the kind actors expected. The recipients also reliably rated these acts as "bigger" than the people performing them did.

We initially studied acts of kindness done for familiar people, such as friends, classmates or family. But we found that [a]. In one experiment, participants at an ice-skating rink in a public park gave away hot chocolate on a cold winter's day. Again, the experience was more positive than the givers anticipated for the recipients, who were people who just happened to be nearby. Although the people giving out the hot chocolate saw the act as relatively inconsequential, it really mattered to the recipients.

Our research also revealed one reason that people may underestimate their action's impact. When we asked one set of participants to estimate how much someone would like getting a cupcake simply for participating in a study, for example, their predictions matched recipients' reactions well. But when people received cupcakes for no particular reason, the cupcake givers underestimated how positive their recipients would feel. Recipients of these unexpected actions tend to focus more on *warmth* than performers do.

(3) Missing the importance of warmth may stand in the way of being kinder in daily life. People know that cupcakes can make folks feel good, to be sure, but it turns out that cupcakes given in kindness can make them feel

surprisingly good. If people undervalue this effect, they might not bother to carry out these warm, prosocial behaviors.

And kindness can be（ う ）. In another experiment, we had people play an economic game that allowed us to examine what are sometimes called (4)“pay it forward” effects. In this game, participants allocated money between themselves and a person whom they would never meet. People who had just been on the receiving end of a kind act gave substantially more to an anonymous person than those who had not. The person who performed the initial act did not recognize that their generosity would spill over in these downstream interactions.

These findings suggest that what might seem（ え ）when we are deciding whether or not to do something nice for someone else could matter a great deal to the person we do it for. （ お ）that these warm gestures can enhance our own mood and brighten the day of another person, why not choose kindness when we can?

【出典：Kumar, Amit. “Kindness Can Have Unexpectedly Positive Consequences.” *Scientific American*（Online）December 12, 2022. 出題の都合上，原文の一部に変更を加えている。】

設 問

1．下線部(1)の具体的な例を本文中から1つ探し，25字から35字（句読点も含む）の日本語で説明しなさい。

2．（ あ ）～（ お ）に入る最も適切な表現を選択肢から選び，記号で答えなさい。文頭に入る場合も小文字で表記してある。各記号は1回しか使用できない。

(A) according　(B) big　(C) compulsory

(D) contagious　(E) disappointed　(F) given

(G) insensitive (H) malicious (I) primary
(J) small

3．下線部(2)を日本語に訳しなさい。

4．文脈を考えて，空欄 [a] に入る最も適切な英文を選択肢から選び，記号で答えなさい。

(A) complete strangers were not willing to participate in our study
(B) givers accepted the outcome of their kind act without much surprise
(C) participants underestimated their positive impact on strangers as well
(D) the act of random kindness to familiar people often went unnoticed
(E) the recipients normally hesitated to express their gratitude to the givers

5．下線部(3)を日本語に訳しなさい。

6．下線部(4)はどのような現象を指すか，本文の内容に即して25字から35字(句読点も含む)の日本語で説明しなさい。

III Read the conversation below and answer the following questions.

Missy: Grandpa, I wonder if you could help me with a history assignment.

Greg: Wouldn't it be better to just look it up online?

Missy: This semester I'm learning about historiography, so the professor says we should gain experience gathering historical information through various sources, including listening to people.

Greg: Quick question: what's historiography?

Missy: Basically, studying methods historians use to gather information and report it.

Greg: Oh, like oral history?

Missy: Right! Do you have a memory of an extraordinary day in history?

Greg: Sure, there's one day that stands out: the first moon landing. That was 1969. I was about your age.

Missy: Why do you think that's so special for you?

Greg: Well, no offense, but (1) it's hardly a mystery. There'd been this strange ball up there in the sky for billions of years, and creatures on earth had been watching it for an awfully long time. Finally, we made it. Two humans were standing up there.

Missy: I remember learning about that in school. Neil Armstrong was the first man to walk on the moon. I'm sorry I missed it.

Greg: Here's the thing, though: we could watch it on TV, which was a fairly [①] invention at that time. That was part of what made it so special. It was a bit hard to make out the images clearly, but millions of us around the world could see it live. There's never been a global event quite like it. What about you? What's the biggest historical event you recall?

Missy: I can't think of anything much the same. But I guess (2) I haven't been around so long.

Greg: Good point. But you'll probably watch humans landing on Mars sometime in your lifetime, and that's way further than the moon.

Missy: Yes, that'll be good. Still, we've already learned quite a bit about Mars from robots crawling around out there. Was there a [②] understanding of what the moon was like before the moon landing?

Greg: There were some grainy photographs but not so much detailed knowledge. Some people worried the spacecraft might sink into the very fine dust on the surface and not be able to return. Even scientists weren't completely sure about many things.

Missy: I remember an article that said Armstrong thought there was only a 50/50 chance of success. It must have seemed like an amazing adventure. What was the impact on you personally?

Greg: That event probably made me more optimistic. We'd been living with the threat of another [③] war for some time. The moon landing made it seem like humans could do wonderfully positive things too.

Missy: Have you felt disappointed since then?

Greg: In some ways. But in other ways I'm still impressed by what humans can achieve. What about you? Technology is changing the world at a tremendous pace. Are you optimistic about the future?

Missy: I go back and forth.

Greg: You could live for a very long time. You might even go into space.

Missy: I wouldn't mind. It's hard to see far off into the future these days, though. What will the planet's environment be like? How much will things be run by AI, and what will [④] relations be like? What do you think?

Greg: Honestly, I don't have much idea. I'll say this, though: I think it's good that you're thinking about history, because even with accelerating change, we learn useful lessons from the past.

Missy: Sure. That's what I think.

QUESTIONS

1. In the context, which phrase below is closest in meaning to the underlined expression (1) "it's hardly a mystery"?

(A) I find it hard to explain.

(B) I found it challenging to comprehend it.

(C) It's not as simple as it seems.

(D) It's quite obvious.

(E) Your question is impolite.

2. In the context, which phrase below is closest in meaning to the underlined expression (2) "I haven't been around so long"?

(A) I am getting taller.

(B) I am new to the neighborhood.

(C) I am still pretty young.

(D) I don't care so much.

(E) I have just come back.

3. What is the initial reason Missy wants to ask Greg about his experience?

(A) To better distinguish differences in perspective between generations.

(B) To broaden her understanding of practical history techniques.

(C) To comprehend how technology affects history.

(D) To deepen her knowledge of life in her grandfather's youth.

(E) To learn from her grandfather how to explain oral history.

4. Based on the dialogue, which TWO of the following statements are most clearly true?

(A) Greg could easily name the most memorable historical event in his life.

(B) Missy feels humans have gathered a lot of information about Mars.

(C) Missy would not like to try space travel.

(D) Overall, Greg was disappointed by the moon landing.

(E) The first astronauts who landed on the moon were positive that their mission would be successful.

5. Fill each gap [①]-[④] with the most suitable word in the context from the list below. Do not use any word more than once.

(A) capable (B) catastrophic (C) divided

(D) domestic (E) personal (F) recent

(G) thorough

6. Given recent advancements in technology, are you optimistic about the future? If so, why? If not, why not? Answer in 20 to 30 words. Indicate the number of words you have written at the end of your answer. Do not count punctuation such as commas or periods as words.

IV The following diagram presents what is known as the Müller-Lyer illusion. The two horizontal lines are the same length.

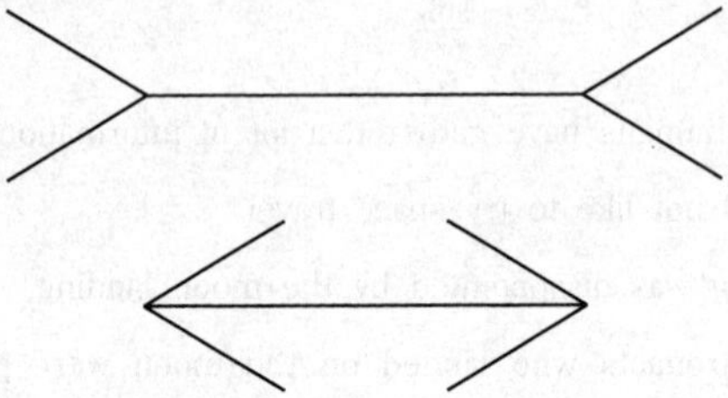

Carefully study the diagram and answer the questions that follow. Indicate the number of words you have written at the end of each answer. Do not count punctuation such as commas or periods as words.

QUESTIONS

1. Imagine you have to explain the diagram to somebody who has not seen it. How would you describe what it looks like? Your answer must be between 30 and 50 words.

2. Explain what the Müller-Lyer illusion demonstrates about how people see things. Your answer must be between 30 and 50 words.

日本史

(90 分)

日本史　問題Ⅰ

古代～中世における軍事に関する次の文章を読んで，以下の問いに答えよ。(史料は原漢文。一部省略したり，書き改めたりしたところもある。)

律令国家のような君主制国家にとって，君主の命を守るということは最重要課題の一つであった。守るべき領域には医療面，宗教面などもあるが，ここでは軍事面についてみていこう。

奈良時代の天皇は，宮城(平城宮)内の内裏で，①何重もの築地塀に囲まれて守られていた。築地塀には出入りのための門が設けられていたが，最も外側の門を守護する武力の中核は②衛士であった。なお，③それらの門の名前は，大伴門(南面中央の朱雀門)，佐伯門(西面中央の門)などのように，衛士を統率して天皇に仕える氏族の名に由来していた。

④平安時代に入ると，衛士が弱体化し，平安京，平安宮を守るためにこれに代わる武力が編成された。

鎌倉時代になり，東国に武家による幕府が成立した後も，天皇のいる平安京は政治の中心の一つであった。⑤京の治安を維持することは，幕府にとっても重要な課題であった。

問 1　下線部①に関連して，古代において築地塀や土塁・石塁などで堅固に囲まれた施設として，宮城のほかに，大野城や基肄城などのいわゆる「朝鮮式山城」や，多賀城などの「城柵」が造営された。それぞれが造営された地域と，造営の背景について述べよ。また，大野城や基肄城は，行政の中心である正庁の近くにある山を取り囲む構造を持ち，有事の際にはそこに立てこもるという機能を有していたが，多賀城はこれと異なる構造，機能を有していた。多賀城の構造と機能について述べよ。

問２　下線部②に関して，衛士の動員の対象，動員のしかたを，史料１・２を参考にしながら説明せよ。

史料１　『養老令』軍防令兵士簡点条

およそ兵士簡《えら》び，(中略)軍に入るべくは，同戸の内に三丁ごとに一丁を取れ。

史料２　『養老令』軍防令兵士向京条

およそ兵士京に向かうをば衛士と名づく。(中略)辺を守るをば防人と名づく。

問３　同じく下線部②に関連して，衛士には庸を財源として食料が支給された。このことを示すのが史料３である。この中で，計帳のことが触れられているが，それはなぜか，説明せよ。

史料３　『養老令』賦役令計帳条

およそ毎年八月三十日以前に，計帳至らば民部にさづけよ。主計，庸の多少を計りて衛士・仕丁・采女・女丁等の食に充てよ。(後略)

(注)「主計」とは，民部省の下部機関の主計寮のこと。

問４　下線部③に関連して，平安時代には，例えば「佐伯門」が「藻壁門」となったように，音の似《に》通《かよ》った雅《みやび》な漢字に変更された。「大伴門」も同様に名前が変更され，朱雀門の一つ内側の門の名称となった。この門は９世紀なかばに焼失するが，その事件の経緯とその政治的影響について説明せよ。

問５　下線部④について，９世紀はじめに京の治安維持のために設けられた組織，および９世紀末に宮中の警備のために設けられた組織の名を記せ。

問６　下線部⑤に関して，鎌倉時代における京の治安維持のための武力について，その動員の対象，動員のしかたを，史料４を参考にしながら説明せよ。

史料４　「御成敗式目」

一，諸国守護人奉行の事

右，右大将家の御時定め置かるる所は，大番催促・謀叛・殺害人(中略)等の事なり。

〔解答欄〕問１・問４　各14.1cm×３行
問２・問３　各14.1cm×２行
問６　14.1cm×１行

日本史　問題Ⅱ

中世の貿易や経済，文化について述べた次の文章を読み，以下の問いに答えよ。(史料は，一部省略したり，書き改めたりしたところもある。)

平氏政権が日宋貿易に熱心であったことはよく知られているが，日本と中国との間の活発な民間交易は，鎌倉時代にも継続していた。しかし，文永・弘安の役が生じると，①日本と中国との国家関係は戦争状態に入り，中国・元への貿易船の派遣についても，鎌倉幕府の許可や指示は得られなくなり，密貿易として継続されることになった。

中国から大量にもたらされた銭貨は，中世日本の政治や経済の仕組みに大きな影響を与えた。たとえば，従来は中央の荘園領主に年貢として納められていた米などの生産物が，②商品として流通しやすくなった。中世の農民は，荘園領主に年貢を納めるため，いやいやながら生産活動に従事する，というのではなく，商人に売って銭を得るために，積極的に生産活動に励むようになった面がある。このような銭の普及は，③兼好法師の随筆に登場する大福長者が，「貧しくしては，生ける甲斐なし。富るのみを人とす」と放言していることにもよく示されている。ただし米も銭も，運ぶのはかなり重い。そこで遠隔地間の取引でよく用いられるようになってくるのが，④割符である。

ところが不思議なことに，中世の末期から近世にかけて，政治や経済の仕組みは，ふたたび米などの現物を中心に組み立てられはじめる。また，中世の物流は，海運・水運が中心であったが，⑤東国の戦国大名を中心に陸上交通の伝馬制度が整備され，のちの江戸時代の制度につながってゆく。

問 1　前ページの問題Ⅱの冒頭の説明文のうち，下線部①の箇所のみ，明白な誤りを含む。次の史料1は，正中2年(1325) 7月18日付で，鎌倉幕府に従う豊後国の守護の配下の者が，豊後国の御家人に出した命令と考えられており，現代語訳で大意を示した。とくに，建長寺とはどのような寺院であるのか，ということに注意しながら，下線部①の記述を修正せよ。

史料1

建長寺の造営費用をまかなうために中国・元に派遣する貿易船について，今月21日から来月5日まで，護衛なさってください，との命令が出ていますので伝えます。

(豊後広瀬家中村文書，鎌倉遺文37巻29155号より)

問 2　下線部②に関連させながら，下の図版について論述せよ。

図版

(「一遍聖絵」より)

問 3　下線部③に関連して，この随筆の名称と，そこで題材となっているおおよその時代について，平安，鎌倉，南北朝，室町，戦国，のいずれの時代の，前期，中期，後期のいずれか，という形式で述べよ。

問 4　下線部④に関連して，割符の読み方と，その概要とを述べよ。また，割符は商人同士の取り引きだけでなく，領主に対する農民の年貢納入にも用いられた。割符による年貢の納入は，領主にとって，また農民にとって，それぞれどのような利点があったと考えられるか。問題Ⅱの冒頭の説明文をヒントにしながら，述べよ。

問 5　下線部⑤に関連して，次に掲げる史料２は，天正４年(1576)に甲斐の戦国大名武田氏が「根原之郷」宛てに出した「伝馬定書」全七条のうちの四箇条で，大意を現代語訳で示したものである。これらの箇条から，武田氏のどのような意図を読み取れるか，述べよ。

史料２

第二条：武田氏のための御伝馬は，一日に四疋ずつ出すこと。

第四条：駄賃をだすのを渋る者がいたら，宿中が一致して，相手が誰であれ，伝馬を出さないようにすること。

第五条：伝馬を勤めない者が，秘かに駄賃をかせぐことは一切禁止する。

第六条：伝馬を勤める者は，武田氏が行うさまざまな工事に動員される「普請役」を免除する。

(富士宮市・根原区有文書，戦国遺文武田氏編４巻2614号より)

〔解答欄〕問１・問２・問５　各14.1cm×２行
問４　14.1cm×３行

日本史　問題Ⅲ

江戸時代の譜代大名西尾藩に関する次の文章・図Ａ～Ｃおよび表を読んで，以下の問いに答えよ。

Ａ　譜代大名は転封によって藩主が交替することがあり，ひとくちに西尾藩と言っても内実は同じではない。表のうち石高に注目しよう。石高は，大名と幕府，大名と村々のそれぞれのあいだで異なる機能をもたされた数値である。江戸時代を通じて西尾藩の石高は２万石から６万石まで一定しないから，①この間の西尾藩には何らかの変化があったはずである。

また，西尾藩を含む諸大名は幕府に対して参勤交代の義務を負い，半数交替で江戸へ参勤するのが原則であった。他方，半数交替の原則は国元でも同様で，たとえば九州北部の大名は隣接する大名のうち半数が江戸へ参勤している間は残る半数の大名が国元に残されたし，近畿地方の大名も同様であった。②こうした半数交替の原則は，地域における軍事的空白地帯が生じることを避けるための工夫であった。

表

配置された年	配置当初の藩主	石高
慶長６(1601)	本多康俊	２万石
元和３(1617)	松平成重	２万石
７(1621)	本多俊次	３万5000石
寛永13(1636)	幕領	
15(1638)	太田資宗	３万5000石
21(1644)	幕領	
正保２(1645)	井伊直好	３万5000石
万治２(1659)	増山正利	２万石
寛文３(1663)	土井利長	２万3000石
延享４(1747)	三浦義理	２万3000石
明和元(1764)	松平乗祐	６万石

問 1　下線部①について，石高が西尾藩と幕府との関係(㋐)，西尾藩と村々との関係(㋑)のそれぞれの関係において異なる機能をもたされた数値だという点に注目したときに，どのような変化があったと言えるのか，㋐㋑それぞれについて説明せよ。

問 2　下線部②について，九州北部と近畿地方でこうした工夫を凝らす必要があった事情について，それぞれ具体例を挙げながら推測して説明せよ。

問 3　下線部②を参考にすると，諸大名が江戸で半数交替することは幕府(将軍)にとってどのような意味があったと考えられるだろうか，推測せよ。また，そうした推測を裏付けるためには，どのような歴史的事実を探して示せば良いだろうか，答えよ。

〔解答欄〕問1㋐・㋑・問2〈九州北部〉・〈近畿地方〉　各14.1cm × 1行
問3　14.1cm × 2行

B　江戸時代の異なる年代の西尾城下を描いた古地図を何枚か見ると，おおよそ西尾の城下町は大きな堀で囲われており，五つの門と橋とで外部との交通が制限されていた(図C)。さらに城下町のなかにもうひとつの小さな堀があり，西尾城をとりまく一角が三つの門と橋でほかの区域と隔てられていた。また，③図Cの右上にある太い点線で囲んだ区域は，ある年代の古地図にのみ描かれていた。

さらに，西尾藩が領内に出した法令によると，大きな堀に設けられた五つの橋と門の通行は厳しく制限されていたから，誰もがいつでも自由に西尾城下町へ出入りできたわけではなかった。④法令には「小百姓はいうまでもなく，庄屋・組頭でも御用〔西尾藩とかかわる用務〕がなければ西尾へ出て来てはいけない」とする条文もあり，農民が西尾城下へ出向くことは原則として禁じられていた。

C　西尾城下図

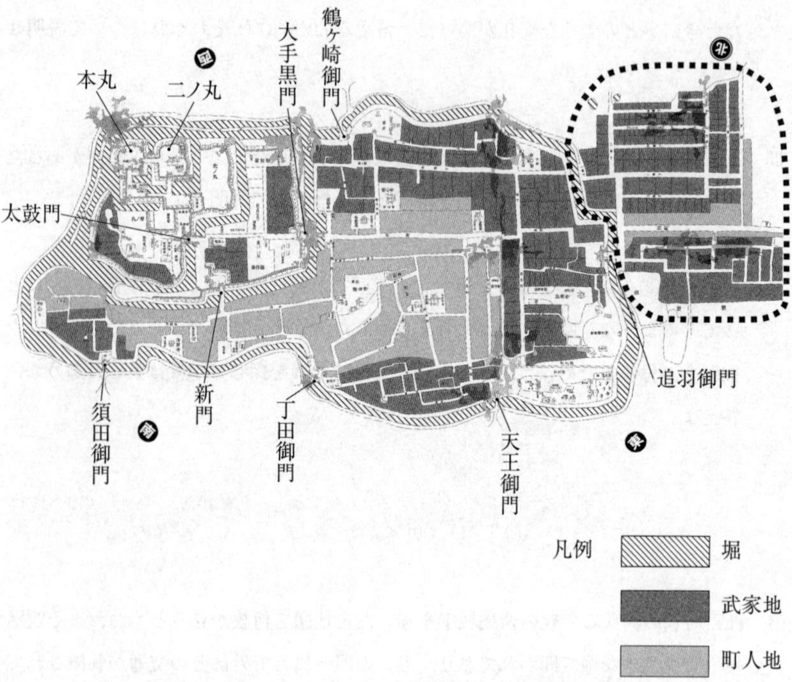

問 4　下線部③にいう「図Cの右上にある太い点線で囲まれた部分」は，いつごろ，どのような必要があって出現しただろうか。表や問１を参考にしながら，時期と理由について推測せよ。時期は表中の「配置当初の藩主名」を用いて，たとえば「本多康俊以後の時期に」のように示すこと。また「本多」「松平」は複数いるのできちんと区別できるように記すこと。

問 5　下線部④は，中世社会とは異なる近世社会の特質を決定づけた原則と深く関連していると考えられる。

(1)　この原則を何と称しているか，漢字四文字の熟語で答えよ。

(2)　この原則が採用された結果，江戸時代の農民たちは高い識字能力をもつようになった。その事情を具体的に説明せよ。

〔解答欄〕問４〈時期〉・〈理由〉・問５(2)　各14.1cm × 1行

日本史　問題Ⅳ

近現代の教育に関する次の史料・文章Ａ～Ｃを読んで，以下の問いに答えよ。（史料は，一部省略したり，書き改めたりしたところもある。）

Ａ　人々自《みづか》ら其身を立て其産《さん》《しんだい》を治《をさ》め其業《げふ》《とせい》を昌《さかん》にして以て其生《せい》《いつしやう》を遂《とぐ》るゆゑんのものは他《た》なし，身を脩《をさ》め智《ち》《ちへ》を開《ひら》き才芸《さいげい》《きりようわざ》を長《ちやう》《ます》ずるによるなり，而て其身を脩め智を開き才芸を長ずるは学《がく》《がくもん》にあらざれば能《あた》はず，是れ学校《がくかう》《がくもんじよ》の設《もうけ》あるゆゑんにして〔略〕依て今般文部省《もんぶしやう》に於て学制《がくせい》《がくもんのしかた》を定め，追々教則《きやうそく》《をしへかた》をも改正《かいせい》し布告に及ぶべきにつき，自今《じこん》《いまより》以《い》後《ご》《のち》一般《いつぱん》《いちどう》の人民《ひとびと》〈華士族農工商及婦女子〉必ず邑《いふ》《むら》に不学の戸なく家に不学の人なからしめん事を期《き》《まつ》す〔略〕

（『学制百年史　資料編』より）

Ｂ　人々自ら其身を立て其産を治め其業を昌にして以て其生を遂るゆゑんのものは幼少より学校に入り身を修め智を開き才芸を研《みが》くにあり，されは学問は身を立るの財本ともいふへきなり，然るに<u>従前の弊風</u>①にて学問の儀は士人以上の事とし農工商及婦女子に至ては之を度外におき学問の何物たるを弁せさるものあり，右は大なる誤りにて日用の言行書算を初め士官農商百工より政治天文医療等の道に至るまで凡人の営むところの事皆学にあらさるはなし，斯《かく》緊要なるものを無用のものとし曾て心に懸さるは子孫を残《そこな》ふ焉《これ》より大なるはなし〔略〕

（『福島県教育史　第一巻』より）

問１　Ａは，政府が1872（明治５）年に学制を発布するにあたり，その教育理念を明らかにするために発せられた布告である。本文の漢字には読みと意味の二つのルビ（ふりがな）が振ってある。このように二重のルビを振った理由について，考えられるところを述べよ。

問２　ＢはＡをうけて1873（明治６）年２月に発せられた若松県（福島県の前身の一つ）の布告である。下線部①は何を指しているか。また，それに対して学制にもとづく学校教育の新しいところはどこか。Ａ・Ｂの史料を踏まえて説明せよ。

問 3　学齢児童の全国の就学率は，学制発布の翌年は男女平均28.1％，5年後の1877(明治10)年でも39.9％にすぎなかった。就学率が低迷した要因としてはどのようなことが考えられるか，説明せよ。

〔解答欄〕問1　14.1cm × 1行
問2　14.1cm × 3行
問3　14.1cm × 2行

C　近現代日本において，映画は大きな娯楽であり，そのなかでは，世相を反映する場面も数多く見られ，教育に関する内容も様々に登場した。

戦時中には多くの国策映画が制作されたが，植民地である朝鮮でもそれは同様であった。香隣園という孤児院での実話から着想を得た「家なき天使」(崔寅奎監督)という映画では，②登場人物らが日の丸の下で「皇国臣民の誓詞」を流暢に斉唱する，朝鮮総督府の政策が貫徹しているかのようなシーンが流された。

敗戦後の日本では，社会運動と教育に関係した映画も制作された。1959年に公開された石川達三原作の「人間の壁」(山本薩夫監督)は，香川京子演じる小学校の若い教員が貧困児童と向き合うことで教師としての自覚を高めていくとともに，政治と教育の関係が緊張していくなかで，日本教職員組合の活動に参加していく姿を描いた。この映画に対し，③観覧反対の動きが新聞で報道されるなど，その内容は話題となった。

大学生に関する映画も多い。1991年に公開された④「就職戦線異状なし」(金子修介監督)では，バブル景気の際，新卒採用が売り手市場であった大学生の就職事情をコミカルに描いた。

このように，映画は当時の世相を知る歴史資料としても大きな意義を有している。

問 4　下線部②について，次のページの写真は学生・一般向けの「皇国臣民の誓詞」である。これには，日本語を朝鮮語に翻訳したものではなく，日本語の発音をハングル文字で表記するフリガナが付けられている(上段の「毎朝宮城ヲ遙拝シマセウ」は朝鮮語の訳が書かれている)。なぜこのように日本語にハングル文字のフリガナを付けたのか。そして，この「皇国臣民の誓詞」によって朝鮮総督府は朝鮮人に対して何を求めたのか。説明せよ。

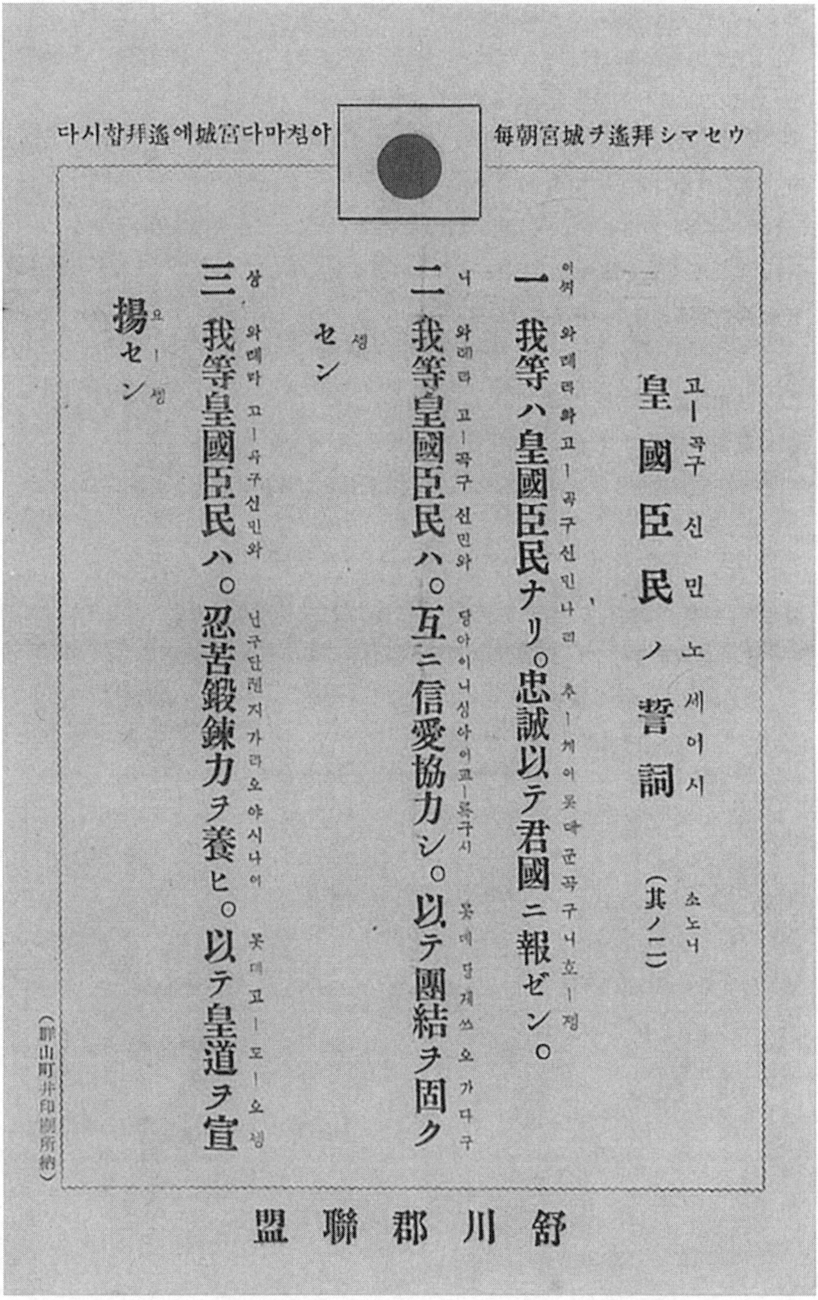

毎朝宮城ヲ遥拝シマセウ

아침마다宮城에遙拜합시다

皇國臣民《고ー곡구신민》ノ《노》誓詞《세이시》（其ノ二《소노니》）

一《이쳐》 我等《와레라》ハ《와》皇國臣民《고ー곡구신민》ナリ《나리》。忠誠《추ー세이》以テ《못대》君國《군곡구》ニ《니》報ゼン《호ー젱》。

二《니》 我等《와레라》皇國臣民《고ー곡구신민》ハ《와》。互ニ《당아이니》信愛協力シ《싱아이교ー료구시》。以テ《못데》團結《당게쓰》ヲ《오》固ク《가다구》セン《생》

三《상》 我等《와레라》皇國臣民《고ー곡구신민》ハ《와》。忍苦鍛錬《닌구단렌》力《지가라》ヲ《오》養ヒ《야시나이》。以テ《못데》皇道《고ー도ー》ヲ《오》宣揚セン《셍요ー셍》

舒川郡聯盟

（群山町井印刷所納）

（『図録　植民地朝鮮に生きる』より）

問 5 下線部③に関して，**甲**は映画の内容について説明した記事の一部，**乙**はその動きを報じた記事に掲載されたコメントの一部である。これらの新聞記事の背景にある 1950 年代の教育をめぐる動きを説明せよ。

甲 『朝日新聞』1959 年 10 月 19 日夕刊

わずか半年間の出来事だが，画面は教育二法案をめぐって中央の政界や労組などのあわただしい空気を織りこんだり，またその空気を反映して「自分のことばかり考える」校内の煮えきらない職場集会を描く。

乙 『読売新聞』1959 年 10 月 22 日

「観覧させることは教育の中立性という立場から許せない」

「勤務評定問題がうるさい折だけに少々教育委員会が神経質になりすぎてはいないでしょうか」

問 6 下線部④に関して，次の会話は，織田裕二演じる大学生の大原と本田博太郎演じる 40 代前半のテレビ局社員の雨宮が言い争う場面である。雨宮の言う「俺たちの若い頃」，つまり彼が大学生の時に大学などで起こった事象を説明せよ。

著作権の都合上，省略。

(映画より書き起こした)

〔解答欄〕問 4 ～問 6 各 14.1 cm × 2 行

世界史

（90分）

世界史　問題Ⅰ

次の文章をよく読んで，下記の問に答えなさい。

砂漠や山岳などを含みつつステップ帯，オアシス帯が広がっている乾燥ユーラシアでは，移動を繰り返す遊牧民，隊商，軍人などが，点在するオアシス諸都市を結びつけていた。そうしたいわば乾燥移動民地帯が中国では長城を越えて華北まで，南アジアではヒンドゥークシュ山脈を越えてデカン地方にまで伸びている。そのため，古来これらの地域は遊牧勢力の侵攻を恒常的に受けてきた。

その中でも10～14世紀は，トルコ系やモンゴル系などによる定住農耕地帯への展開が際立った時代である。東アジアでは［　a　］が燕雲十六州を手に入れ，その後［　a　］の影響を受けた金が華北一帯を支配下に入れた。西アジアでは11世紀に［　b　］がバグダード，さらに東地中海へとその領域を拡げ，十字軍遠征のきっかけを作ることになった。いずれも乾燥移動民地帯に拠点を置きながら定住農耕地帯をも支配下に入れ①，前者の騎馬軍事力および交易ネットワークと後者の経済力および軍事・土木技術力とを結びつけて，広大な領域の帝国を形成した。その動きはのちにモンゴル帝国によるユーラシアの統合へと展開していく。

南アジアでも同様の動きが見られ，11世紀前半にトルコ系の［　c　］がアフガニスタン方面から定住農耕地帯のインダス川上中流域を支配下に入れ，さらに12世紀末には同じくアフガニスタンを拠点としたゴール朝がガンジス川流域をも支配下に入れていった。そしてそのインド方面軍司令官がスルタンを名乗ることで，13世紀初頭にデリーにスルタン国家が成立する。以降北インド，さらにはデカン地方がイスラーム国家の支配②を受けるようになっていく。

このプロセスは通常，南アジアのイスラーム化として説明されるが，このように同時代の他の地域の状況と並べてみると，遊牧勢力による乾燥移動民地帯と定住農耕地帯にまたがる国家の建設，さらには後者への定着の過程として理解する道を開く。その過程で，インドで軍馬の重要性が飛躍的に高まった。とりわけ騎馬軍が主力ではなかったデカン以南では大きな変化を受けることになった。デリー・スルタン朝の侵攻を受ける中で騎馬軍が主力として編成され，③<u>ヒンドゥー王国</u>でも数多くのトルコ系の軍人が雇われるようになる。しかし，デカン以南は元来，大型馬の飼育に不適当な気候であったので，恒常的に西アジアとの交易で軍馬をまかなう必要があった。それは同時にモンゴル帝国時代のインド洋交易の活発化をも背景にしていた。

この時代に定住農耕地帯を支配した遊牧勢力は，［ａ］などに見られるように，④<u>城郭都市建設や文書行政など定住農耕地帯の統治手法をすでに一定程度身につけていた</u>。そのため，必ずしも定住農耕地帯の文化に完全に同化することなく，元朝における漢人官僚の軽視と色目人の重用にも見られるように，逆に自分たちの政治文化を持ち込む傾向さえあった。

南アジアでも同様であった。グプタ朝の衰退の一因ともされる［ｄ］をはじめ，中央アジア方面から侵入した遊牧勢力のうち，支配者としてインドに定着した者はいずれもサンスクリット文化を受容して統治していた。しかしこの時代のトルコ系遊牧勢力はサンスクリット文化を受け入れない初めての外来支配者であった。彼らは⑤<u>イクター制</u>やマムルークの利用，イスラーム法など，⑥<u>基本的に西アジア・中央アジア伝来の統治システム・政治文化</u>で北インドを統治したのである。

こうした乾燥移動民地帯の政治勢力による帝国形成の動きは，その後もそれぞれの地域の定住社会に適応しつつ継続され，16ないし17世紀にはオスマン帝国やサファヴィー朝，清朝など，各地により洗練された巨大帝国を完成させる。南アジアではそれがムガル帝国であった。外来のムスリム勢力にとって異教徒がマジョリティであるインド統治は決して容易ではなかったが，⑦<u>ムガル帝国はインド社会に適応する中で，南アジア史上最も安定した帝国統治を実現したと言われている</u>。

問１　文中の［ａ］～［ｄ］を埋めなさい。

問２　下線部①について，［ａ］は両地域をいかに統治したか，50字以内で簡潔に説明しなさい。

問 3　下線部②について，南アジア以外も含め，一般に近代以前のイスラーム国家では，異教徒はどのような扱いを受けたか。50字以内で簡潔に説明しなさい。

問 4　下線部③について，14～16世紀にデカン南部・南インドを支配したこの「ヒンドゥー王国」の名を答えさない。

問 5　下線部④について，[a]が作った文字は何か。

問 6　デリー・スルタン朝時代の南アジア社会の状況として正しいものを以下の(ア)～(エ)から1つ選び，記号で答えなさい。

(ア)　歴代のスルタンによって，ヒンドゥー教徒の多くが改宗を迫られた。

(イ)　スルタン国家の支配下では，ヒンドゥー教徒は基本的に保護の対象であった。

(ウ)　ジズヤを課せられてヒンドゥー教が抑圧される代わりに，北インドで仏教が再び隆盛を迎えた。

(エ)　デリー・スルタン朝では西アジアの影響を受けて，イェニチェリ制が推し進められた。

問 7　下線部⑤について，西アジアで施行されていたイクター制とはどのような制度か，簡潔に説明しなさい。

問 8　下線部⑥と関連して，デリー・スルタン朝およびムガル帝国の公用語となった言語は何か。

問 9　下線部⑦について，ムガル帝国が多くのヒンドゥー教徒を抱えるインドを安定的に統治できた理由について，どのようなことが考えられるか。100字以内で答えなさい。

〔解答欄〕問7　14.1cm×2行

世界史　問題Ⅱ

次の文章をよく読んで，下記の問に答えなさい。

「地理上の発見」後，アメリカ大陸とアジアの利権を国家規模で開発したのはハプスブルク家で，最初は中欧の地方領主であった同家は，婚姻政策でヨーロッパ各地の領土を手に入れ，16世紀初頭に同家出身で神聖ローマ皇帝となった①カール5世は，スペイン・ナポリ・ミラノ・オーストリア・ハンガリー・ボヘミア・ネーデルラントなどを領有するヨーロッパ最大の君主となった。その後同家は，オーストリア系とスペイン系に分かれたが，スペイン王(　②　)はポルトガル王も兼ね，③アメリカ大陸とアジアに利権を有する世界帝国を築いた。〔中略〕

ハプスブルク家は，本来④選挙で選ばれる神聖ローマ皇帝を15世紀以降は事実上世襲しており，ローマ教会側を代表する世俗君主として，イスラーム勢力やキリスト教新教徒に対抗する義務があった。イスラーム勢力の⑤オスマン帝国に対して，オーストリア＝ハプスブルク家がバルカン半島の支配権をめぐり争ったが，(　②　)も地中海の制海権をめぐり⑥オスマン艦隊と戦って勝利した。また新教徒が中心となった⑦スペイン領ネーデルラントの反乱をイングランドが支援したのに対し，⑧イングランド征服を計画して艦隊を派遣したが，これは失敗した。

ネーデルラントの反乱をめぐってハプスブルク家は，⑨17世紀前半にスウェーデン・フランスなどを相手に戦い，結果的に北部ネーデルラントが⑩オランダとしてスペインから独立したことで，同家の世界戦略はついえた。

(金井雄一・中西聡・福澤直樹編『世界経済の歴史〔第2版〕グローバル経済史入門』名古屋大学出版会，2020年，70－71ページ，一部改)

問1　下線部①に関連して，この人物は16世紀前半に，贖宥状の販売などキリスト教会のやり方を批判したマルティン・ルターと対立した。キリストの福音を信じるのみと説くルターらは新教徒(プロテスタント)と呼ばれ，旧来のカトリックとの間の争いは戦争にまで発展した。この両者の対立を融和する目的で1555年になされた決定を何というか，答えなさい。

問 2　空欄(　②　)に入る国王は誰か，答えなさい。

問 3　下線部③に関連して，スペインは利権を得たこれらの地域を経由してさかんに交易をおこなっていたが，どのような交易をおこなっていたかを簡潔に説明しなさい。

問 4　下線部④に関連して，神聖ローマ皇帝不在の「大空位時代」を経て，14 世紀に皇帝選挙の手続きを定めた法令を何というか。またその法令を発布したのは誰か。それぞれ答えなさい。

問 5　下線部⑤に関連して，オスマン帝国は 16 世紀前半に，(a)ヨーロッパの内陸にまで侵攻して大きな脅威を与え，(b)海戦に勝利して地中海の制海権を手中にしている。(a)，(b)の出来事を何というか，それぞれ答えなさい。

問 6　下線部⑥に関連して，16 世紀後半に生じ，スペイン側がオスマン帝国を下したこの海戦を何というか。またこの海戦で負傷し，のちに社会風刺に富む『ドン＝キホーテ』を世に出した作家は誰か，それぞれ答えなさい。

問 7　下線部⑦に関連して，スペインの支配下にとどまった南部 10 州とは異なり，北部 7 州は同盟を結んで抵抗をつづけた。この同盟を何というか，答えなさい。

問 8　下線部⑧に関連して，派遣された艦隊は何と呼ばれたか，答えなさい。

問 9　下線部⑨に関連して，この戦争はオーストリアがある地域でカトリックを強制することで始まったが，ある地域とはどこか，答えなさい。またこの戦争の特徴を簡潔に説明しなさい。

問10　下線部⑩に関連して，オランダの独立は問 9 の戦争の講和条約によって正式に認められた。この条約を何というか，答えなさい。また以下の(ア)～(エ)のうち，この条約によって定められた内容に合致しないものを 1 つ選び，記号で答えなさい。

(ア) スイスの独立が正式に認められた。

(イ) スウェーデンがデンマークを獲得した。

(ウ) 神聖ローマ帝国では，諸邦がほぼ完全な主権を認められた。

(エ) フランスがアルザスとロレーヌの一部を獲得した。

〔解答欄〕問３　14.1cm × 3 行
問９〈特徴〉 14.1cm × 5 行

世界史　問題Ⅲ

次のＡ～Ｆの文章は，アメリカ合衆国の歴史にかかわる史料の抜粋である。よく読んで下記の問に答えなさい。

Ａ　強調しなければならないのは，非暴力的抵抗は臆病者のための方法ではないということである。非暴力的抵抗は抵抗である。もしある人が恐いからという理由で，あるいは単に暴力的道具に欠けるからという理由でこの方法を用いるのだとしたら，それは真に非暴力ということにはならない。

Ｂ　諸外国は，われわれに敵対的な干渉の精神をもって，われわれの政策に横やりを入れ，われわれの勢力を妨害し，われわれの広大さに制限をつけ，そして年々増加する何百万人ものわが国民の自由な発展のために神が割り当てたもうたこの大陸をおおって拡大していくという，われわれの明白な天命の達成をはばむという公然たる目的のために，われわれとこの問題の適正な当事者との間にむりやり割り込もうと企てたのである。

Ｃ　明敏なフランス政府①は，米仏両国の平和と友好と利益を最もよくく永久的に増進するような寛大な協定が，両国にとっていかに重要であるかを正確な洞察力をもって見抜きました。そしてフランスが取り戻していた②全ルイジアナの財産と主権は，去る４月30日付の公文書によって，一定の条件にもとづいて合衆国へ移譲されたのであります。

D　合衆国に対して反乱の状態にある州，もしくは州の一部が反乱状態にあると見なされる地域で，奴隷として所有されているすべての人びとはその日以降，永久に自由を与えられる。合衆国陸海軍を統轄する合衆国政府は，それらの人びとの自由を承認し，かつ保護するであろう。

E　われわれ……は，数億人の国民を代表して会談し，日本に戦争を終結させる機会を与えることに同意した。……われわれは，日本政府にいまやすべての日本軍の無条件降伏を宣言し，その誠実な履行を適切かつ十分に確証できるようにすることを要求する。

F　中国における現在の危機的状況に際し，現状況がこれを許すかぎり，合衆国政府の態度を明示することが適切と考えられる。われわれは，1857年にわが国が開始した政策，すなわち中国国民との平和，合法的通商の促進および，治外法権条約の諸権利と国際法のもとで保証されたあらゆる手段によって，わが国の市民の生命と財産を守る政策を固持する。

（大下尚一他編『史料が語るアメリカ』有斐閣（1989年）所収，一部改）

問１　Ａ～Ｆの史料は，それぞれ次の１～６のどれに当たるか，番号で答えなさい。

１　ジョン・ヘイの回状電報

２　キング牧師『自由への歩み』

３　リンカン大統領の奴隷解放宣言

４　ジェファソン大統領の教書

５　ジョン・オサリヴァン「併合論」

６　ポツダム宣言

問２　Ａ～Ｆの史料を年代順に並べたとき，次の（　①　）～（　⑤　）に入る史料は何か，答えなさい。

（　①　）⇒Ｂ⇒（　②　）⇒（　③　）⇒（　④　）⇒（　⑤　）

問３　史料Ａの下線部に関して，この考え方に影響を与えたインド人の名を答えなさい。

出典追記：Ａ：有賀夏紀訳　Ｂ・Ｃ：富田虎男訳　Ｄ：長田豊臣訳　Ｅ：五十嵐武士訳　Ｆ：志邨晃佑訳

問 4　史料Bが主張した論点などの帰結として，すぐ後に生じた戦争は何か，答えなさい。

問 5　史料Cの下線部に関して，次の問いに答えなさい。

(1)　下線部①に関して，この時，統治していた人物は誰か。

(2)　下線部②に関して，どの国から「取り戻していた」のか。

問 6　史料Dに関わる戦争の終結後，南部で普及した小作人制度について簡潔に説明しなさい。

問 7　史料Eの下線部に関して，この史料の発せられた7月の時点で，この「われわれ」に含まれない国はどれか，以下から1つ答えなさい。

アメリカ合衆国，イギリス，ソヴィエト連邦，中華民国

問 8　史料Fの下線部が具体的に示しているのは義和団事件だが，その義和団のスローガンは何か，答えなさい。

〔解答欄〕問6　ヨコ 14cm ×タテ 3cm

世界史　問題Ⅳ

近代以前の中国社会の特徴の一つに，文学者・思想家などを含む文化人のほとんどが王朝に仕える官僚でもあったことがあげられるが，そのような状況はどのように生み出されたと考えられるか。以下の語句をすべて用いて，450 字以内で述べなさい。(語句の順序は自由に変えてよい)

科挙	文治主義	郷紳	郷挙里選
形勢戸	士大夫	九品中正	

地　理

（90分）

地理　問題Ⅰ

自然環境に関する次の問１～２に答えなさい。

問１　次の図１は阿賀野川下流域周辺の地形図である。この図に関して下の(1)～(3)に答えなさい。

(1)　図１中の集落の分布の特徴を，地形条件から答えなさい。

(2)　図１中で最も多くを占める土地利用を答え，そのような土地利用となる理由を地形条件から答えなさい。

(3)　図１中で想定される自然災害とその対策を，地形の特徴に着目しながら説明しなさい。

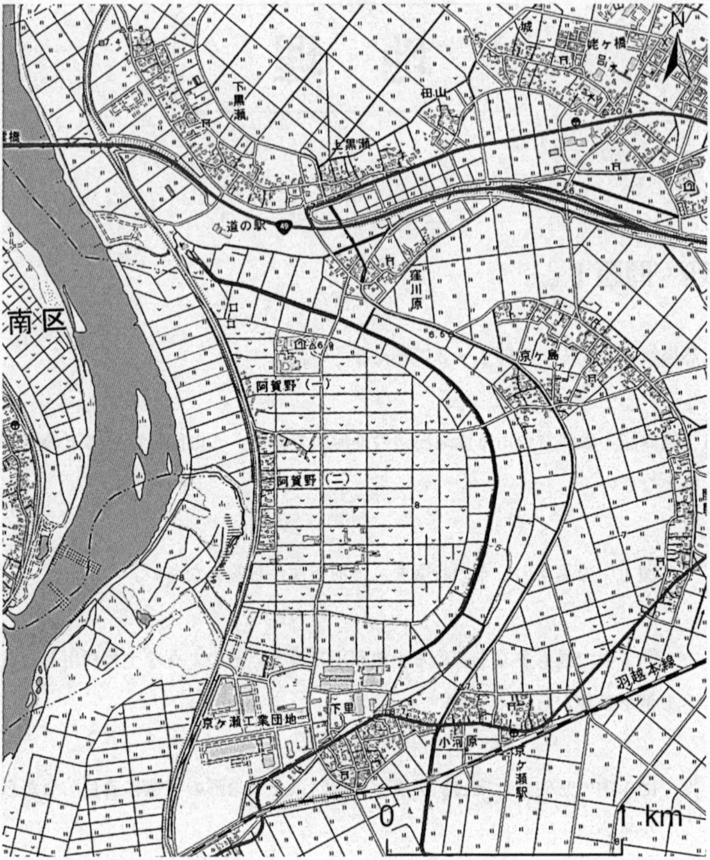

国土地理院の資料により作成。

図 1

問 2　次の表1の**ア**～**エ**は，ほぼ同緯度に位置する，サンフランシスコ，ソウル，チュニス，新潟の各都市における月別の平均気温(℃)と降水量(mm)である。この表に関して下の(1)～(4)に答えなさい。

表1

気温(℃)　降水量(mm)

ア	1月	2月	3月	4月	5月	6月	7月	8月	9月	10月	11月	12月
気温	11	12	13	14	15	17	18	18	18	17	13	11
降水量	99	100	69	35	13	4	0	1	2	20	50	106

イ	1月	2月	3月	4月	5月	6月	7月	8月	9月	10月	11月	12月
気温	−2	1	6	13	18	23	25	26	22	15	8	0
降水量	16	28	37	72	104	130	415	348	142	52	51	24

ウ	1月	2月	3月	4月	5月	6月	7月	8月	9月	10月	11月	12月
気温	3	3	6	11	17	21	25	27	23	17	11	5
降水量	181	116	112	97	94	121	222	163	152	158	204	226

エ	1月	2月	3月	4月	5月	6月	7月	8月	9月	10月	11月	12月
気温	12	13	15	17	21	25	28	29	26	22	17	14
降水量	59	56	48	38	23	12	4	14	46	57	54	63

気象庁の資料により作成(1991－2020年の平均値)。

(1)　**ア**～**エ**の都市名をそれぞれ答えなさい。

(2)　新潟のハイサーグラフを解答用紙に描きなさい。グラフの横軸と縦軸には，適切な数値を記載すること。

(3)　季節によって風向きが変化する大規模な風を何というか，その名称を答えなさい。またこの風が，日本列島の日本海沿岸地域の冬季の気候に与える影響を説明しなさい。

(4)　気候や植生は土壌と密接に関係し，地球上で帯状に分布する土壌を成帯土壌という。成帯土壌のうち，日本列島に広く分布する土壌を一つ挙げ，その特徴を説明しなさい。

〔解答欄〕問 1 (1)・(2)　各ヨコ 14cm ×タテ 2.5cm
問 1 (3)　ヨコ 14cm ×タテ 5cm
問 2 (2)　下図
問 2 (3)〈影響〉　ヨコ 14cm ×タテ 4.5cm
問 2 (4)〈特徴〉　ヨコ 14cm ×タテ 3.5cm

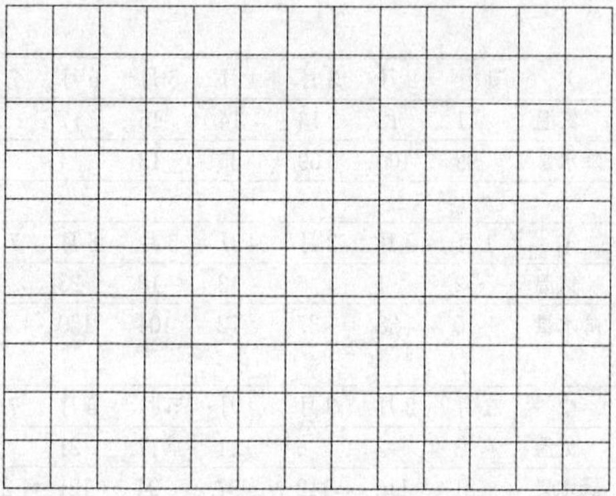

地理　問題Ⅱ

都市・村落と人口に関する次の問1と問2に答えなさい。

問1　次の図1は，愛知県庁から県境まで地図上で直線を引き，その地形断面を示したものである。この図1と下の文章を見て，下の(1)〜(5)に答えなさい。

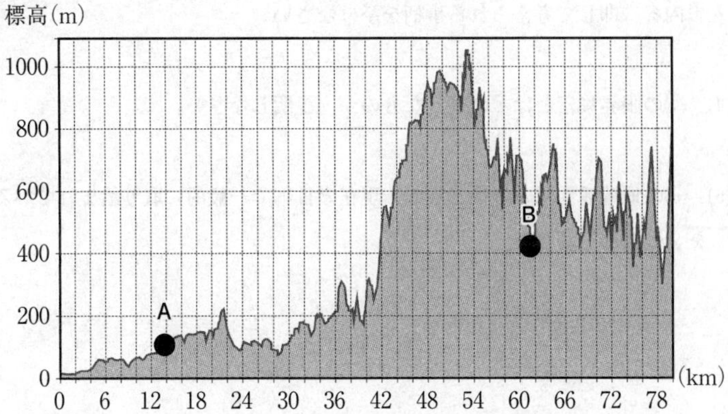

図1

国土地理院「地理院地図」を用いて作成。

［　①　］の周辺では，1970年代以降，住宅地開発などによって農地が減少し，職住分離(a)が進行して，農業生産の場としての機能が減少する一方で，商業施設が多数進出するなど，生活の場としての機能が強まっている。他方で，旧来の住民が所有する農地を利用して，新たに移住してきた住民などを対象にした市民農園(b)が開設されている。

これに対して［　②　］の周辺では，1960年代以降の人口流出などの結果，限界集落(c)と呼ばれる地区が出現している。農業に関しても，担い手の不足による耕作放棄地の増加，鳥獣による農作物被害の拡大などの問題が生じている。これらの状況を打開するために，周辺の自治体とともに，さまざまな地域活性化(d)が進められている。

(1) 上の文中の①および②には，図1のAまたはBのいずれかの地域が該当する。①と②のそれぞれに該当するものを記号で答えなさい。

(2) (a)の職住分離とはどのようなものか，この文章の内容に即して説明しなさい。

(3) (b)の市民農園が，旧来の農地を利用して開設された理由について，この文章の内容に即して考えられる事柄を挙げなさい。

(4) (c)の限界集落とはどのようなものか，説明しなさい。

(5) (d)の地域活性化の方策として，現在の日本で一般的に取り組まれている事柄を2つ例示しなさい。

問 2　次の表 1 は，日本の都市の中から人口 40 万を超える都市を 3 つ選び，いくつかの指標に関する数値を示したものである。この表を見て，下の(1)〜(2)に答えなさい。

表 1

指標	X	Y	Z
総人口(万)	44.8	40.8	41.9
人口の社会増減率(3 年前比)(%)	−0.17	0.95	−1.50
昼夜間人口比率(%)	107.4	88.9	111.0
事業所数(箇所)	26,268	13,044	13,507
製造業従業者数(人)	18,866	10,273	114,620
小売業年間販売額(億円)	5,250	3,004	3,659

統計数値の年次は指標によって異なり(2016 〜 22 年)，数値は概数の場合がある。事業所数は民営のものに限る。
東洋経済新報社『都市データパック 2023』により作成。

(1)　**X**〜**Z**はそれぞれ，愛知県豊田市，石川県金沢市，大阪府豊中市のいずれかである。**X**〜**Z**のそれぞれに該当する都市名を答えなさい。ただし，府県名は省略してよい。

(2)　人口規模が同等程度の都市であっても，これらの**X**〜**Z**の諸都市の特徴は互いに大きく異なっている。表 1 の数値から読み取れる，**X**〜**Z**のそれぞれの都市の特徴について，相互に比較しながら 300 字以内で説明しなさい。

〔解答欄〕問 1 (2)〜(4)・(5)〈1 つ目の例〉・〈2 つ目の例〉　各ヨコ 14cm ×タテ 3.5cm
問 2 (2)　句読点も 1 字に数える。

地理　問題Ⅲ

人口・経済・環境に関する次の問１～５に答えなさい。

問１　次の図１の**ア〜エ**は，アジア，アフリカ，北アメリカ，南アメリカにおける日本人の長期滞在者*を職業別に示したものである。**ア〜エ**に該当する地域として最も適当な地域名をそれぞれ答えなさい。

*３か月以上海外に在留している日本人の内，海外での生活は一時的なもので，いずれ日本に戻るつもりの人々。

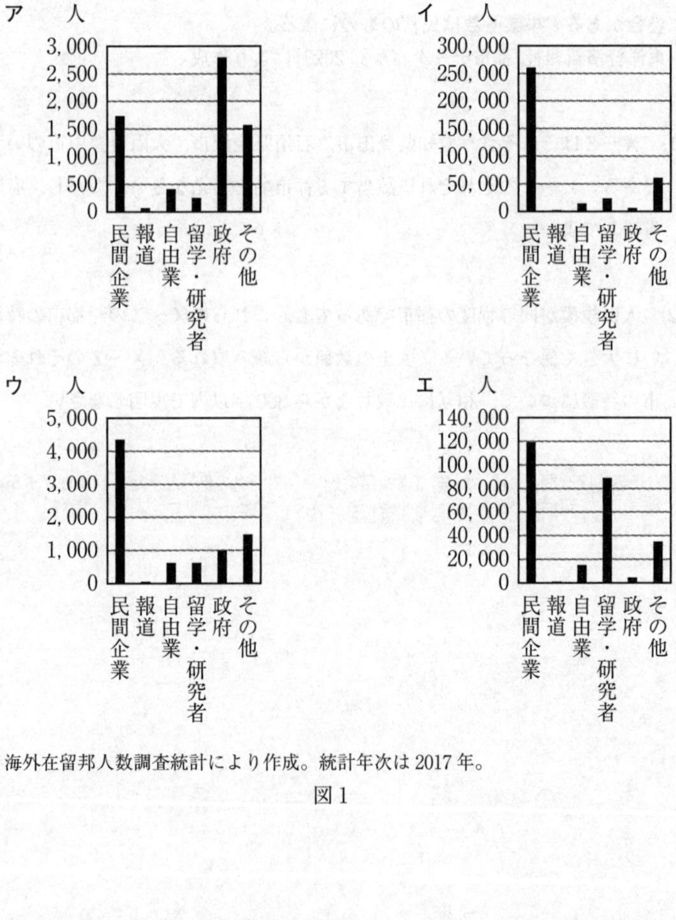

海外在留邦人数調査統計により作成。統計年次は2017年。

図１

問 2　ブラジルの大豆生産について，下の(1)〜(3)に答えなさい。

(1)　次の図 2 の **a** 〜 **d** は，主要生産国(2022 年現在の上位 4 か国)における大豆の生産量の推移を示したものである。ブラジルに該当するものとして最も適当なものを **a** 〜 **d** から 1 つ選び，記号で答えなさい。

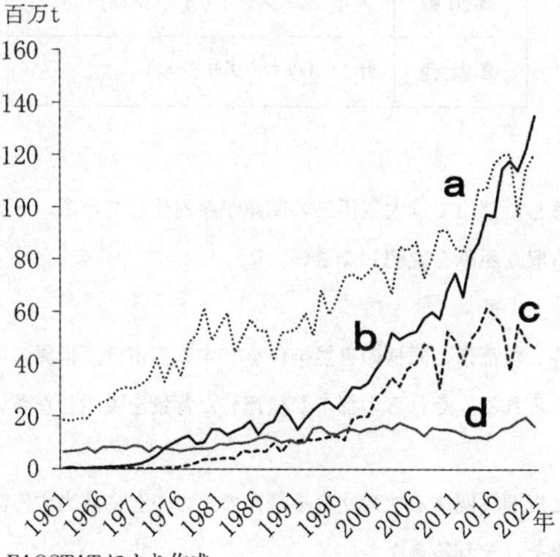

FAOSTAT により作成。

図 2

(2)　ブラジルにおける大規模な大豆産地が位置する地域は，元々「不毛の土地」と呼ばれていた。それが世界有数の生産地域に発展した理由を述べなさい。

(3)　上の(2)の大豆産地が主として属するケッペンの気候区を答えなさい。

問 3　都市と自然環境の関係について，下の(1)〜(3)に答えなさい。

(1)　次ページの表 1 は，自動車レースＦ１(フォーミュラ１)の開催地の一部を示したものである。一般に，空気が薄い地域ではＦ１マシンの内燃機関に大きな負荷がかかるといわれる。表 1 の開催地の内，酸素濃度の観点から最も内燃機関に負荷のかかる都市として適当なものを 1 つ選び，その名前を答えなさい。

表1

	開催都市(2022年)
第2戦	ジェッダ(サウジアラビア)
第17戦	シンガポール(シンガポール)
第20戦	メキシコシティ(メキシコ)
第21戦	サンパウロ(ブラジル)

(2) (1)で解答した都市では大気汚染の問題が深刻化している。その対策として行われている取り組みを説明しなさい。

(3) (1)で解答した都市と同様の自然条件を有する都市は，世界の中でも低緯度地域に多くみられる。それらの都市が発達した背景を説明しなさい。

問 4 自然環境と資源に関する次の文章を読んで，**カ**〜**ケ**に該当する語句として最も適当なものをそれぞれ答えなさい。

ボリビアの高地にある(**カ**)は世界有数の塩湖である。かつて海底に位置していたこの地域の(**キ**)により，取り残された海水が湖を形成した。その後，乾燥が進むことで現在に至った。塩の層の下にある湖水には(**ク**)が含まれる。(**ク**)は，携帯電話や電気自動車などのバッテリーの原料として使用されることから，世界的に需要が高まっている。しかし，その(**ケ**)は地理的に限られ，安定確保が各国の重要な課題となっている。

問5　次の図3は，アメリカ合衆国の各州*の人口に占めるヒスパニックの人口割合を示したものである。ヒスパニックの人口分布の特徴について説明しなさい。

*アラスカ州とハワイ州を除く。

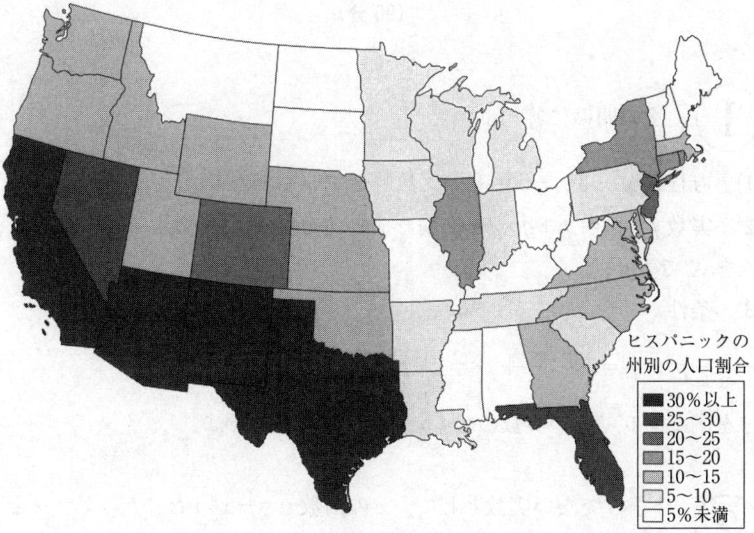

U.S. Census により作成。統計年次は2021年。

図3

〔解答欄〕問2(2)・問3(2)・(3)・問5　各ヨコ13.3cm×タテ6cm

数学

(90 分)

1 次の問いに答えよ。

(1) 方程式 $x^3-3x^2-50=0$ の実数解をすべて求めよ。

(2) 実数 p, q が $p+q=pq$ を満たすとする。$X=pq$ とおくとき，p^3+q^3 を X で表せ。

(3) 条件

$$p^3+q^3=50,\ \ \frac{1}{p}+\frac{1}{q}=1,\ \ p<q$$

を満たす 0 でない実数の組 $(p,\ q)$ をすべて求めよ。

2 t を 0 でない実数として，x の関数 $y=-x^2+tx+t$ のグラフを C とする。

(1) C 上において y 座標が最大となる点 P の座標を求めよ。

(2) P と点 O(0, 0) を通る直線を ℓ とする。ℓ と C が P 以外の共有点 Q を持つために t が満たすべき条件を求めよ。また，そのとき，点 Q の座標を求めよ。

(3) t は(2)の条件を満たすとする。A$(-1,\ -2)$ として，$X=\dfrac{1}{4}t^2+t$ とおくとき，$\mathrm{AP}^2-\mathrm{AQ}^2$ を X で表せ。また，AP<AQ となるために t が満たすべき条件を求めよ。

3 n を自然数とする。表と裏が出る確率がそれぞれ $\dfrac{1}{2}$ のコインを n 回投げ，以下のように得点を決める。

- 最初に数直線上の原点に石を置き，コインを投げて表なら 2，裏なら 3 だけ数直線上を正方向に石を移動させる。コインを k 回投げた後

の石の位置を a_k とする。

- $a_n \neq 2n+2$ の場合は得点を 0，$a_n=2n+2$ の場合は得点を $a_1+a_2+\cdots\cdots+a_n$ とする。

たとえば，$n=3$ のとき，投げたコインが 3 回とも表のときは得点は 0，投げたコインが順に裏，裏，表のときは得点は $3+6+8=17$ である。

(1)　n 回のうち裏の出る回数を r とするとき，a_n を求めよ。

(2)　$n=4$ とする。得点が 0 でない確率および 25 である確率をそれぞれ求めよ。

(3)　$n=9$ とする。得点が 100 である確率および奇数である確率をそれぞれ求めよ。

数学公式集

この公式集は問題と無関係に作成されたものであるが，答案作成にあたって利用してよい。この公式集は持ち帰ってよい。

(不　等　式)

1．$\dfrac{a+b}{2} \geqq \sqrt{ab}$，　$\dfrac{a+b+c}{3} \geqq \sqrt[3]{abc}$，　（$a$，$b$，$c$ は正または 0 ）

2．$(a^2+b^2+c^2)(x^2+y^2+z^2) \geqq (ax+by+cz)^2$

(三　角　形)

3．$\dfrac{a}{\sin A}=\dfrac{b}{\sin B}=\dfrac{c}{\sin C}=2R$

4．$a^2=b^2+c^2-2bc\cos A$

5．$S=\dfrac{1}{2}bc\sin A=\sqrt{s(s-a)(s-b)(s-c)}$，　$\left(s=\dfrac{1}{2}(a+b+c)\right)$

(図 形 と 式)

6．数直線上の 2 点 x_1，x_2 を $m：n$ に内分する点，および外分する点：

$$\frac{mx_2+nx_1}{m+n},\quad \frac{mx_2-nx_1}{m-n}$$

7．点 $(x_1,\ y_1)$ と直線 $ax+by+c=0$ との距離，および点 $(x_1,\ y_1,\ z_1)$ と平面 $ax+by+cz+d=0$ との距離：

$$\frac{|ax_1+by_1+c|}{\sqrt{a^2+b^2}},\quad \frac{|ax_1+by_1+cz_1+d|}{\sqrt{a^2+b^2+c^2}}$$

8．だ円 $\dfrac{x^2}{a^2}+\dfrac{y^2}{b^2}=1$ 上の点 $(x_1,\ y_1)$ における接線：$\dfrac{x_1x}{a^2}+\dfrac{y_1y}{b^2}=1$

9．双曲線 $\dfrac{x^2}{a^2}-\dfrac{y^2}{b^2}=1$ 上の点 $(x_1,\ y_1)$ における接線：$\dfrac{x_1x}{a^2}-\dfrac{y_1y}{b^2}=1$

（ベクトル）

10.　2つのベクトルのなす角：$\cos\theta=\dfrac{\vec{a}\cdot\vec{b}}{|\vec{a}||\vec{b}|}$

（複　素　数）

11.　極形式表示：$z=r(\cos\theta+i\sin\theta)$，　$(r=|z|,\ \theta=\arg z)$

12.　$z_1=r_1(\cos\theta_1+i\sin\theta_1)$，　$z_2=r_2(\cos\theta_2+i\sin\theta_2)$ に対し，

$z_1z_2=r_1r_2\{\cos(\theta_1+\theta_2)+i\sin(\theta_1+\theta_2)\}$

13.　ド・モアブルの公式：$z=r(\cos\theta+i\sin\theta)$ に対し，

$z^n=r^n(\cos n\theta+i\sin n\theta)$

（解と係数の関係）

14.　$x^2+px+q=0$ の解が α，β のとき，

$\alpha+\beta=-p$，　$\alpha\beta=q$

15.　$x^3+px^2+qx+r=0$ の解が α，β，γ のとき，

$\alpha+\beta+\gamma=-p$，　$\alpha\beta+\beta\gamma+\gamma\alpha=q$，　$\alpha\beta\gamma=-r$

（対　　数）

16.　$\log_a M=\dfrac{\log_b M}{\log_b a}$

（三 角 関 数）

17.　$\sin(\alpha+\beta)=\sin\alpha\cos\beta+\cos\alpha\sin\beta$

$\cos(\alpha+\beta)=\cos\alpha\cos\beta-\sin\alpha\sin\beta$

18.　$\tan(\alpha+\beta)=\dfrac{\tan\alpha+\tan\beta}{1-\tan\alpha\tan\beta}$

19.　$\cos2\alpha=1-2\sin^2\alpha=2\cos^2\alpha-1$

20.　$\sin\alpha\cos\beta=\dfrac{1}{2}\{\sin(\alpha+\beta)+\sin(\alpha-\beta)\}$

$\cos\alpha\sin\beta=\dfrac{1}{2}\{\sin(\alpha+\beta)-\sin(\alpha-\beta)\}$

$$\cos\alpha\cos\beta=\frac{1}{2}\{\cos(\alpha+\beta)+\cos(\alpha-\beta)\}$$

$$\sin\alpha\sin\beta=-\frac{1}{2}\{\cos(\alpha+\beta)-\cos(\alpha-\beta)\}$$

21. $\sin A+\sin B=2\sin\frac{A+B}{2}\cos\frac{A-B}{2}$

$$\sin A-\sin B=2\cos\frac{A+B}{2}\sin\frac{A-B}{2}$$

$$\cos A+\cos B=2\cos\frac{A+B}{2}\cos\frac{A-B}{2}$$

$$\cos A-\cos B=-2\sin\frac{A+B}{2}\sin\frac{A-B}{2}$$

22. $a\sin\theta+b\cos\theta=\sqrt{a^2+b^2}\sin(\theta+\alpha)$,

$$\left(\sin\alpha=\frac{b}{\sqrt{a^2+b^2}},\ \cos\alpha=\frac{a}{\sqrt{a^2+b^2}}\right)$$

(数　　列)

23. 初項 a，公差 d，項数 n の等差数列の和：

$$S_n=\frac{1}{2}n(a+l)=\frac{1}{2}n\{2a+(n-1)d\},\quad (l=a+(n-1)d)$$

24. 初項 a，公比 r，項数 n の等比数列の和：

$$S_n=\frac{a(1-r^n)}{1-r},\quad (r\neq 1)$$

25. $1^2+2^2+3^2+\cdots+n^2=\frac{1}{6}n(n+1)(2n+1)$

$$1^3+2^3+3^3+\cdots+n^3=\left\{\frac{1}{2}n(n+1)\right\}^2$$

(極　　限)

26. $\lim_{n\to\infty}\left(1+\frac{1}{n}\right)^n=e=2.71828\cdots\cdots$

27. $\lim_{x\to 0}\frac{\sin x}{x}=1$

(微　積　分)

28. $\{f(g(x))\}'=f'(g(x))g'(x)$

29. $x=f(y)$ のとき $\frac{dy}{dx}=\left(\frac{dx}{dy}\right)^{-1}$

30. $x=x(t),\ y=y(t)$ のとき $\dfrac{dy}{dx}=\dfrac{y'(t)}{x'(t)}$

31. $(\tan x)'=\dfrac{1}{\cos^2 x},\quad (\log x)'=\dfrac{1}{x}$

32. $x=g(t)$ のとき $\displaystyle\int f(g(t))g'(t)dt=\int f(x)dx$

33. $\displaystyle\int f'(x)g(x)dx=f(x)g(x)-\int f(x)g'(x)dx$

34. $\displaystyle\int \frac{f'(x)}{f(x)}dx=\log|f(x)|+C$

35. $\displaystyle\int \log x\, dx=x\log x-x+C$

36. $\displaystyle\int_0^a \sqrt{a^2-x^2}\,dx=\frac{1}{4}\pi a^2\quad (a>0),\ \int_0^a \frac{dx}{x^2+a^2}=\frac{\pi}{4a}\quad (a\neq 0),$

$\displaystyle\int_\alpha^\beta (x-\alpha)(x-\beta)dx=-\frac{1}{6}(\beta-\alpha)^3$

37. 回転体の体積：$V=\pi\displaystyle\int_a^b \{f(x)\}^2 dx$

38. 曲線の長さ：

$$\int_a^b \sqrt{1+\left(\frac{dy}{dx}\right)^2}\,dx=\int_\alpha^\beta \sqrt{\left(\frac{dx}{dt}\right)^2+\left(\frac{dy}{dt}\right)^2}\,dt,$$

$(x=x(t),\ y=y(t),\ a=x(\alpha),\ b=x(\beta))$

(順列・組合せ)

39. ${}_n\mathrm{C}_r={}_{n-1}\mathrm{C}_r+{}_{n-1}\mathrm{C}_{r-1},\quad (1\leqq r\leqq n-1)$

40. $(a+b)^n=\displaystyle\sum_{r=0}^{n} {}_n\mathrm{C}_r a^{n-r}b^r$

(確　　率)

41. 確率 p の事象が n 回の試行中 r 回起こる確率：

$P_n(r)={}_n\mathrm{C}_r p^r q^{n-r},\quad (q=1-p)$

42. 期待値：$E(X)=\displaystyle\sum_{i=1}^{n} x_i p_i,$

ただし p_i は確率変数 X が値 x_i をとる確率で，$\displaystyle\sum_{i=1}^{n} p_i=1$ をみたすとする。

問六　傍線部5「是人之智反出㆓於水虫下㆒」について、人の智はなぜ水虫より下だとなるのか、本文の主旨に沿って一五〇字以内で説明せよ（句読点も字数に含める）。

〔解答欄〕問二・問五　各タテ一四・七センチ×ヨコ二・五センチ

【注】
○沮洳――湿地。　○江東――長江下流の南岸の地域。
○魁――リーダー。ここでは蟹の集団の中の先導者を指す。　○蚤夜――蚤は早に同じ。朝から晩まで。
○觱沸――わきでるさま。　○攀援――よじのぼる。　○越軼――のり越える。
○浸――ようやく。次第に。
○孟軻荀揚――孟軻は孟子、荀は荀子、揚は揚雄、それぞれ戦国時代から漢代にかけての儒学者の名。
○汲汲――一つの事を一心に求めるさま。　○大中――中正の道。　○瀆――大きな川。
○六籍――六経に同じ。儒家の経典六種。『詩経』『書経』『礼経』『楽経』『易経』『春秋』のこと。

問一　波線部a「或」b「苟」c「夫」の読みを、それぞれひらがなで記せ。

問二　傍線部1「蟹断」について本文に即して説明せよ。「断」の字の意味も含めて説明すること。

問三　傍線部2「然後攀援越軼、遯而去者十六七」を現代語訳せよ。

問四　傍線部3「形質浸大㆓於旧㆒」を書き下し文にせよ。

問五　傍線部4「如㆓江之状㆒」とはどういうことか説明せよ。

越軼《シテ》遯去《スル》者又《タ》加《フ》レ多《ヲ》焉。既《ニシテ》入《レバ》二於海《ニ》一、形質益《ますます》大《ナリ》。海人《モ》亦《タ》異《ニスト》二其《ノ》称謂《ヲ》一矣。嗚乎、穂《モテ》而朝《スルハ》二其《ノ》魁《ニ》一、不《ラン》レ近《カラ》二於義《ニ》一耶。捨《テテ》二沮洳《ヲ》一而之《キ》二江海《ニ》一、自《リ》レ微而務《ムルハ》レ著《ニ》、不《ラン》レ近《カラ》二於智《ニ》一耶。

今之学《ブ》者、始《メ》得《テ》二百家《ノ》小《サキ》説《ヲ》一、而不レ知《ラ》二孟軻・荀・揚氏之道《ヲ》一。或[a]知《ルトモ》レ之《ヲ》、又《タ》不《シテ》三汲二汲《トセ》於聖人之言《ニ》一、求《ムルハ》二大中之要《ヲ》一、何《ゾ》也。百家《ノ》小《サキ》説《ハ》、沮洳也。孟軻・荀・揚氏《ハ》、聖人之瀆《とく》也。六籍者、聖人之海也。苟[b]不《ンバ》レ能《ハ》下捨《テ》二沮洳《ヲ》一而求《メ》レ瀆《ヲ》、由《リ》レ瀆以《テ》至《ル》中於海《ニ》上、是《レ》人之智反《リテ》出《ヅ》二於水虫《ノ》下《ニ》一、能《ク》不《ラン》レ悲《シマ》[c]夫。吾是《ここヲ》以《テ》志《しるス》二夫《ノ》蟹《ヲ》一。

（陸亀蒙「蟹志《かいし》」による）

問三　次の文章は、鎌倉時代の旅と文学について述べたものである。空欄①および②に入るべき作品名を答えよ。

鎌倉に幕府が開かれたことで、都と地方の往来が活発となり、交通が発達した。その結果、『信生法師日記』や『海道記』『東関紀行』などの旅日記、紀行文も多く書かれることになった。阿仏尼の［①］は、所領をめぐる訴訟のために京都から鎌倉に下向した際の記録である。また、後深草院に仕えた二条は、晩年、尼になって旅を続けるが、その様子は［②］に記されている。

三

次の文章を読んで、後の問に答えよ。但し設問の関係で送り仮名を省いた部分がある。

蟹ハ、水族之微ナル者ナリ。蟹始メ窟レ穴シテ於二沮《しょ》洳《じょ》中一ニ、秋冬ノ交ニ必ズ大イニ出ヅ。江東ノ人云ヘラク、稲之登《みの》ル也、率キテ執リテ二一穂一ヲ以テ朝《ちょう》シ二其ノ魁一ニ、然ル後ニ従フ二其ノ所一ニ之《ゆ》ク。蚤《さう》夜《や》觱《ひつ》沸《ふつ》シ、指レシテ江ヲ而奔ル。漁者緯《あ》ミレ蕭《ざる》ヲ承ケテ二其ノ流一レヲ而障レルヲ之。曰フハ二[1]蟹断一ト、断チテ二其ノ江ヘ之道一ヲ焉爾《しか》リ。[2]然ル後ニ攀援シテ越《えつ》軼《いつ》シ、遯《のが》レテ而去ル者ニ十六七アリ。既ニシテ入レバ二於江一ニ、則チ[3]形質浸大二於旧一。自レリ江復タ趨《はし》ルコト二於海一ニ、[4]如シ二江ヘ之状一ノ、漁者モ又断チテ而求ムレヲ之。其ノ

（B）忘れずはまたも来て訪《と》へ小忌衣《をみごろも》見しにもあらぬ袂《たもと》なりとも

返し、

たちかへりまたもたづねむ小忌衣かくてはいかが山藍《やまあゐ》の袖

【注】○君――源実朝。鎌倉幕府三代将軍。　○和歌の浦――紀伊国（現在の和歌山県）の海岸。ここでは和歌の道、の意。
○朝倉山の雲――「昔見し人をぞ我はよそに見じ朝倉山の雲のはるかに」（夫木和歌抄・雑二）を踏まえる。「朝倉山」は、筑前国（現在の福岡県）の山。
○伊賀式部光宗――信生の旧友。幕府への謀反に関わり、信濃国に流された。　○苧環――枝も葉もない立木。
○姨捨山――信濃国の山。「わが心慰めかねつ更級や姨捨山に照る月を見て」（古今集・雑上・詠み人知らず）にも詠まれた月の名所。「更級」は姨捨山付近の一帯。
○心の闇――「人の親の心は闇にあらねども子を思ふ道にまどひぬるかな」（後撰集・雑一・藤原兼輔）による。
○小忌衣――大嘗祭・新嘗祭の際に、神事に奉仕する者が着用する衣。
○山藍――トウダイグサ科の多年草。葉の藍色の汁で、小忌衣に模様を摺る。

問一　傍線部（ア）～（ウ）を、適宜言葉を補って、わかりやすく現代語訳せよ。

問二　和歌（A）および（B）を、適宜言葉を補って、わかりやすく現代語訳せよ。

二

次の文章は、『信生法師日記』の一節である。作者信生は、鎌倉時代前期の武家歌人で、将軍実朝の死後、京で出家した。鎌倉での実朝七回忌供養の後、作者は、信濃国（現在の長野県）の善光寺に参詣する途中、近くに住む旧友を訪ねる。これを読んで、後の問に答えよ。

君に仕へし昔は、和歌の浦波同じ身に立ち交じり、かく世を逃れぬる今は、朝倉山の雲となりぬる人、伊賀式部光宗、谷の苧環《をだまき》の埋づもれて、姨捨山《をばすてやま》のほとりに住むことあり。沈むらむ心のうちもいとほしう、かかる折こそ心の情はと思ひてまかるに、その所にたづね至りて見れば、あやしげなる萱屋《かやや》の、昔のありさま思ひ出づるに、門のほとりにある男《をのこ》、いかなる乞食《こつじき》やらむと思ひつるさまにて、(ア)かくとは思ひ寄りげなきに、見知りたる男出で来て、急ぎ入りて、かくと言へりければ、主出で、かたち驚けるさまにて出で会ひたり。まづ涙のみ先立ちて落ち、出づべき言もおぼえず。主、「かかる古屋の内にて、短き春の夜も明かし難う、秋の日も暮らし難くて、思ひ過ぐす心の内、ただ思しやれ。(イ)身に添ふ物とては、昔の面影も、今はましていかでかと思ひつるに、憂きにたへたる命のつらさも、今こそ嬉しうなむ」と言ふ。まことにさこそは、とあはれに推しはかる。幼き子の、かかることも思ひも知らず、まつはり遊ぶに、涙ぐみつつ、(ウ)「同じさまにて、立ちも出でぬべき心地してうらやましけれど、この身にて、世の恐れも多く、また、かかるほだしさへ振り捨て難くて」、心の闇はさこそまどふらめ、とあはれなり。命あらばとて、後会を頼めて出でて、月隈なく侍りしに、その辺近き所より申しつかはす。

おほかたも慰めかぬる山里に独りや見つる姨捨の月

返し、

(A)物思ふ心の闇の晴れぬには見るかひもなし姨捨の月

この人、善光寺へ追うてつかはす。かの式部こもりゐ侍る所をば、麻績《をみ》となむ申し侍る。

問四　傍線部③「大成功した共感能力」とあるが、筆者はどのような点から「大成功」と述べるのか、本文に即して九〇字以内で説明せよ（句読点・かっこ類も字数に含める）。

問五　傍線部④「いったいどこまで進むのでしょうか」とあるが、筆者は生物としての人間のどのような傾向がどこまで進むと考えているか、本文全体をふまえて一二〇字以内でまとめよ（句読点・かっこ類も字数に含める）。

問六　次のア〜カの記述のうち、本文の内容に合致するものをすべて選び、記号で答えよ。

ア　他の人間へのやさしさは、私たち人間の生物としての繁栄に貢献し、世代とともに強化されてきた。
イ　近い将来、人間は動物食をやめ、植物由来のタンパク質を加工して作る高栄養の人工肉を食べなければならない。
ウ　ウシのゲップに含まれるメタンを無害化する技術を開発して環境への負荷を解消することが急務となっている。
エ　昆虫は温かな体温を持たず、体のつくりも人間に似ているとはいえないので人間が共感することはありえない。
オ　肉が食べられないような未来は嫌だが、付加価値の高い代替品ができるにちがいなく、深刻な問題にはならない。
カ　人間のやさしさの拡張傾向は、すべての生きものを殺してはならぬというブッダの教えに始まる。

ことができるようになりつつあります（まだ完全にはできていません）。

つまり、増えるものを無生物からつくることがもうすぐできそうなところに来ています。これは私たちの研究室で進めている研究ですが、このまま研究が進めば、あと十数年でできそうに感じています。これができれば、生物に頼らずに試験管の中でタンパク質を増やして食料にすることができます。そうなれば人間はもうほかの生物の命を奪わなくても生きていけるようになります。「やさしい」人間としてのひとつの理想的な生き方ができるようになるかもしれません。

（市橋伯一『増えるものたちの進化生物学』による）

【注】○ジビエ――狩猟によって捕獲し食用にする野生の鳥獣。猪・鹿・野うさぎ・鴨など。またその肉。

問一 傍線部a～jのカタカナは漢字に、漢字は読みをカタカナに、それぞれ改めよ。

問二 傍線部①「動物の肉を食べること」について、近年どのような問題が指摘されているか、本文に即して四〇字以内でまとめよ（句読点・かっこ類も字数に含める）。

問三 傍線部②において、筆者が「少し不思議」と述べるのはなぜか、その理由を本文に即して五〇字以内で説明せよ（句読点・かっこ類も字数に含める）。

れないと思っています。それは、ほ乳類を殺すことがなくなったら、きっとすぐに鳥類はいいのか？　魚類はいいのか？　昆虫、hコウカク類、植物はなぜいいのか？　という議論になるだろうからです。

人間は生物を殺すことに抵抗があります。とくに人間と似ているほ乳類のような生物や、ほ乳類でなくてもかわいい生物、花のようにきれいな生物に対してそれは顕著です。そして、私たちは共感しにくい生物であっても、私たちと同じ生物であることを知っています。したがって、すべての生物の命を平等に大切にしたほうがいいという考えにすぐに行きつきます。結局のところ、殺さずに済むのであれば、どんな生物も殺さないほうが心穏やかでいられます。これは仏教の無殺生の精神に通じるものがあります。

仏教の始祖のブッダは、「すべての〈生きもの〉にとって生命は愛しい。わが身に引きくらべて、殺してはならぬ。殺さしめてはならぬ」といったと言われています。この精神は今の時代にも受け継がれています。仏教の修行僧の食事として生まれたi精進料理では動物や魚の肉を一切使わずにできています。「命をいただく」という食べ物の命に感謝しながら食事をとるということもこの精神によるものだと思います。これは現在の菜食主義者の考え方に通じるものがあるかと思います。

ただ、そういったブッダの教えでも、避けるべきは動物の肉であって、植物は許されています。植物だって生物だということはわかっていたでしょうが、植物まで禁止してしまうと当然食べるものがなくて死んでしまうので仕方なく許されていただけかもしれません。もしかしたら植物も食べるのをやめた極端な人がいたかもしれませんが、その人は当然死んでしまいますし、その教えに従った人も皆死んでしまいますので、その教えは後世に伝わっていないだけかもしれません。したがって、他の生物の命を大事にしたくても、植物は例外にしないといけないというのが、これまでの無殺生の限界でした。

ところがこの限界は、科学技術の進歩により乗り越えられつつあります。現在のバイオテクノロジーを使うと、原理的には生物を使わなくてもタンパク質などの栄養を作ることができます。そのタンパク質を作るjソウチ自体も生物を使わずにつくるできます。

では④いったいどこまで進むのでしょうか。私の個人的な予想としては、100年以内にはほ乳類であるウシやブタを食料にすることは一般的ではなくなるような気がしています。現在のジビエ料理のように、一部のd好事家の間だけで楽しまれるようになるように思います。その理由は、第一にやはり殺しているところを見たくないくらいに罪悪感があること、第二に環境負荷が大きく実際に問題となっていること、第三に代わりとなる代用肉が用意できることがあります。特に三点目が重要で、大豆を使った代用肉はひき肉であれば普通の人には区別がつかないレベルになっています。今後価格も実際の肉よりも安くなるでしょう。そうなれば実際のウシやブタの肉はだんだんe贅沢品となっていくでしょう。

そんな肉も食べられないような未来は嫌だと思われるかもしれません。私自身、そう思います。ただ、実際にそうなってみたらすぐに慣れるような気はしています。昔は普通に食べていたクジラを食べることは今はほとんどなくなりましたが、特段困ったことはありません。ウナギも絶滅fキグ種となり価格がgコウトウしてからはあまり食べることはなくなりましたが、特に深刻な問題にはなりません。他においしい食べ物はいくらでもあるからです。

いずれどんなものにも代替品が出てきます。やっぱり肉が食べたいという人が多くなればなるほど、大豆など肉ではないものから肉そっくりのものが作られるようになるでしょう。結局肉を作っているのも大豆を作っているのもタンパク質や脂質であり、バラバラにしてしまえば成分は同じです。上手に加工すればそっくりなものが出来上がるはずです。そして肉よりもいいのは、加工の段階でもっと自然の肉にはない付加価値を加えることもできることです。もっとおいしい、もっと低カロリー、あるいは高栄養な、消化しやすい人工肉もできることでしょう。そんな世の中に慣れてしまえば、きっともう動物由来の肉は食べるメリットがなくなるように思います。

さて、ほ乳類の肉が食べられなくなったらそこで私たちのやさしさは止まるでしょうか。個人的にはもっと先に進むかもしこのような共感範囲の拡大の原因は、まさにこの共感能力のおかげで高度に効率化した現代社会にあると思われます。まず、過去の人間の社会と現代の人間の社会の大きな違いは、栄養を得ることは生存を決める要因ではなくなっていることです。2019年のデータでは、世界中で生産されている食料を世界の人口で割ると、平均して一人あたり毎日約2900㎉の食料に相当しています。成人男性でも一日に必要とするカロリーが約2600㎉ですから、この値は世界中のすべての人間に必要な食料は生産できており、適切に分配さえできれば(これが難しいのでしょうが)餓えて死ぬことはないことを示しています。

過去のどの時代においても、生物は必要な食料を得るために競争をしてきました。栄養が得られればその分だけ増えてしまうので、常に栄養は足りない状態になります。ところが現代の先進国においては、栄養は足りているにもかかわらず出生率は落ちているという、過去のどの生物にもありえなかった状況になっています。この特に栄養が余っているという状況をつくりだせたのは、他人どうしで協力することができたからに他なりません。研究者が肥料を開発し、化学メーカーが肥料を作り、耕作に適した地域に住む人が作物を育て、輸送業者が消費者まで届けるという協力体制により、食糧生産と分配を効率化できたことによります。そしてこの協力体制を可能にしているのが、他人との共感です。他の人が自分と同じように協力してくれるという確信があるから、分業が成立しています。

このように③大成功した共感能力は、私たちの中で強化されつつあります。先に述べたように私たちは協力することで成功してきたので、ますます協力的に、やさしくふるまうように教育され、日常的にプレッシャーをかけられています。このやさしさを適用する範囲に線を引くことは容易ではありません。増えることに貢献するのは人間へのやさしさです。しかし、人間と同じように温かな体温を持ち、人間の幼児くらいの知能や体のサイズを持つイヌやネコが周りにいます。しかも、人間がかわいらしいと思うような外見を持っています。この生物に人間の持つ強い共感能力が発揮されてしまうのはやむを得ないことかと思います。むしろイヌやネコといったc愛玩動物はそうなるように(人間の手も入りながら)進化してきているとみなすこともにやさしさも見せます。そのような動物を殺して食べることに忌避感を持つのは当然のことでしょう。

ウシやブタも変わりありません。家でペットとして飼うことはあまりないのでよく知られていないだけで、牧場に行けば人ナツっこいウシがいますし、ブタをペットとして飼っている人もいます。彼らにもきっと人間と同じような喜怒哀楽があることでしょう。むしろそうしたウシやブタの人間らしさを知らないおかげで、平気で食べることができているのかもしれません。もし小型のウシやブタがペットとして広く飼われるようになったら、もう人間はウシもブタも食べられなくなるのではないでしょうか。そこまでいかなくても、自分が家族のように大事にしているイヌやネコと、今晩のおかずのウシやブタは同じ生物だと一度でも意識してしまうと、どんどん食べにくくなっていくように思います。実際に近年、動物食を控える選択をする人が増えているという統計結果もあります。私たちは少しずつ、他の動物へも共感の範囲を広げているように思います。

②この人間のやさしさの拡張傾向は、やさしさの由来を考えると少し不思議ではあります。もともと人間が持っている共感能力は他人との協力を可能にしたことで人間の生存に貢献し、強化されてきたものです。したがって、他の人間への共感は、世代とともに強化されてしかるべきです。

しかし、他の生物に対する共感は特に人間の生存には貢献していないように思います。私たちがどんなにイヌやネコに共感し、家族のように扱ったとしても、イヌやネコが人間の生存や子孫の数を高めてくれるようには思われません。過去の人類は、イヌは狩りのパートナーとして飼っていたようですし、ネコはネズミ捕りとして役に立っていたようですが、家族のように扱うよりは、飢餓時には食料として食べてしまえるくらいの距離感のほうが人間の生存には役に立ったはずです。ましてやウシやブタに共感してしまったら、栄養価の高い肉という食料が食べられなくなり、むしろ生存には不利益になりそうです。食料になりうる生物に共感してしまうことは「増えることに貢献する能力が強化される」という増えるものの原則に反しているように思います。

さらに食肉には倫理的な問題があると指摘されています。私たちと同じほ乳類であり、ある程度の知能をもったウシやブタを殺して食べることが許されるのかという問題です。私自身は肉が大好きですので、普段から何の疑問も抱かずにウシもブタも食べています。特に罪悪感を抱くことはありません。ただ、それはよくよく考えてみると、罪悪感を抱かなくて済むようなシステムができ上がっているからのように思います。

たとえば、スーパーの肉売り場ではウシやブタの肉の切り身がきれいにパックされて並んでいます。そこに生物としての姿はもうありません。骨や血液、皮膚、毛、臓器など元の生物の特徴はきれいに取り除かれています。どこか人目につかない場所で生身の動物から肉を切り離す作業が行われています。マグロの解体ショーはよく見世物になっていますが、あれは魚だからまだ許されているように思います。ウシやブタの解体を見たい人はあまりいないでしょう。私たちは、自分と同じほ乳類を殺すこと、さらには解体することに少なからぬ抵抗感を持っていることを示しています。

これは人間という生物の特性からすれば当然のことです。私たちは少産少死の戦略を極めた生物ですので命を大切にします。それも自分だけではなく、他の人の命も大切です。それは人間が大きな協力関係の中で生きているからです。私が生きて増えるためには、他の人の協力が必要です。したがって、人を殺すということには大きな抵抗感を持つようになるのは当然です。そしてこの抵抗感は、人間以外の人間とよく似た生物、たとえばほ乳類などであれば(人間ほどではないにせよ)適用されてしまうようです。

これは仕方のないことのように思います。ほ乳類の体のつくりは人間とよく似ています。ネズミでも、体温、皮膚、骨、血管があり、切ると血が出ます。内臓もほとんど人間と同じセットがそろっています。ふるまいも人間と似ています。イヌやネコを飼っている人であれば、そのしぐさやふるまいに人間らしさを感じることも多いでしょう。人間の家族と同じように扱っている人も多いのではないでしょうか。彼らは人間ではありませんが、やはり喜怒哀楽があり、好き嫌いもあり、可愛くて時

国語

（一〇五分）

一　次の文章を読んで、後の問に答えよ。

生物としての人間は他の個体と協力することによって大きな社会を作り出しました。さて今後、人間はどうなっていくのでしょうか。

人間の協力性を可能にしたのは、人間のもつ「共感能力」だと言われています。つまり他の人の気持ちになって考えられるということです。これによって他者の望むことを察知し、協力関係を築くことができます。この共感能力は人間が増えることに大きく貢献しましたが、最近の傾向として、この共感能力は人間のなかでますます強化されてきているように思います。つまり人間はどんどんやさしくなってきています。

近年、ウシやブタなど①動物の肉を食べることについてしばしば問題視されるようになってきています。食肉の問題のひとつは温暖化などの環境負荷が大きいことだと言われています。たとえば１００ｇのタンパク質を生産するのに、大豆であれば２・２㎡で済むところを、ウシを放牧した場合は１６４㎡と70倍以上の広い土地が必要になります。また冗談のような話ですが、ウシのゲップはメタンを含んでおり、このメタンが大きな温室効果をもたらしているとされています。

小論文

（90分）

(注) 解答は答案紙の所定のます目の中に横書きで記入しなさい。1ますに1字ずつ書きなさい(句読点もそれぞれ1字に数えます)。

答案のはじめに問いの文章を記載する必要はありません。

以下の文章は，三谷太一郎『増補 政治制度としての陪審制——近代日本の司法権と政治』(東京大学出版会，2013年)の「裁判員制度と日本の民主主義」と題する章(初出は2005年)を抜粋し，出題用に編集を加えたものである。この文章を読んで，後の問いに答えなさい。

はじめに

1830年のフランスにおける七月革命とそれがもたらした権力変動を，若い司法官(司法修習生，そして判事補)として体験したアレクシ・ド・トクヴィルは，やがてデモクラシーの波に洗われるであろうフランスの未来を見定めるために，1831年から32年にかけて，同じ司法官(検事代理)の友人とともにアメリカ合衆国へ渡った。これは司法官としての公式の外国出張であり，刑務所制度の視察と調査を名目とするものであった。したがってアメリカにおけるトクヴィルの見聞の対象は，刑務所制度やそれと関連する裁判制度の実態に及んだ部分が少なくなかった。アメリカにおける陪審制がトクヴィルの注目を引いたことは当然である。

中村正直(敬宇)によって『西国立志編』として訳され，明治初年の大ベストセラーとなり，明治天皇に対する侍講元田永孚の講義のテクストにも使われたサミュエル・スマイルズの『セルフ・ヘルプ』(初版1859年)には，「自ら助くる」事例としてトクヴィルが挙げられており，アメリカにおけるその精励が紹介されているが，アメリカに取り組んだトクヴィルの場合，重要なのは単なる知識収集の努力ではなく，対象を見る視野の広さとそれを掘り下げる思考の深さである。『アメリカのデモクラシー』(1835年)がアメリカ論のみならず，デモクラシー論の古典として今日もなお尽きない興味をそそる所以はそこにある。この人類史上でも稀有《けう》な名著には，トクヴィルのもう一つの名著『旧体制と大革命』にも共通する，デモクラシー化(平等化・非差別化)が突きつけた人類の普遍的未来の問題(現在に受け継がれている問題)への具体的で原理的な考察がある。

以上のような問題関心に基づいて，トクヴィルはアメリカにおける陪審制を単なる司法制度としてではなく，「政治制度」としてとらえた。それは「万人が大小の差はあれ，公事に参画する」ことを意味する「民主主義的統治」の一環であり，「人民主権の一形態」であった。したがって陪審制は訴訟の運命に影響を及ぼす以上に，社会自身の運命に影響を及ぼすものと見た。それは陪審制の役割についての画期的発見であった。そしてトクヴィルは陪審制を民主主義と結びつけることによって，逆に民主主義を狭義の政治的領域から解放し，「平等への愛」を原理とする「社会状態」として再定義することとなった。「自由」を原理とする貴族制と民主制との混合政体としての共和制を重んじた①トクヴィルは，拡大する民主主義をいかにして共和制の枠の中につなぎとめるか，とくに共和制における貴族制的要素といかに結びつけるかを課題としたのである。いいかえればトクヴィルはモンテスキューが指摘したような古代共和制を支えた「徳」＝公共精神を民主主義と両立させる制度を模索しながら，アメリカの陪審制に遭遇したのである。本稿はアメリカの陪審制に対するトクヴィルの視点に立ち，裁判員制度を「政治制度」としてとらえることによって，それが現代日本の民主主義においてどのような役割を果たしうるかを問うことを目的とする。

1 「能動的人民」を育成する「政治制度」としての裁判員制度

民主主義の語源的意味は，よく知られているように「人民の支配」である。それは民主主義の理念に由来する定義であって，これを受け入れない統治や権力は民主主義的ではない。この定義は，イタリアの政治学者ジョヴァンニ・サルトーリが『民主主義の理論』の中で説明しているように，民主主義の「規範的定義」である。

しかしそれはあくまで民主主義の一般的抽象的な定義であって，民主主義を具体的な現実として叙述するための定義としては不十分である。具体的な現実に即して，「人民の支配」とは何かを説明することは決して容易ではないからである。そのことは旧憲法下の「天皇統治」の場合と同じであって，「天皇統治」がいかなる現実を指すかということの説明の困難は，その問題をめぐる憲法学や政治学上の学説の対立（とくにその極点としての天皇機関説事件）に如実に現れている。

すなわち「人民の支配」という民主主義の規範的定義は，その本質の生彩ある表現であるが，「天皇統治」という旧憲法体制の規範的定義と同じく，それとは別の，動く現実に有効に対応しうる定義（サルトーリのいう「叙述的定義」）を必要とするのである。そこに民主主義理論（democratic theory）が不断に書きかえられなくてはならない必然性（民主主義理論の無窮性）がある。

20世紀において，民主主義の規範的定義に忠実な叙述的定義（たとえば「代表」概念を否定したジャン－ジャック・ルソーのそれ）に代って，民主主義の新しい叙述的定義が導入された。それは，経済活動との類比において政治活動を考察し，利潤追求と権力追求とを等置する民主主義モデルをつくった20世紀最大の経済学者ジョセフ・A・シュムペーターによって原型が与えられたものである。それは，民主主義における統治の主体としての人民の役割を，人民自ら決定を行うことではなく，決定を行う政府をつくることに限定した。シュムペーターによれば，民主主義とは，政治的リーダーシップを志向する者が相互に人民の支持（投票）を獲得するための競争的闘争を行うことによって政治的決定に到達する制度的装置である。すなわち民主主義を非民主主義から区別する真に有効な基準は，政治的リーダーシップを獲得するための制度化された競争があるか否かに求められる。

この新しい叙述的定義が20世紀における民主主義の「現代理論」の出発点となった。それが含意するものは，民主主義とは，必ずしも人民が実際に統治することを意味しない。それはちょうど「天皇統治」が「天皇親政」を意味するものではないことと同じである。それが意味するものは，人民が統治者たらんとする者を承認するか，拒否するかの機会を制度として与えられていることである。

この場合，統治者たらんとする者は職業政治家である。すなわち政治を余技とせず，それを専業として，政治によって，政治のために生きる政治のプロフェッショナルである。それはステイツマン（国家経営者）である前のポリティシャンである。したがって民主主義とは，自由な競争を経て選ばれた「職業政治家の統治」である。民主主義が機能する条件として，「職業としての政治」の成立の必要を説いたのは，マックス・ウェーバーであった。

シュムペーターに始まる民主主義の「現代理論」とその叙述的定義が，求心力を欠くワイマール・デモクラシーの現状への批判に発するウェーバーの主張に共鳴し，その理論的一般化を試みたものであったことは疑いない。この定義は「古典理論」が明示的には取りこまなかったリーダーシップの概念を民主主義を機能させる最も重要な概念として位置づけた点において現実的有効性をもつものであった。

シュムペーターのいう「職業政治家の統治」としての民主主義を再定義し，「能動的人民の統治」として定式化したのがサルトーリである。もちろん理念としての民主主義(ルソーのいう「真の民主主義」)は，現実の民主主義とは異なる。ルソー自身『社会契約論』の中で，「真の民主主義はこれまで存在しなかったし，これからも決して存在しないだろう」と述べ，あまつさえ「多数者が統治して少数者が統治されるということは自然の秩序に反する」という命題さえ打ち出している。

しかし現実と理念との間にいかに深刻な隔絶があろうとも，現実は理念なしには生まれない。現実の民主主義もまた「人民の統治」でなければならないし，それに反するものではありえない。では現実の民主主義において，「人民」とは何か。それは抽象的な「人民」一般ではない。それでは現実の「人民の統治」は成立しない。現実に統治を担う「人民」とは，政治的に能動的な「人民」である。

「能動的人民」(active demos)は現実には少数者であり，さまざまの少数者の集合体(minorities)としてしか存在しえない。政治的リーダーシップを獲得するための選挙民の支持を求めて相互に競争する職業政治家たちは，「能動的人民」の典型であるが，しかしそれはさまざまの「能動的人民」の一つの範疇《はんちゅう》にすぎない。サルトーリによれば，現実の民主主義は，職業政治家の他に，政治的リーダーシップを直接には志向しないさまざまの非職業政治家を含めた「能動的人民の統治」である。理念としての民主主義を現実に媒介するのは，まさにこの意味の「人民」なのである。

さまざまの現実の民主主義は，決して同質ではない。民主主義にも上下の質の違いがあることは明らかである。そして民主主義の質を決定するのは，その統治を担う「人民」(能動的人民)の質である。「人民」の質が統治の質に示されることはいうまでもない。

裁判員制度は，もちろん第一義的には司法制度である。しかし裁判官・検察官・弁護士から成る専門法曹によって支配されてきた従来の刑事法廷に新たに導入される非専門法曹の裁判員に求められるのは，一般選挙民よりもはるかに高い能動性である。裁判員は必然的に「能動的人民」たらざるをえないのである。そしてそれは民主主義的統治を担う「能動的人民」と別のものではない。

今日「職業政治家の統治」としての民主主義の問題解決能力の限界が問われている。それは一方ではさまざまのスペシャリストを統合するジェネラリストとしての職業政治家の能力の対処しえない専門化の進展と他方ではそれに伴う世界的な民主化の波及とがもたらした国家の枠を超える公共空間の拡大および「公共」観念の転換に基因すると見られる。そのような状況に対応して，民主主義的統治を強化するためには，職業政治家以外の「能動的人民」の質および量を高める以外にはない。②裁判員制度は，単なる司法制度に止まらず，日本の民主主義を支える「能動的人民」を将来に向って育成して行く重要な「政治制度」たるべきものなのである。

2　「少数者の権利」を確立する制度的装置としての裁判員制度

トクヴィルは『アメリカにおけるデモクラシー』の1848年版の「序文」において，「我々が民主的自由を確立するか，それとも民主的専制を確立するかによって，世界の運命は異なることになろう」と記し，世界の運命の分岐が自由をもたらす混合政体としての「共和制」の成否にかかっていることを指摘している。すなわちトクヴィルは民主主義が「自由」と結びつく可能性と「専制」と結びつく可能性とを共に有し，民主主義を受け入れる場合，それが「民主的専制」(いいかえれば「多数の専制」)に転化するのをいかにして防ぐかを課題としたのである。

トクヴィルはアメリカにおける陪審制をも，そのような観点から考察した。「政治制度」としての陪審制を取り上げたのも，「何が合衆国における多数の専制を抑制するのか」という問題意識においてであった。

トクヴィルがアメリカにおける「多数の専制」の抑制要因として挙げたのは，一つは行政的分権体制であるが，他の二つはいずれも司法制度に係る要因であった。すなわち一つは世襲貴族なきアメリカにおける「貴族」的部分としての専門法曹の存在である。「アメリカ貴族制は弁護士または判事に見出される」というのがトクヴィルの洞察であった。

アメリカ貴族制を体現している専門法曹は，トクヴィルによれば，「多数の専制」への傾向を孕《はら》む民主主義への対抗力としてアメリカ社会の均衡を保っている。「専門法曹は民主主義本来の要素と無理なく混じり合い，安定した永続的関係において結びつくことができる唯一の貴族的要素である。法律家的精神に固有の欠陥があることは知っているが，にもかかわらず，法律家的精神と民主主義的精神とが混じり合うことなしに民主主義が永きにわたって社会を統治できるかどうかは疑問である。」

以上のような意味における貴族制的機能をもつ専門法曹と民主主義との結びつきを制度化したのが陪審制であった。それは「政治制度」として見れば，混合政体としての「共和制」の縮図であった。

こうして法廷においては，専門法曹の民主主義に及ぼす影響力が陪審を通して最も鮮明に現れる。陪審はすべての階級に法的思考様式を浸透させる媒介となる。法律用語が通常の談話に登場するようになり，「学校や法廷で生れた法の精神は，それらの機関を超えて少しずつ拡がって行く。それは社会の最下層にまで及んでゆく。」

もちろんトクヴィルは陪審の両義性を指摘する。すなわち陪審が多数派の予断や偏見を代弁することによって，「多数の専制」に与する危険性を排除しない。しかしトクヴィルは法廷において，裁判官がこれに制動をかけていること（トクヴィルのいう陪審の「共和制的特徴」の表われ）を重視すると同時に，陪審を構成するアメリカ人民の知的レベルが「多数の専制」への十分な抵抗力になっていることを指摘する。「アメリカ人は他の国民とくらべものにならないほど啓蒙されている（私は大衆のことをいっている）」と述べ，アメリカの実例は「中間階級にも国家が統治できる」ことを証明したと指摘している。

トクヴィルが注目した「政治制度」としてのアメリカの陪審制の歴史的経験は，日本の裁判員制度の将来を予想する一つのシミュレーションとなりうるであろう。裁判員制度が期待しているのも，トクヴィルが陪審制について期待したような（そしてアメリカの陪審員に見出したような）啓蒙された人民である。それは共和制を構成する市民と同質である。その意味の「市民」は，オルテガ・イ・ガセットが『大衆の反逆』（1930年）で指摘したような20世紀の「多数の専制」を構成する知的に頑迷で自愛的な「大衆的人間」（mass-man），知的自己満足感に浸り，「自己の外部にあるものに注意を向ける能力を欠いている」人間，「他人の話を聞こうとしても，聞けない」人間の対極にある。

果して十分に啓蒙された人民（「市民」）をもって，裁判員席を充足することができるのかという疑問がもちろんないわけではない。しかし結果と原因とがしばしば入れ替わるのが歴史の真実である。裁判員として刑事法廷における役割を果たすこと自体が啓蒙された人民への教育過程なのである。それは正確にいえば，自己教育過程というべきであろう。それを経ることなしに，「市民」の誕生はありえない。そしてこの市民教育過程としての裁判過程が「多数の専制」に対して，刑事被告人や法廷に直接の代弁者をもたない犯罪被害者の権利を含む「少数者の権利」(minority right)を確立する過程なのである。

旧憲法下の日本の民主主義には,「多数者の支配」(majority rule)の観念はあったが,「少数者の権利」の観念は弱かった。たとえば1925年護憲三派内閣の下で治安維持法を成立させた政党勢力は,もっぱら「多数者の支配」の意味の民主主義概念に支配されていた。当時の既成政党に所属する議員たちにとっては,治安維持法は議会制度を含めた旧憲法体制を反体制運動から守るという意味をもっていたのであり,その限りでは,つまりアナキズムや共産主義を取締まる限りでは何ら「悪法」とは考えられなかったのである。

現に法案担当責任者であった若槻礼次郎内相は議会における答弁において,政府原案にあった(そして議会審議の過程で削除された)第1条の「国体若クハ政体ヲ変革シ……」の「政体」について「議会制」とか「立憲君主制」に他ならないと述べている。したがって当時の衆議院第一党憲政会の有力幹部であった若槻は,この法案が同じ議会で成立した男子普通選挙制とも矛盾するものではないと考えていたのである。むしろ治安維持法の推進者の中には,普通選挙制の推進者も含まれていた。

以上に述べたように,「多数者の支配」の確立を目指す既成政党にとっては,「少数者の権利」を侵す恐れのある法律は大きな関心事ではなかった。「少数者の権利」の尊重が民主主義にとって本質的重要性を持つという認識は,「少数者」を超えては拡がらなかった。

しかし「少数者の権利」の観念が確立しなければ,複数政党制は強固な基礎を欠く。今日の「少数者」が明日の「多数者」となりうる可能性が保障されていなければ,複数政党制とはいえないからである。旧憲法体制下の日本の複数政党制においては,「少数者の権利」の観念が複数政党制そのものにとって死活の重要性をもつという認識はなかったと思われる。1935年の天皇機関説事件において,衆議院第一党が美濃部憲法学説(政党内閣に理論的基礎付けを与えた憲法学説)を率先して排撃したことは,そのことを証明している。「少数者の権利」が「多数者の支配」に伴わなかったことが「多数者の支配」そのものを劣化させ,ついにそれを崩壊させたのである。

③今日の日本の民主主義においては,それを担う「能動的人民」がいかにして「少数者の権利」を守るかが問われている。「能動的人民」が参加する裁判員制度に期待される役割は,その問題に一つの答えを与えることにある。そしてその答えは単に一つの刑事裁判に影響を及ぼすのみならず,ひいて日本の民主主義そのもののあり方にも影響

を及ぼすのである。

おわりに

「政治制度」としての陪審制は，それが民主主義的であるとともに，それによって自由が体現されていなければならないというのが，トクヴィルの信念であった。それに基づいて，トクヴィルは陪審制を「共和制」モデルにおいてとらえ，裁判官と陪審との相互的抑制均衡によって，裁判の過程で「多数の専制」に抗する自由が確保されると見た。それはちょうど古代ローマ共和制において，元老院と平民との対立が自由および自由を保障する護民官制度をもたらした第一の原因と見るニッコロ・マキアヴェッリの見解(『ディスコルシ』第１巻２〜４)と共通するものがある。

このような陪審制全体の力学的メカニズムではなく，被告人その他の裁判当事者の内面に即して，それが裁判当事者の自由を最大限に発現させる司法制度であることを論証しようと試みたのがゲオルグ・W・F・ヘーゲルの『法の哲学』(1821年)である。ヘーゲルは，裁判の結果は被告人ら裁判当事者の「自己意識の権利すなわち主観的自由」に合致すべきものであると主張する。もしかりに裁判官のみの判断によって，客観的に妥当な結果が得られたとしても，裁判官以外の当事者(とくに被告人や，さらに法廷において直接の代弁者を持たない犯罪被害者)によって受け入れられなければ，その結果は「彼らにとって外面的な運命に留まる。」

それが単なる「運命」ではなく，「自由」と「権利」の実現であるためには，これら当事者たちの側に「決定を下すものの主観性に対する信頼」がなければならない。ヘーゲルによれば，「この信頼は，主として当事者が決定を下す者と，その特殊性，身分その他において同等であることに基づいている。」すなわち裁判官の確信と被告人その他の当事者たちの「自己意識」との不可避的な隔絶を前提として，当事者たちの「自己意識の権利」に基づく制度として，ヘーゲルは陪審制を評価したのである。

ヘーゲルの陪審制についての立論は，おそらく裁判員制度についても，そのまま適用しうるであろう。日本の民主主義が単なる「多数者の支配」以上のものになるには，自由(ヘーゲルのいう「自己意識の権利」)に根拠付けられなければならない。裁判員制度は具体的な刑事裁判の過程を通して，「少数者の権利」を「多数者の支配」に結びつける媒介の役割を果たし，日本の民主主義の質を高める「政治制度」となりうるであろう。

問 1　下線部①のような「課題」との関係で陪審制はどのような意義を有するか。著者の整理に従い，トクヴィルの考えを 200 字以内で要約しなさい。

問 2　下線部②のように考えられるのはなぜか。著者の考えを 200 字以内で要約しなさい。

問 3　下線部③で提起されている問題は，現在の日本の民主主義において，具体的にどのような形で現れているか。「能動的人民」と「少数者の権利」との両側面を意識して，500 字以上 600 字以内で論じなさい。

//////////////////// · memo · ////////////////////

//////////////////// · memo · ////////////////////

//////////////////// · memo · ////////////////////

2023年度

問題編

■前期日程

問題編

▶試験科目・配点

学部（学科）	教　科	科　　　目　　　等	配　点
文	外国語	コミュニケーション英語Ⅰ・Ⅱ・Ⅲ，英語表現Ⅰ・Ⅱ	400 点
	地　歴	日本史Ｂ，世界史Ｂ，地理Ｂから１科目選択	200 点
	数　学	数学Ⅰ・Ⅱ・Ａ・Ｂ	200 点
	国　語	国語総合・現代文Ｂ・古典Ｂ	400 点
教　育	外国語	コミュニケーション英語Ⅰ・Ⅱ・Ⅲ，英語表現Ⅰ・Ⅱ	600 点
	数　学	数学Ⅰ・Ⅱ・Ａ・Ｂ	600 点
	国　語	国語総合・現代文Ｂ・古典Ｂ	600 点
法	外国語	コミュニケーション英語Ⅰ・Ⅱ・Ⅲ，英語表現Ⅰ・Ⅱ	200 点
	数　学	数学Ⅰ・Ⅱ・Ａ・Ｂ	200 点
	小論文	高等学校の地歴・公民の学習を前提とする	200 点
経　済	外国語	コミュニケーション英語Ⅰ・Ⅱ・Ⅲ，英語表現Ⅰ・Ⅱ	500 点
	数　学	数学Ⅰ・Ⅱ・Ａ・Ｂ	500 点
	国　語	国語総合・現代文Ｂ・古典Ｂ	500 点
情報（人間・社会情報）	外国語	コミュニケーション英語Ⅰ・Ⅱ・Ⅲ，英語表現Ⅰ・Ⅱ	700 点
	選　択	日本史Ｂ，世界史Ｂ，地理Ｂ，「数学Ⅰ・Ⅱ・Ａ・Ｂ」から１科目選択（出願時）	400 点

▶備　考

- 「数学Ｂ」は，「数列」，「ベクトル」から出題する。数学の試験については，試験室において公式集を配付する。また，直線定規・コンパスを使用できる。

英語

（105分）

I 次の英文を読み，下記の設問に答えなさい。
（＊の付いた語は注を参照すること）

[①] It is a parent's duty. The same was so thousands of years ago.

[②] The pictographs, found in a cave in southwest Egypt near the Libyan border, appear to show swimmers in different phases of a stroke—to my eyes, it looks like the breaststroke. At the time these were painted, the climate was more temperate in this part of the world; there were lakes and rivers where now there is little more than desert. Archaeologists have postulated that the scenes depict an aspect of everyday life at (1)[a, depended, how, learning, on, survival, swim, time, to, when]. One swam to reach the other side of a body of water—perhaps in pursuit of food, or to flee a warring tribe, or to move to safer ground—and one swam simply for sustenance: to catch fish.

[③] This makes sense, since most people lived near the water. (2)As Plato observes in the *Laws**, not knowing how to swim was considered as much a sign of ignorance as not knowing how to read. Socrates put it more starkly: swimming "saves a man from death." Parents taught their children, and presumably children learned from one another. The same obligation has held true for many centuries in Judaism. As stated in the Talmud*, parents must teach their children three essential things: the Torah*, how to make a living, and how to swim.

[④] The ability to swim was a life-and-death matter for fishermen or boatmen, and a mark of a proper education for the higher classes. In both Greece and Egypt, however, swimming was not among the events at athletic games. (3) Exactly why this would be is never stated in ancient texts, naturally; no more than we would feel compelled to justify today why typing or car driving is not in the Olympics. My sense is that swimming was seen as more of a utilitarian skill—the "athletic equivalent of the alphabet," as the historian Christine Nutton has put it—and given that nearly everyone knew how to swim, women included, it fell outside an exclusively male sphere. Moreover, swimming was not a spectacular event, like ancient Greek or Roman boxing or pankration*. And unlike sprints or field events, with their displays of speed and strength, it was not conducive to spectators. While swimming may not have been a competitive event, its value as an all-around exercise was apparently appreciated. Both the ancient historian Pausanias and the writer Philostratus noted that the four-time Olympic boxing champion (4) Tisandrus supplemented his training at the gymnasium with long-distance swimming: in Philostratus's words, "his arms carried him great distances through the sea, training both his body and themselves."

Mastering swimming is an essential prerequisite for certain types of military service today. [⑤] In his treatise on military training, *De re militari**, Vegetius recommends, "Every young soldier, without exception, should in the summer months be taught to swim; for it is sometimes impossible to pass rivers on bridges, but both fleeing and pursuing armies are often obliged to swim over them. A sudden melting of snow or fall of rain often makes them overflow their banks, and in such a situation, the danger is as great from ignorance in swimming as from the enemy. The cavalry as well as the infantry, and even the horses and the servants of the army, should be accustomed to this exercise, as they are all equally liable to the same accidents."

[⑥] It exerted influence on the training of the military and nobility up through the nineteenth century. In *The Book of the Courtier*, Baldassarre Castiglione endorses the importance of swimming for a gentleman, citing Vegetius for backup. However, neither author explains how to swim. (5)16世紀になるまで，実用的な水泳の手引書は現れなかった。Probably, there was simply not much demand for them.

【出典：Hayes, Bill. *Sweat: A History of Exercise*. Kindle Edition. Bloomsbury, 2022. 出題の都合上，原文の一部に変更を加えている。】

注

the *Laws*	『法律』(プラトンの著作)
the Talmud	タルムード(ユダヤ教の口伝・説話の集成)
the Torah	トーラー(律法)
pankration	古代ギリシャで行われた格闘競技
De re militari	『軍事論』(ウェゲティウスの著作)

設　問

1．下線部(1)の文意がもっとも適切に通るように括弧内の10語を並べ替え，2番目，7番目，10番目の語をそれぞれ書き出しなさい。

2．下線部(2)を日本語に訳しなさい。

3．下線部(3)を日本語に訳しなさい。ただし，“this”の具体的内容を文脈に即して明らかにすること。

4．下線部(4)のTisandrusと水泳との関わりについて，パウサニアスとピロストラトスはどのようなことを述べているか。25字以内(句読点も含む)の日本語で答えなさい。

5．下線部(5)を英語に訳しなさい。

6．［　①　］～［　⑥　］に入るもっとも適切な文を下記の(ア)〜(ク)から選び，記号で答えなさい。ただし，各記号は1回しか使用できない。

(ア) A similar perspective held true in ancient Egypt, where most people lived on the Nile or on one of the canals branching from the river.

(イ) Among the Greeks, it seems to have been expected that everyone—man, woman, and child—should be able to swim.

(ウ) In this context, historical evidence for people learning how to swim is limited.

(エ) Our earliest recorded evidence of swimming comes in a group of cave paintings created during the Neolithic period, dating to about ten thousand years ago.

(オ) This was more broadly the case in antiquity.

(カ) Through the centuries, swimming continued to be an important skill for women.

(キ) Vegetius's treatise was translated into Italian, French, and German during the Renaissance.

(ク) Whereas parents teach their children to ride a bicycle for the sheer fun of it, for the sense of freedom and independence it brings, swimming is taught, first of all, as a basic safety measure.

Ⅱ 次の英文を読み，下記の設問に答えなさい。
（＊の付いた語は注を参照すること）

Drifting along ocean currents in their mother's shadow, newborn bottlenose dolphins* sing to themselves. They create a unique siren of squeaks, known as a signature whistle. (1)Scientists have likened this to a human name.

In contrast to most mammals, dolphins cannot use voices as their identifying feature because they become distorted at different depths. [ア] that, they invent a melody—a pattern of sound frequencies held for specific lengths of time—that they use to identify themselves for the rest of their lives. Bottlenose dolphins (*Tursiops truncatus*) can even imitate the whistles of their friends, calling out their names if they are lost. Additional information, such as reproductive status, can be conveyed by changing the volume of different parts of the whistle, not [イ] how people emphasize certain words to add nuance. But how do dolphins decide what to call themselves? By eavesdropping on six dolphin populations in the Mediterranean Sea, researchers at the University of Sassari in Italy revealed that differences in signature whistles were mostly determined by their habitat and population size, [ウ] a study published in May in *Scientific Reports*. Sound travels differently in distinct environments, so dolphins create signature whistles that best suit their surroundings, say the study authors.

Dolphins living among seagrass, the researchers found, gave themselves a short, shrill name compared to the baritone sounds of dolphins living in muddier waters. [エ], small pods displayed greater pitch variation than larger groups, which may help with identification when the probability of repeated encounters is higher.

But not all scientists view (①) and group size as the main drivers of signature whistles. Jason Bruck, a biologist at Stephen F. Austin State University, believes that (②) play a crucial role. He points to a study of dolphins living in Sarasota Bay, Florida, where dolphins created unique signature whistles using inspiration from community members. Crucially, the dolphins tended to base their whistles on cetaceans* that they spent less time with. "This avoids (2)the problem of every dolphin being named John Smith," Bruck says.

Laela Sayigh, a research specialist at Woods Hole Oceanographic Institution in Massachusetts, agrees. From her work studying cetacean communication for over three decades, Sayigh estimates that 30 percent of dolphins' signature whistles are based on their mother's whistle, while others invent a name that is nothing like their mom's and closer to that of their (③). Others still produce a unique whistle that is distinct from any of their family members. Marine researchers still do not know why some bottlenoses base their whistles on family members and others on lesser acquaintances.

Sayigh believes that factors such as (④) play a role. For example, mothers who interact more with others expose their calves to a greater variety of signature whistles, giving them more sounds to add to their repertoire. Demonstrating this in wild populations, [オ], proves tricky.

"It's very difficult to figure out what forces are influencing a calf over the period of signature whistle development, which requires extensive observations," Sayigh says. "You are watching only a tiny fraction of the actual developmental period. [カ] there is some kind of crucial interaction, you might not be capturing it."

While the signature whistles of female dolphins will barely change throughout their life, male dolphins may adjust their whistle to mirror the signature whistle of their best friend. Male-male pair bonds are common in certain populations, and can be stronger than the bond between a mother and her calf. "We see this in Sarasota all the time," Sayigh says. "These male (⑤) are extremely strong pair bonds where the males are together all the time and they frequently converge on their signature whistles."

In addition to an individual signature whistle, dolphins may invent a shared whistle to promote (⑥) within their group. Dolphins often broadcast the group whistle when coordinating their behavior with others, such as foraging for food and guarding mates.

Brittany Jones, a scientist at the National Marine Mammal Foundation who specializes in dolphin communication, has studied a group of eight dolphins that have been trained by the U.S. Navy. (3)Five of the dolphins, who have lived together for 21 years, shared a group whistle, but they each kept enough distinctive characteristics to identify themselves.

"These shared whistles, although very similar between dolphins, were slightly more similar within an individual [　キ　] between dolphins," Jones says. This suggests that other dolphins may be able to identify who is making the whistle, suggesting it conveys both group and individual identity.

Like the human equivalent, signature whistles contain a lot of information. [　あ　] Scientists believe there is still more to unlock, including whether dolphins use their impressionist skills to deceive and whether they talk about their friends behind their back. Uncovering the complexity of how these animals use signature whistles may reveal just how imaginative their inner world really is.

【出典：Barker, Holly. "How Do Dolphins Choose Their Name?" *Discover Magazine*, 6 July 2022. 出題の都合上，原文の一部に変更を加えている。】

注

bottlenose dolphin　バンドウイルカ

cetacean　クジラやイルカ等の動物

設　問

1．下線部(1)について，なぜ科学者たちがそうしてきたのか，30字以内(句読点も含む)の日本語で説明しなさい。

2．[　ア　]～[　キ　]に入るもっとも適切な表現を選び，記号で答えなさい。文頭に入る場合も小文字で表記してある。各記号は1回しか使用できない。

(A) according to　　(B) compared to　　(C) however

(D) if　　(E) instead of　　(F) like

(G) meanwhile　　(H) thus　　(I) unlike

3．(①)～(⑥)に入るもっとも適切な表現を選び，記号で答えなさい。ただし，各記号は1回しか使用できない。

(A) alliances　　(B) changes　　(C) cohesion

(D) habitat　　(E) independence　　(F) siblings

(G) sociability　　(H) social factors

4．下線部(2)の具体的内容を 30 字以内(句読点も含む)の日本語で説明しなさい。

5．下線部(3)を日本語に訳しなさい。

6．空欄 あ に入る一文として最も適切なものを以下から選び，記号で答えなさい。

(A) They allow dolphins to communicate with each other about a variety of matters, including food and danger.

(B) They are a method that dolphins use to coordinate their hunting and mate-guarding activities.

(C) They are used by dolphins to identify family members in various environments, such as muddy or clear water.

(D) They reflect the dolphins' social status and location, such as the depth of water.

(E) They reveal dolphins' family ties and friendships, as well as aspects of their environment.

III Three international students at a university in Japan, Izabel from Brazil, Melati from Indonesia, and Oliver from Australia, are queuing up to have lunch together in the cafeteria. Read the conversation and answer the following questions.

Oliver: Strewth! The queue's a bit slow, isn't it? Decided what you're going to have today, have you, Melati? I've got my eye on a double portion of chicken nuggets to start with, followed by a bowl of sukiyaki or the pork katsudon set.

Melati: Wow! (1) Have you got hollow legs?

Oliver: No, it's just that I was late for early morning soccer practice today and didn't have time for breakfast, so I'm starving.

Melati: Oh, right. Well, I think I'm going to [ア] for the vegetable curry and rice. What are you going to have, Izabel?

Izabel: Well, the tofu salad looks tempting.

Oliver: Tofu? (a) Seriously?

Izabel: Yes, why not?

Oliver: That white, wobbly stuff? Yuck! It looks so bland and unappetizing.

Melati: (b) You should try it, Olly. I've had it and it's really delicious, especially with the Japanese-style dressing. It's very healthy, too.

Oliver: You're not both vegetarians, are you?

Melati: I'm not, no. What about you, Izzy?

Izabel: I'm not yet either, but given the way the world is going, I think I'm definitely moving in that direction.

Melati: You're not the only one. (2) Several of my environmentally-conscious friends have turned vegetarian in the last few years.

Oliver: Hold on a second! What has being a vegetarian got to [イ] with the state of the planet?

Melati: Well, for a start, giving up on meat could do a lot to reduce deforestation, which is a big problem in my country.

Oliver: You don't [　ウ　]?

Izabel: Mine, too. Brazil loses a huge amount of its natural forest in the Amazon every year, and much of the land is used for raising cattle for beef. I'm getting more and more concerned about the loss of biodiversity, the soil erosion and desertification, not to mention the effect it all has on global warming.

Oliver: Well, maybe, but I play a lot of sport so I need plenty of protein. And we Aussies do [　エ　] our barbecues. There's no way I could stop eating meat.

Melati: Well, perhaps, in a sense, you don't have to.

Oliver: How [　オ　]?

Melati: There are several meat substitutes available now, usually made from plants like soybeans.

Oliver: Oh no, we're back to tofu again!

Melati: No, this is totally different. About a year ago, a big hamburger chain in my country started selling hamburgers made with soybeans. They had an amazingly meaty taste and texture and were a huge hit, especially with young people.

Oliver: Soybeans, eh? Well, I'm not sure.

Izabel: How about fungus meat then?

Oliver: What? (c)You've lost me there. Are you talking about mushrooms or something?

Izabel: I mean mycoprotein. It's a kind of protein that you get from fungi. Professor Sato was talking about it in class just the other day, don't you remember?

Oliver: Um, I think I overslept and missed that one.

Melati: (d)Oh really, Oliver! You [　カ　], your trouble is …

Oliver: All right, all right, you don't need to go on about it, Mel. What did she say, anyway?

Izabel: Well, according to Professor Sato, if we could just replace twenty percent of the world's beef consumption with mycoprotein, we could halve the destruction of the planet's forests over the next thirty years.

Melati: Yes, and it would [　キ　] greenhouse gas emissions by half too.

Oliver: And you reckon it really is like meat?

Izabel: Yes. And Professor Sato said that products made with it [　ク　] you up more than the usual sources of protein like those chicken nuggets of yours.

Melati: And even though mycoprotein is rich in fiber, it is low in calories and fat so it is good for people who are on a diet.

Oliver: Well, in that case, I wouldn't mind giving it a try. Look, there's a suggestion box for the cafeteria over there. I'll drop a message in asking them to add some mycoprotein dishes to the menu.

Izabel: (e) Great idea!

Oliver: OK, but wait! First things first. The queue's moving, so come on, grab a tray!

QUESTIONS

1. Which of the options below most closely matches the meaning of Melati's question to Oliver in the underlined part after (1)? Indicate your answer by writing ONE alphabet letter on the answer sheet.
   - (A) Do you always eat so much meat?
   - (B) Have you got holes in your legs?
   - (C) How can you eat so much?
   - (D) What's wrong with your legs?
   - (E) Why are you so thin?

2. Select the most appropriate word from the list below to match the emotions expressed by phrases (a) to (e). Answer using the numbers (1) to

(9). Do not use any number more than ONCE.

(1) amusement	(2) comfort	(3) confusion
(4) disbelief	(5) encouragement	(6) enthusiasm
(7) envy	(8) expectation	(9) irritation

3. Based on the conversation, which TWO of the following can be inferred to be most likely true?

(A) A hamburger chain in Indonesia invented the protein made from mushrooms.

(B) Izabel and Oliver have been taking the same class.

(C) Izabel has tried mycoprotein meat and thought that its taste was very similar to that of regular meat.

(D) Izabel is considering becoming a vegetarian.

(E) Oliver has given his suggestion to the cafeteria.

(F) Oliver thinks that fungus meat is disgusting.

(G) Professor Sato's textbook shows that mycoprotein is nutritious.

(H) The three students are concerned about the environment in their respective countries.

4. Select the most appropriate word from the list below to fill in the blanks (ア) to (ク). Answer using the numbers (1) to (8). Do not use any number more than ONCE.

(1) come	(2) cut	(3) do	(4) fill
(5) go	(6) know	(7) love	(8) say

5. In the underlined phrase after (2), Melati says that several of her environmentally-conscious friends have turned vegetarian in the last few years. There are many other things that people do to try to reduce their impact on the environment. Give one example and explain how you think it helps to reduce the impact. Your answer should be between 25 and 35

English words in length. (Indicate the number of words you have written at the end of your answer. Do not count punctuation such as commas or periods as words.)

IV Every year, the Japanese Red Cross Society collects blood from voluntary donors and delivers blood products to those who need them. Figure A below shows how the numbers of younger (between the ages 16 and 39) and older (between the ages 40 and 69) blood donors have changed in Japan from 2000 to 2019, as well as how the number of all blood donors has changed for the nineteen-year period. Figure B shows the total amount of blood donated in Japan from 2000 to 2019. Linear trend lines are shown in dotted lines.

Figure A

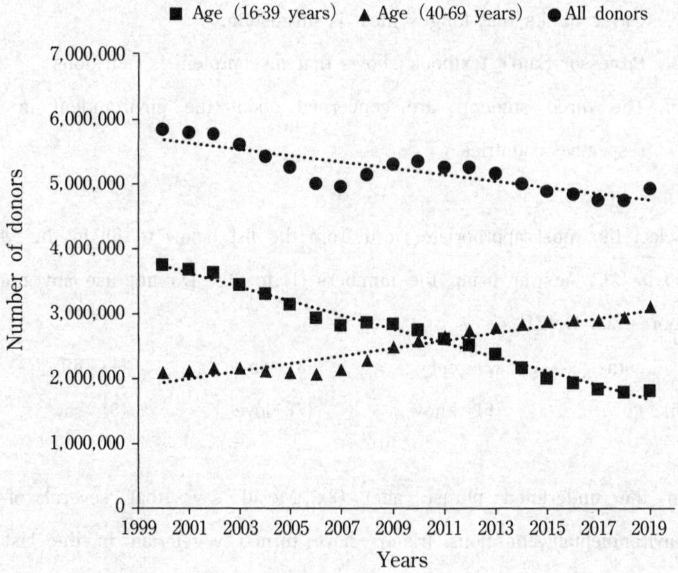

Figure B

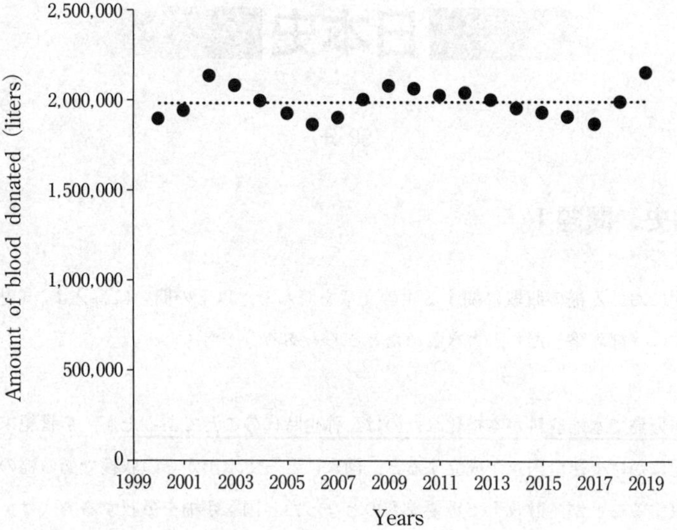

Adapted from: Ministry of Health, Labour and Welfare website
https://www.mhlw.go.jp/stf/seisakunitsuite/bunya/0000063233.html

QUESTIONS

1. Describe what the three trend lines in Figure A show. Write approximately 30 to 50 words. (Indicate the number of words you have written at the end of your answer. Do not count punctuation such as commas or periods as words.)

2. Describe the trend depicted in Figure B, and explain how the amount of blood donated per donor has changed since 2000 by referring to both Figures A and B. Write approximately 30 to 50 words. (Indicate the number of words you have written at the end of your answer. Do not count punctuation such as commas or periods as words.)

日本史

（90分）

日本史　問題Ⅰ

古代における稲の収取に関する次の文章を読んで，以下の問いに答えよ。（史料は原漢文。一部省略したり，書き改めたところもある。）

①日本列島で水稲農耕が本格化したのは，弥生時代のことであったが，7世紀末から8世紀にかけて律令国家が成立すると，国家にとって水田からの収穫である稲の一部を徴収することが，財政上で重要なものとなった。国家が稲を徴収する方式は，建前としては主として2種の仕組みがあった。それは，租と公出挙である。

②租は，律令の規定では，調や庸とは別の基準（単位）で徴収され，③徴収後の管理のしかたも異なっていた。④8世紀半ばに租の徴収において大きな画期があった一方で，9世紀になると戸籍・計帳制度および戸籍作成に連動する班田収授が次第に機能しなくなり，口分田から租を徴収するという律令法の基本が変質していった。この間の租の蓄積状況を知ることができる史料として，「越中国官倉納穀交替記」と呼ばれるものがある。

一方の⑤公出挙は，8世紀においては建前上ある基準（単位）で割り当てられていたが，⑥9世紀末になると賦課の単位が変わる。さらに10世紀になると，調・庸・雑徭を含む租税，力役の体系が大きく改変され，課税の単位も新たな体制で行われるようになった。

問1　下線部①に関連して，弥生時代における水田規模の特徴について説明せよ。

問2　下線部②について，史料1を参考にして租の賦課が，何を単位としてなされたのか，説明せよ。

史料１『養老令』田令

およそ田は，長さ三十歩，広さ十二歩を段とせよ。十段を町とせよ。段の租稲二束二把，町の租稲二十二束。

問３　下線部③について，史料２，図１を参考にして，租の管理，保管の場について説明せよ。

史料２　「上野国交替実録帳」(注１)(『群馬県史』史料編４)

(前略)

新田郡

正倉

(22 棟の建物を列記)

郡庁

(６棟の建物を列記)

一館

(４棟の建物を列記)

(中略)

厨屋

(４棟の建物を列記)

(後略)

注１：この史料は，1030 年(長元３)における上野国の受領交替に際し，本来引き継がれるべき施設等のうち，当時失われていたものについて列記したもので，逆に本来あるべき施設がどのようなものであったのかをうかがい知ることができる。

図１　武蔵国都筑郡家復元模型(横浜市歴史博物館蔵)

問 4　下線部④に関して，班田収授法が機能しなくなりつつある 9 世紀において，租の蓄積は維持できていたのであろうか，それともできなかったのであろうか。表 1 の，特に「年平均の蓄積量」のデータを参照して述べよ。また，そのような蓄積状況となった背景を，史料 3，史料 4 を参考にして推定せよ。

倉の名称	蓄積開始年	蓄積終了年	年平均の蓄積量(石)
東第二板倉	733	750	96
南第一板倉	750	753	1073
東第一板倉	753	758	314
北第二板倉	758	771	485
西第二板倉	771	784	431
北外第二板倉	784	791	78
東第三板倉	791	818	379
東第四板倉	818	830	498
西第五板倉	830	846	279
北第二板倉前第二板倉	846	852	492
南第二板倉	852	855	2008
東後外第三板倉	855	863	825
西第六板倉	863	878	272
西第三板倉	878	883	716
北外後第一板倉	883	891	227
北外第一板倉	891	897	241
年平均の蓄積量(石)は，小数点以下は四捨五入した。			
租が免除された年は除外し，半分免除された年は 0.5 年分として計算した。			

表 1「越中国官倉納穀交替記」にみる越中国礪波《となみ》郡意斐《おび》村の不動穀(注 2)蓄積過程

(渡辺晃宏『平城京と木簡の世紀』講談社，2001 年所収の表を一部改変)

注 2 ：不動穀とは，徴収した稲のうち，租に相当する分を穀(もみがら付きの米)の形で蓄積したものである。

史料 3　『続日本紀』天平 15 年(743) 5 月乙丑条

詔して曰く，「聞くならく，墾田は養老七年の格によりて，限満つる後，例により て収授す。是に由りて，農夫怠倦して，開ける地また荒る，と。今より以後，ほしいままに私財となし，三世一身を論ずることなく，みな悉《ことごと》くに永年取るなかれ。(後略)」

史料 4　『令集解』田令田長条に引用された「民部例」(民部省の行政細則)

神田・寺田(中略)，以上不輸租田となす。無主位田(中略)公・乗田，以上不輸租田，地子田となす。(中略)位田・口分田・墾田，以上輸租田となすなり。

問 5　下線部⑤について，史料 5 を参照して，8 世紀における公出挙割り当ての単位について推定せよ。

史料 5　天平 11 年「備中国大税負死亡人帳」(注 3)(「正倉院古文書」正集 35)

(前略)

賀《か》夜《や》郡死亡人二十三人　免税壱千壱百二十束五把

(中略)

板倉郷死亡人二人　免税三十六束

板倉里　戸主鳥取部伎美麻呂口　山守部嶋売六束　天平十一年七月五日死

委文《しどり》里　戸中臣忌寸連鯨口　中臣忌寸連荒鹿火三十束　天平十一年九月二十日死

(後略)

注 3 ：この文書は，出挙の貸し付けを受けたが死亡したため返済を免除された者の名前，免除の数量，死亡年月日等を列記したものである。

問 6　下線部⑥について，史料 6 を参照して 9 世紀末に公出挙割り当ての基準がどのように変化したのかを述べよ。また，10 世紀に成立した新たな租税体系における課税の単位と，租・調・庸・公出挙利稲の系譜を引く税目，雑徭の系譜を引く税目について述べよ。

史料 6　『類聚三代格』巻 14 出挙事，寛平 6 年(894) 2 月 23 日太政官符

太政官符す。

まさに耕田の数に准じて，正税を班挙すべきこと。

右，紀伊国の解を得るにいへらく，「(中略)。望み請ふらくは，耕田の数に準じ

て，段別五束以上正税を班挙せん。謹んで官裁を請ふ。」(中略)勅をうけたまはるに「請ふによれ。」(後略)

〔解答欄〕問1・問2・問5　各14.1cm×1行
問3・問6〈基準〉　各14.1cm×2行
問4　14.1cm×3行

日本史　問題Ⅱ

中世から近世初頭にかけての法や制度について述べた次の文章を読み，以下の問いに答えよ。(史料は，一部省略したり，書き改めたりしたところもある。)

院政期のころの支配体制として，知行国という制度①があらわれる。知行国主や，少しのちの鎌倉幕府は，実質的な最高責任者として国衙を支配下におき，正式な最高責任者である国司の頭越しに，各国内の荘園等に支配を及ぼすことがあった。鎌倉幕府の成立ののちもしばらくは，院政の体制が継続していたのである。

その後，鎌倉幕府や，それにひきつづく室町幕府，さらに室町幕府のもとにあった戦国大名等は，それぞれ法を整え，彼らなりの政治方針を示し，それを実行するようになっていった②。

織田信長のあとをひきうけて，近世統一政権の原型を形づくった豊臣秀吉の法③は，歴代の幕府の法とはすこし様子が違う。最高権力者である秀吉が自ら，今残っているだけでも約6000通もの書状や朱印状などを出し，その時々の案件について，良くいえば柔軟に，悪く言えば希望者に応じ，その場限りの対応を示す場合があったとも考えられるのである。

問1　下線部①に関連して，次にかかげる法Aは，文治3年(1187)に和泉国衙に出された命令文書の様式と内容とを簡略に示したものである。この文書には，藤原光長と藤原長房という2人の人物の毛筆のサイン，すなわち花押《かおう》がみられる。2人のうち光長は和泉国の知行国主である。当時の文書様式の慣例に従い，日付の左上には正式な最高責任者の花押，文書の冒頭には実質的な最高責任者の花押が，それぞれ記されている。(1)法Aのなかの甲，乙はそれぞれ，光長，長房，どちらの花押であるか。(2)長房はどのような地位にあり，光長とどのような人間関係にあると推測できるか。(3)彼らはなぜ，後白河上皇の熊野参詣にかかわる賦課を免除するという大きな権限を持っていたと考えられるか。以上の三点を答えよ。

法A

(甲の花押)
京都の和泉国司の役所から和泉国衙
に対する命令
和泉国の久米田寺領に対する後白河
上皇の熊野参詣のための賦課は一切
免除せよ
文治三年八月日
(乙の花押)

(「和泉久米田寺文書」『鎌倉遺文』260 号より人名比定など改変)

問 2　下線部②に関連して，次の法Ｂ～Ｄをよみ，下の設問(1)～(2)に答えよ。なお法Ｂ～Ｄは，時代順に掲げてあるとは限らない。

法Ｂ：鎌倉，元の如く柳営《りゅうえい》(注１)たるべきか，他所たるべきか，否のこと。(中略)居所の興廃は，政道の善悪によるべし。(中略)ただし，諸人もし遷移を欲せば，衆人の情に従うべきか。

法Ｃ：不入の地の事(中略)旧規より守護使不入という事は，将軍家天下一同御下知を以て，諸国守護職仰せ付けらるる時の事也。(中略)只今はおしなべて，自分の力量を以て，国の法度を申し付け，静謐《せいひつ》する事なれば，守護の手入るまじき事，かつてあるべからず。(後略)

法Ｄ：さてこの式目をつくられ候ことは(中略)ただどうりのおすところを記され候者なり。(中略)京都の御沙汰，律令のおきて，聊《いささ》かもあらたまるべきにあらず候也。

(以上『中世法制史料集』各巻より)

注１：柳営‥出征中の将軍の陣営。転じて，幕府のこと。

(1)　足利尊氏が，室町幕府の創設にあたり定めた法の名称を述べよ。また，その内容に該当するものを法Ｂ～Ｄから一つ選び，そこではどのようなことが問題になっているかを論ぜよ。

(2)　戦国大名領国における法は，一般にどのように総称されているか，その名称を述べよ。またその具体例としてふさわしいものを，法Ｂ～Ｄから一つ選び，どのようなことが問題となっているかを論ぜよ。

問３　下線部③に関連して，次に掲げる法Ｅは，伊勢周辺に伝来した天正15年(1587) 6月18日付の古文書の写しについて，その一部を現代語訳したものである。豊臣秀吉が出した命令と考えられている。この法Ｅを読んで，下の設問(1)(2)に答えよ。なお「　」内は，原文の言い回しをそのまま用いた部分である。

法Ｅ

秀吉から領地を与えられた領主が，与えられた領地のなかの「寺庵百姓」らについて，「心さし」もないのに強いて「伴天連門徒に成る」ように申し，「理不尽」にそのようにするのは，あってはならないことである。

（『豊臣秀吉文書集　三』2243号より）

(1)　法Ｅによると，秀吉はキリスト教の普及について，どのような人々，どのような条件であれば，許可する可能性を示しているか。逆に，どのようなキリスト教の普及を禁止しようとしているか。「心さし」をヒントにしながら述べよ。

(2)　法Ｅは，今しられている限りでは，広く交付された形跡がなく，伊勢の周辺にのみ伝来しているらしい。秀吉は，キリスト教の禁止よりも南蛮貿易の継続を優先していたという有力な意見もある。そうだとすれば，なぜ，こうした命令が出されたのだろうか。問題Ⅱの冒頭文も参考にしながら，あなたの考えを述べよ。

〔解答欄〕問１(2)・(3)　各14.1cm×1行
問２(1)・(2)〈問題点〉　各18.1cm×1行
問３(1)・(2)　各14.1cm×２行

日本史　問題Ⅲ

次の文章を読んで以下の問いに答えよ。

国立国会図書館憲政資料室に[あ]の家に伝わった史料群があり，①そのなかに雨森芳洲「交隣提醒」と同「朝鮮風俗考」を合冊した和本が一冊ある。この和本は，1794年（寛政6）に中川忠英なる人物によって作成された。中川は江戸幕府老中[い]の後継者たちのもとで対外関係を担当しており，[う]が大黒屋光太夫を連れて来日したのち1793年9月には，光太夫の尋問に同席している。中川は，1795年からは長崎奉行に就任した。

上の和本の「あとがき」によれば，②中川は[い]から「交隣提醒」を読むように勧められ，[い]から借用して筆写し，この和本を作成したという。「交隣提醒」は1728年（享保13）に成立した書で，著者雨森芳洲は対馬藩に儒者として仕えていた。江戸時代の朝鮮外交は対馬藩が一手に担い，「交隣提醒」は朝鮮事情と日本事情の違いを知ることの大切さを説いたもので，対馬藩士たちへ向けた朝鮮外交の心得書である。書中にある「互いに欺かず争わず，真実をもって交わり候を誠信とは申し候」とする一句は近年になって高く評価されている。また，③「朝鮮風俗考」は，1719年の朝鮮通信使が帰国した直後に，林家から命じられて作成・提出したものである。

④長崎奉行となった中川は「清俗紀聞」と題する清朝中国にかかわる知識を網羅した書物を著した。「清俗紀聞」は「続清朝探事」とも呼ばれ，[い]の祖父でもある将軍[え]の時代に編纂された「清朝探事」の続編と見なされた。幕府自らが清朝への関心をもち，系統的な清朝情報・書籍の収集に努めていたことがわかる。

ところで，[あ]は1823年（文政6）に旗本の家に生まれ，蘭学を修め，長崎海軍伝習所に学んだ。⑤1860年（安政7）には咸臨丸艦長として渡米するなど開明的な幕臣の一人として幕末政治史に名を刻み，明治維新後も元老院議官や枢密顧問官などを歴任した。

問1　空欄[あ]～[え]に適切な人物名を入れよ。

問2　下線部①に照らすと，[あ]は中川の筆写作成した和本を読んだと考えられる。[あ]が，なぜ中川の作成した和本を読もうと思ったのか調べてみたい。どうすれば，そうした課題の解決に近づけるだろうか，推測を交えながら具体的に述べよ。

問 3　下線部②にあるように，［　い　］が中川に「交隣提醒」を読むように勧めたのはなぜだろうか。この時代の国際情勢を踏まえながら，あなたの考えを述べよ。

問 4　（設問省略）

問 5　下線部④にある「清俗紀聞」は清朝中国の社会や風俗習慣について，挿画も添えながら具体的に述べた書物である。中川は，どうやってそうした書物を完成させえたのだろうか，具体性を交えながら推測せよ。

問 6　下線部⑤にいう渡米は，幕府外交史上重要な使命を帯びたものであった。どのようなことか，簡潔に述べよ。

〔解答欄〕問 2・問 5・問 6　各 14.1cm × 1 行
問 3　14.1cm × 2 行

日本史　問題Ⅳ

次の文章Ａ・Ｂを読んで，以下の問いに答えよ。(史料は，一部省略したり，書き改めたりしたところもある。)

A　日本は，日清・日露戦争を通じて，領土を拡大していった。台湾は日清講和条約により日本へ割譲された。朝鮮については，日本は日露戦争開始以降，三次にわたる［ア］で保護国化を進め，1910 年に韓国併合条約を成立させた。

［イ］については，日露戦争の講和条約により南半分が日本に譲渡され，行政官庁として［イ］庁が設置された。また，第一次世界大戦の講和条約の結果，日本は赤道以北の旧ドイツ領南洋諸島を［ウ］の委任のもとに統治する委任統治領とした。

満州へは遼東半島の租借地(関東州)と南満州鉄道株式会社(満鉄)を拠点にして影響力を拡大していった。南満州経営の中核となった満鉄の初代総裁に就任したのは，台湾の民政長官として台湾開発に手腕を発揮した［エ］である。日本の南満州への進出は，①日露戦後の国際関係の構図に変化をもたらした。

関東州を管轄した関東都督府は，改組により，行政担当の関東庁と軍事担当の［オ］とに分立した。［オ］は大陸進出の急先鋒となり，満州事変を計画実行し，清朝最後の皇帝溥儀を執政とする満州国を樹立した。

問 1　［ア］～［オ］にあてはまる語句を記入せよ。

問 2　下線部①について，満州をめぐって日露戦後の日米関係および日露関係はどのように変化したか，説明せよ。

問 3　日本と満州国はどのような関係であったと言えるか，以下の史料をふまえて論ぜよ。史料は，満州国の建国直後に［オ］司令官あてに出された溥儀の書簡であり，この内容はのちに日満議定書をとりかわした際に両国政府間ですべて確認されたものである。

書簡ヲ以テ啓上候，〔略〕今後弊国《へいこく》ノ安全発展ハ必ス貴国ノ援助指導ニ頼ルヘキ

ヲ確認シ，茲《ここ》ニ左ノ各項ヲ開陳《かいちん》(注1)シ，貴国ノ允可《いんか》(注2)ヲ求メ候

一，弊国ハ今後ノ国防及治安維持ヲ貴国ニ委託シ，其ノ所要経費ハ総テ満州国ニ於《おい》テ之《これ》ヲ負担ス

二，弊国ハ貴国軍隊カ国防上必要トスル限リ既設ノ鉄道，港湾，水路，航空路等ノ管理並新路ノ敷設ハ総テ之ヲ貴国又ハ貴国指定ノ機関ニ委託スヘキコトヲ承認ス

三，弊国ハ貴国軍隊カ必要ト認ムル各種ノ施設ニ関シ極力之ヲ援助ス

四，貴国人ニシテ達識《たっしき》(注3)名望アル者ヲ弊国参議ニ任シ，其ノ他中央及地方各官署ニ貴国人ヲ任用スヘク，其ノ選任ハ貴軍司令官ノ推薦ニ依《よ》リ，其《そ》ノ解職ハ同司令官ノ同意ヲ要件トス〔略〕

五，右各項ノ趣旨及規定ハ将来両国間ニ正式ニ締結スヘキ条約ノ基礎タルヘキモノトス

(『日本外交年表竝主要文書』下巻)

注1：開陳　…　自分の意見などを人前で述べること。

注2：允可　…　許すこと。

注3：達識　…　広く物事を見通す見識。

〔解答欄〕問2・問3　各14.1cm×3行

B　対外的な問題と日本国内の政治経済や文化は相互に様々な影響を与えていた。

②1942年に制作されたアニメ映画「桃太郎の海鷲」は，前年の対外的な出来事を踏まえ，おとぎ話「桃太郎」のストーリーを改変したものである。これによって，子どもたちの戦意を高揚させようとした。

アジア・太平洋戦争の敗戦後，戦後復興を経て経済大国化したことで，日本は発展途上国の経済発展や福祉向上のための援助であるODA(政府開発援助)など，③特にアジアに対して多額の資金供与・援助をしていく。それは，日本企業がアジアへ進出していくきっかけともなった。

国際的な経済関係では，オイルショック後，日本は大幅な貿易収支の黒字が続き，外国との間で貿易摩擦が発生した。そうした状況に対し，為替レートを協調介入して調整する国際的な合意がなされ，その後，④日本経済は大きく変貌した。

問 4　下線部②について，下の文章と写真はこの映画を紹介した『アサヒグラフ』1942 年 11 月 4 日号の一部である。あなたがこの記事を書く場合，下の文章の［　甲　］にはどのような一文を入れるか。なお，解答は単語ではなく文章で記し，現代語でよい。

風浪をついて我が母艦は進攻する。艦上には，「日本一」の旗をなびかせて空の部隊長桃太郎が，部下の犬・猿・キジの若武者を前に烈々たる訓辞をあたへる。母艦より一せいに飛立つて行く爆撃機の大編隊。めざすは鬼ヶ島軍港へ――夜明け，鬼ヶ島軍港に突入した桃太郎部隊の大爆撃が始まつた。さながら［　　　　甲　　　　］，凱歌《がいか》も高らかに，桃太郎は帰艦した。天晴《あつぱ》れ昭和の桃太郎。

問 5　下線部③に関連して，次の表は 1950 年代以降のアジアに対する資金の供与・援助の様子を示したものである。この表の区分Ａと区分Ｂは外務省によってなされた区分であるが，このうち，区分Ｂはどのような理由で，何を目的に，どういった形で当該の国々に資金が供与・援助されたものであるか，説明せよ。

	国名	金額(億円)	期間(年)
区分A	ビルマ	720	1955－1965
	フィリピン	1902	1956－1976
	インドネシア	803	1958－1970
	ベトナム共和国(南ベトナム)	140.4	1960－1965
	計	3565.4	
区分B	ラオス	10	1959－1965
	カンボジア	15	1959－1966
	タイ	96	1962－1969
	ビルマ	473	1965－1977
	韓国	1020.9	1965－1975
	マレーシア	29.4	1968－1972
	シンガポール	29.4	1968－1972
	ミクロネシア	18	1972－1976
	計	1691.7	
	総計	5257.1	

(『昭和52年版わが外交の近況』上巻より一部改変)

(注)ビルマはその後に締結された他国の条件から追加要求し，区分Aだけではなく1965年から区分Bへの追加もなされた。

問6　下線部④に関して，その時の経済の状況を示した新聞記事は下の(ア)(イ)(ウ)のいずれか。また，その経済状況の変貌の様子を説明せよ。

(ア)

山一証券 経営破たん

顧客資産、日銀特融で保護

自主廃業を検討

簿外債務2000億円超す

負債3兆円超

市場の淘汰 容赦なく

〈解説〉

(イ)

ゴッホ ひまわり 58億円

絵画の過去最高値の3倍以上

買い手は日本人？

ロンドンで競売

写真：Reuters

(ウ)

ただ今乱戦"金の卵"争奪

ひたすら低頭、企業側

高姿勢学校側 '上京費送れ' の例も

（いずれも『朝日新聞』）

〔解答欄〕問4　14.1cm × 1 行
　　　　　問5・問6　各 14.1cm × 2 行

世界史

（90分）

世界史　問題Ⅰ

次の文章をよく読み，下記の問に答えなさい。

古代の中国人の中に生まれた中華（中夏・華）という観念は，常に夷狄（夷）と対比されることで発展してきた。この華と夷の区別（「華夷の別」とも呼ぶ）は，中華王朝の対外政策の一貫した枠組みであり，歴代王朝は華と夷の違いをめぐって種々の解釈を行ってきた。その場合，一般に華と夷の区別は次の二つの観点からなされ，華の優位性がたえず強調された。二つの観点とは次の通り。

① 民族の違い（　　㋐　　）。
② 地域の違い（　　㋑　　）。

ここに新たに第三の観点を加えたい。

③ 文化の違い（礼・義の有無）。

もともと華夷の別は①が基本であり，当初は文化・習俗や言語の違いが両者を分かつ指標であった。春秋時代の周を中心とした中原諸国は，自分たちのことを「華夏族（華）」だと意識して，南方の呉，越，楚や西方の秦を夷とみなした。もともと中原地帯に限定されていた華の範囲が拡大し，先の呉・越・楚・秦なども華夏族（華）に加わると，華夏族とその周辺にいる異民族との民族の違いが，華と夷を区別する基準となる。

また，①の民族の違いは，同時に②の地域の違いとほぼ対応する形となっている。かつて呉・越・楚などの夷は中原の華の辺境に位置していたし，中華の範囲が全土に広がっても，その周縁には決まって異民族の夷が存在した。華とは常に天下の中心に位置し，夷はその周縁に存在するものと観念されていた。

この①②に対し③の文化の違いは，民族的には漢ではなくても，いわゆる㋒「礼・義」を体得すれば華になれるとする見方である。華の立場からいえば，中華の天子の徳化で夷を華に変えることであり，それはまた天子の統治する天下が周縁に向かって拡大することでもあった。早い話が，中華帝国の勢力が強大で対外的に領土が拡大したとき，それは中華の天子の徳化で夷狄の地が華になったのだと解釈されたのである。ここに中華思想の㋓膨張主義的な性格を垣間みることもできよう。

（中略）

呉元年(1367)十月，「駆逐胡虜，恢復中華」のスローガンのもと，征虜大将軍徐達，副将軍常遇春に率いられて25万の北伐軍が南京を出発した。それに先立ち，［　㋔　］は北方の民に向けて次のような檄を発した。

昔から帝王が天下を統治するのに，中国は内にあって夷狄を制し，夷狄は外にあって中国を奉じて来た。夷狄(夷)が中国(華)にいて天下を治めたことなど聞いたことがない。ところが宋の命運が傾いてより，［　㋕　］が北狄でありながら中国に入って主となると，四海(天下)の内外の者で臣服しない者はいなくなった。これがどうして人力であろうか。じつに天授という他ない。かの時は君主も聡明で臣下も優秀であったため，十分に天下を繋ぎとめることができた。しかし道理に通じている者や志のある者の中には，上下の位置が転倒してしまったと嘆くものがいたのも事実である……。これ以後，［　㋕　］の臣下は祖訓に遵《したが》わず，人倫に悖《もと》る行為を平気で行った。また君主の後継者たちも荒淫に耽溺し，君臣の道を失うにいたった。加えて宰相は権力を専断し，御史台は権力をかさに恨みを晴らし，役人は民衆を虐げた結果，人心は離叛し，天下に反乱の兵が起こり，我が中国の民をして，死者は肝脳を地にまみれさせ，生者は肉親ですら相守れなくしてしまった。人事のなせることに起因するとはいえ，じつは天がその徳に嫌気がさして，それを見捨てる時だとしたのである。

かつて夷であった［　㋕　］も，㋖有徳の君主が天命を受けたことで，中国に入って中華の地を統治した。だがすでに徳を喪失して夷に戻った現在，中華の地を去って㋗新たな有徳の君主にその地位を譲るべきである。［　㋕　］が異民族だから中国から放逐しようというのではない。徳を失い夷狄に戻ったその王朝が，中華の地＝中国に留まり続けていることが問題なのだ。「中国は内にあって夷狄を制し，夷狄は外にあって中国を奉じ」るものだからである。ここで想起すべきは，華と夷の違いに関する三つの観点である。①民族の違い，②地域の違い，③文化の違い，この三つの観点が歴代王朝の中華統治に際して，時と場合に応じて使い分けられてきた。このたびの革命については，このうち②と③の観点に基づき，たくみな論理操作で王朝交替が正当化された。しかも，宋や南宋が民族的に遼や金を夷狄視したのと異なり，華（ ㋘ ）みずから夷（ ㋕ ）の中華支配を認めて，夷から華への王朝交替を論理整合的にあとづけたのである。

（檀上寛『天下と天朝の中国史』岩波新書　2016 年，一部改）

問 1　問題文の前半で説明されている華と夷を区別する観点のうち，「①民族の違い」「②地域の違い」とは具体的にはどういうことか。「③文化の違い（礼・義の有無）」という書き方を参考にして，㋐・㋑に入れるべき説明を簡潔に述べなさい。

問 2　下線部㋒について，このような「礼・義」を重視する思想を何と呼ぶか。また，この思想が中国王朝の正統思想とされたのはいつのことか。王朝名で答えなさい。

問 3　下線部㋓について，このような「華」と「夷」の区別は排他的な考え方に見えるにもかかわらず「膨張主義的な性格」を持つのはなぜか，説明しなさい。

問 4　問題文中の檄（人々に決起をうながす文書）を発した人物㋔の名と，彼がやがて開く王朝である㋘の名を答えなさい。

問 5　㋕の王朝の名，下線部㋖で「有徳の君主」と呼ばれているその王朝の君主の名を答えなさい。

問 6　下線部㋗で述べられているような行為を，中国古代の王権思想では何と呼ぶか。またこれと逆に，武力によって政権を奪取すること（㋙）を何と呼ぶか。

問 7　この檄の後に派遣された軍勢が本文でも「北伐軍」と呼ばれているように，㋕の王朝から㋘の王朝への交替は事実上，武力による奪取であることは明らかであるにもかかわらず，なぜ檄文の中でこのような解釈を示すことが必要であったのか，自分なりに考察したことを書きなさい。

〔解答欄〕問1㋐・㋑　各14.1cm×1行
問3　14.1cm×3行
問7　14.1cm×5行

世界史　問題Ⅱ

次のA～Eの文章は，ヨーロッパやアフリカの近代史にかかわる史料の抜粋である。よく読んで下記の問に答えなさい。

A　イギリス政府の提案は穏健かつ柔和なものであったため，南アフリカ共和国*政府がその提案を拒否する回答を行ったことに対し，イギリス政府は深い遺憾の意を表さなければならない。

*トランスヴァール共和国の正式名称。

B　一行は広大な地下墓所に降りた。まだ花々で覆われているヴィクトル・ユゴーの墓室の前を通った。……一行は地下墓所から出てきた。パンテオンの右側の翼では……大統領はその礎石を埋めた。それが終わると，共和国憲兵隊が「ラ・マルセイエーズ」を奏でるなか，大統領は下がった。

C　余は，自分にとって，農奴の状態改善の事業は余の前任者の遺言であり，事態の経過のなかで神が余に投げられた賽《さい》であると確信した。……新しい規程により，農奴は，しかるべき時期に，自由な農村住民としての完全な権利を受け取る。

D　小型艦隊は，きわめて首尾よくイスマイリアの湖に入った。ここはあらゆる所において，好都合な水深なのである。……レセップス氏にレジオン・ドヌール大十字勲章を授与するという皇帝の指令が発せられた。

E　陛下！　私ども，様々な身分のペテルブルクの労働者と住民，その妻たち，子どもたち，そして親である寄る辺ない年老いた者たちは，陛下のもとへ真理と保護を求めにまいりました。……私どもは耐えてまいりましたが，ますます貧困，無権利，無知の淵へと突き動かされ，暴政と専横が息を詰まらせ，私どもは息をつけぬほどになっております。陛下，もう力はございません。耐える限界がまいりました。

（歴史学研究会編『世界史史料』第6巻所収，一部改）

問1　A～Eの史料は，それぞれ次の1～5のどれに当たるか，番号で答えなさい。

1　フランス革命百周年記念行事を伝える『フィガロ』紙の記事

2　スエズ運河の開通を伝える『タイムズ』紙の記事

3　ニコライ2世への請願書

4　アレクサンドル2世による宣言

5　ジョゼフ・チェンバレンの電報

問2　A～Eの史料を年代順に並べたとき，次の（　①　）～（　④　）に入る史料は何か，答えなさい。

（　①　）⇒D⇒（　②　）⇒（　③　）⇒（　④　）

問3　史料Aに関して，この史料のすぐ後に南アフリカで始まった戦争の結果について，簡潔に述べなさい。

問4　史料Bの下線部に関して，国葬されたこの国民的作家の代表作を一つ挙げなさい。

問5　史料Cの下線部の人物はナロードニキの一派によって爆殺されるが，ナロードニキとは何か，簡潔に説明しなさい。

問6　史料Dの下線部の人物の名を答えなさい。

問７　史料Ｅの下線部の人々への発砲事件を何と呼ぶか，答えなさい。

〔解答欄〕問３・問５　各ヨコ14cm×タテ3.5cm

世界史　問題Ⅲ

次のＡからＣは，1972年９月に日本と中華人民共和国とのあいだで日中共同声明が調印された前後に，三つの異なる立場から述べられた文章の一部を日本語に訳したものである。よく読んで下記の問に答えなさい。

Ａ　田中総理のわが国訪問によって，中日関係史上に新しい一ページが開かれました。われわれ両国の歴史には，①二千年の友好往来と文化交流があり，両国人民は深いよしみを結んできました。われわれはこれを大切にすべきです。しかし，②1894年から半世紀にわたって，日本軍国主義者の中国侵略により，中国人民はきわめてひどい災難をこうむり，日本人民も大きな損害をうけました。〔中略〕いま，世界情勢には③きわめて大きな変化が起きています。田中総理は就任後，決然として新しい対中国政策をうち出し，中華人民共和国との国交正常化を急ぐと言明し，中国側の提起した④復交三原則(注１)は十分理解できると表明するとともに，このための実際の段どりをとりました。中国政府は一貫した立場にのっとってこれに積極的に応えました。両国の国交正常化の実現には，すでによい基礎ができています。中日友好を促進し，中日の国交を回復することは，中日両国人民の共通の願いであります。いまこそわれわれがこの歴史的使命を果たす時機であります。

（『日中関係基本資料集』霞山会，2008年所収，一部改）

（注１）中華人民共和国政府が中国の唯一の合法政府である，台湾は中華人民共和国の領土の不可分の一部である，（1952年に日本と台湾の中華民国政府とのあいだで結ばれた）日華平和条約は不法無効であり廃棄されるべきである，というもの。

Ｂ　日本総理田中角栄と中共偽政権(注２)頭目 [㋐] は，共同声明を発表し，双方は本年９月29日から外交関係を樹立したと表明し，同時に日本外務大臣大平正芳は，中日平和条約(注３)および中日外交関係はこれによりすでに終了した旨言明した。中華民国政府は，日本政府のこれら条約義務を無視した背信忘義の行為に鑑み，ここに日本政府との外交関係の断絶を宣布するとともに，この事態にたいしては日本政府が完全に責任を負うべきものであることを指摘する。 ㋞ 総統の指導する中華民国政府は，日本の敗戦後における降伏を受理した政府であるとともに，⑤ ㋟ 条約に基づき，1952年日本と平和条約を締結し，戦争状態を終結させ，両国の外交関係を回復している。かつ中華民国政府は一貫して本国領土上で，憲法(注4)に基づき主権を行使しており，中日平和条約締結の時から現在まで，両国間の情勢は何らの変化も発生していない。よって田中政府が一方的に中日平和条約を破棄し，中共偽政権と結託したことによって引き起こされるあらゆる行為で，中華民国の合法地位，領土主権およびすべての合法権益に損害を及ぼすものはすべて不法無効であり，これによって惹起する重大な結果もまた，いずれも当然日本政府が完全にその責任を負うべきものである。

（同前所収，一部改）

(注2)中華人民共和国政府を指す。
(注3)1952年に日本と中華民国とのあいだで締結された日華平和条約を指す。
(注4)1947年に南京で公布・施行された中華民国憲法を指す。

C 〔前略〕我が国が ㋢ を脱退してからすでに二か月余りとなり，若者や知識人は熱心に変法して生存の道を図り，諸政を一新するよう声を上げているが，当の政府はなお動きがなく，あるものはまだ法統(注5)などと大口をたたき，変革を望まないのは，自縄自縛に外ならず，自らを誤り，国を誤るものである。〔中略〕このような非常事態下にあって，一体だれが冷静沈着で，驚き慌てずにいられようか。これは「人，此の心を同じくし，心，此の理を同じくす」(注6)である。政府はまさに情勢を詳しく調べ，速やかに変革の法を宣布し，内外の人々を安心させるべきである。わたしは政府がすでに一心に変革の道を考究していると深く信じるがゆえに，特にこの意見を献じ，参考に供するものである。ただ二点注意されたいのは，一つは現実の状況を直視すること，二つは幻想を捨て，過去の神話を繰り返さないこと，である。

〔中略，以下項目のみ〕

第一　速やかに「中華台湾民主国」の成立を宣布し，自らの保全を求め，台湾人を安心させ，新たな局面を開け。

第二　［ ㋞ ］総統は，任期満了後，引退するよう請う。

第三　国民党は事実上の「一党専政」を放棄し，真正なる民主政治⑥を実行すべきである。

〔後略〕

（傅正主編『雷震全集』27，桂冠図書公司，1990年所収，一部改）

（注5）中華民国政府が大陸で施行された憲法に基づく正統性を有することを示す概念。
（注6）みな同じ気持ちで，その理由も同じ，という意味の成語。

問1　Aは［ ㋐ ］が訪中した日本の田中角栄首相を歓迎する宴会で述べたあいさつである。［ ㋐ ］は，1949年10月に北京で中華人民共和国の成立が宣言されて以来，終生，首相として，最高指導者であった［ ㋑ ］を支え，日中の国交正常化においても中心的役割を果たした。［　］にあてはまる語句を記入しなさい。

問2　下線部①に関して，中国の正史に見える日本に関する最初のまとまった記録は，西晋の陳寿が編纂した『［ ㋒ ］』の「東夷伝」に見えるものである。この記録は一般に「［ ㋓ ］」と称される。［　］にあてはまる語句を記入しなさい。

問3　下線部②に関して，この年に日清戦争がおこり，その結果，台湾が清国から日本に割譲され，その統治は半世紀に及んだ。この間，日本は台湾に［ ㋔ ］府を設置し，インフラの整備や産業の育成を進めたが，日本内地とは異なる統治を行った。日中戦争がはじまると，いわゆる［ ㋕ ］政策を進め，台湾の言語や慣習などを禁じ，同化を強いた。［　］にあてはまる語句を記入しなさい。

問4　下線部③に関して，当時，中華人民共和国は，国境等をめぐって，［ ㋖ ］と対立し，国内では，プロレタリア［ ㋗ ］が発動され，混乱していた。一方，アメリカは，ベトナム戦争が泥沼化するなか，中華人民共和国との新たな関係を模索し，1972年2月，［ ㋘ ］大統領が電撃的に同国を訪問し，世界に衝撃を与えた。［　］にあてはまる語句を記入しなさい。

問 5　下線部④に関して，日本がこの原則を「承認」または「理解」することで日中共同声明が調印され，日本と中華人民共和国とのあいだで国交が正常化された。この声明をふまえ，1978年には［㋙］条約も締結された。こうした対外関係の変化を背景に，中華人民共和国は78年からいわゆる［㋚］政策を打ち出し，［㋛］経済を推し進めることによって，経済を大きく発展させた。［　　］にあてはまる語句を記入しなさい。

問 6　Bは台湾の中華民国政府外交部が発表した対日断交声明である。中華民国は1911年におこった［㋜］の結果，［㋝］を臨時大総統として建国された。28年には，北伐を完了して全国を統一した［㋞］が主席となり，南京で中国国民党による全国政権が組織された。しかし，21年に成立した中国共産党とのあいだで合作と内戦を繰り返し，日本の降伏後，再び内戦が勃発すると，それまで農村を中心に勢力を拡大させた共産党が戦いを有利に進め，49年12月，［㋞］はついに台湾に逃れ，ここで中華民国政府を維持した。［　　］にあてはまる語句を記入しなさい。

問 7　下線部⑤に関して，1951年，日本はこのいわゆる［㋟］条約によって，台湾等を正式に「放棄」し，連合国と講和した。翌年には，この条約に基づき，中華民国とのあいだで日華平和条約を締結した。当時，［㋠］戦争下にあって，講和会議に招かれなかった中華人民共和国政府は，台湾の返還先が示されていないこと等から，この条約が不法無効であると反対している。［　　］にあてはまる語句を記入しなさい。

問 8　Cは雷震(1897－1979年)が，1972年に［㋞］をはじめとする政府当局者に提出した「救亡図存献議」という改革案である。雷震は名古屋大学の前身・第八高等学校および京都帝国大学法学部を卒業し，戦後の台湾で『自由中国』を発刊するなど，早期における代表的な民主運動家であった。台湾では日本による統治が終了した後，中国大陸から台湾に渡ってきた外省人と，もともとの台湾の住民であった本省人とのあいだで対立が深まり，1947年に［㋡］事件が発生した。その後38年間にわたって戒厳令が敷かれ，雷震も60年から10年間にわたって投獄された。出獄後まもなく，71年10月に中華民国政府が［㋢］における代表権を失うと，再び声を上げ，この改革案を提出した。［　　］にあてはまる語句を記入しなさい。

問 9　下線部⑥に関して，こののち台湾では1987年に戒厳令が解除され，88年から総統になった［ ㋣ ］が民主化を推進し，2000年の総統選挙では［ ㋤ ］党の陳水扁が当選し，はじめて政権交代が実現した。［　　］にあてはまる語句を記入しなさい。

問10　波線部に関して，ここで雷震がいう「現実」と「幻想」とは，具体的にどのようなことを指していると考えられるか。A，Bそれぞれの本文と注の関連する箇所を適宜用いて説明しなさい。

〔解答欄〕問10〈現実〉・〈幻想〉　各14.1cm×2行

世界史　問題Ⅳ

第一次世界大戦ののち，戦争による混乱を収拾する新しい国際秩序が生み出された。国際協調と軍縮を柱とするこの秩序がどう展開したかを，以下の語句をすべて用いて，450字以内で述べなさい。(語句の順序は自由に変えてよい)

国際連盟	ファシズム	不戦条約
ロカルノ条約	ロンドン会議	ワシントン会議

地理

（90分）

地理　問題Ⅰ

河川や自然環境に関する次の問1～2に答えなさい。

問１　次の図1は，世界と日本の河川の河床縦断面を示している。この図に関して下の(1)～(2)に答えなさい。

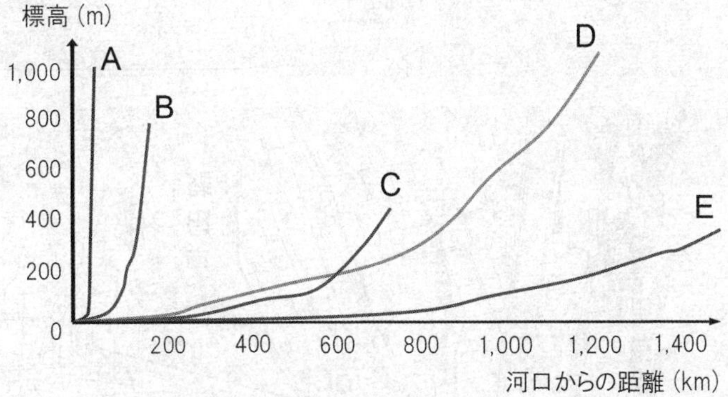

国土交通省の資料を基に作成。なおこの図では，源流までを描いていない。

図1

(1)　図1中のA～Eは，木曽川，コロラド川，常願寺川，セーヌ川，メコン川のいずれかに対応する。A～Eの河川名をそれぞれ答えなさい。

(2)　日本の河川の特徴を，世界の河川と比較して説明しなさい。

問２　次の図２は天竜川(支流を含む)周辺の各所の地形図である。この図に関して下の(1)～(5)に答えなさい。

(ア)

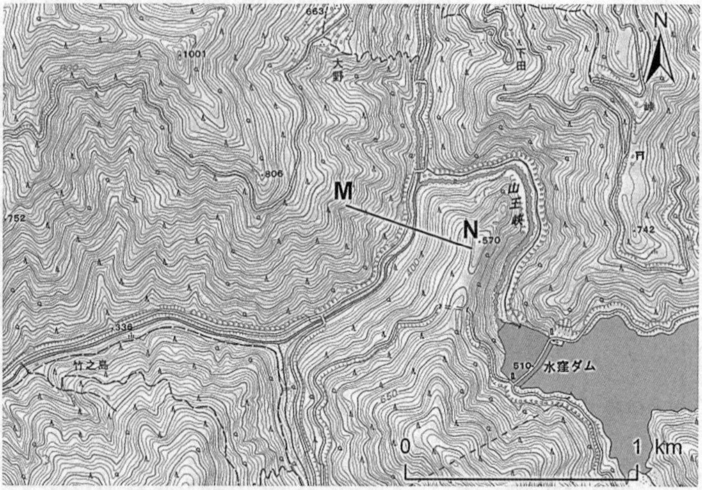

(イ)

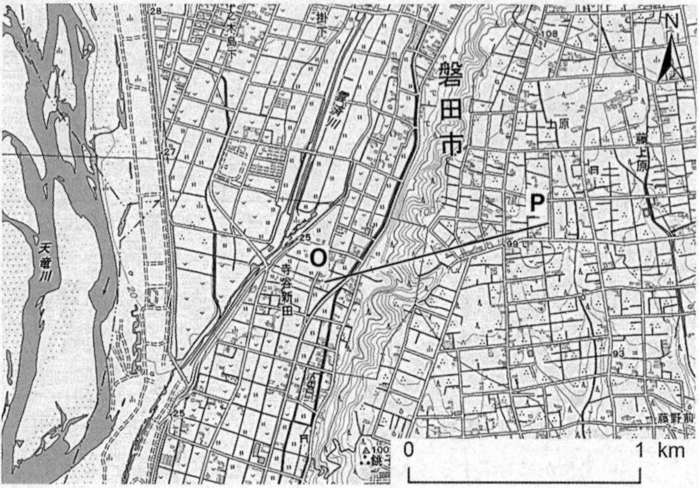

(ウ)

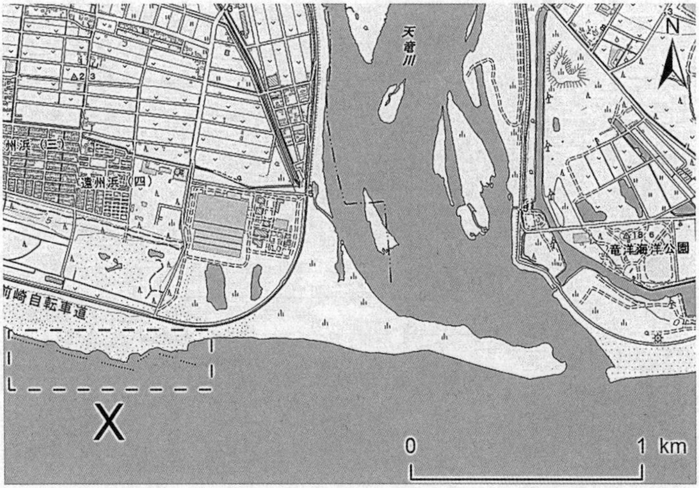

国土地理院の資料を基に作成（縮尺　1:25,000）。

図2

編集部注：編集の都合上，80%に縮小

(1)　図2(ア)のM－N断面のような横断形を示す河谷の地形名称を答えなさい。

(2)　(1)で答えた地形の形成過程を説明しなさい。

(3)　図2(イ)のO－Pの断面図を解答用紙に描きなさい。断面図には，横軸と縦軸の目盛りに適切な数値を記載すること。なお，図2(イ)のO－P線の長さは4 cmである。

(4)　図2(イ)のO－P線上に見られる土地利用を，地形と関連させて説明しなさい。

(5)　図2(ウ)のXの範囲には離岸堤が設置されている。このような構造物が設置された背景を，流域の開発の観点を含めて説明しなさい。

〔解答欄〕問1(2)・問2(2)　各ヨコ14cm×タテ3.5cm
問2(3)

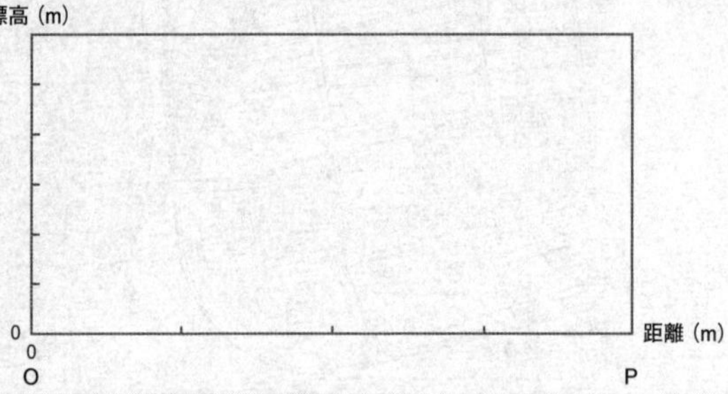

問2(4)　ヨコ14cm×タテ4cm
問2(5)　ヨコ14cm×タテ5.5cm

地理　問題Ⅱ

漁業および海運に関する，次の問1と問2に答えなさい。

問 1　次の漁業に関する表1および図1を見て，下の(1)～(4)に答えなさい。

表1

単位：千トン

	ア	イ	ウ
中国	198.4	3,094.5	3,755.4
インドネシア	323.3	339.1	822.1
日本	1.3	2.9	96.6
アメリカ合衆国	0.5	24.3	20.0
ペルー	3.5	6.1	4.8

FAO資料により作成。統計年次は2020年。

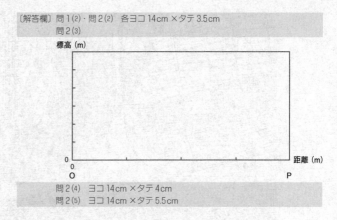

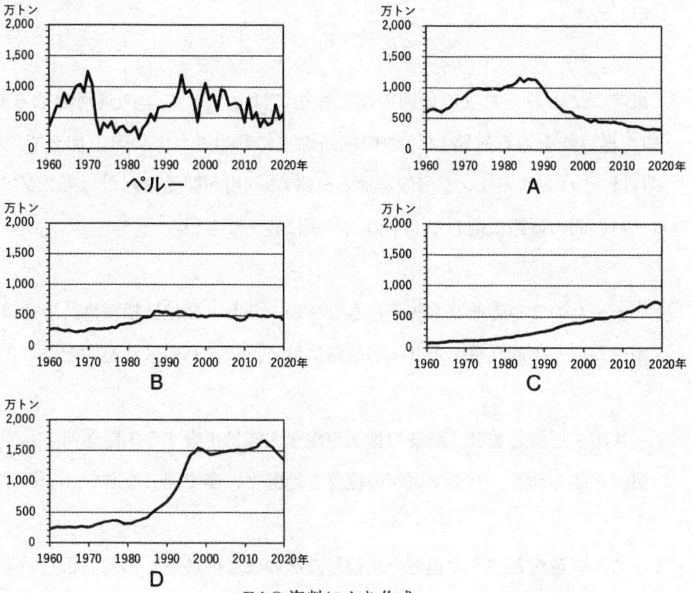

FAO 資料により作成。

図 1

(1)　表 1 は各国の養殖による水産物生産量を示している。**ア**～**ウ**が，海面養殖，内水面養殖，汽水面養殖のいずれに該当するかを答えなさい。また，判断の理由を説明しなさい。

(2)　図 1 は各国の漁獲量を示している。**A**～**D**の国を表 1 から選び答えなさい。

(3)　図 1 に示したペルーの漁獲量は，年によって大きく変動している。漁獲変動の要因の一つとして，エルニーニョ現象による影響があげられる。エルニーニョ現象について，[　　]内の語句をすべて用いて説明しなさい。なお，語句は繰り返し用いてもよいが，使用した語句には下線を引くこと。

[海水温，海流，南東貿易風，湧昇流]

(4)　図 1 に示したペルーは 1960 年代から 1970 年代初頭まで漁獲量が世界第 1 位であったが，漁獲量のほとんどは特定の魚種に依存し，乱獲により急減した。その魚種とは何か，またそれはどのように加工され，何に利用されるのか，説明しなさい。

問 2　東アジアとヨーロッパの間の海上輸送には，「イ：スエズ運河を通る航路」と「ロ：喜望峰を通る航路」の2つの航路が主に利用されている。加えて，2009年からは，「ハ：ベーリング海峡を通る航路」の利用が開始された。東アジアとヨーロッパの間の航路に関して，下の(1)〜(5)に答えなさい。

(1)　イ〜ハの3つの航路を線で描きなさい。なお，発地は横浜港，着地はロッテルダム港とする。描いた3本の航路にはイ，ロ，ハの区別を明記すること。

(2)　スエズ運河と並び，海運の輸送距離を大幅に短縮する国際運河としてパナマ運河が知られる。パナマ運河の位置を地図上に●で記しなさい。

(3)　スエズ運河とパナマ運河を比較した次の表2のあ〜くに入る正しい語句をA〜Nから選びなさい。

表2

	スエズ運河	パナマ運河
開通年	あ	い
運河の方式	う	え
全長	お	か
運営国(2022年時点)	き	く

A．アメリカ　B．イギリス　C．イスラエル　D．エジプト　E．フランス
F．パナマ　G．1869年　H．1914年　I．1939年　J．約43 km
K．約80 km　L．約193 km　M．閘門(ロック)式　N．水平式

(4)　イやロの航路よりも航行距離が短いためハの航路は，かつてから注目されていたが，近年になってようやく利用され始めた。利用可能になった理由を気候変動と関係づけて説明しなさい。

(5) 現在利用されているイの航路では，航海の安全を脅かす問題が生じている。具体的にどこで，どのような問題が発生しているのか説明しなさい。

〔解答欄〕問1(1)〈理由〉・問2(4)・(5) 各ヨコ14cm×タテ3.5cm
問1(3) ヨコ14cm×タテ6.5cm
問1(4) ヨコ14cm×タテ3cm
問2(1)・(2)

東京を中心とした正距方位図法（緯線経線の間隔は20度）

地理　問題Ⅲ

次の表1は，日本の輸入相手(上位7カ国・地域)と日本の輸入総額に占める各国・地域の輸入金額の割合を示したものである。この表に関して，下の問1～10に答えなさい。

表1

単位：%

順位	1990年		2000年		2010年		2020年	
1	(a)	22.3	(a)	19.0	(c)	22.1	(c)	25.8
2	インドネシア	5.4	(c)	14.5	(a)	9.7	(a)	11.0
3	(b)	5.3	(d)	5.4	(b)	6.5	(b)	5.6
4	(c)	5.1	台湾	4.7	サウジアラビア	5.2	台湾	4.2
5	(d)	5.0	インドネシア	4.3	アラブ首長国連邦	4.2	(d)	4.2
6	ドイツ	4.9	アラブ首長国連邦	3.9	(d)	4.1	タイ	3.7
7	サウジアラビア	4.5	(b)	3.9	インドネシア	4.1	ベトナム	3.5

貿易統計により作成。

問1　表1のaに該当する国として最も適当な国名を答えなさい。

問2　日本とaとの間では，1980年代に貿易摩擦が一層深刻化した。当時，2国間の貿易摩擦を引き起こした工業製品として最も適当なものを答えなさい。

問3　aとの貿易摩擦を背景として，1980年代半ば以降，日本企業の生産拠点の配置がいかに変化したかを説明しなさい。

問4　表1のbに該当する国として最も適当な国名を答えなさい。

問5　次の図1は，日本におけるbからの主な輸入品の割合(金額ベース)を示したものである。図1中の①と②に該当するものとして最も適当な品目名を答えなさい。また，bにおける①と②の産出地の地理的分布の特徴をそれぞれ述べなさい。

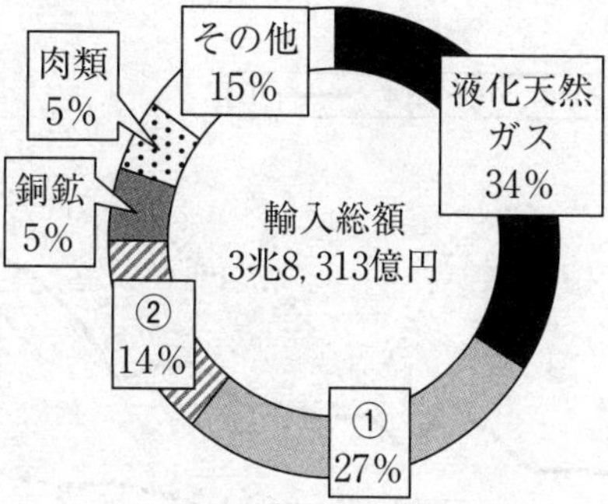

貿易統計により作成。統計年次は 2020 年。

図 1

問 6　近年，**b** はアジア地域との経済関係を強めている。その背景について説明しなさい。その際，次の[　　]内の語をすべて用いて述べなさい。用いた箇所には下線を引くこと。

[移民，旧宗主国，距離，ＥＣ]

問 7　表 1 の **c** に該当する国として最も適当な国名を答えなさい。

問 8　2000 年代以降，**c** が日本最大の貿易相手国となった背景について説明しなさい。その際，次の[　　]内の語をすべて用いて述べなさい。用いた箇所には下線を引くこと。

[工場，賃金，日本企業，輸出]

問 9　表 1 の **d** に該当する国として最も適当な国名を答えなさい。

問10　次の図 2 は，いくつかの国における新造船建造量の推移を示したものである。1980 年代から 1990 年代にかけての **d** の建造量の推移の背景について説明しなさい。その際，次の[　　]内の語をすべて用いて述べなさい。用いた箇所には下線を引くこと。

[経済協力，工業化政策，重工業，輸出指向]

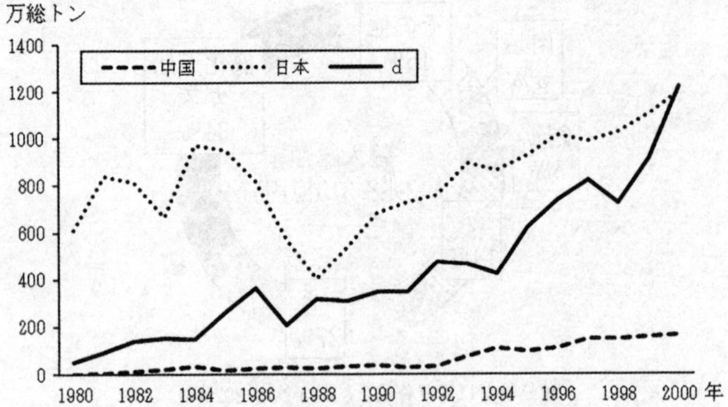

国土交通省(船舶産業課)の資料により作成。総トン数は船舶の容積を表す。

図2

〔解答欄〕問3・問5〈特徴〉　各ヨコ 13.4cm ×タテ 3cm
問6　ヨコ 13.4cm ×タテ 5cm
問8・問10　各ヨコ 13.4cm ×タテ 4cm

数学

(90 分)

1 a を実数とし，2 つの関数 $f(x)=x^3-(a+2)x^2+(a-2)x+2a+1$ と $g(x)=-x^2+1$ を考える。

(1) $f(x)-g(x)$ を因数分解せよ。

(2) $y=f(x)$ と $y=g(x)$ のグラフの共有点が 2 個であるような a を求めよ。

(3) a は(2)の条件を満たし，さらに $f(x)$ の極大値は 1 よりも大きいとする。$y=f(x)$ と $y=g(x)$ のグラフを同じ座標平面に図示せよ。

2 図のような 1 辺の長さが 1 の立方体 ABCD-EFGH において，辺 AD 上に点 P をとり，線分 AP の長さを p とする。このとき，線分 AG と線分 FP は四角形 ADGF 上で交わる。その交点を X とする。

(1) 線分 AX の長さを p を用いて表せ。

(2) 三角形 APX の面積を p を用いて表せ。

(3) 四面体 ABPX と四面体 EFGX の体積の和を V とする。V を p を用いて表せ。

(4) 点 P を辺 AD 上で動かすとき，V の最小値を求めよ。

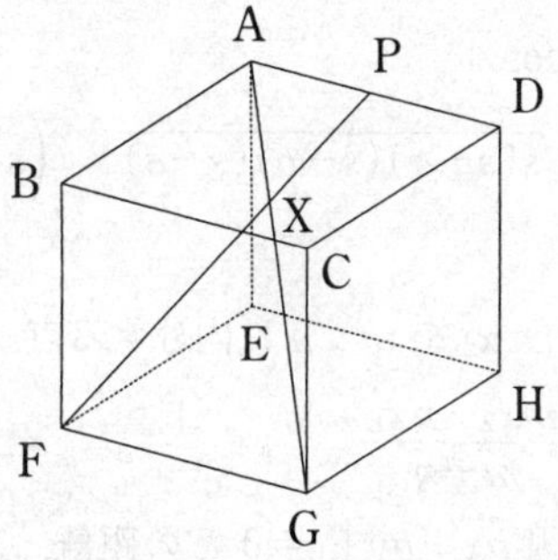

3 数字1が書かれた球が2個，数字2が書かれた球が2個，数字3が書かれた球が2個，数字4が書かれた球が2個，合わせて8個の球が袋に入っている。カードを8枚用意し，次の試行を8回行う。

袋から球を1個取り出し，数字kが書かれていたとき，

- 残っているカードの枚数がk以上の場合，カードを1枚取り除く。
- 残っているカードの枚数がk未満の場合，カードは取り除かない。

(1) 取り出した球を毎回袋の中に戻すとき，8回の試行のあとでカードが1枚だけ残っている確率を求めよ。

(2) 取り出した球を袋の中に戻さないとき，8回の試行のあとでカードが残っていない確率を求めよ。

数学公式集

この公式集は問題と無関係に作成されたものであるが，答案作成にあたって利用してよい。この公式集は持ち帰ってよい。

(不　等　式)

1．$\dfrac{a+b}{2} \geqq \sqrt{ab}$，　$\dfrac{a+b+c}{3} \geqq \sqrt[3]{abc}$，　($a$，$b$，$c$は正または0)

2．$(a^2+b^2+c^2)(x^2+y^2+z^2) \geqq (ax+by+cz)^2$

(三　角　形)

3．$\dfrac{a}{\sin A} = \dfrac{b}{\sin B} = \dfrac{c}{\sin C} = 2R$

4．$a^2 = b^2+c^2-2bc\cos A$

5．$S = \dfrac{1}{2}bc\sin A = \sqrt{s(s-a)(s-b)(s-c)}$，　$\left(s = \dfrac{1}{2}(a+b+c)\right)$

(図 形 と 式)

6．数直線上の2点x_1，x_2を$m：n$に内分する点，および外分する点：

$$\frac{mx_2+nx_1}{m+n},\quad \frac{mx_2-nx_1}{m-n}$$

7．点$(x_1,\ y_1)$と直線$ax+by+c=0$との距離，および点$(x_1,\ y_1,\ z_1)$と平面$ax+by+cz+d=0$との距離：

$$\frac{|ax_1+by_1+c|}{\sqrt{a^2+b^2}},\quad \frac{|ax_1+by_1+cz_1+d|}{\sqrt{a^2+b^2+c^2}}$$

8．だ円 $\dfrac{x^2}{a^2}+\dfrac{y^2}{b^2}=1$ 上の点 $(x_1,\ y_1)$ における接線：$\dfrac{x_1x}{a^2}+\dfrac{y_1y}{b^2}=1$

9．双曲線 $\dfrac{x^2}{a^2}-\dfrac{y^2}{b^2}=1$ 上の点 $(x_1,\ y_1)$ における接線：$\dfrac{x_1x}{a^2}-\dfrac{y_1y}{b^2}=1$

（ベ ク ト ル）

10.　2 つのベクトルのなす角：$\cos\theta=\dfrac{\vec{a}\cdot\vec{b}}{|\vec{a}||\vec{b}|}$

（複　素　数）

11. 極形式表示：$z=r(\cos\theta+i\sin\theta)$，　$(r=|z|,\ \theta=\arg z)$

12. $z_1=r_1(\cos\theta_1+i\sin\theta_1)$，　$z_2=r_2(\cos\theta_2+i\sin\theta_2)$ に対し，

$z_1z_2=r_1r_2\{\cos(\theta_1+\theta_2)+i\sin(\theta_1+\theta_2)\}$

13. ド・モアブルの公式：$z=r(\cos\theta+i\sin\theta)$ に対し，

$z^n=r^n(\cos n\theta+i\sin n\theta)$

（解と係数の関係）

14. $x^2+px+q=0$ の解が $\alpha,\ \beta$ のとき，

$\alpha+\beta=-p,\quad \alpha\beta=q$

15. $x^3+px^2+qx+r=0$ の解が $\alpha,\ \beta,\ \gamma$ のとき，

$\alpha+\beta+\gamma=-p,\quad \alpha\beta+\beta\gamma+\gamma\alpha=q,\quad \alpha\beta\gamma=-r$

（対　　　数）

16. $\log_aM=\dfrac{\log_bM}{\log_ba}$

（三 角 関 数）

17. $\sin(\alpha+\beta)=\sin\alpha\cos\beta+\cos\alpha\sin\beta$

$\cos(\alpha+\beta)=\cos\alpha\cos\beta-\sin\alpha\sin\beta$

18. $\tan(\alpha+\beta)=\dfrac{\tan\alpha+\tan\beta}{1-\tan\alpha\tan\beta}$

19. $\cos2\alpha=1-2\sin^2\alpha=2\cos^2\alpha-1$

20. $\sin\alpha\cos\beta=\dfrac{1}{2}\{\sin(\alpha+\beta)+\sin(\alpha-\beta)\}$

$\cos\alpha\sin\beta=\dfrac{1}{2}\{\sin(\alpha+\beta)-\sin(\alpha-\beta)\}$

$$\cos\alpha\cos\beta=\frac{1}{2}\{\cos(\alpha+\beta)+\cos(\alpha-\beta)\}$$

$$\sin\alpha\sin\beta=-\frac{1}{2}\{\cos(\alpha+\beta)-\cos(\alpha-\beta)\}$$

21. $\sin A+\sin B=2\sin\frac{A+B}{2}\cos\frac{A-B}{2}$

$$\sin A-\sin B=2\cos\frac{A+B}{2}\sin\frac{A-B}{2}$$

$$\cos A+\cos B=2\cos\frac{A+B}{2}\cos\frac{A-B}{2}$$

$$\cos A-\cos B=-2\sin\frac{A+B}{2}\sin\frac{A-B}{2}$$

22. $a\sin\theta+b\cos\theta=\sqrt{a^2+b^2}\sin(\theta+\alpha)$,

$$\left(\sin\alpha=\frac{b}{\sqrt{a^2+b^2}},\ \cos\alpha=\frac{a}{\sqrt{a^2+b^2}}\right)$$

（数　　　列）

23. 初項 a，公差 d，項数 n の等差数列の和：

$$S_n=\frac{1}{2}n(a+l)=\frac{1}{2}n\{2a+(n-1)d\},\quad (l=a+(n-1)d)$$

24. 初項 a，公比 r，項数 n の等比数列の和：

$$S_n=\frac{a(1-r^n)}{1-r},\quad (r\neq 1)$$

25. $1^2+2^2+3^2+\cdots+n^2=\frac{1}{6}n(n+1)(2n+1)$

$$1^3+2^3+3^3+\cdots+n^3=\left\{\frac{1}{2}n(n+1)\right\}^2$$

（極　　　限）

26. $\lim_{n\to\infty}\left(1+\frac{1}{n}\right)^n=e=2.71828\cdots\cdots$

27. $\lim_{x\to 0}\frac{\sin x}{x}=1$

（微　積　分）

28. $\{f(g(x))\}'=f'(g(x))g'(x)$

29. $x=f(y)$ のとき $\frac{dy}{dx}=\left(\frac{dx}{dy}\right)^{-1}$

30. $x=x(t)$, $y=y(t)$ のとき $\dfrac{dy}{dx}=\dfrac{y'(t)}{x'(t)}$

31. $(\tan x)'=\dfrac{1}{\cos^2 x}$,　$(\log x)'=\dfrac{1}{x}$

32. $x=g(t)$ のとき $\int f(g(t))g'(t)dt=\int f(x)dx$

33. $\int f'(x)g(x)dx=f(x)g(x)-\int f(x)g'(x)dx$

34. $\int \dfrac{f'(x)}{f(x)}dx=\log|f(x)|+C$

35. $\int \log x\,dx=x\log x-x+C$

36. $\int_0^a \sqrt{a^2-x^2}\,dx=\dfrac{1}{4}\pi a^2$　$(a>0)$,　$\int_0^a \dfrac{dx}{x^2+a^2}=\dfrac{\pi}{4a}$　$(a\neq 0)$,

$\int_\alpha^\beta (x-\alpha)(x-\beta)dx=-\dfrac{1}{6}(\beta-\alpha)^3$

37. 回転体の体積：$V=\pi\int_a^b \{f(x)\}^2dx$

38. 曲線の長さ：

$$\int_a^b \sqrt{1+\left(\frac{dy}{dx}\right)^2}\,dx=\int_\alpha^\beta \sqrt{\left(\frac{dx}{dt}\right)^2+\left(\frac{dy}{dt}\right)^2}\,dt,$$

$(x=x(t),\ y=y(t),\ a=x(\alpha),\ b=x(\beta))$

（順列・組合せ）

39. ${}_n\mathrm{C}_r={}_{n-1}\mathrm{C}_r+{}_{n-1}\mathrm{C}_{r-1}$,　$(1\leqq r\leqq n-1)$

40. $(a+b)^n=\sum_{r=0}^{n} {}_n\mathrm{C}_r a^{n-r}b^r$

（確　　率）

41. 確率 p の事象が n 回の試行中 r 回起る確率：

$P_n(r)={}_n\mathrm{C}_r p^r q^{n-r}$,　$(q=1-p)$

42. 期待値：$E(X)=\sum_{i=1}^{n} x_i p_i$,

ただし p_i は確率変数 X が値 x_i をとる確率で，$\sum_{i=1}^{n} p_i=1$ をみたすとする。

問二　傍線部1「家人欲レ試二其量一」について、「其」が何を指し示すかを明示した上で現代語訳し、具体的に何をしたのか説明せよ。

問三　傍線部2「庖肉為二饔人所レ私」を書き下して、現代語訳せよ。

問四　傍線部3「不レ発二人過一」を現代語訳せよ。

問五　傍線部4「乃是逐レ日控レ馬、但見レ背、未三嘗視二其面一。因レ去見二其背一、方省也」を「其」が何を指し示すかを明示した上で現代語訳せよ。

問六　王文正は、どのような人物であるのか。本文に即した具体的な事例を交えながら、一五〇字以内で述べよ（句読点も字数に含める）。

〔解答欄〕問二〈説明〉タテ一四センチ×ヨコ二センチ

側門《ニ》一、門低《ク》、拠レ鞍《ニ》俯伏《シテ》而過《グルモ》、都《すべテ》不レ問《ハ》。門畢《をはリテ》、[c]復行《クモ》二正門《ヲ》一、亦《タ》不レ問《ハ》。有《リ》二控馬卒一、歳満《チテ》辞《ス》レ公《ニ》。公問《フ》、汝控《ひクコト》レ馬《ヲ》幾時《ゾト》。曰《ハク》、五年矣《ト》。公曰《ハク》、吾不《ト》レ省《さとラ》レ有《ルヲ》レ汝。既《ニ》去《リ》、復呼《ビ》回《かへシテ》曰《ハク》、汝《ハ》乃《チ》某人乎《ト》。於《テ》レ是《ニ》厚《ク》贈《ル》レ之《ニ》。[4]乃《チ》是《レ》逐《ヒテ》レ日《ヲ》控《キ》レ馬《ヲ》、但《ダ》見《テ》レ背《ヲ》、未《ダ》三嘗《テ》視二其《ノ》面《ヲ》一。因《リテ》レ去《ルニ》見《テ》二其《ノ》背《ヲ》一、方《まさニ》省《ル》也。

（沈括『夢渓筆談』による）

【注】
○王文正――王旦。字は子明、文正は諡《おくりな》。北宋真宗初期の宰相。太尉とあるのは死後に贈られた称号。
○局量――度量。　○埃墨――スス。　○庖肉――台所にある肉。　○饔人――料理人。
○一斤――約六四〇グラム。　○主者――責任者。ここでは、門の修理をする大工の棟梁を指す。
○廊廡――邸宅の東西にある細長い屋根付きの建物。　○拠鞍――馬の鞍によりかかる。　○俯伏――ひれ伏す。
○控馬卒――馬の口取り。馬の口につけた縄を取ってひく人。
○歳満――年季が明ける。奉公の年限が満了すること。

問一　波線部a「幾何」b「暫」c「復」の読みを、それぞれひらがなで記せ。

三

次の文章を読んで、後の問に答えよ。但し設問の関係で送り仮名を省いた部分がある。

王文正太尉局量寛厚《ニシテ》、未《ダ》三嘗《テ》見二其《ノ》怒《ルヲ》一。飲食《ニ》有《ラバ》下不《ル》二精潔《ナラ》一者上、但《ダ》不《ル》レ食《ラハ》而已。[1]家人欲《ス》レ試《サント》二其《ノ》量《ヲ》一。以《テ》二少《シノ》埃墨《ヲ》一投《ズ》二羹《あつものノ》中《ニ》一。公唯《ダ》啖《くラフ》レ飯《ヲ》而已。問《フ》二其《ノ》何《ヲ》以《テ》不《ルカヲ》レ食《ラハ》レ羹《ヲ》。曰《ハク》、我偶《タマト》不レ喜《バ》レ肉《ヲ》。一日又《タ》墨《ス》二其《ノ》飯《ヲ》一。公視《テ》レ之《ヲ》曰《ハク》、吾今日不レ喜《バ》レ飯《ヲ》、可《シト》レ具《フ》レ粥《ヲ》。

其《ノ》子弟愬《うったへテ》二於公《ニ》一曰《ハク》、[2]庖肉為二饔《よう》人《じん》所レ私、食《ラヒテ》レ肉《ヲ》不レ飽《カ》、乞《フ》治《ムルヲト》レ之《ヲ》。公曰《ハク》、汝輩人《ゴトニ》料《はかルコト》レ肉《ヲ》[a]幾何《ゾト》。曰《ハク》、一斤《ナリ》。今但《ダ》得《テ》二半斤《ヲ》一食《ラヒ》、其《ノ》半為二饔人所レ廋《かくス》。公曰《ハク》、尽《クセバ》二一斤《ヲ》一可《ケン》レ得レ飽《クヲ》乎《ト》。曰《ハク》、尽《クセバ》二一斤《ヲ》一固《ヨリ》当《ニ》《シト》レ飽《ク》。曰《ハク》、此《ノ》後人《ゴトニ》料《レバ》二一斤半《ヲ》一可也《ト》。其《ノ》[3]不《ルコト》レ発《あばカ》二人《ノ》過《ヲ》一皆類《にル》レ此《ニ》。

嘗《テ》宅門壊《レ》、主者徹《シテ》レ屋《ヲ》新《タム》レ之《ヲ》。[b]暫《テ》於二廊廡下《ニ》一啓《ひらキテ》二一門《ヲ》一以《テ》出入《ス》。公至《リ》二

あだ波のかからざりせばあま小舟《をぶね》うらより遠《とほ》にへだてしもせじ

とほのかに聞こゆるを、さは北の方などの怨《あん》じつることと思ふにやと、B いとかたはらいたし。

【注】○飛頭蛮――首が抜けて宙を飛び回る怪異。　○守――陸奥の守のこと。　○ろなう――「論無く」の転訛。

○つだみ――乳児が乳を吐くこと。　○御達――貴族の家に仕える、身分の高い女房。

○打ちまき――魔除けのためにまく米。　○どうもなく――動ずることなく。

○籬が島――陸奥の塩竈の近くにある小島で歌枕。

○真木の柱は――『源氏物語』真木柱の巻で、邸を立ち去ろうとする姫君が「今はとて宿離《か》れぬとも馴《な》れきつる真木の柱はわれを忘るな」という歌を残した話を踏まえる。

問一　波線部ア～ウについて、品詞分解して文法的に説明せよ。

問二　傍線部①～③について、なぜそのようにするのか、心情を説明せよ。

問三　破線部Ⅰ～Ⅲについて、適宜言葉を補いつつ、現代語訳せよ。

問四　二重傍線部A～Bについて、なぜそのように感じたのか、直前の和歌の内容を踏まえて、理由を説明せよ。

〔解答欄〕問二①～③・問四A・B　各タテ一四センチ×ヨコ二・五センチ

いかなるウ夢を見つるならむと思ふも、あやなくて胸うちさはぎたり。されど人に言ふべきならねば、北の方にさへ聞こえず。心の中には暮れにこそはと、こりずまに待ちわたるめり。

その夜もまた同じごとなりければ、いよいよ世づかず変化《へんげ》の者にやと思ひなるには、らうたくおぼえし心も引きかへ、むくつけうさへなりて、②とみにかへりぬ。

今夜は守の子なる児のにはかに泣きて、つだみなどしつるとて、北の方も御達《ごたち》も起き出て、打ちまき散らしなど、らうがはしく人々も立ち騒ぎなどして、かの人も起こしてむとて、老御達《おいごたち》ふとさし寄り見つけつつ、いといたくおびえてあきれまどひたり。人々にも聞こゆれば、守も今聞きたるやうにて、③行きて見などしたり。暁になりぬるにや、鐘の音も聞こえたり。いづくよりともなく、空よりかの女のかうべ、耳をつばさのやうにて、鳥か何ぞとまがふばかり飛び来たれるものか、ある限りの人おぢまどひて、物もおぼえずうつぶしふしたり。守はどうもなく太刀を引き寄せて見ゐたるに、やがてふしたる枕の方に行きけるが、とばかりあれば、女、何心なく起きて、人々のここにあるを、はしたなく恥ぢらひたるさま、さらにおそろしげなくらうたげなり。守、人々にもめくばせつつ、Ⅲ何ごともな言ひそとて立ちぬ。

北の方、女ばらはひたぶるにおそれをののきつるも心ぐるしう、守もこの人さてあらせむも、あいぎやうなく思ひなりて、まかでさせむとしたり。女、かかることはつゆ知らで、ほどもなくまかでぬることの人わらへに恥づかしう、ここにても北の方、うらなき心見え給ひしに、かうにはかなるは、守のたはぶれ言などし給ふを聞きつけて、心おき給ふにやと、いと恥づかしう思ひ乱れて、まかづとて、日ごろ住みつる方の障子《さうじ》に、

　名もつらき籬《まがき》が島のやどりとてかくてへだつる道となりぬる

真木の柱は、と書き付けたるを、A北の方もさすがにあはれと見けり。守も今は行くを見るには、ただならず涙ぐましうゐたるに、女はただこの人の心のあやなさにかかることとのみ思へば、うらめしくて、

オ　名を知らない植物や鳥を見ただけでは、心にしっかりと印象付けられることはない。

二

次の文章は、江戸時代中期の文学者、荒木田麗女による怪異物語集『怪世談《あやしのよがたり》』の「飛頭蛮」の一節である。陸奥の守は、最近、屋敷に仕え始めた、美しい奉公人の女のもとに忍んで行こうとしている。これを読んで、後の問に答えよ。

せちにゆかしくて、その夜、人しづまるほどに忍び行きつ。この人は局《つぼね》にはあらず、ひさしなる一間にただ一人寝たるを、守《かみ》いとうれしう心ときめきして、やをら近う伝ひ寄れど、いとよく寝入りつるにや、おどろくこともなし。上なる衣を押しやれど、やとも言はず。几帳のすきまより通ふ火影も、ことにおぼおぼしきに見れば、肌へはあたたかにしてうとましうもなけれど、かしらはなきやうなり。いと怪しうひがめにやと思へど、心もとなければ、帷《とばり》を少し上げて見るに誠になし。にはかにむくつけうもあへなくも思へば、人々起こして聞こえむとすれど、わがをこがましきふるまひのあらはならむがわづらはしう、またこの人の気はひもあやしければ、あいなきぬれ衣もやきむとうしろめたくて、①立ち帰らむとするに、さすがにらうたかりし日ごろのおもかげも忘れがたく、アかへりみせられたり。

さりげなくわが方に入りふしつれど、イまどろまれず。なほ心にかかりて、いかなる者のしわざならむ、ろなう館の内のをのこどもの中にこそあらめ、Ⅰけさう人のつれなく心こはきをうらみてかくはしつるにや、またⅡこと心あるを知りて、もとつ人のしつることにやなど、ひとかたならず思ひつつあるに、からうじて明けぬ。

人々起き出でぬるやうなれど、また聞こゆることもなし。守もいそぎ起きて見るに、女、例のさまにて何心なく厨《くりや》の方に居たり。守、いと怪しう、とばかりうちまぼりゐるに、かはりたるさまにもあらず、ただ世のつねなり。いぶかしう、昨夜《よべ》われ

問二　傍線部①における「孤独」とはどのようなことを指すのか、本文に即して五〇字以内で説明せよ（句読点・かっこ類も字数に含める）。

問三　傍線部②「人は知的であるほど、じつは騙されやすい」とはどういうことか、本文に即して一〇〇字以内で説明せよ（句読点・かっこ類も字数に含める）。

問四　傍線部③において、「きわめて健全なのである」と筆者が言うのはなぜか、その理由を本文に即して一三〇字以内でまとめよ（句読点・かっこ類も字数に含める）。

問五　傍線部④「ことば抜きに、臭いや絵や音楽だけで、人を騙すことはむずかしい」とあるが、その理由を本文に即して一〇〇字以内でまとめよ（句読点・かっこ類も字数に含める）。

問六　次のア～オの記述のうち、本文の内容と合致しているものを二つ選び、記号で答えよ。

ア　人間の通常の性として、「他者のことば」に自分の心をゆだねることはしない。
イ　自分の理性が受け取った「ことば」こそが真実であり、わたしたちはいつもその「ことば」通りに行動する。
ウ　人類は、集団で同じ「ことば」をもち、協力し合うことによって、大自然の中で生き残ってきた。
エ　信頼できる他者の発した正しい「ことば」だけが人間の思考と行動を決定する。

内容に疑問をもつ、あるいは不真実に気づく、ということは、ただ、自分のなかで、今までもっていた「ことば」とのh齟齬が感じられたときであり、その「ことば」の内容を「あらためてi吟味する」ことができたとき、そのときだけであって、吟味できなければ、自分の理性が受け取った「ことば」が、そのまま自分の理性の「真理」となる。すなわち、それが真実だと、信じてしまう。

それゆえ、いつもわたしたちは、自分の理性の判断で、他者に言われた通りに考え、疑問がなければ、その通りに行動するのである。③第三者から見れば、夢遊病者のように見えるとしても、本人の理性は、人類の理性の設計通り協働的にはたらいているのであって、きわめて健全なのである。

言うまでもなく、「騙される」という事件が発生するのは、一方に、騙す人間が居るからである。しかし、別の見方をすると、このような事例が示しているのは、むしろ「ことば」が、わたしたちが行動を判断するうえで、決定的な原因になっているという事実である。じっさい、④ことば抜きに、臭いや絵や音楽だけで、人を騙すことはむずかしい。

したがって、「ことば」は、だれが発声するものであれ、またそれが正しいか正しくないかは別として、それを聞く人の間で同じ「理性」を構成し、同じ「判断」を構成し、それが人間の「思考」と、それにもとづく「行動」を決定することは、jフヘン的に見られることである。

（八木雄二『1人称単数の哲学』による）

【注】○感覚刺激――感覚受容器によって受け入れられ、視覚・聴覚・味覚・嗅覚・皮膚感覚などの各種感覚を起こさせる刺激。

問一　傍線部a～jのカタカナは漢字に、漢字は読みをカタカナに、それぞれ改めよ。

ば」を大事にしようとすることだから、理性的であろうとしている人ほど、「相手のことばに沿って」無意識のうちに考えようとする。したがって、②人は知的であるほど、じつは騙されやすい。それゆえ、ことば巧みに騙された人を笑うことは、むしろ理性的であろうと努めている人を笑うことである。

一方、他者が自分のことばを語っているとき、他者の理性は、その人物が語っている「ことば」によって構成されている。したがって、一方が話し、他方が聞いているとき、一方は他方の理性の「ことば」と、同じ「ことば」によって自分の理性を再構成している。それゆえ、二つの理性は、一方の発言された「ことば」において「協働」している。したがって、「ことば」が複数の人間の間で「通じる」ことが意味しているのは、「ことば」によって複数の理性が「協働する」事態である。

このことによって、人々の間で、何らかの協力が可能になる。人類は、かつては少数の集団で協力し合うことによって大自然の中で生き残りの道を見つけてきた。だとすれば、それは集団で同じ「ことば」をもつことによってであると、考えることができる。それゆえにまた、かつて人類が生き残りのために必要とした「ことば」は、文明が発展した今でも、わたしたちが他者との「協力体制」をfキズこうとしたとき、すなわち、他者と協力して何事かを成していこうとするとき、その傾向を強力に維持している。それゆえ、わたしたちは、むしろ自然に（ほとんど本能的に）「他者のことば」に、自分の理性の再構成をまかせてしまう。

じっさい、わたしたちは他者のことばに促されて、明らかに間違っているのにもかかわらず、つい言われるままに行動してしまうことがある。警察がどれだけ注意を促しても「ことば」だけの電話にわたしたちは騙されてしまいやすい。それは、「ことば」が、人類の心に宿している「協働のための一致」という原初的な力によるのである。すなわち、他者のことばであっても、その「ことば」は、自分の理性（判断力）を、いったんは構成する。

それは幾分かは遺伝的であって、わたしたちは、そのことにはまるで無gテイコウである。わたしたちが、聞いた「ことば」の日々、支配している。たとえその後に疑問がe湧いてくるとしても、いったんは「他者のことば」に「己の心をゆだねる」のが、「ことば」に対するわたしたち人間の、通常の性である。

日常、わたしたちは、「他者のことば」は、それを聞いて、その意味を理解して、それに応じて答えなければならないと、無意識のうちに思っている。ふだん、だれかが口を開けば、それが何事であれ、「聞こう」とするのは、そうした理由があってのことである。なぜなら、「他者のことば」を理解しないことは、その「ことば」が通用している世界から「自分自身を切り離すこと」を意味するからである。わたしたちが前のめりで「他者のことばを聞こう」とするのは、自分が世界から切り離されることを、言い換えれば、孤独になることを、わたしたちが望んでいないからである。わたしたちは、自分が聞く「他者のことば」を理解することで、その他者が属している共同世界に、自分もまた属していることを、そのつど、無意識に確認する。

反対に、理解できなければ、わたしたちは「相手の共同世界」に自分が入ることができていないことを認めざるを得ない。①そのときわたしたちは孤独を感じる。したがって、わたしたちは通常、「相手のことば」を、まずは理解しようとして聞く。しかしながら他者の言うことを理解しようとして聞くことは、相手のことばが意味するそのままに、自分の心のなかで「他者のことば」が再構成されることを、すすんで許すことである。そしてわたしたちの心は、ほんの一瞬であっても、そのとき相手のことばに「支配されるとき」をもつ。

なぜなら、「ことば」がはたらいているところに、わたしたちの「理性」のはたらきがあるからである。じっさい、「理性」は、古典ギリシア語で「ロゴス」であり、同じく「ことば」は、「ロゴス」だからである。したがって、相手のことばを聞き取っているとき、わたしたちの理性は、その「相手のことば」によって「相手の理性と同じように」再構成されている。とすれば、わたしたちの理性はそのとき、一瞬であっても、「他者のことば(理性)」に、確実に支配されている。

したがって、わたしたちは映像以上に、「ことば」に騙されやすいのである。しかも「理性的」であろうとすることは、「ことわたしたちの心は、感覚刺激だけでなく、そこに伴う「ことば」によって大きく変わる。

わたしたちは「ことば」がわたしたちの認識に及ぼす力について考えてみなければならない。たとえば「ことば」の発言者がほかの人であったとき、どの程度「他者のことば」に自分の心が大きく動かされているか、わたしたちは考えてみる必要がある。

自分が対象事物の名前を知ることによって、自分に見えてくる世界が翌日から異なるように、わたしたちは他者の発言を聞くことによって、その「ことば」に、いっときでも心は「占められ」、「支配されている」。人は、音楽や映像に心を動かされるだけでなく、それとは異なって、日常、ふだん遣いの「ことば」に、じつは大いに動かされている。音楽や映像なら、心は外から動かされているが、「ことば」の場合は、心は、内から動かされている。なぜなら、「ことば」は、自分の心が「それによって」動いている、あるいは、「それに合わせて」心が生まれ、心が維持され、心が育つ力だからである。

じっさい、わたしたちは「ことば」でいろいろなものごとを「考える」。今の映画は良かったとか、絵画は良かったとか、風景はすばらしいとか、印象を「ことば」にする。しかしそのとたん、わたしたちの心は、視覚に映った映像や聴覚にヒビ[d]いた音によって動くのとは異なって、直接その「ことばに沿って」、確実に動いている。

じっさい、「考える」はたらきをするのが、「心」である。そうだとすれば、「ことば」は、それが自分のことばであろうと他者のことばであろうと、「考える」とき、その「ことば通り」に心は動いている。それゆえ、それが「他者のことば」であるとき、それを疑わずに聞く「わたしの心」は、その「ことばに沿う仕方で」自ら動くことで、「自分の心の姿」を、いったんは内側からあらたにしている。そして他者のことばを疑うときでも、わたしたちは、とりあえず「相手のことば」に耳を傾ける。なぜなら、それが人間として誠実なことだからである。そして耳を傾けるなら、やはりわたしたちの心は、その「ことばに沿って」動いている。

じっさい、生き生きとした「ことば」によって伝えられたものは、直接にわたしたちの心に入ってきて、わたしたちの心を、

国語

（一〇五分）

一

次の文章を読んで、後の問に答えよ。

わたしたちは、たとえば音楽を聞いたとき、絵画を見たとき、あるいは、ある風景に出合ったとき、あるいは、スポーツの試合を観戦したとき、その姿と音に心を震わせ、大いに心が動かされる。あるいは、動物の仕草に癒[a]され、あるいは文学作品や演劇の舞台に、強い印象を受ける。これらは一般的に善いものであることが宣伝されたものであるから、わたしたちは安心してほかの多くの人々と一緒に、自分の心がその印象によって動かされるままに、その感動を経験する。じっさい、映像に圧倒される経験をもつとき、わたしたちは自分の心が一時的にその映像に心がすっかり占[b]められてしまっていることを意識することができる。多くのメディアが、その喜びを人々に伝える。

一方、日常、耳にするだけの「ことば」になると、わたしたちはあまり気にせずに聞いている。しかし、視覚を刺激するたんなる事物であっても、人がそれに注目するのは「ことば」による「名付け」があればこそである。たとえばタンポポを見たとき、その名を知ることによって、わたしたちはその姿を心にあざやかに印象付けることができる。一方、名を知らない鳥の姿をとらえたとき、その姿は明確に印象付けられない。じっさい一般的に感覚像の認識は、その名前を知ることではじめてしっかりと心にハアク[c]されたものになる。人間の名だけではなく、植物の名も、鳥の名も、知らなければ感覚像はぼやけたものになる。

小論文

（90分）

（注）解答は答案紙の所定のます目の中に横書きで記入しなさい。1ますに1字ずつ書きなさい（句読点もそれぞれ1字に数えます）。

答案のはじめに問いの文章を記載する必要はありません。

以下の文章は，前田健太郎『女性のいない民主主義』（岩波新書，2019年）から一部を抜粋し，出題用に編集を加えたものである。この文章を読んで，後の問いに答えなさい。

1917年4月2日，アメリカ大統領ウッドロー・ウィルソンは，連邦議会の上下両院の合同会議に出席していた。目的は，第一次世界大戦に協商国側で参戦するべく，ドイツへの宣戦布告を議会に提案するためである。

それまで，アメリカは孤立主義の国であった。なぜ，アメリカの兵士たちがヨーロッパの戦争で血を流さなければならないのか。その理由を説明する上で，ウィルソンは次のように論じた。アメリカは，民主主義の国であり，ドイツのような権威主義体制とは共存することができない。だから，武力を行使してでも，その脅威を取り除き，皇帝ウィルヘルム二世の支配からドイツ国民を解放しなければならない。「世界は，民主主義にとって安全にならなければならない」。4月6日，上下両院の決議を受けて，アメリカはドイツに宣戦を布告した。翌1918年春，ヨーロッパ西部戦線にアメリカ軍が到着すると，戦局は一気に協商国側に有利に傾き，11月にはドイツの降伏で戦争が終わった。

この連邦議会でのウィルソンのスピーチは，彼の理想主義者としての側面を描くものとして広く知られてきた。だが，ウィルソンのスピーチに登場する「民主主義」という言葉が何を意味するのかを考えてみると，あることに気づく。それは，ウィルソンの言う民主主義に，女性が含まれていないということである。

1917年の時点で，アメリカではいまだ連邦レベルの女性参政権が導入されていなかった。この時代，一部の州では女性参政権が導入され，全米女性参政権協会(NAWSA)を中心とする女性参政権獲得運動がかつてない盛り上がりを見せていたものの，ウィルソンは与党民主党内の保守派の反発を考慮して，連邦レベルでの女性参政権の導入に慎重な姿勢を崩さなかった。彼は，第一次世界大戦に参戦するという重要な案件を控える中で，議会と事を構えたくはなかったのである。

この局面で，ウィルソンの態度に業を煮やしたフェミニストたちが行動に打って出た。アリス・ポールの率いる全米女性党(NWP)が，「サイレント・センティネル」と呼ばれる活動家グループを組織し，1917 年 1 月からホワイトハウスの正面玄関で抗議活動を開始したのである。活動家たちは様々な旗を掲げてウィルソンに女性参政権の導入を訴えたが，アメリカがドイツに宣戦布告すると，次のようなメッセージが書かれた旗も登場した。

> ウィルソン皇帝陛下。自己統治の権利を持たない，哀れなドイツ国民に示された衷心を，もう忘れてしまわれたのですか。アメリカの 2000 万人の女性たちは，いまだに自己統治の権利を持っておりません。

抗議活動が続く中，徐々に活動家たちが逮捕されるようになり，10 月にはポールも逮捕された。ウィルソンが従来の立場を改め，女性参政権の導入に向けて連邦議会の説得に踏み切ったのは，投獄されたポールがハンガー・ストライキを開始し，医師団による強制摂食が行われたことにショックを受けた結果であると言われている。議会下院は 1918 年には女性参政権を認める憲法修正案を可決したが，上院が説得に応じたのは戦後の 1919 年であった。合衆国憲法修正第 19 条が全州の四分の三に当たる 36 州の批准に基づいて発効し，女性参政権が正式に導入されるのは，1920 年である。

ウィルソンに限らず，多くの人は，女性参政権が認められる以前から，アメリカを民主主義の国と呼んできた。だが，フェミニストたちの批判に向き合うならば，この言葉遣いには注意が必要だろう。なぜ，女性が排除された政治体制が，民主主義と呼ばれてきたのか。より男女平等な政治体制としての民主主義は，いかなる体制なのか。ここでは，こうした問題について考えていく。

ウィルソンがアメリカの民主主義をドイツの権威主義と対比していることは，民主主義という言葉の意味を考える上で，興味深い論点を提起している。というのも，当時のドイツの政治体制は，いくつかの点でアメリカとの共通点を持っていたからである。

まず，アメリカでは19世紀前半の時点で白人男性による普通選挙が行われていたが，ドイツ帝国も1871年の成立当初から，下院に当たる帝国議会には男子普通選挙を導入しており，人種に基づいて選挙権を制限していたアメリカよりも有権者の範囲は広かった。

また，アメリカは早くから複数政党制が発達し，南北戦争後には共和党と民主党による二大政党制が確立したが，複数政党制はドイツでも発達しており，反体制派であるはずのドイツ社会民主党は1912年の帝国議会選挙で約35％の得票率で第一党となっていた。

それにもかかわらず，ウィルソンにとって，アメリカは民主主義国であり，ドイツがそうではなかったのはなぜなのか。この問題に対する回答こそが，現代の政治学における民主主義の概念の出発点になっていると言っていい。それは，次のような考え方である。

【民主主義の最小定義】

政治指導者がどのように選抜されるかを定める政治制度を，政治体制と呼ぶ。民主主義とは，政治指導者が競争的な選挙を通じて選ばれる政治体制を指す。これに対して，競争的な選挙が行われない国を，権威主義体制あるいは独裁体制と呼ぶ。

この民主主義の定義は，ヨーゼフ・シュンペーターの『資本主義・社会主義・民主主義』(1942年)において定式化され，政治学に絶大な影響を及ぼしてきた。民主主義の必要最小限の条件を示しているという意味で，この定義は「民主主義の最小定義」と呼ばれることもある。権力者が，選挙に敗北して退場する可能性があるかどうか。ある国が民主主義国であるかを判定する基準は，それだけである。選挙を通じた政権交代を可能にするような，結社の自由や言論の自由が保障されていれば，その国は民主主義国として分類される。

シュンペーターの議論は，民主主義体制を権威主義体制から区別する上で，非常に使い勝手が良い。例えば，日本の国政選挙ではほとんど常に自民党が勝つものの，1993年や2009年の総選挙に見られるように，野党が政権を奪取することもある。台湾では国民党と民進党の間で政権交代が繰り返されており，韓国でも保守系と進歩系の政党の間で周期的に政権交代が起きている。これに対して，中国の中国共産党やシンガポールの人民行動党は，政権を掌握して以来，一度も野党に転落したことがない。この区別に従えば，日本，台湾，韓国は民主主義体制であり，中国とシンガポールは権威主義体制である。

この考え方を頭に入れれば，ウィルソンのスピーチの意味が分かる。アメリカでは民主党と共和党のどちらの政党の候補者も大統領に選出されうるのに対して，ドイツでは帝国議会選挙の結果がどうなっても，皇帝や宰相が代わるわけではない。それが，アメリカを民主主義国，ドイツを権威主義国に分類する基準となる。逆に言えば，この民主主義の定義に従う限り，女性が参政権を認められているかどうかは，その国の政治体制を分類する上では関係がない。だからこそ，ウィルソンはフェミニストたちの非難を浴びることになったのである。

より広い角度から見れば，このシュンペーターの議論は，民主主義という言葉の意味を大きく転換するものであった。元々，古代ギリシャで生まれた民主主義という言葉は，「人民の支配」を意味していた。そして，その後の政治学の歴史において，一人の君主が統治する王政や，少数のエリートが支配する貴族政などの概念と対比して用いられてきた。これに対して，シュンペーターの民主主義の定義には，誰が支配者であるのかを示す表現は含まれていない。

ここには，現代の民主主義の仕組みに対する冷徹な見方が表れているといえよう。その民主主義は，古代ギリシャの都市国家が採用していたような直接民主主義ではなく，代議制民主主義である。有権者は，国会議員や大統領を選ぶ時以外に，自らの意見を表明し，意思決定に関わる機会は基本的にない。実際に支配をしているのは，政治家であって，市民ではない。ウィルソンの時代には世論調査が技術的に確立しておらず，選挙の時点を除けば，政治家が自らの政策について有権者の賛否を具体的な数字で知る方法が存在しなかった。つまり，一見すると似ているように見える直接民主主義と代議制民主主義は，実は全く異なる作動原理に基づいている。アメリカやイギリスといった「民主主義国」にシュンペーターが見出したのは，「人民の支配」ではなく，選挙を通じた「エリートの競争」だったのである。

しかし，ジェンダーの視点から見れば，疑問も浮かぶ。人口の半分に参政権を認めない国の政治体制が，なぜ民主主義と呼ぶに値するのか。シュンペーターは，民主主義の国と呼ばれるアメリカで行われている政治の仕組みに合わせて，民主主義を定義し直しているにすぎないのではないか。それは，黒を白と言い換えているようなものだ。むしろ，アメリカは民主主義国と呼ぶには値しないと言い切ってしまった方が，民主主義を定義する上では価値があるのではないか。

シュンペーターの民主主義概念に対する批判を真剣に受け止めるのであれば，議論のアプローチを変える必要があろう。つまり，アメリカの体制を民主主義として定義した上で，そこから民主主義の特徴を抽出するのではなく，民主主義を先に定義し，その定義に基づいてアメリカの政治体制が民主的であるかどうかを判断するのである。このようなアプローチを取るものとしては，次の学説が名高い。

【ポリアーキー】

民主主義とは，市民の意見が平等に政策に反映される政治体制を指す。今日の世界における様々な政治体制の中で，相対的に民主主義体制に近いものを，ポリアーキー(polyarchy)と呼ぶ。ポリアーキーは，普通選挙権を付与する「参加」と，複数政党による競争的な選挙を認める「異議申し立て」という二つの要素から構成されている。異議申し立ての機会はあっても幅広い参加を認めない体制を，競争的寡頭制と呼ぶ。逆に，参加を認めても異議申し立ての機会を欠く政治体制を，包括的抑圧体制と呼ぶ。

ロバート・ダールの『ポリアーキー』(1971年)は，おおむねこのように語る。ポリアーキーとは，「複数の支配」を意味する造語であり，民主主義とは区別された概念である。シュンペーターの方法と比べると，ダールの方法は概念と現実の関係が逆になっていることが分かるだろう。ここでは，民主主義がアメリカやイギリスの政治体制とは独立に定義されている。そして，シュンペーターとは異なり，①普通選挙が民主主義の構成要素となっている。

ポリアーキーが二つの要素から構成される概念である以上，そこに向かう道も二つある。

第一は，競争的寡頭制の下で選挙権が拡大される「包括化」である。イギリスでは，1832年の第一回選挙法改正によって都市中産階級の男性に選挙権が拡大されたのを皮切りに，1918年まで段階的に財産制限が撤廃されていった。そして，1918年には女性参政権も部分的に解禁され，1928年には全成人に選挙権が与えられた。アメリカでは，建国後の早い時期から白人男性に普通選挙権が与えられており，1920年に女性参政権が，1960年代にはアフリカ系市民の選挙権が認められた。

第二は，包括的抑圧体制の下で，政党間競争が許容される「自由化」である。旧ソ連を中心とする冷戦下の共産主義圏や，軍事独裁体制下のラテンアメリカ諸国，アジア・アフリカの旧植民地諸国など，先に普通選挙権を導入していた国々は，1980年代から政党間競争を自由化していった。

日本は，包括化と自由化が同時に進行した事例に当たる。すなわち，1890年の帝国議会開設時点では直接国税15円以上を納めた満25歳以上の男性に選挙権が与えられていたが，徐々に納税要件が撤廃され，1925年には満25歳以上の男性に普通選挙権が与えられた。他方，1885年に創設された内閣制度の下で，当初は帝国議会選挙の結果ではなく元老の協議に従って天皇が内閣総理大臣を任命していたのが，1918年には立憲政友会の原敬首相の下で初の本格的な政党内閣が成立した。1924年の護憲三派内閣からは，衆議院第一党の党首を首相に任命し，その政権が倒れた後には野党第一党に政権を交代する「憲政の常道」が慣行として成立する。この大正デモクラシーの時代は1930年代には軍国主義体制の成立によって終焉するものの，1945年の敗戦を契機に政党間競争が自由化され，女性参政権が認められた。この段階で，日本はポリアーキーとなった。

ダールの政治体制の分類は，シュンペーターの分類に比べれば，女性参政権をポリアーキーの最低条件とする点で，相対的にはジェンダーの視点を有している。ポリアーキーが民主主義そのものではないのだとすれば，1917年のアメリカのような女性参政権を欠く体制は，ポリアーキーにすら達していない以上，なおさら民主主義と呼ぶには値しないであろう。

それでは，ポリアーキーは，どれほど民主的なのだろうか。どれほど平等に，男性と女性の意見を政策に反映するのだろうか。この問題について考えると，新たな問いに突き当たる。

ダールの時代，ポリアーキーの下で行われる選挙には，ある顕著な特色があった。その当選者は，ほとんどが男性だったのである。

表1には，ダールの『ポリアーキー』で取り上げられている国の中から代表的なポリアーキーと包括的抑圧体制を選び出し，それらの国における女性議員の割合を示している。具体的には，普通選挙権を導入している国の中で，異議申し立ての機会が最大

の国々と，最小の国々を選び，1971年時点での議会下院における女性議員の割合を集計した。

表1 ポリアーキーと包括的抑圧体制における女性議員の割合(1971年)

ポリアーキー		包括的抑圧体制	
国 名	女性議員	国 名	女性議員
ベルギー	2.8(%)	アルバニア	27.2(%)
デンマーク	17.3	ブルガリア	18.8
フィンランド	16.5	東ドイツ	31.8
ルクセンブルク	3.6	モンゴル	21.9
オランダ	8.0	ルーマニア	14.4
ノルウェー	9.3	北ベトナム	29.8
スウェーデン	14.0		

この表を見ると，ポリアーキーにおける女性議員の割合は，包括的抑圧体制における女性議員の割合に比べて，全般的に低い。何の説明も受けずにこの表を見た人は，ポリアーキーは「男性政治家が支配する政治体制」であると感じてしまっても不思議ではない。

つまり，ポリアーキーによって実現されるのは，せいぜい男性にとっての政治的平等である。ところが，『ポリアーキー』において，この問題への言及は全く行われていない。その理由としては，ダールの時代には今日のように各国の女性議員の割合を一覧できる資料が存在しなかったという事情もあるだろう。だが，権力を握るのが男性であることは，少なくとも当時の男性にとっては当たり前だったということもあるのかもしれない。

ここに，ダールのポリアーキー概念が，シュンペーターの民主主義の最小定義と共有する特徴が見えてくる。その特徴とは，政治指導者の答責性(accountability)を重視していることにある。答責性とは，政治指導者の失政の責任を問えることを意味する。独裁体制の下では，選挙を通じて指導者が責任を問われることがないため，望ましくない政策を選択することに対する歯止めが弱い。競争的な選挙には，権力の暴走を抑制する機能が期待されているのである。

一方で，ポリアーキーという概念は，シュンペーターの民主主義の最小定義と同じく，非常に重要な要素を欠いている。それは，代表(representation)という要素である。今日の民主主義が代議制民主主義(representative democracy)と呼ばれていることは，政治家が有権者を何らかの意味で代表していることを連想させる。ところが興味深いことに，この言葉は，シュンペーターの民主主義の定義にも，ダールのポリアーキーの定義にも含まれていない。その理由を考えるには，代表という言葉の意味に留意しておく必要がある。

例えば，②「政治家が，自分の支持者を代表している」という文の意味を考えてみよう。まず思い浮かぶのは，「政治家が，自身に投票した有権者の意見に従って立法活動を行っている」という意味ではないだろうか。政治家が，この意味で有権者を代表する場合，左派的な有権者の多い選挙区から選出された議員は左派的な政策を掲げ，右派的な有権者の多い選挙区から選出された議員は右派的な政策を掲げるだろう。この考え方を議会全体に当てはめれば，有権者の間の意見の分布が，国会議員の間の意見の分布と重なっているかどうかが政治体制の特徴を判断する上での重要な基準となるに違いない。このような意味での代表を，一般に実質的代表(substantive representation)と呼ぶ。

シュンペーターの民主主義の概念の特徴は，こうした形での実質的代表が不可能であるという認識の下，代表という考え方そのものを端的に民主主義の定義から取り除いたことにある。そして，その態度は，ダールのポリアーキー概念にも継承されている。ポリアーキーがポリアーキーである所以は，あくまで普通選挙が競争的に行われていることにある。仮に有権者の意見が立法に反映されるとしても，そのことはポリアーキーの帰結であって，定義そのものではない。

以上のような実質的代表の考え方に対して，「その政治家が，自らの支持者の社会的な属性と同じ属性を持っている」という意味での代表の概念がある。政治家が，この意味で有権者を代表するのであれば，経営者が経営者を，労働者が労働者を代表し，民族的多数派が民族的多数派を，民族的少数派が民族的少数派を代表する。そして男性が男性を，女性が女性を代表するであろう。代表性の確保された議会とは，議会の構成が，階級，ジェンダー，民族などの要素に照らして，社会の人口構成がきちんと反映されている議会である。このような意味での代表を，描写的代表(descriptive representation)と呼ぶ。

この描写的代表も，シュンペーターやダールの議論においては，重視されてこなかった。一つには，政治家は何らかの意味で有権者に比べて高い能力を期待される以上，選挙による指導者の選抜を，描写的代表と両立させることには限界がある。また，競争的な選挙が行われるということ自体が，描写的代表の確保とは必ずしも両立しない。こうした事情もあってか，このような代表の概念をめぐる対立は，従来の多くの政治学の教科書には記されてこなかった。

だが，ジェンダーの視点から見た場合，描写的代表が確保されることは政治において決定的に重要な役割を果たす。男性ばかりが議席を占める議会は，女性を代表することはできない。女性を適切に代表するには，一定以上の数の女性議員が必要であろう。アン・フィリップスは『存在の政治』(1995年)の中で，こうした考え方に基づく政治を，存在の政治(politics of presence)と呼んでいる。有権者が自分の好む公約を掲げる政党に票を投じ，政党がその公約に従って政策を実行するという意味での理念の政治(politics of ideas)では，不十分なのである。

なぜ，存在の政治が必要なのか。それは，描写的代表なくして，実質的代表を確保することができないからである。第一に，選挙戦において政党間で争点となるのは，様々な政策争点の中のごく一部にすぎない。それ以外の争点に関する意思決定については，政治家が幅広い裁量を行使することになる。その場合，女性にとっては，同じ経験を共有する女性政治家の方が，男性政治家に比べて，自分の意見をよりよく反映すると想定できる。

第二に，それまで争点化していない問題を争点化できるのも，女性の経験を共有する女性政治家が存在するからこそである。女性の多くが関心を持つ問題は，男性が関心を持ちやすい争点の陰に隠れて，長らく政治の争点から外されてきた。従来は隠れていた争点が浮上することで，女性の意見も，男性の意見と同じように，政治に反映されるだろう。この描写的代表と実質的代表の因果関係についてのフィリップスの仮説は，今日まで数多くの研究を生み出してきた。

このように考えれば，代表者の男女比が均等に近いほど，その政治体制は民主的であると考えられる。女性が多すぎても，男性が多すぎても，その政治体制は民主的であるとはいえない。ジェンダーの視点から眺めることで，代議制民主主義を標榜する既存の政治体制に対する評価も，従来とは大きく異なってくる。

政治学において，男性による支配は，長らく当たり前のこととして受け止められてきた。市民全員の参加に基づく直接民主主義が行われていた古代ギリシャの都市国家では，女性には市民権がなく，したがって意思決定への参加が認められていなかった。代議制民主主義が生まれたヨーロッパでも，参政権は長らく男性の手に握られ，女性はそこから排除されてきた。

その後，女性参政権の獲得が明らかにしたのは，ポリアーキーの下でも政治の男性支配は続くという事実であった。たとえ選挙権が男性と女性の両方に与えられていても，政治家を選ぶ際には，男性の候補者が選出される。つまり，選挙権の獲得は，男女平等な民主主義のための必要条件ではあっても，十分条件ではないのである。そのことは，普通選挙権を獲得したフェミニストたちに大いなる失望を味わわせることになった。

アメリカでは，女性参政権が導入された 1920 年から第二次世界大戦後まで女性議員はほとんど誕生せず，その後も 1980 年代まで女性議員比率は 5 %程度で推移した。イギリスでは，1918 年の第四回選挙法改正で男子普通選挙に合わせて女性参政権を部分的に解禁し，1928 年に男女平等な選挙権が実現したものの，やはり 1980 年代まで女性議員の割合は 5 %程度にとどまった。

日本の場合，1945 年に女性参政権が導入され，翌年の総選挙では公職追放で多くの現職議員が姿を消したこともあって，39 人の女性議員が当選して議席の 8. 4 %を占めたものの，それ以降女性議員は急速に姿を消し，1990 年頃までほとんど伸びを見せなかった。今日でも，衆議院における女性議員の割合は 1946 年とそれほど変わらない。

標準的な政治学の教科書において，政治的競争の自由化を通じたポリアーキーの成立は，政治的自由が保障されるという意味で，望ましい帰結をもたらすと考えられている。しかし，ジェンダーの視点から見れば，その評価は一概には言えない。なぜなら，自由化が女性の代表性の向上につながるかどうかは，新たに参入する政治勢力が旧来の支配者層に比べて強い男女平等志向を持っているかどうかに依存するからである。

確かに，男性の支配する政治体制が自由化され，男女平等の理念を掲げる勢力が参入した場合，自由化は女性の進出をもたらすだろう。韓国の場合，民主化以前は女性議員がほとんどいなかったのに対して，1987 年の民主化後には女性運動が各政党に女性の代表性の向上を訴え，2000 年代からは国会議員の女性比率が日本の衆議院を持続的に上回っている。台湾の場合，国民党の一党支配の下で一定数の女性が立法院に立法委員として議席を得ていたが，1990年代に政治体制の自由化が進む中で野党の民進党が女性運動と連携したことで，女性議員の起用が急速に進んだ。その結果，今日では議員の4割近くを女性が占めている。

しかし，民主化後に参入した勢力が男性優位主義的な志向を持つ場合には，むしろ女性の退場が促進されてしまう。特に，中東欧の旧共産圏では，1989年のベルリンの壁の崩壊と冷戦終結を契機に，各国で共産党の一党支配が崩壊する中で，女性議員の割合が劇的に低下した。共産主義体制下での女性の社会進出への反動として，家庭における女性の役割を強調する価値観が広まる一方で，新たに登場した政党は軒並み男性の候補者を優先的に擁立した。

このように見てくると，ポリアーキーそれ自体は，女性を男性と平等に代表するには，それほど役立たないことが分かる。少なくとも，男性優位のジェンダー規範が働く環境の下では，政党間の自由競争は，事実上，男性の間の競争となる。それは，一切の競争を認めない独裁体制に比べれば民主的な政治体制であるのかもしれないが，市民の間の平等を旨とする民主主義の理想からは程遠い。

ジェンダーの視点から政治体制を見直すことは，これまで民主主義と呼ばれてきた政治体制の評価を大きく変える。そして，政治体制の歴史や民主主義の歴史を見直すきっかけを提供する。

問1　下線部①に関連して，シュンペーターの民主主義の定義とダールのポリアーキーという考え方とでは，普通選挙の位置付けがどのように異なるか，200字以内で説明しなさい。

問2　下線部②「政治家が，自分の支持者を代表している」と言うとき，この代表を筆者の言う実質的代表と考える場合と描写的代表と考える場合で，どのような意味の違いが出てくるか，140字以内で説明しなさい。

問3　「各政党は国会議員の選挙において候補者の半数を女性とすることを義務付ける」という考え方について，賛成か反対かを，問題文で示された「民主主義」や「代表」についての考え方と関連付けながら，理由を挙げて500字以上600字以内で論評しなさい。

2022年度

問題編

■前期日程

問題編

▶試験科目・配点

学部(学科)	教　科	科　　目　　等	配　点
文	外国語	コミュニケーション英語Ⅰ・Ⅱ・Ⅲ，英語表現Ⅰ・Ⅱ	400 点
	地　歴	日本史Ｂ，世界史Ｂ，地理Ｂから１科目選択	200 点
	数　学	数学Ⅰ・Ⅱ・Ａ・Ｂ	200 点
	国　語	国語総合・現代文Ｂ・古典Ｂ	400 点
教　育	外国語	コミュニケーション英語Ⅰ・Ⅱ・Ⅲ，英語表現Ⅰ・Ⅱ	600 点
	数　学	数学Ⅰ・Ⅱ・Ａ・Ｂ	600 点
	国　語	国語総合・現代文Ｂ・古典Ｂ	600 点
法	外国語	コミュニケーション英語Ⅰ・Ⅱ・Ⅲ，英語表現Ⅰ・Ⅱ	200 点
	数　学	数学Ⅰ・Ⅱ・Ａ・Ｂ	200 点
	小論文	高等学校の地歴・公民の学習を前提とする	200 点
経　済	外国語	コミュニケーション英語Ⅰ・Ⅱ・Ⅲ，英語表現Ⅰ・Ⅱ	500 点
	数　学	数学Ⅰ・Ⅱ・Ａ・Ｂ	500 点
	国　語	国語総合・現代文Ｂ・古典Ｂ	500 点
情報(人間・社会情報)	外国語	コミュニケーション英語Ⅰ・Ⅱ・Ⅲ，英語表現Ⅰ・Ⅱ	700 点
	選　択	日本史Ｂ，世界史Ｂ，地理Ｂ，「数学Ⅰ・Ⅱ・Ａ・Ｂ」 から１科目選択（出願時）	400 点

▶備　考

- 「数学Ｂ」は，「数列」，「ベクトル」から出題する。数学の試験については，試験室において公式集を配付する。また，直線定規・コンパスを使用できる。

英語

（105分）

I 次の英文を読み，下記の設問に答えなさい。

There are few things on this planet that give me greater joy than making my home the most comfortable, relaxing place possible. So, one winter a few years ago, when my fiancé had a bout of insomnia, I sprang into action, gathering all the things that held promise for a great sleep: black-out curtains, a white noise machine, and the cult favorite—a weighted blanket.

Weighted blankets, which cost anywhere from $100 and up, are a sleep aid usually made in a duvet style, with the many squares throughout filled with heavy beads. Lovers of the weighted blanket claim that under its weight they can relax faster, leading to a better and deeper sleep. These blankets weigh anywhere from 5 to 14 kg, and (1)manufacturers generally recommend choosing one that's not more than 10 percent of your body weight, although this seems to be just a rule of thumb and not based on scientific study.

"Absolutely love it," my friend Greg Malone tells me over Facebook one day. "Rotating shifts makes [a] to sleep hard, but my girlfriend got me one as a gift, and I have found it's made a big difference in falling and staying asleep."

[①] However, Deep Pressure Therapy (DPT)—the act of using firm but gentle pressure on the body to reduce anxiety—has been practiced for centuries in various forms.

In 1987, a limited study found that many college students who used DPT reported feeling less anxious after [b] full-body pressure for 15 minutes (in an adorably titled "Hug'm Machine"), although the researchers did not note any physical changes like lowered heart rate or blood pressure that would indicate the participants were more relaxed.

That being said, a 2016 study found that patients who used a weighted blanket while having their wisdom teeth removed tended to have a slower heart rate than (2) patients who underwent the procedure without, which may indicate that they were more relaxed. However, many patients didn't report feeling more relaxed, and since they each only went through the procedure once, it's difficult to tell if the weighted blanket was the key to calming down.

[②] Some say that simply the fact that a weighted blanket makes it more difficult to toss and turn at night makes for a better night's sleep, while others claim it has something to do with [c] the blood vessels on the surface of our skin that causes our heart rate to slow down. It also could be that the feeling reminds us of times when we felt the safest, like getting a hug from someone who cares for us or when our parents would swaddle us as newborns.

[③] Similar to how many people adore the feeling of a soft blanket against their skin or can't relax without their favorite scented candle burning, others might connect with the feeling of gentle, full-body pressure. The trick is finding the sensory cue that makes you the most comfortable.

"Weighted blankets have been around for a long time, especially for kids with autism or behavioral disturbances," Dr. Cristina Cusin, an assistant professor of psychiatry at Harvard Medical School, told Harvard Health. "It is one of the sensory tools commonly used in psychiatric units. Patients who are in distress may choose different types of sensory activities—holding a cold object, [d] particular aromas, manipulating dough, building objects, doing arts and crafts—to try to calm down."

[④] My fiancé immediately disliked the 9-kg blanket I had picked up and said it made him feel like he was trapped. He's not alone in (3) this.

"I liked it at first, but then as the night went on, I felt trapped," Heather Eickmann, a family friend, told me. "Also, I sleep on my side, and it really started to make my hip and knee joints ache."

With the weighted blanket making my partner's sleep worse, I decided to give it a try myself. And (4)while I didn't find it too heavy to curl up under, the 9-kg blanket did turn making the bed into a small strength exercise. Overall, I tend to be a good sleeper, so swapping out blankets didn't make any outstanding differences to the quality of my snooze. However, later that summer, (5)数ヶ月間その加重毛布を使ってみたら，まったく別の理由で夜中に目をさましているのに気づいた。The blanket was HOT.

【出典：Jones, Emma. "Can Weighted Blankets Help You Sleep Better?" Healthing のウェブサイトから，11 May 2021. 出題の都合上，原文の一部に変更を加えている。】

設問

1．下線部(1)を日本語に訳しなさい。ただし，"one" の具体的内容を文脈に即して明らかにすること。

2．下線部(2)の具体的内容を文脈に即して 30 字以内（句読点も含む）の日本語で説明しなさい。

3．下線部(3)の具体的内容を文脈に即して 35 字以内（句読点も含む）の日本語で説明しなさい。

4．下線部(4)を日本語に訳しなさい。

5．下線部(5)を英語に訳しなさい。

6. ［　①　］～［　④　］に入るもっとも適切な文章を下記の(ア)～(カ)から選び，記号で答えなさい。ただし，各記号は1回しか使用できない。

(ア) However, for as many people who love the weighted blanket, there seem to be just as many theories for why it may help.

(イ) It also might not be due to any specific physiological facts, but instead a preference.

(ウ) Regardless of how you like to sleep at night, a weighted blanket might be unaffordable.

(エ) The weighted blanket may not have been the cure of my insomnia.

(オ) There aren't any studies that prove weighted blankets do indeed help people fall and stay asleep.

(カ) Weighted blankets aren't for everyone, however.

7. ［　a　］～［　d　］に入るもっとも適切な語を以下から選び，記号で答えなさい。ただし，各記号は1回しか使用できない。

(ア) compressing　(イ) cutting　(ウ) experiencing　(エ) getting

(オ) sleeping　(カ) smelling　(キ) throwing　(ク) watching

Ⅱ 次の英文を読み，下記の設問に答えなさい。

It's week twelve of physics class, and you get to attend a couple of sessions with a new, highly rated instructor to learn about static equilibrium and fluids. The first session is on statics; it's a lecture. The second is on fluids, and it's an active-learning session. One of your roommates has a different, equally popular instructor who does the [イ]—using active learning for statics and lecturing on fluids.

In both cases the content and the handouts are [ロ]; the only difference is the delivery method. During the lecture the instructor presents slides, gives explanations, does demonstrations, and solves sample problems, and you take notes on the handouts. In the active-learning session, (1) instead of doing the example problems himself, the instructor sends the class off to figure them out in small groups, wandering around to ask questions and offer tips before walking the class through the solution. At the end, you fill out a survey.

In this experiment the topic doesn't matter; the teaching method is what shapes your experience. I expected active learning to win the day, but the data suggest that you and your roommate will both enjoy the subject more when it's delivered by lecture. You'll also rate the instructor who lectures as more effective—and you'll be more (2) [all, courses, likely, of, physics, say, taught, that, to, way, were, wish, you, your].

Upon reflection, the appeal of dynamic lectures shouldn't be [ハ]. For generations, people have admired the rhetorical eloquence of poets like Maya Angelou, politicians like John F. Kennedy and Ronald Reagan, preachers like Martin Luther King Jr., and teachers like Richard Feynman. Today we live in (3) a golden age of spellbinding speaking, when great orators engage with and educate audiences with unprecedented influence. Creatives used to share their methods in small communities; now they can accumulate enough YouTube and Instagram subscribers to populate a small country. Pastors once gave sermons to hundreds at church; now they can reach hundreds of thousands over the Internet in megachurches. Professors used to teach small enough classes that they could spend individual time with each student; now their lessons can be broadcast to millions through online courses. It's clear that these lectures are entertaining and informative. The question is whether they're the [ニ] method of teaching.

あ

It also reminded me of my favorite physics teacher, who got stellar reviews for letting us play ping-pong in class but didn't quite make the coefficient of friction stick. To be clear, I'm not suggesting eliminating lectures altogether. I just think it's a problem that lectures remain the dominant method of teaching in secondary and [ホ] education. *Expect a lecture on that soon.*

In North American universities, more than half of the science professors spend at least 80 percent of their time lecturing, just over a quarter incorporate bits of interactivity, and fewer than a fifth use truly student-centered methods that involve active learning. In high schools it seems that half of the teachers lecture most or all of the time. Lectures are not always the best method of learning, and they are not enough to develop students into lifelong learners. (4)If you spend all of your school years being fed information and are never given the opportunity to challenge it, you won't develop the tools for rethinking that you need in life.

【出典：Grant, Adam. *Think Again: The Power of Knowing What You Don't Know*. Viking, 2021, pp. 190-193. 出題の都合上，原文の一部に変更を加えている。】

設　問

1．下線部(1)を日本語に訳しなさい。

2．下線部(2)の文意がもっとも適切に通るように括弧内の14語を並べ替え，3番目，5番目，12番目，14番目の語をそれぞれ書き出しなさい。

3．下線部(3)はどのような時代を指しているか，文脈に即して40字以内(句読点も含む)の日本語で説明しなさい。

4．下線部(4)を日本語に訳しなさい。

5．空欄［　あ　］を構成する次の(A)～(E)の文を文脈にもっとも適した順に並べ替えなさい。

(A) In the end, this research convinced me I was wrong.

(B) In the physics experiment, the students took tests to gauge how much they had learned about statics and fluids.

(C) It turns out that despite enjoying the lectures more, they actually gained more knowledge and skill from the active-learning session.

(D) The result surprised me as I believed for a long time that we learn more when we're having fun.

(E) This required more mental effort, which made it less fun but led to deeper understanding.

6．[　イ　]～[　ホ　]に入るもっとも適切な語を選び，記号で答えなさい。ただし，各記号は1回しか使用できない。

(A) boring	(B) higher	(C) ideal	(D) identical
(E) lower	(F) opposite	(G) optimistic	(H) pessimistic
(I) realistic	(J) surprising		

7．以下の文のうち，本文の内容に合致するものを1つ選び，記号で答えなさい。

(A) Active learning is likely to be less effective in fields outside science.

(B) The author believes that the active learning method is overrated.

(C) The results of the experiment suggest that the more students enjoy the class, the more they are likely to learn.

(D) The students' responses to the survey were different from what the author had expected.

(E) The success of active learning depends on the popularity of the instructor.

III Lucy is a British schoolgirl who lives in Oxford. She is talking to her father, Fred, in the kitchen of their home. Read the conversation below and answer the following questions.

Lucy: (a)Good morning, Dad. Oh, sorry for yawning. What are you doing with that microwave oven? It looks heavy. Do you need a hand with moving it?

Fred: I think I'll be OK, Lucy. I'm just going to put it in the car and take it to the city dump.

Lucy: Couldn't you send it away to be repaired?

Fred: It's ten years old and well out of warranty now, so I very much doubt that the manufacturer would do it. They probably don't even carry the spare parts anymore.

Lucy: That's a shame. Oh, I know what! Why not take it to the Repair Café near my school?

Fred: What's that? I've never heard of it.

Lucy: (b)It's brilliant! We visited it as part of our environmental science course recently. It's a meeting place where people can get together to mend broken items cooperatively. And have a chat and a cup of coffee!

Fred: I'm all ears. Tell me more.

Lucy: Well, the first Repair Café was started by a Dutch woman called Martine Postma in Amsterdam in 2009. (1)彼女は，使い捨て文化で環境

が破壊されて，ゴミの量が地球規模で増えることを心配してたんだよ。 She wanted to find a local solution to this global problem.

Fred: That's what they call "thinking globally, acting locally," isn't it?

Lucy: Exactly. She also wanted to address the decline in community spirit amongst urban dwellers and do something about people's loss of practical skills and ingenuity.

Fred: And the idea (2)caught on?

Lucy: Very much so. The concept has grown into a global movement. The one in Oxford started about four years ago.

Fred: Impressive! What kind of things do they repair?

Lucy: Oh, all sorts. Electrical appliances, clothes, furniture, crockery, bicycles, and even toys.

Fred: How successful are they at repairing things?

Lucy: Well, of course, they cannot guarantee to fix every item brought to them, but they have a fairly good success rate. One study found that on average 60 to 70 percent of items were repaired. The rate is higher for some items such as bicycles and clothes but lower for things like laptop computers.

Fred: I can understand that. (c)Just between you and me, I think some electronics manufacturers deliberately make products in such a way that you cannot disassemble them and repair them unless you have specialized tools and equipment.

Lucy: Yes, and that's where Repair Cafés can help. But these cafés are not just about repairing things for people. They are places where we can meet others, share ideas, and be inspired. The volunteer repairers are very keen to involve the visitors in thinking about the repair and actually carrying out the repair themselves. They also encourage people to think about living together in more sustainable communities.

Fred: I suppose you could say they are about repairing our minds, not just our things.

Lucy: Quite so, although often the two are very closely related. Many people attach (3) sentimental value to old things that might, for example, be part of their family history.

Fred: I see what you mean. It almost sounds too good to be true. (d) Is there a catch? For example, how much does it cost?

Lucy: Advice and help from the repairers is free, but people who use the café are invited to make a donation. That money is used to cover the costs involved in running the café. If specific spare parts are needed, the repairers will advise you on how to obtain them.

Fred: Well, that's marvelous! (e) Then I'll take this old microwave there. Are they open today?

Lucy: Yes, and I'll come with you. I've got a pair of jeans that are badly in need of some attention.

QUESTIONS

1. Translate the underlined part after (1) into English.

2. What does the underlined phrase after (2) mean? Select the most appropriate expression from the list below.
   (A) became popular
   (B) hit a dead end
   (C) occurred to you
   (D) played a significant role
   (E) worked in practice

3. The underlined phrase after (3) means the value of an object which is derived from personal or emotional association rather than its material worth. Give ONE object that has "sentimental value" for you and explain

why it has such value. Your answer should be between 15 and 20 English words in length.
(Indicate the number of words you have written at the end of your answer.)

4. Select the most appropriate words from the list below to indicate how the speakers say the underlined parts in (a) to (e). Do not use any word more than ONCE.

(イ) conspiratorially　(ロ) cunningly　(ハ) decisively
(ニ) enthusiastically　(ホ) haltingly　(ヘ) indecently
(ト) lovingly　(チ) politely　(リ) sleepily
(ヌ) suspiciously

5. Based on the conversation, which TWO of the following statements are true?

(A) Fred decided to repair his microwave oven because it had sentimental value.
(B) Fred has never volunteered at a Repair Café.
(C) Lucy and Fred cannot afford to visit many Repair Cafés.
(D) Lucy and Fred each have something they would like repaired.
(E) Lucy has carried out the repair of her jeans herself.
(F) Lucy has visited a Repair Café but not the one in Oxford.

Ⅳ Read the information and follow the instructions below.

The figure below displays data concerning how much money office staff paid for milk used in coffee or tea each week in their shared break room in the UK. The staff would pay anonymously via an "honesty box." The researchers in this experiment attached a new image each week (y axis) above the drink prices in the office. The amount paid (x axis) varied week by week after controlling for weekly consumption variation.

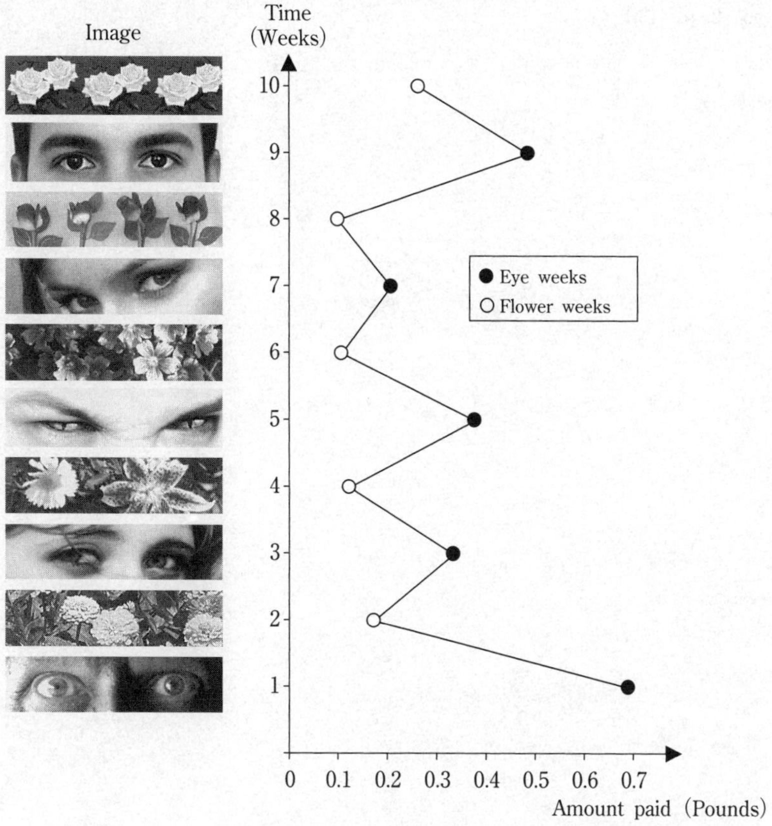

Figure: Pounds paid per liter of milk consumed as a function of week and image type.

Describe the relation between the x axis and y axis in the figure and give ONE possible reason for what you have described. Your answer should be between 40 and 50 English words in length.

(Indicate the number of words you have written at the end of your answer.)

(Source: Bateson, Melissa, Daniel Nettle, and Gilbert Roberts. "Cues of Being Watched Enhance Cooperation in a Real-World Setting." *Biology Letters*, 2006, vol. 2, p. 413.)

日本史

(90 分)

日本史　問題Ⅰ

古代～中世における「辺境」に関する次のＡ・Ｂの文章を読んで，以下の問いに答えよ。(史料は原漢文。一部読みやすく書き改めたところがある。)

Ａ　弥生時代に水稲農耕が定着して以降，日本列島では徐々に稲作を基盤とした社会が確立していく。古墳の分布から想定されるヤマト政権が支配する範囲も，律令制成立後の日本の範囲も，稲作が可能な領域を中心に展開していく。律令国家は，九州南部までは支配下に置いたが，食料採取文化を基調とする南西諸島の大部分には直接的な支配を及ぼすことはなかった。北方でもそれは同様であり，現在の青森県・北海道などは律令国家の版図外であった。南西諸島では漁労活動を生業の主体とする貝塚文化が形成され，北海道や東北地方北部でも独自の文化が花開いた①。

しかしながら，これらの地域との間の交易は普遍的に行われていた。南島産のゴホウラやイモガイ製の貝輪(腕飾)は，その希少性から権威の表象として，九州地方を中心に本州にも広くもたらされ，また古代以降には螺鈿《らでん》②の原料としてヤコウガイが供給された。

中世日本では日宋貿易や日明貿易など，中国との交易が盛んであったが，南西諸島でも三山統一を果たした琉球王国は海外貿易に積極的であり，北方でも十三湊③を中心とした交易が盛んに行われた。

問 1　下線部①について，北海道や東北地方北部における紀元前 3 世紀頃から紀元 13 世紀頃までの文化について，その文化(時代)名称と特徴を明らかにしつつ述べよ。

問 2　下線部②について，図 1 を参考に螺鈿の技法について述べよ。

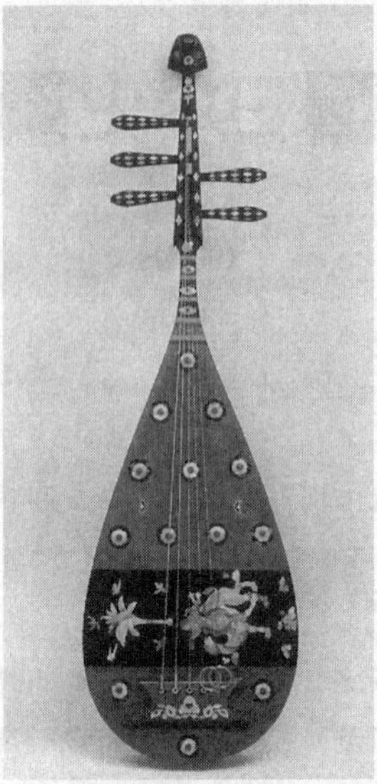

図 1　螺鈿紫檀五絃琵琶(正倉院宝物)

問 3　下線部③について，十三湊が交易の拠点として機能した立地上の要因について述べるとともに，ここで取り扱われた主要交易品を記しなさい。

〔解答欄〕 問 1 ～問 3　各 14.1 cm × 2 行

B　律令国家は，もともと九州地方南部に住んでいた人々を隼人，東北地方に住んでいた人々を蝦夷《えみし》と呼び，異民族として扱って支配した。九州地方南部では，8 世紀初めに薩摩国，大隅国をおいて行政機構の管理下においたが，④律令制の原則を適用した支配を行うことは困難であった。一方，東北地方では陸奥国，出羽国をおき，⑤各地に城柵を設置し，周辺を開拓するとともに，蝦夷を服属させていった。薩摩・大隅国，陸奥・出羽国において律令国家の支配が浸透するにつれ，隼人や蝦夷との摩擦も生じ，⑥反乱が発生することもあった。

問 4　下線部④に関して，このことを示す史料 1 ・史料 2 を読んで，九州地方南部において，律令制の原則のうち，どのようなことが目指され，どのような点は実行できなかったのかを述べよ。

史料 1『続日本紀』大宝 2 年(702) 8 月丙辰条

薩摩・多褹《たね》(注 1), 化(注 2)を隔て命に逆らふ。ここにおいて, 兵を発し征討す。遂に戸をしらべ, 吏を置く。

注 1　種子島のこと。

注 2　天皇の教化。

史料 2『続日本紀』天平 2 年(730) 3 月辛卯条

大宰府まうす「大隅・薩摩の両国の百姓, 建国以来未だかつて班田せず。その所有の田, 悉くこれ墾田なり。相承けて佃《たつく》ることをなし, 改め動かすことを願はず。若し, 班授に従はば, おそらくは喧訴《けんそ》多からん。」と。ここにおいて, 旧に随ひて動かさず, おのおの, 自ら佃らしむ。

問 5　下線部⑤に関して, 開拓労働力の確保のしかたについて述べよ。

問 6　下線部⑥に関して, 陸奥国における反乱を示す史料 3 を読んで, 反乱を起こした人物がどのような地位の者であったかを述べよ。また, このことからわかる律令国家による蝦夷支配の方式について述べよ。

史料 3『続日本紀』宝亀 11 年(780) 3 月丁亥条

陸奥国上治郡(注 3)大領外従五位下伊治公《これはりのきみ》呰麻呂《あざまろ》反す。(中略)伊治呰麻呂は本これ夷俘の種なり。(後略)

注 3　此治《これはり》郡の誤りと考えられる。

〔解答欄〕　問 4・問 6　各 14.1 cm × 2 行

問 5　14.1 cm × 1 行

日本史　問題Ⅱ

中世の二つの幕府に関する次の文章を読み，以下の問いに答えよ。(史料は，一部省略したり，書き改めたりしたところもある。)

1872(明治5)年の「徴兵告諭」は，「①保元・平治以後，朝綱頽弛《ちょうこうたいし》，兵権終ニ武門ノ手ニ墜チ，国ハ封建ノ勢ヲ為シ，人ハ兵農ノ別ヲ為ス」と述べる。「朝綱頽弛」とは，朝廷の統治がゆるむという意味である。しかし，保元・平治の乱以後の日本中世の社会では，ここで言われているほどに「兵農ノ別」は明確だったのだろうか。江戸幕府に先立つ「武門」であった②鎌倉幕府は，地頭や御家人といった武士を従えていたというイメージがある。しかし③室町幕府のもとには，果たして地頭とか御家人とかは存在したのだろうか。さらに，④外国の政府が，鎌倉幕府か，室町幕府か，いずれかの軍事力に関心を示すようなことはあったのだろうか。実は最後の点は，よく読めば高等学校の日本史の教科書にきちんと記述されている。

問1　下線部①に関連して，このときの乱で勢力を得た代表的な人物の名を挙げ，その人物を中核として，乱の経緯について略述せよ。

問2　下線部②に関連して，次に掲げる史料1は，『吾妻鏡』に記されている1192(建久3)年の命令文書の読み下しである。この史料を読んで，下の設問(1)(2)に答えよ。

史料1

前《さきの》右《う》大将《だいしょう》家《け》政所《まんどころ》(注1)下す　美濃国家人(注2)等

早く相模《さがみ》守《のかみ》惟義《これよし》(注3)の催促に従うべきの事

右，当国内庄の地頭中，家人の儀を存ずる輩においては，惟義の催しに従い勤節《きんせつ》(注4)を致すべきなり。なかんずく，近日，洛中強賊の犯，その聞こえあり。彼の党類を禁遏《きんあつ》(注5)せんがため，おのおの上洛を企て，大番役を勤仕すべし。しかるに其の中，家人たるべからざるの由を存ずる者は，早く子細を申すべし。(後略)

注1：前右大将家政所‥源頼朝の家政機関。実質的には源頼朝の命令であることを示す。

注 2：家人‥源頼朝は自身の「家人」に「御」という敬称はつけない。

注 3：相模守惟義‥美濃国(現岐阜県南部)の守護大内惟義。

注 4：勤節‥ものごとをよくつとめること。

注 5：禁遏‥禁じてやめさせること。

(1)　『吾妻鏡』とは，どのような性格の書物であるか，略述せよ。

(2)　この史料によると，御家人であるか否かは誰がどのように決めたのか。また，御家人であるとすれば，どのような名称および内容の任務につくことが期待されていたか。それぞれ史料に即して述べよ。

問 3　下線部③に関連して，次に掲げる史料 2 は，ある貴族が 1418 (応永 25)年に記した日記の一部を読み下したものである。この貴族が領主だった京都近郊の荘園に対し，守護からもたらされた命令文書である「折紙」について記されている。守護は何のために，どのようなことを「折紙」に記しているか。またこの日記の筆者は，なぜ「守護不入」「難儀」を理由に，守護の「折紙」を拒絶しようとしているのか。推測も交えて論述せよ。

史料 2

当国守護一色(注 1)，当所地下人《じげにん》に折紙到来，これ，八幡神人嗷訴《じにんごうそ》(注 2)により，国中において沙汰致すべしと云々。当御領沙汰人名主等(注 3)，守護に属し忠節を致すべきの由，これを申す。当所守護不入の間，難儀の由，まず返答しおわんぬ。

(出典：『看聞日記』応永 25 年 10 月 27 日条)

注 1：一色‥山城国(現京都府)の守護一色義貫《よしつら》。

注 2：八幡神人嗷訴‥石清水八幡宮に所属し，商業や流通上の有力者でもあった神人たちが起こした強訴。

注 3：当御領沙汰人名主等‥この荘園に居住する上層の農民たち。冒頭の「地下人」と同じ人々を指す。

問 4　下線部④に関連して，下の**図**は中国明代の画家が描いたと考えられている有名な戦闘の場面である。この**図**に関する下の設問⑴⑵に答えよ。

図

⑴　画面の左と右には，それぞれどのような勢力が描かれているか，述べよ。

⑵　上記の二つの勢力と，鎌倉幕府あるいは室町幕府とは，相互にどのように連動する三者関係にあったか，簡潔に述べよ。

〔解答欄〕　問1・問2⑵・問3・問4⑵　各14.1cm×2行

問2⑴・問4⑴　各14.1cm×1行

日本史　問題Ⅲ

次の図と文章をよく読んで，以下の設問に答えよ。なお，史料の引用に際しては，原文を加工したり意訳したところがある。

図A

図B

図Aは，歌川広重『東海道五十三次　日本橋』の中央部分を拡大したもので，ちょうど大名行列の先頭が日本橋を渡ろうとしているところである。画面左手の橋のたもとには魚売りたちがたむろしており，そのそばに高札場が描かれている。図Bは高札場を図Aから拡大したものである。高札場には木製の板(制札)が何枚も懸けられており，そこに文章が書かれているらしいことも分かる。

高札場は江戸時代には①全国各地に設置された。②板(制札)には，忠孝の奨励，毒薬・偽薬の禁止，[あ]といった内容が共通して書かれた。そして設置場所の特性や時々の必要性に応じて板が追加されたり削減されたりした。たとえば中山道馬籠宿に設置された高札場には，次のような板が追加して掲げられた。

③馬籠から隣の妻籠までは，荷物は壱駄につき百八文，乗掛(＊)は荷物だけでも人だけでもいずれも百八文，かる尻(＊＊)は壱疋につき六拾七文。④木賃銭は，主人は壱人につき三拾五文，召仕は壱人につき拾七文，馬壱疋につき三拾五文

（＊）乗掛　荷物と旅人とを乗せて搬送する馬

（＊＊）かる尻　旅人を搬送する馬

また，明治維新に際しては，高札場に掲げられた板が撤去され，代わりに⑤五種類の制札が新たに掲げられたが，江戸幕府の制札内容を引き継いだものが多かった。

問 1　空欄［　あ　］に適切な語句か短文を記入せよ。

問 2　下線部①について，全国各地に設置された高札場が設置者の意図通りに機能するためには，制札の内容がきちんと伝わる必要がある。そのためにはどのような前提条件が必要か。そして実際に全国各地で制札の内容が浸透したとすれば，その背景にはどのような事情があったか，あわせて述べよ。

問 3　下線部②について，高札場の設置者になったつもりで新たにもう一枚の板に何か文章を書き込もうと思う。次の**イ**・**ロ**のうち，あなたならどちらを採用するか。理由とともに答えよ。また採用しない方についても，なぜ採用しないか理由を記せ。

イ　怪しき者あらハ穿鑿《せんさく》を遂げて，早々御代官・地頭へ召し連れ来るべきこと

ロ　文武弓馬の道，専ら相嗜《たしな》むべきこと

問 4　下線部③に留意しながら，⑴江戸時代の陸上交通の特徴について述べよ。⑵また，そうした陸上交通に対して水上交通にはどのような特徴があったか述べよ。

問 5　下線部④は，旅行者が食材を持参して宿で自炊することを前提にした宿泊所（木賃宿）での宿泊料金のことで，煮炊きに必要な薪代（木賃）だけ納めるというものである。江戸時代の民衆はこうした宿泊料の安い木賃宿を利用して旅をした。江戸時代民衆の旅の特徴（旅の目的・目的地や方法など）について述べよ。

問 6　下線部⑤について，⑴これを歴史用語では何と呼ぶか，適切な語句を記せ。⑵五種類の制札のうち一枚は［　あ　］と同じ内容が記されていたため，西洋諸国

から激しい非難を浴びた。なぜか。簡潔に述べよ。

〔解答欄〕 問２・問３・問５　各 14.1 cm × 2 行

問 4 ⑴・⑵・問 6 ⑵　各 14.1 cm × 1 行

日本史　問題Ⅳ

近現代の社会運動・社会問題に関する次の史料・文章を読んで，以下の問いに答えよ。（史料は，一部省略したり，書き改めたりしたところもある。）

A　歴代内閣中には随分無智無能の内閣もあつたが，現内閣①の如く無智無能なる内閣はなかつた。彼等は米価の暴騰が如何《いか》に国民生活を脅かしつつあるかを知らず，これに対して根本的の救済法を講ぜず，甚しきに至つては応急の救済法すらも施し得ずして，食糧騒擾の責《せめ》を一《いつ》にこれが報道の責に任じつつある新聞紙に嫁《か》し（注１），これに関する一切の記事を当分安寧秩序に害ありとして，掲載禁止を命ずるが如き，誰かこれを無智無能と云《い》はざるべき。彼等は新聞紙に箝口令《かんこうれい》（注２）を施し，これが報道を禁止だにすれば，食糧騒擾は決して伝播せざるが如くに思惟《しい》（注３）して居る。其無智なる唯々呆《あき》れるより外はない。

「新愛知」1918（大正７）年８月 16 日

B　吾輩《わがはい》は，世人が今回の事件を以て，単に米価問題と見做《みな》さずして，そは（注４）日本全国に弥漫《びまん》（注５）せる経済的弱者の不平が，偶《たまたま》米価問題てふ（注６）具体的の形態を以て爆発したるに過ぎざるものと観念し，所謂《いわゆる》社会問題が今日の日本に於《おい》て，如何に現実の問題と為《な》りつつあるかを，十二分に看取する所あらんを希望する。

「東京朝日新聞」1918（大正７）年８月 23 日

（注１）嫁し　…　責任や罪などを他人に押しつける。

（注２）箝口令　…　ある事柄に関する発言を禁じること。

（注３）思惟　…　考えること。思うこと。

（注４）そは　…　それは。

(注5)弥漫　…　広がり満ちること。

(注6)てふ　…　～という。

問1　Aは，政府が「食糧騒擾」に関する新聞報道を禁止したことに対して，「新愛知」の桐生悠々が執筆した抗議の新聞記事である。下線部①について，ここで批判されている「現内閣」の総理大臣の名前を答えよ。また，「現内閣」が新聞統制に至った，1918年の「食糧騒擾」の特徴について述べよ。

問2　「食糧騒擾」の責任をとって「現内閣」が退陣した後，立憲政友会総裁の原敬を首班とする本格的な政党内閣が成立し，普選運動が高まる中で衆議院議員選挙法を改正した。この時の改正内容について，普通選挙制度に対する原首相の姿勢を踏まえて，説明せよ。

問3　Bは，「食糧騒擾」を受けて経済学者の河上肇が新聞に連載した「米価問題」と題する論評の一部である。ここで河上は社会問題が現実の問題となりつつあると論じているが，彼が考える日本の社会問題とは何か。また，それがこの時期の日本で顕在化した背景について，考えられるところを述べよ。

C　社会運動はアジア・太平洋戦争の敗戦後，GHQによる民主化政策によって数多く展開されるようになった。たとえば，労働組合法の制定によって労働者の権利が拡大し，全国規模でのストライキが計画されるなど，労働運動が展開された。占領終了後も②ストライキを含む労働争議件数が増加していくのは，占領期に法的整備がなされた結果であった。

一方で，沖縄では人々の行動は米軍によって大きく制限されていた。そのため，「本土復帰」を求める運動は高まった。③こうした沖縄における祖国復帰運動の盛り上がりを受け，1971年に沖縄返還協定が調印された。

社会運動は社会に影響を大きく与えたため，それがヒットソングを生み出すこともあった。1960年に西田佐知子が歌った〈アカシアの雨がやむとき〉は歌詞を見れば失恋の歌だが，西田の乾いた声と④この年の社会運動を経験した若者の心情とが重なってヒットし，この時代を象徴する歌となった。現在でも，この社会運動を映像で取りあげるとき，デモ隊が国会に突入する場面などで，この〈アカシアの雨がやむとき〉がバックに流されることが多い。

問4　下線部②について，下のグラフはその件数を示したものである。このグラフによれば，1970年代前半は労働争議が頻発していた。その理由を，当時の経済状況や争議の特徴という観点から説明せよ。

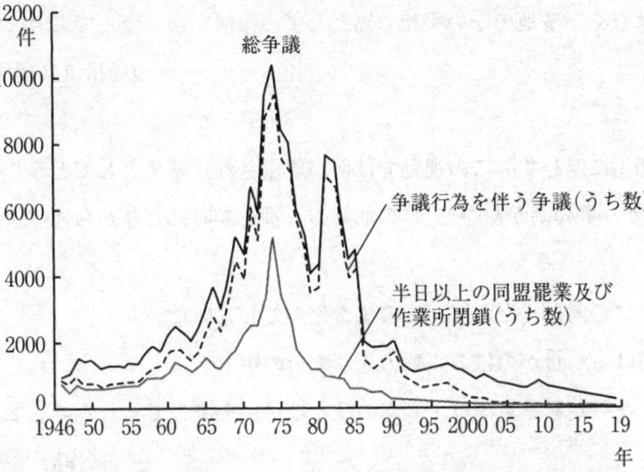

(厚生労働省「労働争議統計」より作成)

問5　下線部③に関連して，次の史料は「本土復帰」に際して沖縄県の声を日本本土政府と返還協定批准国会(沖縄国会)に手渡すために琉球政府によって作成された「復帰措置に関する建議書」の一部である。 甲 については，この時の内閣のスローガンに関係し，それが「本土復帰」時に沖縄にないことを明らかにする措置をとるべきと国会でも決議された。 甲 に入る語句を答え，この史料の内容を踏まえつつ，アジア・太平洋戦争後から「本土復帰」までの沖縄が置かれた状況について説明せよ。

アメリカは戦後二六年もの長い間沖縄に施政権を行使してきました。その間にアメリカは沖縄に極東の自由諸国の防衛という美名の下に，排他的かつ恣意的に膨大な基地を建設してきました。基地の中に沖縄があるという表現が実感であります。百万の県民は小さい島で，基地や 甲 や毒ガス兵器に囲まれて生活してきました。それのみでなく，異民族による軍事優先政策の下で，政治的諸権利がいちじるしく制限され，基本的人権すら侵害されてきたことは枚挙にいとまありません。県民が復帰を願った心情には，結局は国の平和憲法の下で基本的人権の保障を願望していたからに外なりません。経済面から見ても，平和経済の発展は大幅に立ちおくれ，沖縄の県民所得も本土の約六割であります。その他，このように基地あるがゆえに起るさまざまの被害公害や，とり返しのつかない多くの悲劇等を経験している県民は，復帰に当っては，やはり従来通りの基地の島としてではなく，基地のない平和の島としての復帰を強く望んでおります。

「復帰措置に関する建議書」

問６　下線部④に関して，この運動では何が要求され，結果としてどうなったのか，下の〈アカシアの雨がやむとき〉の歌詞の一番を参考にしながら述べよ。

アカシアの雨にうたれて／このまま死んでしまいたい
夜が明ける　日がのぼる／朝の光りのその中で
冷たくなった私を見つけて／あのひとは／涙を流してくれるでしょうか

（作詩：水木かおる）

〔解答欄〕　問１〈特徴〉　14.1cm×１行
問２・問４・問５〈状況〉・問６　各14.1cm×２行
問３　14.1cm×３行

世界史

(90 分)

世界史　問題 I

次の文章をよく読んで，下記の問に答えなさい。

北周と北斉の東西対峙の形勢は①，577 年に東の北斉が滅び，華北は西の北周の統治下にはいった。しかし，その北周も 580 年に外戚②の楊堅に位を奪われ，楊堅の隋が 589 年に南朝最後の陳を併合し，中国は久しぶりに統一された。ところが，ようやく訪れた隋による統一政権も，三十数年で崩壊してしまった。隋末の乱が勃発したのである。

中国史上しばしばあらわれた「乱」には，乱徒が身につけたシンボルや反乱首謀者の名をとって命名される場合が多い。［　③　］の乱(新末)，［　④　］の乱(後漢末)，［　⑤　］の乱(元末)などは前者であり，［　⑥　］の乱(秦末)，［　⑦　］の乱(唐)，［　⑧　］の乱(唐末)，［　⑨　］の乱(明末)などは後者である。また，［　⑩　］の乱(清)は上帝会が称した国号に，［　⑪　］の乱(清末)は宗教団体の名称によっている。しかし，隋末の乱にはそのような呼称がない。乱徒が反乱のシンボルを身につけたこともなく，首謀者が限定されるわけでもなく，とりわけ宗教色が濃いわけでもない。そこで，一般的には「隋末の乱」または「隋末唐初の乱」と呼んでいる。ただし，このような呼称しかできないということは，逆にいえば反乱の規模がそれだけ大きかったことを物語っているのである。事実，隋末の乱は中国史上で最大規模の乱であり，四川を除く中国のほぼ全域を巻き込んだ。その特徴は極めて土着性の強いことにあり，典型的な群雄割拠の情勢をつくりあげた。この点は，唐末の［　⑧　］の乱が，［　⑫　］の商業経路を利用して非常に流動的な動きを示したことと対照的である。つまり，隋末と唐末の反乱の動きの違いは，［　⑬　］ことを物語っているのである。

さて隋末の乱は，早くも第二代煬帝の治世七年(大業七〈611〉年)に山東の王薄という民が長白山にたてこもって「遼東に向かいて浪死する無かれ」という歌を広め，兆候をみせはじめた。歌の意味は「 ⑭ に従軍して犬死になどするな」という呼びかけで，兵役を逃れようとする者が多数王薄のもとに帰属したという。中国史上の反乱は，しばしば山東地方を中心とする傾向を示すが，隋末の乱は山東から起こる必然性があった。その原因の一つは，ここに歌われる数次にわたっておこなわれた ⑭ であり，もう一つは隋代に完成した ⑮ である。この二つの重労働は，地理的関係から多くは山東の民に課されたのであり，これによって山東は疲弊し，政府にたいする不満が蓄積していたのである。

（石見清裕『唐代の国際関係』山川出版社 2009年，pp.10－12　一部改）

問１　下線部①について。

a）「東西対峙の形勢」とあるが，このような形勢に至る以前，５世紀の前半に華北を統一した政権(王朝)の名，この政権を建てた民族の名，創建者の氏族名を答えなさい。

b）上記の政権が統一した華北地方が「東西対峙の形勢」に至る過程を簡潔に説明しなさい。

問２　下線部②について。

a）「外戚」とはどのような立場か，簡潔に説明しなさい。

b）中国史において「外戚」は国政を混乱させる要因の代表のように言われることが少なくないが，それはどのような原因によるものか，例を挙げて説明しなさい。

問３ ③ ～ ⑪ について。

a） ③ ～ ⑪ の「乱」の名を答えなさい。

b）これらのうち， ⑩ と ⑪ は宗教団体とのかかわりが本文中に明記されているが，この２つ以外に宗教団体と関わりのある「乱」は少なくとも２つある。該当する「乱」を番号で答え，それぞれが関係する宗教団体の名称を書きなさい。

問４ ⑫ ・ ⑬ について。

a）［　⑫　］に当てはまる語句を答えなさい。

b）［　⑬　］に入るべき，隋末と唐末の反乱の動きの違いの背景となった社会情勢の変化について簡潔に答えなさい。

問 5　［　⑭　］・［　⑮　］について。

a）これらの空欄に当てはまる語句を答えなさい。

b）［　⑭　］が最終的に解決したのはいつのことか。王朝名と支配者(皇帝)の名で答えなさい。

c）［　⑮　］との関わりが深い中国歴代王朝の首都を 3 つあげなさい。またこれの完成がその後の中国史に与えた影響について簡潔に説明しなさい。

〔解答欄〕　問 1 b）・問 2 b）・問 5 c）〈影響〉　各 13.5 cm × 3 行

　　　　　問 2 a）・問 4 b）　各 13.5 cm × 1 行

世界史　問題Ⅱ

次の文章をよく読んで，下記の問に答えなさい。

現在ではグローバル化がしばしば叫ばれているが，経済統合は適合と出発の長い歴史を持っている。近代にそれを後押ししたのは，1405〜1779 年の間に主として①ヨーロッパ人と中国人によって開拓された探検と貿易関係であり，その後は②植民地主義と，19 世紀における③鉄道，蒸気船，電信といった新しい輸送通信技術であった。実際のところ 1870〜1914 年は，世界経済の大きな統合と連結の時代であり，それは④貿易，移住，資本の流れに見て取ることができる。第一次世界大戦とロシア革命はこの傾向を止めた。ソ連は⑤自給自足経済の理想へと突き進み，1920 年代の⑥ファシズム時代のイタリアが後に続いた。その後，国際貿易と投資の流れは⑦大恐慌と第二次世界大戦の時代に落ち込んだ。

その悲惨な経験は，戦後の経済秩序を設計した人たちの心に重荷となった。それらの人たちは，繁栄が貿易に依存すると理解し，アメリカのリーダーシップの下に，⑧通貨および貿易の協定に関する新しい体制をつくった。この体制は，1940 年代後半から西ヨーロッパと北アメリカ⑨，朝鮮戦争時(1950～1953 年)からは日本，1950 年代半ばまでに中東の大石油輸出国，1970 年代頃からは韓国と台湾，徹底度と速度は下がるがラテンアメリカ，アフリカ，南アジアの急速な統合を促進・達成した。その一方で，ソ連は，東ヨーロッパ，そして少しの間は中国を含む，ずっと小さく，組織化の緩い対抗機構⑩を組織した。

（J. R. マクニール，海津正倫・溝口常俊監訳，高橋誠ほか訳『20 世紀環境史』名古屋大学出版会，2011年所収，一部改）

問 1　下線部①に関連して，次の問に答えなさい。

(1)　ポルトガル人が航路開拓を進めたことで，ヨーロッパの人びとの世界はアフリカ，アジア，アメリカへと広がった。このうち，15 世紀末にインド西岸のカリカットに到達した人物は誰か。

(2)　15 世紀初頭の中国で，イスラーム教徒の宦官である鄭和に東南アジアからアフリカ沿岸まで遠征させ，朝貢をうながした皇帝は誰か。

問 2　下線部②に関連して，17 世紀以降イギリスによる植民地化が進んだインドでは，経済的な疲弊と植民地支配への反発から 19 世紀半ばにインド人傭兵による大反乱が生じたが，それによって滅んだ国を何というか。

問 3　下線③に関連して，(1)　蒸気機関車，(2)　蒸気船，(3)　磁石式電話機を発明，あるいは実用化したのは誰か。それぞれ適する人名を次の①～⑧のなかから選び，番号で答えなさい。

①　アークライト　　②　エディソン　　③　スティーヴンソン

④　ダービー　　⑤　フルトン　　⑥　ベル

⑦　モース(モールス)　　⑧　ワット

問 4　下線部④に関連して，19 世紀から 20 世紀の転換期，欧米各国の植民地政策はこの動きを加速した要因の一つである。このうち，イギリスがインド洋の支配権確保のために行なった帝国主義政策を３Ｃ政策というが，それはイギリスの支配下にある地域の３つの都市を結びつけるものであった。この３つの都市名を答えなさい。

問 5　下線部⑤に関連して，革命を主導したレーニンの死後，共産党書記長として，ソ連一国だけで社会主義建設ができると主張し，重工業化と農業の集団化・機械化を指示した人物は誰か。

問 6　下線部⑥に関連して，次の①～④のうち，ファシスト党の政権掌握後の出来事として誤っているものを一つ選び，番号で答えなさい。

①　アルバニアを保護国化する。

②　教皇庁(ヴァチカン市国)の独立を認める。

③　国際連盟の常任理事国となる。

④　ユーゴスラヴィアと協定を結び，フィウメを併合する。

問 7　下線部⑦に関連して，大恐慌(世界恐慌)によって世界的に資本の流れが停滞した結果生じた経済上の変化のうち，ブロック経済について簡単に説明しなさい。

問 8　下線部⑧に関連して，1947 年 10 月に成立した，関税などの貿易障壁の撤廃をうながす「関税と貿易に関する一般協定」の略称を何というか。

問 9　下線部⑨に関連して，次の問に答えなさい。

(1)　アメリカ合衆国による戦後西ヨーロッパ諸国の経済復興計画を何というか。

(2)　アメリカ合衆国や西欧諸国を中心としてつくられた集団安全保障機構を何というか。

問10　下線部⑩に関連して，次の問に答えなさい。

(1)　1949 年にソ連と東欧諸国が中心となって設立した経済協力機構を何というか。

(2)　ソ連と東欧諸国による集団安全保障機構であるワルシャワ条約機構(東ヨーロッパ相互援助条約)は，何年に発足したか。

〔解答欄〕　問 7　13.9 cm × 3 行

世界史　問題Ⅲ

次のＡ～Ｅの文章は，19 世紀のヨーロッパの歴史にかかわる史料の抜粋である。よく読んで下記の問に答えなさい。

Ａ　本文書の目的は，各々の国家の統治においても，他のあらゆる政府との政治的関係においても，この神聖な宗教の教え，すなわち，正義と慈愛，平和の教えのみを今後自らの行動原則にするという彼らの固い決意を世界に宣言することにすぎない。

Ｂ　多くの主要な諸身分がこぞって帝国から離れ，特別な連合を結成して一体化することを定めたのであって，高まった期待はまったく裏切られることとなった。この一件により朕《ちん》は，皇帝の職務をこれ以上まったく遂行できないと確信した。

Ｃ　将軍はドレフュス無罪の確たる証拠を手にしながらそれを握りつぶした。くわえて，政治目的のため，そして事件に巻き込まれた参謀本部を救うため，人道冒瀆《ぼうとく》と正義冒瀆《ぼうとく》という重罪を犯した。

Ｄ　黒海は中立化される。黒海の水域と港とは，あらゆる国の商船に対して開かれるとともに…(中略)…黒海沿岸地域を所有する国のものであれ，他のいかなる国のものであれ，戦艦による使用は正式かつ永久に禁じられる。

Ｅ　私はもっと先の方を見ているのです。私は自由貿易原理のうちに，宇宙における重力の原理のように精神的世界に働きかける原理を見ているのです。

(歴史学研究会編『世界史史料』第 6 巻所収，一部改)

問 1　Ａ～Ｅの史料は，それぞれ次の１～５のどれに当たるか，番号で答えなさい。

1　エミール・ゾラ「私は弾劾する」

2　コブデンの演説

3　神聖ローマ皇帝フランツ２世の退位宣言

4　神聖同盟条約草案

5　パリ条約

問 2　A～Eの史料を年代順に並べたとき，次の(　①　)～(　④　)に入る史料は何か，答えなさい。

(　①　)⇒(　②　)⇒(　③　)⇒D⇒(　④　)

問 3　史料Aに関して，これを提案したロシア皇帝の名を答えなさい。

問 4　史料Bの下線部に関して，結成された同盟の名を答えなさい。

問 5　史料Cの下線部に関して，この人物にまつわる事件について簡潔に述べなさい。

問 6　史料Dに関して，この史料に帰結した戦争を開始するにあたって，ロシアが口実としたことは何か，簡潔に述べなさい。

問 7　史料Eの下線部に関して，この人物らが主導した同盟が廃止を求めた法律について簡潔に述べなさい。

〔解答欄〕　問5　ヨコ14cm×タテ4.2cm

問6　ヨコ14cm×タテ1.4cm

問7　ヨコ14cm×タテ3cm

世界史　問題Ⅳ

東南アジア地域を経由する海路による東西交流・交易は，紀元前後から盛んにおこなわれるようになった。紀元前後から5世紀ごろにかけての東南アジア地域は東西交流・交易にどのように関わっており，またそれからどのような影響を受けていたと考えられるか。以下の語を参考にしながら350字以内で説明しなさい。（解答の文中にこれらの語を使ってよいが，すべてを使う必要はない。）

日南郡	林邑	扶南
オケオ	インド	ローマ

地理

(90分)

地理　問題Ⅰ

次の文章を読み，下の問1～13に答えなさい。

地球温暖化の影響によって，北極海の海氷面積が年々減少している。北極海の海氷面積を一年の中で比較した場合，海氷面積が最も少なくなる時期は(　A　)月頃である。北極海の海氷の形成や消失には北極海に流れ込む河川水も影響する。シベリアから北極海に流れ込むレナ川の河口は(　B　)状三角州になっているが，同じくシベリアから北極海に流れ込むエニセイ川とオビ川の河口は(　C　)になっている。

シベリアは，(　D　)山脈などの新期造山帯，サヤン山脈などの古期造山帯，西シベリア低地，北シベリア低地，中央シベリア高原などで構成される。中央シベリア高原のほぼ全域は安定陸塊である(　E　)に分類され，古い岩石に覆われている。シベリアの(　F　)半島周辺域には油田やガス田が存在している。北極海の海氷が年々減少しているため，(　F　)半島で産出する天然ガスを液化天然ガス(ＬＮＧ)にすることで，近い将来，ＬＮＧを輸送するための船舶が(　G　)運河を経由することなく，北極海から(　H　)海峡を通って日本に航行できることになる可能性がある。

永久凍土の分布は①最終氷期の最寒冷期における氷床の分布にほぼ対応し，②氷床に覆われていたシベリア西部の永久凍土層は薄く，氷床に覆われていなかったシベリア東部の永久凍土層は厚い。植生に目を向けた場合，③寒冷で乾燥した(　I　)気候であるにも関わらず，シベリア東部にもタイガが成立している。

シベリアはロシアの領土である。ロシアは，(　J　)年に④ソ連の崩壊によって(　K　)の独立国に分かれたうちで最も人口が多く，面積も最大である。ロシアは，数多くの民族からなる多民族国家であり，民族自治をかかげる共和国や自治州，自治管区を含む連邦国家である。人口構成をみるとスラブ系のロシア民族が全体の約8割を占めるが，⑤アジア系の民族が主要な人口を成している広大な共和国や自治管区もある。そこには，⑥寒冷な気候に適応した生業を営む少数民族も暮らしている。

問 1　上記の（　A　）に入る適切な月を，次の［　　］の中から一つ選択しなさい。

［　3　　6　　9　　12　］

問 2　上記の（　B　），（　C　），（　D　），（　E　）に入る適切な用語や名称を，それぞれ答えなさい。

問 3　北半球の大陸に存在する（　E　）以外の安定陸塊の名称を，2つ答えなさい。

問 4　上記の（　F　）に入る半島の名称，（　G　）に入る運河の名称，（　H　）に入る海峡の名称を，それぞれ答えなさい。

問 5　下線①のおおよその年代を，次の［　　］の中から一つ選択しなさい。

［過去200万年前　　過去20万年前　　過去2万年前　　過去2千年前］

問 6　下線②の名称を，次の［　　］の中から一つ選択しなさい。

［スカンディナヴィア氷床　ローレンタイド氷床　グリーンランド氷床　南極氷床］

問 7　ケッペンの気候区分にしたがい，次の雨温図を参考に，上記の（　I　）に入る気候区の名称を答え，その記号をアルファベット2文字で答えなさい。

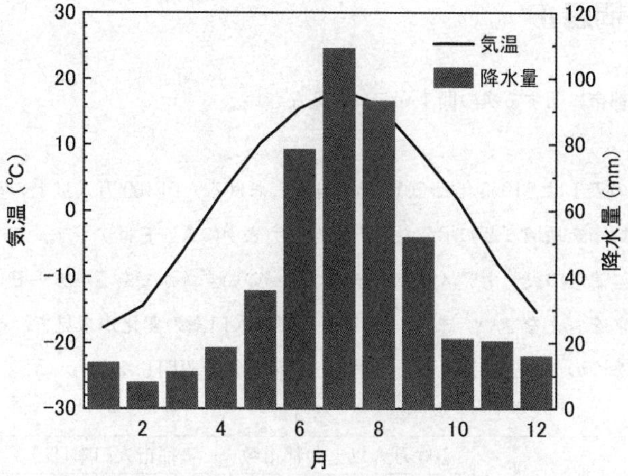

寒冷で乾燥した（　I　）気候に位置する都市の雨温図

（理科年表をもとに作成）

問 8　下線③の理由を，次の［　　］内の語をすべて用いて述べなさい。用いた箇所には下線を引くこと。

［永久凍土　土壌水　年降水量　乾燥］

問 9　上記の（　J　）に入る西暦を答えなさい。

問10　下線④の正式名称を答えなさい。

問11　上記の（　K　）に入る数を答えなさい。

問12　下線⑤にあてはまる共和国の名前を一つ答えなさい。

問13　下線⑥の例として相応しいものを一つ答えなさい。

〔解答欄〕 問 8　ヨコ 13.4 cm×タテ 4 cm

地理 問題Ⅱ

人口と都市に関する次の問1～5に答えなさい。

問1 次の表1は，1955年と2015年の世界における人口100万人以上の都市数と都市人口率を地域ごとに示したものであり，表中のA～Eはアジア，アフリカ，オセアニア，中央・南アメリカ，ヨーロッパのいずれかである。A～Eに該当する地域名を答えなさい。また，60年間の都市人口率の変化から見て，それらの地域を2つのグループに分け，各グループの特徴を説明しなさい。

表1

地域	100万人以上の都市数		都市人口率(%)	
	1955年	2015年	1955年	2015年
世界	85(11)	513(74)	31.6	53.9
A	33(4)	274(45)	19.3	48.0
B	23(3)	57(6)	54.5	73.9
北アメリカ	16(3)	51(9)	67.0	81.6
C	8(1)	68(8)	45.3	79.9
D	3(0)	57(6)	16.3	41.2
E	2(0)	6(0)	64.7	68.1

注：国連 World Urbanization Prospects(2018)により作成。地域の区分は2018年時点のもの，(　)内は人口500万人以上の都市数(内数)。

問 2　次の図 1 は，アジアにおける地域ごとの都市人口率の推移を示したものであり，図中の a ～ c は西アジア，東アジア，南アジアのいずれかである。a ～ c に該当する地域名を答えなさい。また，判断の理由を説明しなさい。

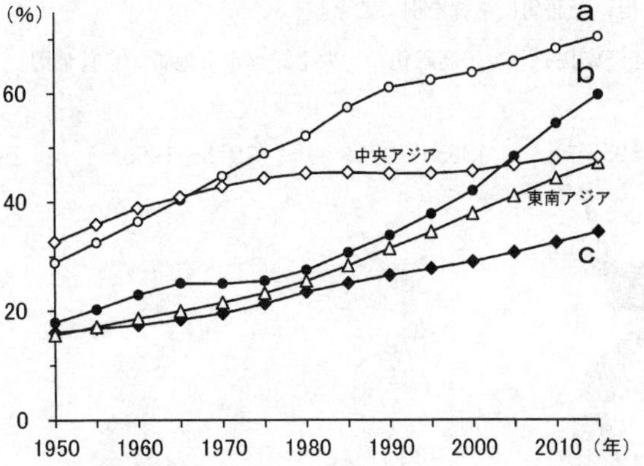

注：国連 World Urbanization Prospects(2018)により作成。
地域の区分は 2018 年時点のもの。

図 1

問 3　発展途上国の大都市には，次の図 2 のように，生活環境の劣悪な居住地区が見られることがある。このような地区は一般に何と呼ばれているか答えなさい。また，そのような地区が発展途上国の都市内に形成される要因を説明しなさい。

図 2

問 4　下の図3は，各都道府県の1935～2015年における20年ごとの人口増加率(%)を示した階級区分図である。日本における80年間の人口分布の変化について，この図から読み取れることを，次の[　　]内の語句をすべて用いて述べなさい。なお，用いた語句に下線を引くこと。

[高度経済成長　　少子高齢化　　太平洋ベルト地帯　　首都圏]

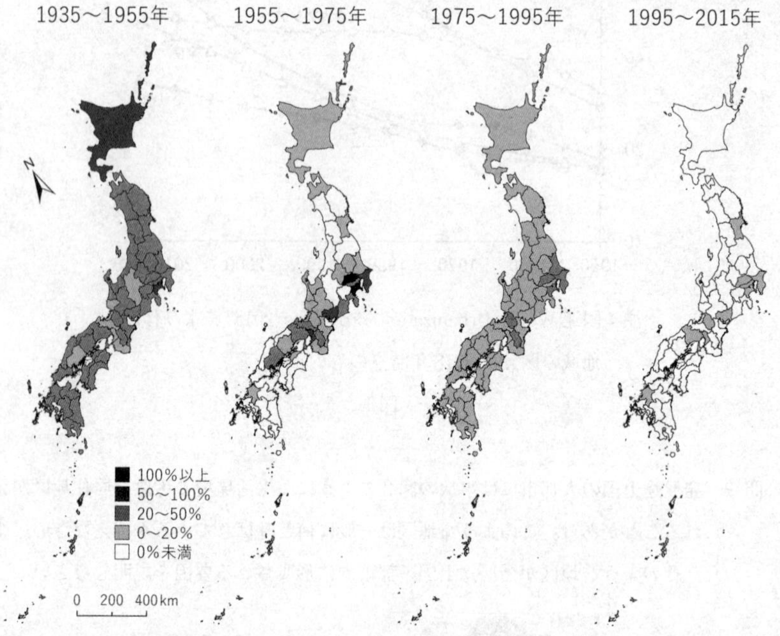

注：国勢調査により作成。

図3

問 5　次の図 4 は，日本のある大都市の都心から約 10 ㎞郊外に位置する場所の土地利用(1977 年と 1997 年)について，農地・緑地・水面を白色，住宅・商店・工場などの建物用地と公共施設用地を黒色，道路・造成中地・空地を灰色でそれぞれ示したものである。この図に見られるように，土地利用の転換が虫食い状に起こる現象は一般に何と呼ばれるか，また，このような現象は地域の生活にどのような問題をもたらしていると考えられるか述べなさい。

1977年　　1997年

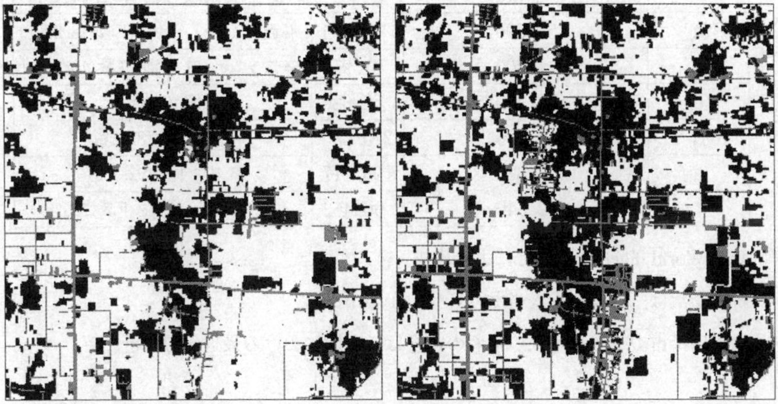

注：国土地理院「細密数値情報(10 m メッシュ土地利用)」により作成。
図幅は，一辺がおよそ 3 ㎞の正方形。

図 4

〔解答欄〕　問 1〈特徴〉・問 4　各ヨコ 13.4 cm×タテ 4 cm
問 2〈理由〉・問 3〈要因〉・問 5〈問題〉　各ヨコ 13.4 cm×タテ 3 cm

地理　問題Ⅲ

次の表１は，東南アジアのいくつかの国における人口，１人当たりＧＮＩ(国民総所得)，主な宗教(全人口に占める主な宗教の信者の割合)を示したものである。この表に関して，下の問１～７に答えなさい。

表１

国名	１人当たりＧＮＩ (ドル)	人口 (千人)	全人口に占める 主な宗教の信者の割合
a	59, 590	5, 804	仏教(33.2%), キリスト教(18.8%)
b	11, 200	31, 950	イスラム教(61.3%), 仏教(19.8%)
c	7, 260	69, 626	仏教(94.6%)
d	4, 050	270, 626	イスラム教(87.2%)
e	3, 850	108, 117	キリスト教(92.2%)
f	2, 540	96, 462	仏教(7.9%), キリスト教(7.5%)

The World Factbook などにより作成。

統計年次は，人口と１人当たりＧＮＩが 2019 年。

全人口に占める主な宗教の信者の割合は，各国における最近年の推計。

問１　表１中の **a** ～ **f** は，インドネシア，シンガポール，タイ，フィリピン，ベトナム，マレーシアのいずれかである。**a** ～ **f** に該当する国として最も適当な国名を答えなさい。

問２　次ページの図１の**ア**～**ウ**は，インドネシア，シンガポール，フィリピンにおける主な商品の輸出額を示したものである。**ア**～**ウ**に該当する国として最も適当な国名を答えなさい。

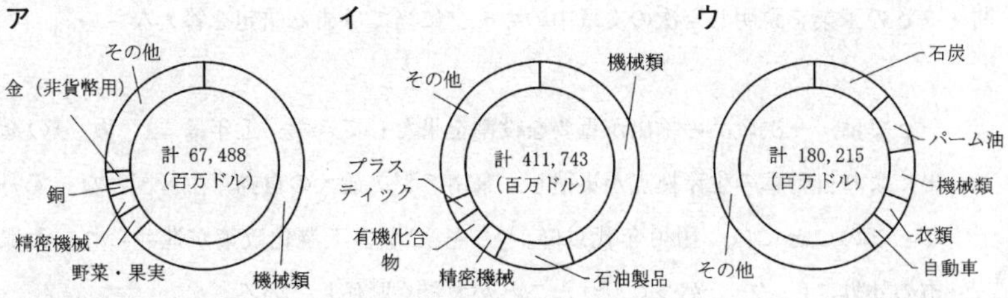

世界国勢図会により作成。統計年次は2018年。

図1

問 3　次の表2は，世界の港湾コンテナ取扱量について，上位6都市の推移を示したものである。シンガポールにおける港湾コンテナ取扱量の推移の背景について説明しなさい。その際，以下の[　　]内の語をすべて用いて述べなさい。用いた箇所には下線を引くこと。

[港湾設備，国際物流，ハブポート(中継貿易港)]

表2

順位	1980年		2000年		2018年	
	港湾名	取扱量	港湾名	取扱量	港湾名	取扱量
1	ニューヨーク	1,947	香港	18,100	上海	42,010
2	ロッテルダム	1,901	シンガポール	17,040	シンガポール	36,599
3	香港	1,465	釜山	7,540	寧波	26,351
4	神戸	1,456	高雄	7,426	深セン	25,740
5	高雄	979	ロッテルダム	6,280	広州	21,922
6	シンガポール	917	上海	5,613	釜山	21,663

国土交通省の資料により作成。

取扱量の単位は千TEU。国際標準規格の20フィートコンテナを1TEUとする。

問 4　bでは，先住民の地位向上を図るための政策が1970年代から本格的に実施されてきた。その政策の名前を答えなさい。また，その政策がとられた社会経済的な背景を説明しなさい。

問 5　bやdにおけるアブラヤシ農園の開発をめぐる問題について説明しなさい。

問 6　**c**の工業を説明した次の文章中の**カ**〜**ク**に当てはまる語句を答えなさい。

cでは，一次産品の輸出が重要な役割を果たしてきた。近年は，（　**カ**　）の進出により自動車の生産拠点が集積し，東南アジア最大の自動車生産国となっている。このことには，1980 年代以降，（　**キ**　）型の工業化政策が進められ，大都市の郊外に（　**ク**　）がつくられたことが大きく関係している。

問 7　次の図 2 の**サ**〜**ソ**は，主なコーヒー生産国(2019 年現在の上位 5 カ国)のコーヒー豆の生産量の推移を示したものである。**f**に該当するものとして最も適当なものを**サ**〜**ソ**から 1 つ選び，記号で答えなさい。また，**f**の生産量の推移について，同国における経済政策の転換に言及しながら説明しなさい。

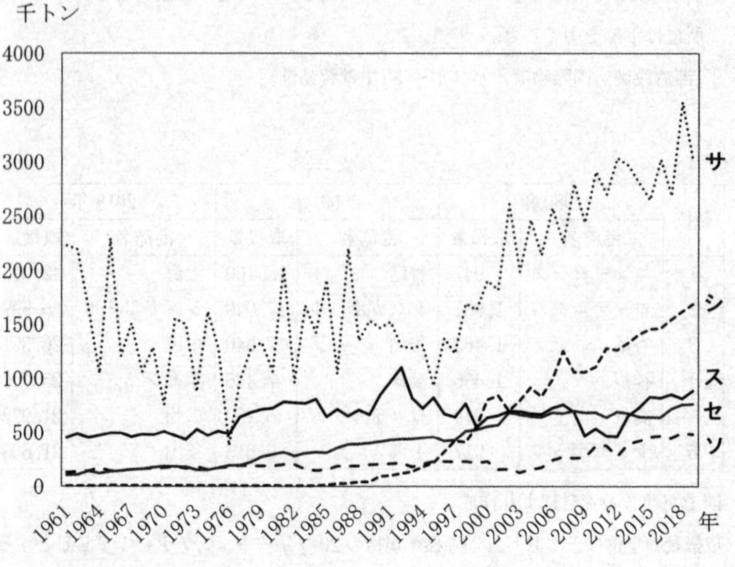

FAOSTAT により作成。

図 2

〔解答欄〕　問 3・問 4〈背景〉・問 7〈推移〉　各ヨコ 13.4 cm×タテ 3 cm

問 5　ヨコ 13.4 cm×タテ 4 cm

数学

（90 分）

1　a, b を実数とする。

(1)　整式 x^3 を 2 次式 $(x-a)^2$ で割ったときの余りを求めよ。

(2)　実数を係数とする 2 次式 $f(x)=x^2+\alpha x+\beta$ で整式 x^3 を割ったときの余りが $3x+b$ とする。b の値に応じて，このような $f(x)$ が何個あるかを求めよ。

2　1 つのサイコロを 3 回投げる。1 回目に出る目を a，2 回目に出る目を b，3 回目に出る目を c とする。なおサイコロは 1 から 6 までの目が等しい確率で出るものとする。

(1)　$ab+2c \geqq abc$ となる確率を求めよ。

(2)　$ab+2c$ と $2abc$ が互いに素となる確率を求めよ。

3　a, b を実数とし，放物線 $y=\frac{1}{2}x^2$ を C_1，放物線 $y=-(x-a)^2+b$ を C_2 とする。

(1)　C_1 と C_2 が異なる 2 点で交わるための a，b の条件を求めよ。

以下，C_1 と C_2 は異なる 2 点で交わるとし，C_1 と C_2 で囲まれた図形の面積を S とする。

(2)　$S=16$ となるための a，b の条件を求めよ。

(3)　a，b は $b \leqq a+3$ を満たすとする。このとき S の最大値を求めよ。

数学公式集

この公式集は問題と無関係に作成されたものであるが，答案作成にあたって利用してよい。この公式集は持ち帰ってよい。

（不　等　式）

1．$\dfrac{a+b}{2} \geqq \sqrt{ab}$，　$\dfrac{a+b+c}{3} \geqq \sqrt[3]{abc}$，　（$a$，$b$，$c$ は正または 0）

2．$(a^2+b^2+c^2)(x^2+y^2+z^2) \geqq (ax+by+cz)^2$

（三　角　形）

3．$\dfrac{a}{\sin A}=\dfrac{b}{\sin B}=\dfrac{c}{\sin C}=2R$

4．$a^2=b^2+c^2-2bc\cos A$

5．$S=\dfrac{1}{2}bc\sin A=\sqrt{s(s-a)(s-b)(s-c)}$，　$\left(s=\dfrac{1}{2}(a+b+c)\right)$

（図 形 と 式）

6．数直線上の 2 点 x_1，x_2 を $m:n$ に内分する点，および外分する点：

$$\frac{mx_2+nx_1}{m+n},\quad \frac{mx_2-nx_1}{m-n}$$

7．点 $(x_1,\ y_1)$ と直線 $ax+by+c=0$ との距離，および点 $(x_1,\ y_1,\ z_1)$ と平面 $ax+by+cz+d=0$ との距離：

$$\frac{|ax_1+by_1+c|}{\sqrt{a^2+b^2}},\quad \frac{|ax_1+by_1+cz_1+d|}{\sqrt{a^2+b^2+c^2}}$$

8．だ円 $\dfrac{x^2}{a^2}+\dfrac{y^2}{b^2}=1$ 上の点 $(x_1,\ y_1)$ における接線：$\dfrac{x_1x}{a^2}+\dfrac{y_1y}{b^2}=1$

9．双曲線 $\dfrac{x^2}{a^2}-\dfrac{y^2}{b^2}=1$ 上の点 $(x_1,\ y_1)$ における接線：$\dfrac{x_1x}{a^2}-\dfrac{y_1y}{b^2}=1$

（ベ ク ト ル）

10.　2 つのベクトルのなす角：$\cos\theta=\dfrac{\vec{a}\cdot\vec{b}}{|\vec{a}||\vec{b}|}$

（複　素　数）

11.　極形式表示：$z=r(\cos\theta+i\sin\theta)$，　$(r=|z|,\ \theta=\arg z)$

12.　$z_1=r_1(\cos\theta_1+i\sin\theta_1)$，　$z_2=r_2(\cos\theta_2+i\sin\theta_2)$ に対し，

$z_1z_2=r_1r_2\{\cos(\theta_1+\theta_2)+i\sin(\theta_1+\theta_2)\}$

13. ド・モアブルの公式：$z=r(\cos\theta+i\sin\theta)$ に対し，

$z^n=r^n(\cos n\theta+i\sin n\theta)$

(解と係数の関係)

14. $x^2+px+q=0$ の解が α，β のとき，

$\alpha+\beta=-p,\quad \alpha\beta=q$

15. $x^3+px^2+qx+r=0$ の解が α，β，γ のとき，

$\alpha+\beta+\gamma=-p,\quad \alpha\beta+\beta\gamma+\gamma\alpha=q,\quad \alpha\beta\gamma=-r$

(対　　数)

16. $\log_a M=\dfrac{\log_b M}{\log_b a}$

(三 角 関 数)

17. $\sin(\alpha+\beta)=\sin\alpha\cos\beta+\cos\alpha\sin\beta$

$\cos(\alpha+\beta)=\cos\alpha\cos\beta-\sin\alpha\sin\beta$

18. $\tan(\alpha+\beta)=\dfrac{\tan\alpha+\tan\beta}{1-\tan\alpha\tan\beta}$

19. $\cos 2\alpha=1-2\sin^2\alpha=2\cos^2\alpha-1$

20. $\sin\alpha\cos\beta=\dfrac{1}{2}\{\sin(\alpha+\beta)+\sin(\alpha-\beta)\}$

$\cos\alpha\sin\beta=\dfrac{1}{2}\{\sin(\alpha+\beta)-\sin(\alpha-\beta)\}$

$\cos\alpha\cos\beta=\dfrac{1}{2}\{\cos(\alpha+\beta)+\cos(\alpha-\beta)\}$

$\sin\alpha\sin\beta=-\dfrac{1}{2}\{\cos(\alpha+\beta)-\cos(\alpha-\beta)\}$

21. $\sin A+\sin B=2\sin\dfrac{A+B}{2}\cos\dfrac{A-B}{2}$

$\sin A-\sin B=2\cos\dfrac{A+B}{2}\sin\dfrac{A-B}{2}$

$\cos A+\cos B=2\cos\dfrac{A+B}{2}\cos\dfrac{A-B}{2}$

$\cos A-\cos B=-2\sin\dfrac{A+B}{2}\sin\dfrac{A-B}{2}$

22. $a\sin\theta+b\cos\theta=\sqrt{a^2+b^2}\sin(\theta+\alpha)$,

$$\left(\sin\alpha=\frac{b}{\sqrt{a^2+b^2}},\ \cos\alpha=\frac{a}{\sqrt{a^2+b^2}}\right)$$

（数　　　列）

23. 初項 a，公差 d，項数 n の等差数列の和：

$$S_n=\frac{1}{2}n(a+l)=\frac{1}{2}n\{2a+(n-1)d\},\quad (l=a+(n-1)d)$$

24. 初項 a，公比 r，項数 n の等比数列の和：

$$S_n=\frac{a(1-r^n)}{1-r},\quad (r\neq 1)$$

25. $1^2+2^2+3^2+\cdots+n^2=\frac{1}{6}n(n+1)(2n+1)$

$$1^3+2^3+3^3+\cdots+n^3=\left\{\frac{1}{2}n(n+1)\right\}^2$$

（極　　　限）

26. $\lim_{n\to\infty}\left(1+\frac{1}{n}\right)^n=e=2.71828\cdots\cdots$

27. $\lim_{x\to 0}\frac{\sin x}{x}=1$

（微　積　分）

28. $\{f(g(x))\}'=f'(g(x))g'(x)$

29. $x=f(y)$ のとき $\frac{dy}{dx}=\left(\frac{dx}{dy}\right)^{-1}$

30. $x=x(t)$，$y=y(t)$ のとき $\frac{dy}{dx}=\frac{y'(t)}{x'(t)}$

31. $(\tan x)'=\frac{1}{\cos^2 x}$，　$(\log x)'=\frac{1}{x}$

32. $x=g(t)$ のとき $\int f(g(t))g'(t)dt=\int f(x)dx$

33. $\int f'(x)g(x)dx=f(x)g(x)-\int f(x)g'(x)dx$

34. $\int\frac{f'(x)}{f(x)}dx=\log|f(x)|+C$

35. $\int\log x\,dx=x\log x-x+C$

36. $\int_0^a\sqrt{a^2-x^2}\,dx=\frac{1}{4}\pi a^2\quad (a>0)$，　$\int_0^a\frac{dx}{x^2+a^2}=\frac{\pi}{4a}\quad (a\neq 0)$，

$$\int_{\alpha}^{\beta}(x-\alpha)(x-\beta)dx=-\frac{1}{6}(\beta-\alpha)^3$$

37. 回転体の体積：$V=\pi\int_a^b\{f(x)\}^2dx$

38. 曲線の長さ：

$$\int_a^b\sqrt{1+\left(\frac{dy}{dx}\right)^2}\,dx=\int_{\alpha}^{\beta}\sqrt{\left(\frac{dx}{dt}\right)^2+\left(\frac{dy}{dt}\right)^2}\,dt,$$

$$(x=x(t),\ y=y(t),\ a=x(\alpha),\ b=x(\beta))$$

(順列・組合せ)

39. ${}_n\mathrm{C}_r={}_{n-1}\mathrm{C}_r+{}_{n-1}\mathrm{C}_{r-1}$,　$(1\leqq r\leqq n-1)$

40. $(a+b)^n=\sum_{r=0}^{n}{}_n\mathrm{C}_r a^{n-r}b^r$

(確　　率)

41. 確率 p の事象が n 回の試行中 r 回起る確率：

$P_n(r)={}_n\mathrm{C}_r p^r q^{n-r}$,　$(q=1-p)$

42. 期待値：$E(X)=\sum_{i=1}^{n}x_ip_i$,

ただし p_i は確率変数 X が値 x_i をとる確率で，$\sum_{i=1}^{n}p_i=1$ をみたすとする。

○可掬——すくいとれるほど多くある。　○敗瓦爛甍——こわれた瓦。　○器使——才能に応じて用いる。

○故旧——古い友人。

問一　波線部a「自」b「而已」c「不レ如」の読みを、それぞれひらがなで記せ。

問二　傍線部1「頃者侯自揀ニ其最佳者一、印以為レ譜」を、現代語訳せよ。

問三　傍線部2「豈必謂ニ貴重一乎」は、筆者はなぜそのように言っているのか。説明せよ。

問四　傍線部3「然不ニ独在レ物也。君相之用ニ人材一、亦或然」とはどういうことか。説明せよ。

問五　傍線部4「苟能器ニ使之一、無ニ不レ可レ使之人一」を、書き下し文にせよ。

問六　「古瓦」を愛好することが、「志を喪ふ」ことにならないのはなぜか。本文の主旨を踏まえて一五〇字以内（句読点も字数に含める）で述べよ。

〔解答欄〕　問三　タテ一四・八センチ×ヨコ二・五センチ
問四　タテ一四・八センチ×ヨコ三センチ

貴《き》賤《せん》。因《リテ》時《ニ》而貴賤《ス》之《ヲ》。珠玉金幣《ハ》挙《ゲテ》世《ヲ》貴重《ス》之《ヲ》。而《レドモ》凶年饑《き》歳《ニハ》c不如一握之粟《ぞくニ》。2豈《ニ》必《ズシモ》謂《ハン》貴重《ト》乎《ト》。敗瓦爛《らん》甍《ばう》人皆軽賤《ス》之《ヲ》。而《レドモ》以《テ》是《ヲ》攷《かんがへ》古今之沿革《ヲ》、徴《ムレバ》時俗之好尚《ヲ》、則《チ》匪《あらズ》可《キニ》軽賤《ス》焉。3然《シテ》不《ル》独《リ》在《ラ》物《ノミニ》也。君相之用《フルモ》人材《ヲ》、亦《タ》或《イハ》然《リ》。寸《ニ》有《リ》所長《ズル》、尺《ニ》有《リ》所短《ズル》。4苟能器使之、無不可使之人。今侯《ノ》於《ケル》古瓦《ニ》、猶《ホ》且《ツ》不《レバ》棄《テ》、則《チ》其《レ》於《ケルモ》人《ニ》者可《シ》知《ル》矣。抑《ソモ》又推《セバ》之《ヲ》、侯之尚《たつとビ》古道《ヲ》、崇《たつとビ》古人《ヲ》、不遺《すテ》故老《ヲ》、不《ルハ》棄《テ》故旧《ヲ》、亦《タ》応《ニ》《シ》必《ズ》在《ル》其《ノ》好古《ノ》癖中《ニ》。然《ラバ》則《チ》此《ノ》譜之所自、豈《ニ》可《ケンヤ》翫《もてあそビ》物《ヲ》喪《うしなフト》志《ヲ》視《ル》之《ヲ》乎。

（佐藤一斎『愛日楼全集』「古瓦譜引」による）

【注】○浜松侯――水野忠邦（一七九四～一八五一）。将軍家慶を補佐して天保の改革を行った。
○湊至――集まってくる。○印――拓本をとる。○題言――はしがき。
○坦――佐藤一斎（一七七二～一八五九）。儒者。坦はその名。○攤――ひろげる。○無慮――およそ。
○標章――（瓦の）文様。○款識――彫りつけた文字。○藹然――盛んなさま。

問四　和歌の上の句（B）とそれに応じた下の句（C）を、それぞれの詠者の意図に言及しつつ、わかりやすく現代語訳せよ。

問五　傍線部ウは、どのようなことを言っているのか、具体的に説明せよ。

〔解答欄〕問一～問三　タテ一四・八センチ×ヨコ三・五センチ
問五　タテ一四・八センチ×ヨコ四センチ

三

次の文章を読んで、後の問に答えよ。但し設問の関係で送り仮名を省いた部分がある。

侍従浜松侯有リ二好古ノ癖一。物聚《あつま》リ二其ノ所ニレ好ム、古瓦《ぐわ》之[a]自二四方一湊《そう》至ス。蓋シ亦《ま》タ累《かさ》ヌ二数百片ヲ一。[1]頃者《このごろ》侯自ラ揀《えら》ビ二其ノ最モ佳ナル者ヲ一、印シテ以テ為シレ譜ト、徴《もと》ム二坦ニ題言ヲ一。攤《ひら》キテ而観ルニレ之ヲ、大小無慮百四十余品。皆為リ二数百年外ノ物一。有リ二年号一、有リ二標章一、有リ二寺観堂宇之款識《くわんし》一、古色藹《あい》然タリテ可キレ掬《きく》ス也。其レ於イテ三古今之沿革ト与ニ二時俗之好尚一、足ル三以テ窺フニ二其ノ一斑ヲ一[b]而已。坦嘗《かつ》テ謂《おも》ヘラク、物ニ無シ二一定之

（C）こはえもいはぬ花のいろかな

とこそ、付けたりけれ。これを、上聞こし召して、ウ「大輔なからましかば、恥《はぢ》がましかりけることかな」とぞ、仰せられける。

これらを思へば、心ときも、かしこきことなり。心とく歌を詠める人は、なかなかに、久しく思へば、あしう詠まるるなり。心おそく詠み出だす人は、すみやかに詠まむとするもかなはず。ただ、もとの心ばへにしたがひて、詠み出だすべきなり。

【注】○貫之――紀貫之。『古今和歌集』撰者の一人。○小式部の内侍――母は著名な歌人の和泉式部。○保昌――藤原保昌。○丹後――現在の京都府の北部。○定頼――藤原定頼。○公任――藤原公任。○道信――藤原道信。○山吹の花――花の色は黄色で、襲《かさね》の色目の梔子《くちなし》色と同色。○上の御局――上局《うえつぼね》とも。后妃が天皇の御座所近くに賜る部屋。○ちしほやちしほ――千入八千入《ちしおやちしお》。繰り返し何度も染めること。またその色や染めたもの。○伊勢大輔――伊勢神宮の祭主大中臣輔親の娘。宮（上東門院彰子）に仕えた。○宮――上東門院彰子。一条天皇中宮。○上――一条天皇。

問一　傍線部アの「後悔の病」とは、歌を詠む際のどのような難点のことを言っているのか、説明せよ。

問二　和歌（A）は、小式部の内侍が定頼に対して、どのような意図をこめて詠みかけたものか、具体的に説明せよ。

問三　傍線部イについて、この場合「心とく詠める」ことが、どのような点で「めでたし」と評されているのか、説明せよ。

二　次の文章は、『俊頼髄脳』の一節による。これを読んで、後の問に答えよ。

歌の、八の病の中に、ア後悔の病といふやまひあり。歌、すみやかに詠み出だして、人にも語り、書きても出だして、後に、よきことば、節を思ひよりて、かくいはでなど思ひて、悔いねたがるをいふなり。さればなほ、歌を詠まむには、急ぐまじきがよきなり。いまだ、昔より、とく詠めるにかしこきことなし。されば、貫之などは、歌ひとつを、十日二十日などにこそ詠みけれ。しかはあれど、折にしたがひ、ことにぞよるべき。

(A)大江山生野のさとの遠ければふみもまだ見ずあまの橋立

これは、小式部の内侍といへる人の歌なり。ことの起こりは、小式部の内侍は、和泉式部がむすめなり。親の式部が、保昌が妻にて、丹後に下りたりけるほどに、都に、歌合のありけるに、小式部の内侍、歌よみにとられて詠みけるほど、四条中納言定頼といへるは、四条大納言公任の子なり。その人の、たはぶれて、小式部の内侍のありけるに、「丹後へつかはしけむ人は、帰りまうで来にけむや。いかに心もとなくおぼすらむ」と、ねたがらせむと申しかけて、立ちければ、内侍、御簾よりなから出でて、わづかに、直衣《なほし》の袖をひかへて、この歌を詠みかけければ、いかにかかるやうはあるとて、ついゐて、この歌の返しせむとて、しばしは思ひけれど、え思ひ得ざりければ、ひきはり逃げにけり。イこれを思へば、心とく詠めるもめでたし。

道信の中将の、山吹の花をもちて、上の御局といへる所を、すぎけるに、女房達、あまたこぼれて、「さるめでたき物を持ちて、ただにすぐるやうやある」と、いひかけたりければ、もとよりや、まうけたりけむ、

(B)口なしにちしほやちしほ染めてけり

といひて、さし入れりければ、若き人々、え取らざりければ、おくに、伊勢大輔がさぶらひけるを、「あれとれ」と宮の仰せられければ、うけ給ひて、一間《ひとま》がほどを、ゐざり出でけるに、思ひよりて、

(2)「こんな風景」と「遊び」は、どのようにつながっていると考えられるか。本文に即して、一〇〇字以内で説明せよ（句読点・かっこ類も字数に含める）。

問五　傍線部③「居場所の時間もこの二つの側面から考えることができる」とあるが、「居場所の時間」にはどのような特徴があると考えられるか、本文に即して、一〇〇字以内でまとめよ（句読点・かっこ類も字数に含める）。

問六　「居場所」について説明された内容として、最も適当なものを、次のア〜エの中から一つ選べ。

ア　「居場所」とは、人が自由に出入りでき、目的を持たずに存在することができる場所なので、何もしないことも何かをすることも、どちらも可能である。

イ　「何もしない」ということは、誰にとっても大切なことであり、日常の中にあるその時間を見出していくことが「居場所」の心地よさをつくり創造性を育むことになる。

ウ　筆者はかつて精神科デイケアで調査を行った経験があるが、「居場所」にいる人々が「何もしない」状況を分析する方法がないので、調査を中止した。

エ　「居場所」におけるごっこ遊びは、社会状況を模倣するものなので、社会を変化させるのではなく、社会状況をそのままに再現し再生産することになる。

○ウィニコット(Donald Woods Winnicott, 1896-1971)――イギリスの精神科医、精神分析家。
○エリアーデ(Mircea Eliade, 1907-1986)――ルーマニアの宗教学者。
○ギュスターヴ・ギヨーム(Gustave Guillaume, 1883-1960)――フランスの言語学者。

問一　傍線部a～jのカタカナは漢字に、漢字は読みをカタカナに、それぞれ改めよ。

問二　空欄A～Dに入れるのに最適な語を、次のア～オから選び、記号で答えよ。ただし、それぞれの記号は一度のみ用いることができる。

ア　まさに　　イ　とりわけ　　ウ　かりに　　エ　あくまで　　オ　むしろ

問三　傍線部①について、「背景」となる「二つの文脈」とはどのようなものか。本文に即して、それぞれ五〇字以内でまとめよ(句読点・かっこ類も字数に含める)。

問四　傍線部②「こんな風景」について、次の問に答えよ。

(1)「こんな風景」の特徴を、筆者が最も端的に示した二字の語を、本文から抜き出し、答えよ。

さまざまな活動にh忙殺される日常生活のなかで、居場所はi喧騒から逃れる特異点となる。あわただしい毎日を送っている人にとっては、緊張感から解放される場所である。あるいは学校や家でいじめや不和によって居心地が悪く、［D］「居場所がない」と感じられている人にとっても、緊張感から解放される場所である。つまり多くの場合、緊張に対するj弛緩が居場所の特徴となる。日常の生活がもつリズムが解除されてゆるむのが居場所である。今現在においてあわただしいのかゆるんでいるのか、というリズム＝強度の違いである。このゆるみは、居続けて良いし何もしなくて良いことと並んで居場所の大きな特徴となる。社会生活という動的でありかつ緊張感のある経験は、静的でゆるんだ時間を必要とする。円環的時間とは、現在が次の現在へと展開していかないということだ。現在＝現前しか存在しない時間であるといっても良い。外に繰り広げられる時間という視点から見ると居場所の時間は円環的であり、内に折り込まれる時間という視点から見た時間は〈リズムのゆるみ〉である。

（村上靖彦『交わらないリズム』による）

【注】
○浦河べてるの家――北海道浦河町にある、精神障害等をかかえた当事者の地域活動を支える社会福祉法人。
○こどもの里――大阪市西成区にある、子どもや保護者の支援を行っているＮＰＯ法人。
○当事者研究――当事者が主体となって、自分自身で自分を理解するための研究を行い、またその研究を発表すること。
○オープンダイアローグ――患者と医療者、家族などの関係者で対話を行うという精神疾患の治療法。
○東畑開人（とうはた　かいと、1983-）――日本の臨床心理学者。
○西川正（にしかわ　ただし、1967-）――日本のコミュニティワーカー。

を打ち立てるわけではない。

　居場所での遊びは創造的な自発性に恵まれるが、それ自体は社会情勢を変化させることも家族関係を変化させることもない（そして自発性が重要であるがゆえに、西川正が示したとおり制度化された f トタンに g ケイガイ化する）。べてるの家の当事者研究は遊びのバリエーションの一つであるとも言えるが（ウィニコット的には学問も含めて創造的な文化的営みはすべて遊びの派生形である）、社会で役立つアイディアは手に入るかもしれないが、当事者研究そのものが生活の変化であるわけではない。当事者研究で得られる生活上のアイディア・手がかりは、［ C ］当事者研究という、生活の場からは切り離された中間領域でメンバーと共同で創造性が発揮された結果生まれるものだ。社会へと介入する行為とは別の活動である遊びは、居場所という、社会からの退却を前提とする。

　無為と遊びという特徴を挙げたうえで、話題にしたいのはこの居場所がもつリズムについてである。居場所は独特の時間と空間をもっている。東畑は状況が変化しない居場所の時間を「円環的な時間」と呼んだ。そして円環的であるということは居場所の無為が〈永遠の現在〉であるということだ（エリアーデが描いたアボリジニの夢の時間のような神話の時間につながる）。

　また、言語学者ギュスターヴ・ギヨームは動詞を論じながら二つの時間を区別した。ひとつは「内に折り込まれる時間」だ。「食べる」と「食べ切る」のニュアンスの違いのような、進行形や完了形といった質の違い、リズムの違いであり、現在＝現前のなかでの時間の緊張にかかわる。もうひとつは「外に繰り広げられる時間」であり、こちらは過去、現在、未来で分節されて現実の世界のなかで年表やスケジュールとして繰り広げられる。③居場所の時間もこの二つの側面から考えることができる。つまり居場所でそのつど内包的に経験される無為のリズムの意味と、居場所が繰り広げる連続性の意味だ。

　まず前者の「現在＝現前の内に折り込まれる時間」から考えてみると居場所がもつ円環的な時間のもつ固有のリズムが見えてくる。

ア室でただ座っているだけなのだ。話をするでもなく、何かを読むでもない。ときどきお茶を口に含むことはあったけど、基本彼らは何もせずにただただ座っていた。②こんな風景見たことない。僕はそれまで、誰も彼もがセカセカと何かをしている世界にいたからだ。（東畑『居るのはつらいよ』）

実は私自身も数年前に精神科デイケアでのフィールドワークを試みかけたことがあったのだが、今思うとこの「何もしない」ことに耐えられなくて調査を断念した。居場所では行為が必要とされない。あるいは［B］状況を変化させようとする行為は禁じられているのだ。以下では、来ても来なくてもよく、何もしなくてもよいというあいまいさの持つ意味について考えていく。

無為に加えて居場所にはもう一つの特徴がある。それは自由な遊びが生み出される場所であるということだ。たとえば居場所型デイケアのプログラムも目的を持たない遊びとも言える。そしてこどもの里のような子どもの居場所では、文字通り子どもは自由に遊ぶ。私は子どもの居場所を調査しているので、思い思いに自由に遊ぶ場所としての居場所の意味を強く感じている。精神科デイケアの場合は、自由に遊ぶことが難しい人たちのためにプログラムをあえて作って遊びを生み出そうとしていると感じるが、もともとの居場所がもつ無為は、自由で即興的な遊びにつながっているだろう。

遊びは、他に目的を持たない行為だ。「○○のため」ではなく、ただそのことが面白い、ということである。そして、それが面白いかどうかは、その子にしか決められない。決めるというより、感じるしかない。

目的を持たないゆえに、居場所はe戯れの場・遊びの場となる。遊びは社会のなかに目的を持たない。遊び自体が遊びの目的だ。居場所が遊びの場になるのは、居場所の本質に無為があり、無為が無目的の遊びを可能にするゆえだろう。遊びは、社会状況へと介入する行為・実践と対立する。遊びはあくまで遊びの空間のなかでの動きであり、遊びの空間の外にある生活や社会の状況を変化させるわけではない。ごっこ遊びがその典型であろう。仮面ライダーごっこは現実世界の悪を倒して世界平和の改正など大きな岐路を迎えた。こうしてフリースクールや放課後等デイサービス、精神科デイケア、高齢者向けのデイサービスといったさまざまな形の居場所事業が制度化されていった。

もう一つの文脈は自発的なものである。浦河べてるの家や、私が関わっている大阪市西成区のこどもの里は、一九七〇年代後半に精神障害者や子どものニーズに応える形で自然発生的に生まれた居場所である。カソ地域の精神障害者が集う場所や、大都市の貧困地区で子どもたちが集う場所が、この時期に自然と生まれたのだった（さらにそのセンクシャとして一九六〇年代後半からの脳性まひ当事者による自立生活運動がある）。高度経済成長期には、身体障害者・精神障害者・虐待から保護された子どもが大規模施設に収容された（当時はそれが「福祉」と考えられていた）。障害を持つ人が再び地域で暮らすための脱施設化の運動と、地域での居場所の創設とは連動している。

二〇〇〇年代に当事者研究やオープンダイアローグといった仕方で具体化していった対話の文化もまた、困難を抱えた人たちが（施設を出て）地域で暮らしていく動きのなかで生まれたものだといってもいいだろう。つまり新自由主義の進行に対するカウンタームーブメントとして居場所と対話の文化が密かにかつ自発的な仕方で日本そして世界の各地に拡がっていったのだ。

居場所とは人が自由に「来る」ことができ、「居る」ことができ、「去る」こともできる場所である。

さらに言うと、「何もせずに」居ることができる場所であり、一人で過ごしていたとしても孤独ではない場所である。なぜ一人で居ても孤独ではないかというと、誰かがそこでその人を気にかけ見守り、放っておいてくれるという感覚があるからである。逆説的だが、居場所とは人と出会える場所であり、かつ一人にもなれる場所のことだ。

居場所がもつこのとらえにくいが大事な機能については東畑開人が鮮やかに描き出した。東畑はとりわけ居場所型デイケアがもつ「何もしない」という特徴の意味を考察した。

だけど本当にふしぎなのは、何かふしぎなことをしている人ではなく、何もしていない人たちだ。多くの人が、デイケ

国語

（一〇五分）

一

次の文章を読んで、後の問に答えよ。

「居場所」はおそらく二〇〇〇年頃から頻繁に耳にするようになった言葉だろう。精神科医療のなかでも居場所型デイケアのように居場所的機能を持つ場が作られてきた。もちろん居場所そのものはおそらく人類の誕生以来ありつづけたものであろうが（言い換えると人間にとって必要欠くべからざる環境なのだろうが）、二一世紀になって居場所がクローズアップされるようになった①背景には、二つの文脈がある。

一つは困難の文脈だ。高度経済成長から新自由主義の進展にともなって地域の共同体が壊れていき、競争社会が浸透してさまざまな排除が正当化されたため、［Ａ］弱い立場に置かれた人の「場」が失われ、「居場所」をあえて人工的に作り出す必要が生じたのだろう。伝統的な居場所がいつの間にか失われていたということが（バブルの崩壊と一九九八年の通貨危機以降の経済の破綻にともない）ａロテイした。社会全体がゆとりを失い、ゆとりを確保するための居場所を新たに作る必要が生じている。その後に続いたインターネットとＳＮＳの普及はとくに若者にとってリアルな場所の不在を際立たせることになった（居場所という言葉が流行している原因を学生に問うと、ＳＮＳの普及への対抗運動だとする回答が多くある）。（経済的な文脈と、医療と福祉の地域化・脱施設化の流れのなかで）二〇〇〇年代初頭に、日本の福祉制度は介護保険の制定や児童福祉法

小論文

（90 分）

（注）解答は答案紙の所定のます目の中に横書きで記入しなさい。1ますに1字ずつ書きなさい（句読点もそれぞれ1字に数えます）。

答案のはじめに問いの文章を記載する必要はありません。

以下の文章は，猪木武徳『自由と秩序―競争社会の二つの顔』（中公文庫，2015 年〔2001 年に中央公論新社から刊行された同名の書を文庫化したもの〕）の「競争社会の二つの顔」と題する章の一部から抜粋し，出題用に編集を加えたものである。この文章を読んで，後の問いに答えなさい。

20 世紀をどう規定するか，その答えはいくつもありうるが，社会科学的に見ると，「神にかわって人間理性が社会を計画し管理する」という大実験が試みられた世紀であったと言える。それまで経済の世界では，端的に言えば，すべての問題が競争原理の中で見えざる（神の）手によって調和的に解決されると信じられてきた。アダム・スミスが表現したように，一人ひとりの人間が，正義の法を犯さない範囲で自分の利益のみを考えて行動していれば，結果として社会全体の利益は増進するという信念が広く浸透していたのである。

ところが 20 世紀に入り，社会はますます巨大になり，複雑になった。そして正義の法といわれるものの内容が具体的な事柄として問題になると，何が正義か，正義が侵されているのか否か，あるいは法を立法の段階で改正するには，どのような基本的ルールに基づくべきかという点をめぐって，意見の一致を見ることが難しくなってきた。汎神論的な自然調和の原理は，抽象的な理念のレベルでは理解できても，「今・ここ」につきつけられた現実の悲惨や貧困あるいは不正に対して何らかの解決を求めること，あるいはそれを予防するシステムを組み上げることの難しさを，人間は痛いほど思い知らされるようになったのである。「存在するものはすべてよし」という考えを，もはやそのまま飲み込むことができなくなったということである。

その結果，社会を管理する，とくに経済を管理するという考え方が，強弱の差はあれ多くの国々で支配的になった。この考え方の極端な形態が社会主義である。そこではもはや汎神論的考えは完全に姿を消し，自らをほとんど「全知全能」と信じるエリートからなる中央計画当局が，経済競争を封じ込め，生産手段と消費財の価値と数量を市場からの価格情報がないままに決めていくというシステムを編成した。それは生産と分配を切り離して経済をデザインし，計画し，コントロールするということを前提としたシステムである。この方式は，社会主義国だけでなく自由経済諸国においても，程度の差こそあれ徐々に浸透していった。公共性の高い分野においては経済競争を弱め，政治的決定を強めるという方式である。

しかしこの経済競争を封じ込めるという方式は，思わぬ結果を招来する。計画経済システム自体の恐るべき非効率性と政治闘争の激化である。まず前者から見ておこう。計画経済システムは，資源・人々の欲望(需要)・技術その他の経済環境について，正確な情報を計画当局が入手しうるということが前提とされている。市場システムの下ではこれらの情報は，それぞれの経済活動の主体がローカルに(自己の利害に関わる限りでの)価格というシグナルを通して知っていれば十分であった。ところが計画経済の下では，中央当局がこれらの情報をすべて入手していなければならない。はたして，誰が経済社会に存在する不確定要素についてすべて知りうるのだろうか。

農作物の収穫を左右する天候は完全に予測できない。科学的発見や技術革新の実現は偶然によるところが大きい。仮に技術的条件が与えられたとしても，生産現場でそれがどう生かされるかは，働く人々の「やる気」に依存する。また，外国がどれほど自国の製品を購入してくれるかは，外国の景気に依存する。人口や労働力がどのような構成になるかを完全に予測することは難しい。こうした経済の不確実性を列挙していくとキリがない。ところがこの不確実性に対処する力は計画経済にはない。この不確実性は市場機構の中でしか解決できないのである。市場で成立する価格は，あらゆる経済情報(需要と供給を決めているさまざまな要素)を圧縮した形で含有しているため，個々の生産者や消費者が自分の利害に基づいて合理的に選択することを可能にする。市場機構のもとでは，誰もすべてを知る必要がないのである。

〔中略〕

社会主義の下では，経済競争が封じ込められたことによって，すべてが政治権力によって決定されるようになった。市場競争の原理が否定された結果，富の生産と分配を(市場ではなく)権力を持った人が決めなければならなくなったのである。どの労働が重要か，どの財が必要かを需給の法則によってではなく，官僚が決定する。ルールではなく，「人による支配」である。その結果，政治権力への闘争が激化する。〔中略〕政治権力へと至る過程の選抜競争は，実はモノ作りを主体とする経済競争ほどには「公正さ」が確保されにくい。経済競争は，結果の評価がかなり客観的に行われうるのに対して，政治の世界での競争では，評価の客観性が極端に不明確になるからである。これは同じ経済競争の中でも，モノを作る分野での評価のシステムのほうが，オフィスでの判断業務を中心とするホワイトカラーの世界よりも基準がはっきりしているのと類比的である。

　こうした官僚機構の馬鹿馬鹿しいほどの非効率と，政治闘争の激しさ，そのゆがみの大きさゆえ，社会主義計画経済は破綻せざるをえなかった。公的部門の経済活動の非効率や政治の腐敗が，いずれの体制でもある程度避けがたいことだとしても，社会主義体制下においてとくにそのゆがみが激しくなった最大の原因は，経済競争を圧殺し平等を実現しようとしたシワよせが，政治の世界へ極端にゆがんだ形で及んだからである。「善を欲して悪をなす」という，意図と結果のパラドックスである。

　社会主義計画経済の破綻から得られる最大の教訓は，経済社会をトータルに計画し管理することの愚であり，「醜い」競争を圧迫しようとする試みが意図通り成功しないのは，競争を経済の分野で掣肘《せいちゅう》〔出題者注：干渉。制約。抑制。〕したとしても，人間の競争本能は別の分野でさらに「醜い」形で発現するということであった。この本来的な競争欲求を，どういう場で昇華させるのか。おそらく経済という場が，いちばん平和な昇華方法を提供しうるということであろう。

　経済社会の計画と管理の破綻が，経済競争の再評価(いわゆる規制緩和論はその典型例)へと結びつくことは自然である。振り子は逆にふれる力をつねに秘めている。しかしこの場合，人間と社会にとって競争のもつ意味と競争の適正さの確保に関する慎重な判断が必要とされる。

　経済競争が人間に合理的行動を選択させ，その結果，経済効率が達成されるというのは，経済学が教える最も重要な命題のひとつである。しかし注意を要することは，この経済学の命題は，「人間は合理的な存在である」ということを主張しているわけではない。経済学は，合理的に(たとえば費用を最小化したりするように)行動しないと競争で淘汰されてしまうような経済を分析の対象として想定してきたことを意味しているだけであって，生身の人間が論理機械のように出来上がっていると主張しているわけではない。競争的な経済は人間に合理的選択を迫るということ，この合理性こそが論理的な分析に耐えうるという認識から，経済学における人間行動の分析が始まるのである。

他方，この合理性と表裏一体をなす競争の概念とは別の，「遊戯としての競争」への意欲を，人間という社会的動物はもっている。遊戯が人間にとって不可欠なものであるか否かは，議論の分かれるところかもしれない。しかし遊戯が人間にとってきわめて重要な何物かであることは否定できない。遊戯はたとえ空しくても，心を広げる何物かであり，遊ぶことをまったく知らない人間に何らかの欠落を感じることがあるのは確かである。

「遊戯」にもさまざまなタイプがある。R・カイヨワによれば，次の四つに分類することができる。球技やチェスのように相手と競争して負かすというタイプのもの，ルーレットやサイコロ遊びのようなまったくの運(luck)を楽しむもの，人形遊びのように空想の中で演じて遊ぶという形態のもの，そしてジェット・コースターやスケートなどのようにめまいや危険な感覚を楽しむタイプのもの。現実の遊びの中には，これらのコンビネーションが多く存在すると考えられる。現実の社会における経済競争は，第1と第2の型を組み合わせたような性格を含み持っているのではないか。それはたんに生き残るための，合理性の徹底としての競争という面だけではなく，「のための」という合目的性を超えた遊戯への欲求から生まれてくる競争心である。

このような点を念頭に置くとき，競争システムそれ自体を再考するためには，合理性や効率という視点だけでは不十分だということに気づく。競争は，その報酬の体系があまりに刺激的すぎると，不正やゆがみを生み出す可能性をはらんでくるからだ。このことは実体経済についてもあてはまる。経済の競争システムは運営の仕方次第で，このシステムの長所そのものを致命的欠陥へと転化させてしまうような危険を含んでいるのである。

その第1の問題点は，この競争システムの評価・報酬の制度があまりに(たとえば嫉妬や怨望を燃え上がらせるほど)極端であれば，「ゆがみ」や不正が必ず発生するということである。現代のスポーツでも，ゴルフやテニスの場合よく知られているように，1位と2位の賞金差は実に大きい。ファイナルに勝てば，2位の数倍の賞金を手にするように報酬の制度がデザインされているから，それだけ選手は必死にならざるをえない。その必死の闘いを，観客は観て楽しむという構図がある。

経済学の一分野では，こうした競争の報酬構造と参加者のインセンティブの関係の分析が近年徐々に発展してきた。どのような報酬の格差をつけると，参加者からより多くの闘争本能を引き出すことができるかという問題である。プロスポーツ同様，実体経済でも報酬格差が大きいほど競争が激しくなる。しかし１位と２位の差，あるいは企業内のたとえば社長と副社長の報酬の格差を大きくすればするほど，勤労意欲をより多く引き出せるというわけではない。競争刺激的システムも，報酬格差をただ大きくすればよいというような，単純な論理だけでデザインされることには限界がある。格差だけを大きくすると，ルール違反が（露見しにくい形で）起こる確率が高くなる。あるいはプレーヤー間の実力がほぼ等しい場合には，共謀して八百長試合をして，裏で賞金を山分けするというような不正が起こるからだ。オリンピックにおけるドーピングとか，フランスやスペインのサッカーで実際に起こった八百長試合などはその例である。

つまり人参を前にぶらさげて，人間の競争本能を刺激するという一元的なシステムだけの追求には明らかな限界がある。人間はそれほど直線的な精神構造を持っているわけではないし，ひとつのシステムを出し抜くだけの（悪）知恵も同時に持ち合わせている。だから規範や規則を（何とかかいくぐりながら実質的には）破るという行動に走ってしまうのだ。競争の結果に対する適正な報酬制度がデザインされていないかぎり，競争は不正を生み出す。

第２の問題点は，競争が自己目的化してしまい，まさしく「ゲーム」のような競争と化して，目的と手段の倒錯が起こるケースである。実体経済における競争は，本来は衣食住をはじめ名誉にいたるまで，何らかの目的をもつものであり，競走に入る前に，まず「野心」や「虚栄心」が存在したはずである。ところがその野心がいつの間にか消滅してしまい，とにかく激しい競争に勝つこと自体に満足を覚え，競争の終了した時点で，競争の本来の目的は跡形もなく消え去る。勝利は失うために求められ，競争から目的としての野心が剥離《はくり》してしまうのである。こうした現象が，遊戯の世界だけではなく，現実の経済競争の中でも起こる例はすでにいくつか観察される。学生時代に試験で勝ち抜きつづけてきた秀才が，いつまでたっても定形的な学習ばかりに精を出し，とにかく競争一本で勝つことだけに驚くほどのエネルギーを消耗するという現象が，日本のエリート組織の中で見られないだろうか。こうした空虚な上昇志向は大人だけに限らない。教育社会学者竹内洋氏のいう入学試験における「欲望なき競争」もその典型であろう。大学受験において，とにかく難しいところだから受験するという若者が多い。しかし合格した暁に，「合格したい」という欲望は充足され同時に消滅してしまうのである。こうした「ゆがみ」や倒錯は，実体的な経済競争が遊戯へと転化してしまうことによって，教育が本来的に担っている役割を一部無化してしまったことを意味する。

以上述べたことは，①生存と遊戯という二つの意味で競争が人間と社会にとって重要であるにもかかわらず，競争の徹底がいくつかの危険性をはらんでいることを示している。経済競争を封殺する社会主義計画経済が歴史的に見て途方もない愚挙であったのと同じように，競争を効率性の観点からのみ礼賛することもかなり愚かしい。有効な競争を掣肘するような奇妙な規制は，有害であれば取り除く必要がある。しかしすべての規制は不要であると主張することに経済理論的な根拠はあったとしても，理論をそのまま政策として適用すればよいというほど現実社会は単純に出来上がってはいない。理論がこうだから政策もこうあるべきだと主張できるほど，理論と政策には直接的な関係はない。あるバカげた規制をはずすことによって，その規制のグレーゾーンで裁量権を発揮していた行政官の権力は弱まるかもしれない。その結果，許認可権を背景として起こってきたタイプのスキャンダルは起こりにくくなるだろう。しかしこれは一面の真理にすぎない。というのは，別の力が働く可能性もあるからだ。規制がなくなると，経済はより競争的になり，あるところまでは効率性の達成が実現されよう。しかし競争が過度に刺激されると，先に述べたような不正や愚行が頻発する危険が高くなる。

それはあたかも二つのシステムの両極端が，奇しくも親近性を持つことと似ている。社会主義体制はつねに強い政治と行政と司法を必要とした。高度に競争的なシステムも，起こりうる不正や争いに対して，強い裁定者を必要とする。たとえばビッグ・バンで国際的にも競争が激化するとするなら，その過程で発生する不正な金融取引をどう摘発し，罰するのかという点で，強い司法が不可欠なはずだ。あるいは激しすぎる競争から生まれる嫉妬や怨望をどう冷却するのか。この問題は，競争を排除し，統制と平等分配を目指そうとした社会主義社会で起こった問題と実はきわめて似ている。経済競争を封じ込めようとした結果，激しくなった政治闘争の過程で生まれる嫉妬と怨望こそ，共産主義下における不正・犯罪そして粛清を不可避にしてきた元凶だったはずである。その意味で嫉妬や怨望は自由が束縛されたところで生まれると説いた福沢諭吉（『学問のすゝめ』第 13 編「怨望の人間に害あるを論ず」）は，20 世紀の社会主義の破綻を正確に予言していたといえよう。つまり経済競争を否定した計画経済システムも，その逆の一元的な競争システムも，いずれもそれだけで人間社会に秩序と平和をもたらすことはないのだ。この点こそ，20世紀の人間が多大のコストを払って学び取ったひとつの重要な教訓であった。

人間社会における競争をひとつの分野で封じ込めても，必ず別の分野なり別の形での競争が現れること，そして競争にも適正な厳しさというものが存在し，ある点を過ぎると競争システム自体の根本をゆるがすような「ゆがみ」や不正が生じるということを述べてきた。こうした適正さやバランスが必要なのは，競争自体が人間にとって二つの矛盾する本源的性向に根ざしているからだ。ひとつには，先にふれたように生存のためにわれわれは合理的手段を選ばざるをえないよう運命づけられていること，もうひとつは，「目的なき目的」しか持ちえない行為をわれわれは楽しむ性向を有し，こうした余剰への奉仕や遊戯の精神が人間を人間たらしめているという側面があることである。前者を単純に人間の合理的性向と呼ぶとすれば，後者はその合理性とはほとんど無縁ともいうべき精神的構えである。

これは人間の複雑さの表れであり，人間の多面性と呼んでもよかろう。われわれは「自由」を欲する。自分が匿名(anonymous)になりえて初めて感じうるような精神状態を漠然と求めることがある。「都市のほうが田舎よりも自由だ」と人が感じるのは，こうした(善悪双方を含めた)選択の可能性の大きさへの欲求を意味している。つまり匿名性が，時として自由の条件になるのである。しかしこの匿名性を一方で求めながら，他方でフェイス・トゥ・フェイスのコミュニケーションが人間社会にとっては大事だと，往時の素朴さを懐かしむ場合がしばしばある。これは矛盾である。

さらに，人間は自由を欲しながら，同時に，隷従を希求することがある。自由な個人が自分自身の主人となったとき，それで必ず満足することができるだろうか。同時にわれわれは何物かに隷従し，その何物かに奉仕したいと望む。観念への隷従もこの例であろう。社会科学における理論信仰も，それがマルクスであれ新古典派であれ，理論と現実を混同するかぎり，同じ穴のムジナなのである。また，人間が自由を求めると同時に平等にも配慮したいということも，相矛盾するものを希求する人間の複雑さを反映している。

人間はこのように，たんなる実用的な合理性を超えた存在であるから，その要求するところすべてを満たすような単一のシステムを創り上げることはできない。このことは，結局いかなる社会的システムも，折衷的(eclectic)なものにならざるをえないことを意味する。この点に関しても福沢諭吉が興味深い指摘を行っている。

福沢は「父の生涯，四十五年の其間，封建制度に束縛せられて何事も出来ず，空しく不平を呑《の》んで世を去りたるこそ遺憾なれ。(中略)私の為めに門閥制度は親の敵で御座る」と『福翁自伝』の中で述べているが，社会システムとしての徳川の封建制には別の視点からきわめて高い評価を与えていた。徳川の統治のどこを，いかなる視点から評価していたのか。福沢の論点は，本稿のこれまでの議論と重なるところがある。それは，徳川の統治は，一元的な競争・評価のシステムによるものではなく，人間性あるいは人間社会の複雑さを考慮に入れた，実にソフィスティケートされた多元的システムであったというのである。

〔中略〕

徳川時代は，いわば実力と爵位のような虚位〔出題者注：名目だけで実権のない地位。〕を別の評価システムで与え，あるいは藩の大小と政権における地位の上下を一致させないといった〔中略〕巧みな多元的システムを組み込むことで，全体の秩序を維持していたと福沢は見ていた。徳川の封建制度には身分区分とその身分内の出世競争はあったが，それでも評価方式は決して一元的なランク付けに終始していたわけではなかったというのである。

だからといって，今，江戸時代の統治システムに戻れというのは時代錯誤もはなはだしいが，この福沢の指摘はきわめて興味深い論点を含んでいる。人間の原風景をよく考慮し，社会の中の人材の評価のシステムが多元的であるほうが，社会秩序にとって良しという。しかしその多元的システム自体をどう創り上げるかは，難しい政策論となる。ただひとつ明らかなのは，現代民主主義の下では，こうした多元的評価システムを創り上げることはなかなか難しい②ということである。それは現代民主主義のいくつかの特色を想起すれば明らかであろう。公職の選挙は一種の人気投票であるから，民主制社会における公職の地位と人格・識見との間には定まった対応関係はない。たとえ有能で高潔な人が公職についても，日々不本意な妥協を強いられるような割りの悪い仕事であることを痛感するばかりであろう。したがって公職は，十分報われたと満足することのできないような仕事になってしまっている。

フランスの政治思想家トクヴィルは『アメリカの民主政治』(第 1 巻，第 13 章)の中で，次のように指摘している。公職が選挙で決まっている場合(政治家)は，選ばれるか否かは不確定であり，キャリアを形成することは保証されていないから，公務は野心の目標とはなりにくい。したがって偉大な才幹や情熱をもっている人々は富を追求するために，一般に権力を追い求めることに力を注がなくなる。それゆえ民主制の国家においては，多数の凡俗な人々が，選挙を通して公務につくような傾向が生まれる。トクヴィルは人民は優秀な人に投票するとは限らないし，優秀な人が熱心に投票を求めることもないと指摘したのである。

さらに民主制社会では「多数」が権威となり，人間の知識や判断が均等化する傾向にある。同時に量の増大に伴う知識の質の低下が起こり，多数意見に誤りがありうるといった点に関する形而上学的考察など，ほとんどの人々の重要関心事ではなくなる。とにかくたくさんの人々が喜ぶような意見や考えが世の中を支配する。ここにも多元的システムの生成を阻む要因がある。結局，富と知識が平均化した中産階級がデモクラシーの中核を形成するため，「権利としての凡庸さ」(オルテガ)が政治の大前提となってしまうのである。

経済の分野でも，ほぼ同じ問題が市場機構で発生していることは繰り返す必要はあるまい。市場はそれ自体ひとりで立つことはできず，公共精神(正直をはじめとする倫理上の諸徳だけでなく他者や未来を考える精神)と公共財の供給を前提として初めてひとつのシステムとして完結する。もちろん何を市場に委ね，何を公共財として国家が準備するかについての一致した理論的見解があるわけではない。しかし正義のルールの遵守と，アダム・スミスのいう慈愛(benevolence)の精神とが相俟《ま》ってはじめて，市場はひとつのシステムとしての意味を持つのである。

20世紀の体制変換の「紆余曲折」からわれわれが知りえたことは，政治における民主制も，経済における市場機構も，そしてこれら二つのシステムを支える人間の競争への衝動も，それ自体としては，われわれが完全な隷従を誓うような独立した理念や絶対的価値を持たないということではなかったか。「生存への闘い」と「遊戯」という相反する二つの人間の根元的欲求を土台とした競争社会が，人間として不可欠な品位とユーモアを維持できるようなバランスをいかに保ちうるかが，これから問われるのである。

問1 下線部①「生存と遊戯という二つの意味で競争が人間と社会にとって重要であるにもかかわらず，競争の徹底がいくつかの危険性をはらんでいる」とはどういうことか，筆者の考えを240字以内で説明しなさい。

問 2　下線部②「現代民主主義の下では，こうした多元的評価システムを創り上げることはなかなか難しい」と筆者が考える理由を 300 字以内で説明しなさい。

問 3　この文章を踏まえ，社会における競争を過度に刺激したために「ゆがみ」や不正が生じているとあなたが考える具体例を一つ取り上げながら，その競争において適正さやバランスを保つためには，どのような評価・報酬の制度を創り，どのように運用すればよいかについて，論じなさい。取り上げる具体例は，筆者が挙げているものに限りません。字数は 500 字以上 600 字以内とします。

//////////////////// · memo · ////////////////////

2021年度

問題編

■前期日程

問題編

▶試験科目・配点

学部(学科)	教　科	科　　目　　等	配　点
文	外国語	コミュニケーション英語Ⅰ・Ⅱ・Ⅲ，英語表現Ⅰ・Ⅱ	400 点
	地　歴	日本史Ｂ，世界史Ｂ，地理Ｂから１科目選択	200 点
	数　学	数学Ⅰ・Ⅱ・Ａ・Ｂ	200 点
	国　語	国語総合・現代文Ｂ・古典Ｂ	400 点
教　育	外国語	コミュニケーション英語Ⅰ・Ⅱ・Ⅲ，英語表現Ⅰ・Ⅱ	600 点
	数　学	数学Ⅰ・Ⅱ・Ａ・Ｂ	600 点
	国　語	国語総合・現代文Ｂ・古典Ｂ	600 点
法	外国語	コミュニケーション英語Ⅰ・Ⅱ・Ⅲ，英語表現Ⅰ・Ⅱ	200 点
	数　学	数学Ⅰ・Ⅱ・Ａ・Ｂ	200 点
	小論文	高等学校の地歴・公民の学習を前提とする	200 点
経　済	外国語	コミュニケーション英語Ⅰ・Ⅱ・Ⅲ，英語表現Ⅰ・Ⅱ	500 点
	数　学	数学Ⅰ・Ⅱ・Ａ・Ｂ	500 点
	国　語	国語総合・現代文Ｂ・古典Ｂ	500 点
情報(人間・社会情報)	外国語	コミュニケーション英語Ⅰ・Ⅱ・Ⅲ，英語表現Ⅰ・Ⅱ	700 点
	選　択	日本史Ｂ，世界史Ｂ，地理Ｂ，「数学Ⅰ・Ⅱ・Ａ・Ｂ」 から１科目選択（出願時）	400 点

▶備　考

- 「数学Ｂ」は，「数列」，「ベクトル」から出題する。数学の試験については，試験室において公式集を配付する。また，直線定規・コンパスを使用できる。
- 2021 年度入試については，原則，教科書に記載されている発展的な内容からは出題しない。ただし，設問中に補足事項等を記載した上で，発展的な内容を出題することがある。

英語

（105 分）

I　次の英文を読み，下記の設問に答えなさい。

（＊の付いた語は注を参照すること）

The Royal Society, the United Kingdom's academy of sciences, was founded in 1660. At its earliest meetings, scientists shared travellers' tales, peered through newly invented microscopes, and experimented with airpumps, explosions and poisons. Its earliest fellows included the polymaths Christopher Wren and Robert Hooke, [ア] enthusiastic amateurs such as the prolific diarist Samuel Pepys. Sometimes gatherings turned gruesome: Pepys recorded the event of a blood transfusion from a sheep to a man — who, amazingly, survived. Health and safety rules render Royal Society meetings somewhat duller these days, but (1)the guiding spirit remains. Right from the start, the Society recognised that science was international and multidisciplinary.

Science and technology, of course, hugely expanded over the following centuries. [お], the Royal Society's present-day fellows are specialised professionals. This fact aggravates the barrier between science and the public, as well as between different specialisms. (2)As a physical scientist, most of my own all-too-limited knowledge of modern biology comes from 'popular' books on the subject.

The sharp demarcation between scientists and humanities scholars would have perplexed intellectuals [イ] Wren, Hooke and Pepys. In 1959 the novelist, critic and chemist C. P. Snow bemoaned this divide in his iconic lecture on the 'Two Cultures', presented at the University of Cambridge. There was (and still is) much truth in his analysis; we are all too narrow in our cultural reach. However, Snow presented the dichotomy too starkly — a consequence, perhaps, of the social milieu in which he moved. He felt an affinity with scientists and engineers who had been part of the war effort in the Second World War, and retained a robust sense of optimism about the role of science in human betterment. That generation had 'the future in their bones', he said, and roamed what he elsewhere called the 'corridors of power'. They influenced, among others, the UK's prime minister Harold Wilson, who extolled 'the white heat of this technological revolution' in a celebrated speech at the 1963 Labour Party conference. [か], the humanities scholars whom Snow knew best — and who typified, for him, the literary culture of the 1950s — had been intellectually straitjacketed by schooling with a strong focus on Classical languages, often followed by three years in the narrow social world of Oxford or Cambridge.

The issues that concerned Snow loom only larger today. Societies are increasingly dependent on advanced technology; science pervades our lives more than ever. But the glad optimism about science has faded. In many quarters, observers view the impact of new breakthroughs with more ambivalence [ウ] excitement. Since Snow's time, our 'marvellous' new technologies have created fresh hazards and raised new ethical quandaries. Many commentators are anxious that science is getting out of hand, such that neither politicians nor the public can assimilate or cope with it. The stakes are higher now too: science offers huge opportunities, but future generations will be vulnerable [エ] risks — nuclear, genetic, algorithmic — powerful enough to jeopardise the very survival of our civilisation.

In a later publication based on his original lecture, Snow suggested that there was a 'third culture', one embracing the social sciences. Today it might be truer to say that the very idea of 'culture' has many interweaving strands. Nonetheless, intellectual narrowness and ignorance remain endemic, and science is a closed book to a worrying number of people in politics and the media. But just as many people are ignorant of the history and literature of their own nation. Scientists don't have a special reason to moan; in fact, (3)it's really quite remarkable how many people are interested in subjects as blazingly irrelevant to practical life as dinosaurs, the Higgs boson* and cosmology. There is a surprising and gratifying interest in fundamental big questions — such as the origins of consciousness, of life, and of the cosmos itself.

Charles Darwin's ideas, [き], have been culturally and philosophically resonant ever since they were first unveiled in 1859. Indeed, they've never provoked more vibrant debates than they do today. Darwin was perhaps the last scientist who could present his research in a way accessible to general readers; (4)today, it's hard to present original findings without a forbidding array of equations, or a specialised vocabulary. 'On the Origin of Species', which he described as 'one long argument' underpinning his theory, ranks highly as a work of literature. (5)It changed our perception of human beings by revealing that we were an outcome of a grand evolutionary process that can be traced back to the beginning of life on Earth.

【出典：Rees, M. (2020, May). "The Good Scientist," *Aeon*. 出題の都合上，原文の一部に変更を加えている。】

注

the Higgs boson　ヒッグズ粒子

設　問

1．ア 〜 エ に入るもっとも適切な表現を選び，記号で答えなさい。各記号は1回のみ使用できるものとする。

(A) along with　(B) between　(C) either　(D) from

(E) such as　(F) than　(G) to　(H) within

2．[　お　]～[　き　]に入るもっとも適切な表現を選び，記号で答えなさい。各記号は1回のみ使用できるものとする。文頭に入る場合も小文字で表記してある。

(A) as a result　(B) for example　(C) in addition　(D) in conclusion
(E) in contrast　(F) secondly　(G) to my surprise

3．下線部(1)の“the guiding spirit”の内容を表すもっとも適切な文を以下から1つ選び，記号で答えなさい。

(A) The Royal Society accepts scientists, but not humanities scholars.
(B) The Royal Society conducts even gruesome experiments by obeying health and safety rules.
(C) The Royal Society gathers information from around the world and covers a variety of disciplines.
(D) The Royal Society sends its fellows to various parts of the world to make a world map.

4．下線部(2)はどういった状況の例として述べたものか。60字以内の日本語で説明しなさい。

5．下線部(3)を日本語に訳しなさい。

6．下線部(4)の内容を，チャールズ・ダーウィンの時代と対比して，70字以内の日本語で説明しなさい。

7．下線部(5)を日本語に訳しなさい。

Ⅱ 次の英文を読み，下記の設問に答えなさい。
（＊の付いた語は注を参照すること）

以下はスキューバダイビングがアメリカの退役軍人の心理的幸福度に与える影響に関する学術論文の一部である。

[ア]. As with many adventure activities, scuba can be perceived as dangerous by those unfamiliar with the activity. The elements which create perceived danger include pressure, breathing conditions, visibility under water, and participant orientation under water. Having noted these risk factors, it is not necessarily the perceived risks or excitement that drive most scuba divers to continue their participation in this activity. Scuba diving also has various inherently therapeutic benefits. The purpose of this study is to examine the effects of adaptive scuba diving on psychological well-being outcomes among U.S. veterans, as the activity offers psychological benefits, physical benefits, and (1)social benefits.

Firstly, [イ]. Divers must breathe with a steady, slow, and deep breathing technique. This type of breathing is associated with increased heart rate variability and lower levels of stress. Once divers control their breathing and maintain a calm state, they are able to remain underwater for longer periods of time. When underwater, divers will be in an environment that is silent, except for the sound of their own breathing. If divers are breathing with slow and steady breaths, they will produce a rhythmic background noise. This steady sound, absent of other sounds, provides a focus point for (2)a meditative experience. Divers often report that the comfort they experience in the water provides distance from their daily stressors. This cognitive distance also allows divers to be fully present during their diving activities.

Secondly, [ウ]. Divers are touched by the pressure of the water on every inch of their body. (3)This pressure provides a sense of weightlessness or freedom for individuals who may not have much bodily freedom in their daily lives. This immersive experience alters divers' perceptions. They have the freedom to change their body's axis in a variety of ways. One way is to move their body onto a horizontal plane, emulating the feeling of flight. Although unpublished, a pilot study of scuba diving's effects on veterans with spinal cord* injuries reported that veteran divers felt ten-percent improvement in sensing light touch, and their muscle spasticity* decreased by 15%.

Lastly, scuba diving provides other opportunities not found in traditional meditation or mindfulness activities. It has a unique set of required equipment (e.g., a diving suit, goggles) that serves as a group identifier. For an individual with a disability, this new label of being a scuba diver can be just as freeing as the act of diving itself. Divers become part of a dive community. Social comfort gained from diving is expressed strongest in the relationship between dive buddies. Dive buddies look after each other, and ensure mutual safety when diving. This promotes group responsibility that may not be possible outside of the dive experience.

[　　　エ　　　]. Although learning of diving-related foundational knowledge remains the same, technical training is adjusted depending on individual needs. For example, someone with paraplegia* would be accompanied by a scuba buddy and might use webbed gloves to efficiently propel and balance the body only with upper limbs. If individuals [お] limited fine motor control in their hands, they would [か] an adaptive version of hand signals to communicate with others under water. For divers with posttraumatic stress disorder, diving instructors [き] them of potential reminders of their traumatic experiences (e.g., mechanical sounds of a boat, darkness of water) before going on a diving trip. Divers who take medications for their mental conditions receive individualized lists of potential issues (e.g., antidepressants may cause drowsiness and worsen decompression sickness). Instructors and buddies should closely [く] divers with mental health issues for potential episodes under water and [け] immediate exit plans.

Previous literature suggests that scuba diving may be a recreation activity that has a broad range of therapeutic outcomes. However, to the best of our knowledge, almost no study has examined the therapeutic effects of adaptive scuba diving on veterans' mental health. The current study was aimed at filling this gap (4) in the literature. The purpose was to examine the effects of adaptive scuba diving on mindfulness and contentment among U.S. veterans.

【出典：Blumhorst, E., Kono, S., & Cave, J.（2020）. An exploratory study of adaptive scuba diving's effects on psychological well-being among military veterans. *Therapeutic Recreation Journal, 54*（2）. 173-188. 出題の都合上，原文の一部に変更を加えている。】

注

spinal cord　脊髄

spasticity　痙攣

paraplegia　対麻痺

設　問

1. [ア] ～ [エ] に入るもっとも適切なものを選び，記号で答えなさい。各記号は 1 回のみ使用できるものとする。選択肢の先頭の語はすべて小文字で表記してある。

(A) adaptive scuba diving allows individuals with disabilities, such as spinal cord injuries, to dive as independently and safely as possible

(B) many scuba divers participate to find a sense of peace, tranquility, and calm

(C) scuba diving is a recreational activity that is associated with adventure tourism

(D) the water offers opportunities that are not found anywhere else

2．[　お　]～[　け　]に入るもっとも適切な単語を選び，記号で答えなさい。各記号は１回のみ使用できるものとする。

(A) damage　(B) have　(C) inform　(D) learn　(E) monitor　(F) prepare

3．下線部(1) "social benefits" について説明した以下の文の空所に本文に即して７語以内の適切な英語を補いなさい。

By becoming a diver, an individual becomes ＿＿＿＿＿＿＿＿＿＿ .
This brings a sense of belongingness.

4．次の(A)～(D)のうち下線部(2) "a meditative experience" に役立つ要因として最も適切なものを本文に即して１つ選び，記号で答えなさい。

(A) Divers are surprised by a rhythmic background noise.

(B) Divers' bodies become paralyzed.

(C) Divers cannot hear anything, including their own breathing sound, in a silent underwater environment.

(D) Divers use their breathing sound as a point to be focused on.

5．下線部(3)を，"This pressure" が具体的に何を指すのかがわかるようにして，日本語に訳しなさい。

6．下線部(4) "this gap" の具体的内容を本文に即して日本語で説明しなさい。

〔解答欄〕 6. 14.5 cm × 3 行

III At the cinema, Michael is talking with his friend Louise. They are waiting in line to buy their tickets. Read the text and answer the questions.

Michael: So what is this film we are going to see?

Louise: It's called *La Strada Polverosa*, which means 'The Dusty Road' in English.

Michael: Wait, this movie isn't in English?

Louise: No, it's an Italian film.

Michael: You mean I'm going to have to read subtitles?

Louise: Yes. Do you mind?

Michael: Well, I prefer to see films in English. It makes it [ア] for me to follow and understand. Plus, I like being able to focus on the visuals. If I'm having to read subtitles it means I'm not able to watch the film.

Louise: Well, this film doesn't have that much dialogue, so you should be fine. It's very famous. It was [イ] in 1967 by the filmmaker Lorenzo Bianchi.

Michael: Wait, this is an old movie? Is it even in colour?

Louise: No, it's in black and white. Is that a problem?

Michael: It's not a problem, but I prefer to see recent films. I love big, expensive action movies with state-of-the-art special effects and big explosions.

Louise: Well, we could see another movie if you like, but we would have to go somewhere else. They only show arthouse films at this cinema.

Michael: What's an arthouse film?

Louise: An arthouse film is an artistic or experimental film, as opposed to a film that is simply entertaining.

Michael: So expensive action movies with big explosions aren't arthouse movies?

Louise: No. Definitely not.

Michael: That sounds a bit elitist.

Louise: Perhaps. I don't just watch arthouse movies, though. Sometimes I enjoy watching action movies or romantic comedies. I think it's important to see a wide range of different films. It's good to [か].

Michael: Why are you so keen on seeing this particular old movie?

Louise: It's enormously influential. Many contemporary artists credit it as a source of inspiration. Not only filmmakers, but also artists, fashion designers, and architects all regard it as an important cultural landmark.

Michael: Have you seen it before?

Louise: Yes, but only on television. It's one of my favourite movies. Now I finally have the chance to see it on the big screen.

Michael: Do you think seeing a movie at the cinema is very different from seeing it on TV?

Louise: Absolutely. Whether you're seeing an arthouse movie or an action movie with lots of explosions, it's much more thrilling to see it on the big screen. I'd watch all movies at the cinema if I could.

Michael: You're really passionate about movies.

Louise: It's almost an obsession.

Michael: How long is this movie we're going to see?

Louise: Three hours and forty-five minutes.

Michael: Wow, that's [ウ] four hours! I could see several other movies in the same time.

Louise: Right, so you'll be getting [エ] for money with this film.

Michael: That's an interesting way of looking at it.

Louise: I've heard of a Hungarian film that was released in 1993 that runs for over seven hours.

Michael: Seven hours? I don't think I could sit [オ] for that long.

Louise: I think you would need to take some food with you. As well as something to drink.

Michael: And you'd need at least one bathroom break.

Louise: I think I'd rather see a crass action movie than a seven-hour arthouse film.

Michael: Maybe we could find an arthouse movie with a bit of action next time. Something in between that satisfies both our tastes.

Louise: An arthouse action movie? I've never heard of such a thing, but I'm sure it's possible.

Michael: Maybe we'll see one in the trailers before the movie.

Louise: That's a good idea. Let's go get our seats so we're ready before the film starts.

QUESTIONS

1. Select the most appropriate words from the list below to fill in the blanks [ア] to [オ]. Answer using the letters (A) to (J). Do not use any letter more than ONCE.

(A) asleep (B) easier (C) film (D) longer (E) made
(F) nearly (G) precisely (H) still (I) thought (J) value

2. Select the most appropriate expression to fill in the blank [か].

(A) appreciate what you have
(B) broaden your horizons
(C) look before you leap
(D) make a long story short
(E) take a rain check

3. Based on the conversation, which one of the following is NOT true?

(A) Louise is seeing *La Strada Polverosa* for the first time.

(B) Louise occasionally enjoys romantic comedies.

(C) Michael likes films with explosions.

(D) Some fashion designers have been influenced by *La Strada Polverosa*.

(E) The film Louise and Michael are about to watch is Italian.

4. Based on the conversation, which TWO of the following are true?

(A) Louise does not watch action movies.

(B) Louise thinks watching films on television is better than going to the cinema.

(C) Michael questions the concept of arthouse films.

(D) Michael watches a lot of arthouse movies.

(E) Michael would prefer not to have to read subtitles.

5. Do you think cinemas will exist in the future? Explain your answer in around 30－40 words. (Indicate the number of words you have written at the end of the composition.)

IV　Read the following instructions carefully and write a paragraph in English.

The figure below displays data from a study of bicycle use and safety in various countries. Describe the data in the line and bar graphs and what they reveal together. Then explain one or more possible reasons for what you observe. Write approximately 80－100 words.
(Indicate the number of words you have written at the end of the composition.)

Bicycle travel per inhabitant per year (km) and number of cyclists killed per billion kilometres of bicycle travel

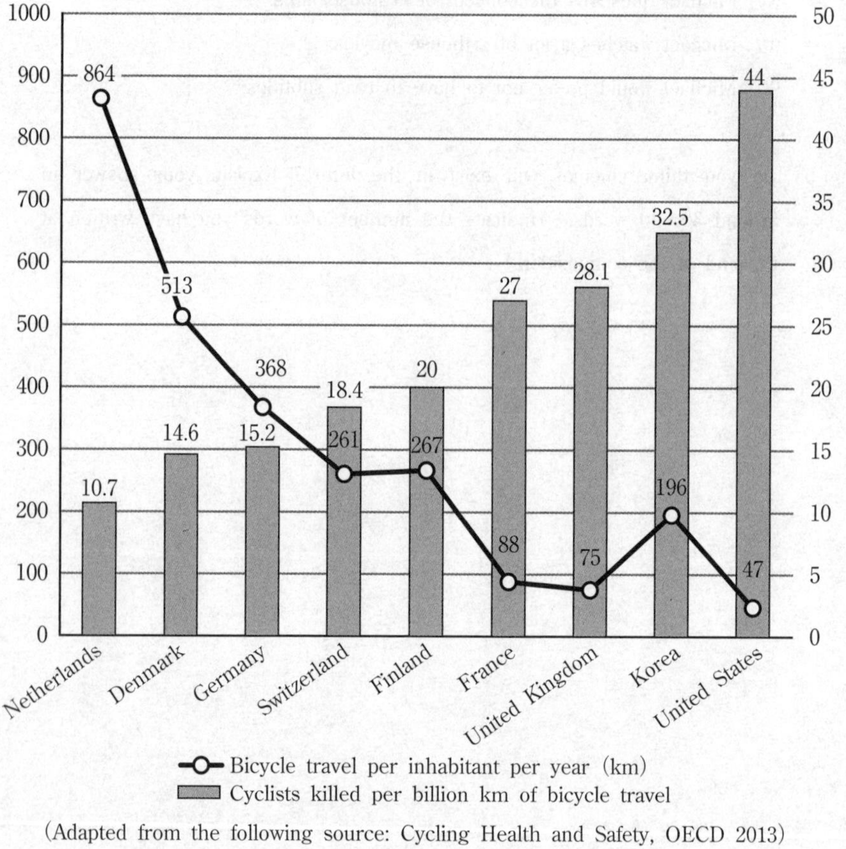

(Adapted from the following source: Cycling Health and Safety, OECD 2013)

日本史

（90 分）

日本史　問題Ⅰ

古代～近世における建造物に関する次のＡ・Ｂの文章を読んで，以下の問いに答えよ。

Ａ　竪穴建物（竪穴住居）は，床面が地表より下に位置する建物であり，おもに居住用の建物として，縄文時代から古代まで普遍的に存在した。時代によりその形状や特徴にさまざまな変化がみられるが，大きな変化の一つは，①古墳時代中期頃における煮炊き用施設の変化である。

弥生時代には，竪穴建物に加え，②柱を地中に埋めて固定する［　ア　］建物が，おもに高床の［　イ　］などの用途として多くみられるようになるが，古代以降は徐々に住居の建物構造として一般化していく。

飛鳥時代には，仏教とともに寺院の造営技術が伝来する。この技術は，③それまでの日本列島における建物構造とは一線を画する特殊な工法であり，その後，宮殿や官衙の造営などにも使われていくようになる。

問１　下線部①について，図１と図２を比較し，それぞれの煮炊き用施設の具体名を挙げつつ，その変化の背景および，施設の変化にともない定着した調理法について述べよ。

問２　下線部②について，［　ア　］と［　イ　］に入る言葉を述べよ。

問３　下線部③について，図３を参照してその工法について説明せよ。

〔解答欄〕　問１・問３　各 14.1 cm × ２行

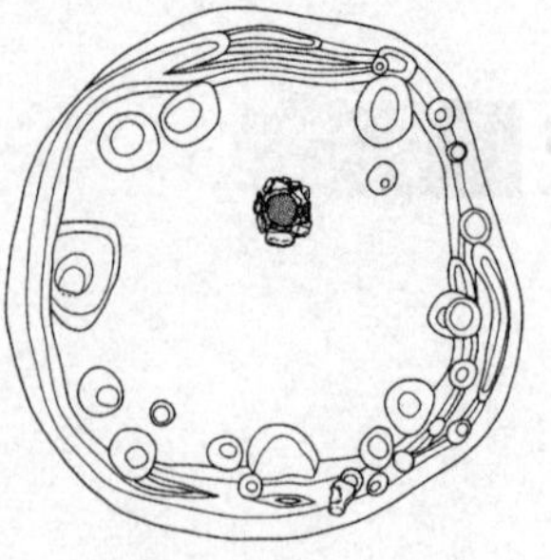

図１　縄文時代の竪穴建物遺構図

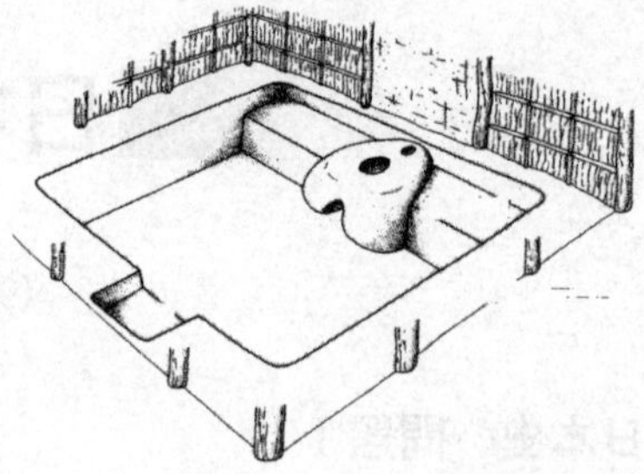

図２　古墳時代〜古代の竪穴建物模式図

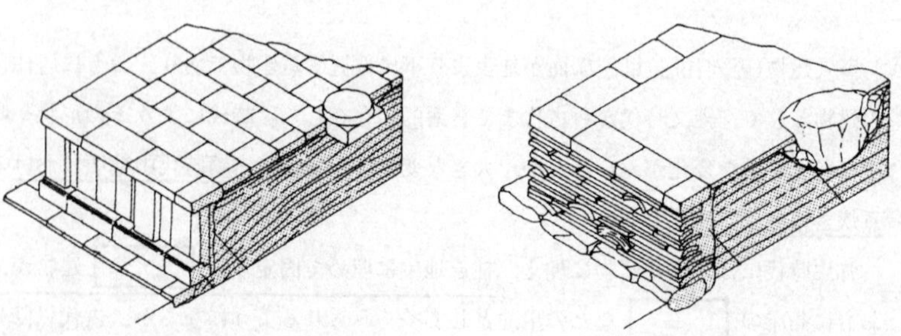

図３　古代寺院の基礎部分模式図

出典追記：
（図１）『宿東遺跡〈第２分冊〉』（埼玉県埋蔵文化財調査事業団報告書第 197 集，1998 年），文化庁文化財部記念物課監修『発掘調査のてびき――集落遺跡発掘編』（同成社，2010 年）所収
（図２）図版提供：日野市教育委員会，文化庁文化財部記念物課監修『発掘調査のてびき――集落遺跡発掘編』（同成社，2010 年）所収
（図３）『古代の官衙遺跡Ｉ――遺構編』（奈良文化財研究所，2003 年，一部改変），文化庁文化財部記念物課監修『発掘調査のてびき――各種遺跡調査編』（同成社，2013 年）所収

B　現代では，建造物は不動産と考えられているが，日本の伝統的木造建築は移築可能な動産であった。八世紀には，④遷都にともなって宮殿の建造物が解体・移築されるのは普通のことであった。また，寺院建築についても，例えば法隆寺東院伝法堂は聖武天皇の夫人であった橘古那可智の邸宅の建物を移築したものであり，⑤鑑真がひらいた唐招提寺の講堂は平城宮東朝集殿を移築したものであることが知られている。

建造物の移築は中世以降も行われるが，近世初期において，戦国時代前後に荒廃した寺院を復興する際に顕著にみられる。例えば，最澄⑥がひらいた延暦寺では，織田信長による焼き討ちの後，豊臣秀吉によって園城寺の仏堂が施入されて西塔釈迦堂となり，光孝天皇が発願し宇多天皇⑦が完成させた仁和寺では，江戸時代の初めに内裏の紫宸殿が移築されて金堂とされた。また，醍醐天皇⑧が発願しその子供たちが完成させた醍醐寺では，現在の金堂は豊臣秀吉により紀伊国湯浅の満願寺から移築されたものである。こうしたことは，単に経済的観点から古い建物をリユースするというだけではなく，政治的な意味もあったと考えられる。

問 4　次の史料 1 ～ 3 は，下線部④に関連したものである（いずれも原漢文。一部省略したり，書き改めたりしたところもある）。これらを参考にして，史料 3 に出てくる建造物の使われ方について説明せよ。

史料 1　『続日本紀』天平 13 年(741)正月 1 日条

天皇，はじめて恭仁宮に御して，朝（注 1 ）を受く。宮の垣未だならず。めぐらすに帷帳（注 2 ）をもってす。

史料 2　『同』天平 14 年正月 1 日条

百官朝賀す。大極殿未だ成らざるため，かりに四阿殿（注 3 ）を造り，ここにおいて朝を受く。

史料 3　『同』天平 15 年 12 月辛卯条

平城の大極殿（中略）を壊ちて，恭仁宮に遷し造ること四年にして，ここにその功わずかにおわる。用度の費やすところ，あげて計うべからず。ここに至りて，さらに紫香楽宮を造る。よって恭仁宮の造作を停む。

注 1　朝賀のこと。臣下が天皇に拝礼すること。

注 2　布で作った幕。

注 3　寄棟造の建物。寄棟造の屋根は，正面から見ると台形状になる。

問 5　下線部⑤⑥に関して，鑑真は唐から渡ってきたが，その目的は何であったか述べよ。関連して，最澄はある施設を延暦寺に造ろうとしたが（その設置が認められたのは最澄の死後）それは何であったか述べよ。

問 6　下線部⑦⑧に関連して，宇多天皇から醍醐天皇に代替わりしたあと，政変が起こっている。その政変で失脚した人物の名を挙げ，その人物の事績について知るところを述べよ。また，その人物は，後世どのように扱われることになったか，説明せよ。

〔解答欄〕 問 4 ～問 6　各 14.1 cm × 2 行

日本史　問題Ⅱ

中世の農業に関する次の文章を読み，以下の問いに答えよ。（史料は，一部省略したり，書き改めたりしたところもある。）

現代は，地球温暖化にともなう自然環境の激変が懸念されているが，中世は正反対に，おおむね寒冷期に属し，農作物を育てるのに苦労の多い時代であった。そのような時代においても，人々は，量的，質的に農業生産力を高め，なんとか生き延びようと懸命な努力を重ねていた。

質的な努力でわかりやすいのは，一定の土地の範囲内で収穫量を確保しようという集約農業の発展①である。

量的な努力でわかりやすいのは，農地開発の進展である。のちにかかげた二つの図ＡＢ②をみると，同一地域の中世と近世との景観を比較できる。**図Ａ**は 1316（正和 5）年の「日根野荘日根野村荒野絵図」，**図Ｂ**は 1761（宝暦 11）年の「日根野村井《ゆ》川《かわ》用水絵図」で，いずれも原図の概要を示すトレース図である。日根野村の所在地は和泉国，現在の大阪府南部であるから，基本的には，東方が山地で上流，西方が海で下流である。

トレース図**ＡＢ**の共通点は，第一に，北から北東にかけて山地が描かれ，右下に東北から西南に向かって流れる樫井川が描かれる。第二に，トレース図は道筋を二重線で示すが，**図Ａ**の西端の［　ア　］大道は，**図Ｂ**にはみえない。第三に，東南方向の同じ地点に，大井関（大）明神がまつられている。井関とは，一般には用水の取水口を意味する。第四に，「中」等は家屋を示し，その集合体は集落である。**図Ａ**のみの表記としては，「井」「田」状の単線で田畠が散在している。**図Ｂ**のみの表記としては，ため池ともつながる毛細血管状の用水が表示されているが，用水にそって，田畠が全面的に展開していたものと考えられる。

問 1　傍線部①に関連して，次に掲げる鎌倉幕府の命令を示す史料を読み，以下の設問(1)(2)に答えよ。

史料

諸国の百姓，田稲を苅り取るの後，其の跡に麦を蒔き，田麦と号す。領主等，件《くだん》の麦の所当を徴取すと云々。租税の法，豈に然るべき哉。自今以後，田麦の所当を取るべからず。宜しく農民の依怙《えこ》(注 1)たるべし。此の旨を存じ，備後，備前(注 2)両国の御家人等に下知せしむべきの状，仰せに依り執達件《くだん》の如し。

文永元年《(1264年)》四月二十六日　武蔵守(北条長時)判

相模守(北条政村)判

因幡前司(注 3)殿(長井泰重)

(出典：『中世法制史料集』一，221 頁)

注 1 ：依怙‥利益，私利。

注 2 ：備後，備前‥現在の広島県東部と岡山県東南部とに所在した国。

注 3 ：因幡前司‥前因幡国司という意味だが，名目的な称号であり，この史料でも，長井は前因幡国司としての役割を期待されていたわけではない。

(1)　この命令を出している北条長時は鎌倉幕府の執権，政村は執権を補佐する連署である。本文末尾の「仰せ」とは，どのような人物によるものか，その地位を述べよ。また，宛名の長井泰重とはどのような立場にある人物と考えられるか，史料を読んで述べよ。

(2)　この史料に記されているのは，どのような農法のことか。また幕府は，この史料でどのようなことを命じているのか，それぞれ述べよ。

問 2　傍線部②に関連して，次に掲げた**図A**，**図B**と，この二つの図に関するリード文の説明をよくよんで，以下の設問(1)(2)に答えよ。

(1)　図Aの左端(西端)の「大道」は，この絵図の当時から存在した高野とならぶ南方の著名な信仰地 ア へと続いている。立地から考えられる空欄 ア の地名を答えたうえで，この信仰地について知るところを述べよ。

(2)　図の表題からもわかるように，近世の図Bの主題は，毛細血管のようにはりめぐらされた用水で，絵図を作成した人々の関心事は農業に必要な取水だと考えられる。一方，中世の図Aの場合，ⓐ主題は何であり，どのように描かれているか，ⓑなぜ中世は近世とは異なる景観がみられるのか，その政治的，社会的背景，ⓒ図Bは何のために描かれたと考えられるか。以上の三点について述べよ。

〔解答欄〕　問1(1)・(2)・問2(2)ⓑ　各14.1cm×2行

問2(1)〈説明〉・(2)ⓐ・ⓒ　各14.1cm×1行

図A

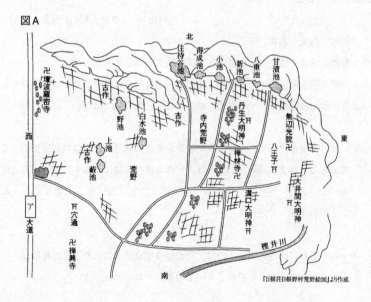

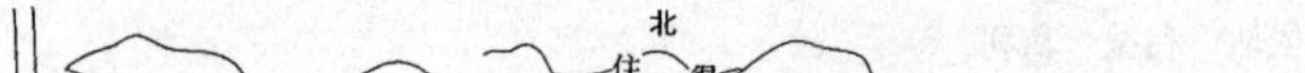

「日根荘日根野村荒野絵図」より作成

図B

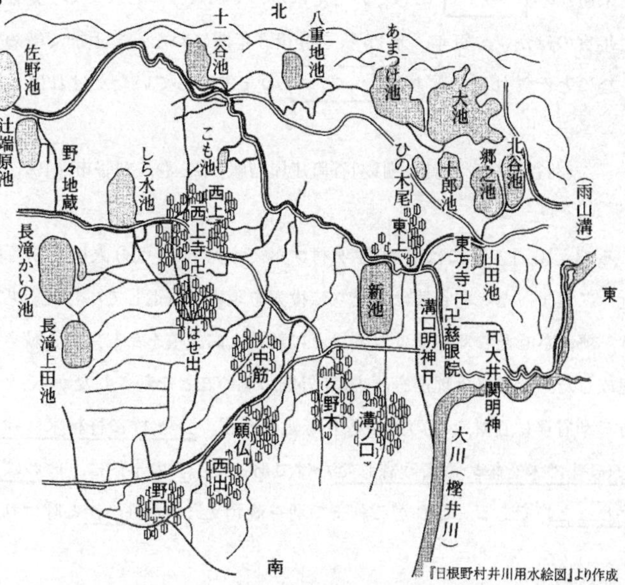

『日根野村井川用水絵図』より作成

(図ＡＢとも，水本邦彦『徳川の国家デザイン』小学館，2008 年，131 頁より)

日本史　問題Ⅲ

江戸時代の藩財政と百姓一揆にかかわる次の文章を読み，以下の問いに答えよ。なお，引用史料は原文通りではなく読みやすく書き直した。

1725(享保 10)年には刈谷藩は２万両に及ぶ累積赤字を抱えて藩財政は逼迫し，藩主・家老から下級武士に至るまで厳しい倹約を重ねていた。1738(元文３)年の年頭に藩主は家臣たちに対して改めて倹約の徹底を促すとともに，藩外から新役人を招聘し，その年の収穫期から新たな年貢徴収法を始めようと試みた。これに対して百姓たちは８月半ばから新たな年貢徴収法導入の中止を求める願書をたびたび提出し，それら願書のなかには次のようなものもあったという。

…私どもの４ヶ村は以前から［　ア　］でした。それをこんど［　イ　］を行うというご指示は何とも困ります。４ヶ村の村高は合わせて 370 石あります。…御慈悲をも

って従来通りの　ア　にしていただけるのであれば，これまで一定額に決められてきた年貢のほかに，毎年，米 25 俵を今後 3 年間にわたって追加で納めます。ですから，なにとぞこれまでどおり　ア　のままにしていただければと御願いします。

（刈谷市教育委員会編『刈谷町庄屋留帳』第 2 巻，刈谷市，1976 年，120 頁）

ところで，10 月 4 日には藩領 41 ヶ村すべてから 600～700 人に及ぶ百姓たちが刈谷城近くに集まった。刈谷藩はただちに役人を現場に派遣して，百姓たちの願書を受け取り，解散させた。刈谷藩は翌朝早々に新役人に謹慎を命じ，引き続き解雇して藩外へ追放した。その処分理由を藩主は「外聞の悪いことを起こしたから」と述べる。その一方で刈谷藩は百姓たちの誰ひとりも処分せず，①41 ヶ村に科料米（いわば罰金）として 1500 俵の米を納めるよう課しただけであった。②この事件は，いわば百姓側の勝利に終わったのである。これがこれまで刈谷藩元文三年③百姓一揆と呼ばれてきた事件である。

問 1　文中の空欄には年貢徴収法の名称があてはまる。空欄　ア　　イ　にあてはまる用語を答えるとともに，ふたつの年貢徴収法の違いを述べよ。

問 2　下線部①の 1500 俵の科料米（罰金）は，藩領 41 ヶ村にとって通常納める年貢量の約何％に相当するか，四捨五入して整数で示せ。刈谷藩の石高は 23000 石である。年貢率を 5 公 5 民とし，本年貢のほかの要素は捨象する。また，俵ひとつに 0.4 石の米が入るものとする。

問 3　下線部②は，刈谷藩主の立場からすれば増収が実現できなかったことを意味し，厳しい倹約は引き続き行われた。あなたが刈谷藩主なら，どうやって財政再建を図るか。江戸時代の幕府や諸藩の採用した諸政策を参考にしながら述べよ。

問 4　下線部③「百姓一揆」という言葉づかいは，17 世紀半ば以後の史料にはほぼ出てこない。本文の事件も史料では「騒動」である。百姓たちは武装蜂起をせず，大名も武力鎮圧をしなかった。藩主は「騒動」を外聞の悪いものとして願書の提出と受理，担当役人の処分を速やかに行って「騒動」を収めた。ここには大名と百姓の関係はこうあるべきだとする考え方が示されており，その考え方は 17 世紀半ばの危機的状況を克服するなかで定着した。この考え方とはどのようなものか，17 世紀半ばの危機的状況を具体的に示しながら説明せよ。

〔解答欄〕 問１〈説明〉・問３・問４　各 14.1 cm × ２行

日本史　問題Ⅳ

近代から現代における生活・文化に関する次のＡ・Ｂの文章を読んで，以下の問いに答えよ。（史料は，一部省略したり，書き改めたりしたところもある。）

Ａ　明治維新後，西洋文明の受容が急速に進み，文明開化と呼ばれる風潮を生んだ。近代化をはかる政府によって欧米の制度や技術が導入されただけでなく，人々の生活様式や風俗も洋風化が進んだ。洋服・ざんぎり頭が流行し，牛肉やパンが食され，レンガ造りの建築物が建ち並んで通りにはガス灯が設置された。こうした西洋の文化は①横浜・神戸などが窓口となって流入し，都市部を中心に広まっていった。

また政府は，1872（明治５）年 12 月に改暦を断行し，太陰太陽暦（旧暦）を廃して，欧米諸国の大半が使用していた太陽暦（新暦）を採用した。改暦は人々の生活全般に大きな影響を与えるもので，後に林若樹はその混乱した世相の一端を次のように書き記した。

福沢諭吉先生は改暦弁の一書を著はされて縷々《るる》陽暦について説かれているが，一般の耳には這入《はい》らなかったらしい。〔略〕地方殊《こと》に農家などに至っては，在来慣れ来った旧暦に依らざれば播種《はしゅ》から収穫まで見当がつかないので，新暦は天朝様のお正月，旧暦は徳川様のお正月と唱へて，依然として旧暦を用いた。それが一月遅れにしたので，一時は処《ところ》によって新暦と旧暦と一月遅れと，一年に三度正月を迎へるといふ時もあったが，この東京近在は今では大凡一月遅れを用いることになった。（林若樹「改暦の影響」）

新しい欧米の文物の受容は他方でそれまで民間にあった習慣や風俗を排除する動きとなった。五節句が廃され，庶民が慣れ親しんできた盂蘭盆会《うらぼんえ》や虫送りは②各地で規制されていった。たとえば京都府では，盂蘭盆会と称して行う送り火や施餓鬼《せがき》などは時間と資源の浪費であり，かつ文明に進歩する児童を惑わすとして一切禁止した。しかし，都市部と農村部では生活の変化に落差があり，③農村部では従来の生活習慣がその後も続いたところが多かった。

問 1　下線部①について，これらの都市が文明開化の窓口となった理由について説明せよ。

問 2　下線部②に関連して，次のような史料がある。青森県が，東北の夏祭りで有名なねぶた(ねぷた)や，各地の農村で盛んに行われていた虫追い(虫送り)を禁止した法令である。史料を読んで，青森県がねぶたや虫追いをどのようなものとみなしていたのか，そのことを示す二つの史料で共通する語句を答えよ。また，それを踏まえて，なぜ庶民の間に定着していた年中行事がこの時期に禁止されたのか，説明せよ。

(明治六年)七月九日稔富多《ネブタ》を禁止候《そうろう》事

従前七夕星祭の節，稔富多と唱ひ色紙を以て種々の偶像を作為し，強壮の者多勢にて荷担致し市中を徘徊致候儀当地方の習風に候ところ，これ全く野蛮の余《よ》風《ふう》賤しむべきの至に候，剰《あまつさ》へ酔興の余り遂《つい》に闘争に及び公裁を煩候儀歳々これあり，甚だ謂《いわ》れなき事に候，先般五節句御廃止に付ては右様の儀これあるまじき儀に候得共《そうらえども》，万一心得違の者これあり候ては相《あい》ならず候条，なおまた改て禁止せしめ候事(「青森県史料」)

(明治七年)八月十三日虫逐《むしおい》を禁止候事

従来管内該村の慣習にて当節に至候得《そうらえ》ば陽気を迎ふ抔《など》と唱ひ，或《あるい》は虫逐ひ抔と号し，黄昏の頃より壮年の輩市街村落に屯集《とんしゅう》，大鼓を打鳴し夜間人の睡眠を妨げ候哉《そうろうや》にも相聞，野蛮の風習に近く恥べき事に候条，已来《いらい》郷村社祭事を除くの外《ほか》市村において右様の儀これなきよう致すべく候事(「青森県史料」)

問 3　下線部③に関連して，改暦後も農村部の多くの地域では，新暦とともに旧暦を用いる生活が長く営まれていた。農村部が旧暦を使用し続けた理由について，考えられるところを述べよ。

〔解答欄〕 問１・問２〈説明〉 各 14.1 cm × ２行
問３　14.1 cm × １行

B　出版は近現代，大きな発展を遂げた。しかしそれへの取締りを目的として明治期に制定された出版法は，その後も改正されつつ，1949 年に廃止されるまで存在し続けた。これによって，政府が検閲を行い，出版を差し止めることが正当化されていた。アジア・太平洋戦争後の占領期には，ＧＨＱも出版物への検閲を行った。たとえば，④長崎医科大学教授であった永井隆が原爆投下直後の詳細な状況を描いた『長崎の鐘』を出版しようとするも，その許可が下りず，日本軍のマニラ虐殺の記録と合冊することが条件となって出版される事態があった。

近現代の出版物のなかには，そのように表現は限定されるものの，政治や社会を風刺するマンガが多数描かれていた。日本国憲法によって表現の自由が保障されると，⑤そうしたマンガはより自由な表現によって世相を風刺し，多くの読者を獲得して人気を得ていった。

一方，日中戦争下では，⑥娯楽や休養による疲労回復・労働力回復としてのレクリエーションが，厚生運動という名の下に官製運動として展開された。厚生運動では，合唱や吹奏楽の音楽会，写真などの展覧会，体育大会など，文化やスポーツに関する様々な取り組みが行われた。戦時という状況に合わせる形で，文化とスポーツも変化していったのである。

問４　下線部④について，なぜＧＨＱは検閲後，『長崎の鐘』の出版を許可しなかったのか。ＧＨＱによる占領政策をふまえて論ぜよ。

問５　下線部⑤に関連して，下の図版は，ある内閣が実行した政策による影響を風刺したマンガである。その内閣の総理大臣とは誰で，その政策の内容について説明せよ。

(『毎日新聞』)

(『ビッグコミックスピリッツ』)

(『読売新聞』)

問 6　下線部⑥に関連して，下の史料は 1940 年に名古屋市で開催された第 2 回日本厚生大会の開会趣旨の一部である。文化やスポーツは戦時体制にいかなる形で適応させられていったのか。史料に即して説明せよ。

我国厚生運動の指標は国民の日常生活の刷新を図り体育を奨励して心身を鍛練し不道徳非衛生的なる娯楽を排撃して健全なる慰楽を勧奨し教養を昂《たか》め情操を陶《とう》冶《や》し明朗豁達《めいろうかったつ》の気風を涵養《かんよう》し以て各自の職分に精励せしむるに在り

これ畢竟《ひっきょう》我国の人的資源を拡充強化し国本を不抜に培《つちか》ふ所以なり

今や我国は未曾有の聖戦に遭遇し日夜之が目的達成に邁進しつゝあり　然れ共今次の聖戦は前途尚遼遠にして之に対応すべき戦時体制確立の為には国民厚生の方途を図ること愈々緊要となれり(『第二回日本厚生大会会誌』)

〔解答欄〕 問 4 〜問 6　各 14.1 cm × 2 行

出典追記：(左側のマンガ) 加藤芳郎「まっぴら君」

世界史

（90 分）

世界史　問題Ⅰ

次の文章を読み，下記の問に答えなさい。

シバ(シェバ)の女王の物語は長きにわたって人々の心を惹き付けてきた。初出は『旧約聖書』である。イスラエルのソロモン王の名声を聞き，シバの国からソロモン王に会いに行った。彼女は難問を浴びせてソロモン王の知恵を試したが，王の聡明さとその富を目の当たりにして，打ちのめされながらもそれを認めた。そして王の神であるヤハウェを讃え，王に大量の金，香料，宝石を贈って帰国した。この前後の記述と比べると，シバの女王の自主性・独立性は際立っているが，それは，異民族・異教徒のヤハウェへの自発的帰依を強調したためであろう。

シバの女王が実在したか否かは不明である。しかし『旧約聖書』の舞台となる地域にはシバの女王の物語が生まれ，育まれる土壌があった。大国支配に抵抗する古代の女王が何人もいたのである。アラブ人の間では女性が王位につくことは珍しくなく，女王サムシは紀元前 8 世紀に①アッシリア王国へ忠誠を誓うのをやめたため，襲撃を受けて捕らえられた。碑文からは，さらに四人のアラブ人女王がアッシリア王国に抵抗して敗れたことが解る。紀元前 1 世紀にはクレオパトラがエジプトの独立を守るためにローマと戦い王朝と運命を共にした。3 世紀シリアのゼノビアは，自らをクレオパトラになぞらえていたと言う。ローマ帝国の弱体化に乗じて女王を名乗り，ローマ東部属州をササン朝ペルシアから守るためと称してエジプト・小アジアなどを併合したが，272 年にローマ帝国に大敗し，首都パルミラを破壊された。

シバの女王は，『旧約聖書』以降，これまでに少なくとも四度脚光を浴びた。

最初は紀元 1 世紀である。『新約聖書』のマタイおよびルカの福音書は，②最後の審判のときにシバの女王が裁きを下すとのキリストの言葉を記す。さらに同世紀ユダヤ人歴史家がギリシア語の著書『ユダヤ古代史』のなかでシバの女王に触れ，エジプトとエチオピアの女王であったと書いた。ローマ帝国の下で，ユダヤ人以外へキリスト教を布教する際に，シバの女王は異民族・異教徒の自発的帰依の手本だったのだろう。

二度目は7・8世紀ごろである。シバの女王は③コーラン(クルアーン)の中に登場する。女王はソロモン王の命令に逆らえずに彼に会いに行くが，ソロモン王と渡り合う知恵にたけた女王として描かれる。女王はソロモン王に会って自分に足りないのはアッラーへの帰依だと悟り，アッラーに帰依して物語は終わる。『旧約聖書』に記されていない内容が多く，シバの女王伝説が聖書以外の形でも流布していたことがうかがわれる。さらにウマイヤ朝のカリフの一人は，シバの女王の墓がパルミラで発見されたとの報せを受け，イスラーム式の再葬を望んだという。カリフはシバの女王とゼノビアを混同していたのかもしれない。くわえて，この時期のヨーロッパでシバの女王の地位が上昇した。『旧約聖書』詩篇の一句からシバの女王をキリストの神秘的な花嫁とする解釈が流布したのである。ウマイヤ朝は支配地域を急速に拡大し，ヨーロッパではゲルマン人へのキリスト教布教が課題であったために，④改宗した異民族の象徴であるシバの女王が重要視されたのかもしれない。

三度目は12～13世紀である。12世紀のエジプトの作家が，それまでで最長の華麗なシバの女王の物語をつくりあげた。物語の展開はコーランと同じであるが，女王は，邪悪な男王の首を計略によって切り落とし王位を簒奪した勇猛な女性として描かれ，ソロモン王と結婚して男子をもうけて帰国する。その後，13世紀末のジェノヴァの司教は，シバの女王がソロモン王の宮廷内に架かる木の橋を見て，その木がキリストの十字架となることを予言しソロモン王を驚愕させた，とする物語を書いた。さらに，パリ大学教授で神学を体系化した [⑤] (1225頃－1274)が臨終のときにシバの女王の幻とともに喜びに包まれて息を引き取った，と伝える書がある。

エジプトの作家，ジェノヴァの司教，そして [⑤] の取り合わせは，次のような背景を反映していると思われる。11～12世紀に遠隔地交易が盛んとなり，ヴェネツィア，ジェノヴァ，ピサなどはイスラーム圏より香辛料・絹織物などを輸入したが，⑥カイロは，12世紀にイスラーム圏における貿易と文化の最大の中心地になりつつあった。ヨーロッパでは11～13世紀にイスラーム圏からもたらされた文献や錬金術などが刺激となって学問や文芸が発展したが，シバの女王は錬金術の女王と見なされていた。ヨーロッパのキリスト教は錬金術を禁止していたが，いくつかの修道院は隠れて行っていた。これは修道院の起源が小アジアにあること，⑦13世紀までのヨーロッパで修道院が医薬技術などの普及拠点のひとつであったことと関係があろう。また，中世ヨーロッパでは，マリア信仰をはじめとして女性聖人の地位が高かった。さらにシバの女王は，『旧約聖書』雅歌の「わたしは黒いけれども愛らしい」という一節を根拠にしばしば黒い肌の持ち主として描かれていた。

これに対して 15 世紀以降のヨーロッパにおけるシバの女王のイメージは，徐々に近代の暗黒面を示すようになった。宗教改革以降，女性聖人の地位は後退した。19～20 世紀にはシバの女王は聖性をはぎとられて，絵画・映画・小説・サーカスなどの中で東方的エロティシズムの一事例として描かれた。⑧この時期に進んだ人種の序列化，男女の序列化を反映している。

しかしシバの女王は，1960 年の「アフリカの年」から間もなく，アフリカ系の人々の尊厳として復活した。四度目の脚光と言えよう。エチオピアは聖書に記述があるうえ⑨独立を維持したため，アフリカ系の人々にとって特別な国だった。この国には，シバの女王はエチオピア出身でソロモン王との間に生まれた子がエチオピア初代皇帝であり，血統は 20 世紀まで続いた，との言い伝えがある。このエチオピア皇帝が，世界に流浪するアフリカ系の人々を救済する黒いメシアだと信じ，皇帝を崇拝するラスタファリ運動が 1930 年ころのジャマイカで発生した。1966 年に皇帝がジャマイカに立ち寄ると熱狂的な歓迎を受けたという。その後 1974 年にエチオピアで社会主義革命が起き，皇帝は殺害されたが，運動はむしろその直後から 1980 年代前半に広がりを持った。ラスタファリ運動はジャマイカ発祥のレゲエ音楽とともに，アメリカ，イギリス，カナダに拡大したのである。⑩アメリカでの広がりは，公民権法成立後も変わらぬ差別への不満が表明されていたのかもしれない。また五月危機前年の 1967 年にフランスでチュニジア出身の青年が作詞・作曲したシャンソン「シバ(サバ)の女王」が，名曲として世界的ヒットとなったが，蔀勇三は著書『シェバの女王』のなかで，北アフリカ出身のフランス人男性(白人)にはシバの女王に思い入れの強い傾向があると述べている。シバの女王は，肌の色や民族・出身地による差別のない世界，2015 年以降の表現で言えば「持続可能な開発目標 10」のターゲット 2 への希望を託されてきたと言えよう。

問 1　下線部①について。

a）　下線部①の次に全オリエントを統一した国の王朝名を答えなさい。

b）　下線部①と問 1 a)がともに整備した，広大な領土を支配するための交通制度を答えなさい。

問 2　下線部②について。

下線部②は，ペルシアで成立した宗教の影響を受けたと言われるが，その後ササン朝ペルシアで成立し，ヨーロッパにおけるキリスト教にも影響を与えた宗教の名前を答えなさい。

問 3　下線部③について。

下線部③に基づいて西アジアで発達した学問・文学が主に使用したペルシア語以外の言語を答えなさい。

問 4　下線部④について。

下線部④の処遇について，ウマイヤ朝とアッバース朝の主な違いを書きなさい。

問 5　[⑤] について。

[⑤] に入る人名を答えなさい。

問 6　下線部⑥について。

a）　下線部⑥以前，かつイスラーム化以降の西アジアにおいて，政治・貿易・文化における最大の中心であり，特に 8 世紀後半から 9 世紀に栄えた都市の名前を答えなさい。

b）　西アフリカで 13 世紀に成立し，支配層がイスラーム教を奉じていた国の名前を答えなさい。

問 7　下線部⑦について。

11～12 世紀のヨーロッパの農業は以下のどの状態にあったか，記号で答えなさい。

ア）　ペストなどによって生産が減少していた。

イ）　繁栄する都市に多くの農民が流出し，生産は伸びなかった。

ウ）　農業技術の進歩などによって生産は拡大していた。

問 8　下線部⑧について。

下線部⑧の中で，フランス革命期に奴隷解放を宣言して 1804 年に黒人国家として独立し，イギリスやアメリカの外交政策に影響を与えた国の名前を答えなさい。

問 9　下線部⑨について。

20 世紀初めのアフリカには西欧の政治支配を受けない国が２つあった。

a）　エチオピア以外の，もうひとつの国の名前を答えなさい。

b）　エチオピアと問９ a)の２つの国の成り立ちについて相違点を書きなさい。

問10　下線部⑩について。

a）　下線部⑩を成果とした公民権運動の高揚は，当時のアフリカ大陸の広い地域における政治的状況を背景としていると言われる。問題文から導き出されるこの政治的状況を答えなさい。

b）　下線部⑩が成立した同年に，南アフリカで黒人差別反対運動の先頭に立っていたために国家反逆罪で終身刑の判決を受けたが，30 年後に同国における黒人初の大統領となった人物の名前を答えなさい。

〔解答欄〕 問４・問９ b）　各 13.9 cm × ２行

世界史　問題Ⅱ

次の文章は，1901 年に『清議報』という横浜で創刊された中国語雑誌に掲載された文章の一部を日本語に訳したものである。よく読んで下記の問に答えなさい。

中国史叙論(注)

①任公

第一節　史の定義

史とは人類社会の過去の事実を記述するものである。しかし，世界の学術は日々進歩しているため，近代の史家の仕事はかつての史家とは違ったものになっている。かつての史家は事実を記載したにすぎないが，近代の史家はその②事実と原因・結果との関係を説明しなければならない。かつての史家は人類社会における一握りの権力者の興亡や盛衰の事実を記述したにすぎず，名目は史であっても，実態は③ある個人，ある一族の家譜にすぎなかった。近代の史家は人類社会全体の動きや進歩，つまりは④国民すべての経歴とそのなかでの互いのかかわりについて探らなければならないのである。このことからいえば，Ⓐ中国にはかつて史というものが存在しなかったと言っても言い過ぎではない。

（中略）

第八節　時代の区分

数千年の出来事を述べようにも，とりとめなく雑然としていて，それを貫く原則が何一つない。これは著者も読者も悩むところである。そこで時代の区分という問題が生まれる。中国の⑤二十四史は一つの王朝を一つの歴史としている。⑥『通鑑』などは「通史」であると言っているが，時代を区分するのに「周紀」「秦紀」「漢紀」といった名称を使っている。これは中国の先人の意識では，君主だけを見て，国民がいることを見なかったためである。西洋人が世界史を著す場合，ふつう⑦古代史・中世史・近代史などの名称に分けている。とはいうものの，時代と時代は連続しており，歴史というものに中断はない。人類社会の変化には必ず始めと終わり，原因と結果のつながりがあるので，その間をまるで二つの国が条約を結んで国境線の画定をするように一本の境界線で区切ろうとするのは，本当は理論的にも成り行きからいっても認められるものではない。だから，史家はあくまで便宜的な方法により，変化が大きく社会に影響を与えたものについて，各自自分の意見に基づいておおよそのところを取り上げ，区分をすることで，読者の便に供するだけだ。強引だとしてもやむをえないのである。
(村田雄二郎責任編集『(新編　原典中国近代思想史　第3巻)民族と国家―辛亥革命―』岩波書店，2010年所収，吉川次郎 訳，一部改)

(注)「叙論」は「序論」と同じ。前書き，イントロダクションのこと。

問1　下線部①は，清朝末期から中華民国の時代に活躍した知識人・梁啓超(1873-1929)のペンネームである。

(1)　梁は，この文章を執筆する数年前，彼の師とともに光緒帝を説得し，日本の明治維新にならった改革運動を推し進めた。この改革運動を推し進めた彼の師とは誰か。また，彼らが推し進めた改革運動を何というか。

(2)　この改革運動は保守派のクーデターによって失敗したが，梁啓超は日本へと亡命し，言論活動を続けた。こののち，日本を一つの舞台として，中国の政治運動が展開したが，それはどのように展開したか。「義和団事件」，「科挙」，「留学生」，「中国同盟会」，「孫文」の五つの語句をすべて用いて，説明しなさい。(語句の順序は変えてよい)

問2　下線部②について，厳密な史料批判に基づき，歴史を因果関係から説明する近代的な歴史学の基礎を築いて，日本や中国の歴史学にも大きな影響を及ぼしたドイツの歴史家は誰か。

問3　下線部③について，個人や一族の伝記を中心とした中国における伝統的な歴史書のスタイルを紀伝体という。この名称はそれを用いた最初の歴史書である司馬遷『史記』が「本紀」と「列伝」を中心としていたことに由来する。この「本紀」にはどのようなことが記されているか。

問4　下線部④について，この当時，中国にも「国民」という概念がヨーロッパから伝わり，これ以降，「国民国家」の形成が中国でも目指されることとなった。こうしたヨーロッパに由来する「国民国家」の理念とは，どのようなものであるか。簡潔に説明しなさい。

問 5　下線部⑤は，「正史」と称される 24 種の紀伝体の歴史書を指す。司馬遷『史記』に始まるこれらの歴史書は，『史記』を除いて，「断代史」と称される王朝ごとに編まれた歴史書であった。この最初の断代史で，漢一代の歴史を記した正史を何というか。また，それは誰が編纂したか。

問 6　下線部⑥は，中国における代表的な歴史書の略称であるが，この歴史書の名称は何といい，誰が編纂したか。また，この書が用いた紀伝体に対比されるスタイルを何というか。

問 7　下線部⑦について，こうした時代区分は，この当時，中国の歴史書で用いられるようになった新しいスタイルである。これ以降，さまざまな時代区分が現れた。

(1)　貴族の勢力が強まった魏晋南北朝から唐代までを中国史上の中世とみなすことがあるが，この貴族の時代を支えた，魏の時代にはじまる官吏登用制度を何というか。

(2)　列強による中国の半植民地化と清朝による専制的な統治に反対する民衆運動が発生する契機になったとして，アヘン戦争を中国史上の近代の始まりとみなすことがあるが，この戦争によって中国はイギリスにどこを割譲したか。また，その返還を求めて，イギリスと交渉を行った中華人民共和国の指導者は誰か。

問 8　下線部Ⓐについて，梁啓超がこの文章で提起する「中国史」とは，これまでの中国には存在しない新しい歴史であった。それはどのような歴史であると考えられるか。梁啓超の文章に基づいて，簡潔にまとめなさい。

〔解答欄〕　問 1 (2)　13.9 cm × 5 行
問 4　13.9 cm × 1 行
問 8　13.9 cm × 3 行

世界史　問題Ⅲ

次のA～Eの文章は，16世紀～18世紀のヨーロッパの歴史にかかわる史料の抜粋である。よく読んで下記の問に答えなさい。

A　戦争は神をないがしろにする行為であって，キリストとは何の関係もないものです。けれども，教皇様たちはそうしたことをいっさい無視して，戦争に走っています。そこでは老いぼれた老人も若者のようにはつらつとして元気で，金銭がいかに高くかかろうと，労苦がいかに重たかろうと……戦争に走るのです。

B　君主を高い地位につけ，彼に最高の権力を委ねたのは，甘えの中で無為に暮らすためではない。人民を搾取して私腹を肥やすためでも，皆が窮乏にあえぐときに享楽にふけるためでもない。君主は，国家第一の下僕なのである。彼に十分な俸給が支払われるのは，その地位にふさわしい品格を持っているからである。

C　もし立法府が，社会のこの基本的原則を破るならば，そうして野心なり，恐怖なり，愚鈍なり，もしくは腐敗によって，人民の生命，自由および財産に対する絶対権力を，自分の手に握ろうとし，または誰か他の者の手に与えようとするならば，この信任違反によって，彼らは，人民が，それとは全く正反対の目的のために彼らの手中に与えた権力を没収され，それは人民の手に戻るようになる。

D　わが弟である王*と貴女の命令により，提督とそのセクトおよび徒党に対して与えられた正当なる懲罰の過程で起こったことが書かれてありました。その偉業は，大いなる勇気と思慮深さによって，神に奉仕しその栄光と名誉を高め……最も良く最も明るい知らせで……

＊シャルル９世

E　羊は，以前はいつも非常におとなしく，とても小食だったのですが，いまでは非常に大食で乱暴になり，人間までも食らうようになったのです。耕地や家屋や町をすっかり破壊し，貪り食っているのです。

（歴史学研究会編『世界史史料』第５巻・第６巻所収，一部改）

問１　A～Eの史料は，それぞれ次の１～５のどれに当たるか，番号で答えなさい。

１　フリードリヒ２世の政治遺訓

２　フェリペ２世からカトリーヌ・ド・メディシスへの書簡

３　エラスムス『愚神礼賛』

４　トマス・モア『ユートピア』

５　ジョン・ロック『統治二論』

問２　A～Eの史料を年代順に並べたとき，次の（　①　）～（　④　）に入る史料は何か，答えなさい。

A⇒（　①　）⇒（　②　）⇒（　③　）⇒（　④　）

問３　史料Aの下線部は教皇ユリウス２世を指しているとされる。この教皇の依頼でシスティナ礼拝堂に天井画「天地創造」を描いた人物は誰か，答えなさい。

問４　史料Bに関連して，啓蒙専制主義について簡潔に説明しなさい。

問５　史料Cの著者は，迫害を恐れて一時，亡命し，名誉革命勃発の翌年に帰国した。この名誉革命で即位した君主２名の名を答えなさい。

問６　史料Dの下線部はサンバルテルミの虐殺を指す。この事件について簡潔に説明しなさい。

問７　史料Eの文章が批判している動きを何と呼ぶか，答えなさい。

〔解答欄〕　問４・問６　各ヨコ14cm×タテ4.2cm

出典追記：A　歴史学研究会編『世界史史料5』
B　歴史学研究会編『世界史史料6』
C　鵜飼信成 訳
D　歴史学研究会編『世界史史料5』
E　歴史学研究会編『世界史史料5』

世界史　問題Ⅳ

1980 年代は，社会主義諸国で，民主化をめざす動きや市場制度の導入によって，その体制が揺らぎ始めた時期である。その後いくつかの社会主義国では，実際に国家体制が大きく変わった。どのような変化があったのか，以下の語句をすべて用いて 350 字以内で書きなさい。(語句の順序は変えてよい)

ベルリンの壁	「連帯」	ソ連邦
チャウシェスク	天安門広場	

地理

(90 分)

地理　問題 I

次の文章を読み，下の問 1 ～ 3 に答えなさい。

地図には，それぞれの時代の人々の世界観が反映されてきた。たとえば，(　A　)の世界地図には緯線と経線とが入っており，そこから古代の人々の世界観をうかがい知ることができる。また，ヨーロッパの中世の絵地図(　B　)では，中心にエルサレムが位置しており，キリスト教の世界観が反映されていることがわかる。大航海時代には人々の世界観が大きく広がっていき，16 世紀には，(　C　)が考案した地図が登場した。この地図は航海に適しているとされ，(　C　)図法の地図上で 2 地点間を結ぶ直線は(　D　)航路とよばれる。

現代では(a)リモートセンシングが幅広く活用されている。身近な例に，人工衛星(b)「ひまわり」を使った天気予報がある。地球を観測する人工衛星には，(c)エルニーニョ現象の監視に役立っているものもある。日常生活では，人工衛星から送られる信号を使って地球上の位置を正確に知る(d)しくみがよく使われており，このしくみは地図測量にも応用されている。こうした測量に基づいてつくられた地図は，ＧＩＳ(地理情報システム)を用いた地理的な分析のための基盤となっている。ＧＩＳは，たとえば(e)ヒートアイランド現象の分析など，さまざまな場面で活用されている。

問 1　空欄(　A　)～(　D　)について，下の(1)～(4)に答えなさい。

(1)　空欄(　A　)には古代の学者の名が入る。その名を答えなさい。

(2)　空欄(　B　)に該当する地図の名を答えなさい。

(3)　空欄(　C　)に該当する名を答えなさい。また，(　C　)図法の短所を答えなさい。

(4)　空欄(　D　)に該当する航路の名を答えなさい。また，大圏航路とは何か，これと(　D　)航路との違いがわかるように，図を描いて答えなさい。図は，南半球の任意の2地点間を結ぶ航路の場合を例として描くこと。

問 2　下線部(a)～(d)について，下の(1)～(4)に答えなさい。

(1)　下線部(a)について，リモートセンシングとはどのような技術か，答えなさい。

(2)　下線部(b)について，「ひまわり」には，画像の撮影の点で，天気予報に有効な長所がある。その長所を答えなさい。

(3)　下線部(c)について，エルニーニョ現象とはどのような現象か，答えなさい。また，この現象が発生した際，東南アジアの一部地域では気象に関連してどのようなことが起こる傾向があるか，答えなさい。

(4)　下線部(d)について，このしくみを何というか，アルファベット4文字で答えなさい。また，このしくみのうち，アメリカ合衆国のものをとくに何というか，アルファベットで答えなさい。

問 3　下線部(e)について，下の(1)～(2)に答えなさい。

(1)　ヒートアイランド現象とはどのような現象か，答えなさい。

(2)　都市化によって，なぜヒートアイランド現象が起こると考えられているか。その要因を答えなさい。

〔解答欄〕　問1(3)〈短所〉・問2(1)・(2)・問3(1)　各ヨコ 14.2 cm× タテ 1.5 cm

問1(4)〈図〉　ヨコ 14.2 cm× タテ 3.5 cm

問2(3)・問3(2)　各ヨコ 14.2 cm× タテ 3.2 cm

地理　問題Ⅱ

いくつかの国の年間一人当たりの食料消費量を示した表１を見て，各国の農業，食文化そして自然環境に関する下の問１～５に答えなさい。

表１

単位：kg／人／年

国	ア	イ	ウ	エ	オ
a　アメリカ合衆国	105.59	18.25	56.12	118.69	273.06
b　インドネシア	196.69	28.08	60.20	15.72	15.05
c　エチオピア	161.09	0.24	80.91	8.63	44.39
d　タイ	139.80	24.28	23.23	30.67	30.15
e　中国	154.38	35.74	67.58	67.29	33.55
f　ドイツ	102.57	12.20	61.46	93.77	291.87
g　ニュージーランド	99.70	23.23	59.06	111.09	155.38
h　ノルウェー	114.47	51.08	53.10	77.82	286.24
i　ブラジル	119.97	10.69	55.76	102.87	150.14
j　モンゴル	135.94	0.65	50.70	94.90	141.39

ＦＡＯ資料により作成。統計年次は 2013 年。

問１　表１の**ア～オ**に該当する食料は，乳製品，肉類，水産物，イモ類，穀物のうちどれかを答えなさい。

問２　表１において大規模な農牧場で多数の労働者を雇用して行われている農業形態が見られる国の記号を選び，その大土地所有制の名称を答えなさい。

問 3　表 1 で示した国の穀物，肉類，イモ類の一人当たりの年間食料消費量のそれぞれの内訳を比率で示した次の図 1 を見て，下の(1)〜(4)に答えなさい。

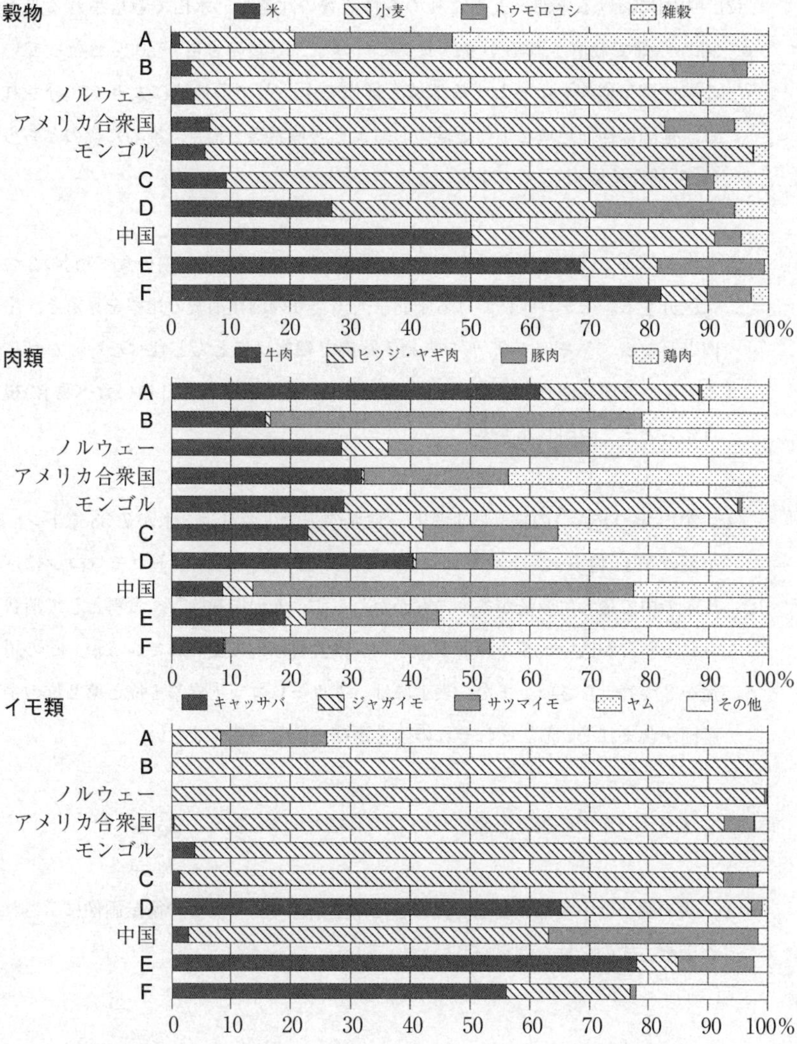

ＦＡＯ資料により作成。統計年次は 2013 年。

図 1

⑴　図１のＡ～Ｆの国を表１のａ～ｊから選び，記号で答えなさい。

⑵　中国における年間一人当たりの穀物消費の比率は，水田で栽培される米が50％，畑で栽培される小麦，トウモロコシ，雑穀の合計が50％となっている。中国は稲作を中心とする地域と畑作を中心とする地域に大きく二分される。地図に稲作地域と畑作地域のおおよその境界線を描き，描いた線のどちら側が「稲作地域」となるのかを記しなさい。

⑶　モンゴルでは食べ物を，肉類の「赤い食べ物」，乳製品の「白い食べ物」の２つに区分する。モンゴルにおける年間一人当たりの肉類消費の比率を見ると，牛肉とヒツジ・ヤギ肉で95％を占め，豚肉と鶏肉はほとんど食べない。なぜ，このような肉類消費になるのか，その理由を「赤い食べ物」と「白い食べ物」の視点から考えて説明しなさい。

⑷　2013年のＦＡＯの統計によると，世界の主穀生産量は，米が7.38億トン，小麦が7.11億トン，トウモロコシが10.17億トンである。トウモロコシは，主穀の中で最も生産量が多いにもかかわらず，Ａの国を除き，食料として消費される割合が低い。多くのトウモロコシは食料以外に使われているが，その用途を３つ答えなさい。また，表１には，トウモロコシ世界第１位と第２位の生産国が含まれている。それぞれの国を選び，記号で答えなさい。

問４　アメリカ合衆国の穀物生産について，下の⑴～⑶に答えなさい。

⑴　次の図２は中西部の農地を撮影した衛星画像である。この衛星画像に示された灌漑方式の名称を答えなさい。

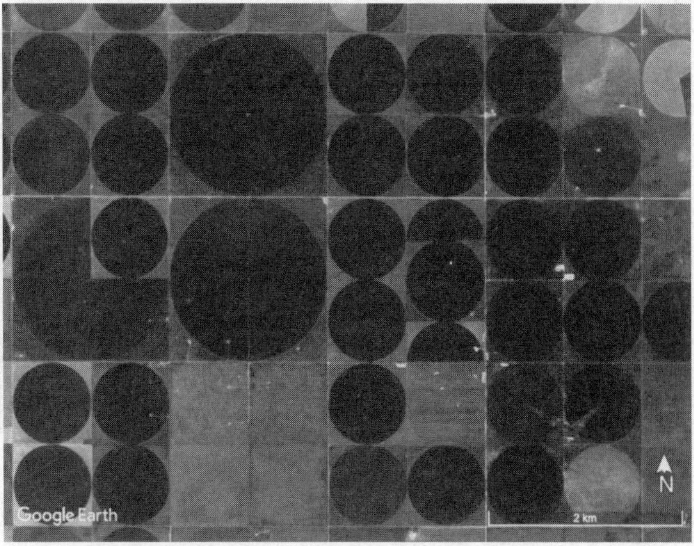

図 2

(2)　この地域の灌漑の水源となっている帯水層の名称を答えなさい。

(3)　この地域の灌漑が抱える環境問題を簡潔に説明しなさい。

問 5　ある国の海岸線を示している次の図 3 を見て，下の(1)〜(3)に答えなさい。

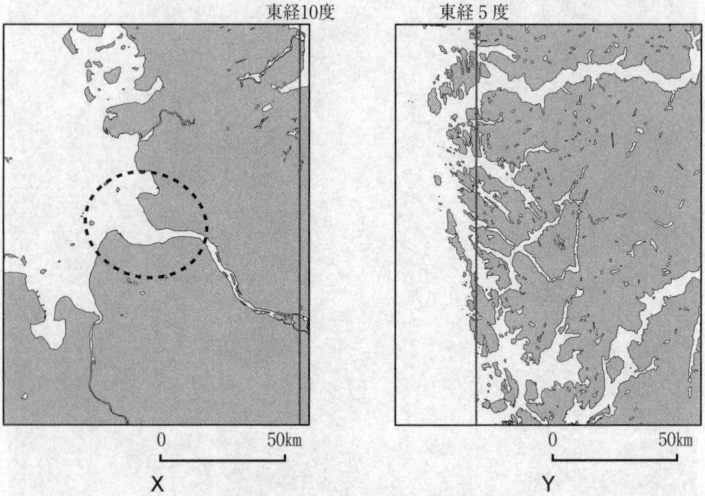

濃い色の部分が陸を示す。

図3

⑴　図3のXとYの国を表1のa～jから選び，記号で答えなさい。

⑵　図3のXの破線内の地形の名称を答え，「土砂供給」の語句を用いて，その地形がどのように発達したのか，簡潔に説明しなさい。

⑶　図3のYの海岸地形の名称を答え，「氷河」の語句を用いて，その地形がどのように発達したのか，簡潔に説明しなさい。

〔解答欄〕　問 3(2)

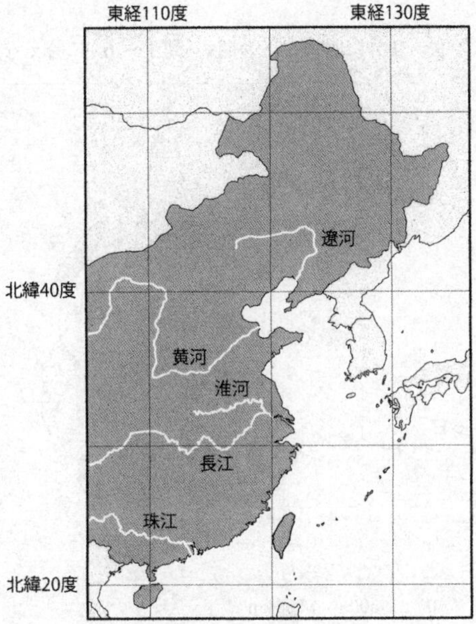

問 3(3)　ヨコ 14.2 cm× タテ 3.1 cm

問 3(4)〈用途〉　14.2 cm× 3 行

問 4(3)・問 5(2)・(3)〈説明〉　各ヨコ 14.2 cm× タテ 2.5 cm

地理　問題Ⅲ

次の図1を見て，オーストラリアに関する下の問い(問1～6)に答えなさい。

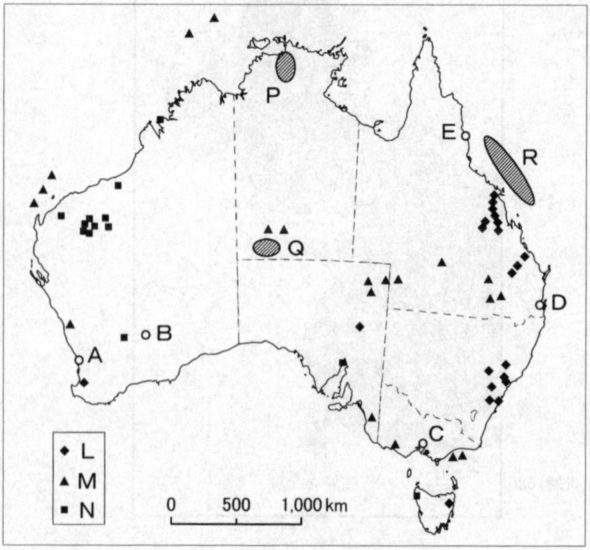

注：L～Nの分布は，堤純ほか(2014)による。

図1

問 1　次の図2中の**ア～オ**は，上の図1中における都市**A～E**のいずれかのハイサーグラフである。**ア～オ**のハイサーグラフはそれぞれどの都市に該当するか，記号で答えなさい。

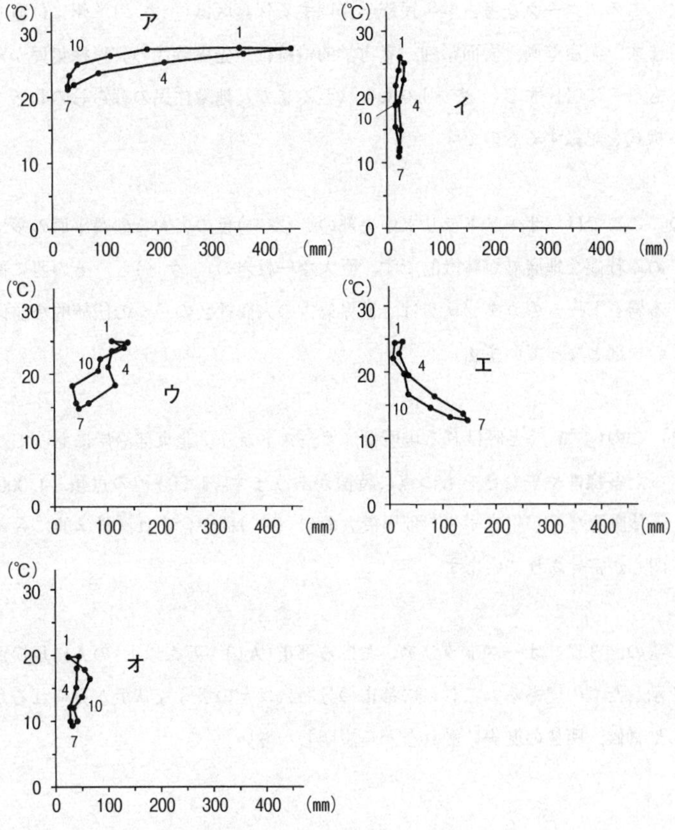

注：気象庁の資料により作成。

図 2

問 2　図 1 中の **L**～**N** は，日本のオーストラリアからの輸入金額上位 3 品目(2018 年)を占める鉱物・エネルギー資源の主な産地を示している。これらの産地はどのようなところに分布しているか，**L**～**N** の資源名を明らかにしつつ，大地形との関連に触れながら述べなさい。

問 3　図 1 中の **P**～**R** は，ユネスコの世界遺産に指定された世界的な観光地である。これらを説明した次の文章*中の(　**カ**　)～(　**サ**　)に適語を入れなさい。

*ユネスコ世界遺産のホームページによる。原文は英文，一部改変。

P　このユニークな考古学・民族学に関する保護区は(　カ　)準州に位置しています。洞窟壁画，岩面彫刻，考古学的遺跡は，先史時代の狩猟採集民から，今もここに居住する(　キ　)の人々に至るまで，地域住民の暮らしのわざや生活様式を記録するものです。

Q　ここでは，オーストラリア中央部の(　ク　)色の広大な砂質平原の多くを占める壮観な地層群が特徴的です。巨大な一枚岩の(　ケ　)と，その西に位置する岩石ドームのカタジュタは，世界最古の人間社会の一つの伝統的な信仰体系の一部となっています。

R　この(　コ　)と呼ばれる場所は，オーストラリア北東部沿岸にあって，際立った多様性や美しさをもつ点に特徴があります。1,500 種の魚類，4,000 種の軟体動物などが生息する，世界最大の(　サ　)群が含まれ，科学的にも大きな関心が寄せられています。

問 4　次の図 3 は，オーストラリアにおける都市(人口 1 万人以上)の人口規模別分布を示したものである。これらの都市の分布にはどのような特徴が見られるか，地形や気候，開拓の歴史に触れながら説明しなさい。

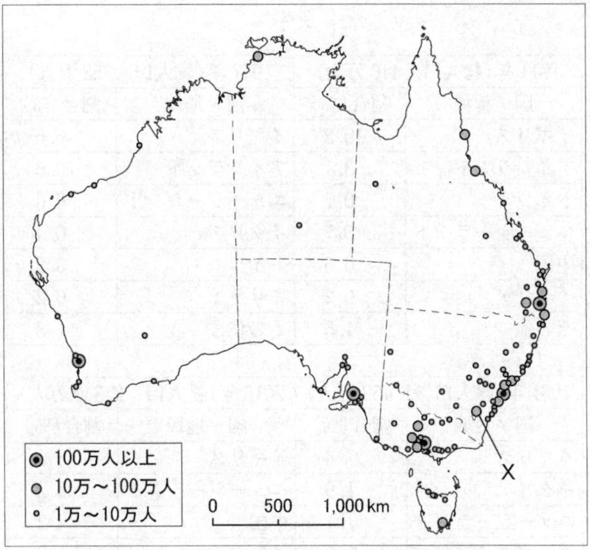

注：オーストラリア統計局の資料により作成。

図 3

問 5　図 3 中の都市 X の主な機能と歴史的な成り立ちを，この都市と似たような性格をもつ都市を他の国から 2 つあげながら説明しなさい。

問 6　次の表 1 は，いくつかの年次におけるオーストラリアの総人口のうち外国生まれ人口の割合を，出身国・地域上位 6 つについて示したものである。出身国・地域の構成に見られる変化を，オーストラリアの移民政策に触れながら説明しなさい。

表1

1911年(総人口：446万人)		1947年(総人口：758万人)	
国・地域	割合(%)	国・地域	割合(%)
イギリス	10.2	イギリス	6.6
アイルランド	3.1	アイルランド	0.6
ドイツ	0.7	ニュージーランド	0.6
ニュージーランド	0.7	イタリア	0.4
中国	0.5	ドイツ	0.2
イタリア	0.2	ギリシャ	0.2
その他	1.5	その他	1.3

1981年(総人口：1,452万人)		2016年(総人口：2,340万人)	
国・地域	割合(%)	国・地域	割合(%)
イギリス	7.4	イギリス	4.6
イタリア	1.9	ニュージーランド	2.2
ニュージーランド	1.1	中国	2.2
ユーゴスラビア	1.0	インド	1.9
ギリシャ	1.0	フィリピン	1.0
ドイツ	0.8	ベトナム	0.9
その他	7.1	その他	13.4

注：1981年のドイツの数値は東ドイツ・西ドイツを含む。

2016年の中国の数値は香港・マカオ・台湾を含まない。

オーストラリア議会の資料により作成。

〔解答欄〕問2・問5　各ヨコ14.2cm×タテ3cm

問4・問6　各ヨコ14.2cm×タテ4.6cm

数学

（90 分）

1　a を正の実数とする。放物線 $y=x^2$ を C_1,
放物線 $y=-x^2+4ax-4a^2+4a^4$ を C_2 とする。以下の問に答えよ。

(1)　点 $(t,\ t^2)$ における C_1 の接線の方程式を求めよ。

(2)　C_1 と C_2 が異なる 2 つの共通接線 $l,\ l'$ を持つような a の範囲を求めよ。ただし C_1 と C_2 の共通接線とは，C_1 と C_2 の両方に接する直線のことである。

以下，a は(2)で求めた範囲にあるとし，$l,\ l'$ を C_1 と C_2 の異なる 2 つの共通接線とする。

(3)　$l,\ l'$ の交点の座標を求めよ。

(4)　C_1 と $l,\ l'$ で囲まれた領域を D_1 とし，不等式 $x\leqq a$ の表す領域を D_2 とする。D_1 と D_2 の共通部分の面積 $S(a)$ を求めよ。

2　4 つの実数を $\alpha=\log_2 3,\ \beta=\log_3 5,\ \gamma=\log_5 2,\ \delta=\dfrac{3}{2}$ とおく。
以下の問に答えよ。

(1)　$\alpha\beta\gamma=1$ を示せ。

(2)　$\alpha,\ \beta,\ \gamma,\ \delta$ を小さい順に並べよ。

(3)　$p=\alpha+\beta+\gamma,\ q=\dfrac{1}{\alpha}+\dfrac{1}{\beta}+\dfrac{1}{\gamma}$ とし，$f(x)=x^3+px^2+qx+1$ とする。
このとき $f\left(-\dfrac{1}{2}\right),\ f(-1)$ および $f\left(-\dfrac{3}{2}\right)$ の正負を判定せよ。

3　1 から 12 までの数字が下の図のように並べて書かれている。以下のルール(a)，(b)と（終了条件）を用いたゲームを行う。ゲームを開始すると最初に(a)を行い，（終了条件）が満たされたならゲームを終了する。そうでなければ（終了条件）が満たされるまで(b)の操作を繰り返す。ただし，(a)と(b)における数字を選ぶ操作はすべて独立な試行とする。

(a)　1から12までの数字のどれか1つを等しい確率で選び，下の図において選んだ数字を丸で囲み，その上に石を置く。

(b)　石が置かれた位置の水平右側または垂直下側の位置にある数字のどれか1つを等しい確率で選び，その数字を丸で囲み，そこに石を移して置く。例えば，石が6の位置に置かれているときは，その水平右側または垂直下側の位置にある数字7，8，9，10，12のどれか1つの数字を等しい確率で選び，その数字を丸で囲み，そこに石を移して置く。

(終了条件)　5，9，11，12の数字のどれか1つが丸で囲まれ石が置かれている。

ゲームの終了時に数字 j が丸で囲まれている確率を p_j とする。以下の問に答えよ。

1	2	3	4	5
6	7	8	9	
10	11			
12				

(1)　確率 p_2 を求めよ。

(2)　確率 p_5 を求めよ。

(3)　確率 p_{11} を求めよ。

数学公式集

この公式集は問題と無関係に作成されたものであるが，答案作成にあたって利用してよい。この公式集は持ち帰ってよい。

(不　等　式)

1．$\dfrac{a+b}{2} \geqq \sqrt{ab}$，　$\dfrac{a+b+c}{3} \geqq \sqrt[3]{abc}$，　($a$，$b$，$c$ は正または0)

2．$(a^2+b^2+c^2)(x^2+y^2+z^2) \geqq (ax+by+cz)^2$

(三　角　形)

3．$\dfrac{a}{\sin A} = \dfrac{b}{\sin B} = \dfrac{c}{\sin C} = 2R$

4．$a^2=b^2+c^2-2bc\cos A$

5．$S=\dfrac{1}{2}bc\sin A=\sqrt{s(s-a)(s-b)(s-c)}$，　$\left(s=\dfrac{1}{2}(a+b+c)\right)$

(図 形 と 式)

6．数直線上の 2 点 x_1，x_2 を $m:n$ に内分する点，および外分する点：

$$\frac{mx_2+nx_1}{m+n},\quad \frac{mx_2-nx_1}{m-n}$$

7．点 $(x_1,\ y_1)$ と直線 $ax+by+c=0$ との距離，および点 $(x_1,\ y_1,\ z_1)$ と平面 $ax+by+cz+d=0$ との距離：

$$\frac{|ax_1+by_1+c|}{\sqrt{a^2+b^2}},\quad \frac{|ax_1+by_1+cz_1+d|}{\sqrt{a^2+b^2+c^2}}$$

8．だ円 $\dfrac{x^2}{a^2}+\dfrac{y^2}{b^2}=1$ 上の点 $(x_1,\ y_1)$ における接線：$\dfrac{x_1x}{a^2}+\dfrac{y_1y}{b^2}=1$

9．双曲線 $\dfrac{x^2}{a^2}-\dfrac{y^2}{b^2}=1$ 上の点 $(x_1,\ y_1)$ における接線：$\dfrac{x_1x}{a^2}-\dfrac{y_1y}{b^2}=1$

(ベ ク ト ル)

10.　2 つのベクトルのなす角：$\cos\theta=\dfrac{\vec{a}\cdot\vec{b}}{|\vec{a}||\vec{b}|}$

(複　素　数)

11.　極形式表示：$z=r(\cos\theta+i\sin\theta)$，　$(r=|z|,\ \theta=\arg z)$

12.　$z_1=r_1(\cos\theta_1+i\sin\theta_1)$，　$z_2=r_2(\cos\theta_2+i\sin\theta_2)$ に対し，

$$z_1z_2=r_1r_2\{\cos(\theta_1+\theta_2)+i\sin(\theta_1+\theta_2)\}$$

13.　ド・モアブルの公式：$z=r(\cos\theta+i\sin\theta)$ に対し，

$$z^n=r^n(\cos n\theta+i\sin n\theta)$$

(解と係数の関係)

14.　$x^2+px+q=0$ の解が α，β のとき，

$$\alpha+\beta=-p,\quad \alpha\beta=q$$

15.　$x^3+px^2+qx+r=0$ の解が α，β，γ のとき，

$$\alpha+\beta+\gamma=-p,\quad \alpha\beta+\beta\gamma+\gamma\alpha=q,\quad \alpha\beta\gamma=-r$$

(対　　　数)

16.　$\log_a M=\dfrac{\log_b M}{\log_b a}$

〔三 角 関 数〕

17. $\sin(\alpha+\beta)=\sin\alpha\cos\beta+\cos\alpha\sin\beta$

$\cos(\alpha+\beta)=\cos\alpha\cos\beta-\sin\alpha\sin\beta$

18. $\tan(\alpha+\beta)=\dfrac{\tan\alpha+\tan\beta}{1-\tan\alpha\tan\beta}$

19. $\cos2\alpha=1-2\sin^2\alpha=2\cos^2\alpha-1$

20. $\sin\alpha\cos\beta=\dfrac{1}{2}\{\sin(\alpha+\beta)+\sin(\alpha-\beta)\}$

$\cos\alpha\sin\beta=\dfrac{1}{2}\{\sin(\alpha+\beta)-\sin(\alpha-\beta)\}$

$\cos\alpha\cos\beta=\dfrac{1}{2}\{\cos(\alpha+\beta)+\cos(\alpha-\beta)\}$

$\sin\alpha\sin\beta=-\dfrac{1}{2}\{\cos(\alpha+\beta)-\cos(\alpha-\beta)\}$

21. $\sin A+\sin B=2\sin\dfrac{A+B}{2}\cos\dfrac{A-B}{2}$

$\sin A-\sin B=2\cos\dfrac{A+B}{2}\sin\dfrac{A-B}{2}$

$\cos A+\cos B=2\cos\dfrac{A+B}{2}\cos\dfrac{A-B}{2}$

$\cos A-\cos B=-2\sin\dfrac{A+B}{2}\sin\dfrac{A-B}{2}$

22. $a\sin\theta+b\cos\theta=\sqrt{a^2+b^2}\sin(\theta+\alpha)$,

$\left(\sin\alpha=\dfrac{b}{\sqrt{a^2+b^2}},\ \cos\alpha=\dfrac{a}{\sqrt{a^2+b^2}}\right)$

〔数　　列〕

23. 初項 a，公差 d，項数 n の等差数列の和：

$S_n=\dfrac{1}{2}n(a+l)=\dfrac{1}{2}n\{2a+(n-1)d\}$，　$(l=a+(n-1)d)$

24. 初項 a，公比 r，項数 n の等比数列の和：

$S_n=\dfrac{a(1-r^n)}{1-r}$，　$(r\neq1)$

25. $1^2+2^2+3^2+\cdots+n^2=\dfrac{1}{6}n(n+1)(2n+1)$

$$1^3+2^3+3^3+\cdots+n^3=\left\{\frac{1}{2}n(n+1)\right\}^2$$

（極　　限）

26. $\displaystyle\lim_{n\to\infty}\left(1+\frac{1}{n}\right)^n=e=2.71828\cdots\cdots$

27. $\displaystyle\lim_{x\to 0}\frac{\sin x}{x}=1$

（微　積　分）

28. $\{f(g(x))\}'=f'(g(x))g'(x)$

29. $x=f(y)$ のとき $\dfrac{dy}{dx}=\left(\dfrac{dx}{dy}\right)^{-1}$

30. $x=x(t)$，$y=y(t)$ のとき $\dfrac{dy}{dx}=\dfrac{y'(t)}{x'(t)}$

31. $(\tan x)'=\dfrac{1}{\cos^2 x}$，　$(\log x)'=\dfrac{1}{x}$

32. $x=g(t)$ のとき $\displaystyle\int f(g(t))g'(t)dt=\int f(x)dx$

33. $\displaystyle\int f'(x)g(x)dx=f(x)g(x)-\int f(x)g'(x)dx$

34. $\displaystyle\int\frac{f'(x)}{f(x)}dx=\log|f(x)|+C$

35. $\displaystyle\int\log x\,dx=x\log x-x+C$

36. $\displaystyle\int_0^a\sqrt{a^2-x^2}\,dx=\frac{1}{4}\pi a^2$　$(a>0)$，　$\displaystyle\int_0^a\frac{dx}{x^2+a^2}=\frac{\pi}{4a}$　$(a\neq 0)$，

$\displaystyle\int_\alpha^\beta(x-\alpha)(x-\beta)dx=-\frac{1}{6}(\beta-\alpha)^3$

37. 回転体の体積：$\displaystyle V=\pi\int_a^b\{f(x)\}^2dx$

38. 曲線の長さ：

$$\int_a^b\sqrt{1+\left(\frac{dy}{dx}\right)^2}\,dx=\int_\alpha^\beta\sqrt{\left(\frac{dx}{dt}\right)^2+\left(\frac{dy}{dt}\right)^2}\,dt,$$

$(x=x(t),\ y=y(t),\ a=x(\alpha),\ b=x(\beta))$

（順列・組合せ）

39. ${}_n\mathrm{C}_r={}_{n-1}\mathrm{C}_r+{}_{n-1}\mathrm{C}_{r-1}$，　$(1\leqq r\leqq n-1)$

40. $(a+b)^n=\sum_{r=0}^{n} {}_n\mathrm{C}_r a^{n-r}b^r$

(確　　率)

41. 確率 p の事象が n 回の試行中 r 回起る確率：

$$P_n(r)={}_n\mathrm{C}_r p^r q^{n-r}, \quad (q=1-p)$$

42. 期待値：$E(X)=\sum_{i=1}^{n} x_i p_i$,

ただし p_i は確率変数 X が値 x_i をとる確率で，$\sum_{i=1}^{n} p_i=1$ をみたすとする。

問一　波線部ａ「益」ｂ「然後」ｃ「莫」の読みを、それぞれひらがなで記せ。

問二　傍線部１「以二荀子書一為二大醇小疵一」を、書き下し文にせよ。

問三　傍線部２「直木不レ待二檃栝一而直者、其性直也」を、現代語訳せよ。

問四　傍線部３「夫使荀子而不レ知三人性有二善悪一、則不レ知三木性有二枸直一矣」を、現代語訳せよ。

問五　傍線部４「豈真不レ知レ性邪」を、書き下し文にせよ。

問六　傍線部５「余因以悲下荀子遭二世大乱、民胥泯棼一、感激而出上此也」を、書き下し文にせよ。

問七　二重傍線部について、筆者は荀子をどのように評価しているのか、本文の内容に即して一五〇字以内（句読点も字数に含める）で説明せよ。

於治㆒ヨリ、合㆓スト於善㆒ニ也。(3)夫レ使《も》シ荀子ニシテ而不㆑ンバ知㆔ラ人ノ性ニ有㆓ルコトヲ善悪㆒、則チ不㆑ルベシ知㆔ラ木ノ性ニ有㆓ルコトヲ枸直㆒矣。然而其ノ言如㆑キハ此クノ、(4)豈真不㆑知㆑性邪。(5)余因以悲㆘荀子遭㆓世大乱、民胥《みな》泯《びん》棼《ふん》㆒、感激而出㆖此也。荀子論㆑ジ学ヲ論㆑ズルニ治ヲ、皆以㆑テ礼ヲ為㆑シ宗ト、反復推詳シ、務メテ明㆓ラカニス其ノ指趣㆒ヲ。為㆘リ千古脩㆑メ道ヲ立㆑ツルニ教ヘヲ、所㆖莫(c)㆓能ク外㆒ニスル。其ノ曰㆘ヒ倫類不㆑ルハ通ゼ、不㆖ト足㆑ラ謂㆓フニ善ク学㆒ブト、又曰㆓フハ一物失㆑フハ称ヲ、乱之端也㆒ト、探㆓リ聖門一貫之精㆒ヲ、洞《あき》㆓ラカニス古今成敗之故㆒ヲ。

（王先謙「荀子集解序」による）

【語注】

○大醇——最も純粋なこと。　○小疵——わずかな欠点。　○直木——まっすぐな木。

○檃栝——曲がったものを伸ばす道具。　○枸木——曲がった木。　○烝矯——蒸しやわらげて矯正する。

○泯棼——混乱。　○感激——深く心に感じて奮い起つこと。　○推詳——深く追究する。

○倫類——人倫の種類。　○倫類不通不足謂善学——『荀子』勧学篇の文章。

○一物失称乱之端也——『荀子』正論篇の文章。　○聖門——孔子の門下。

問一　傍線部ア〜ウを、適宜語句を補い、わかりやすく現代語訳せよ。

問二　波線部「つれなしを〜ましてあさましき」からうかがわれる、作者の心情について説明せよ。

問三　和歌（A）および（B）を、掛詞や比喩に注意してわかりやすく現代語訳せよ。

〔解答欄〕問二　タテ一四・八センチ×ヨコ五・五センチ

三

次の文章を読んで、後の問に答えよ。但し設問の関係で送り仮名を省いた部分がある。

昔唐ノ韓愈氏、[1]以二荀子書一為二大醇小疵一。逮《およ》ンデレ宋ニ攻《とが》ムル者[a]益衆シ。推スニ二其ノ由ヲ一、以テノレ言フヲ二性悪ヲ一故ナリ。余謂ヘラク、性悪之説ハ、非ザル二荀子ノ本意ニ一也。其ノ言ニ曰ハク、[2]直木ハ不シテレ待タ二檃《いん》栝《くわつ》ヲ一而直キ者は、其ノ性直ケレバ也。枸《こう》木《ぼく》ハ必ズ待チテ二檃栝烝《じょう》矯《けう》ヲ一[b]然後直キ者、以テ二其ノ性不ルヲレ直カラ也。今人ノ性悪ナレバ、必ズ待チテ二聖王之治、礼儀之化ヲ一、然後皆出デ二ましき。幼き人通ひつつ聞けど、さるはなでふこともなかなり。「いかにぞ」とだに問ひ触れざなり。まして、これよりは、なにせむにかは、あやしとものせむと思ひつつ、暮らし明かして、格子など上ぐるに、見出だしたれば、夜、雨の降りける気色にて、木ども露かかりたり。見るままにおぼゆるやう、

(A)夜のうちはまつにも露はかかりけり明くれば消ゆるものをこそ思へ

かくて経るほどに、その月のつごもりに、「小野の宮の大臣《おとど》かくれ給ひぬ」とて世は騒ぐ。ありありて、「世の中いと騒がしかなれば、つつしむとて、えものせぬなり。服《ぶく》になりぬるを、これら、とくして」とはあるものか。いとあさましければ、「このごろ、ものする者ども里にてなむ」とて返しつ。ウこれにまして心やましきさまにて、たえて言づてもなし。さながら六月になりぬ。かくて数ふれば、夜見ぬことは三十余日、昼見ぬことは四十余日になりにけり。いとにはかにあやしと言へばおろかなり。心もゆかぬ世とは言ひながら、まだいとかかる目は見ざりつれば、見る人々もあやしうめづらかなりと思ひたり。ものしおぼえねば、ながめのみぞせらるる。人目もいと恥づかしうおぼえて、落つる涙おしかへしつつ、臥して聞けば、鶯ぞ折はへて鳴くにつけて、おぼゆるやう、

(B)鶯も期《ご》もなきものや思ふらむみなつきはてぬ音をぞなくなる

【注】○帰りなどせし人――兼家をさす。○幼き人通ひつつ――「幼き人」は、作者と兼家の子、道綱をさす。父兼家のもとに通っている。○小野の宮の大臣――藤原実頼。兼家の伯父。○服――喪に服すこと。伯父の場合は三ヶ月。○これら、とくして――これらの衣服を早く仕立ててくれ、の意。○ものする者ども――侍女たち。後の「見る人々」も同じ。○折はへて――時節を長引かせて。○期もなき――終わりのない。

観点が必要になる」とあるが、ここでいう「ウェルビーイング」とはどのようなものか。「個人主義的」「集産主義的」の二つの用語を用いながら、本文に即して一一〇字以内（句読点・かっこ類も字数に含める）で説明せよ。

問六　傍線部⑤「ウェルビーイングの「解像度」を上げること」とあるが、それはどういうことか。次に示した「解像度」の定義を参照しながら、本文中の事例を参考に、四五字以内（句読点・かっこ類も字数に含める）で説明せよ。

> カメラ、テレビ画面、コンピュータのディスプレーやプリンターなどで、表示できる画像や文字の精細さの度合い。
>
> （『精選版　日本国語大辞典』）

二

次の文章は、『蜻蛉日記』中巻の一節である。作者の夫、兼家の来訪は途絶えがちになっている。これを読んで、後の問に答えよ。

かくて四月になりぬ。十日よりしも、また五月十日ばかりまで、「いとあやしく悩ましき心地になむある」とて、例のやうにもあらで、七八日のほどにて、ア「念じてなむ。おぼつかなさに」など言ひて、「夜のほどにてもあれば。かく苦しうてなむ。内裏へも参らねば、イかくありきけりと見えむも便なかるべし」とて、帰りなどせし人、おこたりてと聞くに、待つほど過ぐる心地す。あやしと、人知れず今宵をこころみむと思ふほどに、はては消息だになくて久しくなりぬ。めづらかにあやしと思へど、つれなしをつくりわたるに、夜は世界の車の声に胸うちつぶれつつ、時々は寝入りて、明けにけるはと思ふにぞ、ましてあさ

○フィルターバブル――インターネットで利用者の好む情報ばかりが選択的に提示されることによって、好ましい情報しか見えなくなってしまうこと。これによって社会的分断が進行するとされる。
○CEO――企業の最高経営責任者。
○マインドフルネス――めい想などを利用して心を整える方法。また、その整った心の状態。

問一　傍線部a～jのカタカナは漢字に、漢字は読みをカタカナに、それぞれ改めよ。

問二　傍線部①「もしかしたら、私たちは情報通信技術によって「幸せ」から遠ざけられているのだろうか？」とあるが、筆者がそのように問う理由を本文に即して八〇字以内（句読点・かっこ類も字数に含める）で説明せよ。

問三　傍線部②「福祉（ウェルフェア）」と傍線部③「福祉（ウェルビーイング）」の違いについて、本文に即して一一〇字以内（句読点・かっこ類も字数に含める）でまとめよ。

問四　空欄A～Dに入れるのに最適な語を、次のア～ウから選び、記号で答えよ。ただし、同じ記号を二度以上使ってもよい。

ア　医学　　イ　快楽　　ウ　持続

問五　傍線部④「利害関係が入りくんだ不特定多数の人が集まるコミュニティや公共の場においてこそ、ウェルビーイングのおいては、とりわけ集産主義的なアプローチがウェルビーイングを考えるうえで重要となってくるはずだ。

個人の身体と心を対象とした欧米型の「わたし」のウェルビーイングからこぼれ落ちてしまった、身体的な共感プロセスや共創的な場における「わたしたち」のウェルビーイングの観点を、日本や東アジアのウェルビーイングに取り組むためには忘れてはならない。もちろん、個人主義的な視点と集産主義的な視点は対立するものではなく、一人の人間のなかに両面が存在し、ウェルビーイングの理解を補完しあうものである。

また、人と人のあいだにウェルビーイングが生じると考える集産主義的な視点を広げると、それは「コミュニティと公共のウェルビーイング」へとつながる。特定の人とのつながりだけでなく、④利害関係が入りくんだ不特定多数の人が集まるコミュニティや公共の場においてこそ、ウェルビーイングの観点が必要になるであろう。そして、不特定多数の人と人が交わる場は、インターネットの空間にも存在し、同様に「インターネットのウェルビーイング」も存在するはずである。

個人の心のなか、人と人のあいだ、コミュニティや社会、そしてネットのなか、とこれらの領域は独立しながらも影響しあっており、そのすべてを捉えなければウェルビーイングの総体を捉えることはできない。私たちがいま取り組むべきは、⑤ウェルビーイングの「解像度」を上げることであり、ウェルビーイングとはいったい何なのかを整理しなおすことだろう。これらの領域にまたがったウェルビーイングを整理していくことでこそ、「わたし」や「わたしたち」にとってのウェルビーイングとは何なのか、どうやってウェルビーイングを実現していくのか、そこへの道のりが見えてくるはずだ。

（渡邊淳司、ドミニク・チェン監修・編著『わたしたちのウェルビーイングをつくりあうために』所収、安藤英由樹、渡邊淳司「ウェルビーイングの見取り図」による）

【注】　○アルゴリズム――問題を解決する定型的な手順・計算方法。

すこの言葉は、しばしば「医学的ウェルビーイング」、「快楽的ウェルビーイング」、「持続的ウェルビーイング」という3つの定義で使われている。

ひとつめの「医学的ウェルビーイング」とは、心身の機能が不全でないか、病気でないかを問うものである。これは健康診断やメンタルヘルスに関する診断を通じて測定可能である。ふたつめの「快楽的ウェルビーイング」とは、その瞬間の気分の良し悪しや快／不快といった主観的感情に関するものである。最後の「持続的ウェルビーイング」は、人間が心身の潜在能力をハッキし、意義を感じ、周囲の人との関係のなかでいきいきと活動している状態を指す包括的な定義である。

これら3つのウェルビーイングは、必ずしもすべてが同時に満たされるわけではない。たとえば課題に取り組んでいるときの一時的な苦しさは[A]的ウェルビーイングを阻害するが、その課題を乗り越えることで達成感や有能感を得られるならば[B]的ウェルビーイングを充足するものだといえる。従来は身心の健康状態で判断できる[C]的ウェルビーイングや、心拍やホルモン量など生体反応の指標によって計測できる快楽的ウェルビーイングが研究の対象とされてきたが、２０００年代に入りその状況は大きく変わった。特に「[D]的ウェルビーイング」を対象に、主観指標や行動指標も含め、包括的・持続的に捉えようとする取り組みが加速し、「Positive Computing」をはじめとする「[D]的ウェルビーイング」を情報技術によってソクシンするための方法論が研究され始めている。

このように、ウェルビーイングの研究は近年急速に進んできているが、一方でこれまでの研究の多くはもっぱら「個人主義的《Individualistic》」な視点に基づいて進められてきたことに注意せねばなるまい。欧米では主潮となるこの視点は、確立された個人のウェルビーイングを満たすことで社会への貢献を目指すものであるが、それだけでなく、集団のゴールや人間同士の関係性、プロセスのなかで価値をつくりあうという考えに基づく「集産主義的《Collectivistic》」な視点を無視してはいけないだろう。人間関係や場のなかでの役割によって生まれる物語性、身振りや手振りや触れ合いといった身体性が人間の行動原理に強い影響を与える日本や東アジアにを計測し働きかけるための「Affective Computing」のような研究分野とも接続しながら、現在、情報技術と人間の心的な側面の関係性に対する関心は非常に高まっている。

企業活動においても、さまざまな分野のCEOもウェルビーイングという言葉を口にすることが多くなった。現代社会において、すべての問題を効率性や経済性のみによって解決することは困難である。それに代わる、もしくはそれ以外の価値基準としてウェルビーイングという視点がとりあげられている。現在のところ、ウェルビーイングは付加的な概念のひとつに過ぎないかもしれないが、環境問題がそうであったように、遠くない将来、人間のウェルビーイングにfハイリョしない企業や自治体など考えられないという社会が到来するかもしれない。そのときに、「効率性」や「経済性」とは異なる価値基準にそれぞれの企業が取り組み、企業活動を通して社内外で共有されることは、社会的な存在としての企業の価値を向上させるものになるであろう。

福祉分野においても、ウェルビーイングは議論の対象となることが多い。近年の福祉理念は、社会的弱者を救うという②福祉（ウェルフェア）《Welfare》から、自律的な活動や自己実現をとおしての③福祉（ウェルビーイング）《Wellbeing》へ変化しているといわれている。社会から見たときに、福祉の対象を保護や救済の対象と考えるのではなく、一人の人間としてその充足や自律性を積極的に尊重しようという考えに変わってきたということである。これは、ウェルフェアの視点からつくられたプログラムでは、対象それぞれが持つ固有の状況に対応できないということや、むしろ対象を能動的な主体として捉え、個々のウェルビーイングを起点にすることでより豊かな福祉が実現できるのではないかという考えによる。もちろん、個人のウェルビーイングだけを考えていては、その社会は成り立たず、ケアを必要とする人とケアをする人を社会全体でどのように g包摂していくべきか、福祉におけるウェルビーイングの議論は、超高齢化社会を迎える日本においては大きな課題である。

しかし、ひとくちにウェルビーイングといっても、その意味が見えづらいのもたしかだ。直訳すると「心身がよい状態」を指とが困難になっているのだ。加えてＳＮＳや検索エンジンのアルゴリズムは「最適化」の名のもとにa偏った情報でユーザーを包み込み、「フィルターバブル」と呼ばれる分断の状況を生んだ。ソーシャルゲームへの依存に伴う過度な課金や、チャットツールなど閉じたコミュニティで発生するいじめ、ＳＮＳ上でのb誹謗中傷など、インターネットの発展に伴って生まれた問題はもはや社会全体に大きな影響を及ぼしつつある。

①もしかしたら、私たちは情報通信技術によって「幸せ」から遠ざけられているのだろうか？

こうした問題は、情報通信技術を開発するうえで根源的な目標であった「人間を幸せにする」ことがきちんと意識されないまま設計が進んでしまったことから生まれたものだといえる。そもそも人間にとって「幸せとは何か」がきちんと検討されてこなかったからこそ、本来人々を幸せにするはずの技術が人々を抑圧してしまっているのだ。

近年、これらの背景から、「ウェルビーイング（Wellbeing）」という人間の心の豊かさに関する概念が注目されている。たとえば２０１５年に国連でcサイタクされた「ＳＤＧｓ：２０３０年までの持続可能な開発目標」においてウェルビーイングは重要な達成目標のひとつとして挙げられている。日本においても、２０２０年に内閣府「ムーンショット型研究開発制度」が発表した２０５０年までに達成すべき６つの目標において、それらの研究開発は人々のウェルビーイングに向けたものであると明言されている。また、『ＴＩＭＥ』や『ＷＩＲＥＤ』などさまざまなメディアでもウェルビーイングやマインドフルネスがとりあげられる機会は増えており、この概念は一般にも広くdシントウしつつあるといえるだろう。とりわけ情報技術の領域においては近年ウェルビーイングの研究が盛んになりつつあり、ヒューマン・コンピュータ・インタラクション（ＨＣＩ）や人工知能（ＡＩ）分野のカンファレンスではウェルビーイングに関するセッションが開かれることも増えてきた。日本の学術機関においてもウェルビーイングの名を冠した研究機関が開設されたり、ウェルビーイングと情報技術に関する研究プロジェクトも増えている。e遡れば、１９９０年代から始まった、主張し過ぎない穏やかな情報提示をする「Calm Technology」や、ユーザーの感情

国語

（一〇五分）

一　次の文章を読んで、後の問に答えよ。

情報通信技術の革新は、あなたを幸せにしてくれただろうか。

パーソナルコンピュータの発明やインターネットの登場、スマートフォンのような情報通信デバイスの普及、さまざまなテクノロジーのおかげで、私たちはいろいろなことができるようになった。とりわけ２０００年代以降はｉＰｈｏｎｅをはじめとするスマートフォンや、Ｗｉ－Ｆｉ、４Ｇのような高速通信環境の普及によって、私たちはいつでもどこでもインターネットに接続し、他人と繋がることができるようになっている。そのおかげで遠く離れたところにいる人とすぐにコミュニケーションがとれるし、もちろん仕事をすることだってできる。この世界に張り巡らされたネットワークは、あらゆる通信のシェアを可能にし、それによって私たちの知的活動の可能性は広がり、効率も向上した。情報通信技術のおかげで、私たちの生活は豊かになっているのかもしれない。

しかし、それは本当に「幸せ」をもたらしているといえるのだろうか？　たとえば、あなたが肌身離さず持ち歩いているスマートフォンは、常時メッセージや通知を受信することを可能にしたが、その状態は外の世界に注意を払い続けなければいけないことを意味している。他人といつでも連絡が取れる安心感を得ると同時に、私たちの心身は常に緊張し、リラックスするこ

小論文

（90 分）

（注）　解答は答案紙の所定のます目の中に横書きで記入しなさい。

1ますに1字ずつ書きなさい（句読点もそれぞれ1字に数えます）。

以下の文章は，齋藤純一『不平等を考える――政治理論入門』（ちくま新書，2017年）から抜粋し，出題用に編集を加えたものである。この文章を読んで，後の問いに答えなさい。

本書の関心は，私たちが互いの間に「平等な関係」をいかにして築いていくことができるか，にある。

このように問いを立てると，なぜ平等な関係を築いていかなければならないのかという反問が返ってくるかもしれない。そもそも，人間は平等ではありえず，持って生まれた能力だけではなく，それを活かしていこうとする意欲にも違いがある。そうした意欲の違いは努力の違いとなって表れるだろうし，その努力は当然異なった成果を結ぶはずである。異なった努力や成果は異なった仕方で報われるべきである。人々の間に「不平等な関係」が生じるのは不当なことではないはずだ，と。

私たちの直観にも訴えるこのような反問にどう応答できるだろうか。

まず言えるのは，「平等」は「同じである」ことを意味しない，ということである。人々にさまざまな点で違いがあることは事実であり，能力や才能の点で互いに等しくはないというこの事実は不当でも正当でもない。問題は，そうした違いが社会の制度や慣行のもとで互いの関係における有利 - 不利（advantage － disadvantage）の違いへと変換されていく，という点にある。

もちろん，制度のもとで生じるあらゆる有利 - 不利がただちに不当なわけではない。しかし，それらのなかには「値しない不利」（undeserved disadvantage）も含まれている。「値しない」というのは，その人に「ふさわしくない」，もっと言えば「不当である」という意味合いを含んでいる。たとえば，十分な才能に恵まれているにもかかわらず，生まれ育った家庭が貧しいために，その才能を伸ばす教育の機会が得られないとしたら，その不利――それは学業上の不利にとどまらず生涯にわたってさまざまな不利を招いていくだろう――は，はたしてその人に「値する」と言えるだろうか。

本書が，「不平等」という言葉によって指すのは，そのような「値しない」有利 - 不利が社会の制度や慣行のもとで生じ，再生産されつづけている事態である。有利 - 不利の違いは人々の関係のあり方を決める。不利な立場にある人は，より有利な立場にある人の意に沿うことを強いられやすく，また，劣った者として扱われつづければ屈辱の感情を抱かずにはいられないだろう。不平等が過度のものとなり，固定化すれば，なんとか不利を挽回しようとする意欲すらもてなくなってしまう。そうした関係は不当であると考えるのであれば，それを惹き起こしている制度や慣行は問い直される必要がある。

とはいえ，この本では，あらゆる制度や慣行を問い直すことはできない。本書が取り上げるのは，主として，強制力をともなった制度であり，そうした制度の影響を深く被る人々の関係である。制度を共有し，しかもそれを変えることができる立場にある人々を政治学の用法にしたがって「市民」(citizen)と呼びたい。市民としての対等な関係(equal citizenship)を互いの間にどのように築いていくことができるか，市民の政治的平等はいかにして可能か。これを問うことが本書の課題である。

繰り返せば，私たちは，あらゆる点で等しくあることはできない。制度を再編し，正当化できない不平等をかりに克服しえたとしても，事情は変わらない。克服されるべきは，人々の間にあるさまざまな違いそのものではなく，あくまでも「値しない」有利 - 不利を生じさせる制度とその作用である。

人々は，他のあらゆる点での違いにもかかわらず，市民としては平等な者として尊重され，制度上もそのように扱われるべきである。かりに政治的な立場に大きな格差が生じるなら，有利な立場を占める者によって，不平等を是正すべき制度それ自体が牛耳られてしまうことになるからである。

言うまでもなく，政治的な立場は，社会的・経済的な有利 - 不利の影響を被らざるをえない。市民が政治的に平等でありうるためには，社会的・経済的な不平等をどうコントロールするかも課題となる。格差が拡大するなかで，平等な者からなる社会をいかに回復していくことができるだろうか。

政治社会における主要な制度の役割は，それを構成する人々の間に対等な関係を築き，それを維持することにある(国家から区別される「市民社会」との違いに着目して，国家を含む社会を「政治社会」と表現する)。現代の社会は，価値観や生き方を異にするさまざまな人々から成っており，そのほとんどは見知らぬ他者のままである。市民が共有する制度は，どのような人も他者から意のままに(恣意的に)扱われることのない立場を保障するためにある。

「主要な制度」とは，市民の権利・義務を規定し，社会的協働から生まれる利益や負担を市民に分配する制度——たとえば税制や社会保障制度——を指す(社会的協働social cooperationはロールズの用語である。本書では，労働だけではなく政治的，社会的活動などを通じて人々が互いに結びつき，それによって生みだされる利益やそれを維持するための負担を共有する関係を指すものとして用いる)。それらの多くは，強制力をもって執行される制度の形態をとっており，市民は，そうした制度を通じて他の市民の生活(生き方)を規定しあう立場にある。

多元化した社会にあって，ある特定の人々の利害関心や価値観に沿って公的な制度が用いられるなら，ある市民は他の市民にとっての利益や価値を実現するための手段として扱われることになろう(多くの市民の安全をはかるために特定市民の表現の自由や移動の自由が長期間にわたり制約されるケースを想定してほしい)。そうした手段化を避けるためには，制度は，すべての市民を平等に尊重しなければならない。市民相互の関係においてこの「平等な尊重」(equal respect)を保障することが制度が正統であるための条件である。

いま述べたように，制度の役割は，市民の間に対等な関係を構築し，それを維持することにある。この関係が損なわれるとき，劣位にある人々は優位にある人々による抑圧を被りやすい立場にたたされることになる。政治的関係における支配，経済的関係における収奪や搾取，社会的関係における排除や周辺化，文化的関係における偏見や差別などがそうした抑圧の諸形態である。

本書が主として取り上げる，政治的関係における支配(domination)は，人々が，自らが制御することのできない他者の意思によって制御される立場にたたされるときに生じる。そのような場合，人々は，他者による実際の干渉を被らないときでも，他者の意に背かないよう，むしろ他者の意を汲《く》んで行動することを余儀なくされるようになる(アメリカの政治哲学者Ｐ・ペティットは自由を「支配がないこと」(non-domination)として定義する)。

たとえば，ある非正規労働者のケースについて考えてみよう。彼女は，職場にとどまろうと望む――その職場を離れると生計の見通しが立つ新たな職場が見つかる保証がない――とき，かりに雇用主の意向が変わる――わずかな賃金の上昇と引き替えにハードな管理業務に就かせられる――としても，その意向に逆らうことは難しい。彼女は，雇用主の意思を制御しうる立場にはなく，逆にそれによって制御されやすい脆弱な立場にある。

このように，制度の重要な役割は，市民が他の市民の意思に依存する関係に陥らないようにするために，不利な立場にある人々が他者の恣意に抗しうる条件を保障することにある。いま挙げた例について言えば，最低賃金の保障，労働時間の規制，解雇規制あるいはハラスメントの防止などがそれに当たる。この場合，彼女が雇用主の意に背いて仕事を辞めるときに生活保障が確実ではないことが彼女の立場を脆弱なものにしている――労働市場が売り手市場になれば彼女の労働条件は改善されるだろうが，そうした条件はつねに得られるわけではない――とすれば，制度は，雇用を離れても生活が成り立つ条件を保障する必要がある。

日本の社会には，制度が市民間の対等な関係を保障するのではなく，逆に，それを損なうような仕方で作用する事態すら見出される。ある地域に暮らす人々は，国策プロジェクトが推し進められるなかで，さまざまなリスク，誰もが避けたいと願う「負の財」(negative goods)を押し付けられてきた。たとえば，軍事基地や原子力発電所，産業廃棄物処分場などはそうした「負の財」の典型である。

もちろん，負の財をまったく生みださないような社会的協働は存在しないし，それをどう分配すべきかはつねに避けられない政策課題になる。しかし，ある特定の市民に対してのみ，しかも半ば恒常的に負の財を分配しつづけることは，それを負荷される人々を平等な市民として扱っていることにはならないだろう。

市民間の平等な関係とはどのような関係だろうか。以下，この社会における不平等を問い直していくために，J・ロールズの議論を参照して，それがどのような関係を指すのかを明らかにしていきたい。

ロールズは，人々が関係において占める立場《ポジション》として，次の二つを挙げている。一つは，「平等な市民としての立場」であり，もう一つは，「所得および富の分配において各人が占める場所によって規定される立場」である。

「平等な市民としての立場」(equal citizenship)は，各市民が基本的諸自由(政治的自由，言論・結社の自由，良心・思想の自由など）を平等に享受でき，しかも，各市民が公正にひらかれた機会にアクセスできる立場にあることを指す。公正な機会の平等とは，どのような階層（所得階級）に属するか——どのような家庭に生まれ，育ったか——に関わりなく，同じレベルの才能と意欲をもつのであれば，誰もが同じ機会を享受しうるということを意味する。たとえば，他の学生と同じ学力や意欲をもった学生が学資の見通しが立たないがゆえに進学の断念を強いられないことを，公正な機会の平等は求める。

本書が注目するのは，「平等な市民としての立場」は，「所得および富の分配において各人が占める場所によって規定される立場」の影響を避けがたく被らざるをえない，ということである。というのも，所得や富の分配において著しい格差があれば，その格差は，平等に享受されてしかるべき政治的自由を不平等なものとし，社会が一部の人々によって牛耳られるような事態を招いてしまうからである。すべての市民が「平等な市民としての立場」を享受しうるようにするためには，所得や富の不平等を一定の限度内に抑えることが必要になる。

市民間の平等な関係は，「平等な市民としての立場」のみならず，「所得および富の分配において各人が占める場所によって規定される立場」についても，一方が他方を恣意的に制御できるような優位 - 劣位の関係が市民の間に生じていないときに成り立つ。

市民の間に優位 - 劣位の関係が生じないことは，それぞれの市民が「自尊」（self-respect）の感情をもつための条件でもある。ロールズは，「自尊の社会的基盤」を制度によって分配される「基本財」——それは人々が「自由かつ平等な市民という資格においてもつ欲求の対象」として定義される——のなかでも最も重要な財として位置づけている。そして，「自尊の社会的基盤」は，自由，機会および所得・富といった他の基本財が公正に分配されるときに得られる。他の市民が享受しうる自由を享受できない，平等にひらかれてしかるべき機会にアクセスしえない，あるいは所得や富の格差が甚大なものとなる場合には，自尊の条件は損なわれる。

自尊は対等な市民として他者から尊重されるときにはじめて得られるものであり，他の市民との関係において劣位の者として扱われることが続くなら，市民間の関係から相互の尊重が失われる。ロールズによれば，自尊をいだく人々には互いを尊重しようとする傾向があり，逆に自尊が損なわれる場合には，嫉みなどの負の感情が対等な関係を損なっていく。ロールズが指摘するように，社会の最下層に放置される人々は，政治社会の制度への信頼を失い，それに背を向けるようになる。

このように市民の自尊の条件を損なうような制度は，安定したものではありえない。自らが制度によって劣位の者として扱われているという認識は，制度への信頼，そして他の市民への信頼を彼らから奪うからである。この点から見れば，あらゆる市民が自尊の条件を享受しえているかどうかが，互いの間に平等な関係が成り立っているのか否かを判断するための尺度となる。

ロールズは，「アンダークラス」と呼ばれる社会層においてこのような自尊の条件が決定的に損なわれていることを重視している。たとえば，生活保護の受給者がしばしばそうであるように，制度的に保護・救済の対象として扱われる人が，そのことで落伍者とみなされ，「二級市民」として扱われるなら，自己を尊重することは難しく，社会に背を向けるようになるだろう。同様に，いつでも使い棄てることのできる安価な労働力としてのみ扱われるならば，自尊の条件は損なわれるだろう。

政治社会の制度が，ある人々を劣位の者として扱うことを避けるとともに，すべての市民に自尊をもつことを可能にするような平等な立場を保障すべき理由は，いま述べた点にある。

念のために言えば，市民の間に対等な関係を築き，それを維持することは，市民をあらゆる点で平等化することを目ざすわけではない。制度が是正しようとするのは，あくまでも許容しえない不平等，正当化することのできない不平等である。それでは，正当化しえない不平等とはどのようなものだろうか。まず考えられるのは，各人にはいかんともなしがたい諸事情，つまり，各人の責任を問うことのできない諸事情によって，不利な立場にたたされることである。

現代の政治理論には，「運の平等主義」（luck egalitarianism）と呼ばれる議論があるが（R・ドゥオーキン，G・A・コーエン，J・ローマー，R・アーヌソンらがその代表的な論者である），この議論が是正しようとするのは，本人に帰責することのできない諸事情によって惹き起こされる不平等である。「運の平等主義」は，各人が選択しえない事柄については責任を問うことができず，他方，その人が選択できる事柄については責任を問うことができると考える。たとえば，生来の障碍《しょうがい》は本人にはいかんともしがたい事柄であり，そこから生じる不利に対して彼に責任を問うことはできない。同様に，貧しい家庭に生まれ，育つことも本人にはコントロールできない事柄であり，そこから生じる不利に対して彼は責任を問われるべきではない。

「運の平等主義」によれば，そうした不利をあたかも本人の選択の帰結であるかのように扱うことは不当であり，そのような「値しない不利」に対しては，社会から補償がなされてしかるべきである。他方で，「運の平等主義」は，人々が自分で選択した事柄に対しては正当にその責任を問うことができると考える。たとえば，自分で選択した職業が他の職業に比べて収入が低いとしても，人々はその選択の帰結を受け入れなければならないし，同一の職業のなかで，貢献の程度に応じて所得に格差が生まれるとしてもそれは何ら不正な事柄ではない。

要約すれば，「運の平等主義」は不平等を次のようにとらえる。不平等は，それが各人が制御できない事柄の違いを映しだしている場合には正当化できず，それが各人による選択がもたらす影響の違いを映しだしている場合には正当化できる，と。

「運の平等主義」の考え方，つまり，財の分配は，人々が行う選択には敏感に応じるべきであり，人々が被る不運には応じるべきではないという考え方は，至極理にかなっていると考えられるかもしれない。自分が行ったことについては責任が問われるし，そうではないことで不利な立場を強いられるのはおかしいという考え方は，私たちの直観に訴えるところが多分にある。

たしかに，「運の平等主義」には，本人の責任を問いえない事柄に対して責任を問うことを不当であると考え，いかんともしがたい不運を被っている人々に対する補償(compensation)を正当化するというメリットがある。「運の平等主義」は，選択とそれに対する自己責任を重視する新自由主義的な論理をいわば逆手にとって，正当化しえない不平等に対する社会の責任を問うのである。しかし，この考え方の難点として，次の点を指摘することができる。

まず，本人による選択の帰結とみなされる事柄に対しては何ら補償の必要はないという考え方は，その人に対する冷酷な扱いを正当化することにもなる。この考え方によれば，近親者を介護するために学業やキャリアの継続を断念し，そのことによって社会との接点を失い，貧窮に陥ったとしても，それは本人の選択によるものであり，社会には彼女を支援する責任はないと考えられるだろう。また，自然災害が起こりやすい土地に住みつづけることも，本人の自己責任を問いうる事柄とみなされるかもしれない。

幸い，日本の現行制度は，このような選択と運の厳密な区別に対応するようにはアレンジされてはいない。本人の選択の帰結とみなされる事柄に対しても，社会は一定の支援を行っている(たとえばスキーで転倒したために障碍をもつようになったとしても，公的保険の適用から排除されることはない)。それが，市民の間に平等な関係を築き，維持するうえで十分なものであるかどうかは措《お》くとしても，あらゆる選択の帰結に対して自己責任を厳しく問うという仕組みにはなっていない。

「運の平等主義」の考え方には，市民の平等を擁護するという点から見て，ほかにも無視できない問題がある。というのも，この考え方は，運に恵まれた人々がそうではない人々に支援の手をさしのべるという優劣の関係を市民の間につくりだすからである。

不運に対して補償を受ける人々は，自らの抱えるハンディを，あるいは自分の能力が十分なものではないことを社会に示さなくてはならなくなる(生まれつきの容貌のために不利な立場を余儀なくされている人は，その補償を受けるために自らの容貌が「劣っている」ことを認めなくてはならない)。不運への補償それ自体がつくりだすこのような優劣の関係は，社会の制度はすべての市民に平等な地位を保障し，それにもとづく自尊を可能にすべきであるという考え方とは相容れない。

「運の平等主義」には，選択の帰結に対する冷酷な処遇を正当化し，不運に対する補償が市民の間に優劣の関係をつくりだし，補償を受ける市民に「劣位の者である」というスティグマを与えるという難点がある。それに加えて，次の二つの問題を指摘することができる。一つは，純粋に本人の自己責任を問うことができるような選択はありうるのかという問題であり，もう一つは，補償という財の再分配だけで正当化しえない不平等に対処できるかという問題である。

そもそも，個人の自己責任を問うことができる純粋な選択というものがあるかどうかは疑わしい。「インセンティヴ・ディバイド」(意欲の格差)をめぐる議論が示すように，「やる気」は本人には帰責できない事情(家庭環境)によって左右されるだけではなく，生来の才能によっても規定される部分がある。個人の自己責任を問える範囲を特定するのはきわめて困難であり，努力に応じた財の分配に対してロールズが否定的な見解を示したのも，選択とそうでないものをはっきりと切り分ける術を私たちはもっていないからである。

とはいえ，個人がどのような選択をしようと，その選択にはつねに当の個人が制御できない要因が作用しており，それゆえその責任を問うことはできない，とするのもあまりに原理的に過ぎるかもしれない。だとすれば，社会の制度に求められるのは，ある個人の選択に対して責任を問うことができるような選択状況をつくりだすことである。もし，ある個人が，不利な状況で何らかの選択を余儀なくされるのではなく，しかも選択を行うに際して十分な情報と熟慮の機会が得られるとすれば，その個人が自らの選択に対して責任を負うことは理にかなっていると考えることもできる。問題は，そのような公正な選択状況を社会の制度がつくりだせるかどうかにある。

正当化しえない不平等に補償をもって十分に対処しうるかどうかも，再考すべき論点の一つである。アメリカの社会では黒人と白人の間に不平等が根強く存在する。黒人と犯罪性を結びつけるプロファイリングが行われているのは周知のとおりだし，白人と同等の所得や富を得た黒人が，白人中心の居住地に住むのがたやすいかと言えばそうではない。

E・アンダーソンが指摘するように，黒人の「劣位性」を規定しているのは所得や資産等の経済的要因というよりもむしろ人種的要因である。人種にもとづく集団間の隔離(segregation)が存在するために，劣位の集団は，優位の集団がもつ機会にアクセスすることがかなわず，各種の資本形成(金融資本・人的資本・社会関係資本・文化資本)において不利な立場にたたされることになる。

こうした集合的なカテゴリーにもとづく格差は，人種だけではなく，ジェンダー，性的指向，エスニシティ，宗教などについても生じる。日本では，男性と女性の格差がなおもはなはだしい――「世界経済フォーラム」(2016年)のジェンダーギャップ指数ランキングでは日本は144カ国中111位へとさらに後退している。女性には男性とくらべアクセスしうる機会が閉じられているが，カテゴリー間の不平等に対して，個々人への資源の再分配によってのみ対処することには限界がある。

というのも，ほとんどの場合，人々の属する集団は自発的に選択されるものではなく，非自発的に与えられるものである。そうした集団は，人々の選択状況を左右し，劣位の集団に属する人々の選択の機会を制約する。個々人の力によってその制約を脱することがかりに可能だとしても，それはむしろ例外にとどまるだろう。集合的なカテゴリーにもとづく不平等は，有利 - 不利をもたらす要因をもっぱらそれぞれの個人に帰す「運の平等主義」とは異なった対応を必要としている。なぜなら，市民の間に正当化しえない不平等をもたらしている大きな要因は，個人の属するカテゴリー的な諸集団に優位 - 劣位の序列を与えるような，現に社会で妥当している規範でもあるからである。

「運の平等主義」の考え方には，いま見てきたように，いくつかの難点がある。正当化しえない不平等に対応するためには，問題を個人的な要因に帰すのではなく，人々が他者との関係においてどのような立場を占めているか，その有利 - 不利がどのような諸要因によって規定されているかを考察することが必要になる。

問 1　この文章によれば，下線部にある「市民間の平等な関係」は，なぜ必要で，またどのような場合に成り立つと考えられるか，200 字以上 300 字以内で説明しなさい。

問 2　この文章を踏まえ，不当な有利 - 不利にあたるとあなたが考える現代社会における不平等の具体例を一つ取り上げながら，その不平等の是正が「運の平等主義」の考え方に基づいてどのように正当化できるか，またその正当化はどのような難点を伴うかについて，論じなさい。取り上げる具体例は，筆者が挙げている事例に限定するものではありません。字数は 600 字以上 800 字以内とします。

· memo ·

2020年度

問題編

■前期日程

問題編

▶試験科目・配点

学部(学科)	教　科	科　　目　　等	配　点
文	外国語	「コミュニケーション英語Ⅰ・Ⅱ・Ⅲ，英語表現Ⅰ・Ⅱ」，ドイツ語，フランス語，中国語から１外国語選択。	400点
	地　歴	日本史Ｂ，世界史Ｂ，地理Ｂから１科目選択。	200点
	数　学	数学Ⅰ・Ⅱ・Ａ・Ｂ	200点
	国　語	国語総合・現代文Ｂ・古典Ｂ	400点
教　育	外国語	「コミュニケーション英語Ⅰ・Ⅱ・Ⅲ，英語表現Ⅰ・Ⅱ」，ドイツ語，フランス語，中国語から１外国語選択。	600点
	数　学	数学Ⅰ・Ⅱ・Ａ・Ｂ	600点
	国　語	国語総合・現代文Ｂ・古典Ｂ	600点
法	外国語	「コミュニケーション英語Ⅰ・Ⅱ・Ⅲ，英語表現Ⅰ・Ⅱ」，ドイツ語，フランス語，中国語から１外国語選択。	200点
	数　学	数学Ⅰ・Ⅱ・Ａ・Ｂ	200点
	小論文	高等学校の地歴・公民の学習を前提とする。	200点
経　済	外国語	「コミュニケーション英語Ⅰ・Ⅱ・Ⅲ，英語表現Ⅰ・Ⅱ」，ドイツ語，フランス語，中国語から１外国語選択。	500点
	数　学	数学Ⅰ・Ⅱ・Ａ・Ｂ	500点
	国　語	国語総合・現代文Ｂ・古典Ｂ	500点
情報(人間・社会情報)	外国語	「コミュニケーション英語Ⅰ・Ⅱ・Ⅲ，英語表現Ⅰ・Ⅱ」，ドイツ語，フランス語，中国語から１外国語選択。	700点
	選　択	日本史Ｂ，世界史Ｂ，地理Ｂ，「数学Ⅰ・Ⅱ・Ａ・Ｂ」から１科目選択。	400点

▶備　考

•「数学B」は，「数列」，「ベクトル」から出題する。数学の試験については，試験室において公式集を配付する。また，直線定規・コンパスを使用できる。

• ドイツ語，フランス語，中国語は編集の都合上省略。

英語

（105分）

I　次の英文を読み，下記の設問に答えなさい。

The Internet and the smartphone have fundamentally changed the way people interact with each other. As with the arrival of previous technologies such as the television or the telephone, the effect of digital technologies on social connections has been the subject of significant debate.

Two competing hypotheses exist to describe the effect of the Internet on human interactions. On the one hand, some researchers have argued that the Internet displaces social interactions from the real to the virtual world (Hypothesis 1). An early study in the United States used a longitudinal sample of first-time computer users to show that the use of Internet crowded out family time and offline social interactions. A more recent study also showed that mobile devices have removed pretexts for offline encounters: where people used to meet [ア] person for sharing photos, planning events or gossiping, such functions are now moved to the virtual world.

The competing hypothesis is that the Internet reinforces offline relationships and that computer-mediated communication increases offline contact (Hypothesis 2). By increasing the overall volume of communication, online communication also facilitates face-to-face interactions. In this sense, the rise of the Internet has commonalities with the arrival of the telephone, which greatly enhanced social connections. Various studies have supported this conclusion. A study of 1,210 Dutch adolescents found that those who spent more time using instant messengers also spend more time in face-to-face interactions. (あ) (A. Also, B. However, C. Consequently, D. Generally), a positive effect of social network use on face-to-face interactions was found in a longitudinal study using a nationally representative sample of the German population.

One way through which the Internet may enhance bridging social capital is through the formation of online communities. By connecting people with a shared interest, regardless of demographic characteristics or geographic location, the Internet allows forging of new bonds and creating new groups of association. This pattern, while destructing previously existing social networks, allows for the formation of new circles of individuals sharing various commonalities. (い)(A. On the other hand, B. For example, C. As a result, D. Moreover), online weight-loss support groups allow individuals to encourage each other in achieving a shared goal. Such networks may complement real-life networks.

The opportunity to create bridging social capital extends to new face-to-face encounters between individuals. The Internet emulates the (1)“strangers on the train” phenomenon, where the transient nature of the environment allows individuals who do not know each other to feel more comfortable in engaging in conversation. This does not mean that these encounters are only online. According to data from the US “How Couples Meet and Stay Together Survey”, the Internet is displacing traditional venues for meeting partners, such as the neighbourhood, the friends-circle and the workplace. People with Internet access in the United States were found to be more likely to have a romantic partner than people without Internet access, suggesting that more people may meet a partner thanks to new ways of finding someone online.

Although there are mixed research results, substantial evidence supports the idea that online social contact does complement offline interactions, especially when considering the active use of social networks. To illustrate, in European countries, data from the European Quality of Life Survey highlight a moderately strong cross-country correlation between frequent Internet use and people's satisfaction [イ] their social life. When distinguishing between daily and weekly users, the benefits of Internet use are greater for daily users than for weekly users. The benefits of the Internet for social connections are most likely the result of online social activity.

One area that should be highlighted as to the benefits of the Internet is in the potential decrease in loneliness among older adults who use digital technologies. (2) Social isolation is a major and growing problem for the elderly, as a result of higher life expectancy in old age, lower number of offspring, and changes in their patterns of living. Feelings of loneliness have detrimental effects on the elderly's health outcomes. To face this problem, a growing body of evidence points to the beneficial role that the Internet and online social networks can play to overcome loneliness among the elderly.

Despite various positive influences of the Internet described above, it also provides a space for negative social interactions given the comparatively lower barrier to participation [ウ] is the case for real life interactions. Because of the Internet's anonymous or detached nature, [か]. Online harassment, discrimination against some population groups, or even criminal offences can be facilitated by social media platforms and may be as harmful [エ] offline, if not more. Such negative effects are observed in the behaviour of bullying among children.

Bullying can have detrimental consequences for children's mental health and subjective well-being and can, in extreme cases, lead to suicide. [き] because the reach of humiliation is expanded to a large audience online, and because words and images can remain online indefinitely. The link [オ] cyberbullying and mental health problems has been extensively documented.

[く]. Most surveys rely on self-reported information, which face inherent problems as victims may not be willing or able to report. According to the Health Behaviour in School-Aged Children survey, on average, 9% of 15-year-olds reports having experienced cyberbullying at least once in their life, with girls reporting victimisation more often than boys in many countries.

【出典：OECD (2019), "How's Life in the Digital Age?: Opportunities and Risks of the Digital Transformation for People's Well-being", OECD Publishing. 出題の都合上，原文の一部に変更を加えている。】

設　問

1. ［ア］～［オ］に入るもっとも適切な単語を選び，記号で答えなさい。各記号は 1 回のみ使用すること。

A. as　　B. at　　C. between　　D. in
E. of　　F. on　　G. than　　H. with

2. (あ), (い)の括弧内からもっとも適切な語句を選び，記号で答えなさい。

3. 下線部(1)の “strangers on the train” という現象を 40 字以内の日本語で説明しなさい。数字や記号を記入する場合は，ひとつにつき 1 マスを使用すること。

4. 下線部(2)の英文を日本語に訳しなさい。

5. [　か　]～[　く　]のそれぞれに入るもっとも適切な英文はどれか，以下から選び，記号で答えなさい。ただし，次の英文では，大文字であるべきところも小文字で示している。

(A) cyberbullying can be more harmful than traditional forms of bullying
(B) cyberbullying is expected to increase in the future
(C) measuring the prevalence of cyberbullying is difficult
(D) cyberbullying should be punished
(E) people may engage in negative social behaviour more easily than in real life

6. Hypothesis 1 と Hypothesis 2 のどちらを支持するか，いずれかの立場から自分の意見を英語 40 語以内でまとめなさい。解答欄の末尾に単語数を記入すること。

Ⅱ　次の英文を読み，下記の設問に答えなさい。
（＊の付いた単語は注を参照すること）

To get a sense of how completely revolutionary have been the changes of the last two hundred years or so, it helps to have a long view of demography. When in 47 BC Julius Caesar （　1　） appointed perpetual dictator of the Roman Republic his domain stretched from what （　2　） now called Spain to modern Greece, as far north as Normandy in France, and much of the rest of the Mediterranean, a region that today contains over thirty countries. The population of these vast lands comprised around 50 million people, which was about 20% of a world population of approximately 250 million. More than eighteen centuries later, when Queen Victoria ascended the British throne in 1837, the number of people living on earth （　3　） grown to something like 1,000 million, a fourfold increase. Yet less than two hundred years after Victoria's coronation, world population has increased a further seven times — nearly twice the growth in a tenth of the time. (あ)This latter multiplication is astonishingly rapid, and （　4　） had a transformative global impact.

Between 1840 and 1857 Queen Victoria gave birth to nine children, all of whom survived into adulthood. Britain's previous female monarch, Queen Anne, had died in 1714, aged forty-nine. She had eighteen pregnancies but her tragedy was that not a single child survived her. By 1930, just twenty-nine years after the death of Queen Victoria, another great British matriarch, the Queen Mother*, had produced only two children, Elizabeth (the present queen) and Margaret. These facts about three queens — Anne, Victoria and Elizabeth the Queen Mother — neatly represent the two trends that began in Britain between the eighteenth and twentieth centuries and which have subsequently spread across the world.

The first was a precipitous drop in infant mortality, with the death of a child becoming mercifully irregular rather than a common agony for parents. The second, which followed, was a dramatic reduction in the average number of children born per woman. In Queen Anne's time, losing child after child was common. In mid-Victorian Britain, having a large brood was still the norm. Its complete survival into adulthood was unusual (in this, Victoria had luck as well as wealth in her favour) but would shortly become usual. By the interwar years of the twentieth century, the Queen Mother's expectation that both her daughters would survive into adulthood was quite normal, in Britain at least.

When Queen Victoria was born in 1819, only a small number of Europeans — around 30,000 — were living in Australia. The number of indigenous Australians at that time is uncertain, but estimates range from between 300,000 to 1 million. When Victoria died at the start of the twentieth century, there were fewer than 100,000, while Australians of European origin numbered nearly 4 million, more than a hundred times as many as eighty years earlier. This transformation in the size and composition of a continental population occurred in the space of a single lifetime. It changed Australia completely and forever, and would have a significant impact beyond Australia's shores, as the country came to play a major role in provisioning and manning British efforts in both world wars. (い)A similar story can be told of Canada and New Zealand.

These startling facts — (う)the rapid but selective acceleration of population growth; plummeting infant mortality rates; falls in fertility; the nineteenth-century outpouring of European populations to lands beyond Europe — are all connected. They are born of the same profound social changes that accompanied the industrial revolution and have proved to be a formidable influence on the course of history, empowering some countries and communities at the expense of others, determining the fate of economies and empires, and laying the foundations of today's world.

【出典：Morland, P. (2019, January). *The Human Tide: How Population Shaped the Modern World*. John Murray Publishers. 出題の都合上，原文の一部に変更を加えている。】

注

the Queen Mother　皇太后

設　問

1. (　1　)～(　4　)に入るもっとも適切な語を選択肢から選び，記号で答えなさい。各記号は 1 回のみ使用すること。

(A) are	(B) be	(C) been	(D) being
(E) had	(F) has	(G) have	(H) having
(I) is	(J) was	(K) were	

2. 下線部(あ)の内容を 40 字以内の日本語で具体的に説明しなさい。数字や記号を記入する場合は，ひとつにつき 1 マスを使用すること。

3. 下線部(い)は，カナダとニュージーランドで何が起こったと示唆しているのか，日本語で答えなさい。

4. 下線部(う)を日本語に訳しなさい。

5. 本文の最後に続き得るもっとも適切なトピックを以下からひとつ選びなさい。

(A) information technology in the 20th century

(B) economic changes in the 1960s

(C) changes of government during the 19th century

(D) demographic changes after 1945

(E) population changes during the Roman Empire

6. 本文に照らして，以下から正しい文を 2 つ選び，記号で答えなさい。

(A) About one fifth of the world population resided in the Roman Republic in 47 BC.

(B) Elizabeth the Queen Mother had just one sister and no brother.

(C) In Britain, infant mortality decreased sharply during the Victorian Age.

(D) None of Queen Anne's children survived past the age of one.

(E) The population of Australia decreased and then increased within the last 200 years.

(F) The rapid growth of population in Britain was a cause of the industrial revolution.

Ⅲ Yuta, a Japanese university student, is talking with his English professor, Karen, after class about his application to study abroad at a university in the United States. Read the text and answer the questions.

Yuta : Excuse me, professor, did you have a chance to read my application essays?

Karen : Yes! I'm glad you reminded me. Here, let me return your drafts. I can tell that you worked hard on your essays, but I suggested some (ア) changes, so I'm sorry to say that revising might take you a while.

Yuta : I was afraid of that! Did I make a lot of grammar mistakes?

Karen : No, your grammar was fine aside from a few (イ) errors that should be easy to correct. Actually, I think the main issue is the content.

Yuta : Oh, really? Did I choose boring topics?

Karen : (か). Actually, I'm worried that the essays are too similar. You were supposed to write one essay about how you have prepared for the demands of studying abroad and the other about a time when you overcame a challenge, right?

Yuta : Yes, exactly.

Karen : Well, in your first essay, you wrote about how you studied intensely to (ウ) your dream of going abroad and took TOEFL again and again until you finally got the required score. In the second, you described how you worked hard to pass the university entrance exam.

Yuta : That's right. I'm sorry, but can I ask what the problem is? I thought these topics met the requirements well.

Karen : Of course, it's good to mention that you have scored well on tests in the past, but there is a risk that you might come across as one-dimensional to the people judging your essays. In my opinion, it would be better to describe a different type of experience in each essay and show multiple sides of your character.

Yuta : Now I see what you mean, but I'm not sure what else I can write about! I haven't experienced many struggles outside of school.

Karen : There must be something else we can come up with. Have you traveled abroad before?

Yuta : I went to Canada with my family when I was in junior high school, but I was too young and shy to approach local people. I just relied on my parents to get around, order food, and so on.

Karen : Okay, back to the drawing board. I remember that you mentioned you have a part-time job at a coffee shop during one of our previous classes. Can you think of any (エ) experiences at work that show your abilities to solve problems or overcome difficulties?

Yuta : Hmmm. Sometimes I get annoyed with my boss, but that's not very interesting. Oh, I just thought of a better idea!

Karen : Great, let's hear it!

Yuta : Last month, a foreign tourist came into the shop to ask for directions to a nearby museum. He couldn't speak any Japanese, so at first, I couldn't figure out where he was trying to go and how I could help him. I also felt embarrassed about speaking English with a foreign person, but I used gestures and basic expressions, and eventually we could understand each other. I couldn't believe how grateful he was when I showed him the way to the museum. Do you think I could write one of the essays about this experience instead?

Karen : Yes, (オ)! It not only shows that you are kind and patient but also demonstrates that you have used English successfully outside of the classroom. See, I knew there was more to you than high test scores!

Yuta : Okay, thank you very much professor. I will rewrite one of the essays right away.

Karen : That sounds great. Good luck!

Questions

1. What is the professor's main concern about Yuta's essay drafts?

(A) He chose uninteresting topics.

(B) He made some grammar mistakes.

(C) He wrote both essays about taking tests.

(D) He should have written about his previous trip to Canada.

(E) He did not address the required topics.

2. Based on the professor's comments, which TWO of the following can be inferred about how the American university selects study abroad students?

(A) They do not consider applicants' test scores to be very important.

(B) They take applicants' personalities and backgrounds into consideration.

(C) They prefer applicants who balance studying with part-time jobs.

(D) They prefer applicants who have experiences of traveling abroad.

(E) They view experiences with using English in non-academic settings positively.

3. Which sentence is closest in meaning to the underlined expression "back to the drawing board"?

(A) We should go back to your original topic and find a way to make it better.

(B) We should start over and try to think of another possible topic.

(C) We should think of more details about your trip to Canada.

(D) We should draw different conclusions about your trip to Canada.

4. Which statement about Yuta's experience working at the coffee shop is not true?

(A) Yuta needed to speak to a tourist in English.

(B) Yuta was uncomfortable about speaking English to the tourist.

(C) Yuta feels the experience with the tourist is more interesting than his relationship with his boss.

(D) Yuta did not believe the tourist was grateful for his help.

5. Fill in each space (ア) to (オ) using the letter of the most appropriate word from the list below. Use each item only ONCE.

(A) pursue

(B) unexpectedly

(C) challenging

(D) substantial

(E) trivial

(F) success

(G) absolutely

(H) amused

(I) routinely

6. Select the most appropriate expression to fill in the blank (か).

(A) I wouldn't say that.

(B) I can't say for sure.

(C) That's what they say.

(D) I'm not sure what you're saying.

7. Which do you think is more important for a successful study abroad experience: language ability or a positive attitude? Please explain your response using between 25 and 40 English words. (Indicate the number of words you have written at the end of the composition.)

IV Read the following instructions carefully and write a paragraph in English.

The chart below, from 2013, displays the results of an international survey on the attitudes of young people. Describe one or more results that you observe. Compare the data from several different countries. Explain a possible reason for each result that you write about. Write approximately 80-100 words in English. (Indicate the number of words you have written at the end of the composition.)

Survey item	Agreement percentage by country						
	France	Germany	Japan	Korea	Sweden	The United Kingdom	The United States
1. I am satisfied with myself.	83%	81%	46%	71%	74%	83%	86%
2. I have hope for the future.	84%	82%	62%	86%	91%	90%	91%
3. I work ambitiously even when I am not sure I will succeed.	86%	80%	52%	71%	66%	80%	79%
4. I am not motivated to complete boring tasks.	44%	45%	77%	64%	56%	55%	49%
5. I want to be useful for my country.	45%	50%	54%	43%	53%	41%	42%

(Adapted from: "Japan Cabinet Office Special Report on the Consciousness of Young People", 2013)

日本史

（90分）

日本史　問題Ⅰ

古代～中世における，墓制および信仰に関して，次のA・Bの文章を読んで，以下の問いに答えよ。

A　3世紀後半以降，現在の近畿地方を中心に巨大古墳が出現し，日本列島各地で画一的な特徴①を持つ古墳が造営されるようになる。かつてはその背景として，強大化したヤマト政権が地域支配を推し進めていった結果としてとらえられてきたが，近年の研究動向では，広域の政治連合の形成を示すものであるとの見解が有力である。

5世紀には，百舌鳥・古市古墳群に代表されるように，古墳の規模は最大化し，墳丘の長さが400メートルを超える古墳も造営されるようになる。しかし，6世紀になるとその様相は大きく転換する②。これは朝鮮半島から導入された墓制がこの時期に一般化していくことと，首長層のみではなく当時力を付けてきた有力農民層が造墓活動を行うようになったことが理由として挙げられている。

仏教の導入と寺院造営の隆盛は，墓制にも影響を与える。8世紀になると，貴族層を中心に火葬の風習③が広がり，古墳の造営は終焉を迎えることになる。

問1　下線部①について，どのような点で画一的であったとされるか，具体的に3つの点を挙げて述べよ。

問2　下線部②について，転換の具体的様相について，墳丘規模・古墳の数・埋葬施設それぞれについて述べよ。

問3　下線部③に関連して，史料1は，ある貴族の火葬墓から出土した墓誌銘である。これを読んで，この貴族の行った事績について知るところを述べよ。

史料１　奈良市出土墓誌銘（人名表記および改行は原史料のまま）

左京四条四坊従四位下勲五等　太朝臣安万侶以癸亥

年七月六日卒之

〔解答欄〕 問２　14.1cm × ２行

問３　14.1cm × １行

B　平安時代中頃には，④末法思想の流行も相まって，死後に阿弥陀如来の極楽浄土に往生することを願う浄土教が盛んになった。浄土教は朝廷の貴族たちの間に広まり，地上に浄土を現出させるべく，壮麗な寺院がいくつもつくられた。典型的なものとして［　ア　］が建てた法成寺があるが，⑤その造営にあたっては，多くの受領たちが奉仕を行ったことで知られている。

なお，寺院造営以外にも受領層が上級貴族に奉仕した例はしばしばみられる。例えば，［　ア　］の邸宅の造営にあたっては，受領を歴任し，当時伊予守であった人物が奉仕したことが知られている。

一方，都だけではなく，都から遠く離れた地方でも阿弥陀如来を本尊とする寺院が建てられていった。代表的な例として，奥州藤原氏が営んだ平泉がある。平泉には，藤原清衡・基衡・秀衡の３代にわたって多くの浄土教寺院が造営され，栄華を誇っていたが，⑥４代泰衡の時期に戦乱によって衰退した。

奥州藤原氏が平泉を拠点に東北地方における支配を確立する過程では，先に挙げた［　ア　］の邸宅造営に奉仕した人物の甥やその子供が大きく関わっていたが，後に平泉を攻めて奥州藤原氏を滅ぼしたのも彼らの子孫にあたる［　イ　］であった。

問４　下線部④に関連して，平安時代から中世にかけて，ある行為が盛んに行われた。次の史料２・３は，1007（寛弘４）年に，［　ア　］がその行為を行った際に書いた日記の一部とその行為に用いられたものに記された銘文の一部である（原漢文，一部改変）。これらの史料に基づいて，その行為がどのようなものか説明せよ。

史料2

（寛弘4年8月）

二日　金峯山（注1）に参る。丑の時をもって出立す。

十一日　件の経等（注2），宝前（注3）に金銅の燈楼を建て，その下に埋む。常燈を供するなり。

（『御堂関白記』寛弘4年8月2日条，11日条）

史料3

南瞻部洲《なんせんぶしゅう》大日本国（注4）左大臣正二位 [ア] ，百日潔斎し，信心の道俗若干人を率いて，寛弘四年秋八月をもって金峯山に上り，手ずから自ら書写し奉る妙法蓮華経一部八巻，（中略）般若心経一巻，合わせて十五巻，これを銅篋《どうきょう》（注5）に納め，金峯に埋む。（後略）

弟子 [ア] （注6）敬白

（金峯山出土金銅製容器銘文）

注1　「金峯山」とは，現在の奈良県南部にある山。

注2　「件の経等」とは，自ら書写した法華経・般若心経等を指す。

注3　「宝前」とは，本堂の前のこと。

注4　「南瞻部洲大日本国」とは，仏教用語で日本のことを指す。

注5　「銅篋」とは銘文の書かれた当該の金銅製容器のこと。

注6　史料中の [ア] は，表記は異なるが同一人物を指す。

問5　下線部⑤に関連して，彼らはなぜ [ア] のような貴族に対して奉仕を行ったのか， [ア] の名を明示しながら受領の地位獲得の面から説明せよ。また，当時は，受領が任期終了後，次の地位を獲得するためには，ある正式な手続が必要であった。何が必要であったのか，説明せよ。

問6　下線部⑥に関連して，奥州藤原氏が滅亡するに至る経緯と，それに関わって， [イ] が獲得した支配権について， [イ] の名，および奥州藤原氏滅亡直前に平泉に滞在していた [イ] の弟の名を挙げて説明せよ。

〔解答欄〕　問 4・問 5　各 14.1cm × 2 行

問 6　14.1cm × 3 行

日本史　問題Ⅱ

服飾文化からみた日本中世の政治・外交の諸問題について，次の文章を読み，以下の問いに答えよ。なお引用史料は現代語訳で示し，要約，意訳した部分がある。

現代でも，政府要人が防災服を着て，災害現場などに入っている様子を見たことがないだろうか。服飾文化は政治や外交の場面で重要な意味があり，①中世の武士たちも，自分たちの地位にふさわしい着衣とはどのようなものなのか，重大な関心を払っていた。

鎌倉時代のはじめごろ，幕府にしたがう②武士たちの服飾は，おおざっぱにいえば狩《かり》衣《ぎぬ》，水干《すいかん》，直垂《ひたたれ》の三種に分けられる。このうち狩衣は，布衣《ほい》ともいわれる。盤領《ばんりょう》といって首にまきつけるスタンドカラーの襟に特徴があり，背後では今でいう裾の部分を装飾的に垂らす例もみうけられる。もとは貴族の略装であったが，重要な儀式などにのぞむ武士の正装として用いられるようになった。狩衣よりもくだけた水干の登場を経て，③直垂は実用的な略装として，室町時代にかけて広く用いられた。庶民の仕事着が起源といわれ，首の前をＶネックにあける垂首《たりくび》での着用が目印となる。

このほか，中世の男性は，貴人も庶民も，原則として烏帽子《えぼし》をかぶった。正式な烏帽子は，現在のコック帽にも似た縦長の立《たて》烏帽子であったが，兜《かぶと》の下に着用しても邪魔にならないよう折りたたんだ折《おり》烏帽子も用いられた。なお，④豊臣秀吉の多くの肖像画は，中国由来の唐冠着用の姿で描かれている。

問 1　下線部①に関連して，古代以来の貴族と，中世以後に勢力をもつ武士との当初の関係を示す滝口の武者について説明せよ。

問 2　下線部②に関連して，次の図は，寺社に参詣するため，右側の門をくぐろうとしている 9 人の武士主従の姿を描く。右端の先頭を進むのが主人，従う 8 人が従者である。この場面における主人と従者とは，それぞれ，どのような目的にあわせて，どのような正装ないし略装の姿で描かれているか。主人と従者とに分けて，論述せよ。

図

（出典：一遍上人絵伝）

問 3　下線部③に関連して，次の史料は，室町時代中頃の貴族の日記である。直垂の着用はどのように拡大したか。またその限界は何か。それぞれ史料に基づき論述せよ。

史料

狩衣を着用して上皇のもとに出仕し，草花観覧の行事に参加した。退いてから直垂に着替え，室町将軍のもとに出仕した。(1429〈正長 2〉年 7 月 8 日条)

天皇のもとに出仕し，仏教行事について用件を報告したが，昇殿せず庭先で担当者に伝言した。直垂を着用していたためである。(1434〈永享 6〉年 10 月 16 日条)

（典拠：建内記）

問 4　下線部④に関連して，次に掲げる 3 点の史料は，豊臣秀吉が，中国・明の万暦帝から冠服を与えられたと記す。その背景として，どのような事実関係が存在するか。また，どのような事実誤認や誇張がなされているか。いずれも史料に即して，論述せよ。

史料

明の万暦帝は日本人との講和を欲しているが，豊臣秀吉は国王の位にはついておらず，日本の王位は，真の国王である天皇が掌握しているのであるから，万暦帝が使節を派遣して秀吉と交渉するためには，万暦帝が日本の天皇の王位を剝奪し，北京から王冠と王衣とを送って豊臣秀吉を日本国王に取り立てる考えである。(戦国期に渡来した宣教師フロイス〈生没 1532—97〉の著「日本史」による)

秀吉は日本だけでなく朝鮮も支配し，明の万暦帝から秀吉・吉子夫妻に対し，装束が贈られた。秀吉は大変喜んだが，我が国の風俗を優先して，たびたび着用することはしなかった。秀吉が死去すると，天皇は秀吉に豊国大明神の神号を授け，吉子は，秀吉をまつる神社に装束を奉納するよう指示した。(秀吉等に近侍した梵俊《ほんしゅん》〈生没 1553—1632〉の草稿かとみられる「豊国大明神縁起稿断簡」〈天理大学附属天理図書館吉田文庫蔵〉による)

秀吉は日本での戦争をしずめ，名声が中華にもひろがったので，明の万暦帝は秀吉を「帝位」につけ，約五十人分の衣冠などを贈った。そこで秀吉は日本の雄将にこれを分け与えた。私(吉川広家)も思いがけず衣冠の配分に預かった。これを後世に確実に伝えるため，杵築大社へ奉納することとした。(毛利元就の孫で後の岩国藩祖・吉川広家が杵築大社に納めた 1597〈慶長 2〉年の寄進状案〈『吉川家文書之二』909 号〉による)

〔解答欄〕　問 1　14.1cm × 1 行

問 2 ～問 4　各 14.1cm × 3 行

日本史　問題Ⅲ

中世・近世の琉球に関する次の文章を読んで，以下の問いに答えよ。

琉球では，14世紀に北山・中山・南山の三つの勢力が現れ，1368年に建国した中国の明にそれぞれ入貢し，冊封をうける関係を築いていた。15世紀前半になると中山王尚氏が三山を統一し，琉球王国が成立する。①琉球王国は，東アジアから東南アジアにかけて活発な貿易を展開し，アジアの貿易拠点として繁栄した。

尚氏を国王とする琉球王国は，1609(慶長14)年に侵攻してきた薩摩藩によって征服された。薩摩藩は琉球を支配下に置いたが，琉球を独立した王国として中国との関係を継続させ，琉球の通交貿易権も掌握した。琉球からは，琉球国王の即位を感謝する謝恩使と，将軍の代替わりを祝う慶賀使が，近世を通じて江戸に派遣され，②その使節は「江戸上り」と称された。また，琉球へは国王であることを承認する冊封使が中国から派遣され，琉球からは進貢船が派遣される関係が続いた。近世の琉球王国は，③日本と中国に両属する体制にあった。

近世の琉球の進貢貿易の輸入品としては薬種，絹織物，陶磁器，竹製品など多様なものがあり，輸出品では海産物がもっとも多かった。なかでも大きな位置を占めたのが［ア］である。［ア］は沖縄沿岸では採れないにもかかわらず，沖縄料理に欠かせない食品であるのは，琉球を通じて中国に大量輸出されていたからである。近世後期には中国への積荷の7割から9割を［ア］が占めていた。

問１　下線部①について，この時期の琉球貿易の形態を，中国の対外政策を踏まえて説明せよ。

問２　下線部②の「江戸上り」の琉球使節一行は，服装から諸道具にいたるまで異国風を強調した装いであった。琉球から幕府への使節が異国風を強調した装いであったことの意味について，考えられるところを述べよ。

問３　下線部③に関して，明治政府は琉球の両属体制を解体し，日本の領土に位置づける方針にあり，「琉球処分」を断行した。この「琉球処分」の過程を説明せよ。

問４　［ア］は長崎貿易においても，俵物とともに中国向け輸出品として多く用いられた。［　ア　］にあてはまる語句を答えよ。また，［　ア　］の主要な生産地はどこか，当時の地名を答えよ。

〔解答欄〕 問１・問３　各 14.1cm × 3 行

問２　14.1cm × 2 行

日本史　問題Ⅳ

近現代日本の政治・経済・外交に関する次の文章や史料を読み，以下の問いに答えよ。なお史料は，書き改めた部分もある。

補足説明：問題文の下線部③中の「二千前」という表現は原史料の表現のまま引用。

1890(明治 23)年，最初の衆議院議員総選挙が行われた。その後，近現代日本では多くの選挙が実施されたが，その中での争点は時代の状況を反映している。

新聞『新愛知』によると，1893 年の衆議院議員総選挙期間中，愛知県挙母町では自由党が演説会を催し，「第一席に福岡精一氏「政党」，次に八木重治氏「現内閣と議会」，次に山田東次氏は①条約改正のことを熱心に諭し，次に鈴木萬次郎氏は「元勲内閣と自由党」との演題にて両者を比較し」たという。地域社会ではこうした演説会が多数，開催された。

それは昭和期でも同じである。東三河地域へ国家社会主義を主張する中野正剛が演説会に訪れた時，地元紙『参陽新報』はその様子を次のように伝えている。

「私は②満蒙の氷雪の中に，日夜眠ることなく祖国の為に奮闘する陸軍の将兵を想ひ，上海に銃火を浴びて長江一帯の同胞の生命と権益を護りにつく我海軍の将士を想ふ」と悲壮激越の声調と態度で劈頭《へきとう》から約三千の大衆を魅了する。

中野氏は一語，一語に満身の力と熱情をこめて満蒙事変の真相を語り，これに処する民政党，政友会の無策を暴露し，③井上財政，幣原外交の失敗を指摘し，さらに「世界各国統制経済政策の樹立に狂奔してゐる此時，高橋蔵相の二千前の自由主義に一顧の価値なく，英，米，露，仏，伊の帝国主義的武装を前に，ダンスとお世辞の巧みなるを外交の定石とする芳沢霞ヶ関外交(注)にこの対外国難を背負つて起てるか」と痛撃，また痛撃，挙国一致を全身の情熱をブチまけて叫ぶ。

満堂その情熱と熱弁に魅せられて寂として声なく，時々急霰《きゅうさん》の如き拍手が堂を揺がす。

このように，中野は当時の政治社会を踏まえた演説を行って聴衆に訴えた。

敗戦後の選挙の争点も，その時代の状況を反映していた。『毎日新聞』に掲載された次の与党幹事長④のインタビューもその典型である。

著作権の都合上，省略。

（注）　犬養毅内閣の芳沢謙吉外務大臣が行なった外交のこと。

問１　下線部①について，「元勲内閣と自由党」との関係性や諸外国との条約改正は，この時の選挙の争点の一つであった。この「元勲内閣」の外務大臣による条約改正交渉はいかなる結果をもたらしたのか説明せよ。

問 2　下線部②に関連して，この時，中国大陸において日本軍はどのような軍事行動を展開していたのか。また，中野はそれについてどう考えていたのかを史料の『参陽新報』から読み取り，当時の国民の反応を述べよ。

問 3　下線部③について，浜口雄幸内閣の井上準之助大蔵大臣，犬養毅内閣の高橋是清大蔵大臣の金融政策の違いを，為替や金に注目して説明せよ。

問 4　下線部④は「日本列島改造論」を掲げてのちに総理大臣となる。その人物は誰で，その列島改造政策とはどのようなものか。引用された新聞のインタビューの内容を踏まえつつ説明せよ。

問 5　下線部⑤に関連して，敗戦後の占領政策によって，教育の民主化が進み，教育基本法・学校教育法が制定され，6・3・3・4 制の新学校制度が発足した。その中で大学は，戦前から敗戦後にどのように変化したのかを述べよ。

〔解答欄〕　問 1・問 3・問 4　各 14.1cm× 2 行
問 2　14.1cm× 3 行
問 5　14.1cm× 1 行

世界史

(90 分)

世界史　問題 I

イベリア半島に関する以下の文章を読み，下記の問に答えなさい。

ヨーロッパ大陸の南西端に位置するイベリア半島では，①旧石器時代以来，古くからさまざまな民族が往来し，多彩な文化が生み出されてきた。紀元前一千年紀になると，地中海の東端から渡来した人々が，地中海岸だけではなく，②いわゆる「ヘラクレスの柱」を越えた大西洋岸にも植民市を建設した。紀元前 3 世紀の末には，イベリア半島からイタリアを目指した軍勢が，③アルプスを越えてローマを脅かしたが，最終的には紀元前 202 年の戦いで敗北した結果，イベリア半島のほぼ全域がローマの属州ヒスパニアとなった。ローマ帝国におけるヒスパニアの重要性は，④ローマの版図が最大に達した時代の皇帝がヒスパニアの出身だったことからも明らかである。その後，ゲルマン人の大移動により，イベリア半島は西ゴート王国の支配するところとなったが，その王国も 711 年には⑤南からイベリア半島に侵入してきた勢力によって滅ぼされることになった。

問 1　下線部①について，イベリア半島の北部に位置し，動物の群れなどの精巧な洞窟壁画で知られるこの時代の遺跡の名を答えなさい。

問 2　下線部②について，「ヘラクレスの柱」に挟まれた海峡の現代名(a)，及びこの人々がイベリア半島沿岸部に多くの植民市を建設した理由(b)について述べなさい。

問 3　下線部③について，その経緯を簡潔に説明しなさい。

問 4　下線部④について，このローマ皇帝の名を答えなさい。

問５　下線部⑤について，この勢力は，さらにピレネー山脈を越えて一時はガリアにまで侵攻することになるが，これらの一連の事件が８世紀以降の西ヨーロッパの歴史に及ぼした影響について，具体的に論じなさい。

〔解答欄〕　問２(b)・問３　各13.9cm×３行
　　　　　問５　13.9cm×５行

世界史　問題Ⅱ

次の文章を読み，下記の問に答えなさい。

ユーラシアの草原地帯は東西交通の重要なルートにあたっている。ためしに，ユーラシア大陸東西の中心的都市を直線で結んでみよう。まず，すべての道がつうじるといわれた［　ア　］と，元代以降中国の首都となった［　イ　］を結ぶとどうなるか。手元に地球儀があれば，紐で結んでみるとよいが，ここでは地球儀に比較的近い図法で描いた地図上で，［　ア　］から［　イ　］までのルートをたどってみると，カルパティア山脈から万里の長城まで，すなわち全行程の九割近くが草原地帯を通っていることになる。つぎに，ビザンツ帝国の首都であった［　ウ　］と，シルクロードの終着点ともいわれる古都［　エ　］を結んでみると，このルートでは，全行程の半分強にあたる北カフカスから天山までが，草原と半砂漠の遊牧地帯に属する。

東西交通の代名詞ともなっているシルクロードは，おおまかに北から［　オ　］，［　カ　］，［　キ　］の３つのルートに分けられるが，そのなかでは［　カ　］が主要路線と一般に思われている。しかし大陸の東西を結ぶ最短コースは，このように草原地帯を通る［　オ　］なのである。さらに草原地帯には，こえがたい大砂漠や険阻な峠も少ない。このような地理的な利点のほかに，草原地帯には人為的な利点もあった。それは，この地域の主人公が騎馬遊牧民だったことである。南方の定住農耕オアシス地帯では，都市国家が多く並立して大きな領域を占める統一国家はなかなか生まれなかったが，草原地帯ではひとたび遊牧国家が興ると，①かなりの大国に成長することがあった。そのような大国が生まれると，［　　　　②　　　　］

世界史の舞台に遊牧国家として最初に名前を記した［　ク　］，そしてそれに続いてユーラシア草原の東部にあらわれた［　ケ　］は，当時の先進的な定住農耕地帯で

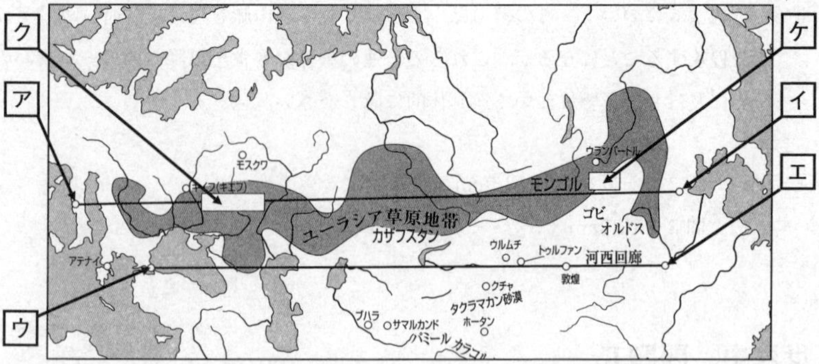

あったギリシアや西アジア，中国にたいして，それに匹敵するかあるいはそれを凌《しの》ぐ強大な軍事力によって，その名をとどろかせた。また，それらの地帯の国家とはまったく異なる社会制度をもっていたことも，定住社会の住民にとっては驚異であった。そのため定住社会からは偏見をもって蔑視され，悪魔の申し子とか人間よりも鳥や獣に近い野蛮な存在とみなされてきた。

しかしそのような時代状況の中でも，草原では遊牧がもっとも適した生活様式であり，遊牧民には彼らなりの価値観が存在することを認めることのできる，柔軟な思想の持ち主もいた。［　コ　］と［　サ　］である。

興味深いことに，両者の語る［　ク　］と［　ケ　］の風俗習慣は驚くほどよく似ている。それを比較してみよう。

［　シ　］巻四

「町も城壁も築いておらず」

「その一人残らずが家を運んでは移動してゆく」

「騎馬の弓使いで」

「種も蒔かねば耕す術も知らない」

「生活は……家畜に頼り」

「ペルシア王が……向ってきた場合には……逃れつつ……撤収し，ペルシア王が退けば追跡して攻める」

（松平千秋訳，岩波文庫）

［　ス　］巻一一〇

「城壁とか定まった住居はなく」

「水と草を追って移動し」

「士卒は弓を引く力があれば，すべて甲冑をつけた騎兵となった」

「耕作に従事することもなかった」

「家畜を放牧しつつ点々と移動した」

「形成有利とあれば進撃し，不利と見れば退却し，平気で逃走した」

（小川・今鷹・福島訳，岩波文庫）

以上の共通点を整理すると，つぎのようになろう。

③

これらの共通する特徴は，いずれも定住農耕地帯の文化・社会・道徳の基準とはまったく正反対であった。両者がこれほどに似ているのは，偶然ではない。ユーラシア草原の自然環境が，彼ら騎馬遊牧民が誕生するのに適しており，また隣接地域をも含めて，彼らが登場し，活躍するのにふさわしい歴史的条件が整ってきていたからである。

（林俊雄『遊牧国家の誕生』山川出版社，2009 年，一部改。）

問 1　［ア］～［エ］にあてはまる地名，および［オ］～［キ］に当てはまる名称を答えなさい。

問 2　下線部①「かなりの大国に成長することがあった」とあるが，そのうち世界史上最大の国の名を答えなさい。

また，［②］はそのような大国の成立が，地域にどのような影響を与えたかを述べた部分である。その内容として考えられることを書きなさい。

問 3　［ク］・［ケ］にあてはまる遊牧国家の名を，地図上の位置も参考にしながら答えなさい。

問 4　［コ］・［サ］にあてはまる人名および，彼らの著作である［シ］・［ス］の書名を答えなさい。また，それぞれの書物の主要な内容について，簡潔に説明しなさい(解答欄の位置に注意すること)。

問 5　［③］に入る，両書の記述の共通点を 4 つにまとめて箇条書きしなさい。

問 6　本文中では定住社会の騎馬遊牧民に対する偏見が述べられているが，実際のところ騎馬遊牧民が世界史にあたえた影響は決して小さくない。そのような影響として考えられることを，解答欄の枠内に書きなさい。

〔解答欄〕 問 2 ②・問 6　各ヨコ 14.1cm×タテ 2cm

世界史　問題Ⅲ

次の文章を読み，下記の問に答えなさい。

中世ヨーロッパ社会は 14 世紀に入ると深刻な危機を迎えることになる。①11 世紀から教会の改革を推し進めてきたローマ教皇の権力も衰退する。②教皇［　a　］はフランス国王フィリップ 4 世と対立し，敗北を喫した。

1309 年からは，教皇はローマにではなく，南フランスのアヴィニョンに滞在するようになる。③この出来事は，『旧約聖書』の挿話になぞらえられて，「教皇のバビロン捕囚」と呼ばれる。1309 年から 1376 年までに 7 人の教皇がアヴィニョンで即位したが，すべてフランス出身者であった。1377 年に教皇グレゴリウス 11 世がローマに戻るが，この教皇の死後，ローマとアヴィニョンに 2 人の教皇が立つ教会大分裂が始まる。キリスト教の普遍主義に大きな打撃を与えたこの分裂は，長い交渉を経て，1417 年に［　A　］公会議によって収拾された。

教皇に対する人々の不信は高まり，キリスト教における教会や聖職者の地位が議論されるようになる。反教皇派の立場から唯名論を唱えたことで知られる［　b　］は，個人の熟考を優先すべきとした。イングランドでは［　B　］大学の［　c　］が，個人が聖書を読んで見解を持つことが可能になるように，聖書の英訳を企てた。マイスター・エックハルトのような神秘主義者たちが現れ，聖職者を介さずに神に直接近づくことができると主張した。またボヘミアでも［　C　］大学の神学者［　d　］が，教会とは聖職者によって支配された位階制度ではないと考えていた。中世末期における教会の危機は，④宗教改革へとつながっていくことになる。

問 1　文中の空欄 a，b，c，d に適当な人名を入れなさい。

問 2　文中の空欄 A，B，C に適当な地名を入れなさい。

問 3　下線部①について。この改革が聖職叙任権闘争へと発展することはよく知られるが，もともと改革の対象とされたのはどのような慣習であったのか。二つ挙げなさい。

問 4　下線部②について。この対立が何をめぐって争われたかを答えなさい。

問 5　下線部③について。このような捉え方をしたイタリアの詩人で『叙情詩集』を著した人物を答えなさい。

問 6　下線部④について。1）マルティン・ルターの教えがどのようにして人々に伝わったのか，2）なぜ彼の思想が広範な社会層に受け入れられたのかを説明しなさい。

〔解答欄〕 問4　13.9cm×1行
問6 1）・2）　各 13.9cm×3行

世界史　問題Ⅳ

以下の史料は，スペインの植民地官僚であったアントニオ・デ・モルガが著した『フィリピン諸島誌』の一部である。モルガは 1595 年に代理総督としてフィリピンに渡り，1603 年にヌエバ・エスパニャ(現在のメキシコを中心とする副王領)に転出している。

この史料を参考にしながら，16 世紀後半に始まった，マニラ，アカプルコ，中国間の国際交易について 350 字以内で説明しなさい。

〔史料〕

フィリピナス諸島の〔エスパニャ人〕居住者の大部分は商人及び貿易商である。……そこで商品を買付け，毎年ヌエバ・エスパニャへ(そして今日では日本へも)行く帆船に積んで送り出している。ヌエバ・エスパニャでは生絹が非常な利益をあげ，帆船がマニラへ帰る時にその売上げ金を商人のもとに持ち帰るが，今までのところ大きなそしてすばらしい利益をあげている。(中略)

この通商取引は極めて大規模で利益があり，しかも(〔外国の〕帆船が商品を持って来てからヌエバ・エスパニャへ行く帆船がそれら商品を持って行くまで，僅か一年のうち三ヵ月しかかからないために)非常にきりまわしやすいので，エスパニャ人は，これ以外のことに精も出さなければ従事してもいない。従って，これといえる農耕も畑作もしていないし，鉱山も，(たくさんある)砂金採取場も開発しておらず，その他(もしチナ貿易がとだえるようなことになれば)非常な利益を生むようなたくさんの仕事にも従事していない。チナ貿易はこの点からいっても，また，原住民がかつて行なっていた仕事や農業を今では放棄してしまい，忘れていっているという点からいっても，非常に有害であり，大きな損失となっている。その上，この貿易の窓口を通して，年々莫大な銀が異教徒の手に渡り，もはやいかなる経路からもエスパニャ人の手に戻ることはないという大きな損害があるのである。

(神吉敬三 訳，箭内健次 訳・注『フィリピン諸島誌』岩波書店，1966 年，385-386，395 ページ，一部改。)

地理

（90分）

地理　問題Ⅰ

次の表は，流域面積，流量，土砂運搬量の大きい世界の河川を上位から順に5つ示したものである。また，図の**ア〜エ**は，表にある河川の中から4つを選び，それぞれの河口域の画像を示したものである。表と図を見て，下の問1〜5に答えなさい。

流域面積（10^3 km^2）		流量（km^3/年）		土砂運搬量（10^6トン/年）*	
アマゾン	6300	アマゾン	6300	アマゾン	1200
コンゴ	3800	コンゴ	1300	黄河	1100
ミシシッピ	3300	ガンジス**	1120	ガンジス**	1060
オビ	3000	オリノコ	1100	長江	470
ナイル	2900	長江	900	ミシシッピ	400

*ダム建設前の値。**ガンジス川の値はブラマプトラ川を含む。
Milliman and Farnsworth（2011）をもとに作成。

ア

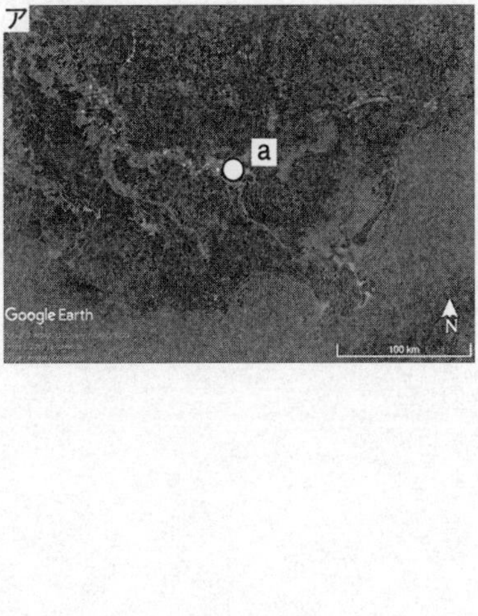

イ

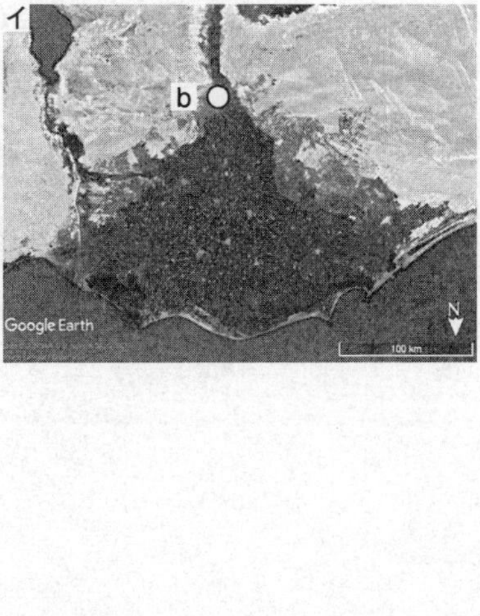

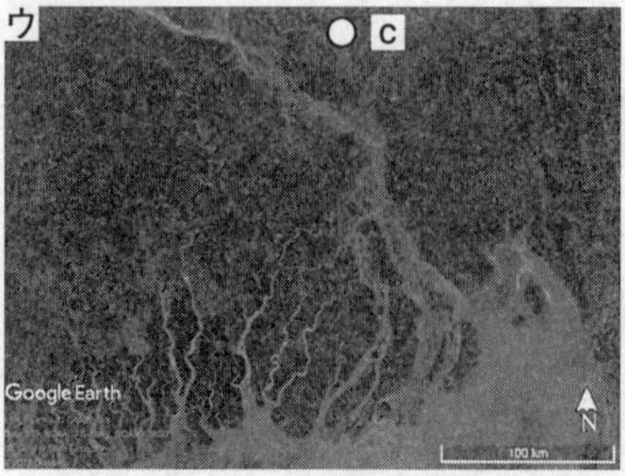

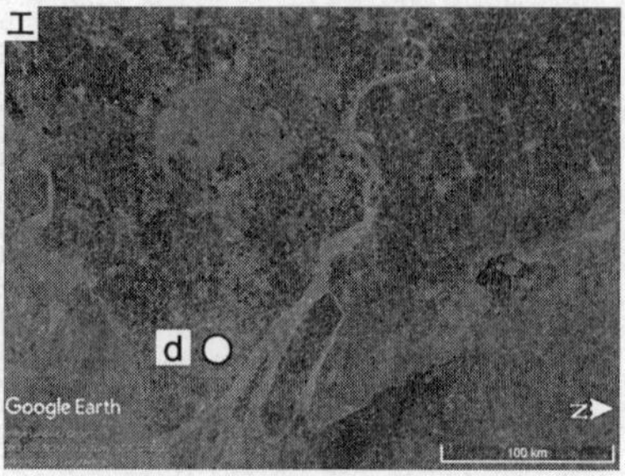

Google Earth の画像に加筆。各図の右下にあるNの矢印は北を指す。

問 1　図中の **a** ～ **d** の都市名を答えなさい。

問 2　図の各河口域には三角州が形成されている。**ア**，**イ**，**エ**にみられる三角州の形態を比較し，形態に差異が生じている理由についても説明しなさい。

問 3　**イ**では三角州とその周辺とで土地利用が大きく異なっている。**イ**付近の気候を踏まえた上で，その理由を述べなさい。

問 4　**ア**と**ウ**の三角州が受けやすいと考えられる，洪水以外の災害について，地理的な位置を踏まえた上で説明しなさい。

問 5　**ア**の沿岸域ではある資源が採取されている。その資源名を答えなさい。また，資源採取にともない，三角州を含む沿岸域でどのような環境問題が生じているかを述べなさい。

〔解答欄〕　問 2・問 3　各ヨコ 14.1cm×タテ 5.3cm
　　　　　　問 4・問 5　各ヨコ 14.1cm×タテ 4.6cm

地理 問題Ⅱ

資源と産業に関する次の問1〜3に答えなさい。

問 1 次の図1は，いくつかの商品作物の主な生産国を示したものである。この図に関して下の(1)〜(2)に答えなさい。

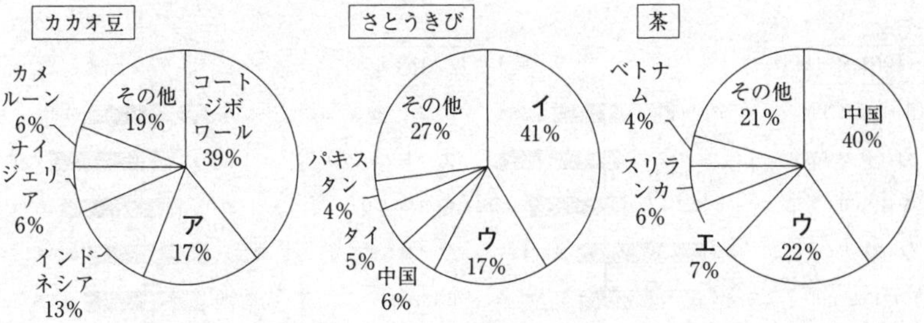

FAOSTATにより作成，統計年次は2017年，中国には台湾，香港，マカオを含まない。

図1

(1) ア〜エに該当する国として最も適当なものを，次の図2のA〜Dからそれぞれ選び，記号と国名を答えなさい．

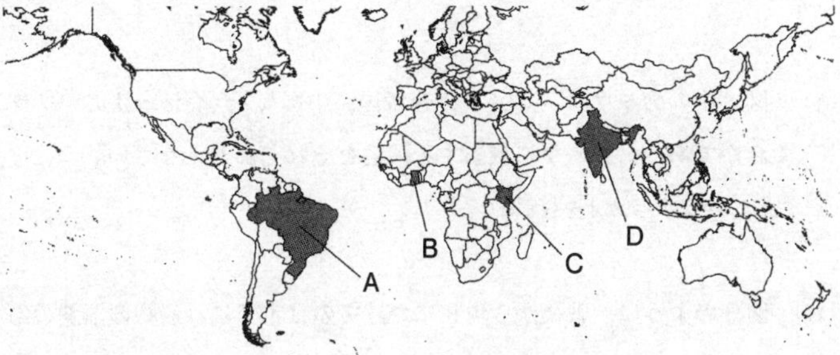

図2

(2) 図1中のいくつかの国にみられるモノカルチャー経済の課題について，次ページの[　　　]内の語をすべて用いて述べなさい。用いた箇所には下線を引くこと。

［一次産品，国際価格，不安定，輸出］

問 2　次の図3は，1961年と2013年のいくつかの国における食用と飼料用の穀物*の国内消費量の比率を示したものである。この図に関して下の(1)〜(2)に答えなさい。

*小麦，コメ，大麦，トウモロコシ，ライ麦，オート麦，キビ，モロコシ，シリアルなど。

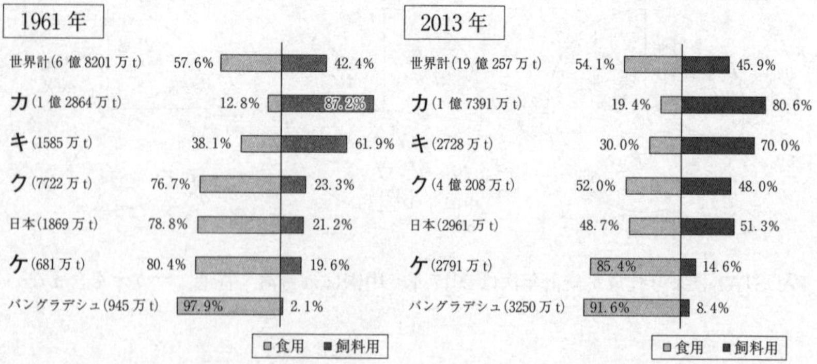

FAOSTATにより作成。(　)内の数値は，それぞれの国における食用と飼料用の穀物の国内消費量の合計である。

図3

(1)　図3中の**カ**〜**ケ**は，アメリカ合衆国，中国*，ナイジェリア，フランスのいずれかである。**カ**〜**ケ**に該当する国名をそれぞれ答えなさい。

*台湾，香港，マカオを含まない。

(2)　図3のように，戦後から現在にかけての日本では，穀物の消費のあり方が大きく変化した。この変化の理由について説明しなさい。

問 3　次の図4は，日本のある地域で特定の工業製品を生産する主な工場の分布を示したものである。この図に関して下の(1)〜(2)に答えなさい。

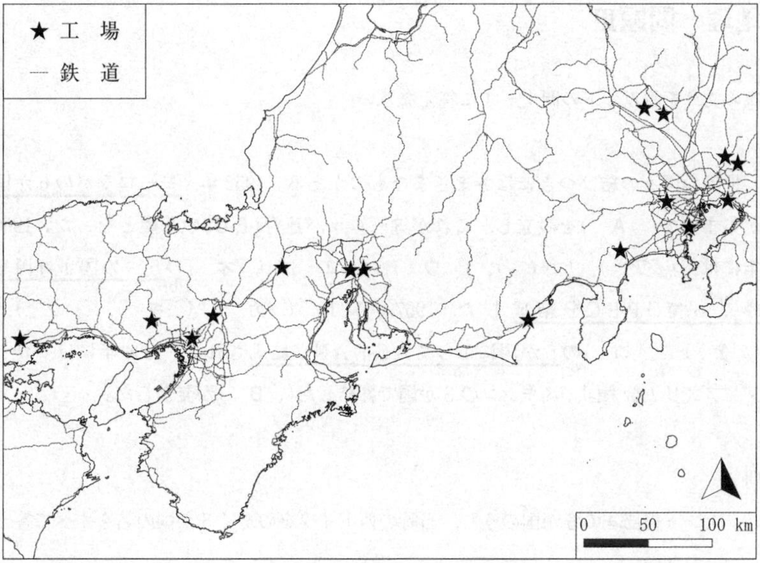

主な製造企業のホームページなどにより作成。

図 4

(1)　図 4 中の工場で生産されている工業製品として最も適当なものを，以下のサ～セから 1 つ選び，記号で答えなさい。

サ　製紙　　**シ**　セメント　　**ス**　鉄鋼　　**セ**　ビール

(2)　図 4 中の工場の立地の仕組みについて，次の[　　　]内の語をすべて用いて述べなさい。用いた箇所には下線を引くこと。

[原料，最小化，市場，輸送費]

〔解答欄〕 問 1(2)・問 2(2)・問 3(2)　各ヨコ 14.3cm×タテ 4.6cm

地理　問題Ⅲ

次の文章を読み，下の問１～４に答えなさい。

世界の国々の結びつきにはさまざまなものがある。1952 年，(a)ヨーロッパの６か国が集まって（　A　）を設立し，これがヨーロッパ連合(ＥＵ)の基礎となった。1960 年には，（　ア　），（　イ　），（　ウ　），（　エ　），（　オ　）の(b)５つの国が資源をめぐってＯＰＥＣを結成した。1967 年には，（　カ　），（　キ　），（　ク　），（　ケ　），（　コ　）の(c)５か国によってＡＳＥＡＮが結成された。1994 年には，カナダ，アメリカ合衆国，メキシコの３か国で締結した（　B　）が発効した。

問１

⑴　下線部(a)の６か国のうち，当時の西ドイツをのぞく５か国の名をすべて答えなさい。

⑵　空欄（　A　）に該当する共同体の名をアルファベット略称で答えなさい。

⑶　下線部(a)の６か国が空欄（　A　）の共同体を設立した目的を答えなさい。

問２　次の表１は，空欄（　ア　）～（　オ　）の５か国について，それぞれの国における主な言語をまとめたものである。表中の空欄（　C　）～（　E　）には，言語が入る。

表１　各国における主な言語

		主な言語
国	（ ア ）	（ C ）
	（ イ ）	（ D ），クルド語，トルコ語
	（ ウ ）	（ E ），クルド語
	（ エ ）	（ E ）
	（ オ ）	（ E ）

外務省の資料より作成

⑴　空欄（　ア　）～（　ウ　）に該当する国の名をそれぞれ答えなさい。

⑵　空欄（　エ　）と（　オ　）に該当する２か国について，両方の名を答えなさい。

⑶　空欄（　C　）～（　E　）に該当する言語をそれぞれ答えなさい。

(4)　下線部(b)について，この５か国がＯＰＥＣを結成した理由を答えなさい。

問３　次の表２は，空欄(　カ　)～(　コ　)の５か国について，それぞれの国の宗教別人口割合を表したものである。表中の空欄(　F　)～(　I　)には，仏教，キリスト教，イスラーム，ヒンドゥー教のいずれかが入る。

表２　各国の宗教別人口の割合

(単位：%)

		宗教			
		(F)	(G)	(H)	(I)
国	(カ)	61.3	9.2	6.3	19.8
	(キ)	14.0	18.8	5.0	33.2
	(ク)	4.3	1.0	—	94.6
	(ケ)	87.2	9.9	1.7	—
	(コ)	5.6	88.8	—	—

—はデータなし。その他の宗教の人口割合は示していない。

The World Factbook より作成

(1)　空欄(　カ　)～(　コ　)に該当する国の名をそれぞれ答えなさい。

(2)　空欄(　F　)～(　I　)に該当する宗教をそれぞれ答えなさい。

(3)　下線部(c)について，この５か国がＡＳＥＡＮを結成した理由を答えなさい。

問４

(1)　空欄(　B　)に該当する協定の名をアルファベット略称で答えなさい。

(2)　空欄(　B　)の協定では，経済を発展させることを目的として，具体的にどのようなことが取り決められたか。答えなさい。

〔解答欄〕　問１(3)・問３(3)　各ヨコ 14.3cm×タテ 1.4cm

問２(4)・問４(2)　各ヨコ 14.3cm×タテ 2.8cm

地理　問題Ⅳ

世界の４つの島についてそれぞれ述べた次の文Ａ～Ｄを読み，下の問１～７に答えなさい。

Ａ：　この島は，世界の島の中で最も面積が大きい。(1)ある国の領土であり，現在は高度な自治権を有している。(2)島の大部分はアネクメーネとなっている。

Ｂ：　この島は，世界の島の中で最も人口が多い。［　　　］境界の近くに位置するため，地震が多い。この島が属する国の首都がこの島の西部に置かれているが，(3)首都の人口は約１千万人に達し，深刻な都市問題が発生している。

Ｃ：　この島は，(4)かつては隣国と同一国家を形成していたが，1965年に分離独立した。独立当時の島の面積は日本の淡路島ほどであったが，その後，埋め立てによって拡大している。独立以来のこの国の経済発展はめざましく，現在の一人あたりＧＤＰは日本をしのいでいる。

Ｄ：　この島は，北緯４度，東経73度に位置し，周辺の千以上の島々とともに一つの国を形成している。(5)この国は風光明媚なため多くの観光客を集めているが，近年，地球温暖化が深刻な影響を与えている。

問１　Ａ，Ｂの島の名前，Ｃ，Ｄの島が属する国名をそれぞれ答えなさい。

問２　文中の下線部(1)に該当する国名を答えなさい。

問３　文中の下線部(2)に関し，アネクメーネとなっている原因をアネクメーネの意味を含めて説明しなさい。

問４　Ｂの文中の［　　　］に入るカタカナの用語として適したものを答えなさい。

問 5　文中の下線部(3)に関し，首都名を挙げながら，どのような都市問題なのか説明しなさい。

問 6　文中の下線部(4)に関し，分離独立した原因を民族の点から説明しなさい。

問 7　文中の下線部(5)を，生物と地形の面から説明しなさい。

〔解答欄〕 問 3・問 5 ～問 7　各ヨコ 14.1cm×タテ 4.6cm

数学

（90分）

1　a を実数として $f(x)=2x^2-2ax-a^2$ とおく。以下の問に答えよ。

(1)　方程式 $f(x)=0$ の解 t が，必ず $-1\leqq t\leqq 1$ をみたすための a の条件を求めよ。

(2)　(1)で求めた条件をみたす a に対して

$$S(a)=\int_{-1}^{1}|f(x)|\,dx$$

とおく。$S(a)$ の値を求めよ。

(3)　$S(a)$ の値が最小となる a を求めよ。

2　(1)　平面上に $|\overrightarrow{\mathrm{OP}}|=|\overrightarrow{\mathrm{OQ}}|=|\overrightarrow{\mathrm{OR}}|=1$ をみたす相異なる4点O，P，Q，Rがある。このとき $|\overrightarrow{\mathrm{OP}}+\overrightarrow{\mathrm{OQ}}+\overrightarrow{\mathrm{OR}}|=0$ ならば，三角形PQRは正三角形であることを示せ。

(2)　空間内に $|\overrightarrow{\mathrm{OA}}|=|\overrightarrow{\mathrm{OB}}|=|\overrightarrow{\mathrm{OC}}|=|\overrightarrow{\mathrm{OD}}|=1$ をみたす相異なる5点O，A，B，C，Dがある。またOからA，B，Cを含む平面におろした垂線の足をHとする。このとき，以下の2つの命題を示せ。

命題(i)　$|\overrightarrow{\mathrm{OA}}+\overrightarrow{\mathrm{OB}}+\overrightarrow{\mathrm{OC}}|=3|\overrightarrow{\mathrm{OH}}|$ ならば，三角形ABCは正三角形である。

命題(ii)　$|\overrightarrow{\mathrm{OA}}+\overrightarrow{\mathrm{OB}}+\overrightarrow{\mathrm{OC}}+\overrightarrow{\mathrm{OD}}|=0$ かつ $|\overrightarrow{\mathrm{OH}}|=\dfrac{1}{3}$ ならば，四面体ABCDは正四面体である。

3　xy 平面において x，y がともに整数となる点 $(x,\ y)$ を格子点という。正の整数 n に対して

$$x\geqq 0,\quad y\geqq 0,\quad x+y\leqq n$$

で定まる領域を D とする。4つの頂点がすべて D に含まれる格子点であ

り，x 軸と平行な辺をもつ長方形の数を $R(n)$ とする。また，そのなかで特に 1 つの辺が x 軸上にある長方形の数を $S(n)$ とする。以下の問に答えよ。

(1)　$R(3)$ と $R(4)$ を求めよ。

(2)　$S(n)$ を求めよ。

(3)　$R(n)$ を求めよ。

(4)　$R(n)=1001$ となる n を求めよ。

数学公式集

この公式集は問題と無関係に作成されたものであるが，答案作成にあたって利用してよい。この公式集は持ち帰ってよい。

(不　等　式)

1．$\dfrac{a+b}{2} \geqq \sqrt{ab}$，$\dfrac{a+b+c}{3} \geqq \sqrt[3]{abc}$，（$a$，$b$，$c$ は正または 0）

2．$(a^2+b^2+c^2)(x^2+y^2+z^2) \geqq (ax+by+cz)^2$

(三　角　形)

3．$\dfrac{a}{\sin A}=\dfrac{b}{\sin B}=\dfrac{c}{\sin C}=2R$

4．$a^2=b^2+c^2-2bc\cos A$

5．$S=\dfrac{1}{2}bc\sin A=\sqrt{s(s-a)(s-b)(s-c)}$，$\left(s=\dfrac{1}{2}(a+b+c)\right)$

(図 形 と 式)

6．数直線上の 2 点 x_1，x_2 を $m:n$ に内分する点，および外分する点：

$$\frac{mx_2+nx_1}{m+n},\quad \frac{mx_2-nx_1}{m-n}$$

7．点 $(x_1,\ y_1)$ と直線 $ax+by+c=0$ との距離，および点 $(x_1,\ y_1,\ z_1)$ と平面 $ax+by+cz+d=0$ との距離：

$$\frac{|ax_1+by_1+c|}{\sqrt{a^2+b^2}},\quad \frac{|ax_1+by_1+cz_1+d|}{\sqrt{a^2+b^2+c^2}}$$

8．だ円 $\dfrac{x^2}{a^2}+\dfrac{y^2}{b^2}=1$ 上の点 $(x_1,\ y_1)$ における接線：$\dfrac{x_1x}{a^2}+\dfrac{y_1y}{b^2}=1$

9．双曲線 $\dfrac{x^2}{a^2}-\dfrac{y^2}{b^2}=1$ 上の点 $(x_1,\ y_1)$ における接線：$\dfrac{x_1x}{a^2}-\dfrac{y_1y}{b^2}=1$

（ベクトル）

10．2つのベクトルのなす角：$\cos\theta=\dfrac{\vec{a}\cdot\vec{b}}{|\vec{a}||\vec{b}|}$

（複素数）

11．極形式表示：$z=r(\cos\theta+i\sin\theta)$，　$(r=|z|,\ \theta=\arg z)$

12．$z_1=r_1(\cos\theta_1+i\sin\theta_1)$，　$z_2=r_2(\cos\theta_2+i\sin\theta_2)$ に対し，

$z_1z_2=r_1r_2\{\cos(\theta_1+\theta_2)+i\sin(\theta_1+\theta_2)\}$

13．ド・モアブルの公式：$z=r(\cos\theta+i\sin\theta)$ に対し，

$z^n=r^n(\cos n\theta+i\sin n\theta)$

（解と係数の関係）

14．$x^2+px+q=0$ の解が α，β のとき，

$\alpha+\beta=-p$，　$\alpha\beta=q$

15．$x^3+px^2+qx+r=0$ の解が α，β，γ のとき，

$\alpha+\beta+\gamma=-p$，　$\alpha\beta+\beta\gamma+\gamma\alpha=q$，　$\alpha\beta\gamma=-r$

（対数）

16．$\log_a M=\dfrac{\log_b M}{\log_b a}$

（三角関数）

17．$\sin(\alpha+\beta)=\sin\alpha\cos\beta+\cos\alpha\sin\beta$

$\cos(\alpha+\beta)=\cos\alpha\cos\beta-\sin\alpha\sin\beta$

18．$\tan(\alpha+\beta)=\dfrac{\tan\alpha+\tan\beta}{1-\tan\alpha\tan\beta}$

19．$\cos2\alpha=1-2\sin^2\alpha=2\cos^2\alpha-1$

20．$\sin\alpha\cos\beta=\dfrac{1}{2}\{\sin(\alpha+\beta)+\sin(\alpha-\beta)\}$

$\cos\alpha\sin\beta=\dfrac{1}{2}\{\sin(\alpha+\beta)-\sin(\alpha-\beta)\}$

$\cos\alpha\cos\beta=\dfrac{1}{2}\{\cos(\alpha+\beta)+\cos(\alpha-\beta)\}$

$\sin\alpha\sin\beta=-\dfrac{1}{2}\{\cos(\alpha+\beta)-\cos(\alpha-\beta)\}$

21. $\sin A+\sin B=2\sin\frac{A+B}{2}\cos\frac{A-B}{2}$

$\sin A-\sin B=2\cos\frac{A+B}{2}\sin\frac{A-B}{2}$

$\cos A+\cos B=2\cos\frac{A+B}{2}\cos\frac{A-B}{2}$

$\cos A-\cos B=-2\sin\frac{A+B}{2}\sin\frac{A-B}{2}$

22. $a\sin\theta+b\cos\theta=\sqrt{a^2+b^2}\sin(\theta+\alpha)$,

$$\left(\sin\alpha=\frac{b}{\sqrt{a^2+b^2}},\quad \cos\alpha=\frac{a}{\sqrt{a^2+b^2}}\right)$$

（数　　列）

23. 初項 a，公差 d，項数 n の等差数列の和：

$$S_n=\frac{1}{2}n(a+l)=\frac{1}{2}n\{2a+(n-1)d\},\quad (l=a+(n-1)d)$$

24. 初項 a，公比 r，項数 n の等比数列の和：

$$S_n=\frac{a(1-r^n)}{1-r},\quad (r\neq 1)$$

25. $1^2+2^2+3^2+\cdots+n^2=\frac{1}{6}n(n+1)(2n+1)$

$1^3+2^3+3^3+\cdots+n^3=\left\{\frac{1}{2}n(n+1)\right\}^2$

（極　　限）

26. $\lim_{n\to\infty}\left(1+\frac{1}{n}\right)^n=e=2.71828\cdots\cdots$

27. $\lim_{x\to 0}\frac{\sin x}{x}=1$

（微　積　分）

28. $\{f(g(x))\}'=f'(g(x))g'(x)$

29. $x=f(y)$ のとき $\frac{dy}{dx}=\left(\frac{dx}{dy}\right)^{-1}$

30. $x=x(t)$,　$y=y(t)$ のとき $\frac{dy}{dx}=\frac{y'(t)}{x'(t)}$

31. $(\tan x)'=\frac{1}{\cos^2 x}$,　$(\log x)'=\frac{1}{x}$

32. $x=g(t)$ のとき $\int f(g(t))g'(t)dt=\int f(x)dx$

33. $\int f'(x)g(x)dx=f(x)g(x)-\int f(x)g'(x)dx$

34. $\int \frac{f'(x)}{f(x)}dx=\log|f(x)|+C$

35. $\int \log x\,dx=x\log x-x+C$

36. $\int_0^a \sqrt{a^2-x^2}\,dx=\frac{1}{4}\pi a^2 \quad (a>0)$, $\int_0^a \frac{dx}{x^2+a^2}=\frac{\pi}{4a} \quad (a\neq 0)$,

$\int_\alpha^\beta (x-\alpha)(x-\beta)dx=-\frac{1}{6}(\beta-\alpha)^3$

37. 回転体の体積：$V=\pi\int_a^b \{f(x)\}^2 dx$

38. 曲線の長さ：

$$\int_a^b \sqrt{1+\left(\frac{dy}{dx}\right)^2}\,dx=\int_\alpha^\beta \sqrt{\left(\frac{dx}{dt}\right)^2+\left(\frac{dy}{dt}\right)^2}\,dt,$$

$(x=x(t),\ y=y(t),\ a=x(\alpha),\ b=x(\beta))$

（順列・組合せ）

39. ${}_n\mathrm{C}_r={}_{n-1}\mathrm{C}_r+{}_{n-1}\mathrm{C}_{r-1}$,　$(1\leqq r\leqq n-1)$

40. $(a+b)^n=\sum_{r=0}^{n} {}_n\mathrm{C}_r a^{n-r}b^r$

（確　　率）

41. 確率 p の事象が n 回の試行中 r 回起る確率：

$P_n(r)={}_n\mathrm{C}_r p^r q^{n-r}$,　$(q=1-p)$

42. 期待値：$E(X)=\sum_{i=1}^{n} x_i p_i$,

ただし p_i は確率変数 X が値 x_i をとる確率で，$\sum_{i=1}^{n} p_i=1$ をみたすとする。

問七　傍線部6「併資㆓一笑㆒」とはどういうことか。本文を要約した上で、筆者の考えを一五〇字以内で述べよ。

〔解答欄〕問三　タテ一四・八センチ×ヨコ二センチ
問四・問五　各タテ一四・八センチ×ヨコ二・五センチ

○衮衮——続いて絶え間のないさま。　○偪仄——迫ること。　○肘胯——ひじと、またぐら。
○搏取——捕まえること。　○緘——箱などにかける縄。　○宣和——宋の徽宗のときの年号。
○艮嶽——山の名。徽宗が名づけた。　○油絹嚢——油で防水した絹の袋。　○絶巘危巒——険しい山々。
○滃然——雲が盛んに立ち上るさま。雲は山から湧くものと考えられていた。　○車駕——天子の乗る車。
○千巖万壑——たくさんの険しい崖や深い谷。

問一　波線部a「固」b「竟」c「須臾」の読みを、それぞれひらがなで記せ。

問二　傍線部1「見下雲気如二群馬一奔突自二山中一来上」を、現代語訳せよ。

問三　傍線部2「飛二‐入吾車一」とあるが、何が誰の車に飛び入ったのかを説明せよ。

問四　傍線部3「名曰二貢雲一」とはどういうことか。説明せよ。

問五　傍線部4「如レ在二千巖万壑間一」とはどのようなことを言っているか。説明せよ。

問六　傍線部5「不三特可二以持贈一」を、書き下し文にせよ。

掇《ひろヒ》、開《キ》レ籠《ヲ》、収《ム》二於其《ノ》中《ニ》一。及《ビ》レ帰《ルニ》、白雲盈《みチ》レ籠《ニ》、開《ケテ》而放《チ》レ之《ヲ》、遂《ニ》作《リテ》二攓《けん》雲《うん》篇《ヲ》一云《フ》、道《ニ》逢《ヒ》二南山《ノ》雲《ニ》一、欻《くつ》吸《きふスルコト》如《シ》二電《ノ》過《グルガ》一。[b]竟誰《カ》使二-令《シ》之《ヲ》一、袞《こん》袞《こんトシテ》従《リ》レ空下《ラシムルト》。又《タ》云《フ》、[2]或《ヒハ》飛《ビ》二-入《リ》吾《ガ》車《ニ》一、偪《ふく》二-仄《そくス》人《ノ》肘《ちう》胯《こニ》一。摶《はく》取《しゆシテ》置《キ》二笥中《ニ》一、提携《シテ》反《ル》二茅舎《ニ》一。開《キ》レ緘《かんヲ》仍《よリテ》放《チ》レ之《ヲ》、掣《ひキ》去《リテ》仍《リテ》変化《スト》。然《ラバ》則《チ》雲《ハ》真《ニ》可二以持贈一矣。

宣和中、艮《こん》嶽《がく》初《メテ》成《リ》、令《ム》下近山《ニ》多《ク》造《リ》二油絹嚢《ヲ》一、以《テ》レ水《ヲ》湿《ラセ》レ之《ヲ》、暁《ニ》張《ラ》中於絶《ぜつ》巘《けん》危《き》巒《らん》之間《ニ》上。既《ニシテ》而雲尽《ク》入《リ》、遂《ニ》括《リ》レ嚢《ヲ》以《テ》献《ジ》、[3]名《ヅケテ》曰《フ》二貢雲《ト》一。毎《ニ》二車《しや》駕《がノ》所レ臨《ム》、則《チ》尽《ク》縦《チ》レ之《ヲ》、[c]須臾《ニシテ》滃《おう》然《ぜんトシテ》充塞《シ》、[4]如《シ》レ在《ルガ》二千《せん》巖《がん》万《ばん》壑《かくノ》間《ニ》一。然《ラバ》則《チ》[5]不三特可二以持贈一、又《タ》可二以貢《グ》一矣。[6]併《セテ》資《スルノミ》二一笑《ニ》一。

（周密『斉東野語』による）

【語注】○陶通明――陶弘景。字は通明。南朝梁の人。　○怡悦――楽しむこと。
○坡翁――蘇軾。号は東坡。宋の人。　○攓雲――雲を取ること。　○欻吸――迫ること。

問一　空欄①～④には、いずれも動詞「来」の活用形が入る。最もふさわしい活用形を、ひらがなで記せ。

問二　傍線部ア・イを、適宜言葉を補って、わかりやすく現代語訳せよ。

問三　二重傍線部A・Bについて、誰のどのような心情であるか、わかりやすく説明せよ。

問四　和歌（Ⅰ）・（Ⅱ）を、適宜言葉を補って、わかりやすく現代語訳せよ。

〔解答欄〕問三　各タテ一四・一センチ×ヨコ三・五センチ

三

次の文章を読んで、後の問に答えよ。但し設問の関係で送り仮名を省いた部分がある。

陶通明ノ詩ニ云フ、山中ニ何カ所レ有ル、嶺上ニ多シ二白雲一。只ダ可二自ラ怡《い》悦《えつ》ス一、不トレ堪ヘ二持

贈レ君ニ。雲ハ［a］固非ル下可二持贈一之物ニ上也。

坡翁一日還リレ自リ二山中一、［1］見ル下雲気如ク二群馬ノ一奔突シ自リ二山中一来ルヲ上。遂ニ以テレ手ヲ

やしと思ひてなむ」とて帰らせたまへば、

（Ⅰ）こころみに雨も降らなむ宿過ぎて空行く月の影やとまると

人の言ふほどよりも児《こ》めきて、あはれに思さる。「あが君や」とて、しばし上らせたまひて、出でさせたまふとて、

（Ⅱ）あぢきなく雲居の月にさそはれて影こそ出づれ心やは行く

とて、帰らせたまひぬるのち、ありつる御文見れば、

われゆゑに月をながむと告げつればまことかと見に出でて［④］にけり

とぞある。「なほいとをかしうもおはしけるかな。イいかで、いとあやしきものに聞こし召したるを、聞こし召し直されにしがな」と思ふ。

宮も、言ふかひなからず、つれづれの慰めにとは思すに、ある人々聞こゆるやう、「このごろは、源少将なむいますなる。昼もいますなり」と言へば、また、「治部卿《ぢぶきやう》もおはすなるは」など、口々聞こゆれば、Bいとあはあはしう思されて、久しう御文もなし。

【注】○うらやましくも――「かくばかり経がたく見ゆる世の中にうらやましくもすめる月かな」（拾遺集・雑上・藤原高光）による。　○樋洗童――女に仕える童女。　○右近の尉――宮の従者。　○上りなむ――女の部屋にあがろう。　○人は草葉の露なれや――「わが思ふ人は草葉の露なれやかくれば袖のまづそほつらむ」（拾遺集・恋二・詠み人知らず）による。　○物忌――方角やけがれを忌んで家にこもること。　○児めきて――子供っぽい。おっとりしている。

イ　部品として捨てられる人々に対して、自分だけが特別な存在であると錯覚させる社会科学に皮肉を示すため。

ウ　人々が、巨大な組織を構成する部品としての誇りを持って懸命に生きていることに賞賛を示すため。

エ　時代が変わり生活水準が変化しても、人間の感じ方や考え方はそれほど変化していないという矛盾を示すため。

二

次の文章は『和泉式部日記』の一節である。文中、「女」とあるのは和泉式部、「宮」は「女」の恋人である帥宮《そちのみや》のことである。宮は、女が他の男性を通わせているのではないかと疑念を抱いており、訪れが途絶えがちになっている。これを読んで、後の問に答えよ。

かくて、のちもなほ間遠なり。月の明かき夜、うち臥して、「うらやましくも」などながめらるれば、宮に聞こゆ。

　月を見て荒れたる宿にながむとは見に［①］ぬまでも誰に告げよと

樋洗童《ひすましわらは》して、「右近の尉《じょう》にさし取らせて［②］」とやる。御前に人々して、御物語しておはしますほどなりけり。人まかでなどして、右近の尉さし出でたれば、「例の車に装束せさせよ」とて、おはします。

女は、まだ端に月ながめてゐたるほどに、人の入り［③］ば、簾《すだれ》うちおろしてゐたれば、例のたびごとに目馴れてもあらぬ御姿にて、御直衣《なほし》などのいたうなえたるしも、をかしう見ゆ。ものものたまはで、ただ御扇に文を置きて、「御使の取らで参りにければ」とて、さし出でさせたまへり。女、もの聞こえむにもほど遠くてびんなければ、扇をさし出でて取りつ。宮も上《のぼ》りなむと思したり。前栽のをかしき中に歩かせたまひて、「人は草葉の露なれや」などのたまふ。いとなまめかし。近う寄らせたまひて、「今宵はまかりなむよ。誰に忍びつるぞと、見あらはさむとてなむ。明日は物忌と言ひつれば、なからむもあ

(1)　「まったく別物」の捉え方はどのような人々の間で生じると筆者は考えているか。解答欄に合わせて、対をなす適切な表現を、A・Bそれぞれ九字で本文から抜き出せ。

〔解答欄〕　□□□□□□□□□ と考える人々

(2)　二つの異なる立場A・Bにおいて、「社会」と「権力」はどのように捉えられると筆者は考えているか。本文に即して、A・Bそれぞれ六〇字以内で説明せよ(句読点・かっこ類も字数に含める)。

問三　傍線部②について、以下の問に答えよ。

(1)　傍線部②は、社会科学のどのような有り様を指しているか。「平等」という考え方の場合について、本文に即して一二〇字以内で具体的に説明せよ(句読点・かっこ類も字数に含める)。

(2)　筆者は、社会科学が抱える問題の要点がどこにあると考えているか。それを示す最も適切な四〇字の箇所を本文から見出し、その最初と最後の五文字を答えよ(句読点・かっこ類も字数に含める)。

問四　傍線部③について、筆者は、なぜ人々がそのようにふるまおうとすると考えているか。本文に即して七〇字以内で説明せよ(句読点・かっこ類も字数に含める)。

問五　傍線部④について、なぜ筆者は「個人」について「誇らしい呼称」と表現したのか。その理由として最も適切なものを、次のア～エから一つ選べ。

ア　近代・現代における個々の人間は、均質的であるからこそ平等だという社会科学の理想を示すため。

求められてきた。しかも、そんな現代社会を解釈する社会科学が、結果として巨大な機械の部品としての人間を積極的に推奨してきた。現に、社会科学はそれを学べば学ぶほど自分自身を部品——④誇らしい呼称としての「個人」——として適応しようとする人々を生み出す。そんな社会科学に対して、歴史に学ぶことによって修正を求めるのが、まさに歴史社会学なのである。歴史社会学は歴史学とは異なって社会科学のあり方について多く学んでいる。まさにこのことこそが、歴史学と社会学の中間にある歴史社会学の利点なのである。

　過去の社会についての理解は、刻々と変化していく状況を通して、実は不変の人間社会を理解することでもある。歴史家が毎度強調するように、過去の人間を理解するには、現代を生きる自分自身の立場に引き寄せて理解するほかはない。技術が発達し、jエイヨウ状態や衛生状態ほか、生活の水準が変化しても、人間の考え方や感じ方はそれほど変化しているわけではないからである。

（犬飼裕一『歴史にこだわる社会学』より）

【注】○社会科学……社会現象を対象とする学問分野の総称。経済学、法律学、政治学、社会学など。

問一　傍線部a～jのカタカナは漢字に、漢字は読みをカタカナに、それぞれ改めよ。

問二　傍線部①「まったく別物に解される」とはどういうことか。以下の設問⑴⑵に即し、A・B二つの立場にわけて整理せよ（A・Bは順不同）。

う。もちろん、この種の議論は教育をめぐって批判的な立場の人々が古くから何度も繰り返してきたことである。

もちろん「平等」をf声高に強調してきた社会科学全体を否定する必要はないが、②社会科学が持っている両義性、二面性を理解することは必要だろう。一方で、問題の所在を指摘してその対策を暗示しながら、同時に新たな問題を自ら作り出している。しかも、状況を悪化させてすらいる。そして、そのような両義性や二面性は、歴史的に考えると立体的に見えてくる。一八世紀のヨーロッパにあっては「解放」の論理であった言説が、二一世紀の「グローバル化」にあっては人間のgキカク化、均質化、そして隷属化の論理ともなりうる。

問題はおそらく特定の視点、特定の価値観からのみ「社会」のあらゆる問題を明らかにしようとする思考にあるのだろう。社会科学は、常にほかにもありうる可能性の中から常に選び取っていく知のhイトナみでなければならない。それが不可能ならば、特定の価値や観点を作り出した人々にとって有利で、その他の人々にとって不利な状況を生み出すことになる。このことは、まさに過去の社会、今日の人々と直接の利害関係が少ない社会を考えると際立ってくる。

歴史社会学は過去の価値観の中でiセイイッパイ生きていた人々の社会を考えることで、現在の価値観の中で生きる人々の特性を明らかにしようとする。現代人は、自分たちが特別な存在であると考えがちであるが、歴史は過去の「現代人」もそうであったと教える。人々は自分だけが特別であると考えながら、実際には他の人々と変わらない生き方をしようと願っている。そんな矛盾した命題を掲げながら毎日を送っている。

このように考えるならば、歴史社会学が社会学全般に対して大きな貢献を果たすことが期待できる。それは、近代社会、現代社会の似姿として分業化、細分化、類型化、均質化した人間像——巨大な機械の部品としての人間——に対し、それが生まれる前の社会、あるいは別の形で分業化していた社会の人間像を対置することである。言い換えると、現代に至るまで巨大な組織が主人公としてふるまい、③組織を構成する人間は均質な部品としてふるまおうとしてきた。あるいはそうふるまうことを混同するようになってしまう。「平等」は、「均質」ということに変換され、多くの人々が均質な部品であると見なされるようになる。そして、均質な部品であるならば、どれも同じなのですぐにでも取り替え可能であるという考えが強くなる。「人間は平等である」という考えは、実は人間を単なる数字、取り替え可能な部品であると見なす思想と表裏一体なのである。

　取り替え可能な部品ならば、d消耗しても換えがある。人間は本来それぞれ多様で、かけがえのない存在であるはずなのだが、「人間は平等である」と考えることでどれも同じ均質な「部品」に変換されてしまう。言い換えれば、「人間は平等である」と進んで考えることは、自ら換えはいくらでもある部品であることを志向することなのである。そして、自ら部品を志向する人々は、最も非情な取り扱いを受けることになる。換えはいくらでもある部品は単なる消耗品であって、個別に取り替えても、捨てても、大きな全体（メカニズム）にとっては大した問題ではないからである。

　そして消耗部品として捨てられた人々は、自ら求めた巨大組織の構成部品としてその役割を終える。最大の問題は、そのような目に遭う人々が実は自らそれを望んでいるように見えてしまうことである。そこで最大の役割を果たすのも、「人間は平等である」という考えで、人々はまわりの多くの人々と同じように「平等」な「人間」になろうとする。そして、誰もが同じで、誰もが同じ扱いを受ける。誰もが同じなのだから、何らかの理由で消耗したならば取り替えられて、捨てられる。

　歴史を視野に入れながらこれまでの社会科学を考えると、たとえば「人間は平等である」のような命題が、以前の思想家が考えたのとは別の意味になり、しかも以前にはなかった問題を引き起こしている様子が観察できる。本来個性的で、あらゆる意味で「平等」ではない人間は、平等ではないからこそ、それぞれの適性を発揮することができる。それを無理やり平板化し、平均化しようとする視点は、人々を「平等」にe隷属化する発想と直接結び付いてしまう。

　このことは、権力やイデオロギーの問題から一旦目を移して、教育の問題などを考えればわかりやすい。「平等」を掲げる教育は、あらゆる人々を同一の基準で評価しようとし、競争させることによって、まるで量産品のような人員を作り出してしまする考え方によって、①まったく別物に解される。人間の適性が均質だと考える人々と、千差万別だと考える人々とでは、同じ「平等」でも意味が違う。人間の適性が多様だと考える人々は、多様な適性や能力に応じた機会の平等をすぐに思い浮かべるが、人間は均質と信じる人々は誰もが同じような「成果」や「待遇」や「幸せ」を得られる結果の平等を思い浮かべることが多い。このため、政治思想や社会思想、そしてイデオロギーをめぐる議論は、お互いに別の「人間」や「社会」を思い浮かべつつ平行線をたどっていくことが多いのである。

　そして、権力をめぐる語り方も各々別物になっていく。人間は均質だと考える人々は、均質なレンガのような人々を合理的に積み重ねて大きな建築物を建設するといった形の権力を思い浮かべやすい。そして社会とは大きいほど偉大で優れていると考え、膨大な人員からなる組織や、巨大な国家――「大国」――こそが優れていると考える。これに対して、人間は多様だと考える人々は、その場その場、その瞬間その瞬間に生じる関係こそが社会であり、各々の関係を個別に調停するのが権力だと考えることが多い。巨大な組織や、国家というのを否定するわけではないが、個々の現場で日々作り出されている関係の方がより具体的で身近だと考える。

　人間は均質だと考える人々と多様だと考える人々の間の違いは、人々が作り出している権力関係そのものについても対照的な考えを生む。簡単にいえば、複雑で多様な関係を考えに入れて全体について見渡す場合と、単純で均一な関係に基づいて全体を構成する場合の違いである。

　複雑な対象を取り扱う場合は、それほど大きな関係性は想像しにくい。個別の構成要素自体が複雑なので、それらが作り出すさらに一層複雑な関係について考えることは難しい。これに対して、単純で均質なブロックのような人間関係を考える場合、延々と均質に展開する巨大な組織について考えることは難しくない。

　そして、多くの人々が、巨大組織が必要とする均質な人間像を、「人間は平等である」という近代の思想と同一視、あるいは

国語

（一〇五分）

一

次の文章は、「歴史社会学」という新しい学問分野を掲げる立場から述べられたものである。これを読んで、後の問に答えよ。

人はおそらく他の人々について自分自身に当てはめてしか理解することができない。歴史上の英雄や[a]ドクサイ者、絶対権力者を語る時、人々はしばしばそんな立場に立った自分自身について想像しようとする。そして、自分自身との距離によって「偉大」だとか「天才」だとか「空前絶後」だとかいった形容を当てはめる。また、志半ばで[b]挫折した人物については、自分自身が失敗を味わった時からの類推で心中を察しようとする。しかし、それらはどれも人々が自分のこととして理解しようとする過程で考えることである。

イデオロギーの問題も、人々が自分に当てはめて考えた場合に理解しやすい考え方に[c]惹き付けられているともいえる。古くから、様々な職場を経験して生きてきた人々（いわゆる「叩き上げ」の人々）は、人間の適性が千差万別でそれぞれが多様な役割を果たしている社会を思い浮かべやすい。これに対して、ごく均質な制度や組織の中だけで生きてきた人々は、しばしば均質な人員からなる組織として社会を考える。

言語の世界でしばしば登場する「自由」や「平等」といった万人受けする言葉も、それぞれの人々の経験や人間関係、社会に対

小論文

(90 分)

以下の文章は，入江昭『歴史家が見る現代世界』(講談社現代新書，2014 年)の「環地球的結合という不可逆の流れ」と題する章の一部から抜粋し，出題用に編集を加えたものである。この文章を読んで，後の問いに答えなさい。

ハイブリッドの世界

地球に住む 70 億の人間が移住，旅行，留学などをとおして直接間接に接触することになれば，そのような人たちの築く世界はしだいにハイブリッド，「混血的」なものとなっていくだろう。

トランスナショナルな動きが持続され，グローバルなレベルでの人間同士の接触が一層密度を増していけば，人類も諸国も，あるいは文明も，それだけ「純粋」のものではなくなっていく。これも世界史の大きな流れであるといえよう。

事実，100 年前の世界と比べて，今日の人類社会はより混血的，雑種的である。混血とか雑種といっても，生物学的にいろいろな人種が混合して子孫を作っていくというだけではない。食事，住宅，生活様式から音楽，絵画，さらには学問にいたるまで，ブレンドないしはフュージョンといわれるような，「純血」でないものができあがっているということである。

もともと「純血」なるものが存在していたのかどうかも疑わしい。人類の歴史が接触や交流の繰り返しである以上，100 パーセント他者と没交渉のまま数世紀にわたって自分たちだけのグループで生きてきた人間集団など，ほとんどどこにも存在しないであろう。実際，ＤＮＡ分析を用いた研究によれば，現在世界に住む人たちはみな遺伝的につながっており，アフリカの祖先を共有しているといわれる。我々すべてが「混血児」なのである。

19 世紀の後半，欧米で人種論が盛んになり，混血を避けて純粋な「血」を守ろうという擬似学説が流行したのも，当時の文化人類学者が民族ごとの「固有」の伝統に興味を示したのも，その意味では人類の本質への過渡的な誤解を示すものだった。当時はグローバル化が始まり，世界各地のつながりが従来にも増して進行していたので，この現象に対する深刻な不安感を反映していたのだろう。

多民族，多文明の接触が続けば，最も優秀だとされていた白色人種の純血性が犯され，世界中が混血化してしまうのではないか。そのような可能性に対する脅威感が「黄禍論」を生み出すのである。それはすでに止められなくなった動きにブレーキをかけようとするもので，歴史の動きに反していたのは明らかである。

1930 年代のナチスドイツにおける人種政策と，その極限の表れとしてのユダヤ人迫害も，ユダヤ人の大部分が国の社会に溶け込み，経済活動を行い，文化面でも積極的な活動をしていたことに対する「純血」民族(いわゆるアーリア民族)の反動であり，日本での「大和民族」優越主義と相通ずるものをもっていた。

さらには植民地で「母国人」と「現地人」とのあいだにできた子供を差別したり，米国の各州で白人と有色人種との結婚を法律で禁じたりしたのも，世界中で交流やつながりが進行する歴史の動きに逆らおうとするあがきのようなものだった。

ようするに 19 世紀後半から 20 世紀前半にかけて顕著になった「純血主義」や極端な人種排斥は，もとよりグローバリゼーションの流れとは矛盾するもので，逆にいえば当時のグローバル化は反グローバリズムの要素ももっていたのだ。それに比べると現代のグローバリゼーションでは，ヒトやモノの交流がより徹底している。

もっとも人種差別とは別の次元で，文化の独自性を強調する姿勢は現代にも残っている。自分たちの社会や文化はユニークで，他者は真似をできないものだという誇りである。そういった誇りが国のレベルまで高められると排他主義，国粋主義になりかねない。そのような考えが復古思想，保守思想などとつながる場合もよくあるが，それも世界各地の距離が縮まって国と国のあいだの区別が次第につきにくくなったことへの反動だといえる。

しかし実際には，グローバル化は当然のことながら社会，文化，人種などの垣根を越えたつながりをもたらす。その結果，雑種的な生活様式，ものの見方，あるいは人間が生まれるのは驚くにあたらない。明治維新以来西洋の文物を輸入して国内の伝統的文化と共存，そして融合させてきた日本では，それは常識的なことであろう。そのように世界有数の雑種的な国で，現在でも極端な排外意識を抱くものがいるのは，自らの無知を誇示する以外のなにものでもない。

現代世界の各地も，明治以降の日本のように次第に混血化しつつある。もちろん，そのような変化をかたくなに拒む社会もある。市民と外国との交流を制限したり禁止したりする独裁国家や，自分たちの教義を守り，他宗教の影響を徹底的に拒もうとする宗派も依然存在する。異人種や同性愛者などへの偏見が弱まるのにはまだかなりの時がかかるかもしれない。

しかし人間同士のつながり，結合，混合へ向かう方向性が変わることはないであろう。グローバルな世界とはそのようなものだからである。

私自身，過去60年間アメリカで生活して，この国が次第にハイブリッド(混血)的になってきたことを実感する。それは日常生活でも，あるいは文化の面でも，教育や学問においても同じである。

たとえば異人種間の結婚はめずらしくなくなった。米国政府が10年ごとに行う人口調査でも，「白人」「アフリカ系」「アジア系」などの区別のほかに，「複数」あるいは「多人種」に属するものというカテゴリーも加えられている(2010年には3億を超す米国総人口のうち，約3パーセント(900万人)は二つ以上の異なる人種の出生だった)。

私の次女の夫はアイルランド系アメリカ人なので，以前の人口調査では孫娘は「白人」と「アジア系」のどちらかを選ばなければならなかったが，現在では当然「複数」のカテゴリーに入っている。そして40年前に次女が通学していたときと比べて，孫二人が通う学校ではそのような「多人種」系の生徒は珍しくなくなっている。

さらに顕著なのは，食事など日常生活に最も近い営みである。60年前には，米国の大学の食堂でも，家庭でも，「アメリカン・メニュー」と呼びうる料理があった。朝食には必ずオレンジジュースやコーンフレーク，トーストが出てきたし，昼はサンドイッチ，夜はビフテキとポテトといったパターンである。今ではこのようなメニューは外国のどこにでも見られるものだし，逆に米国の食卓は様変わりして，きわめて雑種的なものとなっている。

平均的な家庭の台所には日本の豆腐，酢，醤油などが常備されており，外食しようとすれば中国，インド，メキシコなどの食べ物が，フランス，イタリア料理と同様，どこにでもあふれている。かつてはホットドッグやハンバーガーに代表された「アメリカ料理」のレストランでも，今日では国際色豊かなものをメニューに出している。

私と妻が時折過ごす高齢者住宅でも，居住する人たちの大部分が80代以上，すなわち幼年時代や青年時代を食のグローバル化以前に過ごしたアメリカ人であるにもかかわらず，毎日の食事のメニューにはメキシコ風やインド風の料理が頻繁に出てくる。

これはアメリカに限らず，世界のどこへ行っても見られる現象である。たとえば私たち夫婦は毎年夏になるとカナダのトロント郊外にあるストラットフォードに1週間ほど出かける慣わしになっているが，このように小さい街でも30年ほど前と比べて，食生活が大きく変化してきたことに気づく。今ではインド，タイ，ベトナム，日本などのレストランが，以前からあったイタリアや中華料理の店と並んで繁盛している。ましてやロンドン，パリ，ミュンヘンといったヨーロッパの大都市での食事がきわめて多様化，混血化していることはいうまでもない。

文学，美術，音楽などの世界では，さらに激しい混合，雑種化の傾向があるだろう。それはただ外国の小説が翻訳されて読まれるといった受動的なものにとどまらず，自国語で書かれたものも諸外国との触れ合いの影響で，従来と比べはるかに雑種化してきている，ということである。

現代のイギリスでもっとも広く読まれている小説家の一人であるセバスチャン・フォークスのベストセラー『12月の1週間』（2008年）は，9・11テロ事件以降の心理状態を分析しているが，それはイギリスにとどまらず世界のどこでも通ずる現象だし，この中で描写されるロンドンにはアフリカ系，アジア系などが白人社会とも交流しながら雑居している。これも世界各地にあてはまる現象である。

絵画や音楽などの作品も，それを生み出す芸術家の国籍とは無関係で，現代に生きる人間の作品なのだといったほうがよい。イギリスの指揮者の率いるドイツのオーケストラで，中国出身のピアニストが演奏することなど日常茶飯事である。米国の『タイム』誌が2011年に挙げた「世界のベスト20オーケストラ」の常任指揮者の半数以上は外国出身だった。イスラエル人とアラブ人を合わせて一つのオーケストラを作り，海外で演奏活動をするアルゼンチン出身の指揮者ダニエル・バレンボエムのような芸術家は，現代世界の流れの一つを象徴しているといえるかもしれない。

もちろん芸術の世界で「混血化」が進行しているからといって，政治的な境界としての国境が簡単になくなることはない。混合よりは排他的純血主義を好む勢力が依然影響力をもっていることは，バレンボエムの努力にもかかわらず中東問題が一向に改善されないことにもうかがえる。

しかしそのような例は，時がたつにつれて例外的なものとなっていくのではなかろうか。歴史の方向性としては，すべての人間は文化的交流の産物なのだという認識が高まっていくと思われる。

世界中の人たちが着々と雑種化，混血化するにしたがって，血統とか伝統とかいうものの重要性が減少していくのは自然の成り行きであり，やがては社会，文化，国家など，あらゆる存在が自分と他者を区別する境界を取り外し，一つの地球としてのアイデンティティのみが残るようなときが来るかもしれないのである。

しかし地球に生息するのは人間だけではない。動物も植物も，さらには大気も河川も，同時に存在する。したがって，地球を人類だけのアイデンティティの場所としてとらえるのは間違っている。

そのような「発見」が重要な意味を持つようになったのも，最近数十年の歴史の大きな特徴である。次節ではこのテーマに触れてみたい。

惑星意識と環境問題

地球は広い宇宙にある一つの惑星に過ぎないという，いわば惑星意識(プラネタリティ)が高まるのも現代史の特徴である。地球は太陽を取り巻く星の一つであるという発見はガリレオまでさかのぼるが，その事実が地球に生息するすべてのものと結びつけられて，生命共同体のような考えとなるのは，比較的最近の現象である。

具体的には，米国の宇宙飛行士がはじめて月に到達した1969年，そしてストックホルムで第1回の国連人間環境会議が開かれた1972年までさかのぼると考えてよい。両者とも，宇宙のなかで共生する人間と自然環境という認識を明白にさせたもので，それ以降の歴史観，人間意識にも大きな影響を与えてきたからである。

人間として月の表面にはじめて立ったニール・アームストロングは，その第一歩を踏んだ際に，「これは一人の人間にとっては小さなステップだが，人類にとっては大きな飛躍である」と述べた。彼の月面到達をテレビで眺めた世界中の人たちは，その言葉，そして地球をはじめて外から見るという，新しい体験に感動したことであろう。

アームストロングともう一人の宇宙飛行士は，「私たちは平和のために，そして全人類を代表して月までやってきた」というメッセージを載せた記念碑を置いたうえで，地球へ戻った。その地球がほんとうに青かった，そしてそこにみられるのは山や川，大陸や海洋だけで，国境などはなかったと伝える言葉は，新しい世界観，人類観の到来を示すものでもあった。

「プラネット・アース」，すなわち「惑星の一つとしての地球」というイメージがもたらしたのは，惑星意識と呼ばれる見方であるが，それは一つには国境によって分断された人類ではなく，同じ星に生息し，同じ宇宙に存在するものとしての人間，という考えにつながる。それは，「人類は一つ」というグローバル化の進む過程で高まってきた見方を，再認識させるものだった。

惑星意識は，〔中略〕人権運動の高揚とも合流し，国境を越えたトランスナショナルな活動を一層進めることになる。

もちろん，そのような努力にもかかわらず世界各地で依然として人権が抑圧され，国家間の対立が見られるのは，惑星意識が徹底していないことを物語っているが，ここまでたどり着いた世界がそれ以前の世界へ逆行することはありえないであろう。

歴史家のあいだでも，最近は環境史とも名づけうる分野が非常な速さで発展してきた。人間と自然の関係，あるいは稀少動植物の保護といったテーマは，従来歴史研究の片隅に追いやられていたが，1990年代以降，地球史，あるいは宇宙史とも呼びうる分野すら学問の対象として重要度を増してきた。

それはとりもなおさず，自然と人間の交流を無視していたのでは人類の歴史を理解することにはならない，と考えられるようになったからである。グローバル意識の高まりをここにも見ることができる。

私が編集して2013年末に米国とドイツで同時刊行された『相互依存の世界』という本は，1945年以降の世界史をたどったものであるが，この書物を構成する5章のうち一つは，自然環境やエネルギー問題の分析を主なテーマとしている。今やそのような「惑星意識」なしには，世界史を理解できないのである。

惑星意識は，動植物や自然環境なども同じ惑星に存在するものとして，人間とともに共生共存していかなければならない，という認識へとつながる。人間は自分たちが存続し，「人間らしい」生活を営む権利のみならず，動植物や大気，海，河川の「権利」を認め，その存続を守る義務も負っているという考えである。

動植物の保護運動は世界各地でかなり前から存在していた。欧米では20世紀初頭から多くの稀少動植物が絶滅の危機に瀕しているとされ，密猟の禁止や自然公園の設立などをとおして，少しでも多くの種を保存させようとした。そのような動きは，たとえば太平洋西北での稀少な鳥や魚を保護するための国際条約や，アフリカの象を守るために象牙の売買を禁ずる取り決めなどをもたらした。

20世紀後半には，自然保護団体がＮＧＯのなかでもとくに積極的な活動をおこなうようになる。たとえば日本やノルウェーによる捕鯨に対し，早くから抗議運動を始める。捕鯨の権利を守ろうとする日本も，他の稀少動物，たとえばトキやパンダなどの保護にかんして積極的に活躍してきた。

一部の動植物を絶滅から守るだけでなく，大気も水も，人間を含むすべての生物にとって健全な環境を作ろうとする運動の引き金を引いたのは，1960 年代以降の高度経済成長である。先進諸国が経済拡張期に入ったこの時期には，工業化，都市化が急速に進み，その結果，空気や河川の汚染が問題とされるようになる。

歴史家のジョン・マクニールによれば，1960 年代のロンドンでテムズ川の汚染によって死亡した人の数は，第二次大戦中にドイツ空軍の爆撃で命を失ったものの数を超えるという。同じ頃の東京でも，隅田川がよごれたり大気が曇って道を挟んだ建物が見えなくなったりしたことを，私もよく覚えている。

そのような事実にもかかわらず，環境汚染への理解や対策は各国政府も民間も，かなり遅れていた。そのことは，1950 年代に発生した「水俣事件」がよく示している。チッソ肥料を作る会社が使用済みの水銀を海に流し，その海でとられた魚類を食べたものが命を落とし，あるいは身体的に障害のある子供を生んだりする，という事実があったのにもかかわらず，企業も政府も対策が極めて遅れていた。被害者による訴訟は現在も続いている。

しかし，都会や工業地帯のみならず，農村でも環境汚染が見られることは，すでに 1962 年，アメリカでレイチェル・カーソンが『沈黙の春』という本で警告していた。彼女にいわせれば，有史以来人間と自然とは相互依存的な関係にあり，その関係が「生態系」（エコシステム）を作り上げていたのであるが，20 世紀半ばになってＤＤＴその他の農薬が使われ，あるいは１年間に多作を可能にする生産促進剤が普及した結果，このバランスが崩れ始めた。ひとたびエコシステムがバランスを崩すと，元通りの状態に復旧させるのは至難の業だと彼女は説いた。

たまたま時を同じくして，ベトナム戦争では米国が毒薬，俗にエージェント・オレンジと呼ばれたダイオキシンを森林や田畑に散布，その結果，自然ばかりか人間までも汚染されてしまう。後の歴史家が「エコサイド」（環境殺害）と呼んだ行為である。毒ガスの使用を禁止する国際条約は 20 世紀初期にすでに締結されていたが，人間と自然に対して過酷な被害を及ぼす核兵器や化学・生物兵器については取り決めがなかったのだ。

こうした状態に対し，1960 年代以降に自然環境を守るためのＮＧＯが組織され始めると，それはきわめて短期間のうちにグローバルな運動となっていった。そして各国政府のみならず国連も動かして，地球全体を対象にした環境対策を作るために開かれたのが，1972年のストックホルム会議である。

この会議は第1回「人間環境会議」と名づけられたことからもわかるように，人間にとって自然環境は最も必要なものであること，したがって環境の保全，保護は人類にとってきわめて重要な命題であるという認識を反映していた。

この会議には各国政府の代表だけでなく，各種の環境保護団体も非公式にではあるが参加している。1945年春にやはり多くのＮＧＯが参加してサンフランシスコで開かれた国連設立会議を思い出させるものだ。どちらも，全世界の関心と願望を反映していたのである。

同じ1972年には米ソ間で戦略兵器制限の合意がなされ，ＮＡＴＯとワルシャワ条約機構加盟国がヘルシンキで会合し，それが3年後のヘルシンキ会議で人権宣言を採択するきっかけになったことを想起すれば，1970年代初頭から国際社会の関心がしだいに平和，人権，環境といったトランスナショナルなものへと向かっていたことがわかるだろう。

ストックホルム会議では，その翌年から国連環境プログラムを作成して，各国が大気や河川の汚染に対して適切な対応を図ることが決められた。環境の保全が全世界的な命題となったわけで，その後今日にいたるまで，国際会議や協定を通じて必死な努力がなされてきた。

たとえばヨーロッパ共同体や北米自由貿易協定などは，加盟国が協力してきれいな空気，森林や海，河川などを取り戻すことを決めていたし，1997年に京都で開催された国際環境会議では，地球温暖化を防ぐための具体的な目標も採択された。

もっとも現実には，そのようなトランスナショナルな努力にもかかわらず，署名しても目標達成に向けて有効な手段をとらない国も出てくる。米国，ロシア，中国のような大国は，最初は京都議定書に署名することすら拒否していた。この3国は世界で最も二酸化炭素を大気に放出しており，1990年には世界中の放出量の5割を超えていたほどである。その3国の参加しない環境協定はきわめて不十分なものだといわなければならない。しかしそれにもかかわらず，京都議定書の署名国の多くが定められた方針を貫こうとしてきたのは，特筆に価することである。

国際的な環境政策に関して，当初からもう一つ大きな問題があった。それは第三世界，いわゆる発展途上国の対応である。先進国が汚染対策に大きな注意を払っているときに，これから成長を始めようとするアジア，中近東，アフリカなどの諸国は，国際的な環境政策によっていろいろな束縛を受けるのではないかという懸念を持っていた。

この経済成長か環境保護かというジレンマは，1970 年代から今日にいたるまで続いている。そして，これら二つの目標を重ねて追求することはできないかと国連などで議論された結果，妥協案として考えられたのが，自然環境保全の可能な枠組みの中での経済発展，英語でいうサステイナビリティ(持続可能性)という概念である。

1980 年代に国連などで推進されたサステイナビリティの考えは，ようするに自然をサステイン(保存)しうる範囲で，発展途上国の経済成長を援助するというものだった。その根底にあったのは，グローバルな世界において，すべての人々が最低限度の生活水準を保障され，しかも自然環境も守られていくようにするにはどうしたらよいのか，という問題意識である。

もちろんすべての国がそういった方針を受け入れ，実行に移したわけではない。中国などでは世界最大の経済成長率を追求し，そのために大気や河川の汚染もひどく，人体に危害を与えるほどになっている。工場施設や自動車の普及により北京の空気がよごれ，多くの人がマスクをかけて外出する様子は現代世界の環境問題の象徴のようになってきたが，もちろんそれだけではない。中国北部の農村や都市にとって欠かせない水を古代から提供してきた黄河は，海岸に達する前に干上がってしまった。一方，長江も重慶近辺での汚染がはげしく，安心して使える水の供給が最も深刻な問題の一つとなっている。中国が持続可能な発展政策をとりうるかどうかは，人類の将来を決定する要因の一つだとすらいえよう。

エネルギー問題

環境汚染問題と関連して深刻化したのがエネルギー問題である。

太古以来，人間は何をするにも風，火，水，そしてそのような自然の力を使った電気のエネルギーに頼ってきた。

しかし現代においては，世界各国の経済発展がかつてないほどのエネルギーを必要としたため，石炭，石油，天然ガスといったエネルギー源が消費され，これを短時間に再生するのは無理であるから，それに代わるエネルギーを探さなければならない。現代世界の一つの特色は，代替エネルギーの探求である。

統計的には，20 世紀初頭から中葉までは，各国，各企業，あるいはすべての家庭が必要とする水力・火力・電力エネルギーは世界に十分存在していた。1900 年から

1970年代にいたるまでは，世界全体の経済成長率と，使用可能な自然エネルギーの供給率の高まりとはマッチしていたのである。

ところが1970年代に入ると，大きな変化が起こる。一つには，それまで経済先進国の重要なエネルギー源であった中近東の石油が，1973年から74年にかけてＯＰＥＣ(石油輸出国機構)によって大幅に値上げされ，同時にオランダ，日本，米国などに対して供給割当量を削減したことがある。その決定は1973年秋の中東戦争(イスラエル対近隣アラブ諸国)で欧米がイスラエルを支持したことへの報復で，国際経済と国際政治とがからみあったものだった。さらにＯＰＥＣは1979年に2度目の原油値上げを実行，エネルギー問題を一層深刻なものとする。

中近東からの原油は20世紀初頭以来，産業用のみならずガソリンとして自動車その他への用途が多岐にわたっていた。石油輸出国としても，外貨獲得の重要な収入源だった。その石油が値上げされ，供給量を削減されるということは，先進諸国のみならず，それ以外の資源不足の諸国にとっても大きな打撃だった。

1970年代の石油危機は，世界各地のつながり，相互依存性を改めて示すものだった。原油の値上がりは輸入額の急激な上昇をもたらし，それまでの高度成長を支えていた国際経済の進展にブレーキをかけてしまう。経済成長率がゼロ，さらにはマイナスまで低落した国では，物価は下がらなかったために，不景気とインフレが同時に存在する状態になってしまった。

逆に，高価な原油の輸出で潤った中近東諸国にはいわゆる「オイル・マネー」，「オイル・ダラー」と呼ばれる外貨があふれ始め，その資金で欧米の不動産や会社を購入するものも出てきた。

これからエネルギー源をどこに求めたらいいのか。石油に代わりうる資源といえば，従来から利用されていた石炭や水力に加えて，オランダなどで発達した風力発電なども当然考えられるが，それ以外にも代替エネルギーが必要となることは明らかだった。

代替エネルギーの探求は国際社会全体の要求するものであり，その探求は長らく続くことであろう。しかも現代では自然環境への関心も高いから，どのような資源でもいいというわけにはいかない。石油は比較的「きれい」な資源だといわれるが，2010年に米国のメキシコ湾沿岸で起こったＢＰ(ブリティッシュ・ペトロリアム)の工場破損による原油漏れ事故が人体や海洋生態系への多大な被害をもたらしたように，十分安全性があるとはいいきれない。

エネルギー源としての原子力の重要性と問題性は，その意味でも現代世界を象徴するものである。日本に投下された原子爆弾が，当時考えられもしなかったようなエネルギーを放出したこと，そして同時に大規模な死傷者を出し，空気や河川に深刻な汚染をもたらすものだったことは，1945年当時から注目されていた。

「原爆の父」といわれながら後年水素爆弾の開発に批判的だったオッペンハイマー博士も記したように，最初に核兵器が使われた時点で「すべての時間がストップした」。これから人類はまったく新しい可能性と危機に直面するのだ，というわけである。

原子力がエネルギー源として使用されうるということは当時から知られており，1956年には国連も「核エネルギーの平和的利用」のために「原子力エネルギー委員会」を設立している。核兵器も原子力発電も原理は同じで，核分裂によって生じた膨大な量のエネルギーを利用しようとするものだった。

1960年代に入るまでは，核兵器開発を進めていた国では，空中および地下での実験が続けられており，米国はネバダ州や太平洋上空で核実験をおこなっていた。そのような実験が人体のみならず生態系そのものに及ぼす被害も，大部分は機密とされていたのにもかかわらず，地球各地の人々が知るようになる。とくに太平洋のビキニ環礁上空で1950年代に行われた実験では「死の灰」によって被害を受けた人がおり，60年たった現在でも後遺症に悩まされている。

その一方で，平和的に利用される核エネルギーは人類に恩恵をもたらすという考えも根強く，国連でも核兵器の削減が図られる一方，原子力の平和的利用は推進されてきた。ただ，中近東などから十分な量の原油が供給されていた段階では，核エネルギーを開発，採用するのはフランスなど一部の国に限られており，原子力発電所も1970年以前は数少なかった。

ところが1970年代の石油危機以降，各国では代替エネルギー源確保のため原子力発電所の建設を始める。そして20世紀末までの短期間のあいだにヨーロッパ，北米，日本，韓国その他の国では，エネルギー使用量の3割ほどを原子力に依存するものも出てくるのである。その結果，必然的に環境汚染の可能性も高まるため，エネルギー問題と環境問題とは従来にも増して重なりあっていく。

原子力発電が放射性物質拡散による環境汚染というリスクを伴うことは，以前から指摘されていたが，1980年代にはそれが現実のものとなる。1986年にソ連(現在はウクライナ)国内のチェルノブイリで発生した事故である。チェルノブイリに比べれば小規模だったが，似たような事故は1979年に米国のスリーマイル島でも発生していた。

そして，チェルノブイリ事故から30年足らずで，日本の福島第一原発事故が起きた。その規模はあまりにも大きく，世界中にショックを与え，各地で原子力への反対運動も盛り上がった。それに対し，電力の供給レベルを維持するためには，原子力の使用は不可欠だとする考えも根強く，現段階では国として原子力発電所の完全廃止を決めたのはドイツに限られている。

グローバル化の時代にあって，国境を越えたつながりが増しているときに，まさに全地球的なエネルギーの問題に対して国別の対応がなされているのは何とも不可解である。しかし同時に，国際原子力機関やＥＵなどをとおして，できる限り各国共通の対策がとられるようにする努力もなされていることは無視できない。

そのように見ていくと，惑星という枠組みの中で現代史を考えるという，「プラネタリティ」の視野がいかに重要であるかがわかる。自然環境もエネルギーも，人類全体，世界全体の問題である。持続可能な発展も，エネルギーの確保も，地球に生息する動植物，空気，水，そして人間の存在を前提としている。すべての人々，そしてすべての生命が共存するのを可能にする最小限のエネルギーを確保することは可能だろうか。

はっきりしているのは，そのような問題が認識されているということ自体，現代の世界が１世紀前のものとも，半世紀前のものとも異なっているということだ。

問１　筆者は，19世紀後半から20世紀前半にかけてのグローバル化と現代世界のグローバル化との違いをどのようなものと考えているか，300字以内で説明しなさい。

問２　筆者が「惑星意識（プラネタリティ）」の重要性を説く理由をまとめた上で，そのような意識が徹底した社会はどのようなものになるとあなたは考えるか，過去または現在の具体的な事例を挙げながら，説明しなさい。筆者が挙げている事例に限定する必要はありません。字数は600字以上800字以内とします。

//////////////////// · memo · ////////////////////

/////////////////// · memo · ///////////////////

//////////////////// · memo · ////////////////////

//////////////////// · memo · ////////////////////

//////////////////// · memo · ////////////////////

////////////////////// · memo · //////////////////////

教学社 刊行一覧

2025年版 大学赤本シリーズ

国公立大学（都道府県順）

374大学556点 全都道府県を網羅

全国の書店で取り扱っています。店頭にない場合は，お取り寄せができます。

1 北海道大学（文系－前期日程）
2 北海道大学（理系－前期日程） 医
3 北海道大学（後期日程）
4 旭川医科大学（医学部〈医学科〉） 医
5 小樽商科大学
6 帯広畜産大学
7 北海道教育大学
8 室蘭工業大学／北見工業大学
9 釧路公立大学
10 公立千歳科学技術大学
11 公立はこだて未来大学 総推
12 札幌医科大学（医学部） 医
13 弘前大学 医
14 岩手大学
15 岩手県立大学・盛岡短期大学部・宮古短期大学部
16 東北大学（文系－前期日程）
17 東北大学（理系－前期日程） 医
18 東北大学（後期日程）
19 宮城教育大学
20 宮城大学
21 秋田大学 医
22 秋田県立大学
23 国際教養大学 総推
24 山形大学 医
25 福島大学
26 会津大学
27 福島県立医科大学（医・保健科学部） 医
28 茨城大学（文系）
29 茨城大学（理系）
30 筑波大学（推薦入試） 医 総推
31 筑波大学（文系－前期日程）
32 筑波大学（理系－前期日程） 医
33 筑波大学（後期日程）
34 宇都宮大学
35 群馬大学 医
36 群馬県立女子大学
37 高崎経済大学
38 前橋工科大学
39 埼玉大学（文系）
40 埼玉大学（理系）
41 千葉大学（文系－前期日程）
42 千葉大学（理系－前期日程） 医
43 千葉大学（後期日程） 医
44 東京大学（文科） DL
45 東京大学（理科） DL 医
46 お茶の水女子大学
47 電気通信大学
48 東京外国語大学 DL
49 東京海洋大学
50 東京科学大学（旧 東京工業大学）
51 東京科学大学（旧 東京医科歯科大学） 医
52 東京学芸大学
53 東京藝術大学
54 東京農工大学
55 一橋大学（前期日程）
56 一橋大学（後期日程）
57 東京都立大学（文系）
58 東京都立大学（理系）
59 横浜国立大学（文系）
60 横浜国立大学（理系）
61 横浜市立大学（国際教養・国際商・理・データサイエンス・医〈看護〉学部）
62 横浜市立大学（医学部〈医学科〉） 医
63 新潟大学（人文・教育〈文系〉・法・経済科・医〈看護〉・創生学部）
64 新潟大学（教育〈理系〉・理・医〈看護を除く〉・歯・工・農学部） 医
65 新潟県立大学
66 富山大学（文系）
67 富山大学（理系） 医
68 富山県立大学
69 金沢大学（文系）
70 金沢大学（理系） 医
71 福井大学（教育・医〈看護〉・工・国際地域学部）
72 福井大学（医学部〈医学科〉） 医
73 福井県立大学
74 山梨大学（教育・医〈看護〉・工・生命環境学部）
75 山梨大学（医学部〈医学科〉） 医
76 都留文科大学
77 信州大学（文系－前期日程）
78 信州大学（理系－前期日程） 医
79 信州大学（後期日程）
80 公立諏訪東京理科大学 総推
81 岐阜大学（前期日程） 医
82 岐阜大学（後期日程）
83 岐阜薬科大学
84 静岡大学（前期日程）
85 静岡大学（後期日程）
86 浜松医科大学（医学部〈医学科〉） 医
87 静岡県立大学
88 静岡文化芸術大学
89 名古屋大学（文系）
90 名古屋大学（理系） 医
91 愛知教育大学
92 名古屋工業大学
93 愛知県立大学
94 名古屋市立大学（経済・人文社会・芸術工・看護・総合生命理・データサイエンス学部）
95 名古屋市立大学（医学部〈医学科〉） 医
96 名古屋市立大学（薬学部）
97 三重大学（人文・教育・医〈看護〉学部）
98 三重大学（医〈医〉・工・生物資源学部） 医
99 滋賀大学
100 滋賀医科大学（医学部〈医学科〉） 医
101 滋賀県立大学
102 京都大学（文系）
103 京都大学（理系） 医
104 京都教育大学
105 京都工芸繊維大学
106 京都府立大学
107 京都府立医科大学（医学部〈医学科〉） 医
108 大阪大学（文系） DL
109 大阪大学（理系） 医
110 大阪教育大学
111 大阪公立大学（現代システム科学域〈文系〉・文・法・経済・商・看護・生活科〈居住環境・人間福祉〉学部－前期日程）
112 大阪公立大学（現代システム科学域〈理系〉・理・工・農・獣医・医・生活科〈食栄養〉学部－前期日程） 医
113 大阪公立大学（中期日程）
114 大阪公立大学（後期日程）
115 神戸大学（文系－前期日程）
116 神戸大学（理系－前期日程） 医
117 神戸大学（後期日程）
118 神戸市外国語大学 DL
119 兵庫県立大学（国際商経・社会情報科・看護学部）
120 兵庫県立大学（工・理・環境人間学部）
121 奈良教育大学／奈良県立大学
122 奈良女子大学
123 奈良県立医科大学（医学部〈医学科〉） 医
124 和歌山大学
125 和歌山県立医科大学（医・薬学部） 医
126 鳥取大学 医
127 公立鳥取環境大学
128 島根大学 医
129 岡山大学（文系）
130 岡山大学（理系） 医
131 岡山県立大学
132 広島大学（文系－前期日程）
133 広島大学（理系－前期日程） 医
134 広島大学（後期日程）
135 尾道市立大学 総推
136 県立広島大学
137 広島市立大学
138 福山市立大学 総推
139 山口大学（人文・教育〈文系〉・経済・医〈看護〉・国際総合科学部）
140 山口大学（教育〈理系〉・理・医〈看護を除く〉・工・農・共同獣医学部） 医
141 山陽小野田市立山口東京理科大学 総推
142 下関市立大学／山口県立大学
143 周南公立大学 新 総推
144 徳島大学 医
145 香川大学 医
146 愛媛大学 医
147 高知大学 医
148 高知工科大学
149 九州大学（文系－前期日程）
150 九州大学（理系－前期日程） 医
151 九州大学（後期日程）
152 九州工業大学
153 福岡教育大学
154 北九州市立大学
155 九州歯科大学
156 福岡県立大学／福岡女子大学
157 佐賀大学 医
158 長崎大学（多文化社会・教育〈文系〉・経済・医〈保健〉・環境科〈文系〉学部）
159 長崎大学（教育〈理系〉・医〈医〉・歯・薬・情報データ科・工・環境科〈理系〉・水産学部） 医
160 長崎県立大学 総推
161 熊本大学（文・教育・法・医〈看護〉学部・情報融合学環〈文系型〉）
162 熊本大学（理・医〈看護を除く〉・薬・工学部・情報融合学環〈理系型〉） 医
163 熊本県立大学
164 大分大学（教育・経済・医〈看護〉・理工・福祉健康科学部）
165 大分大学（医学部〈医・先進医療科学科〉） 医
166 宮崎大学（教育・医〈看護〉・工・農・地域資源創成学部）
167 宮崎大学（医学部〈医学科〉） 医
168 鹿児島大学（文系）
169 鹿児島大学（理系） 医
170 琉球大学 医

2025年版　大学赤本シリーズ

国公立大学 その他

171 〔国公立大〕医学部医学科 総合型選抜・学校推薦型選抜※ 医 総推
172 看護・医療系大学〈国公立 東日本〉※
173 看護・医療系大学〈国公立 中日本〉※
174 看護・医療系大学〈国公立 西日本〉※
175 海上保安大学校／気象大学校
176 航空保安大学校
177 国立看護大学校
178 防衛大学校 総推
179 防衛医科大学校（医学科） 医
180 防衛医科大学校（看護学科）

※No.171～174の収載大学は赤本ウェブサイト（http://akahon.net/）でご確認ください。

私立大学①

北海道の大学（50音順）

201 札幌大学
202 札幌学院大学
203 北星学園大学
204 北海学園大学
205 北海道医療大学
206 北海道科学大学
207 北海道武蔵女子大学・短期大学
208 酪農学園大学（獣医学群〈獣医学類〉）

東北の大学（50音順）

209 岩手医科大学（医・歯・薬学部） 医
210 仙台大学 総推
211 東北医科薬科大学（医・薬学部） 医
212 東北学院大学
213 東北工業大学
214 東北福祉大学
215 宮城学院女子大学 総推

関東の大学（50音順）

あ行（関東の大学）

216 青山学院大学（法・国際政治経済学部－個別学部日程）
217 青山学院大学（経済学部－個別学部日程）
218 青山学院大学（経営学部－個別学部日程）
219 青山学院大学（文・教育人間科学部－個別学部日程）
220 青山学院大学（総合文化政策・社会情報・地球社会共生・コミュニティ人間科学部－個別学部日程）
221 青山学院大学（理工学部－個別学部日程）
222 青山学院大学（全学部日程）
223 麻布大学（獣医、生命・環境科学部）
224 亜細亜大学
226 桜美林大学
227 大妻女子大学・短期大学部

か行（関東の大学）

228 学習院大学（法学部－コア試験）
229 学習院大学（経済学部－コア試験）
230 学習院大学（文学部－コア試験）
231 学習院大学（国際社会科学部－コア試験）
232 学習院大学（理学部－コア試験）
233 学習院女子大学
234 神奈川大学（給費生試験）
235 神奈川大学（一般入試）
236 神奈川工科大学
237 鎌倉女子大学・短期大学部
238 川村学園女子大学
239 神田外語大学
240 関東学院大学
241 北里大学（理学部）
242 北里大学（医学部） 医
243 北里大学（薬学部）
244 北里大学（看護・医療衛生学部）
245 北里大学（未来工・獣医・海洋生命科学部）
246 共立女子大学・短期大学
247 杏林大学（医学部） 医
248 杏林大学（保健学部）
249 群馬医療福祉大学・短期大学部
250 群馬パース大学 総推
251 慶應義塾大学（法学部）
252 慶應義塾大学（経済学部）
253 慶應義塾大学（商学部）
254 慶應義塾大学（文学部） 総推
255 慶應義塾大学（総合政策学部）
256 慶應義塾大学（環境情報学部）
257 慶應義塾大学（理工学部）
258 慶應義塾大学（医学部） 医
259 慶應義塾大学（薬学部）
260 慶應義塾大学（看護医療学部）
261 工学院大学
262 國學院大學
263 国際医療福祉大学 医
264 国際基督教大学
265 国士舘大学
266 駒澤大学（一般選抜T方式・S方式）
267 駒澤大学（全学部統一日程選抜）

さ行（関東の大学）

268 埼玉医科大学（医学部） 医
269 相模女子大学・短期大学部
270 産業能率大学
271 自治医科大学（医学部） 医
272 自治医科大学（看護学部）／東京慈恵会医科大学（医学部〈看護学科〉）
273 実践女子大学 総推
274 芝浦工業大学（前期日程）
275 芝浦工業大学（全学統一日程・後期日程）
276 十文字学園女子大学
277 淑徳大学
278 順天堂大学（医学部） 医
279 順天堂大学（スポーツ健康科・医療看護・保健看護・国際教養・保健医療・医療科・健康データサイエンス・薬学部） 総推
280 上智大学（神・文・総合人間科学部）
281 上智大学（法・経済学部）
282 上智大学（外国語・総合グローバル学部）
283 上智大学（理工学部）
284 上智大学（TEAPスコア利用方式）
285 湘南工科大学
286 昭和大学（医学部） 医
287 昭和大学（歯・薬・保健医療学部）
288 昭和女子大学
289 昭和薬科大学
290 女子栄養大学・短期大学部 総推
291 白百合女子大学
292 成蹊大学（法学部－A方式）
293 成蹊大学（経済・経営学部－A方式）
294 成蹊大学（文学部－A方式）
295 成蹊大学（理工学部－A方式）
296 成蹊大学（E方式・G方式・P方式）
297 成城大学（経済・社会イノベーション学部－A方式）
298 成城大学（文芸・法学部－A方式）
299 成城大学（S方式〈全学部統一選抜〉）
300 聖心女子大学
301 清泉女子大学
303 聖マリアンナ医科大学 医
304 聖路加国際大学（看護学部）
305 専修大学（スカラシップ・全国入試）
306 専修大学（前期入試〈学部個別入試〉）
307 専修大学（前期入試〈全学部入試・スカラシップ入試〉）

た行（関東の大学）

308 大正大学
309 大東文化大学
310 高崎健康福祉大学
311 拓殖大学
312 玉川大学
313 多摩美術大学
314 千葉工業大学
315 中央大学（法学部－学部別選抜）
316 中央大学（経済学部－学部別選抜）
317 中央大学（商学部－学部別選抜）
318 中央大学（文学部－学部別選抜）
319 中央大学（総合政策学部－学部別選抜）
320 中央大学（国際経営・国際情報学部－学部別選抜）
321 中央大学（理工学部－学部別選抜）
322 中央大学（5学部共通選抜）
323 中央学院大学
324 津田塾大学
325 帝京大学（薬・経済・法・文・外国語・教育・理工・医療技術・福岡医療技術学部）
326 帝京大学（医学部） 医
327 帝京科学大学 総推
328 帝京平成大学 総推
329 東海大学（医〈医〉学部を除く－一般選抜）
330 東海大学（文系・理系学部統一選抜）
331 東海大学（医学部〈医学科〉） 医
332 東京医科大学（医学部〈医学科〉） 医
333 東京家政大学・短期大学部 総推
334 東京経済大学
335 東京工科大学
336 東京工芸大学
337 東京国際大学
338 東京歯科大学
339 東京慈恵会医科大学（医学部〈医学科〉） 医
340 東京情報大学
341 東京女子大学
342 東京女子医科大学（医学部） 医
343 東京電機大学
344 東京都市大学
345 東京農業大学
346 東京薬科大学（薬学部） 総推
347 東京薬科大学（生命科学部） 総推
348 東京理科大学（理学部〈第一部〉－B方式）
349 東京理科大学（創域理工学部－B方式・S方式）
350 東京理科大学（工学部－B方式）
351 東京理科大学（先進工学部－B方式）
352 東京理科大学（薬学部－B方式）
353 東京理科大学（経営学部－B方式）
354 東京理科大学（C方式、グローバル方式、理学部〈第二部〉－B方式）
355 東邦大学（医学部） 医
356 東邦大学（薬学部）

2025年版　大学赤本シリーズ

私立大学②

357 東邦大学（理・看護・健康科学部）
358 東洋大学（文・経済・経営・法・社会・国際・国際観光学部）
359 東洋大学（情報連携・福祉社会デザイン・健康スポーツ科・理工・総合情報・生命科・食環境科学部）
360 東洋大学（英語〈3日程×3カ年〉）
361 東洋大学（国語〈3日程×3カ年〉）
362 東洋大学（日本史・世界史〈2日程×3カ年〉）
363 東洋英和女学院大学
364 常磐大学・短期大学 総推
365 獨協大学
366 獨協医科大学（医学部） 医

な行（関東の大学）

367 二松學舍大学
368 日本大学（法学部）
369 日本大学（経済学部）
370 日本大学（商学部）
371 日本大学（文理学部〈文系〉）
372 日本大学（文理学部〈理系〉）
373 日本大学（芸術学部〈専門試験併用型〉）
374 日本大学（国際関係学部）
375 日本大学（危機管理・スポーツ科学部）
376 日本大学（理工学部）
377 日本大学（生産工・工学部）
378 日本大学（生物資源科学部）
379 日本大学（医学部） 医
380 日本大学（歯・松戸歯学部）
381 日本大学（薬学部）
382 日本大学（N全学統一方式－医・芸術〈専門試験併用型〉学部を除く）
383 日本医科大学 医
384 日本工業大学
385 日本歯科大学
386 日本社会事業大学 総推
387 日本獣医生命科学大学
388 日本女子大学
389 日本体育大学

は行（関東の大学）

390 白鷗大学（学業特待選抜・一般選抜）
391 フェリス女学院大学
392 文教大学
393 法政大学（法〈Ⅰ日程〉・文〈Ⅱ日程〉・経営〈Ⅱ日程〉学部－A方式）
394 法政大学（法〈Ⅱ日程〉・国際文化・キャリアデザイン学部－A方式）
395 法政大学（文〈Ⅰ日程〉・経営〈Ⅰ日程〉・人間環境・グローバル教養学部－A方式）
396 法政大学（経済〈Ⅰ日程〉・社会〈Ⅰ日程〉・現代福祉学部－A方式）
397 法政大学（経済〈Ⅱ日程〉・社会〈Ⅱ日程〉・スポーツ健康学部－A方式）
398 法政大学（情報科・デザイン工・理工・生命科学部－A方式）
399 法政大学（T日程〈統一日程〉・英語外部試験利用入試）
400 星薬科大学 総推

ま行（関東の大学）

401 武蔵大学
402 武蔵野大学
403 武蔵野美術大学
404 明海大学
405 明治大学（法学部－学部別入試）
406 明治大学（政治経済学部－学部別入試）
407 明治大学（商学部－学部別入試）
408 明治大学（経営学部－学部別入試）
409 明治大学（文学部－学部別入試）
410 明治大学（国際日本学部－学部別入試）
411 明治大学（情報コミュニケーション学部－学部別入試）
412 明治大学（理工学部－学部別入試）
413 明治大学（総合数理学部－学部別入試）
414 明治大学（農学部－学部別入試）
415 明治大学（全学部統一入試）
416 明治学院大学（A日程）
417 明治学院大学（全学部日程）
418 明治薬科大学 総推
419 明星大学
420 目白大学・短期大学部

ら・わ行（関東の大学）

421 立教大学（文系学部－一般入試〈大学独自の英語を課さない日程〉）
422 立教大学（国語〈3日程×3カ年〉）
423 立教大学（日本史・世界史〈2日程×3カ年〉）
424 立教大学（文学部－一般入試〈大学独自の英語を課す日程〉）
425 立教大学（理学部－一般入試）
426 立正大学
427 早稲田大学（法学部）
428 早稲田大学（政治経済学部）
429 早稲田大学（商学部）
430 早稲田大学（社会科学部）
431 早稲田大学（文学部）
432 早稲田大学（文化構想学部）
433 早稲田大学（教育学部〈文科系〉）
434 早稲田大学（教育学部〈理科系〉）
435 早稲田大学（人間科・スポーツ科学部）
436 早稲田大学（国際教養学部）
437 早稲田大学（基幹理工・創造理工・先進理工学部）
438 和洋女子大学 総推

中部の大学（50音順）

439 愛知大学
440 愛知医科大学（医学部） 医
441 愛知学院大学・短期大学部
442 愛知工業大学 総推
443 愛知淑徳大学
444 朝日大学 総推
445 金沢医科大学（医学部） 医
446 金沢工業大学
447 岐阜聖徳学園大学 総推
448 金城学院大学
449 至学館大学 総推
450 静岡理工科大学
451 椙山女学園大学
452 大同大学
453 中京大学
454 中部大学
455 名古屋外国語大学 総推
456 名古屋学院大学 総推
457 名古屋学芸大学 総推
458 名古屋女子大学 総推
459 南山大学（外国語〈英米〉・法・総合政策・国際教養学部）
460 南山大学（人文・外国語〈英米を除く〉・経済・経営・理工学部）
461 新潟国際情報大学
462 日本福祉大学
463 福井工業大学
464 藤田医科大学（医学部） 医
465 藤田医科大学（医療科・保健衛生学部）
466 名城大学（法・経営・経済・外国語・人間・都市情報学部）
467 名城大学（情報工・理工・農・薬学部）
468 山梨学院大学

近畿の大学（50音順）

469 追手門学院大学 総推
470 大阪医科薬科大学（医学部） 医
471 大阪医科薬科大学（薬学部） 総推
472 大阪学院大学 総推
473 大阪経済大学 総推
474 大阪経済法科大学 総推
475 大阪工業大学 総推
476 大阪国際大学・短期大学部 総推
477 大阪産業大学 総推
478 大阪歯科大学（歯学部）
479 大阪商業大学 総推
480 大阪成蹊大学・短期大学 総推
481 大谷大学 総推
482 大手前大学・短期大学 総推
483 関西大学（文系）
484 関西大学（理系）
485 関西大学（英語〈3日程×3カ年〉）
486 関西大学（国語〈3日程×3カ年〉）
487 関西大学（日本史・世界史・文系数学〈3日程×3カ年〉）
488 関西医科大学（医学部） 医
489 関西医療大学 総推
490 関西外国語大学・短期大学部 総推
491 関西学院大学（文・法・商・人間福祉・総合政策学部－学部個別日程）
492 関西学院大学（神・社会・経済・国際・教育学部－学部個別日程）
493 関西学院大学（全学部日程〈文系型〉）
494 関西学院大学（全学部日程〈理系型〉）
495 関西学院大学（共通テスト併用日程〈数学〉・英数日程）
496 関西学院大学（英語〈3日程×3カ年〉） 新
497 関西学院大学（国語〈3日程×3カ年〉） 新
498 関西学院大学（日本史・世界史・文系数学〈3日程×3カ年〉） 新
499 畿央大学 総推
500 京都外国語大学・短期大学 総推
502 京都産業大学（公募推薦入試） 総推
503 京都産業大学（一般選抜入試〈前期日程〉）
504 京都女子大学 総推
505 京都先端科学大学 総推
506 京都橘大学 総推
507 京都ノートルダム女子大学 総推
508 京都薬科大学 総推
509 近畿大学・短期大学部（医学部を除く－推薦入試） 総推
510 近畿大学・短期大学部（医学部を除く－一般入試前期）
511 近畿大学（英語〈医学部を除く3日程×3カ年〉）
512 近畿大学（理系数学〈医学部を除く3日程×3カ年〉）
513 近畿大学（国語〈医学部を除く3日程×3カ年〉）
514 近畿大学（医学部－推薦入試・一般入試前期） 医 総推
515 近畿大学・短期大学部（一般入試後期） 医
516 皇學館大学 総推
517 甲南大学 総推
518 甲南女子大学（学校推薦型選抜） 新 総推
519 神戸学院大学 総推
520 神戸国際大学 総推
521 神戸女学院大学 総推
522 神戸女子大学・短期大学 総推
523 神戸薬科大学 総推
524 四天王寺大学・短期大学部 総推
525 摂南大学（公募制推薦入試） 総推
526 摂南大学（一般選抜前期日程）
527 帝塚山学院大学 総推
528 同志社大学（法、グローバル・コミュニケーション学部－学部個別日程）

いつも受験生のそばに―赤本

大学入試シリーズ＋α
入試対策も共通テスト対策も赤本で

入試対策

赤本プラス

赤 PLUS+ 本

赤本プラスとは，**過去問演習の効果を最大にする**ためのシリーズです。「赤本」であぶり出された弱点を，赤本プラスで克服しましょう。

大学入試 すぐわかる**英文法** DL
大学入試 ひと目でわかる**英文読解**
大学入試 絶対できる**英語リスニング** DL
大学入試 すぐ書ける**自由英作文**
大学入試 ぐんぐん読める
英語長文〔BASIC〕 DL
大学入試 ぐんぐん読める
英語長文〔STANDARD〕 DL
大学入試 ぐんぐん読める
英語長文〔ADVANCED〕 DL
大学入試 正しく書ける**英作文**
大学入試 最短でマスターする
数学Ⅰ・Ⅱ・Ⅲ・A・B・C
大学入試 突破力を鍛える**最難関の数学**
大学入試 知らなきゃ解けない
古文常識・和歌
大学入試 ちゃんと身につく**物理**
大学入試 もっと身につく
物理問題集（①力学・波動）
大学入試 もっと身につく
物理問題集（②熱力学・電磁気・原子）

入試対策

英検®赤本シリーズ

英検®（実用英語技能検定）の対策書。
過去問集と参考書で万全の対策ができます。

▶**過去問集（2024年度版）**
英検®準1級過去問集 DL
英検®2級過去問集 DL
英検®準2級過去問集 DL
英検®3級過去問集 DL

▶**参考書**
竹岡の英検®準1級マスター DL
竹岡の英検®2級マスター CD DL
竹岡の英検®準2級マスター CD DL
竹岡の英検®3級マスター CD DL

CD リスニングCDつき　DL 音声無料配信
新 2024年新刊・改訂

入試対策

赤本プレミアム

赤本の教学社だからこそ作れた，
過去問ベストセレクション

東大数学プレミアム
東大現代文プレミアム
京大数学プレミアム〔改訂版〕
京大古典プレミアム

入試対策

赤本メディカルシリーズ

過去問を徹底的に研究し，独自の出題傾向をもつメディカル系の入試に役立つ内容を精選した実戦的なシリーズ。

〔国公立大〕**医学部の英語**〔3訂版〕
私立医大の英語〔長文読解編〕〔3訂版〕
私立医大の英語〔文法・語法編〕〔改訂版〕
医学部の実戦小論文〔3訂版〕
医歯薬系の英単語〔4訂版〕
医系小論文 最頻出論点20〔4訂版〕
医学部の面接〔4訂版〕

入試対策

体系シリーズ

国公立大二次・難関私大突破へ，自学自習に適したハイレベル問題集。

体系英語長文
体系英作文
体系現代文
体系世界史
体系物理〔第7版〕

入試対策

単行本

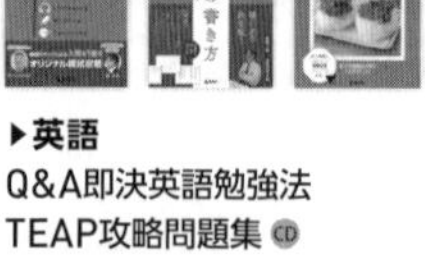

▶**英語**
Q&A即決英語勉強法
TEAP攻略問題集 CD
東大の英単語〔新装版〕
早慶上智の英単語〔改訂版〕

▶**国語・小論文**
著者に注目! 現代文問題集
ブレない小論文の書き方 樋口式ワークノート

▶**レシピ集**
奥薗壽子の赤本合格レシピ

入試対策　共通テスト対策

赤本手帳

赤本手帳（2025年度受験用）プラムレッド
赤本手帳（2025年度受験用）インディゴブルー
赤本手帳（2025年度受験用）ナチュラルホワイト

入試対策

風呂で覚えるシリーズ

水をはじく特殊な紙を使用。いつでもどこでも読めるから，ちょっとした時間を有効に使える！

風呂で覚える英単語〔4訂新装版〕
風呂で覚える英熟語〔改訂新装版〕
風呂で覚える古文単語〔改訂新装版〕
風呂で覚える古文文法〔改訂新装版〕
風呂で覚える漢文〔改訂新装版〕
風呂で覚える日本史〔年代〕〔改訂新装版〕
風呂で覚える世界史〔年代〕〔改訂新装版〕
風呂で覚える倫理〔改訂版〕
風呂で覚える百人一首〔改訂版〕

共通テスト対策

満点のコツシリーズ

共通テストで満点を狙うための実戦的参考書。
重要度の増したリスニング対策は
「カリスマ講師」竹岡広信が一回読みにも
対応できるコツを伝授！

共通テスト英語〔リスニング〕
満点のコツ〔改訂版〕 新 DL
共通テスト古文 満点のコツ〔改訂版〕 新
共通テスト漢文 満点のコツ〔改訂版〕 新

入試対策　共通テスト対策

赤本ポケットシリーズ

赤本ポケット

▶**共通テスト対策**
共通テスト日本史〔文化史〕

▶**系統別進路ガイド**
デザイン系学科をめざすあなたへ

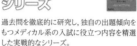

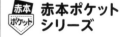

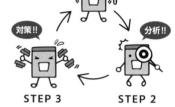

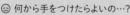

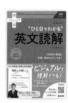